Come consultare l'Atlante /How to use the atlas

Il presente volume vuole essere uno strumento utile per chi viaggia nell'Italia Centrale. Esso consente di programmare qualunque viaggio, di scegliere accuratamente la meta e le vie più rapide da percorrere, di valutare le distanze e dove fissare eventuali soste.

This volume is meant to be a useful tool for those traveling in Central Italy .The Atlas helps to plan any trip, carefully choose the destination and quickest roads to take, as well as judge the distances and where to make possible rest stops.

Profili autostradali /Motorway profiles I – V

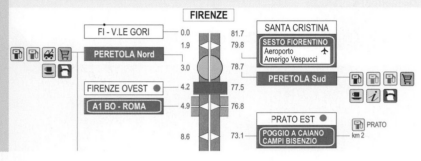

La prima sezione di 5 tavole è costituita dalla rappresentazione schematica della rete autostradale, nella quale sono indicate: la denominazione dei vari tronchi, le progressive chilometriche, le principali località raggiungibili dai vari svincoli e le possibilità di sosta presenti sul percorso, con i relativi servizi offerti.

The first section consisting of 5 plates is a schematic representation of the motorway network, in which the following are indicated: the names of the various sections, the number of kilometers between fixed points along the routes, the major localities that can be reached from the various junctions and the rest stop possibilities available on the route, with the services they offer.

Cartografia stradale 1:200 000 /Road maps 1:200 000 1– 37

La cartografia stradale alla scala 1:200 000 (37 tavole complessive) è il nucleo fondamentale dell'Atlante e illustra dettagliatamente la rete autostradale, stradale e ferroviaria. Vengono noltre segnalate le località d'interesse turistico, le strade panoramiche più rilevanti e le aree naturali protette.

The road maps with a scale of 1:200 000 (37 plates in all) constitute the most important part of the Atlas and illustrate the motorway, road and railway network in detail. Furthermore, places that are interesting for tourists are indicated along with the most important scenic roads and areas of natural beauty.

Piante di attraversamento 1:80 000 /Major cities thoroughfare maps 1:80 000 38 – 46

Questa sezione contiene 9 tavole alla scala 1:80 000 che aiutano l'automobilista a districarsi nella complessa rete viaria delle principali aree urbane, mettendo in risalto le strade di scorrimento veloce e le vie di accesso alle città.

This section contains 9 plates with a scale of 1:80 000 that help the motorist to find his way in the complex road network of the principal urban areas, highlighting the fast flow and access roads to the cities.

Piante di città con stradario /Town plans with street guide 47 – 59

In 13 tavole sono raccolte le piante di 45 città grandi e piccole dell'Italia Centrale, fra le quali sono inclusi i capoluoghi di provincia. Ogni pianta è accompagnata dallo stradario. La chiarezza della grafica consente l'immediata individuazione delle principali vie di attraversamento e la localizzazione dei monumenti e degli edifici pubblici.

The plans of 45 big and small towns of Central Italy, among which are included provincial capitals, are grouped in 13 plates. Each plan have a street guide. The clarity of the graphics enables immediate identification of the principal through routes and the location of the monuments and public buildings.

Indice dei nomi con codice di avviamento postale /Index of place-names with post code 143 – 180

Cutigliano **5** B 7-8
✉ *51024*
Cutoni **22** F 4
Cuviolo **3** F 1
Cuzzola **31** C 5

D

D'Addetta, Masseria- **24** D 4
Dadomo **1** A 6
Dáglio **1** B 1
D'Alfonso, Casa- **23** D 4
Dalli Sopra **2** F 1

Doganáccia, Rifúgio- **5** B 8
Dogana Nuova **5** A 7
✉ *41020*
Dogana Rossa, la- **13** B 7
Doganella (GR) **16** A-B 7
Doganella (LT) **21** F 3
✉ *04010*
Doganella, Sorgente di- **21** D 2
Doganelle **27** F 8
Dogato **3** A 4
✉ *44020*
Dóglia, Monte- **30** D 2
Dóglio **14** F 2
Dogliola **22** B 7
✉ *66050*

✉ *86020*
Dürrboden **2** C 7

E

Ebba, Scala s'- **32** F 7
Ebro, Monte- **1** A 1
Éderas, Piana- **28** E 5
Édron, Torrente- **5** B 4-5
Ega sa Fémmina, Monte s'- **36** A 6
Eggi **14** E 6
✉ *06049*

Nell'indice, preceduto dalle avvertenze per una sua corretta consultazione, sono raccolti e disposti alfabeticamente i nomi di tutte le località presenti nella cartografia stradale al 200 000. Per tutti i comuni e oltre 3000 località è riportato il codice di avviamento postale.

In the index, preceded by instructions for its proper use, the names of all the places included in the 1:200 000 road maps are alphabetically listed. For all italian municipalities and more than 3000 places is indicated the post code.

Atlante stradale d'Italia

Centro

Toscana
Umbria
Marche
Lazio
Abruzzo
Molise
Sardegna

Touring Club Italiano

Profili
autostradali

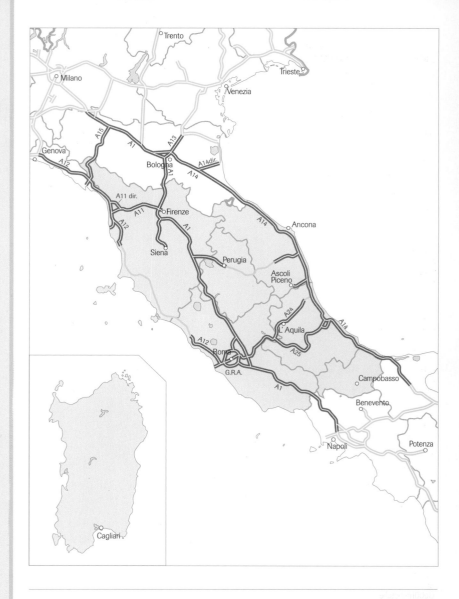

Quadro d'unione /Key to maps/
Tableau d'assemblage/Blattschnitt/Mapa general

Indice dei profili /Index of profiles/Index des
réseaux/Verzeichnis der Netzteile/Indice de
trazados esquemáticos

Legenda /Key/Légende/
Zeichenerklärung/Signos convencionales

A1 MILANO-NAPOLI _____ TAVOLA I

Raccordo SIENA-FIRENZE _____ TAVOLA II

Raccordo BETTOLLE-PERUGIA _____ TAVOLA II

Diramazione ROMA NORD _____ TAVOLA II

Diramazione ROMA SUD _____ TAVOLA II

A11 FIRENZE-PISA NORD _____ TAVOLA II

A11 Diramazione LUCCA-VIAREGGIO _____ TAVOLA II

A12 GENOVA-ROMA _____ TAVOLA II

ROMA-FIUMICINO _____ TAVOLA III

A13 BOLOGNA-PADOVA _____ TAVOLA III

A14 BOLOGNA-TARANTO _____ TAVOLA III

A14 Ramo BOLOGNA-CASALECCHIO _____ TAVOLA IV

A14 Diramazione per RAVENNA _____ TAVOLA IV

Raccordo TOLENTINO-CIVITANOVA MARCHE __ TAVOLA IV

Raccordo PORTO D'ASCOLI-ASCOLI PICENO __ TAVOLA IV

A15 PARMA-LA SPEZIA _____ TAVOLA IV

A24 Penetrazione Urbana _____ TAVOLA IV

A24 ROMA-L'AQUILA-TERAMO _____ TAVOLA IV

A25 TORANO-PESCARA _____ TAVOLA V

Raccordo CHIETI-PESCARA _____ TAVOLA V

Tangenziale BOLOGNA _____ TAVOLA V

G.R.A. (Grande Raccordo Anulare) _____ TAVOLA V

Rete autostradale / Motorway system / Réseau autoroutier / Autobahnnetz / Red de autopistas

Numero di autostrada
Motorway number
Numéro d'autoroute
Autobahnnummer
Número de autopista

S. MARTINO BUONALBERGO km 2

Località e distanza chilometrica del rifornimento metano
Location and distance in kilometres of methane gas filling station
Localité et distance en km du point de ravitaillement en méthane
Ortschaft und Kilometerdistanz der Erdgas-Tankstelle
Localidad y distancia kilométrica para el suministro metano

Autostrada a tre corsie
Three-lane motorway
Autoroute à trois voies
Dreispurige Autobahn
Autopista de tres carriles

SOMAGLIA Est

Denominazione di area di servizio
Name of the service area
Nom de l'aire de service
Name der Raststätte/Tankstelle
Nombre del área de servicio

Autostrada a due corsie
Two-lane motorway
Autoroute à deux voies
Zweispurige Autobahn
Autopista de dos carriles

Area di servizio doppia a ponte
Twin service area bridged
Aire de service double à pont
Doppeltes Raststätte/Tankstelle als Brückenbau
Área de servicio sobre dos carriles en puente

Autostrada in costruzione
Motorway under construction
Autoroute en construction
Autobahn im Bau
Autopista en construcción

Area di servizio doppia comunicante
Twin service area connected by passage
Aire de service double communiquante
Doppeltes Raststätte/Tankstelle mit Übergang
Área de servicio sobre dos carriles comunicante

Stazione a barriera
Toll barrier
Barrière de péage
Gebührenstelle
Barrera de peaje

Area di servizio doppia sulla carreggiata
Twin service area
Aire de service double sur la chaussée
Doppeltes Raststätte/Tankstelle an beiden Fahrbahn
Área de servicio sobre dos carriles

FIORENZUOLA

Denominazione di svincolo
Name of junction
Nom de l'échangeur
Name der Anschlussstelle
Nombre del enlace

Area di servizio singola sulla carreggiata
Single service area
Aire de service simple sur la chaussée
Einfaches Raststätte/Tankstelle an der Fahrbahnen
Área de servicio sobre un carril

Svincolo con pedaggio
Junction and toll gate
Échangeur avec péage
Gebühren und Anschlussstelle
Enlace con peaje

CHIARAVALLE

Denominazione di area di parcheggio
Name of the car park
Nom de parc de stationnement
Name der Parkplatz
Nombre del área de aparcamiento

Svincolo senza pedaggio
Free junction
Échangeur sans péage
Gebührenfreie und Anschlussstelle
Enlace libre

Area di parcheggio
Car park
Parc de stationnement
Parkplatz
Aparcamiento

Indicazione di itinerario autostradale
Motorway indication sign
Panneau indicant itinéraire autoroutier
Hinweis zur Autobahnrundfahrt
Señalación de recorrido en autopista

28.5

Distanze chilometriche tra aree di servizio
Distances in kilometres between service areas
Kilométrage entre aires de service
Kilometrierung zwischen Raststätten/Tankstellen
Distancias kilométricas entre áreas de servicio

Indicazione di itinerario stradale
Road indication sign
Panneau indiquant itinéraire routier
Hinweis zur Strassenrundfahrt
Señalación de recorrido en carretera

0.0   759.6

Progressive chilometriche nei due sensi
Cumulative distances (km) in both directions
Distances progressives (km) en les deux senses
Progressive Entfernungen (km) in beiden Richtungen
Señalación progresiva kilométrica en los dos sentidos

Altri segni / Other signs / Autres signes / Sonstige Zeichen / Otros signos

Rifornimento carburante
Petrol station
Point de ravitaillement en carburants
Tankstelle
Suministro combustible

Informazioni turistiche
Tourist information
Informations touristiques
Touristische Informationen
Informaciones turísticas

Rifornimento gas (G.P.L.)
L.P.G. station
Point de ravitaillement en gaz (G.P.L.)
Tankstelle Flüssiggas
Suministro gas (G.P.L.)

Bancomat
Bancomat (Cash dispenser)
Bancomat (Distributeur aut. de billets de banque)
Bancomat (Geldautomat)
Bancomat (Distribuidor aut. de billetes de banco)

Rifornimento metano
Methane gas filling station
Point de ravitaillement en méthane
Erdgas-Tankstelle
Suministro metano

Cambio valuta
Exchange
Bureau de change
Wechsel
Cambio

Officina meccanica
Repair service
Atelier de réparation
Werkstatt
Taller mecánico

Servizi per disabili
Facilities for the disabled
Services pour voyageurs handicapés
Dienste für Behinderte
Servicios para viajeros discapacitados

Servizio assistenza stradale
Road assistance
Service Assistance Routière
Pannendienst
Servicio asistencia caminera

Nursery
Nursery
Nursery
Kinderspielraum
Guardería infantil

Soccorso sanitario
First aid
Secours sanitaire
Erstehilfestelle
Asistencia sanitaria

Fax
Fax
Fax
Fax
Fax

Market
Market
Market
Market
Market

Punto blu
Punto blu (Motorway service and information)
Punto blu (Informations et services autoroutes)
Punto blu (Autobahn Auskünfte und Service)
Punto blu (Informaciones y servicios autopistas)

Snack Bar
Snack Bar
Snack Bar
Snack Bar
Snack Bar

Parcheggio
Parking
Parking
Parkplatz
Aparcamiento

Ristorante
Restaurant
Restaurant
Restaurant
Restaurante

Area attrezzata per picnic
Picnic site
Emplacement de pique-nique
Picknickplatz
Zona de comidas campestres

Motel
Motel
Motel
Motel
Motel

Servizi igienici
Toilet
Toilette
Öffentliche Toilette
Retrete

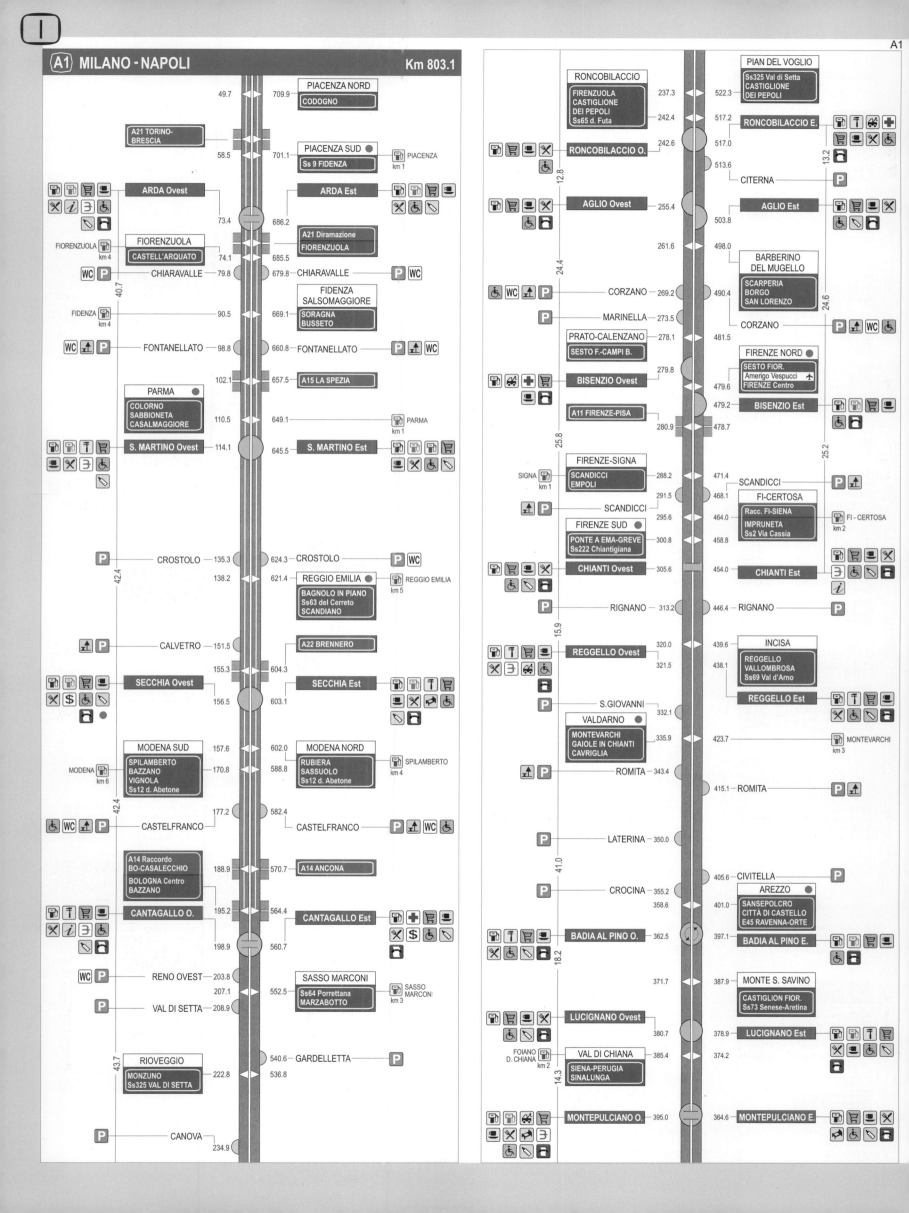

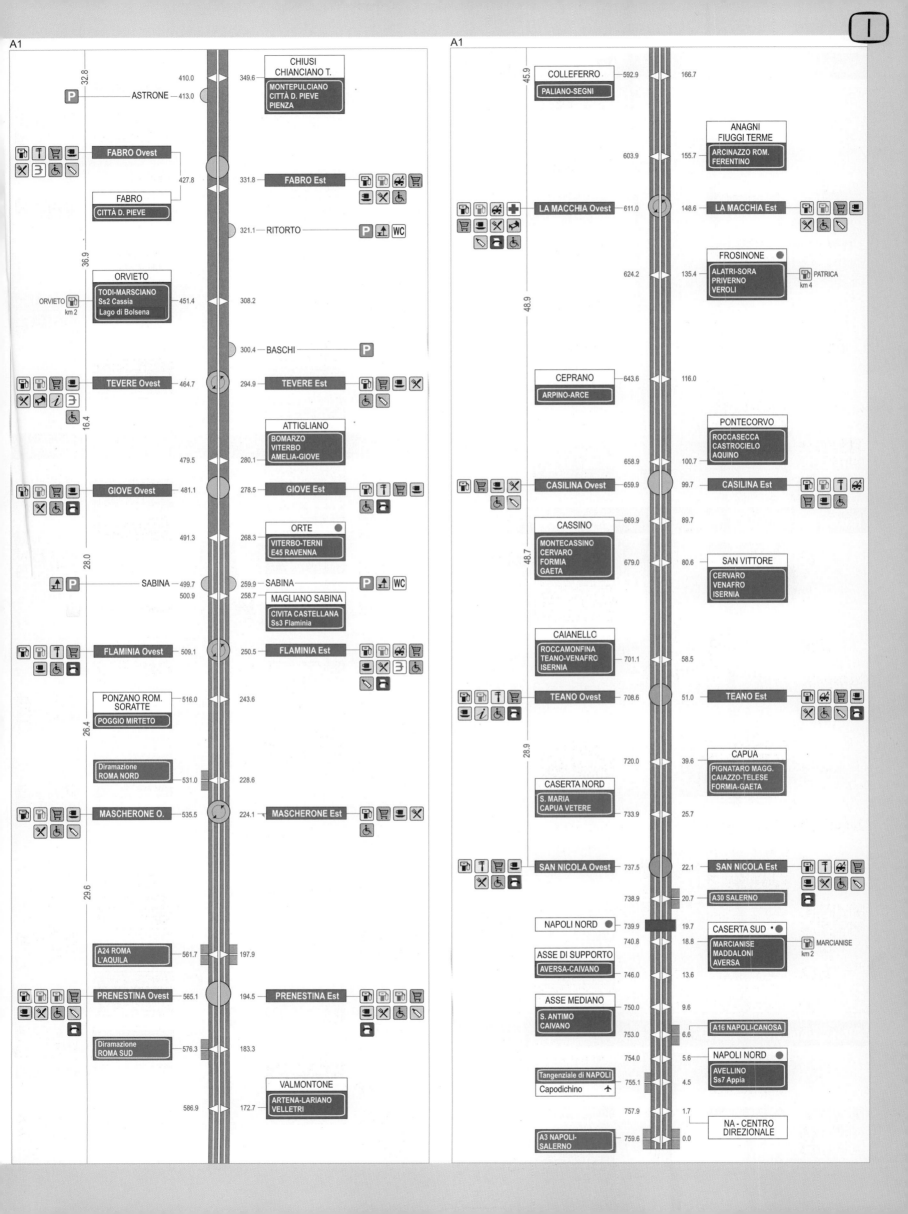

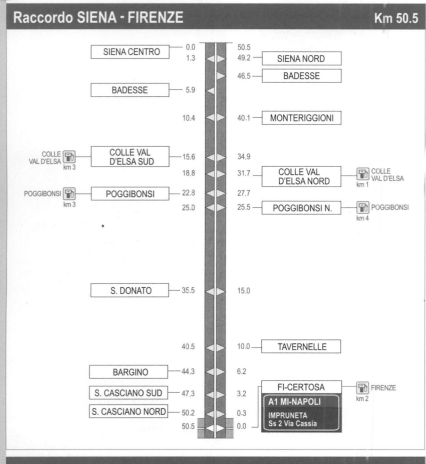

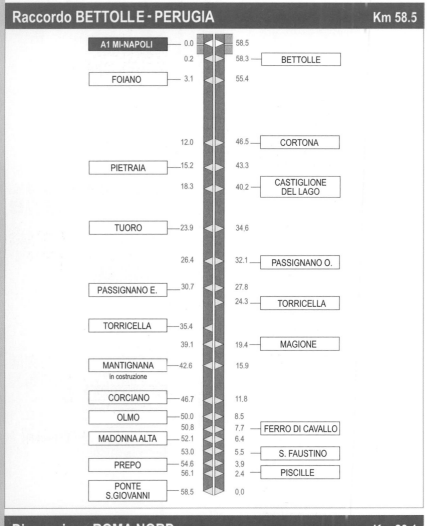

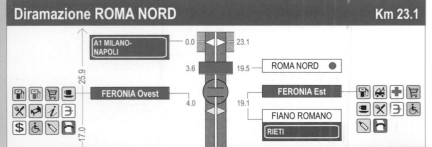

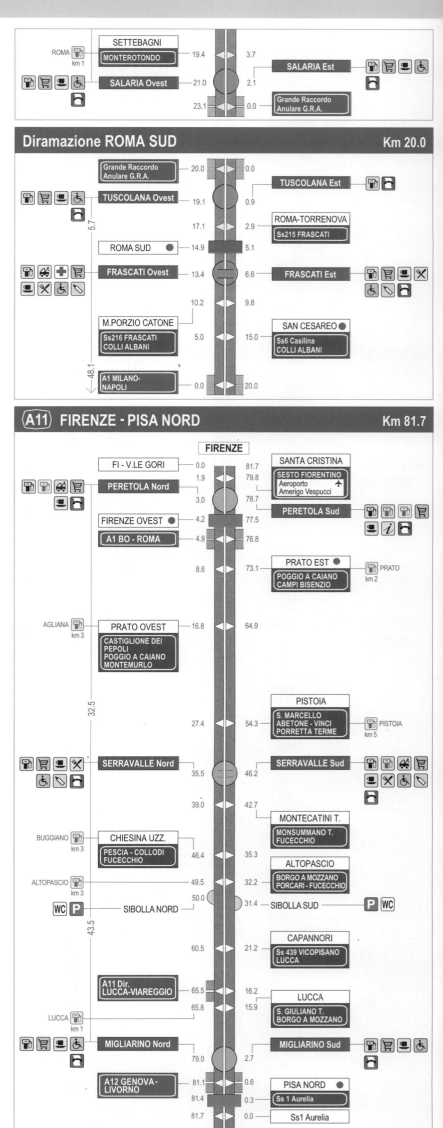

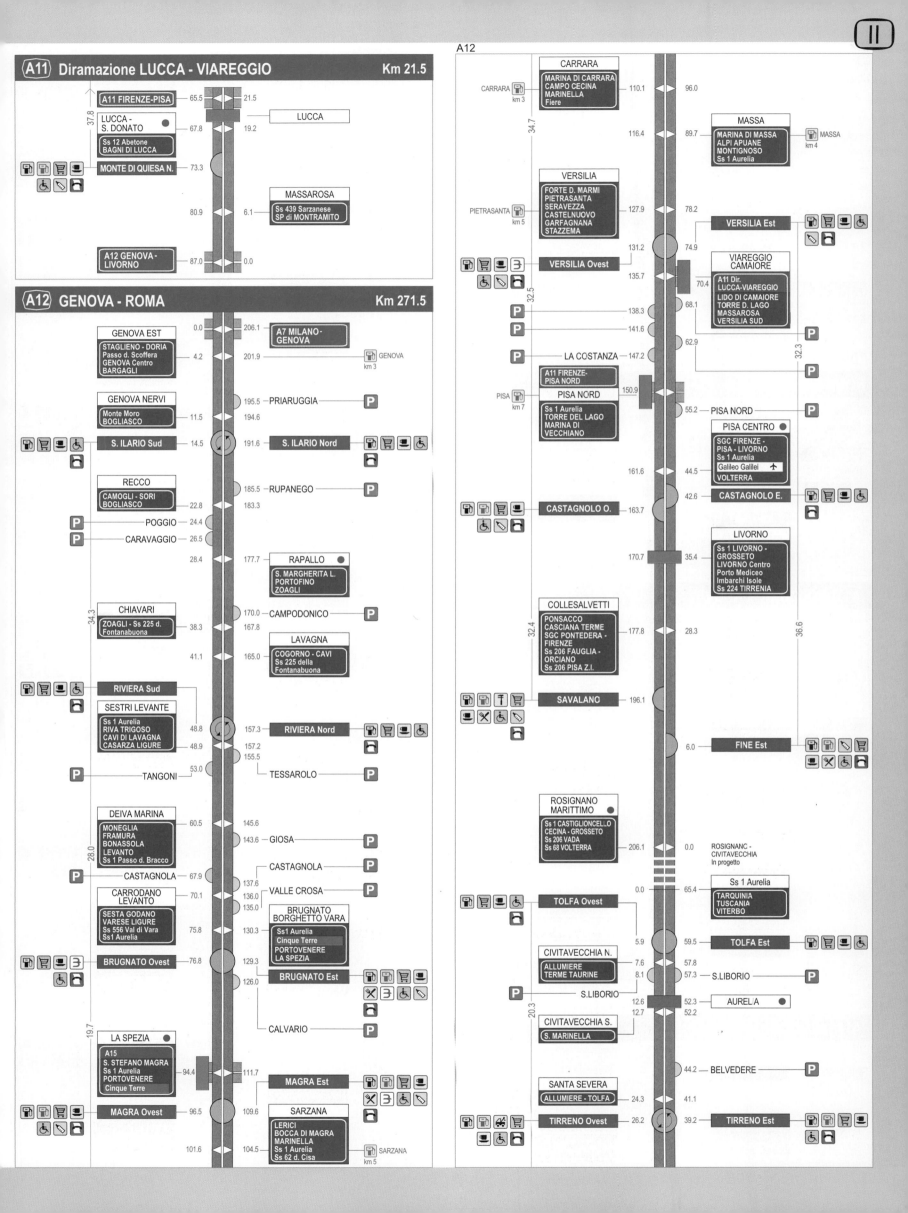

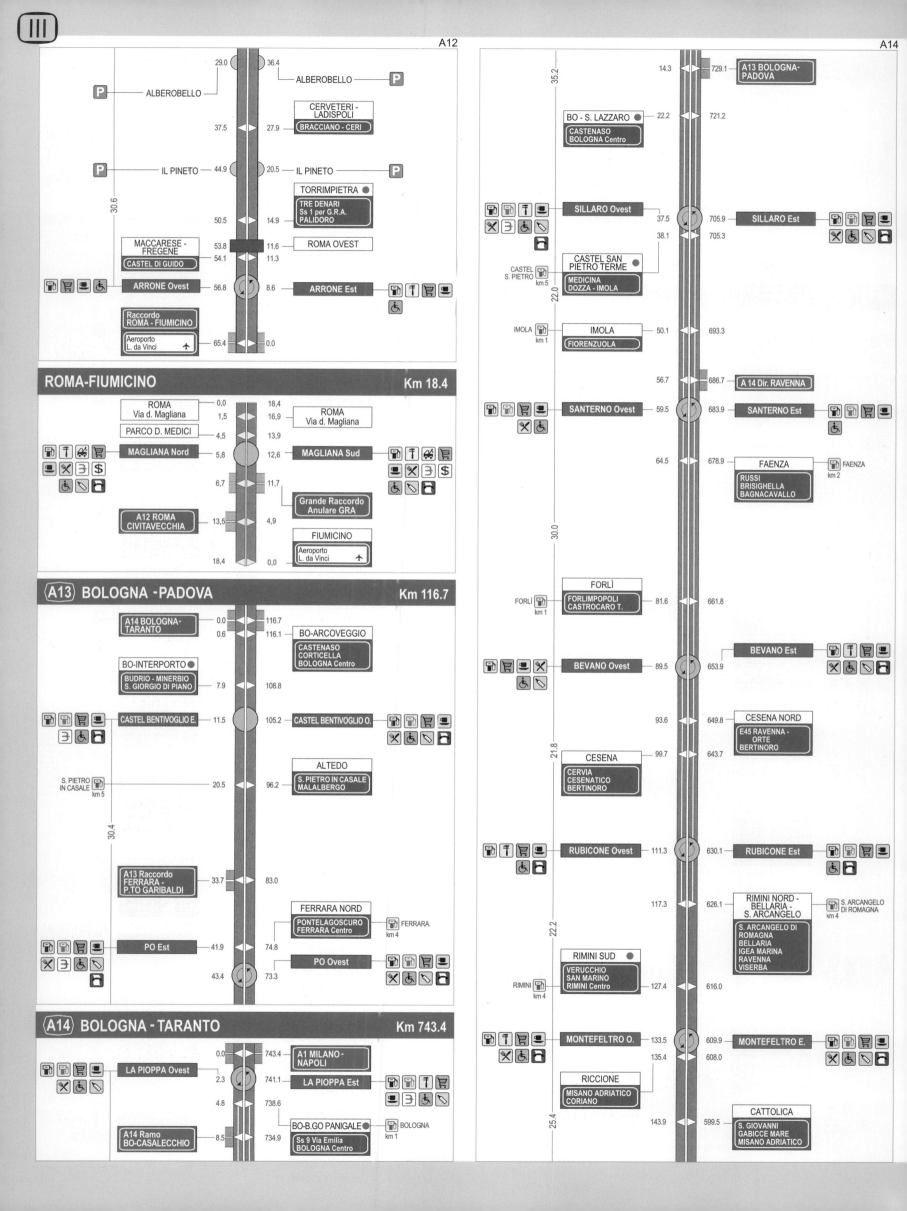

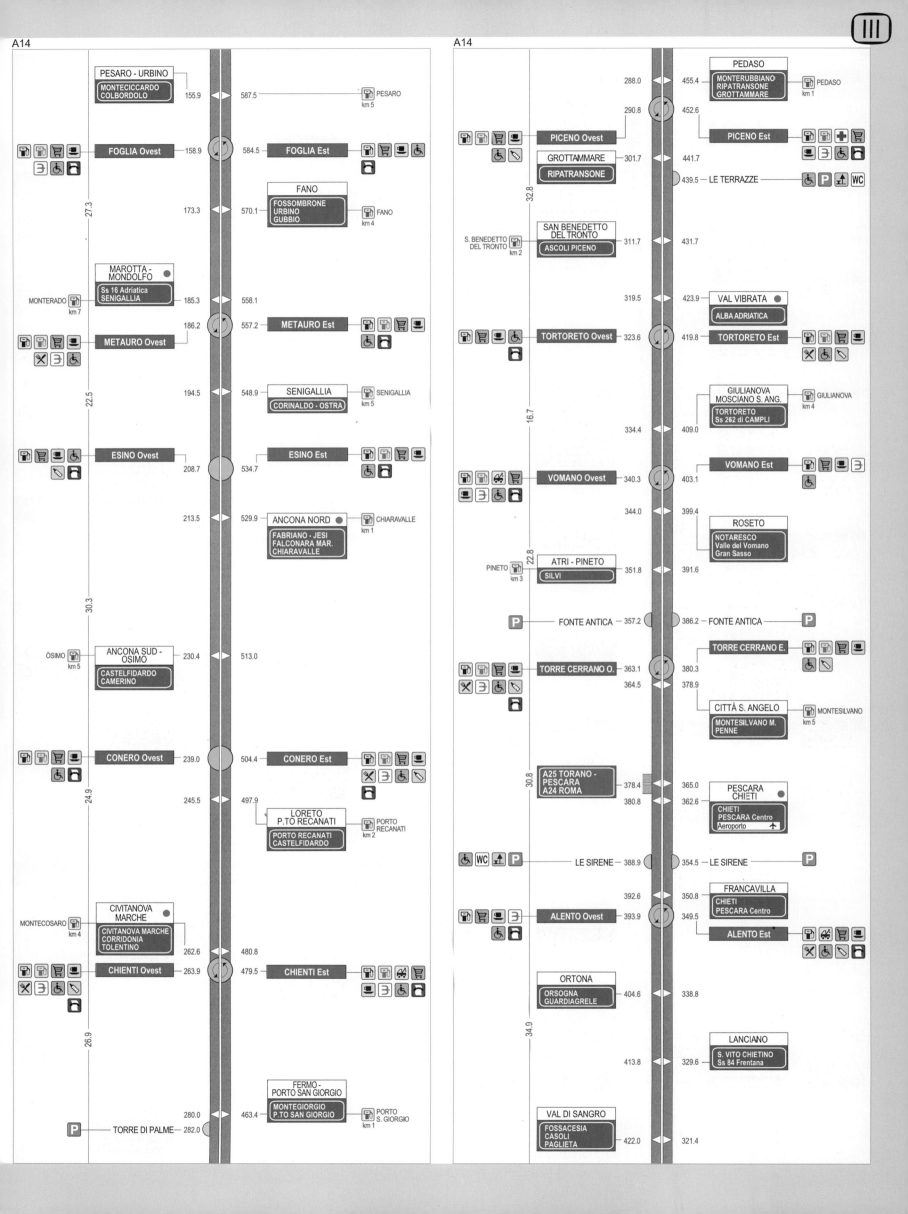

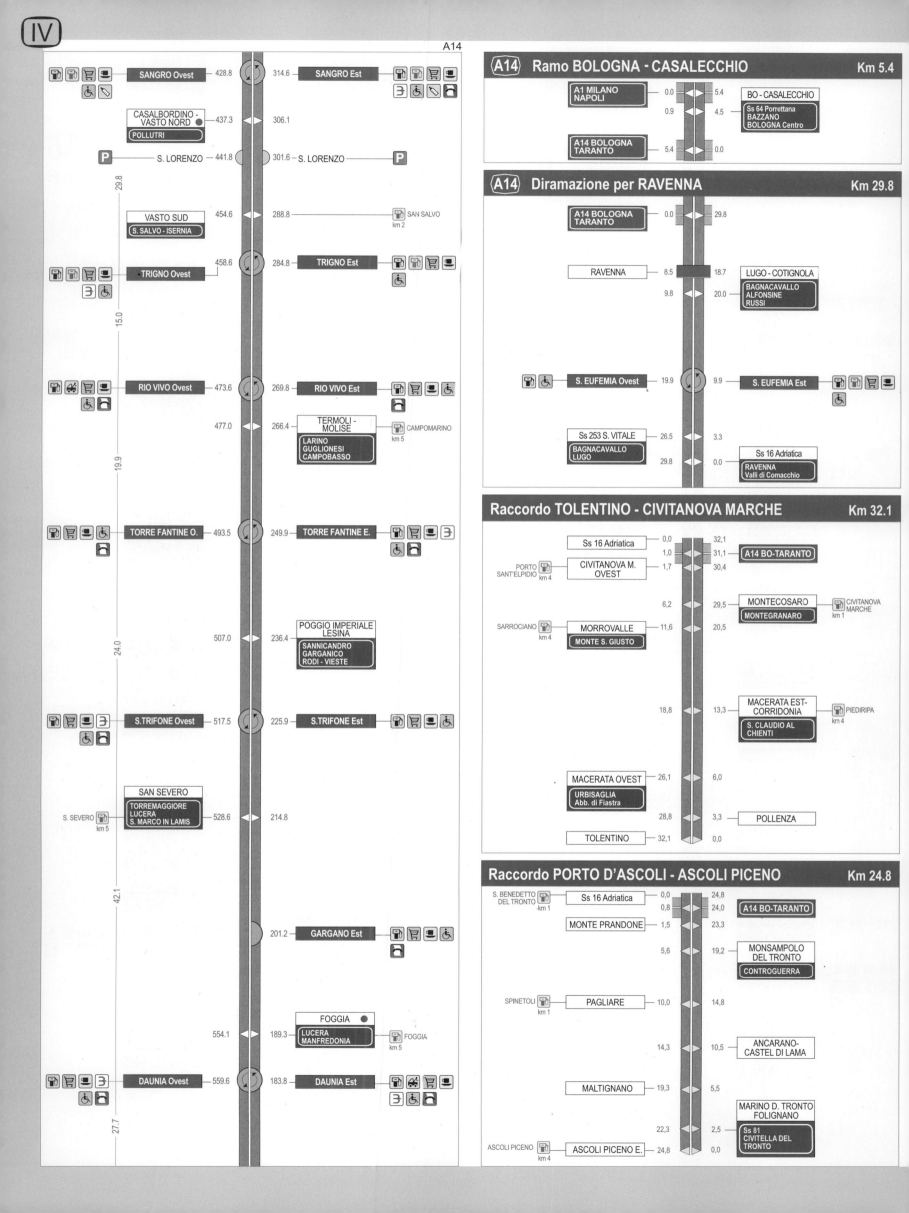

SANGRO Ovest — 428.8 | 314.6 — SANGRO Est

CASALBORDINO - VASTO NORD ● — 437.3 | 306.1
POLLUTRI

S. LORENZO — 441.8 | 301.6 — S. LORENZO

29.8

VASTO SUD — 454.6 | 288.8 — SAN SALVO km 2
S. SALVO - ISERNIA

TRIGNO Ovest — 458.6 | 284.8 — TRIGNO Est

15.0

RIO VIVO Ovest — 473.6 | 269.8 — RIO VIVO Est

477.0 | 266.4 — TERMOLI - MOLISE — CAMPOMARINO km 5
LARINO
GUGLIONESI
CAMPOBASSO

19.9

TORRE FANTINE O. — 493.5 | 249.9 — TORRE FANTINE E.

POGGIO IMPERIALE LESINA — 507.0 | 236.4
SANNICANDRO
GARGANICO
RODI - VIESTE

24.0

S.TRIFONE Ovest — 517.5 | 225.9 — S.TRIFONE Est

SAN SEVERO
TORREMAGGIORE
LUCERA
S. MARCO IN LAMIS — 528.6 | 214.8
S. SEVERO km 5

42.1

201.2 — GARGANO Est

FOGGIA ●
LUCERA
MANFREDONIA — 554.1 | 189.3 — FOGGIA km 5

DAUNIA Ovest — 559.6 | 183.8 — DAUNIA Est

27.7

A14 Ramo BOLOGNA - CASALECCHIO — Km 5.4

A1 MILANO NAPOLI — 0.0 | 5.4 — BO - CASALECCHIO
0.9 | 4.5 — Ss 64 Porrettana / BAZZANO / BOLOGNA Centro
A14 BOLOGNA TARANTO — 5.4 | 0.0

A14 Diramazione per RAVENNA — Km 29.8

A14 BOLOGNA TARANTO — 0.0 | 29.8
RAVENNA — 8.5 | 18.7 — LUGO - COTIGNOLA
9.8 | 20.0 — BAGNACAVALLO / ALFONSINE / RUSSI
S. EUFEMIA Ovest — 19.9 | 9.9 — S. EUFEMIA Est
Ss 253 S. VITALE — 26.5 | 3.3
BAGNACAVALLO LUGO — 29.8 | 0.0 — Ss 16 Adriatica / RAVENNA / Valli di Comacchio

Raccordo TOLENTINO - CIVITANOVA MARCHE — Km 32.1

Ss 16 Adriatica — 0,0 | 32,1
1,0 | 31,1 — A14 BO-TARANTO
CIVITANOVA M. OVEST — 1,7 | 30,4 — PORTO SANT'ELPIDIO km 4
6,2 | 29,5 — MONTECOSARO / MONTEGRANARO — CIVITANOVA MARCHE km 1
MORROVALLE — 11,6 | 20,5 — MONTE S. GIUSTO — SARROCIANO km 4
18,8 | 13,3 — MACERATA EST- CORRIDONIA / S. CLAUDIO AL CHIENTI — PIEDIRIPA km 4
MACERATA OVEST — 26,1 | 6,0
URBISAGLIA Abb. di Fiastra
28,8 | 3,3 — POLLENZA
TOLENTINO — 32,1 | 0,0

Raccordo PORTO D'ASCOLI - ASCOLI PICENO — Km 24.8

S. BENEDETTO DEL TRONTO km 1 — Ss 16 Adriatica — 0,0 | 24,8
0,8 | 24,0 — A14 BO-TARANTO
MONTE PRANDONE — 1,5 | 23,3
5,6 | 19,2 — MONSAMPOLO DEL TRONTO / CONTROGUERRA
SPINETOLI km 1 — PAGLIARE — 10,0 | 14,8
14,3 | 10,5 — ANCARANO- CASTEL DI LAMA
MALTIGNANO — 19,3 | 5,5
22,3 | 2,5 — MARINO D. TRONTO / FOLIGNANO / Ss 81 / CIVITELLA DEL TRONTO
ASCOLI PICENO km 4 — ASCOLI PICENO E. — 24,8 | 0,0

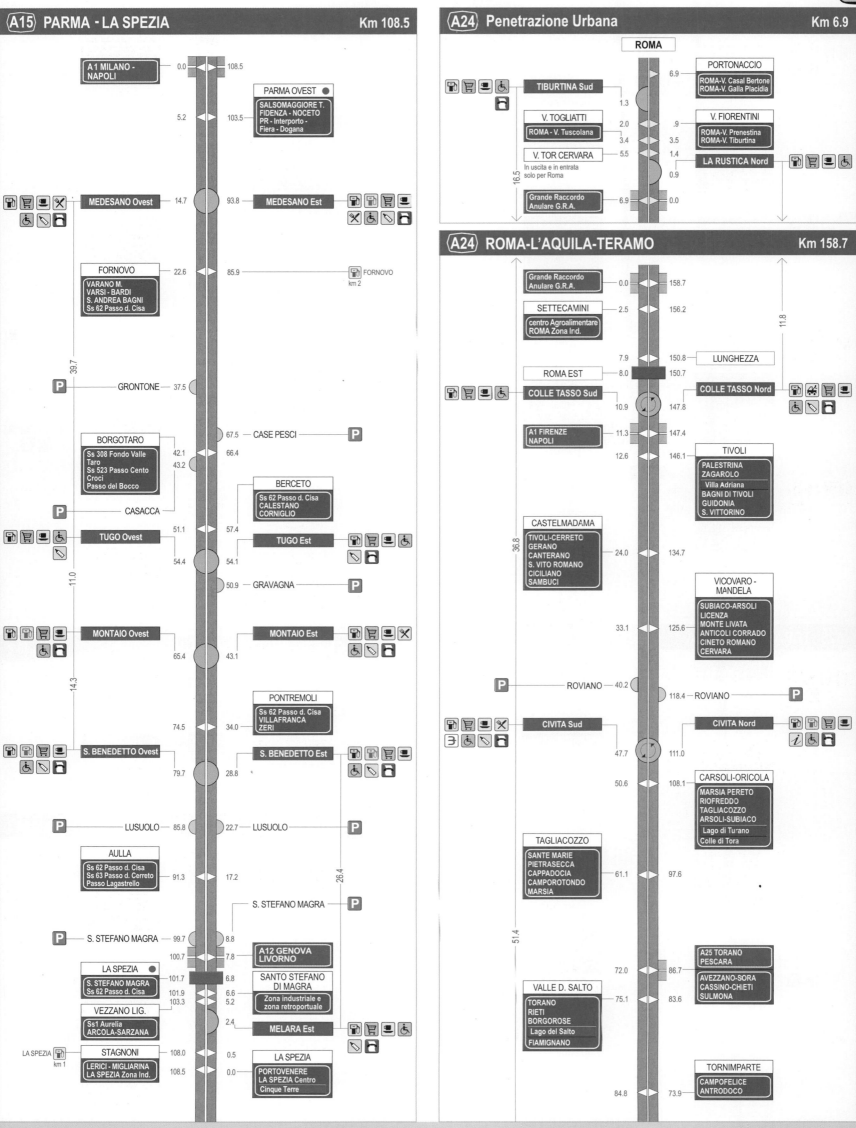

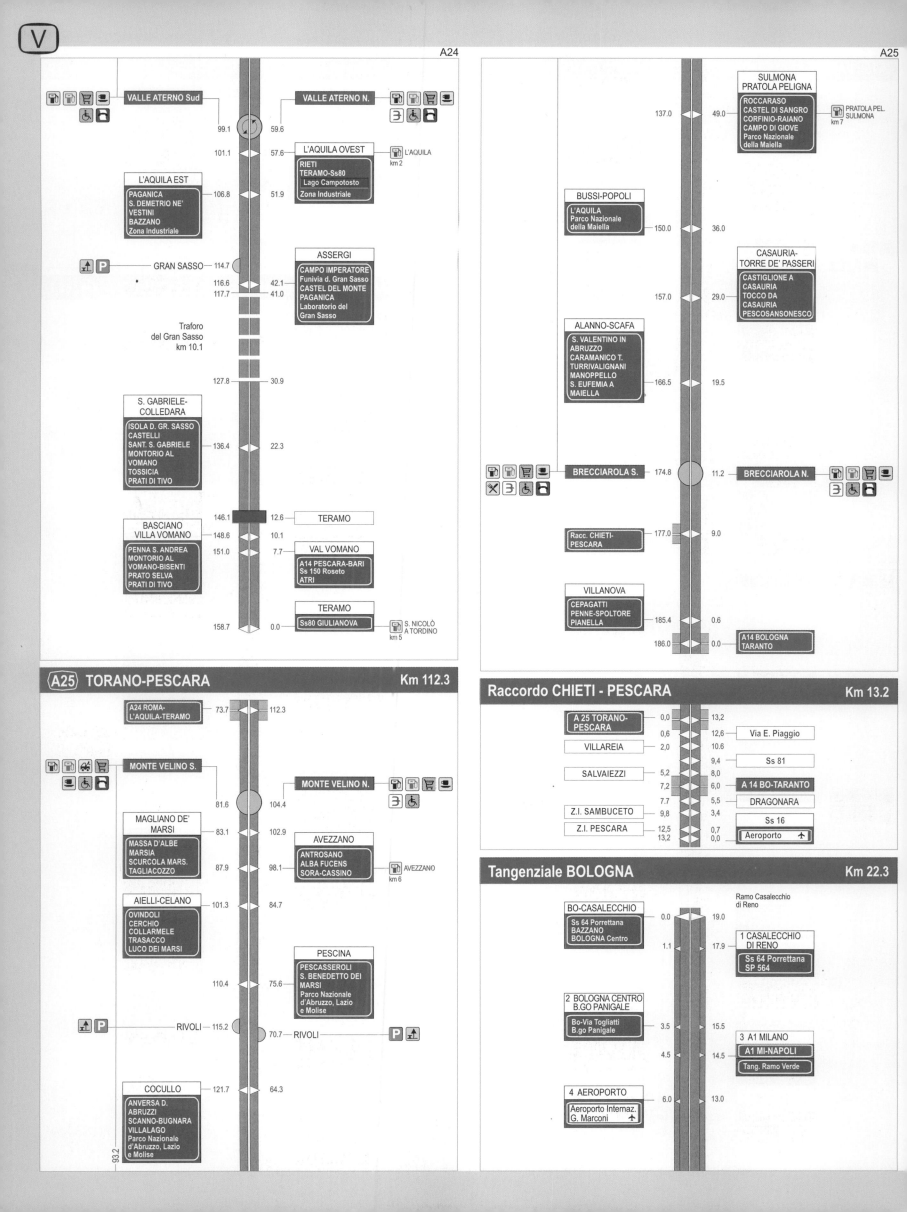

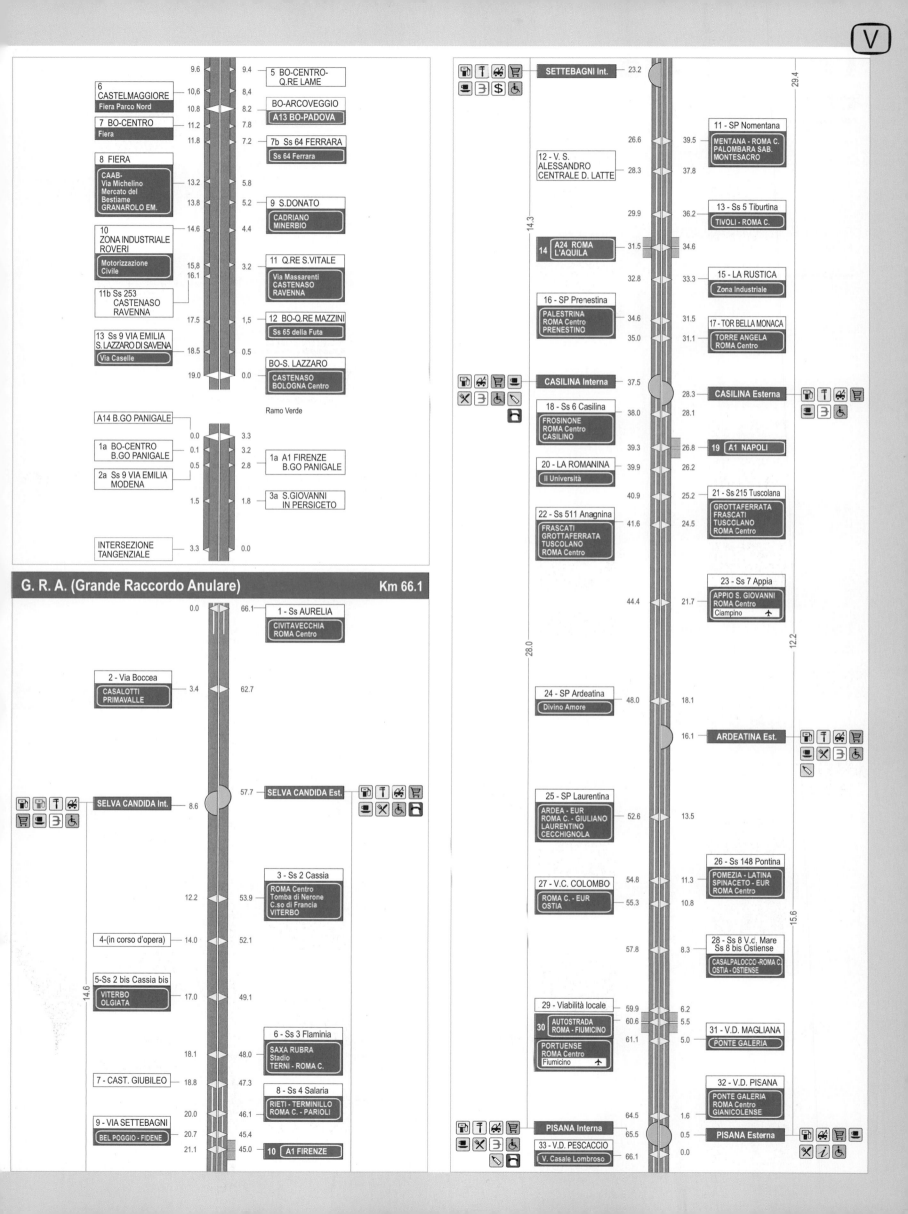

6 CASTELMAGGIORE — Fiera Parco Nord — 9.6 / 9.4 / 10,6 / 8,4 / 10.8 / 8.2

5 BO-CENTRO-Q.RE LAME

7 BO-CENTRO — Fiera — 11.2 / 7.8

BO-ARCOVEGGIO — A13 BO-PADOVA

11.8 / 7.2

7b Ss 64 FERRARA — Ss 64 Ferrara

8 FIERA — CAAB-Via Michelino Mercato del Bestiame GRANAROLO EM. — 13.2 / 5.8 / 13.8 / 5.2

9 S.DONATO — CADRIANO MINERBIO

10 ZONA INDUSTRIALE ROVERI — Motorizzazione Civile — 14.6 / 4.4 / 15,8 / 3.2 / 16.1

11 Q.RE S.VITALE — Via Massarenti CASTENASO RAVENNA

11b Ss 253 CASTENASO RAVENNA — 17.5 / 1,5

12 BO-Q.RE MAZZINI — Ss 65 della Futa

13 Ss 9 VIA EMILIA S. LAZZARO DI SAVENA — Via Caselle — 18.5 / 0.5

19.0 / 0.0

BO-S. LAZZARO — CASTENASO BOLOGNA Centro

Ramo Verde

A14 B.GO PANIGALE

1a BO-CENTRO B.GO PANIGALE — 0.0 / 3.3 / 0.1 / 3.2

2a Ss 9 VIA EMILIA MODENA — 0.5 / 2.8

1a A1 FIRENZE B.GO PANIGALE

1.5 / 1.8

3a S.GIOVANNI IN PERSICETO

INTERSEZIONE TANGENZIALE — 3.3 / 0.0

G. R. A. (Grande Raccordo Anulare) — Km 66.1

0.0 / 66.1

1 - Ss AURELIA — CIVITAVECCHIA ROMA Centro

2 - Via Boccea — CASALOTTI PRIMAVALLE — 3.4 / 62.7

SELVA CANDIDA Int. — 8.6 / 57.7 — **SELVA CANDIDA Est.**

3 - Ss 2 Cassia — ROMA Centro Tomba di Nerone C.so di Francia VITERBO — 12.2 / 53.9

4 -(in corso d'opera) — 14.0 / 52.1

14.6

5-Ss 2 bis Cassia bis — VITERBO OLGIATA — 17.0 / 49.1

6 - Ss 3 Flaminia — SAXA RUBRA Stadio TERNI - ROMA C. — 18.1 / 48.0

7 - CAST. GIUBILEO — 18.8 / 47.3

8 - Ss 4 Salaria — RIETI - TERMINILLO ROMA C. - PARIOLI — 20.0 / 46.1

9 - VIA SETTEBAGNI — BEL POGGIO - FIDENE — 20.7 / 45.4 / 21.1 / 45.0

10 A1 FIRENZE

SETTEBAGNI Int. — 23.2

11 - SP Nomentana — MENTANA - ROMA C. PALOMBARA SAB. MONTESACRO — 26.6 / 39.5

12 - V. S. ALESSANDRO CENTRALE D. LATTE — 28.3 / 37.8

13 - Ss 5 Tiburtina — TIVOLI - ROMA C. — 29.9 / 36.2

14.3

14 A24 ROMA L'AQUILA — 31.5 / 34.6

15 - LA RUSTICA — Zona Industriale — 32.8 / 33.3

16 - SP Prenestina — PALESTRINA ROMA Centro PRENESTINO — 34.6 / 31.5

17 - TOR BELLA MONACA — TORRE ANGELA ROMA Centro — 35.0 / 31.1

CASILINA Interna — 37.5 / 28.3 — **CASILINA Esterna**

18 - Ss 6 Casilina — FROSINONE ROMA Centro CASILINO — 38.0 / 28.1

19 A1 NAPOLI — 39.3 / 26.8

20 - LA ROMANINA — II Università — 39.9 / 26.2

21 - Ss 215 Tuscolana — GROTTAFERRATA FRASCATI TUSCOLANO ROMA Centro — 40.9 / 25.2

22 - Ss 511 Anagnina — FRASCATI GROTTAFERRATA TUSCOLANO ROMA Centro — 41.6 / 24.5

23 - Ss 7 Appia — APPIO S. GIOVANNI ROMA Centro — Ciampino ✈ — 44.4 / 21.7

28.0 / 12.2

24 - SP Ardeatina — Divino Amore — 48.0 / 18.1

ARDEATINA Est. — 16.1

25 - SP Laurentina — ARDEA - EUR ROMA C. - GIULIANO LAURENTINO CECCHIGNOLA — 52.6 / 13.5

26 - Ss 148 Pontina — POMEZIA - LATINA SPINACETO - EUR ROMA Centro

27 - V.C. COLOMBO — ROMA C. - EUR OSTIA — 54.8 / 11.3 / 55.3 / 10.8

15.6

28 - Ss 8 V.c. Mare Ss 8 bis Ostiense — CASALPALOCCO -ROMA C. OSTIA - OSTIENSE — 57.8 / 8.3

29 - Viabilità locale — 59.9 / 6.2

30 AUTOSTRADA ROMA - FIUMICINO — PORTUENSE ROMA Centro Fiumicino ✈ — 60.6 / 5.5 / 61.1 / 5.0

31 - V.D. MAGLIANA — PONTE GALERIA

32 - V.D. PISANA — PONTE GALERIA ROMA Centro GIANICOLENSE — 64.5 / 1.6

PISANA Interna — 65.5 / 0.5 — **PISANA Esterna**

33 - V.D. PESCACCIO — V. Casale Lombroso — 66.1 / 0.0

Cartografia stradale

Scala/Scale/Échelle/Maßstab/Escala
1:200000 (1 cm = 2 km)

0   2   4   6   8   10 km

Legenda/Key/Légende/ Zeichenerklärung/Signos convencionales

Orte

Autostrada a carreggiate separate, stazione e svincolo, area di servizio, stazione a barriera
Motorway with dual carriageway, junction and toll gate, service area, toll barrier
Autoroute à chaussées séparées, échangeur avec péage, aire de service, barrière de péage
Zweibahnige Autobahn, Gebühren- und Anschlussstelle, Raststätte/Tankstelle, Gebührenstelle
Autopista de dos calzadas separadas, enlaces con peaje, área de servicio, barrera de peaje

Autostrada a carreggiata unica
Motorway with single carriageway
Autoroute à une seule chaussée
Einbahnige Autobahn
Autopista con calzada única

Strada di grande comunicazione: a quattro corsie, larga o media, stretta; asfaltata
Primary route: four lanes, wide or medium, narrow; sealed
Route à grande circulation: à quatre voies, large ou moyenne, étroite; revêtue
Fernverkehrsstrasse: vierspurige, breite oder mittlere, enge; mit Asphaltbelag
Carretera principal: cuatro carriles, ancha o mediana, estrecha; asfaltada

Strada di interesse regionale: a quattro corsie, larga o media, stretta; asfaltata
Regional connecting road: four lanes, wide or medium, narrow; sealed
Route de liaison régionale: à quatre voies, large ou moyenne, étroite; revêtue
Regionale Verbindungsstrasse: vierspurige, breite oder mittlere, enge; mit Asphaltbelag
Carretera de enlace regional: cuatro carriles, ancha o mediana, estrecha; asfaltada

Altre strade
Other roads
Autres routes
Sonstige Strassen
Otras carreteras

Strada non asfaltata di importante collegamento
Important unsealed road
Importante voie de liaison non revêtue
Wichtige Verbindungsstrasse ohne Asphaltbelag
Carretera de enlace importante sin asfaltar

Strada praticabile con difficoltà
Road praticable with difficulty
Route praticable avec difficulté
Schwierig befahrbare Strasse
Carretera utilizable con dificultad

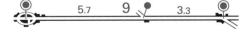

Autostrada e strade in costruzione o in progetto, strada in galleria
Motorway and roads under construction or projected, road tunnel
Autoroute et routes en construction ou en projet, tunnel routier
Autobahn und Strassen im Bau oder geplant, Strasse im Tunnel
Autopista y carreteras en construcción o en proyecto, túnel de carretera

4-7%   7-12%   +12%

Pendenze; la salita è indicata dalla direzione delle frecce
Steep hill rising in the direction of the arrows
Montées et descentes; les flèches indiquent le sens de la montée
Steigungen; die Pfeilrichtung gibt die Steigung an
Pendientes, subiendo en el sentido de las flechas

5.7   9   3.3

Distanze chilometriche parziali e totali
Part and total distances in kilometres
Kilométrage partiel et global
Abschnitts- und Gesamtstreckenkilometrierung
Distancias kilométricas parciales y totales

A1 N.141 E27

Numero di autostrada, numero di strada statale o di ex strada statale, numero di strada europea
Motorway number, national road number or ex national road number, european road number
Numéro d'autoroute, numéro de route nationale ou ex route nationale, numéro de route européenne
Autobahnnummer, Nationalstrassennummer oder Exnationalstrassennummer, Europastrassennummer
Número de autopista, número de carretera nacional o ex carretera nacional, número de carretera europea

Ferrovia a un binario, a due binari, tranvia, ferrovia a cremagliera o funicolare
Single track railway, double track railway, tramway, rack railway or funicular
Chemin de fer à une voie, à deux voies, tramway, chemin de fer à crémaillère ou funiculaire
Eingleisige und zweigleisige Eisenbahn, Strassenbahn, Zahnradbahn oder Standseilbahn
Ferrocarril de vía sencilla y doble, tranvía, ferrocarril de cremallera o funicular

Ferrovia in costruzione, ferrovia dismessa
Railway under construction, out of use railway
Chemin de fer en construction, chemin de fer hors service
Eisenbahn im Bau, Eisenbahn ausser Betrieb
Ferrocarril en construcción, ferrocarril fuera de servicio

Passaggio a livello, cavalcavia, sottopassaggio
Level crossing, road bridge and underpass
Passage à niveau, passage supérieur et passage inférieur
Bahnübergang, Uberführung und Unterführung
Paso a nivel, paso superior, paso inferior

Funivia, seggiovia, linea di navigazione
Cable railway, chair-lift, shipping line
Téléphérique, télésiège, ligne de navigation
Seilschwebebahn, Sessellift, Schiffahrtslinie
Teleférico, telesilla, línea marítima

Altri segni /Other signs/Autres signes/ Sonstige Zeichen/Otros signos

Rovine, castello, chiesa
Ruins, castle, church
Ruines, château, église
Ruine, Schloss, Kirche
Ruinas, castillo, iglesia

Albergo, monumento, campo di battaglia, cimitero
Hotel, monument, battle-field, cemetery
Hôtel, monument, champ de bataille, cimetière
Hotel, Denkmal, Schlachtfeld, Friedhof
Hotel, monumento, campo de batalla, cementerio

Aeroporto civile, aeroporto turistico
Civil airport, airfield
Aéroport civil, aérodrome
Verkehrsflughafen, Flugplatz
Aeropuerto civil, aeródromo

   ≈312

Faro, valico e quota (in metri), dogana, traghetto, golf, grotta
Lighthouse, mountain pass with altitude (in metres), custom house, car ferry, golf-course, cave
Phare, col et altitude (en mètres), douane, bac passant les autos, terrain de golf, grotte
Leuchtturm, Bergpass mit Höhenangabe (in Metern), Grenzübergang, Autofähre, Golfplatz, Höhle
Faro, puerto de montaña con su cota de altitud (en metros), aduana, transbordador para autos, campo de golf, gruta

Nomi di località /Place names/Noms de localité/ Ortsnamen/Nombre de localidades

BARI , ASTI

Capoluoghi di regione e di provincia
Regional and provincial capitals
Chefs-lieux de région et de province
Regional- und Provinzhauptstädte
Capitales de región y de provincia

URBINO Arona , Sori , Feriolo

Centri importanti, comuni e altre località
Important towns, municipalities and other places
Centres importants, communes et autres localités
Wichtige Orte, Gemeinden und Ortschaften
Centros importantes, municipios y otras localidades

Confini /Boundaries/Frontières/ Grenzen/Líneas de confín

Confini di Stato, di regione e di provincia
National and administrative boundaries
Frontières d'État et limites administratives
Staats- und Verwaltungsgrenzen
Límites de Estado y de unidades administrativas

Interesse turistico /Touristic interest/Intérêt touristique/ Touristisches Interesse/Interés turístico

Località di grande interesse, molto interessanti, interessanti
Places of particular interest, places of considerable interest, places of interest
Localités très intéressantes, localités intéressantes, localités remarquables
Besonders sehenswerte Orte, sehenswerte Orte, beachtenswerte Orte
Localidades de gran interés, muy interesantes, interesantes

Tratto di strada panoramica
Beautiful scenery
Parcours pittoresque
Landschaftlich schöne Strecke
Tramo pintoresco

Parco, riserva, area protetta
Natural park, nature reserve
Parc naturel, zone protégée
Naturpark, Naturschutzgebiet
Parque natural, zona de protección de la naturaleza

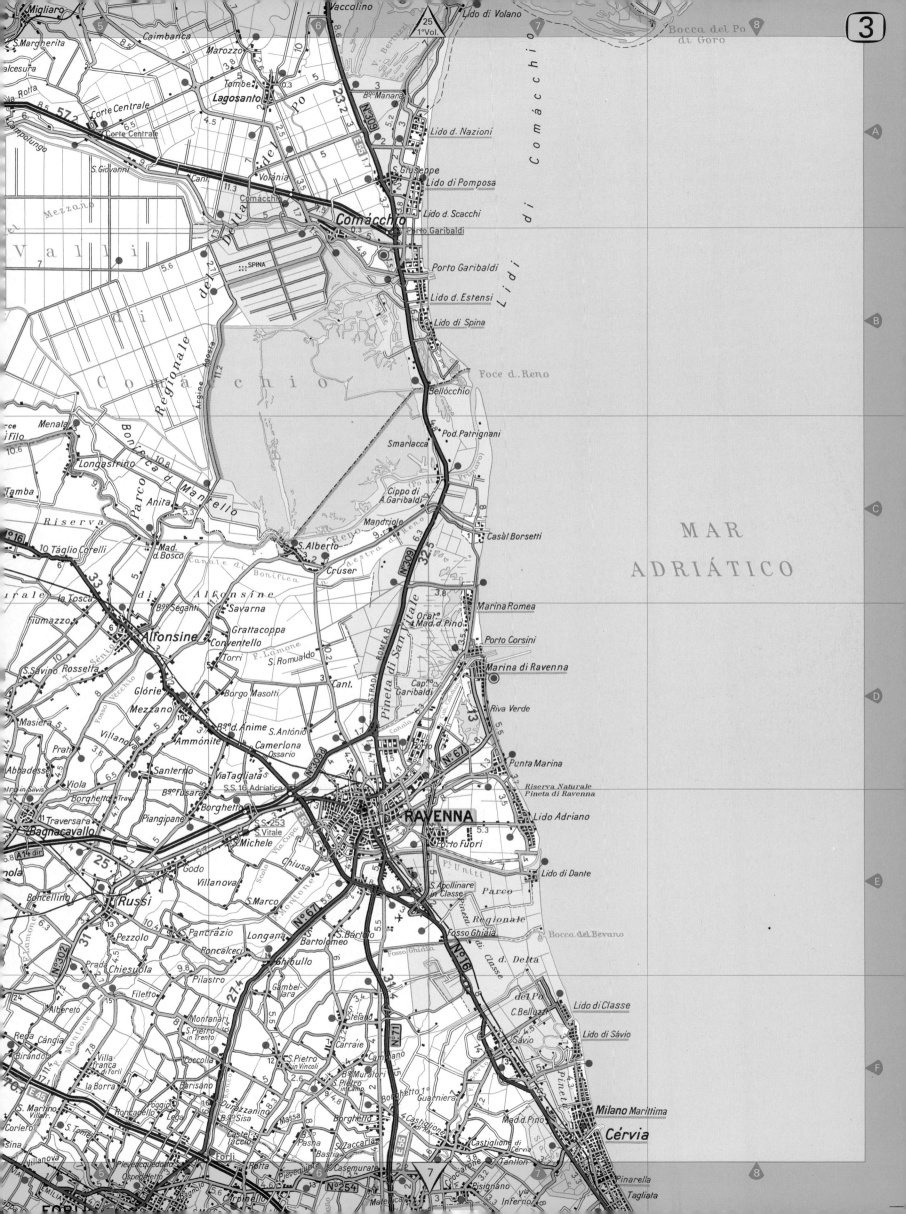

MAR

LIGURE

Parco Nazionale
dell'Arcipelago Toscano
Í. di Gorgona (Livorno)
Tʳᵉ Nuova
Tʳᵉ Vécchia Scalo
255
P. Cala Scirocco

LIVORNO

Tʳᵉ del Marzocco

Tᵉ d. Melória

Ardenza

Antignano

Calafúria

V.ᵗᵃ d. Ro.
Que

Marina di Pisa

Migliarino

S. Rosso

Massaciu

Tirrénia

Tóm

Calambrone

Parco Region
Cʰᵃ Nu
la Palazzina
F. Arno
S. Pie
a Gra

(con trasporto auto)

(con trasporto auto)

Palermo

Olbia-Bastia

Golfo Aranci (stagionale)

Í. di Capraia

Zadar
(con trasporto auto)
Dubrovnik
(con trasporto auto)
(con trasporto auto)
Kérkira-Pátra-Iráklio-El-Iskandaríya
(con trasporto auto)
Split-İzmir-İstanbul
Pireás-Bodrum-Ròdos-Iráklio-Thíra
Kérkira-Katákolo-Pireás-Míkonos-Pátmos-Iráklio
(con trasp. auto stag.)
Igoumenitsa-Pátra
(con trasporto auto)
Pireás-Haïfa

ANCONA

M A R

A D R I Á T I C O

Pian di S. Pietralacroce
Lázzaro
Tavernelle 236 M. dei Corvi
Montacuto
Scóglio d. Trave
Baráccola
Parco
Varano
Portonovo
Regionale
S. Maria di Portonovo
Poggio
Angeli del
M. Cónero
572
Massignano
416 Badia di S. Pietro
Cónero
Fonte d'Ólio
S. Biágio
Camerano
S. Lorenzo
Sirolo
Óstano
125
simo
Óstmo Stazione
56 Numana
265
Cóppo
Abbadia
Marcelli
S. Rocchetto
Svárchi
S. Sabino
199
Crocette
Campocavallo
Ossário
Castelfidardo
Musone
Scossicci
P.to Recanati
Loreto
Porto Recanati
Costa Bianca
F. Potenza
Castelnuovo
Montarice
Parr. di
Chiarino
S. Maria
in Potenza
Recanati
S. Girio
S. Leopardo
N°571
Potenza
Cappucc.
Potenza
Montecanepino
Picena
Porto Potenza
S. Firmano
Giardino
Picena
Monte
Buonaccorsi
lupone
S. Ignázio
Asola
Mad. d. Monte
Alviano
Mad. d. Pianto
Fontespina
Monte Nuovo
Monte
Civitanova Marche
S. Lucia
cósaro
Morrovalle
Civitanova M.
Alta
MACERATA
S.M.Apparente
Passionisti
S. Liberata
Civitanova M.
S.M.d. Vérgini
B° di Staz.
Montecósaro
S. Cláudio
Tródica
Civitanova
al Chienti Staz. di Morrovalle
Marche Ovest
Piedíripa
F. Chienti
Macerata Est
Montecosaro
Porto
Corridónia
Morrovalle
Cascinare
Sant'Elpidio
Villa
Corva
S. Filippo
Casette
Corridónia
Monte
d'Ete
Marina
S. Giusto
Monte
Faleriense
granaro
Tre Archi
S. Elpídio
Mácina
S. Rustico
a Mare
Casabianca
S. Lucia
Monte
Monte Marino
S. Grisógono
Monte
Urano
S. Marco
Lido di Fermo
Francavilla
Pietrángeli
d'Ete
Torre
Capodarco
S. Patrizio
N°210
Porto S. Giórgio
Villa
Campiglione
Salette
Berarde
Alteta
Rapagnano
Fermo
Cerreto
P.to S. Giórgio
FERMO
Marina Palmense

P.d.Téia

Í. di Capráia (Livorno)
270
447
M.Castello — Pórto
321 .366 — Capráia Isola
.Fortezza di
S.Giórgio
.S.Stéfano
131
P.d.Civitata
.410
M.Arpagna — Parco Nazionale
dell'Arcipélago Toscano

P.d.Zenóbito

Livorno

(con trasporto auto)

M A R   T I R R E N O

(con trasporto auto stagionale)

Bastie

(Livorno)

Í S O L A   D ' E L B A

C.d'Énfola
185
Portoferráio
Nisp
Viticcio
M.Poppe
Scagliéri — 248
Carpani — le Grotte Ottone
G. di Bíódola
C.S.Andrea S.Andrea
Marciana Marina
Zanca
Bíódola
P.Polveráia
Mad. 630
d. Monte — Redinge
Marciana — 76 S.Martino
Colle d'Orano — Póggio — Prócchio — V.ta Napoleone
600 — M.Perone — 377
960 — 630 — S.Ilario — M.Orello
1018 — in Campo — 365
P.Nera — M.Capanne — 12 — Bonalaccia
Chiessi — 10 — Lacona
592 — C a m p o — 379 M.Tambone
Pomonte — S.Pieroin — n e l l ' E l b a — S.Mamiliano — 156
Secchéto — Marina — di Campo — Mad.d.Grazie
Fetováia — C.Palombáia — C.d.Stella
Cávoli — 148 152 — Pare
P.di Fetováia — C. di Poro — Palazz
Í.Gémini

Parco Nazionale dell'Arcipélago Toscano

P.d.Marchese — Parco Nazionale
d'Arcipélago Toscano

Í. Pianosa
(Livorno)

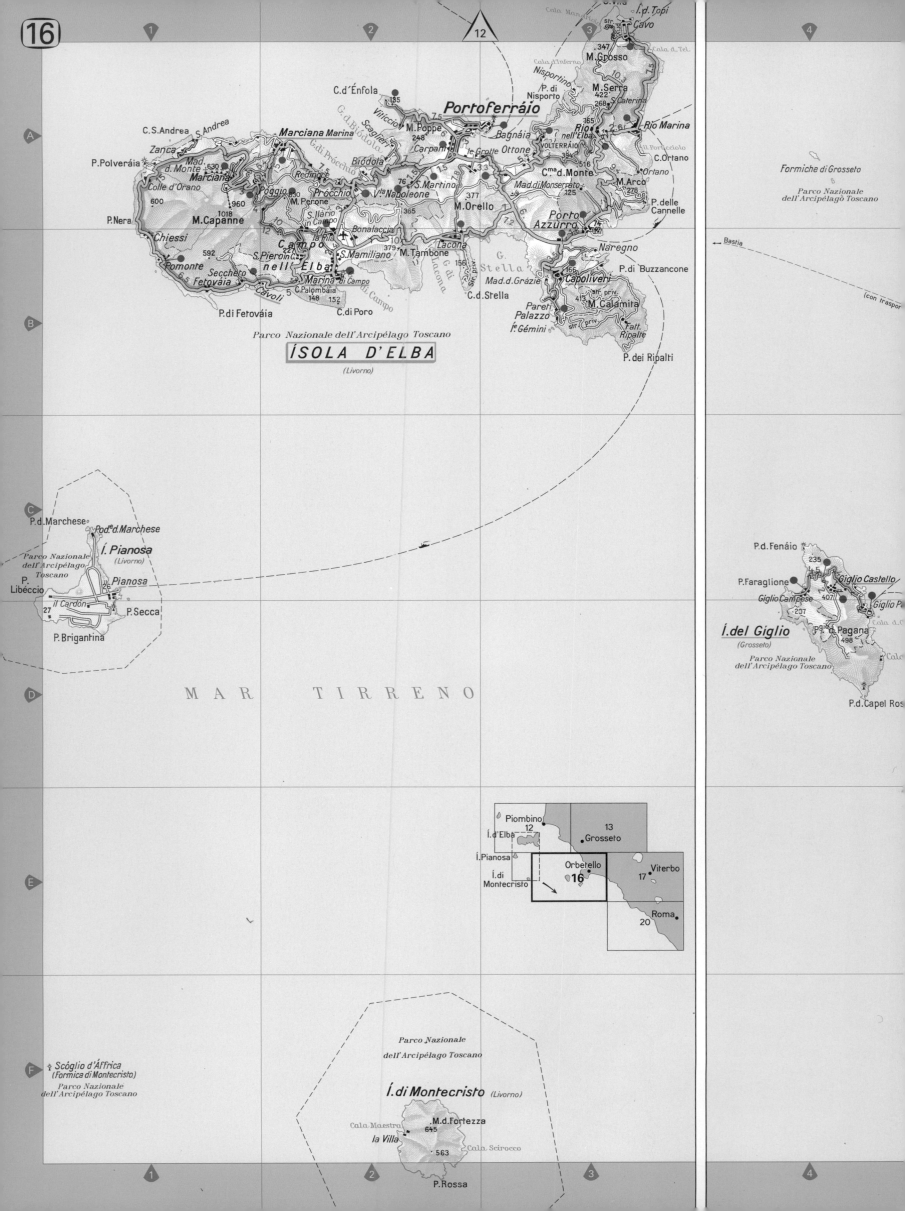

ÍSOLA D'ELBA

(Livorno)

Parco Nazionale dell'Arcipélago Toscano

Portoferráio

C.S.Andrea — S. Andrea
Zanca
P.Polveráia
Mad. d. Monte — 630
Marciana
Colle d'Orano
600 — 960
P.Nera
1018
M.Capanne
Chiessi
592
Pomonte
Secchéto
Fetováia
P.di Fetováia
Marina di Campo
C.Palombáia 148 — 152
Cávoli
C.di Poro
S.Pieroin
Campo nell'Elba
S.Mamiliano
S.Ilário in Campo
M.Perone 650
la Pila
Redinge
Prócchio
Biódola
Vitíccio
G. d.Biódola
C.d'Énfola 135
M.Poppe 248
Carpani
Bagnáia
le Grotte
Ottone
V.ta Napoleone 76
S.Martino 365
377 M.Orello
Bonalaccia 379
M.Tambone 156
Lacona
C.d.Stella
G. Stella
Mad.d.Grázie
Mad.di Monserrato 125
Cma.d.Monte 516
VOLTERRÁIO 394
Porto Azzurro 71
Narégno
Pareti
Palazzo
I.e Gémini
str priv
Capoliveri 166
M.Calámita 413
Fatt. Ripalte
P.dei Ripalti
M.Arco 278
P.delle Cannelle
C.Ortano
Ortano
Rio nell'Elba
Rio Marina
Caterina 165
M.Serra 422 268
P.di Nisporto
Nisportino
M.Grosso 347
103
Cávo
I.d.Topi

Formiche di Grosseto
Parco Nazionale dell'Arcipélagò Toscano

Bastia

(con traspor)

P.d.Marchese
Pod.e d.Marchese
Í. Pianosa
(Livorno)
Parco Nazionale dell'Arcipélago Toscano
P. Libéccio
Pianosa 26
il Cardón
27
P.Secca
P.Brigantina

P.d.Fenáio
235
P.Faraglione 45
Giglio Castello 407
Giglio Campese 207
498 S. Pagana
Í.del Giglio
(Grosseto)
Parco Nazionale dell'Arcipélago Toscano
P.d.Capel Ros

M A R   T I R R E N O

Piombino
12 — Í.d'Elba
13 — Grosseto
Í.Pianosa
Í.di Montecristo
Orbetello **16**
Viterbo 17
Roma 20

✢ Scóglio d'Áffrica
(Formíca di Montecristo)
Parco Nazionale dell'Arcipélago Toscano

Parco Nazionale dell'Arcipélago Toscano

Cala Maestra
la Villa
Í.di Montecristo (Livorno)
M.d.Fortezza 645
563
Cala Scirocco
P.Rossa

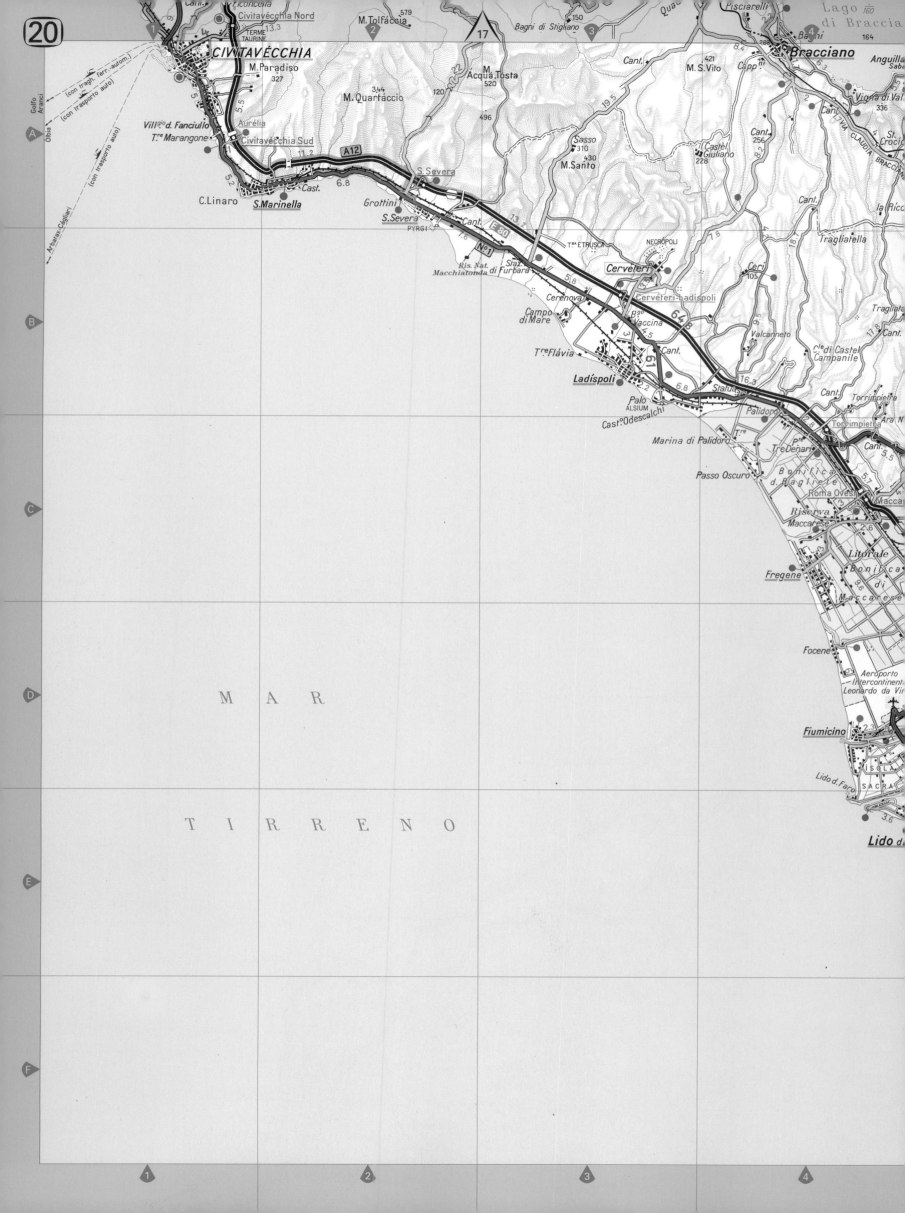

ÍSOLE TRÉMITI
Í.Pianosa
Í.S.Dómino

Í. Pianosa
Rif. d. Pescatori   Parco Nazionale
del Gargano
Ris. Marina
Ísole Tremiti

Fóggia

ADRÍATICO

Manacore
Torre di M.Pucci   Pèschici   P. di S.Nicola   Torre di Calalunga
Rodi   St. di Pèschici   Baia di Manaccora
Gargánico   42   Valazzo   Torre   Gargano   (stagionale)
Bellariva   S.M.di   Usmai   Scoglio
S.Menaio   Càlena   Mad.   Paradiso
S.Michele   207   di Loréto   Torre di Sfinale
342   271   Coppa di Fornaro   Ísola la Chianca
Cappuccini   Coppa   MERÍNUM   Spiaggia Scialmarino
Ischitella   295   dei Fossi   S.M.di Merino   Torre di Porticello
Vico   Coppa Sartágine   221   .263   P.Lunga
C. di Ventrella   del Gargano   Cava   Piscina   S.Lorenzo
M.Grande   520   Fucito   319   di Tufo   Campanàro   Faro di S.Eufèmia
M.la Tribuna   530   M.Cálena   35   Vieste
C.De Perna   485   N.89   la Pietà
Cárpino   Parchetto   Spiaggia
147   M.Iacovizzo   680   M.Nicola   M.Chiaconce lo   d.Castello
777   490   403   C.Mafrollo   Spiaggia di Pizzomunnò
M.di Mezzo   B. Sfilzi   Lido di Portonuovo
410   Foresta   C. di S.Felice
M.Vernone   794   C.Forestale   Centro turístico
648   Umbra   C.Cupari   64   Gattarella
M.di   Cant.   341   Testa del
839   Cantoniera   d'Umbra   Torre Palermo   Baia di Campi
634   Torre Palermo   832   Cala Sanguinàra
M.Iacotenente   Pietra Appesa   S.Salvatore   Portogreco
Mass.   685   385   G.ta d.Marmi
Azzarone   Baia di Pugnochiuso
M.Spigno   C.Guida   682   Cant.   Torre di Sagro   Pugnochiuso
1008   408   Coppa   Cala d.Pérgola
C.Impiombato   Valico d.Lupo   S.Tecla   G.ta d.Sogni
Mass. Armillotti   M.Sacro   Torre Autrara   M.Barone   Baia dei
Cant   872   CONVENTO   355   Gabbiani
668   Torre del Segnale
Mass.Paolino   728   Coppa Guardiola   G.ta Smeralda
641   52   5.5   Baia d.Zágare
10.5   19.3   Acqua d.Rose
Mass.   Monte S.Angelo   Mattinata
Cornello   M.degli Ángeli   M.Acuto   P.di Mattinata
272   C. Campolato   796   539
463   Ruggiano   578   P. Rossa
Grava di   541   Bivio
Campolato   Tomaiuolo   Mad. d.Libera   Grottone   la Cávola
S.Salvatore   535   S.Maria   Villággio
di Pulsano   C.Castello   d'Arcàngelo
Mass.Valente   la Pace   (stagionale)
N.89   Mass.
Torre Varcaro
Manfredónia   Castello   Golfo di Manfredónia
S.Maria   Lido di
di Siponto   Siponto
Mass. Pariti   23

DEL GARGANO

Í.Pianosa
23   24
Manfredónia
Fóggia
9 3° Vol.   10 3° Vol.
Bari

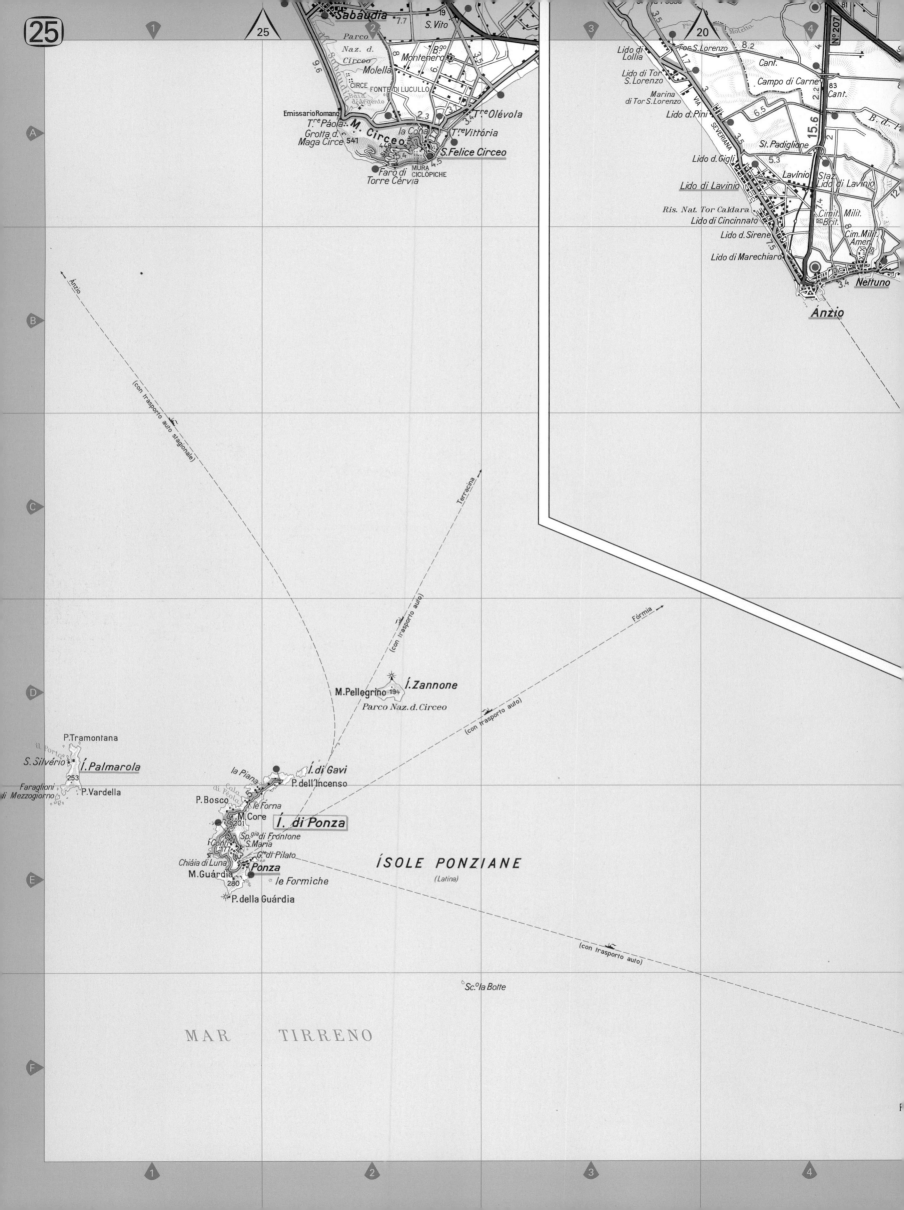

Sabáudia
S. Vito
Parco
Naz. d.
Circeo
Molella
B.go
Montenero
CIRCE
FONTE DI LUCULLO
Emissario Romano
T.re Páola
Grotta d.
Maga Circe 541
M. Circeo
la Cona
T.re Olévola
T.re Vittória
S. Felice Circeo
Faro di
Torre Cérvia
MURA
CICLÓPICHE

Lido di
Lollia
T.or S. Lorenzo
Cant.
Lido di Tor
S. Lorenzo
Campo di Carne
Cant.
Marina
di Tor S. Lorenzo
Lido d. Pini
St. Padiglione
Lido d. Gigli
Lavínio
Lido di Lavínio
Lido di Lavínio
Ris. Nat. Tor Caldara
Cimit. Milit.
Brit.
Lido di Cincinnato
Cim. Milit.
Lido d. Sirene
Amer.
Lido di Marechiaro
Nettuno
Ánzio

Ánzio
(con trasporto auto stagionale)

Terracina
(con trasporto auto)

Fórmia
(con trasporto auto)

M. Pellegrino 194
Í. Zannone
Parco Naz. d. Circeo

P. Tramontana
S. Silvério
Í. Palmarola
253
Faraglioni
di Mezzogiorno
P. Vardella
il Porto
la Piana
Í. di Gavi
P. dell'Incenso
P. Bosco
le Forna
M. Core
201
Í. di Ponza
Sp.gia di Frontone
S. Maria
G.a di Pilato
Chiáia di Luna
177
M. Guárdia
280
Ponza
le Formiche
P. della Guárdia

ÍSOLE PONZIANE
(Latina)

(con trasporto auto)

Sc.o la Botte

MAR TIRRENO

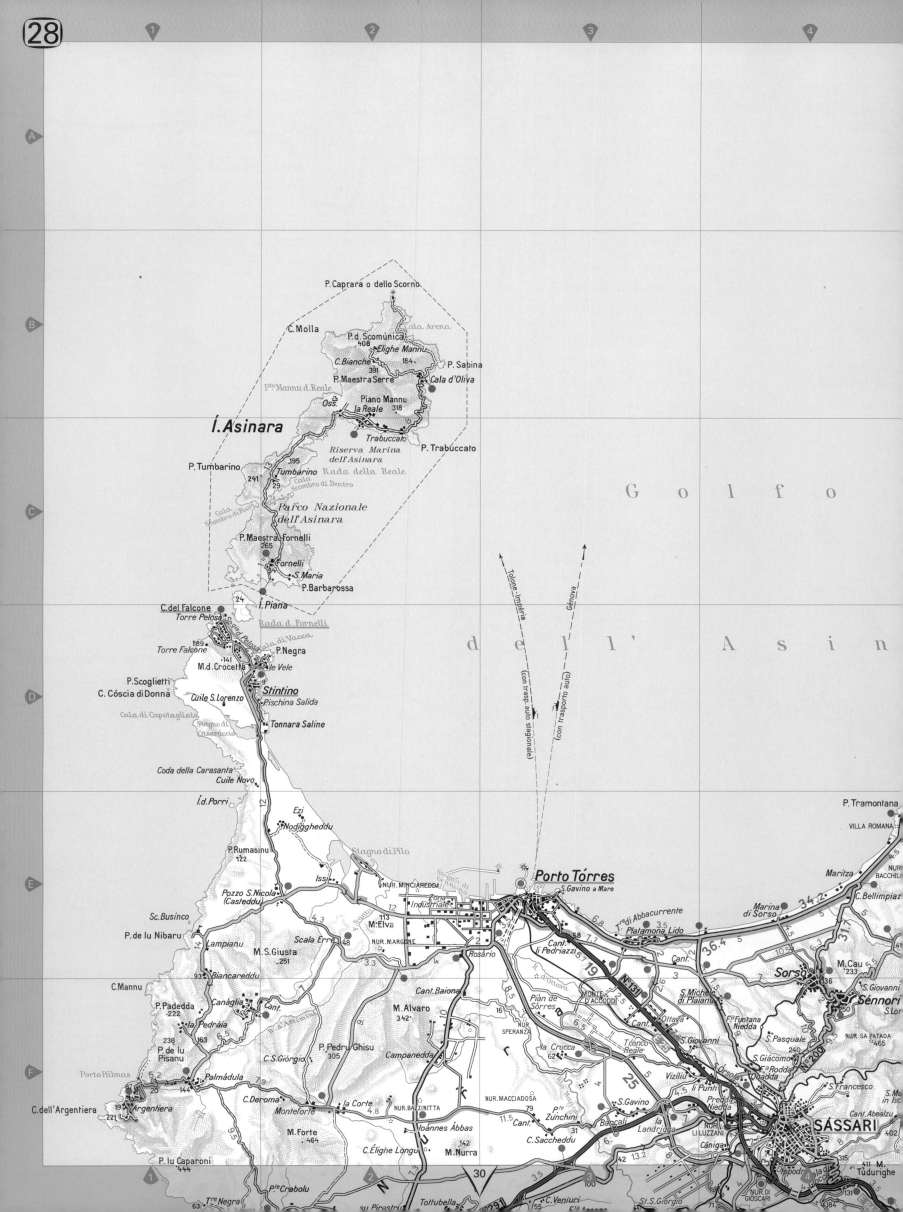

P. Caprara o dello Scorno

C. Molla

P.d. Scomúnica
408
Elighe Mannu
C. Bianche 184
391 P. Sabina
P. Maestra Serre Cala d'Oliva

Piano Mannu
Oss. la Reale 318

Í. Asinara

Trabuccato

Riserva Marina
dell'Asinara P. Trabúccato

Pto Mannu d. Reale

195 Rada della Reale
P. Tumbarino Tumbarino
241 Cala
29 Scombro di Dentro

Cala Parco Nazionale
Scombro di Fuori dell'Asinara

P. Maestra Fornelli
265

Fornelli
S. Maria
P. Barbarossa

I. Piana
C. del Falcone 24
Torre Pelosa Rada d. Fornelli
Cala di Vacca
169
Torre Falcone P. Negra
141 le Vele
M. d. Crocetta
P. Scoglietti Stintino
C. Cóscia di Donna Pischina Salida
Cuile S. Lorenzo

Cala di Capotagliato Tonnara Saline
Stagno di
Casaráccio

Coda della Carasanta
Cuile Novo

Í. d. Porri 12

Ezi
Nodiggheddu

P. Rumasinu
122 Stagno di Pilo

Issi Stagno di
Geladu
Pozzo S. Nicola NUR. MINCIAREDDA Porto Tórres
(Casteddu) S. Gavino a Mare
Zona
Sc. Businco 12 Industriale
P. de lu Nibaru 4.3 113
Lampianu M. Elva
14 Scala Érre NUR. MARGONE
M. S. Giusta 48 2
251 3.3 Rosário
93 Biancareddu
Cant.
C. Mannu Cant. Baiona
P. Padedda M. Alvaro
222 342
Canáglia Cant.
la Pedráia
238 163 6.5 P. Pedru Ghisu
P. de lu 305 Campanedda
Pisanu C. S. Giórgio
Palmádula la Corte
5.2 4.8 NUR. BAZZINITTA
C. dell'Argentiera 9 NUR. MACCIADOSA
19 20 144 C. Deroma
221 Argentiera Monteforte Ioánnes Ábbas
C. Saccheddu
P. lu Caparoni M. Forte
444 464
C. Élighe Longu M. Nurra
142

Golfo

dell' Asin

Tolone-Impéria (con trasp. auto stagionale)

Génova (con trasporto auto)

P. Tramontana

VILLA ROMANA

Maritza

NUR.
BACCHILI

Marina
di Sorso 34.2
C. Bellimpiaz
31.7
Tre di Abbacurrente
Platamona Lido
6.8 Cant.
Cant. 58 7.7 4.5
li Pedriazzi 57 M. Cau
19 N. 131 2.9 233
Sorso
25 136
S. Michele S. Giovanni
di Plaianu Sénnori
8.5 S. Lor.
Piàn de NUR. SA PATADA
Sórres 465
MONTE Cant. S. Pasquale
D'ACCODDI Ottava F.a Funtana 240
16 Niedda
S. Giovanni
la Crucca Tronco N. 200
62 Reale Vizíliu
li Punti F.a Rodda
4.5 Onadda
11.5 Cant. Orsola S. Francesco
79 S. Gavino Predda S. M
Pte Niedda in Isc
Zunchini Bancali
31 la S. Giacomo Cant. Abealzu
Landrigga NUR.
7 LI LUZZANI SÁSSARI
Cániga
315 411 M.
Tudurighe
131
NUR. DI
GIÓSCARI

MAR TIRRENO

Parco Nazionale

dell' Arcipélago

de la Maddalena

P.Galera
Becco
di Velas
Giardi-
nelli
I. Caprera
i Monaci
M. 160
Teialone
212
C. di
Garibaldi
P.Rossa
P.Rossa
I. Porco
P. Rossa
I.d. Bisce
I.d.Cappuccini
C.Ferro
P. Battistone
Báia
Sardinia
Pollu
Oualu
153
Pto Cervo
I.e di li Nibani
Liscia
di Vacca
139
Porto Páglia
M. Moro
M.Zoppu
12
197
Abbiador
ta Pevero
C.Capáccia
P. Baignoni
Romazzino
I. Mortório
Capriccioli
I.e le Câmere
I. Soffi
M. Villico
Génova
La Spézia
Portisco
P.d.Volpe
G. di
Cugnana
Livorno
Livorno
Pto Rotondo
G. di
Marinella
P.d. Canigione
P. Cugnana
Cugnana
Verde
Cant.
479
Casagliana
M.Canareddu
Marana
Cala Sabina
198
Golfo
Marinella
Faddinas
Aranci
C.Figari
M. Plebi
N.S.de su Monte
Golfo
d'Aranci
Cala Greca
P. de su Aspro
Rudalza
Olbia
I.di Figarolo
M.sa Curri
P.sa Turrita
Nodu
Pianu
Golfo
Civitavécchia
Olbia 2
SANT NURAGICO
di
CABU ABBAS
Pittulongu
Olbia
P. Timone
Cala di Levante
I.d.Bocca
P. Rúia
C.Ceraso
OLBIA
la Bianca
P. Castellaccio
510
Riserva
Marina
Padrogiano
Lido
d. Sole
218
P. Cannone
565
I. Tavolara
Porto Istana
I. Piana
Tavolara - Punta Coda Cavallo
CAST.
PEDRESO
31
Guárdia
158
I. Molarotto
Costa Dorata
I. Molara
(Sassari)
Porto
S.Páolo

(con trasporto auto)

(stag con trasp auto)

(con trasporto auto)

(con traghetto ferrov.-automot.)

Arbatax

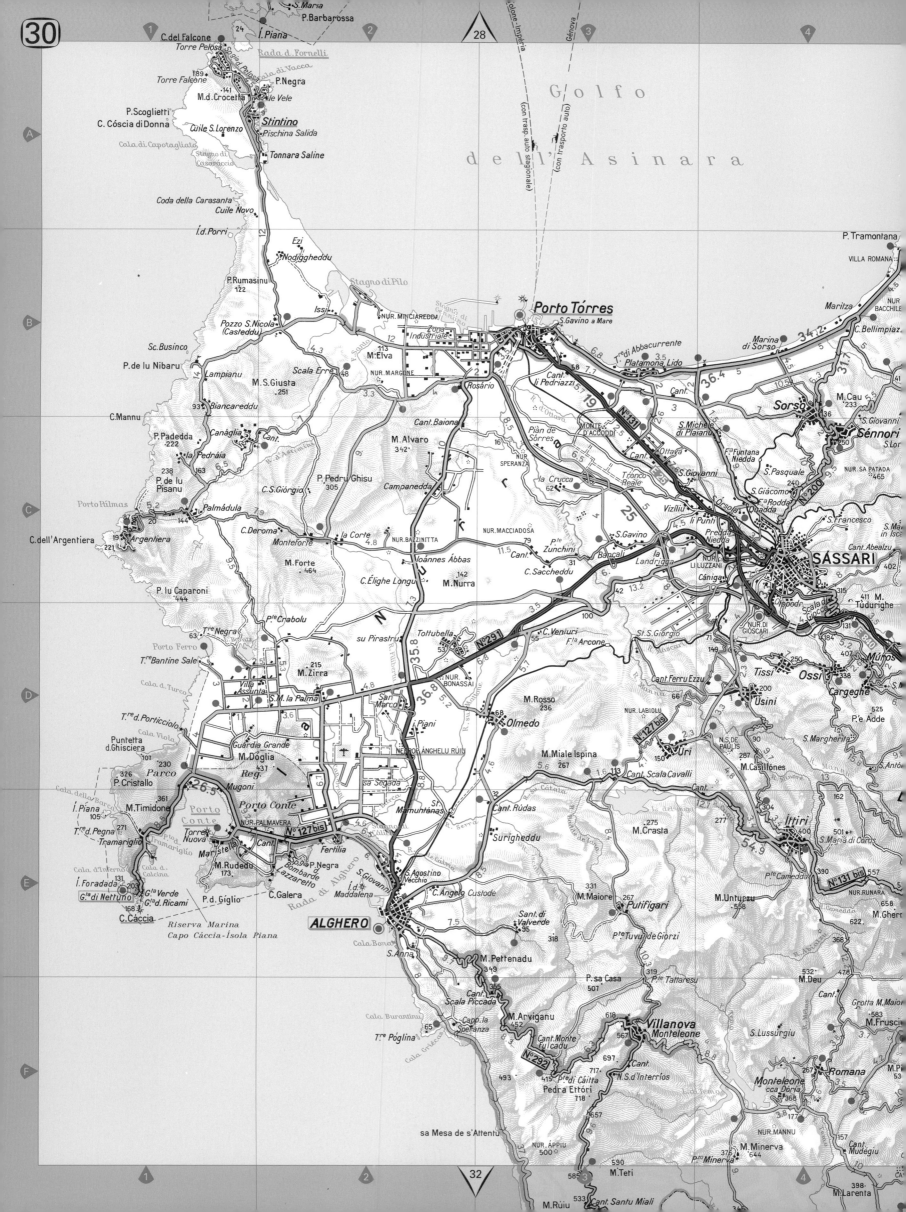

S

6

8

2.8

la Madd

57

Pesch. Pontis

3

4

Marina di
Torre Grande

ORISTANO

S. Giusta

Riserva Marina

il Catalano

S. Giovanni
di Sinis

Foce d. Tirso

Stagno di
S. Giusta

NUR·NUR

25.8

274

Penisola del Sinis-Ísola Mal di Ventre

THARROS

15

56

G o l f o

Capo S. Marco

s'Enu
Arrúbia

Cant. S. Anna

4.5

A

d i

Sassu

s'Ungroni

O r i s t a n o

Arboréa

B

Capo d. Frasca

67

P. Corru
Mannu

Tanca
Marchese

Torre Nuova

Pompónghas

Bta Mastinu

Torrevécchia

Luri

Terralba

Marceddi

5

Sordi

Linnas

P. de s'Aschivoni

Marceddi

R. Mógoro

M A R   D I

S. Antonio
di Santadi

S. Giovanni

67

T.re di Flumentórgiu

61

141

S. M. di Neápoli

S. Nicol
d'Arcida

C

T.re d. Corsari

C. Puxeddu

10.5

str. privat

S A R D E G N A

P.to Palma

Case Cara

M. Funesu
555

M. Nurecci
324

M.
Perdosu
345

sa Tellura

Pardu Arzei

Col. M.na Funtanazza

str. priv

Cala Campu Sali
Marina di Árbus

M. Arcuentu

185

412

D

P. Nuracciolu
338

Piccalinna

C. Mú

Montevécchio
310

Villaggio Righi

P. 726

Arcu sa Tella

343

s'Accorradróxiu

1371

E

Ingurtosu

Casárgiu
608

P. Tintiliónis

381

Arbus

559

Naracáuli

254

98

C. Atzeni

273

394

8.7

Gonnosfan

Bau
Gennamari

5.8

498

Cant.
Bidderdi

C. Marigosa

P. Mumullónis
499

444

724

P. Máiru

826

C. Pécora

M. Cidrò

P.ta Riu Sessini

M. Línas
·1236

Portixeddu

12

523

Fluminimaggiore

P. Perda de sa

S. Lucia

63

M. Lisone
1094

15.5

M. Argentu
501

105

438

F

S. Nicolao

Gr. de su Mannau

M. Conca s'Omu
616

Buggerru
651

Sra Trigus

Arénas

M. Anz

Planu Sartu

Candiázzus

Grugua

903

Malfidano

S. Angelo

549

757

P. CampoSpina 348

939

670

M. Palma

Scalittas

S. Luigi

Arcu Genna Bogai

sa Duchessa

Malacalzetta

Cala Doméstica

Aguaresi

C. Fratelli

2.2

TÉMPIO DI ÁNTAS

8.4

S. Benedetto

.807

Perdu Carta

M. Guardianu

C.se Lenzu

311

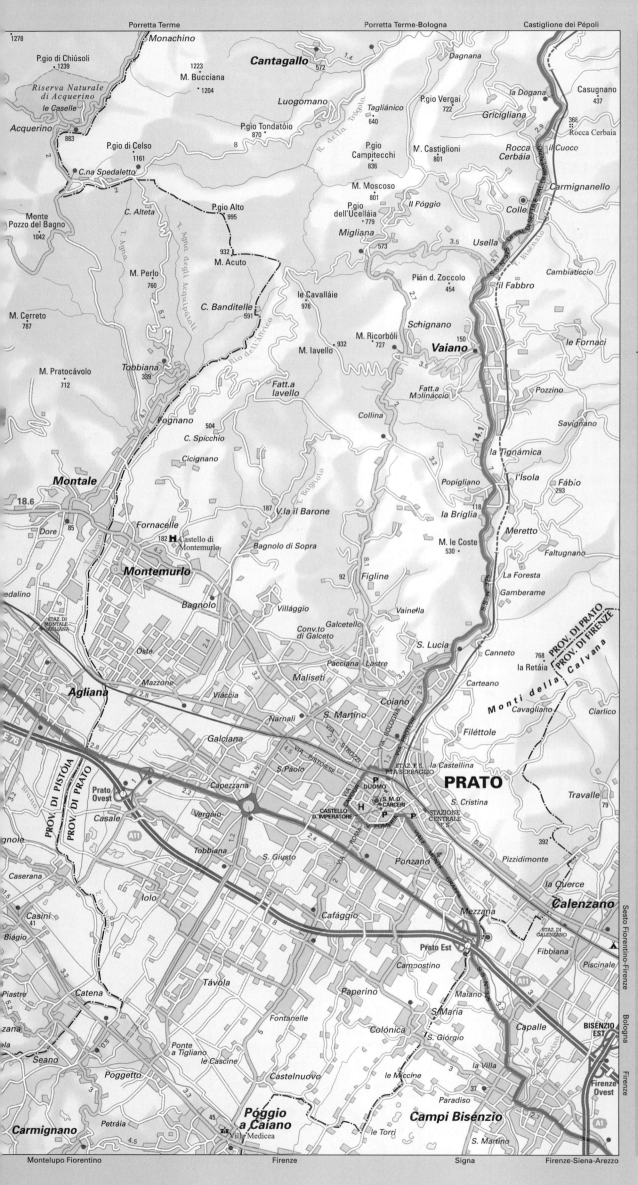

Pistóia–Prato

1 : 80000

0   800   1600   2400   3200 m

PISTÓIA •• PRATO

Porretta Terme
1278
P.gio di Chiúsoli
1239
Riserva Naturale
di Acquerino
le Caselle
Acquerino
883
C.na Spedaletto
Monte
Pozzo del Bagno
1042
M. Cerreto
787
M. Pratocávolo
712
Montale
18.6
Dore
85
Fornacelle
Montemurlo
Agliana
Galciana
Caseragna
Casini
41
Biágio
Piastre
zana
la
Seano
Carmignano
Monachino
M. Bucciana
1204
1223
C. Alteta
M. Perlo
760
Tobbiana
339
Fognano
504
C. Spícchio
Cicignano
187 V.la il Barone
182 Castello di
Montemurlo
Bagnolo
Oste
Mazzone
Viáccia
Capezzana
Vergáio
Casale
Iolo
Ponte
a Tigliano
le Cascine
Poggetto
Petráia
Monachino
Cantagallo
572
1.4
Luogomano
Tagliánico
640
P.gio Tondatóio
870
P.gio di Celso
1161
P.gio Alto
995
932
M. Acuto
le Cavalláie
976
C. Banditelle
591
M. Iavello
932
M. Ricorbóli
727
Fatt.a
lavello
Collina
Conv.to
di Galceto
Galcetello
Villággio
Figline
92
Pacciana Lastre
Maliseti
Narnali
S. Martino
S. Páolo
S. Giusto
Tobbiana
Cafággio
Távola
Catena
Castelnuovo
Póggio
a Caiano
45
Villa Medicea
Porretta Terme-Bologna
Dagnana
P.gio Vergai
722
P.gio
Campitecchi
836
M. Moscoso
801
P.gio
dell'Ucelláia
779
Il Póggio
Migliana
573
3.5
Pián d. Zoccolo
454
Schignano
Vaiano
150
3.5
Fatt.a
Molináccio
3.2
Popigliano
la Bríglia
118
M. le Coste
530
8.1
Vainella
S. Lucia
3.7
Coiano
PRATO
DUOMO
CASTELLO
D. IMPERATORE
S.M.D.
CARCERI
STAZ. F.S.
P.TA SERRÁGLIO
la Castellina
STAZIONE
CENTRALE F.S.
S. Cristina
Ponzano
Paperino
Fontanelle
Colónica
S. Giórgio
le Miccine
le Torri
S. Martino
Paradiso
Campi Bisénzio
37
Castiglione dei Pépoli
la Dogana
Casugnano
437
Griciana
368
Rocca Cerbaia
il Cuoco
Carmignanello
Rocca
Cerbáia
Colle
Usella
Cambiaticcio
il Fabbro
le Fornaci
Pozzino
Savignano
la Tignámica
l'Ísola
Fábio
293
Meretto
Faltugnano
La Foresta
Gamberame
la Retáia
768
Canneto
Carteano
Filéttole
Cavagliano
Ciarlico
Travalle
79
Pizzidimonte
la Querce
Calenzano
STAZ. DI
CALENZANO
Fibbiana
Piscinale
Mezzana
Prato Est
Campostino
Maiano
S. Maria
Capalle
la Villa
BISÉNZIO
EST
Firenze
Ovest
Prato
Ovest
Prato
Pistóia
38
39
FIRENZE
PROV. DI PRATO
PROV. DI FIRENZE
PROV. DI PISTOIA
PROV. DI PRATO
Montelupo Fiorentino
Firenze
Signa
Firenze-Siena-Arezzo
Sesto Fiorentino-Firenze
Bologna
Firenze
A11
A11
A1
E76

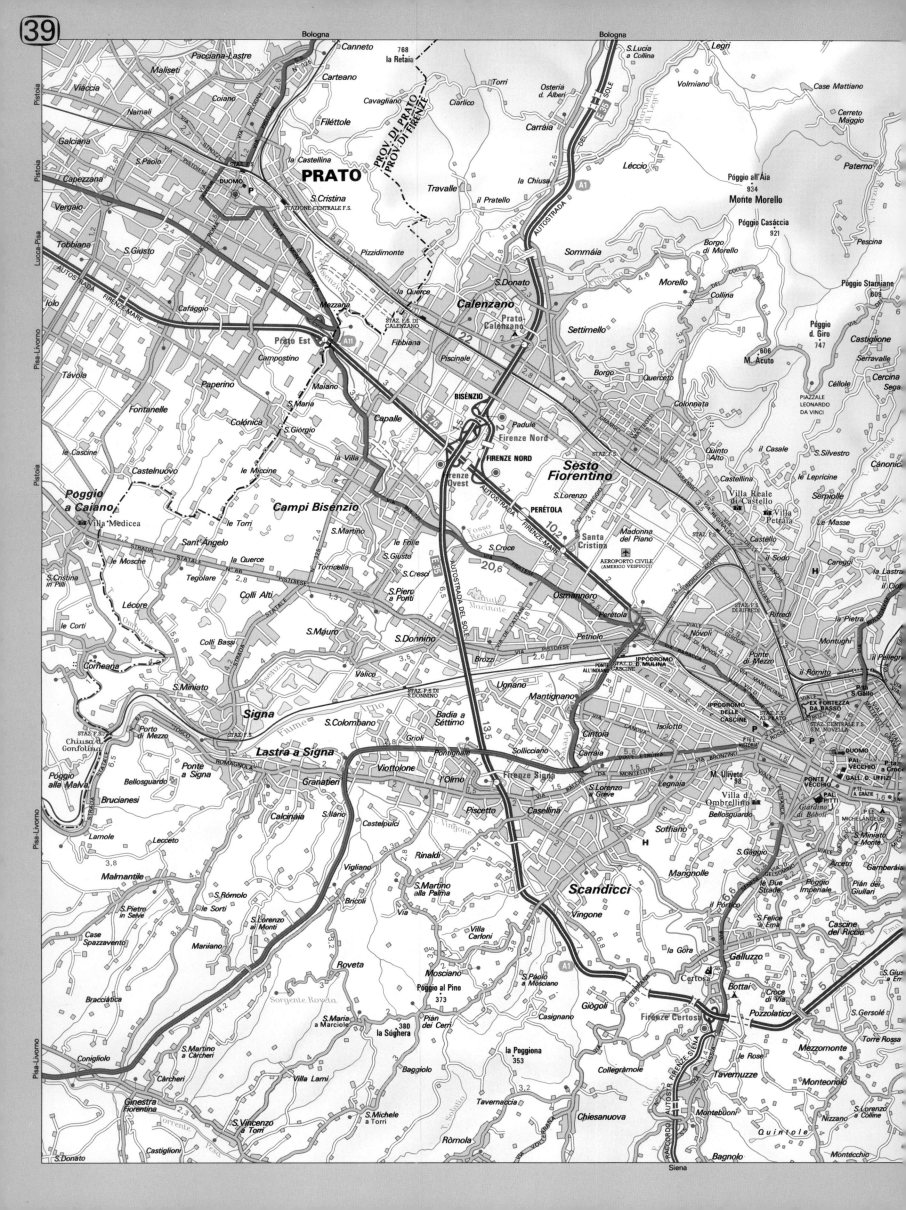

Firenze

1 : 80 000

0   800   1600   2400   3200 m

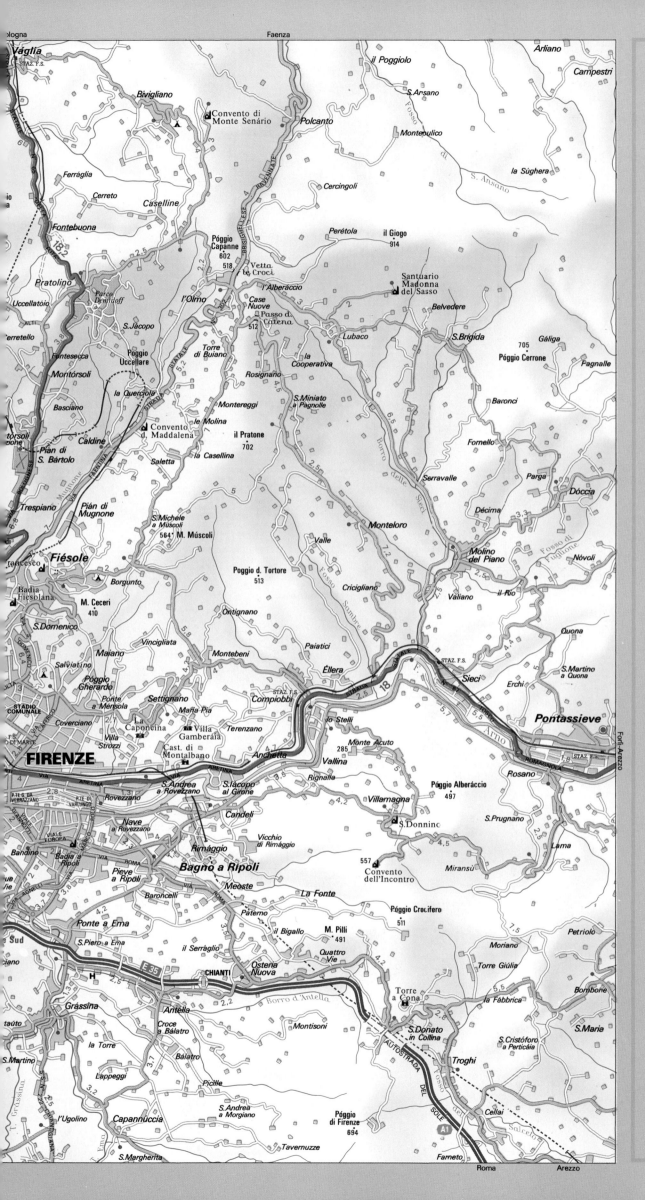

Vaglia
Faenza
Bologna
STAZ. F.S.
Arliano
il Poggiolo
Campestri
S. Arsano
Bivigliano
Convento di
Monte Senário
Polcanto
Montebulico
Ferráglia
Cercingoli
la Súghera
Cerreto
Caselline
S. Ansano
Fontebuona
Perétola
il Giogo
914
Póggio
Capanne
602
518
Vetta
le Croci
l'Alberáccio
Pratolino
l'Olmo
Case
Nuove
Santuario
Madonna
del Sasso
Belvedere
Parco
Demidoff
Passo d.
Catena
512
Lubaco
S. Brígida
Uccellatóio
S. Jácopo
Torre
di Buiano
la
Cooperativa
705
Póggio Cerrone
Fagnalle
Fontesecca
Poggio
Uccellare
Rosignano
Baronci
Montórsoli
la Quérciola
Montereggi
S. Miniato
a Pagnolle
Fornello
Basciano
le Molina
il Pratone
702
Convento
d. Maddalena
Serravalle
Parga
Caldine
Saletta
la Casellina
Dóccia
Pián di
S. Bártolo
S. Michele
a Múscoli
564 M. Múscoli
Valle
Monteloro
Décima
3.3
Trespiano
Pián di
Mugnone
Poggio d. Tortore
513
Valiano
il Río
Fiésole
Borgunto
Cricigliano
Mólino
del Piano
Nóvoli
Badia
Fiesolana
M. Ceceri
410
Paiatici
S. Domenico
Ontignano
Quona
Salviatino
Vincigliata
Montebeni
Éllera
STAZ. F.S.
S. Martino
a Quona
Póggio
Gherardo
Settignano
Maria Pia
Compiobbi
STAZ. F.S.
Sieci
Erchi
STADIO
COMUNALE
Ponte
a Mensola
Villa
Gamberáia
lo Stelli
Pontassieve
Coverciano
La Caponcina
Terenzano
Monte Acuto
285
ROMAGNOLA
STAZ. F.S.
FIRENZE
Cast. di
Montalbano
Anchetta
Vallina
Rosano
Rovezzano
S. Andrea
a Rovezzano
S. Jácopo
al Girone
Rignalla
Póggio Alberáccio
497
Nave
a Rovezzano
Candeli
Villamagna
S. Prugnano
Lama
Bandino
Rimággio
Vicchio
di Rimággio
S. Donnino
Badia a
Ripoli
Pieve
a Ripoli
Bagno a Ripoli
557
Convento
dell'Incontro
Miransù
Ponte a Ema
Meoste
La Fonte
S. Piero a Ema
Baroncelli
Paterno
Póggio Crocifero
511
Petriolo
il Bigallo
M. Pilli
491
Moriano
il Serráglio
Quattro
Vie
Torre Giúlia
CHIANTI
Ostería
Nuova
Bombone
Grássina
Antella
il Ugolino
Croce
a Bálatro
Montisoni
Torre
a Cona
la Fábbrica
S. Maria
la Torre
Bálatro
S. Andrea
a Morgiano
Picille
S. Donato
in Collina
S. Cristóforo
a Perticáia
Lappeggi
Capannuccia
Póggio
di Firenze
694
Troghi
Cellai
S. Margherita
Tavernuzze
Farneto
Roma
Arezzo
Forlì-Arezzo
AUTOSTRADA DEL SOLE
A1

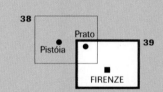

38
Prato
Pistóia
39
FIRENZE

FIRENZE

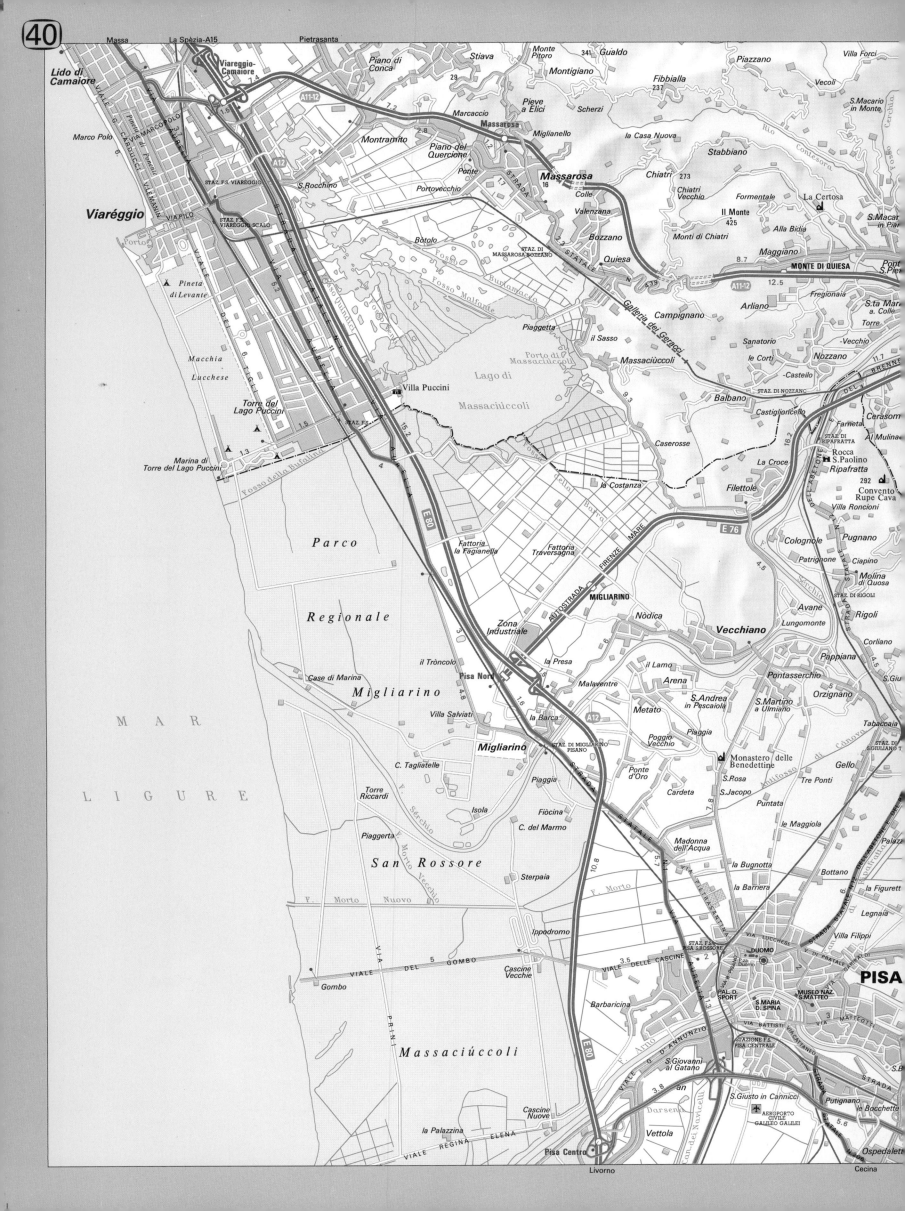

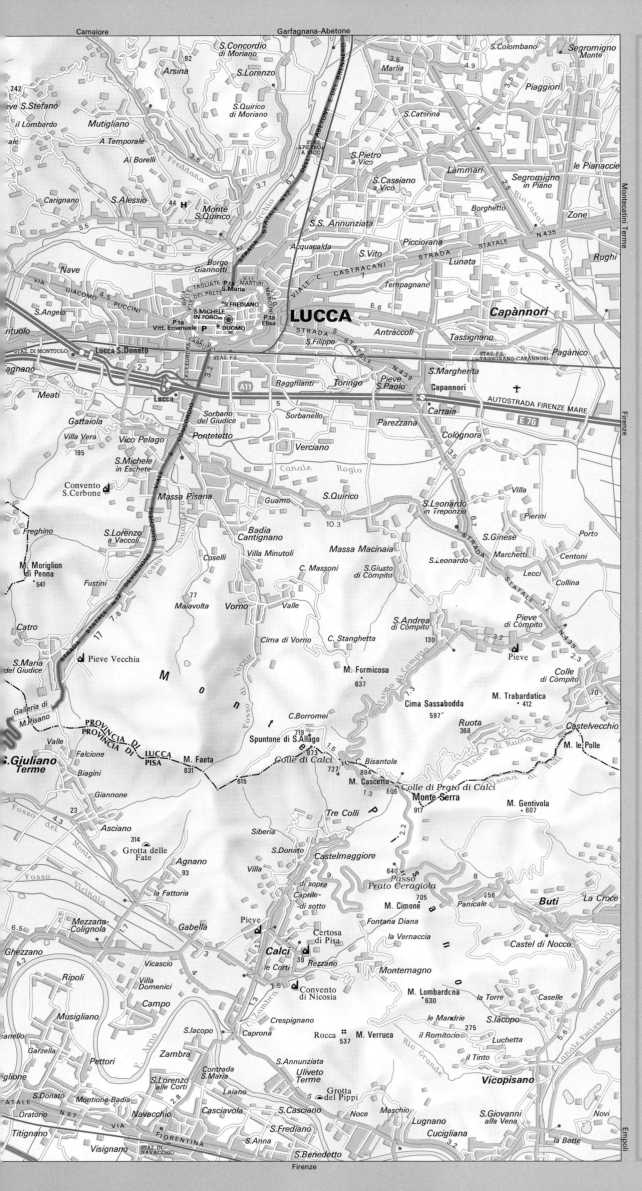

Pisa–Lucca

1 : 80 000

0   800   1600   2400   3200 m

PISA • • LUCCA

LIVORNO
PERUGIA

Marina di Pisa   Pisa   Cascina   Pisa

PROV. DI PISA
PROV. DI LIVORNO

Parco Regionale
Migliarino
San Rossore
Massaciùccoli

Tenuta
di
Coltano

Palazzi

Tirrenia

Tombolo

C.O.N.I.

Tenuta
di Tombolo

Azienda
agricola
Tirrenia

Livorno

Calambrone

Stagno

Villaggio Emilio

Guasticce

Mortaiolo

le Murelle
le Buchette

Collesalvetti

Collesalvetti

le Berte

Colliromboli
Badia

Nugola-
-nuova   -vecchia

Ponte Ugione

Campo al Finocchio

le Muricce

Poggio ai
Grilli

T. Ugione

Vallelunga

Campo al Melo

S. Stefano
ai Lupi

Pian di Rota

Casalino

Torretta
Vecchia

TORRE DEL
MARZOCCO

S. Marco

Porcarecce

Acquaviva

Castell'Anselmo

Venezia

Garibaldi

Fiorentina

Condotti
Vecchi

Rio Paganello

Cordecimo

LIVORNO

FORTEZZA
NUOVA

FORTEZZA
VECCHIA

DUOMO

le Macchie

la Casa

Torretta
Nuova

P.to Mediceo
MON. 4 MORI

STAZIONE
CENTRALE FS

Pietreto

Colline

Rombolino

M. la Poggia
384

Parrana
S. Martino

Fabbricotti

Salviano

Limoncino alto

Poggio Vaccaie
449

Crocino

ACCADEMIA
NAVALE

la Leccia

S. Michele

Limoncino

Parrana
S. Giusto

Collinaia

Lazzaretto

Valle
Benedetta

Poggio
Lecceta
451

Pandoiano

Ardenza

STAZ. ARDENZA

Rio Ardenza

Rodocanacchi

-nuova
Popogna
-vecchia

M. Maggiore
453

Colognole

Il Pino

le Case

i. di Gorgona

Antignano

STAZ.

Montenero

Poggio Caprone
335

Santuario

la Malavolta

Olbia
Bastia

Isola d'Elba
Palermo

Castellaccio
313
M. Nero

Gabbro

MAR

LIGURE

Cecina   Cecina - Rosignano

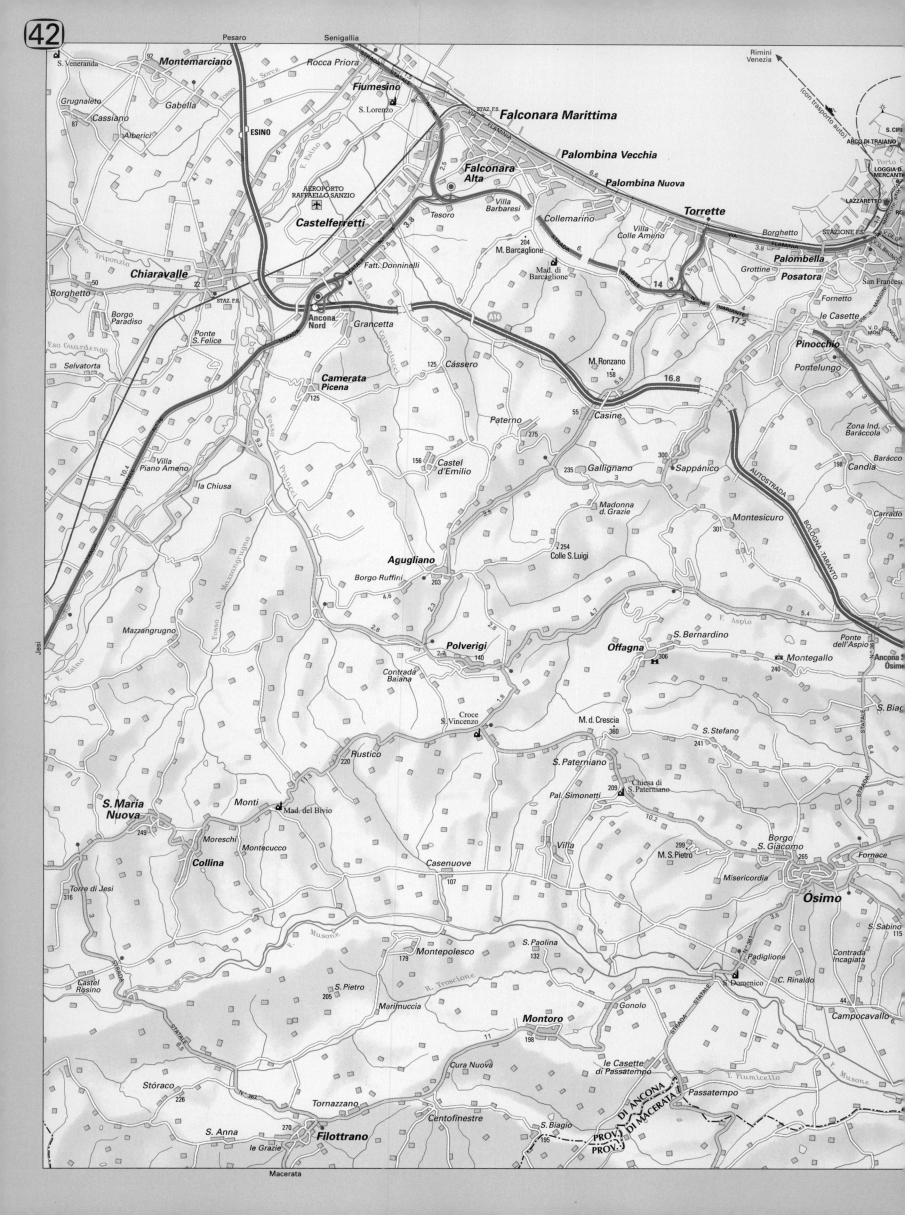

S. Veneranda **Montemarciano** 92
Grugnaleto Gabella
Cassiano 87
Alberici
Pesaro
Senigallia
Rocca Priora
Fiumesino
S. Lorenzo
ESINO
F. Esino
Falconara Marittima
VIA FLAMINIA
STAZ. F.S.
Palombina Vecchia
Falconara Alta
Villa Barbaresi
Tesoro
Palombina Nuova
Collemarino
Villa Colle Ameno
Torrette
Borghetto
STAZIONE F.S.
VIA FLAMINIA
Rimini Venezia
(con trasporto auto)
S. CIRI
ARCO DI TRAIANO
Porto
LOGGIA D. MERCANT.
LAZZARETTO

Castelferretti
M. Barcaglione 204
Mad. di Barcaglione
Palombella
Grottine
Posatora
San Francesco

Chiaravalle 50
Borghetto
Borgo Paradiso
Ponte S. Felice
STAZ. F.S. 22
Ancona Nord
Grancetta
A14
14
VARIANTE 17.2
Fornetto
le Casette
Pinocchio
Pontelungo

Fosso Triponzio
Selvatorta
F.so Guardengo
Camerata Picena 125
Cássero 125
Paterno
275
M. Ronzano 158
16.8
Casine 55
M. S. Ronzano
Zona Ind. Baráccola
Barácco
Candia 198

Villa Piano Ameno
la Chiusa
Castel d'Emilio 156
Gallignano 235 3
Sappánico 300
Madonna d. Grazie
3.5
Montesicuro 301
Carrado

Fosso di Protacci
Fosso di Mazzangrugno
Mazzangrugno
Agugliano
Borgo Ruffini 203
4.6
Colle S. Luigi 254
AUTOSTRADA
BOLOGNA-TARANTO

Jesi
F. Esino
2.3
2.8
2.8
2.8
2.8
Polverigi 140
Contrada Baiana
S. Bernardino
Offagna 306
F. Aspio
5.4
Ponte dell'Aspio
Montegallo 240
Ancona S. Osimo
S. Biag

4.7
1.8
Croce S. Vincenzo
M. d. Crescia 360
S. Stefano 241
STATALE
6.4

Rustico 220
S. Paterniano
Chiesa di S. Paterniano 209
Pal. Simonetti
10.2
S. Biag

11.3
Monti
Mad. del Bivio
Villa
M. S. Pietro 299
Borgo S. Giacomo 265
Fornace

S. Maria Nuova 249
Moreschi
Montecucco
Collina
Casenuove 107
Misericordia
Ósimo
3.5
S. Sabino 115

Torre di Jesi 316
3
Musone
Montepolesco 179
S. Paolina 132
Padiglione
Contrada Incaiata
C. Rinaldo

Castel Rosino
S. Pietro 205
Marimuccia
R. Troscione
S. Domenico
Gonolo
44
Campocavallo

STATALE
Stóraco 226
Tornazzano
Centofinestre
Montoro 198
11
Cura Nuova
le Casette di Passatempo
DI ANCONA
DI MACERATA

S. Anna
le Grazie
Filottrano 270
N 362
S. Biagio 195
PROV.
PROV.
Passatempo
T. Fiumicello
F. Musone

Macerata

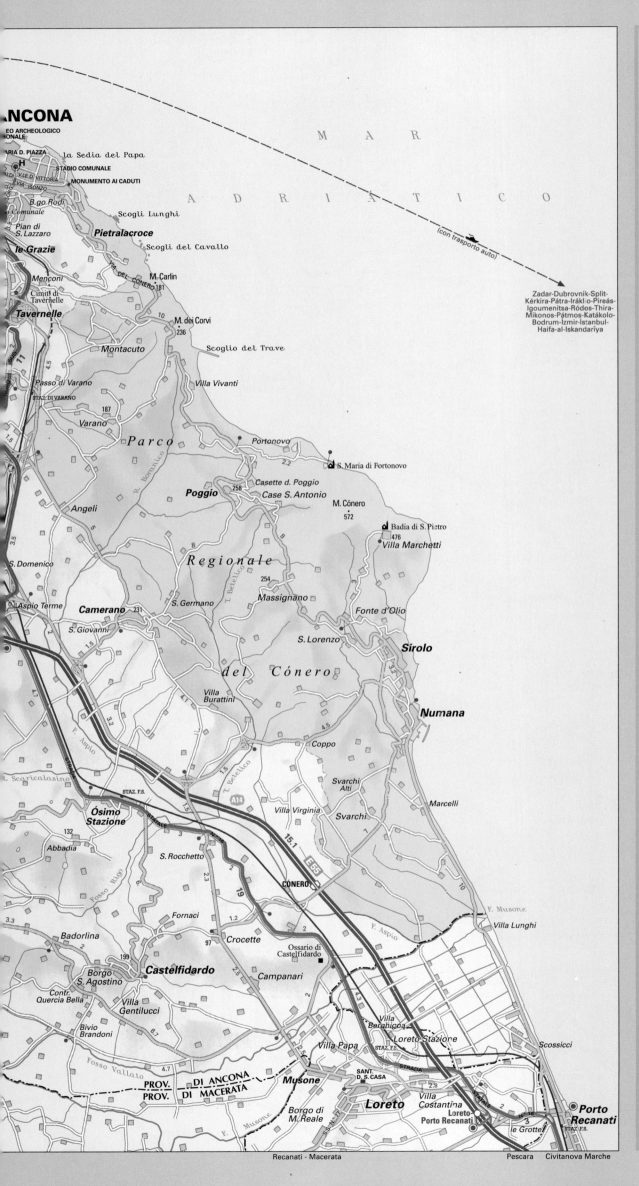

ANCONA
EO ARCHEOLOGICO
IONALE
ARIA D. PIAZZA
la Sedia del Papa
STADIO COMUNALE
V.LE D. VITTORIA
VIA ISONZO
MONUMENTO AI CADUTI
B.go Rodi
Comunale
Pian di
S. Lazzaro
Pietralacroce
Scogli Lunghi
le Grazie
Scogli del Cavallo
Menconi
M. Carlin
181
Cimil di
Tavernelle
M. dei Corvi
236
Tavernelle
10
Montacuto
Scoglio del Trave
Villa Vivanti
Passo di Varano
STAZ. DI VARANO
187
Varano
Parco
Portonovo
2.2
S. Maria di Fortonovo
Poggio
258
Casette d. Poggio
Case S. Antonio
Angeli
M. Cónero
572
Regionale
Badia di S. Pietro
476
Villa Marchetti
S. Domenico
254
Aspio Terme
Camerano 231
S. Germano
Massignano
Fonte d'Olio
S. Giovanni
S. Lorenzo
Sirolo
del Cónero
Villa
Burattini
Numana
Coppo
Svarchi
Alti
Marcelli
A14
Villa Virginia
Svarchi
**Ósimo
Stazione**
132
Abbadia
S. Rocchetto
15.1
CONERO
19
Fornaci
1.2
Crocette
3.3
Badorlina
97
Ossario di
Castelfidardo
199
Castelfidardo
Campanari
Borgo
S. Agostino
Contr.
Quercia Bella
Villa
Gentilucci
Bivio
Brandoni
Villa Papa
Villa
Berahicoa
Loreto Stazione
STAZ. F.S.
Scossicci
F. Musone
Villa Lunghi
PROV. DI ANCONA
PROV. DI MACERATA
Musone
SANT.
D. S. CASA
Villa Costantina
Loreto
Borgo di
M. Reale
Loreto
Porto Recanati
le Grotte
STAZ. F.S.
**Porto
Recanati**

Recanati - Macerata   *Pescara   Civitanova Marche*

MAR
ADRIATICO

(con trasporto auto)

Zadar-Dubrovnik-Split-
Kérkira-Pátra-Irákl o-Pireás-
Igoumenitsa-Ródos-Thira-
Míkonos-Pátmos-Katákolo-
Bodrum-İzmir-İstanbul-
Haifa-al-İskandarïya

Ancona

1 : 80000

0   800   1600   2400   3200 m

● ANCONA

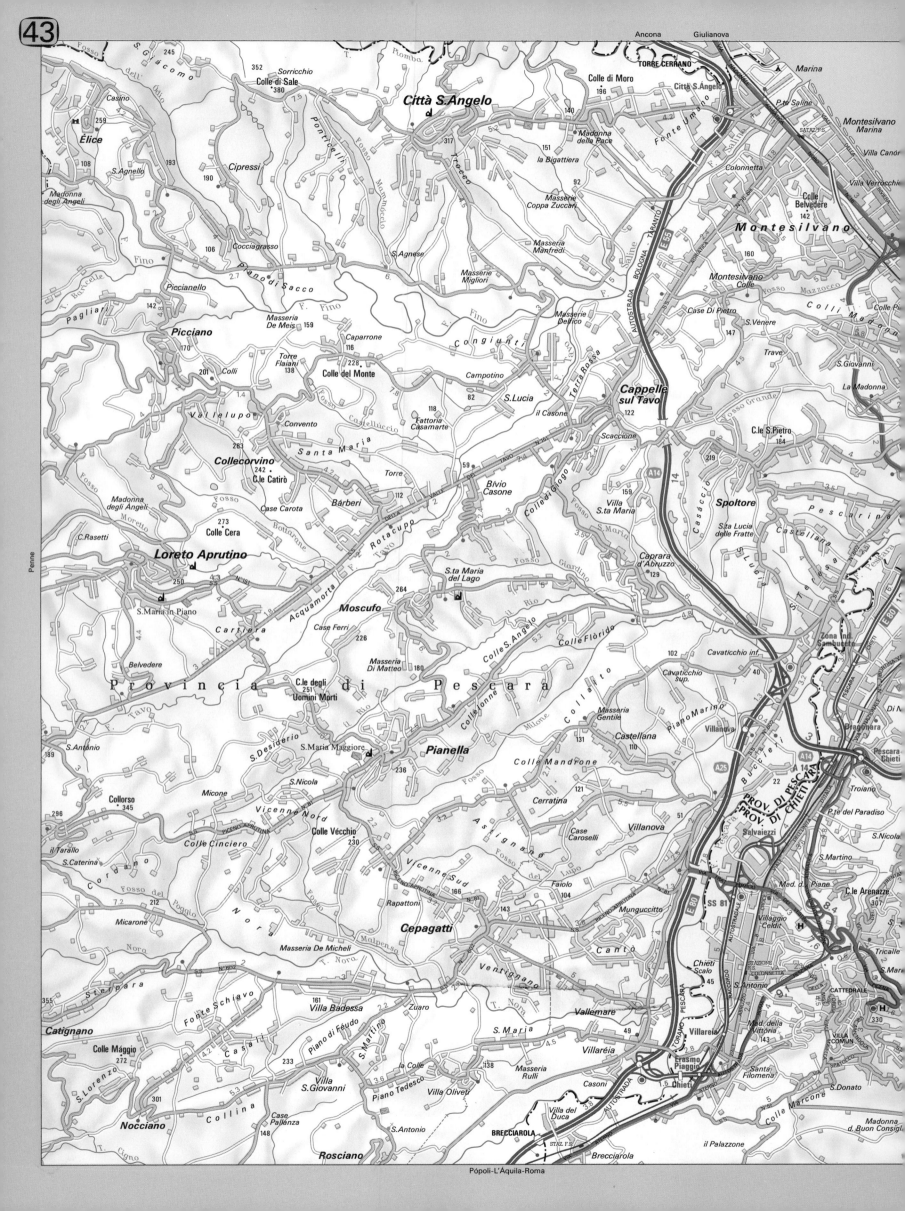

MAR ADRIATICO

Croázia

PESCARA

S.Filomena
Zanni
Colle Marino
Villa Fabio
spa
Madonna del Fuoco
SS 16
Zona Ind. Pescara
C.le Orlando
S.Silvestro
126
141
Fontanelle
S.Silvestrino
Valle di Rocco
157
Sambuceto
C.le Tavoletta
209
150
S.Giovanni Teatino
Serraiocco
152
178
le Felice
S.Maria e Criptiis
S.Rocco
146
217
Torrevécchia Teatina
264
Castelferrato
rminillo
Provincia di Chieti
Madonna del Freddo
4
199
Ripa Teatina
Bascelli
C.le S.Lucia
268
Masseria Micomónaco
HIETI
la Torre
Villamagna
255
Madonna del Cármine
ardiagrele
Pallottella

CASA D'ANNUNZIO
STADIO ADRIATICO
S.Donato
Pineta
S.Silvestro Spiággia
Pretaro
Villanés
Madonna d.Grázie
Fontechiara
Lido d'Alcione
Alento
Fontechiaro da Capo
Torremontanara
Fontechiaro
S.Leonardo
Francavilla al Mare
S.Ílio
S.Maria d. Croce
106
Córnia S.Giuseppe
Torre Foro
Sanguineto
S.António
Torre Ciarrapico
138
Francavilla
Fosso
Ciardini
il Puiese
29
Piane
Torre Garofalo
S.Cecília
4
ALENTO
Piattelli
50
Cerreto Inferiore
Foro
80
Lazzaretto
Damúccio
Savini
14
103
Caramánico
Case Ruscitti
110
Casale
Frusti
C.le Moroso
208
Tiboni
Piana S.Pantaleone
Granciaro
i Pelosi
Convento
Conicella
Migliánico
S.Blagio
Quattro Strade
125
Scimonetto
Sabbatinello
Capo la Foresta
103
Sconchiglio
Colle d. Signora
173
Vaccaréggia
S.Stéfano
3.2
Case Torre d. Mónache
Case Marcantonio
97
Medoro
Tollo
152
Gervásio

PESCARA
CHIETI

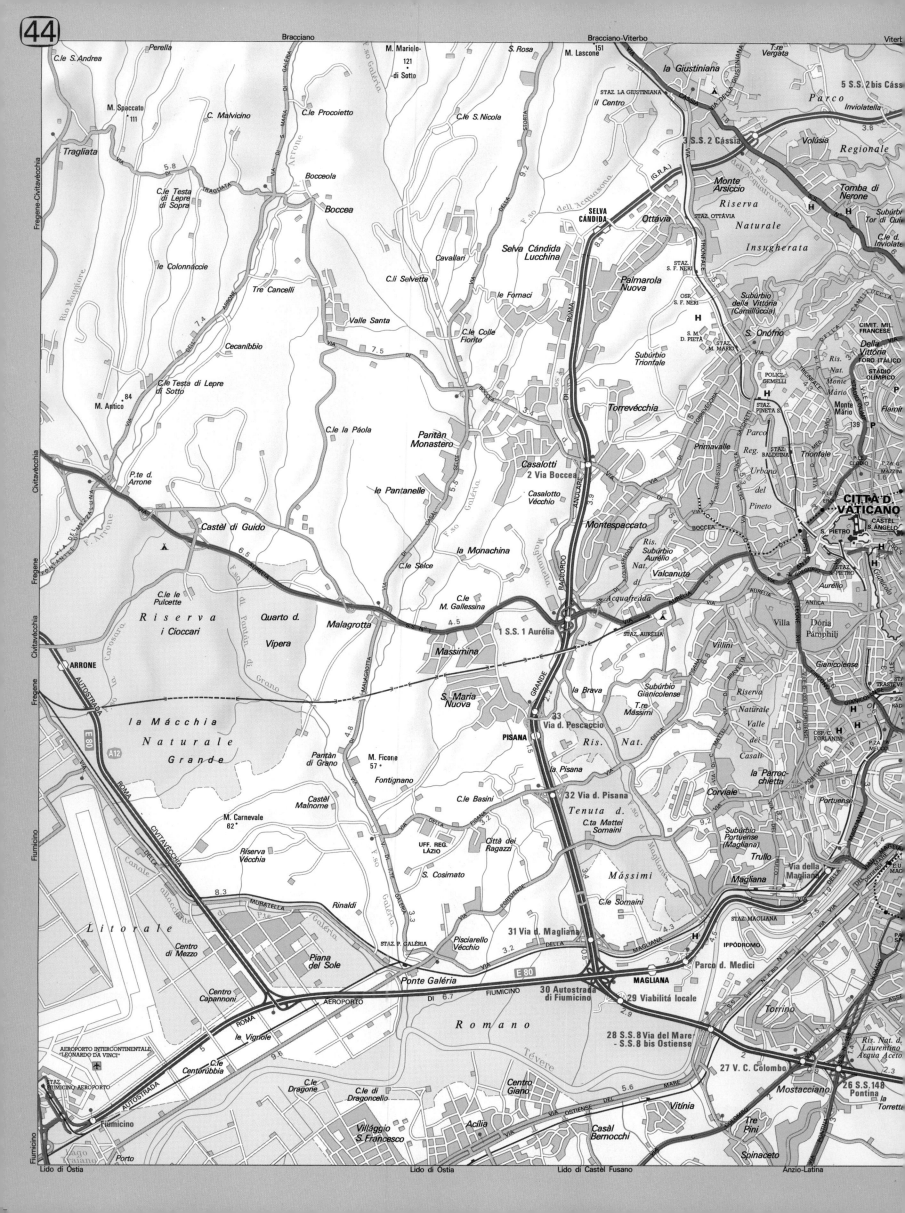

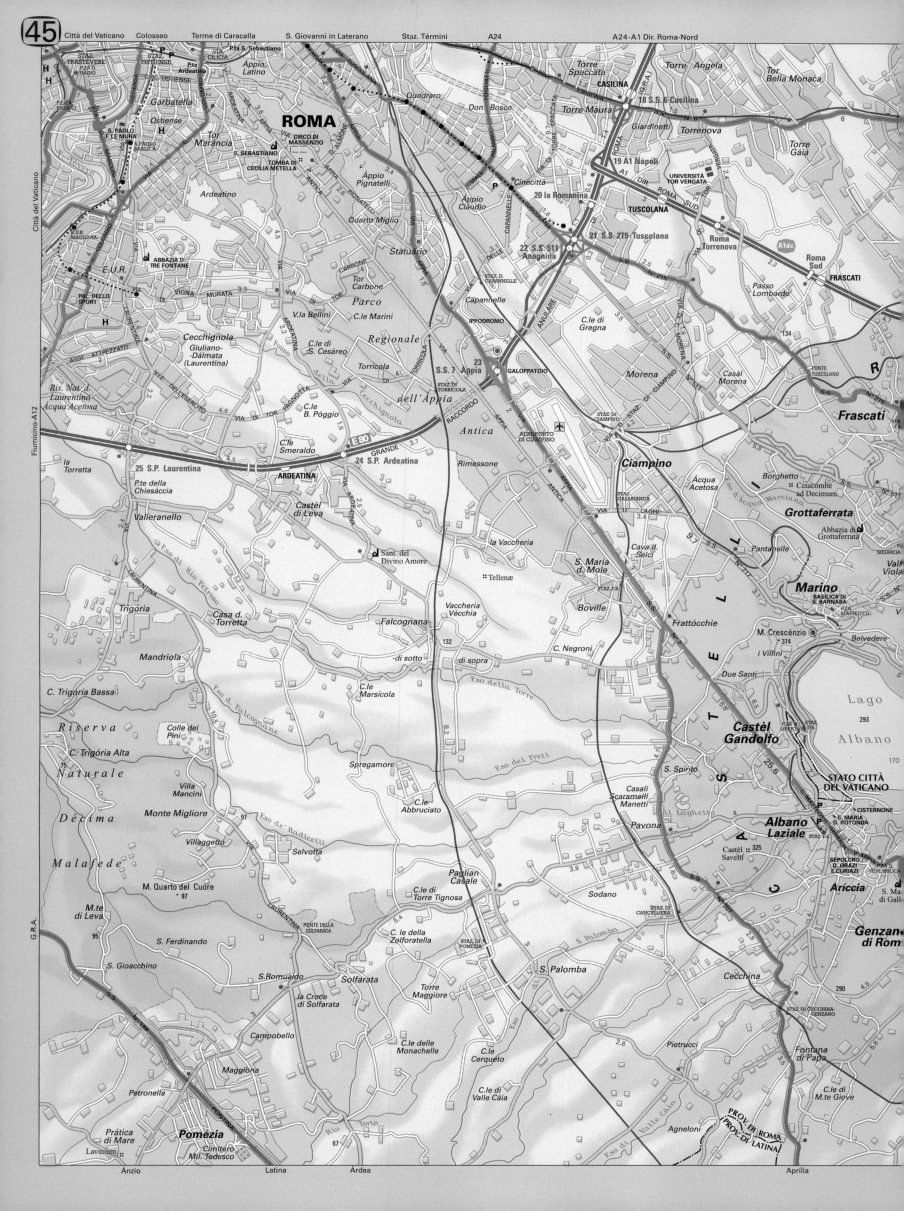

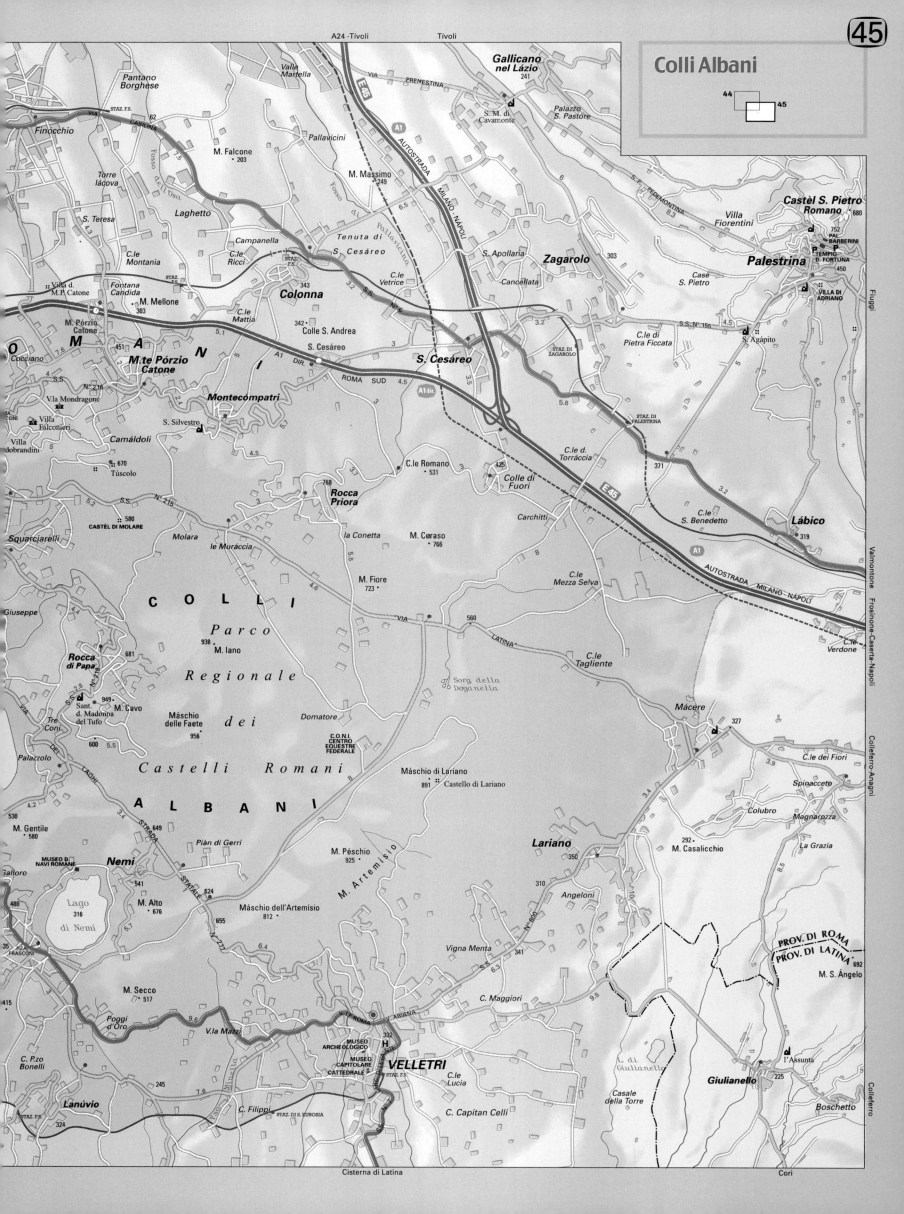

Colli Albani

44 45

Castèl S. Pietro Romano
Villa Fiorentini
752
PAL. BARBERINI
Palestrina
TEMPIO D. FORTUNA
450
VILLA DI ADRIANO

A24 -Tívoli   Tívoli

Gallicano nel Lázio
241

Pantano Borghese
Valle Martella
Pallavicini
S. M. di Cavamonte
Palazzo S. Pastore

S. Teresa
M. Falcone
203
M. Massimo
249

Laghetto
Tenuta di
S. Cesáreo

Campanella
C.le Ricci
C.le Vetrice
S. Apollaria
Zagarolo
303
Cancellata
Case S. Pietro
S. Agápito

Villa d. M.P. Catone
Fontana Candida
M. Mellone
303
Colonna
343
C.le Mattia
342
Colle S. Andrea
S. Cesáreo

M. Pórzio Catone
C.le di Pietra Ficcata
S.S. N° 155

O M A N I
M.te Pórzio Catone
A1 DIR.
S. Cesáreo
ROMA SUD
STAZ. DI ZAGAROLO
STAZ. DI PALESTRINA

Cocciano
V.la Mondragone
N° 216
Montecómpatri
A1dir.

Villa Fálconieri
S. Silvestro
C.le Romano
531
425
Colle di Fuori
C.le d. Torráccia
371

Villa dobrandini
Camáldoli
Carchitti
C.le S. Benedetto
Lábico
319

Túscolo
670
Rocca Priora
768
C.le Mezza Selva
E45

Squarciarèlli
CASTÈL DI MOLARE
580
Molara
le Muráccia
la Conetta
M. Ceraso
766

Giuseppe
COLLI
M. Fiore
723
C.le Mezza Selva
C.le Verdone

Parco
938
M. Iano
"VIA"
560
LATINA"
C.le Tagliente
Mácere
327

Rocca di Papa
681
Regionale
Sorg. della Doganella
C.le dei Fiori
Spinaccето

Sant. d. Madonna del Tufo
949
M. Cavo
Máschio delle Faete
956
dei
Domatore
C.O.N.I. CENTRO EQUESTRE FEDERALE

Tre Coni
600
Castelli Romani
Máschio di Lariano
891 Castello di Lariano
Colubro
Magnarozza

Palazzolo
ALBANI
M. Gentile
580
649
Piàn di Gerri
Lariano
350
M. Casalicchio
292
La Grazia

Nemi
541
M. Alto
676
624
M. Péschio
925
Angeloni
310

MUSEO D. NAVI ROMANE
Lago di Nemi
316
655
Máschio dell'Artemísio
812
Vigna Menta
341
PROV. DI ROMA
PROV. DI LATINA
692
M. S. Ángelo

M. Secco
517
Vigna Menta
C. Maggiori
l'Assunta
225

Lanúvio
324
Poggi d'Óro
V.la Mazzi
MUSEO ARCHEOLOGICO
MUSEO CAPITOLARE CATTEDRALE
VELLETRI
C.le Lucia
Casale della Torre
Giulianello

C. Pzo Bonelli
245
C. Filippi
C. Capitan Celli
Boschetto

Cisterna di Latina   Cori

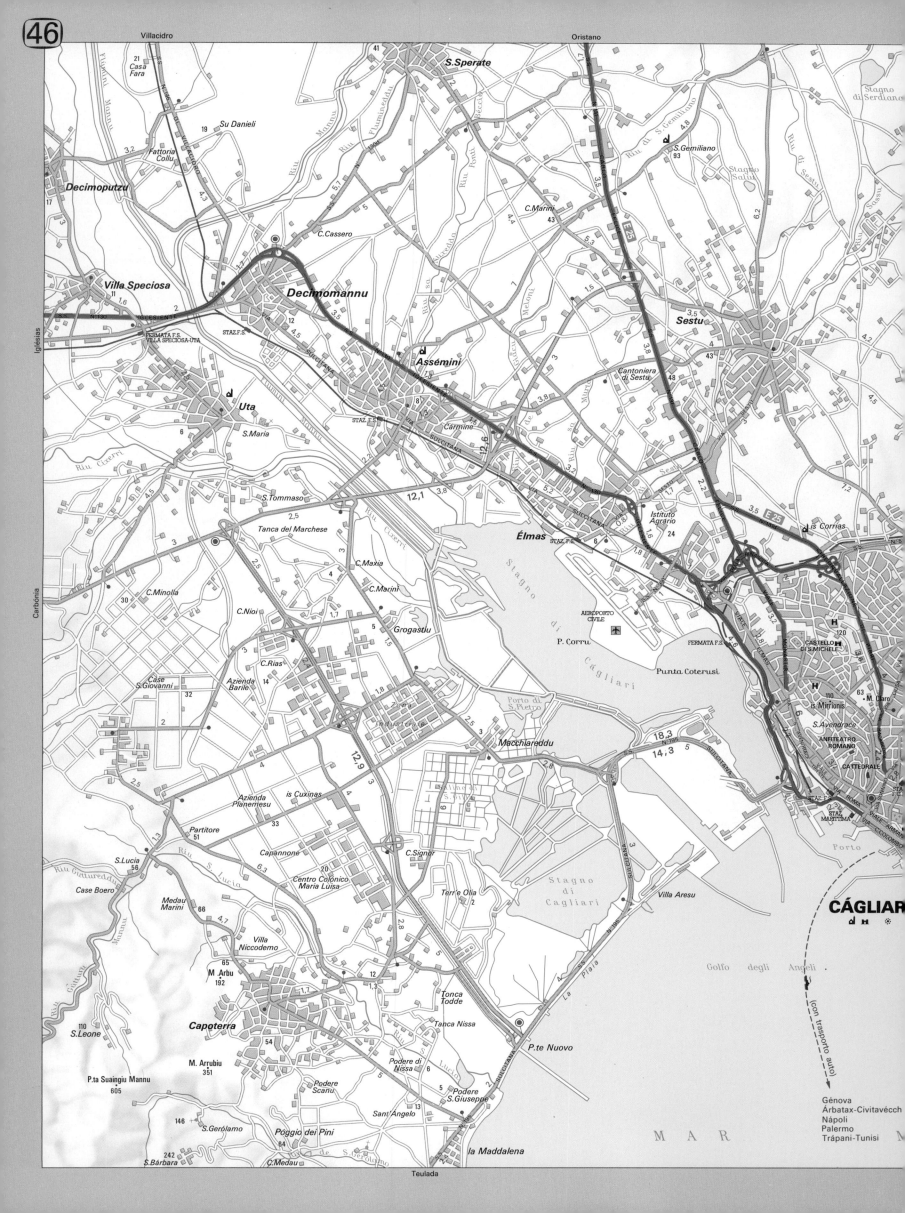

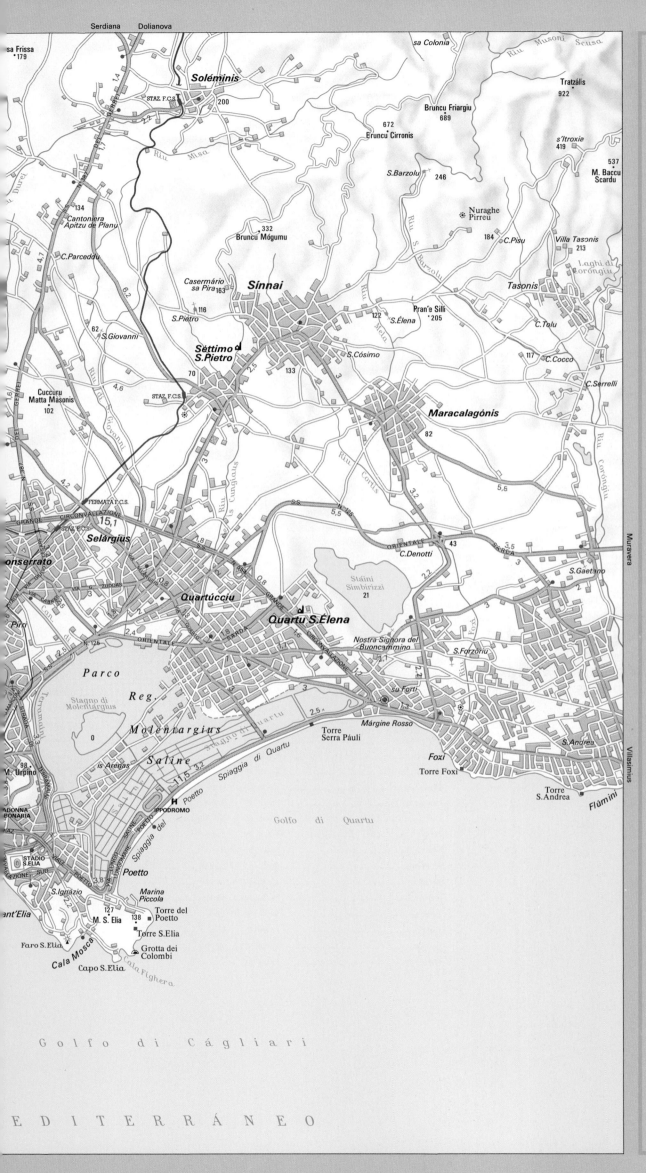

Cágliari

1 : 80000

0   800   1600   2400   3200 m

Serdiana   Dolianova

sa Colonia

sa Frissa
• *179*

Soléminis

STAZ. F.C.S.   200

Riu   Misa

Tratzális
922

Bruncu Friargiu
689

672
Bruncu Cirronis

Riu Musoni   Scusa

s'Itroxie
419

537
M. Baccu
Scardu

S.Barzolu   246

• 134
Cantoniera
Apitzu de Planu

332
Bruncu Mógumu

Nuraghe
Pirreu

184   C.Pisu

Villa Tasonis
213

C.Parceddu

Casermário
sa Pira 163

Sínnai

Tasonis

Pran'e Silli
• 205

C.Tolu

S.Pietro   116

122
S.Élena

62   S.Giovanni

**Sèttimo
S.Pietro**   70

S.Cósimo

117   C.Cocco

2.5   133

C.Serrelli

Cuccuru
Matta Màsonis
102

STAZ. F.C.S.

Maracalagónis
82

FERMATA F.C.S.

Selárgius   15,1

N-125
5,5

Muravera

onserrato

S.S.

ORIENTALE   43
C.Denotti

SARLA
3,5

S.Gaetano

Pirri

Quartúcciu

Quartu S.Élena

Stáini
Simbirizzi
21

Parco

Reg.

*Nostra Signora del
Buoncammino*

S.Forzóriu

su Forti

Villasimius

Stagno di
Molentárgius   0

Moléntargius

Márgine Rosso

S.Andrea

M. Urpino
98

Saline
is Arenas

Torre
Serra Páuli

Foxi
Torre Foxi

Flúmini
Torre
S.Andrea

ADONNA
BONARIA

H   Poetto
IPPODROMO

Spiaggia di Quartu

Golfo   di   Quartu

STADIO
S.ELIA

Poetto

S.Ignázio

Marina
Piccola

127
M. S. Elia   138

Torre del
Poetto

Faro S.Elia

ant'Elia

Cala Mosca

Torre S.Elia

Grotta dei
Colombi

Capo S.Elia

Cala Fighera

Golfo   di   Cágliari

EDITERRÁNEO

• **CAGLIARI**

Piante di città con stradario

Quadro d'unione/Key to maps/
Tableau d'assemblage/Blattschnitt/Mapa general

Indice delle piante/Index of maps/Index des plans/
Stadtpläne verzeichnis/Indice de mapas

Legenda/Key/Légende/
Zeichenerklärung/Signos convencionales

Alatri	Tavola 47	Macerata	Tavola 52
Alghero	Tavola 47	Massa	Tavola 52
Ancona	Tavola 47	Nuoro	Tavola 53
Arezzo	Tavola 47	Oristano	Tavola 53
Ascoli Piceno	Tavola 48	Orvieto	Tavola 53
Assisi	Tavola 48	Perugia	Tavola 53
Cagliari	Tavola 48	Pesaro	Tavola 54
Camerino	Tavola 49	Pescara	Tavola 54
Campobasso	Tavola 49	Pisa	Tavola 54
Carrara	Tavola 49	Pistoia	Tavola 55
Cassino	Tavola 49	Prato	Tavola 55
Chieti	Tavola 49	Rieti	Tavola 55
Cortona	Tavola 49	Roma	Tavola 56
Fano	Tavola 50	San Marino	Tavola 55
Fermo	Tavola 50	Sassari	Tavola 58
Firenze	Tavola 50	Siena	Tavola 58
Frosinone	Tavola 51	Spoleto	Tavola 58
Grosseto	Tavola 51	Teramo	Tavola 58
Isernia	Tavola 51	Terni	Tavola 59
L'Aquila	Tavola 51	Trevi	Tavola 59
Latina	Tavola 51	Urbino	Tavola 59
Livorno	Tavola 52	Viterbo	Tavola 59
Lucca	Tavola 52		

Vie di comunicazione /Communication lines/Voies de communication/Verbindungsstrassen/Vías de comunicación

Autostrada, arteria di attraversamento
Motorway, main through way
Autoroute, artère de traversée
Autobahn, Hauptdurchfahrtsstrasse
Autopista, vía transversal

Via principale
Main road
Rue principale
Hauptstrasse
Calle principal

Altre vie
Other roads
Autres routes
Sonstige Strassen
Otras calles

Rampa pedonale
Steps
Marches
Stiege
Rampa peatonal

Zona pedonale
Pedestrian zone
Zone piétonne
Fussgängerzone
Zona peatonal

Ferrovia e stazione
Railway and station
Chemin de fer et gare
Eisenbahn und Bahnhof
Línea férrea y estación

Ⓜ S.GIOVANNI

Stazione della metropolitana e sua denominazione
Underground station and its name
Station de métro et son nom
U-Bahnstation und Name
Estación de metro y su nombre

✕—✕—✕—✕

Funivia
Cable railway
Téléphérique
Seilschwebebahn
Teleférico

+—+—+—+—+

Funicolare
Rack railway
Chemin de fer à crémaillère
Standseilbahn
Funicular

•—•—•—•—•

Seggiovia
Chair-lift
Télésiège
Sessellift
Telesilla

Monumenti e musei /Monuments and museums/Monuments et musées/Denkmäler und Museen/Monumentos y museos

Di grandissimo interesse
Of particular interest
Très intéressant
Besonders sehenswert
De gran interés

Molto interessante
Of considerable interest
Intéressant
Sehenswert
Muy interesante

Interessante
Of interest
Remarquable
Beachtenswert
Interesante

Altri segni /Other signs/Autres signes/ Sonstige Zeichen/Otros signos

Chiesa
Church
Église
Kirche
Iglesia

Ufficio pubblico
Public office
Service public
Öffentliches Amt
Oficina pública

Ufficio informazioni turistiche
Tourist Information Centre
Information touristique
Informationsstelle
Oficina de información turística

✚

Ospedale
Hospital
Hôpital
Krankenhaus
Hospital

P

Parcheggi principali
Selected car parks
Principaux parcs de stationnement
Wichtige Parkplätze
Aparcamientos principales

Giardino, parco
Garden, park
Jardin, parc
Garten, Park
Jardín, parque

ALGHERO

1:9 500 (1 cm = 95 m)

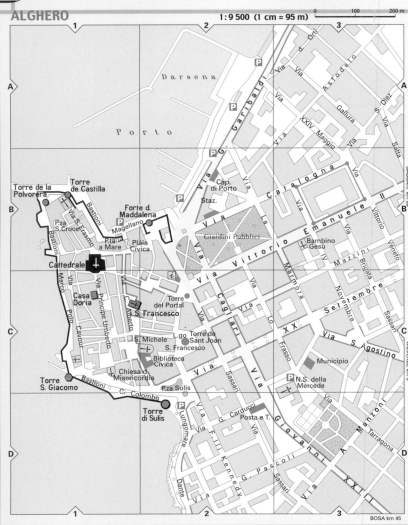

Asfodelo (via) A-B 2-3
Autolinee (stazione) B 2
Bambino Gesù (chiesa) B 3
Bastioni Cristoforo Colombo C-D 1-2
Bastioni Magellano B 1-2
Bastioni Marco Polo B-C 1
Biblioteca Civica C 1-2
Brigata Sassari (via) B-C 3
Cagliari (via) B-C 2
Capitaneria di Porto B 2
Carducci, Giosuè (via) C 2-3
Carlo Alberto (via) C 1
Casa Doria C 1
Castilla (torre de) B 1
Catalogna (via) B 2-3
Cattedrale B-C 1
Cavour (via) C 1
Chiesa della Misericordia C 1
Civica (biblioteca) C 1-2
Civica (plaia) B 1-2

Colombo, Cristoforo (bastioni) C-D 1-2
Dante (lungomare) D 2
Darsena A 2
Diez, Salvatore (via) A 3
Doria (casa) C 1
Forte della Maddalena B 2
Fratelli Kennedy (via) D 2
Gallura (via) A 3
Garibaldi, Giuseppe (via) A-B 2
Giardini Pubblici B-C 2
Giovanni XXIII (via) C-D 2-3
Kennedy, Fratelli (via) D 2
La Marmora (via) B-C 2-3
Lo Frasso (via) C 2-3
Maddalena (forte della) B 2
Magellano (bastioni) B 1-2
Manzoni, Alessandro (via) D 3
Marco Polo (bastioni) B-C 1
Mare (porta a) B 1
Mazzini (via) B-C 2-3

Misericordia (chiesa della) C 1
Municipio C 3
Nostra Signora della Mercede (chiesa) C-D 3
Orti (via degli) A 3
Pascoli, Giovanni (via) D 2-3
Plaia Civica B 1-2
Polo, Marco (bastioni) B-C 1
Polvorera (torre de la) B 1
Porta a Mare B 1
Portal (torre del) C 2
Porto A 1-2
Principe Umberto (via) C 1
Pubblici (giardini) B-C 2
Quattro Novembre B-C 3
San Francesco (chiesa) C 1-2
San Francesco (largo) C 2
San Giacomo (torre) C 1
San Michele (chiesa) C 1-2
Santa Croce (piazza) B 1
Sant'Agostino (via) C 3

Sant'Erasmo (via) B 1
Sant Joan (torre de) C 2
Sassari (via) C-D 2-3
Satta (via) A-B 3
Stazione Autolinee B 2
Sulis (piazza) C-D 2
Sulis (torre di) D 2
Tarragona (via) D 3
Torre de Castilla B 1
Torre de la Polvorera B 1
Torre del Portal C 2
Torre de Sant Joan C 2
Torre di Sulis D 2
Torre San Giacomo C 1
Umberto, Principe (via) C 1
Ventiquattro Maggio (via) A 3
Venti Settembre (via) C 2-3
Vittorio Emanuele II (via) B-C 2-3
Vittorio Veneto (via) B 3

AREZZO

1:14 000 (1 cm = 140 m)

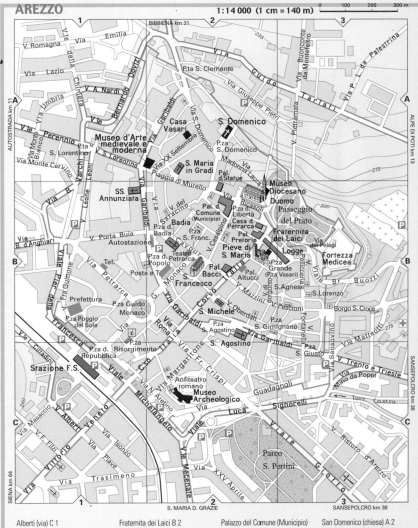

Alberti (via) C 1
Altucci (palazzo) B 2
Anfiteatro romano C 2
Anghiari, Baldaccio d' (via) B 1
Archeologico (museo) C 2
Aretino, Niccolò (via) C 1-2
Arte medievale e moderna (museo d') A 1-2
Autostazione B 2
Bacci (palazzo) B 2
Badia (chiesa) B 2
Badia (piazza della) B 2
Borgo Santa Croce B 3
Borgunto (via di) B 2
Buonconte da Montefeltro (via) A 3
Buozzi, Bruno (viale) B 3
Casa del Petrarca B 2
Casa Vasari B 2
Castro (torrente) C 3
Cavour (via) B 2
Cesalpino (via) B 2
Chimera (viale della) B-C 1
Cittadini, Luigi (viale) B-C 1
Comune (palazzo del) (Municipio) B 2
Crispi, Francesco (via) B-C 2
Diocesano (museo) B 2
Dovizi, Bernardo (viale) A 1
Duomo B 2
Emilia (via) A 1
Ferrovie dello Stato (stazione) C 1
Filzi, Fabio (via) C 1
Fontanella (via) B-C 3
Fortezza Medicea B 3
Fra Guittone (via) B 1

Fraternita dei Laici B 2
Garibaldi (via) A-C 1-3
Giotto (viale) C 2-3
Grande (piazza) (Piazza Vasari) B 2-3
Guadagnoli (via) C 2-3
Guittone, Fra (via) B 1
Isonzo (via) C 1
Italia (corso) B-C 1-2
Laici (fraternita dei) B 2
Lazio (via) A 1
Leoni, Leone (via) A-B 1
Libertà (piazza della) B 2
Logge B 2-3
Madonna Laura (via) A-B 2
Margaritone (via) B-C 2
Masaccio (via) C 1
Matteotti (viale) B-C 3
Mazzini (via) B 2
Mecenate (viale) C 2
Medicea (fortezza) B 3
Michelangelo (viale) C 1-2
Mino da Poppi (via) C 3
Monaco (piazza) B 1-2
Monaco, Guido (via) B 1-2
Monte Bianco (via) A 1
Monte Cervino (via) A 1
Municipio (Palazzo del Comune) B 2
Murello (piaggia di) A-B 2
Museo Archeologico C 2
Museo d'Arte medievale e moderna A 1-2
Museo Diocesano B 2
Nardi, Antonio (via) A 1
Oberdan (via) B 2
Palazzo Altucci B 2
Palazzo Bacci B 2

Palazzo del Comune (Municipio) B 2
Palazzo delle Statue B 2
Palazzo Pretorio B 2
Parco Sandro Pertini C 2-3
Passeggio del Prato B 2-3
Pelagi (via dei) B 3
Pellicceria (via) B 3
Perennio (viale) A 1
Pertini, Sandro (parco) C 2-3
Pescioni (via) B 2
Petrarca (casa del) B 2
Petrarca (teatro) B 1
Petrarca (via) B 1
Piaggia di Murello A-B 2
Piave (via) C 1
Pier della Francesca (viale) B-C 1
Pier Luigi da Palestrina (via) A 3
Pietramala (via) B 2
Pietri, Giuseppe (via) A 2-3
Pieve di Santa Maria B 2
Poggio del Sole (piazza) B 1
Popolo (piazza del) B 2
Porta Buia (via) B 1
Porta San Clemente A 2
Porta San Lorentino A 1
Prato (passeggio del) B 2-3
Prefettura B 2
Pretorio (palazzo) B 2
Repubblica (piazza della) B-C 1
Ricasoli (via) B 2
Risorgimento (piazza) B-C 1
Ristoro d'Arezzo (via) C 3
Roma (via) A 1
Romagna (via) A 1
San Clemente (porta) A 2

San Domenico (chiesa) A 2
San Domenico (piazza) A 2
San Domenico (via) A 2
San Francesco (chiesa) B 2
San Francesco (piazza) B 2
San Gimignano (via) B 2-3
San Giusto (piazza) C 3
San Lorentino (porta) A 1
San Lorentino (via) A 1
San Lorenzo (chiesa) B 2
San Michele (chiesa) B 2
Sansovino (via) B-C 2
Santa Croce (borgo) B 3
Sant'Agnese (via) B 3
Sant'Agostino (chiesa) B 2
Sant'Agostino (piazza) B 2
Santa Maria (pieve di) B 2
Santa Maria in Gradi (chiesa) A 2
Santissima Annunziata (chiesa) B 1
Saracino (via del) B 2
Signorelli, Luca (viale) C 2-3
Statue (palazzo delle) B 2
Stazione F.S. C 1
Tarlari, Guido (via) A 2-3
Teatro Petrarca B 2
Trasimeno (via) C 1
Trento e Trieste (via) C 3
Umbria (via) A 1
Varchi, Benedetto (via) A-B 1-2
Vasari (casa) B 2
Vasari (piazza) (Piazza Grande) B 2-3
Venticinque Aprile (via) C 1
Venti Settembre (via) C 1
Vittorio Veneto (via) C 1

ALATRI

1:7 500 (1 cm = 75 m)

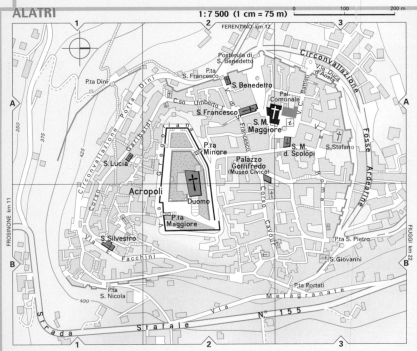

Acropoli A-B 2
Aosta, Duca d' (viale) A 3
Battisti, Cesare (via) A 3
Cavour (corso) B 2
Civico (museo) (Palazzo Gottifredo) A 2
Comunale (palazzo) A 3
Dini (porta) A 1
Duca d'Aosta (viale) A 3
Facchini, Edoardo (via) B 1-2
Fosse Ardeatine (circonvallazione) A-B 3
Garibaldi (corso) A-B 1-2

Gottifredo (palazzo) (Museo Civico) A 2
Gregoriana (via) A-B 2
Maggiore (porta) B 2
Melagranate (via) B 2-3
Minore (porta) A 2-3
Museo Civico (Palazzo Gottifredo) A 2
Palazzo Comunale A 3
Palazzo Gottifredo (Museo Civico) A 2
Porta Dini A 1
Porta Dini (circonvallazione) A-B 1-2

Porta Maggiore B 2
Porta Minore A 2
Porta Portati B 3
Porta San Francesco A 2
Porta San Nicola B 1
Porta San Pietro B 3
Portati (porta) B 3
Posterula di San Benedetto A 2
Roma (via) A-B 3
San Benedetto (chiesa) A 2
San Benedetto (posterula di) A 2
San Francesco (chiesa) A 2

San Francesco (porta) A 2
San Francesco (via di) A 2
San Giovanni (chiesa) B 3
San Nicola (chiesa) B 1
San Pietro (porta) B 3
San Silvestro (chiesa) B 1
Santa Lucia (chiesa) A 1
Santa Maria degli Scolopi (chiesa) A 3
Santa Maria Maggiore (chiesa) A 2-3
Santo Stefano (chiesa) A 3
Strada Statale n° 155 B 1-3
Umberto I (corso) A 2

ANCONA

1:15 000 (1 cm = 150 m)

Amendola, Giovanni (corso) C 4-5
Anfiteatro Romano A 3
Anziani (palazzo degli) (Università) A-B 3
Archeologico Nazionale delle Marche (museo) A 3
Arco Clementino A 2
Arco di Traiano A 2
Arte Moderna (galleria e pinacoteca Podesti) (Palazzo Bosdari) B 3
Ascensore C 6
Ascoli Piceno (via) F 1-2
Asse Nord-Sud F 3-4
Banca d'Italia (palazzo della) B 2
Bassi, Ugo (piazza) F 2
Battisti, Cesare (via) C 5
Benincasa (biblioteca) B 3
Benincasa (palazzo) B 2
Biblioteca Benincasa B 3
Bocconi, Alessandro (via) E 3
Borgo Rodi D 4
Bosdari (palazzo) (Pinacoteca Podesti e Galleria d'Arte Moderna) B 3
Bruno, Giordano (via) E-F 1-2
C.I.T. (Compagia Italiana Turismo) C 3

Cadore (via) C 4-5
Caduti (monumento ai) C 6
Calamo (fontana) B 3
Camerino (piazzale) F 1
Capitaneria di Porto B 3
Cappelli (largo) C 4
Cardeto (monte) B 5
Carducci (via) B 3
Carlo Alberto (corso) E-F 1-2
Cavour (piazza) C 3-4
Cialdini, Enrico (via) C 2
Cimitero B 4
Circonvallazione (via di) D 2-4
Clementino (arco) A 2
Colombo, Cristoforo (via) F 2
Compagnia Italiana Turismo (C.I.T.) C 3
Comunale (parco) (Borgo Rodi) D 4
Comunale (parco) (Rocca) C-D 2-3
Comunale (stadio) C 5-6
Conero (via del) D-E 6
Corridoni, Filippo (via) C 6
Cresci Antigui (palazzo) B 3
De Gasperi (via) E 1-3
Diaz (piazza) C 5
Diocesano (museo) A 3

Don Minzoni (piazza) C 4-5
Duomo (San Ciriaco) A 3
Einaudi (via) B-D 1
Europa (piazzale) E 3
Faro A 3
Ferrovia (via della) E-F 3-5
Ferrovie dello Stato (stazione) E 1
Fiera Internazionale della Pesca e Sport Nautici C-D 1
Fontana Calamo B 3
Forte Scrima F 1
Friuli (via) B 5
Galleria d'Arte Moderna e Pinacoteca Podesti (Palazzo Bosdari) B 3
Galleria del Risorgimento C-D 3-4
Garibaldi, Giuseppe (corso) B-C 3
Gesù (chiesa) B 3
Giannelli (via) C 4
Giovanni XXIII (via) A 2-3
Goito (via) B 3
Governo (palazzo del) B 3
Grazie (via delle) F 2-3
Guasco (colle) A 2-3
Isonzo (via) C 6
Kennedy (piazza) B-C 2-3
Lazzaretto C-D 1-2

Libertà (piazzale della) D-E 3
Loggia (via della) B 2-3
Loggia dei Mercanti B 2-3
Mamiani, Terenzio (via) C-D 1-2
Marchetti, Filippo (via) E 1-2
Marconi, Guglielmo (via) C 2-3
Marino (monte) E 4
Marsala (via) B 3
Martiri della Resistenza (via) D-E 3
Matteotti (via) B-C 3-4
Mazzini, Giuseppe (corso) B-C 3-4
Mercanti (loggia dei) B 2-3
Mercato E 1
Mercato Ittico D 1
Millo (palazzo) B 3
Minzoni, Don (piazza) C 4-5
Montebello (via) C 3-4
Monte Grappa (via) C 5-6
Monumento ai Caduti C 6
Muse (teatro delle) B 2-3
Museo Archeologico Nazionale delle Marche A 3
Museo Diocesano A 3
Orsi (via) C 1
Ospedale di San Tommaso di Canterbury (ex) B 3

Palazzo Benincasa B 2
Palazzo Bosdari (Pinacoteca Podesti e Galleria d'Arte Moderna) B 3
Palazzo Cresci Antigui B 3
Palazzo degli Anziani (Università) A-B 3
Palazzo del Governo B 3
Palazzo della Banca d'Italia B 2
Palazzo della RAI B 2
Palazzo del Popolo C 4
Palazzo del Senato A 3
Palazzo Millo B 3
Panoramica (strada) B-C 4-6
Parco Comunale (Borgo Rodi) D 4
Parco Comunale (Rocca) C-D 2-3
Passetto C 6
Pesaro (via) E-F 1-2
Pesca e Sport Nautici (fiera internazionale della) C-D 1
Pia (porta) C 2
Piave (via) C 3-5
Pinacoteca Podesti e Galleria d'Arte Moderna (Palazzo Bosdari) B 3

Pizzecolli (via) B 3
Plebiscito (piazza) B 3
Podesti (pinacoteca e galleria d'arte moderna) (Palazzo Bosdar) B 3
Podesti, Francesco (via) C 2-3
Podgora (via) C-D 5-6
Popolo (palazzo del) C 4
Porta Pia C 2
Porta Ripulsa D 3
Porta San Pietro B 3
Porta Santo Stefano D 3
Porto A-B 1-2
Pulito (monte) D 5
Quattro Novembre (piazza) C 6
RAI (palazzo della) B 2
Repubblica (piazza) B 2-3
Ricostruzione (via della) E-F 2-3
Rismondo, Francesco (via) B-C 5
Risorgimento (galleria del) C-D 3-4
Rocca C-D 2-3
Rodi (via) D 4-5
Roma (piazza) C 3
Romano (anfiteatro) A 3
Rosselli (piazza) E 1

San Biagio (chiesa) B 3
San Ciriaco (Duomo) A 3
San Domenico (chiesa) B 3
San Francesco delle Scale (chiesa) B 3
Sangallo (via) B 3
San Giovanni Battista (chiesa) C 2
San Pietro (porta) B 3
Sant'Agostino (ex chiesa) B-C 2
Santa Margherita (via) C-D 6
Santa Maria della Misericordia (chiesa) C 4
Santa Maria della Piazza (chiesa) B 3
Santi Pellegrino e Teresa (chiesa) B 3
Santissimo Sacramento (chiesa) B 3
San Tommaso di Canterbury (ex ospedale di) B 3
Santo Stefano (porta) D 3
Santo Stefano (via) C-D 3
Sanzio, Raffaello (via) E-C 2
Scrima (forte) F 1
Scrima (via) F 1-2
Senato (palazzo del) A 3
Simeoni (via) C 3

Stadio Comunale C 5-6
Stamira (corso) C 3
Stamira (piazza) C 3
Stazione F.S. E 1
Stazione Marittima B 2
Stracca (via) A-B 3
Tagliamento (via) D 6
Teatro delle Muse B 2-3
Thaon de Revel (via) C-D 6
Tommasi, Gino (via) C-D 5-6
Torresi, Mario (via) F 2-3
Torrioni (via) C 2-3
Toti, Enrico (via) C 6
Traiano (arco di) A 2
Trieste (via) C 4-6
Università (Palazzo degli Anziani) A-B 3
Urbino (via) F 1-2
Valle Miano (via) E 3
Vanoni (via) C 1
Vanvitelli (lungomare) A-B 2-3
Vecchionisimeoni (via) C 4
Venticinque Aprile (via) D-E 3-4
Ventinove Settembre (via) B-C 2
Ventiquattro Maggio (largo) C 4
Vittoria (viale della) C 4-6
Vittorio Veneto (via) C-D 3-4

Ascoli Piceno

RIETI   ANCONA

1:13 000 (1 cm = 130 m)

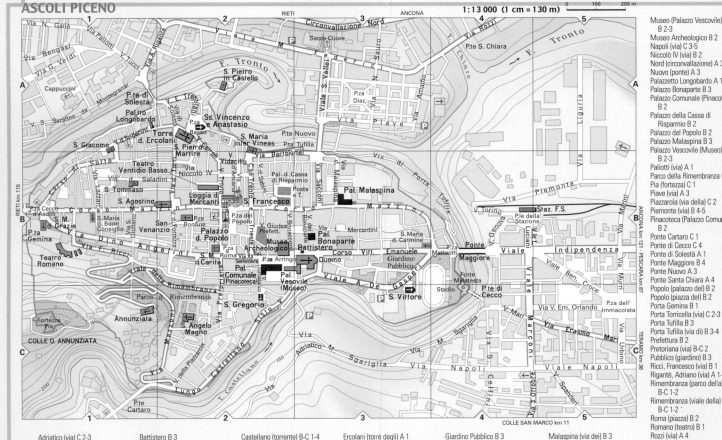

Museo (Palazzo Vescovile) B 2-3
Museo Archeologico B 2
Napoli (via) C 3-5
Niccolò IV (via) B 2
Nord (circonvallazione) A 3
Nuovo (ponte) A 3
Palazzetto Longobardo A 1
Palazzo Bonaparte B 3
Palazzo Comunale (Pinacoteca) B 2
Palazzo della Cassa di Risparmio B 2
Palazzo del Popolo B 2
Palazzo Malaspina B 3
Palazzo Vescovile (Museo) B 2-3
Paliotti (via) A 1
Parco della Rimembranza C 1-2
Pia (fortezza) C 1
Piave (via) A 3
Piazzarola (via della) C 2
Piemonte (via) B 4-5
Pinacoteca (Palazzo Comunale) B 2
Ponte Cartaro C 1
Ponte di Cecco C 4
Ponte di Solestà A 1
Ponte Maggiore B 4
Ponte Nuovo A 3
Ponte Santa Chiara A 4
Popolo (palazzo del) B 2
Popolo (piazza del) B 2
Porta Gemina B 1
Porta Torricella (via) C 2-3
Porta Tufilla B 3
Porta Tufilla (via di) B 3-4
Prefettura B 2
Pretoriana (via) B-C 2
Pubblico (giardino) B 3
Ricci, Francesco (via) B 1
Rigantè, Adriano (via) A 1-2
Rimembranza (parco della) B-C 1-2
Rimembranza (viale della) C 1-2
Roma (piazza) B 2
Romano (teatro) B 1
Rozzi (via) A 4

San Pietro Martire (chiesa) A 2
San Serafino da Montegranaro (via) A 1
Santa Chiara (ponte) A 4
Sant'Agostino (chiesa) B 1-2
Santa Maria del Buon Consiglio (chiesa) B 1
Santa Maria del Carmine (chiesa) B 3-4
Santa Maria della Carità (chiesa) B 2
Santa Maria delle Grazie (chiesa) B 1
Santa Maria inter Vineas (chiesa) A-B 2
Sant'Angelo Magno (chiesa) B 3
Santi Vincenzo e Anastasio (chiesa) A 2
San Tommaso (chiesa) B 1
San Venanzio (chiesa) B 2
San Vittore (chiesa) C 3
Sauro, Nazario (via) A 3
Sgariglia, Marco (via) C 3-4
Sisto V (lungo Castellano) C 2
Soderini (via dei) A 1
Solestà (ponte di) A 1
Solestà (via di) A 2
Sotto (corso di) B 1
Spalvieri (via) C 5
Stadio B-C 3-4
Stazione (piazzale della) B 4-5
Stazione F.S. B 4-5
Teatro Romano B 1
Teatro Ventidio Basso B 2
Tomasacco (via) B-C 2
Torino (via) B 4
Torre degli Ercolani A 1
Torri (via delle) B 2
Trebbiani, Elisabetta (via) A 2
Trento e Trieste (corso) B 2
Tre Ottobre (via) C 4-5
Trivio (via) B 2
Tronto (fiume) A-B 1-5
Tucci (via) A 1
Tufilla (porta) B 3
Urbino (via) C 5
Vellei, Sinibaldo (viale) A 3
Venti Settembre B 2
Verdi, Giuseppe (via) A 1
Vescovile (palazzo) (Museo) B 2-3
Vidacilio (via) B 2
Vittorio Emanuele (corso) B 3
Vittorio Emanuele Orlando (via) C 5

Adriatico (via) C 2-3
Amadio (via) A 3
Ancaria (via d') B 2
Angelini, Dino (via) B 1-2
Annunziata (chiesa) C 1
Annunziata (colle dell') C 1
Archeologico (museo) B 2
Arringo (piazza) B 2-3
Bartolomei (via) B 2-3
Basso, Ventidio (piazza) A 2
Basso, Ventidio (teatro) B 2

Battistero B 3
Bengasi (via) A 1
Bonaccorsi (via) B 2
Bonaparte (palazzo) B 3
Bonaparte (via dei) B 3
Bonfine (piazza) B 2
Cairoli (via) A-B 2
Cappuccini (chiesa) A 1
Cartaro (ponte) C 1
Cassa di Risparmio (palazzo della) B 2

Castellano (torrente) B-C 1-4
Cecco (ponte di) C 4
Cecco d'Ascoli (piazza) B 2
Cellini, Serafino (via) C 4
Chiaro (torrente) A 4
Comunale (palazzo) (Pinacoteca) B 2
Croce, Benedetto (viale) B-C 5
De Gasperi, Alcide (viale) B-C 3
Diaz (piazza) A 3
Duomo B 3

Ercolani (torre degli) A 1
Federici, Marcello (viale) A 2-3
Ferrovie dello Stato (stazione) B 4-5
Fortezza (via della) B 2
Fortezza Pia C 1
Galiè (via) A 1
Gemina (porta) B 1
Genova (via) B 4

Giardino Pubblico B 2
Giudea (via) B 2
Immacolata (piazza dell') C 5
Indipendenza (viale) B 4-5
Lazzari (via) B 1
Liguria (via) A-B 5
Loggia dei Mercanti B 2
Longobardo (palazzetto) A 1
Luciani, Luigi (viale) B 4-5
Maggiore (ponte) B 4
Malaspina (palazzo) B 3

Malaspina (via dei) B 3
Malatesta (forte) B-C 4
Marconi (viale) B-C 5
Mari, Erasmo (via) C 4-5
Marini (via) B 5
Matteotti (piazza) B 4
Mazzini (corso) B 1-4
Mazzoni (via) C 1-2
Mercanti (loggia dei) B 2
Mercantini, Luigi (via) B 3
Murri (via) B-C 5

San Francesco (chiesa) B 2
San Giacomo (chiesa) A-B 1
San Giuliano (via) B 1
San Gregorio (chiesa) C 2
San Pietro in Castello (chiesa) A 2

Assisi

CIMITERO

1:10 000 (1 cm = 100 m)

Alessi, Galeazzo (viale) B-C 4
Anfiteatro Romano B 5
Arco di Santa Chiara C 4
Biblioteca Comunale A 2
Borgo Aretino (via) C 4
Borgo San Pietro (via) B 2-3
Capitano del Popolo (palazzo del) B 3
Cappuccini (porta) B-C 5
Cardinale Merry del Val (via) A 1-2
Chiesa Nuova (chiesa) B 4
Civico (museo) B 3
Comune (piazza del) B 3-4
Consoli (palazzo dei) B 4
Cristofani, Antonio (via) B 3
Duomo B 4
Eremo delle Carceri (via) B 5
Fontebella (via) A-B 2-3
Fonte Santurèggio C 4
Fonti di Moiano (via delle) C 4
Fosso Cupo (via del) B 2-3
Garibaldi (piazzetta) B 3
Loggia dei Maestri Comancini A 2
Madonna dell'Olivo (via) C 5
Maestri Comancini (loggia dei) A 2
Marconi (viale) B 2
Matteotti, Giacomo (piazza) (Nuova) B 4-5
Mazzini (corso) B 4
Merry del Val, Cardinale (via) A 1-2
Metastasio (via) A-B 2-3
Moiano (porta) B-C 3
Monte Frumentario (portico di) B 3
Museo Civico B 3
Nuova (porta) C 4
Oratorio de' Pellegrini (chiesa) B 3
Palazzo dei Consoli B 4
Palazzo dei Priori (Pinacoteca) B 3-4
Palazzo del Capitano del Popolo B 3
Palazzo Vescovile B 3
Parco Regina Margharita (Pincio) B-C 4-5
Perlici (porta) B 5
Pinacoteca (Palazzo dei Priori) B 3-4
Pincio (Parco Regina Margharita) B-C 4-5
Porta Cappuccini B-C 5
Porta del Sementone B 3
Porta Moiano B-C 3
Porta Nuova C 4
Porta Perlici B 5
Porta Perlici (via di) B 4-5
Porta San Francesco A 1
Porta San Giacomo A 2
Porta San Pietro B 2

Portica (via) B 3
Portico del Monte Frumentario B 3
Priori (palazzo dei) (Pinacoteca) B 3-4
Pro Civitate Cristiana B 2-3
Properzio (largo) C 4-5
Regina Margherita (parco) (Pincio) B-C 4-5
Rocca Maggiore A 3-4
Rocca Minore B 5
Romano (anfiteatro) B 5
Romano (teatro) B 4
Sacro Convento A 1
San Francesco (basilica) A 1
San Francesco (piazza Inferiore di) A 1
San Francesco (piazza Superiore di) A 1-2
San Francesco (porta) A 1
San Francesco (via) A-B 1-3
San Francesco Piccolino (chiesa) B 4
San Gabriele (via) B 4
San Giacomo (porta) A 2
San Lorenzo (chiesa) B 4
San Paolo (via) A-B 3
San Pietro (chiesa) B 2
San Pietro (piazza) B 2
San Pietro (porta) B 2
San Rufino (piazza) B 4
San Rufino (via) B 4
Santa Chiara (arco di) C 4
Santa Chiara (chiesa) B-C 4
Santa Chiara (piazza) B 4
Sant'Agnese (via) B 3-4
Santa Maria delle Rose (chiesa) B 4
Santa Maria delle Rose (via) B 3
Santa Maria Maggiore (chiesa) B 3
Sant'Antonio (chiesa) B 4
Sant'Apollinare (via) B 3
Santurèggio (fonte) C 4
Scala mobile C 4
Sementone (porta del) B 3
Seminario (via) B 3
Strada Statale n° 147 A-B 1-2
Strada Statale n° 444 B 5
Teatro Romano B 4
Tempio di Minerva (chiesa) B 3
Tesco (fiume) A 4-5
Torrione B 4
Torrione (via del) B 4
Umberto I (viale) B-C 4-5
Unità d'Italia (piazza) A-B 1-2
Vescovado (piazza) B 3
Vescovile (palazzo) B 3
Villemena (via) B 5
Vittorio Emanuele II (viale) B-C 2-5

CONVENTO DI S. DAMIANO km 2,5   SPELLO km 12 - FOLIGNO km 19

CAGLIARI

ORISTANO km 94

1:13 000 (1 cm = 130 m)

0   100   200   300 m

Air terminal D 2
Alghero (via) C 4
Amendola (piazza) E 3
Amministrazione Provinciale C 4
Anfiteatro Romano B 2-3
Arborea, Eleonora d' (via) D 3-4
Armi (piazza d') A 2
Arsenale (piazza) B 3
Arte Moderna (galleria d') A 3
Azuni (calata) D 2
Azuni, Domenico Alberto (via) C 3
Bacaredda, Ottone (via) A-C 4
Bastione San Remy D 3
Bonária (cimitero monumentale di) E 4-5
Bonária (piazzale) F 5
Bonária (viale) E-F 3-5
Bosa (via) C 4
Bosco, Don (via) B 2
Botanico (orto) B 2
Buon Cammino (via) A-B 2-3
Caprera (via) C 1-2

Carboni (molo) F 4
Carboni, Stanislao (via) E 5
Carboni Boi (via) C 5
Carlo Felice (largo) C-D 2
Carmine (chiesa) C 2
Carmine (piazza del) C-D 2
Cattedrale C 3
Cimitero (piazza del) E 4
Cimitero (viale del) E-F 4
Cimitero Monumentale di Bonária E 4-5
Cittadella dei Musei B 3
Cliniche Universitarie B 2-3
Cocco Ortu, Francesco (via) B 4
Colombi (via dei) E 6
Colombo, Cristoforo (lungomare) E-F 3-4
Conversi (via dei) B-C 6
Costituzione (piazza) D 3
Cugia (via) D 5
Dante (via) A-D 5
Darsena E 3
Deffenu (piazza) E 3
De Giovannis (via) D-E 5
Deledda, Grazia (via) D 4
Dexart, Giuseppe (viale) D-E 6
Diaz, Armando (viale) E-F 3-6
Don Bosco (via) B 2

Efisio Cao di San Marco (via) A 4
Elefante (torre dell') C 3
Elena, Regina (viale) B-C 3
Europa (piazza) C-E 6
Facoltà di Economia Commercio e Giurisprudenza B 2
Facoltà di Ingegneria A 2
Facoltà di Lettere A 2
Facoltà di Scienze B 3
Farina, Salvatore (via) C 4
Ferrovie dello Stato (stazione) D 1-2
Ferrovie Sarde (stazione) C 5
Fiera Campionaria F 6
Fra' Ignazio da Laconi (via) B-C 2
Galilei, Galileo (piazza) B-C 4
Galleria d'Arte Moderna A 3
Garibaldi (piazza) C 4
Garibaldi, Giuseppe (via) C-D 3-4
Genneruxi (via) A-B 5-6
Genovesi (via dei) C 3
Giardini (via) A 3
Giardino Pubblico A 3
Giovanni XXIII (piazza) A 5

Giudice Torbeno (via) A 4
Giustizia (palazzo di) C-D 5
Gramsci (piazza) D 4
Indipendenza (piazza) B 3
Kennedy (piazza) A 3
Laconi, Fra' Ignazio da (viale) B-C 2
Lanusei (via) D 3
Leo, Pietro (via) C-D 6
Liguria (via) A 3
Logudoro (via) D 4
Maddalena (via) C 2
Mameli, Goffredo (via) C 1-2
Manno (via) D 3
Manzoni, Alessandro (via) B 4
Marconi, Guglielmo (via) A 5-6
Margherita, Regina (viale) D 3
Martini (via) D 3
Mazzini (via) D 3
Matteotti (piazza) D 2
Merello, Luigi (viale) A-B 1-2
Messina (via) E-F 6
Michelangelo (piazza) A-B 5
Milano (via) F 5-6
Municipio (Palazzo Comunale) D 2
Musei (cittadella dei) B 3

Nostra Signora di Bonária (chiesa) F 5
Giustizia (palazzo di) C-D 5
Nuoro (via) D-E 4
Oristano (via) C-D 4
Orto Botanico B 2
Oslávia (via) B 1-2
Ospedale (via) B-C 2
Ozieri (via) B 4
Palazzo (piazza) C 3
Palazzo Comunale (Municipio) D 2
Palazzo della Regione A 1
Palazzo di Giustizia C-D 5
Palestrina (via) B 6
Paoli (via) B-C 4-5
Parco della Rimembranza D 4
Pergolesi (via) B 5
Pessina (via) D 3
Petrarca (via) B 6
Pineta (via della) E-F 6
Pisani (via dei) D 3
Pláia, la (viale) D 1
Pola (via) B-C 1
Ponente (calata di) E 1
Porto E 2
Praga (via) A 6
Prefettura C 3
Pubblico (giardino) A 3

Puccini, Giacomo (via) C 5
Punto Touring T.C.I. C 5
Purissima (chiesa) C 3
Radio Televisione Italiana E 4
Ravenna (via) E-F 6
Regina Elena (viale) B-C 3
Regina Margherita (viale) D 3
Regione (palazzo della) A 1
Repubblica (piazza) D 4-5
Rimembranza (parco della) D 4
Rinascita (molo) E 1
Riva di Ponente (via) D 1
Roma (calata via) D-E 2
Roma (via) C-D 1-3
Romagna (via) A 6
Romano (anfiteatro) B 2-3
Sabaudo (molo) E 1
San Benedetto (piazza) B 5
San Benedetto (via) B 5
San Cosimo (piazza) D 4
San Domenico (chiesa) C 4
San Giacomo (chiesa) C 3-4
San Giovanni (via) A-C 3-4
San Giuseppe (chiesa) C 3
San Lucifero (via) D 3-4
San Michele (chiesa) C 2

San Pancrazio (torre) B 3
San Paolo (chiesa) A 5
San Remy (bastione) D 3
San Rocco (piazza) B 4
San Rocco (via) B 4
San Saturno (chiesa) D 4
Santa Caterina (chiesa) C-D 6
Sant'Agostino (calata) D 1-2
Sant'Agostino (chiesa) D 2
Sant'Agostino (vico) D 1-2
Sant'Alenixedda (via) A-B 4
Santa Margherita (via) C 2-3
Sant'Anna (chiesa) C 2
Santa Rosalia (chiesa) D 3
Sant'Eulalia (chiesa) D 3
Sant'Ignazio (chiesa) B 2
Santissima Annunziata (chiesa) B 1
San Vincenzo (via) A-B 2-3
Sassari (via) C-D 1-2
Sauro, Nazario (via) B 1
Scano, Antonio (via) C-E 6
Scienze (facoltà di) B 3
Sonnino, Sidney (via) C 5
Stazione Autolinee D 2
Stazione F.S. D 1-2
Stazione Ferrovie Sarde C 5
Stazione Marittima E 2-3

Sulis (via) C-D 3
Tennis (campi di) C-D 6
Tigellio (via) B-C 1
Tigellio (villa di) C 1-2
Tommaseo, Niccolò (via) A 5
Torbeno, Giudice (via) A 4
Torre dell'Elefante C 3
Torre San Pancrazio B 3
Touring Club Italiano (punto T.C.I.) C 5
Trento (viale) B 1
Trieste (via) C 1
Trinitari (calata) F 4
Tristani (piazza) A 3-4
Tuveri, Giovanni Battista (via) C 5
Università C 3
Università C-D 3
Universitarie (cliniche) B 2-3
Urpinu (monte) D-E 6
Venti Settembre (via) D-E 3-4
Via Roma (calata) D-E 2
Villa di Tigellio C 1-2
Vittorio Emanuele (corso) B-C 1-2
Vittório Veneto (viale) A-B 1-2
Yenne (piazza) C 2-3
Zurita (via) D-E 6

CAMERINO 1:12 500

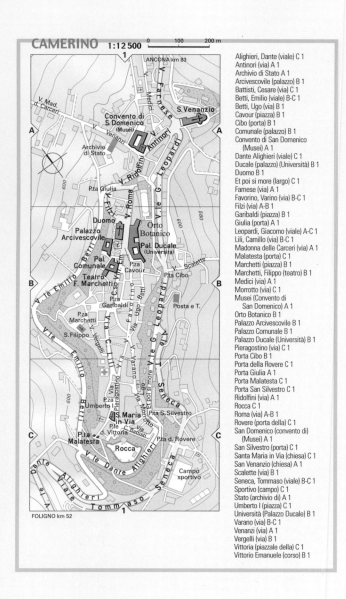

FOLIGNO km 52

Alighieri, Dante (viale) C 1
Antinori, (via) A 1
Archivio di Stato A 1
Arcivescovile (palazzo) B 1
Battisti, Cesare (via) C 1
Betti, Emilio (viale) B-C 1
Betti, Ugo (via) B 1
Cavour (piazza) B 1
Cibo (porta) B 1
Comunale (palazzo) B 1
Convento di San Domenico
(Musei) A 1
Dante Alighieri (viale) C 1
Ducale (palazzo) (Università) B 1
Duomo B 1
Et poi si more (largo) C 1
Farnese (via) A 1
Favorino, Varino (via) B-C 1
Filzi (via) A-B 1
Garibaldi (piazza) B 1
Giulia (porta) A 1
Leopardi, Giacomo (viale) A-C 1
Lili, Camillo (via) B-C 1
Madonna delle Carceri (via) A 1
Malatesta (porta) C 1
Marchetti (piazza) B 1
Marchetti, Filippo (teatro) B 1
Medici (via) A 1
Morrotto (via) C 1
Musei (Convento di
San Domenico) A 1
Orto Botanico B 1
Palazzo Arcivescovile B 1
Palazzo Comunale B 1
Palazzo Ducale (Università) B 1
Pieragostino (via) C 1
Porta Cibo B 1
Porta della Rovere C 1
Porta Giulia A 1
Porta Malatesta C 1
Porta San Silvestro C 1
Ridolfini (via) A 1
Rocca C 1
Roma (via) A-B 1
Rovere (porta della) C 1
San Domenico (convento di)
(Musei) A 1
San Silvestro (porta) C 1
Santa Maria in Via (chiesa) C 1
San Venanzio (chiesa) A 1
Scalette (via) B 1
Seneca, Tommaso (viale) B-C 1
Sportivo (campo) C 1
Stato (archivio di) A 1
Umberto I (piazza) C 1
Università (Palazzo Ducale) B 1
Varano (via) B-C 1
Venanzi (via) A 1
Vergelli (via) B 1
Vittoria (piazzale della) C 1
Vittorio Emanuele (corso) B 1

CARRARA 1:14 000 (1 cm = 140 m)

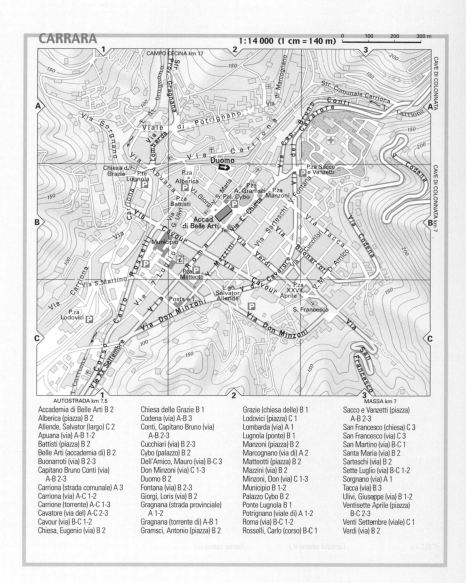

AUTOSTRADA km 7,5   MASSA km 7

Accademia di Belle Arti B 2
Alberica (piazza) B 2
Allende, Salvator (largo) C 2
Apuana (via) A-B 1-2
Battisti (piazza) B 2
Belle Arti (accademia di) B 2
Buonarroti (via) B 2-3
Capitano Bruno Conti (via)
A-B 2-3
Carriona (strada comunale) A 3
Carriona (via) A-C 1-2
Carrione (torrente) A-C 1-3
Cavatore (via del) A-C 2-3
Cavour (via) B-C 1-2
Chiesa, Eugenio (via) B 2

Chiesa delle Grazie B 1
Codena (via) A-B 3
Conti, Capitano Bruno (via)
A-B 2-3
Cucchiari (via) B 2-3
Cybo (palazzo) B 2
Dell'Amico, Mauro (via) B-C 3
Don Minzoni (via) C 1-3
Duomo B 2
Fontana (via) B 1
Giorgi, Loris (via) B 2
Gragnana (strada provinciale)
A 1-2
Gragnana (torrente di) A-B 1
Gramsci, Antonio (piazza) B 2

Grazie (chiesa delle) B 1
Lodovici (piazza) C 1
Lombarda (via) A 1
Lugnola (ponte) B 1
Manzoni (piazza) B 2
Marcognano (via) A 1
Matteotti (piazza) B 2
Mazzini (via) B 2
Minzoni, Don (via) C 1-3
Municipio B 1-2
Palazzo Cybo B 2
Ponte Lugnola B 1
Potrignano (via di) A 1-2
Roma (via) B-C 1-2
Rosselli, Carlo (corso) B-C 1

Sacco e Varzetti (piazza)
A-B 2-3
San Francesco (chiesa) C 3
San Francesco (via) C 3
San Martino (via) B-C 1
Santa Maria (via) B 2
Sarteschi (via) B 2
Sette Luglio (via) B-C 1-2
Sorgnano (via) A 1
Tacca (via) B 3
Ulivi, Giuseppe (via) B 1-2
Ventisette Aprile (piazza)
B-C 2-3
Venti Settembre (viale) C 1
Verdi (via) B 2

CAMPOBASSO 1:13 000 (1 cm = 130 m)

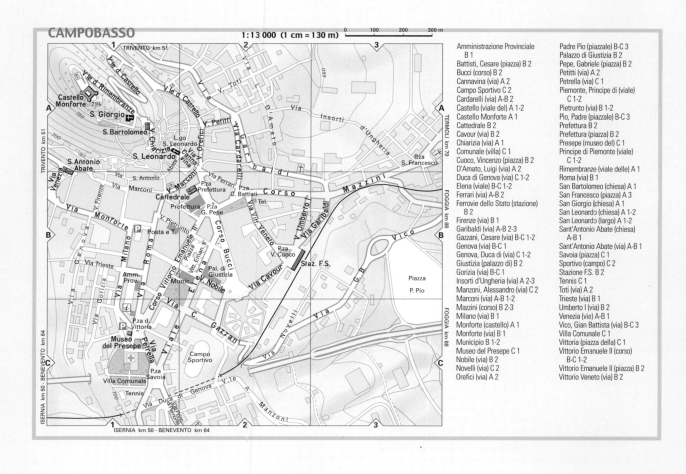

ISERNIA km 50 - BENEVENTO km 64

Amministrazione Provinciale
B 1
Battisti, Cesare (piazza) B 2
Bucci (corso) B 2
Cannavina (via) A 2
Campo Sportivo C 2
Cardarelli (via) A-B 2
Castello (viale del) A 1-2
Castello Monforte A 1
Cattedrale B 2
Cavour (via) B 2
Chiarizia (via) A 1
Comunale (villa) C 1
Cuoco, Vincenzo (piazza) B 2
D'Amato, Luigi (via) A 2
Duca di Genova (via) C 1-2
Elena (viale) B-C 1-2
Ferrari (via) A-B 2
Ferrovie dello Stato (stazione)
B 2
Firenze (via) B 1
Garibaldi (via) A-B 2-3
Gazzani, Cesare (via) B-C 1-2
Genova (via) B-C 1
Genova, Duca di (via) C 1-2
Giustizia (palazzo di) B 2
Gorizia (via) B-C 1
Insorti d'Ungheria (via) A 2-3
Manzoni, Alessandro (via) C 2
Marconi (via) A-B 1-2
Mazzini (corso) B 2-3
Milano (via) B 1
Monforte (castello) A 1
Monforte (via) B 1
Municipio B 1-2
Museo del Presepe C 1
Nobile (via) B 2
Novelli (via) C 2
Orefici (via) A 2

Padre Pio (piazzale) B-C 3
Palazzo di Giustizia B 2
Pepe, Gabriele (piazza) B 2
Petitti (via) A 2
Petrella (via) C 1
Piemonte, Principe di (viale)
C 1-2
Pietrunto (via) B 1-2
Pio, Padre (piazzale) B-C 3
Prefettura B 2
Prefettura (piazza) B 2
Presepe (museo del) C 1
Principe di Piemonte (viale)
C 1-2
Rimembranze (viale delle) A 1
Roma (via) B 1
San Bartolomeo (chiesa) A 1
San Francesco (piazza) A 3
San Giorgio (chiesa) A 1
San Leonardo (chiesa) A 1-2
San Leonardo (largo) A 1-2
Sant'Antonio Abate (chiesa)
A-B 1
Sant'Antonio Abate (via) A-B 1
Savoia (piazza) C 1
Sportivo (campo) C 2
Stazione F.S. B 2
Tennis C 1
Toti (via) A 2
Trieste (via) B 1
Umberto I (via) B 2
Venezia (via) B 1
Vico, Gian Battista (via) B-C 3
Villa Comunale C 1
Vittoria (piazza della) C 1
Vittorio Emanuele II (corso)
B-C 1-2
Vittorio Emanuele II (piazza) B 2
Vittorio Veneto (via) B 2

CASSINO

1:20 000 (1 cm = 200 m)

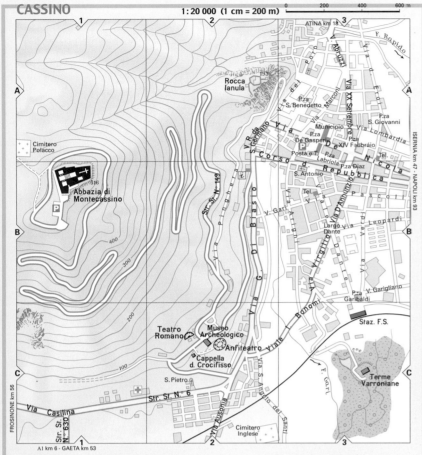

Abbazia di Montecassino B 1
Abruzzi (via) A 3
Anfiteatro C 2
Archeologico (museo) C 2
Arigni (via) B 3
Ausonia (via) C 2
Bonomi, Ivanoe (viale) B-C 2-3
Cappella del Crocifisso C 2
Casilina (via) (Strada Statale n° 6) C 1-2
Cimitero Inglese C 2
Cimitero Polacco A 1
Crocifisso (cappella del) C 2
D'Annunzio (via) B 3
Dante (largo) B 3
Dante (viale) B 3
De Gasperi (piazza) A 3
De Nicola (via) A-B 2-3
Diaz (piazza) B 3
Di Biasio, Gaetano (via) B-C 2
Eroi (via degli) A 3
Ferrovie dello Stato (stazione) C 3
Foro (via del) A 2-3
Gari (fiume) B-C 2-3
Gari (via) B 2-3
Garibaldi (piazza) B 3
Garigliano (via) B 3
Ianula (rocca) A 2
Inglese (cimitero) C 2
Labriola (piazza) A-B 3
Leopardi (via) B 3
Lombardia (via) A 3
Marconi (via) A 3
Montecassino (abbazia di) B 1
Municipio A 3
Museo Archeologico C 2
Pascoli (via) B 3
Pinghera (via) B 2
Polacco (cimitero) A 1
Quattordici Febbraio (piazza) A 3
Rapido (fiume) A 3
Repubblica (corso della) A-B 2-3
Riccardo da San Germano (via) A 3
Rocca Ianula A 2
Romano (teatro) C 2
San Benedetto (piazza) A 3
San Giovanni (piazza) A 3
San Pietro (chiesa) C 2
Sant'Angelo dei Santi (via) C 2-3
Sant'Antonio (chiesa) B 3
Stazione F.S. C 3
Strada Statale n° 6 (via Casilina) C 1-2
Strada Statale n° 149 B 2
Strada Statale n° 630 C 1
Teatro Romano C 2
Terme Varroniane C 3
Varroniane (terme) C 3
Venti Settembre (via) A 3
Verdi (via) B 3
Virgilio (via) B 3

CHIETI

1:15 000 (1 cm = 150 m)

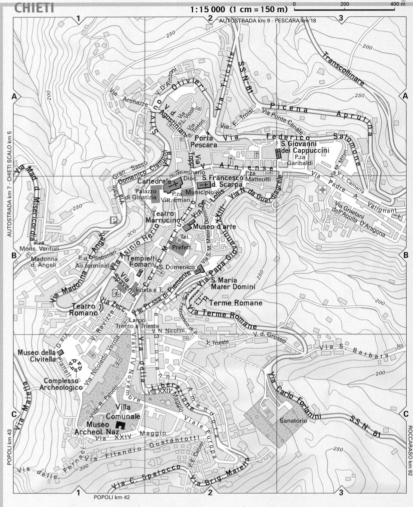

Agostiniani (via degli) A 2
Amendola, Giovanni (viale) B-C 2
Archeologico (complesso) C 1
Archeologico Nazionale (museo) C 1
Arenazze (via) A 1-2
Arniense (via) A 2
Arte (museo d') B 2
Brigata Maiella (via) C 2
Camarra, Lucio (via) A-B 3
Carusi, Enrico (via) C 2
Cattedrale A 2
Ciampoli, Domenico (via) A-B 1-2
Civitella (museo della) C 1
Complesso Archeologico C 1
Comunale (villa) C 1
D'Ainzoni (via) A 2
De Lollis (via) B 2
Diocesano (seminario) A-B 2
Europa (viale) C 2
Forlanini, Carlo (via) C 2-3
Fornaci (via delle) C 1
Gaetani dell'Aquila d'Aragona (via) B 3
Garibaldi (piazza) A 3
Generale Pianell (via) C 1
Giovanni XXIII, Papa (via) B 2
Giustizia (palazzo di) B 2
Gran Sasso (viale) A-B 1-2
Grosso (via del) B-C 2-3
Herio, Asinio (via) B 1-2
Liberazione (via della) C 1-2
Madonna degli Angeli (chiesa) B 1
Madonna degli Angeli (via) B 1
Madonna della Misericordia (via) A-B 1
Maiella (via) C 1
Marrucino (corso) B 1-2
Marrucino (teatro) B 2
Matteotti (piazza) A-B 2
Milano, Michele (via) A-B 3
Monsignor Venturi (piazza) B 1
Municipio B 2
Museo Archeologico Nazionale C 1
Museo c'Arte B 2
Museo della Civitella C 1
Nicola da Guardiagrele (via) A-B 2-3
Nicolini, Nicola (via) B 2
Olivieri, Silvino (via) A 2
Padre Alessandro Valignani (via) A-B 3
Palazzo di Giustizia B 2
Palucci, Raffaele (via) C 1
Papa Giovanni XXIII (via) B 2
Pescara (porta) A 2
Pianell, Generale (via) C 1
Picena Aprutina (strada statale n° 81) A-C 2-3
Piemonte, Principessa di (viale) B 1-2
Ponte Canale (via) A 2-3
Porta Pescara A 2
Prefettura B 2
Principessa di Piemonte (viale) B 1-2
Quarantotti, Filandro (via) C 1-2
Quattro Novembre (viale) B-C 1
Ravizza (via) B-C 1
Romane (terme) B 2
Romani (tempietti) B 1
Romano (teatro) B 1
Salomone, Federico (via) A 2-3
Sanatorio C 1-2
San Domenico (chiesa) B 2
San Francesco della Scarpa (chiesa) B 2
San Francesco di Paola (via) B-C 2
San Giovanni dei Cappuccini (chiesa) A 2-3
Santa Barbara (via) C 3
Santa Maria Mater Domini (chiesa) B 2
Santa Maria Mater Domini (via) A-B 2
Saponari (via dei) B 1
Seminario Diocesano A-B 2
Spatocco, Carlo (via) C 1-2
Spaventa (via) B 1
Strada Statale n° 81 Picena Aprutina A-C 2-3
Teatro Marrucino B 2
Teatro Romano B 1
Tempietti Romani B 1
Terme Romane B 2
Terme Romane (via) B 2
Tintori (via dei) A 2
Toppi (via) A 2
Transcollinare A 3
Trento e Trieste (largo) B 2
Tricalle (via) A 2
Troisi, Filippo (via) A 2
Valignani, Padre Alessandro (via) A-B 3
Ventiquattro Maggio (via) C 1-2
Venturi, Monsignor (piazza) B 1
Vernia, Nicoletto (via) C 1
Vicoli, Francesco Luigi (via) A 2
Villa Comunale C 1
Vittorio Emanuele (piazza) B 2
Zecca (via) B 1

CORTONA

1:10 000 (1 cm = 100 m)

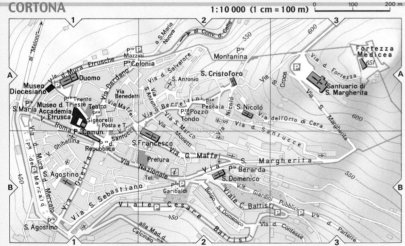

Accademia Etrusca (museo dell') A 1
Battisti, Cesare (viale) B 1-3
Benedetti (via) A-B 1
Beranda (porta) B 2
Berrettini (via) A 2
Colonia (porta) A 1-2
Comunale (palazzo) A-B 1
Contesse (via delle) B 2-3
Convento delle Celle (strada al) A 2
Dardano (via) A 1
Diocesiano (museo) A 1
Duomo A 1
Fortezza (via della) A 3
Fortezza medicea A 3
Garibaldi (piazzale) B 2
Ghibellina (via) B 1
Giardini Pubblici (viale) B 2-3
Guelfa (via) B 1
Madonna del Calcinaio (strada alla) B 1-2
Maffei, Giuseppe (via) A-B 1-2
Mazzini (piazza) A 1-2
Medicea (fortezza) A 3
Meloni (strada al) A 1
Mercato (piazzale del) B 1
Monetti (via) A-B 2
Montanina (porta) A 2
Mura del Mercato (via delle) A-B 1
Mura Etrusche (viale delle) A 1
Museo dell'Accademia Etrusca A 1
Museo Diocesano A 1
Nazionale (via) B 1-2
Orto di Cera (via dell') A 2-3
Palazzo Comunale A-B 1
Parterre (viale del) B 3
Pescaia (piazza) A 2
Porta Beranda B 2
Porta Colonia A 1-2
Porta Montanina A 2
Porta Sant'Agostino B 1
Porta Santa Maria A 1
Pozzo Tondo (piazza) A 2
Pretura B 1-2
Repubblica (piazza della) B 1
Roma (via) A-B 1
Salvatore (via del) A 2
San Cristoforo (chiesa) A 2
San Domenico (borgo) B 2
San Domenico (chiesa) B 2
San Francesco (chiesa) B 2
San Marco (via) A-B 2
San Nicolò (chiesa) A 2
San Nicolò (via) A-B 2
San Sebastiano (via) B 1-2
Santa Croce A 2
Sant'Agostino (chiesa) B 1
Sant'Agostino (porta) B 1
Santa Margherita (santuario di) A 3
Santa Margherita (via) A-B 2-3
Santa Maria (porta) A 1
Santa Maria Nuova (strada a) A-B 3
Sant'Antonio (chiesa) A 2
Sant'Antonio (via) A 2
Santucce (via delle) A-B 2-3
Santucci (via) A-B 1
Signorelli (piazza) A 1
Teatro A 1
Trento e Trieste (piazza) A 1

FANO

1:15 000 (1 cm = 150 m)

0   200   400 m

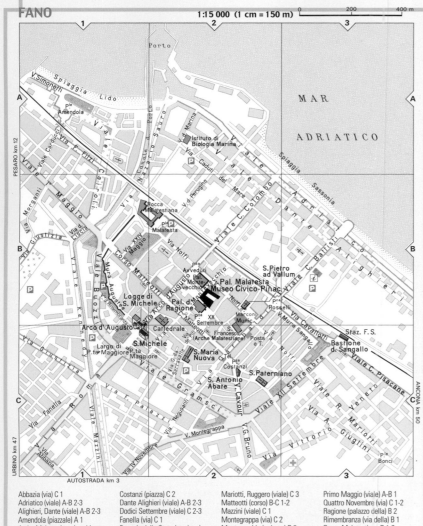

MAR ADRIATICO

PESARO km 12
URBINO km 47
AUTOSTRADA km 3
ANCONA km 50

FIRENZE

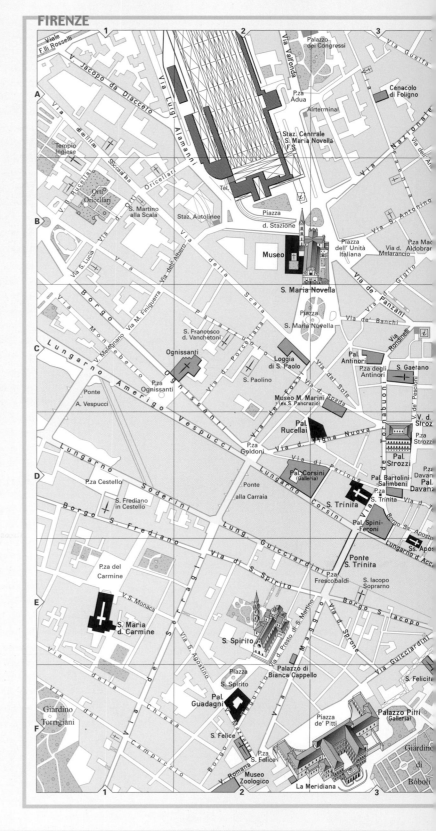

Abbazia (via) C 1
Adriatico (viale) A-B 2-3
Alighieri, Dante (viale) A-B 2-3
Amendola (piazzale) A 1
Arche Malatestiane (ex chiesa San Francesco) B-C 2
Arco d'Augusto B-C 1
Arco d'Augusto (via) B 1-2
Augustee (mura) B 1
Augusto (arco d') C 1
Avveduti (piazza) B 2
Bastione del Sangallo C 3
Battisti, Cesare (viale) B 3
Biologia Marina (istituto di) A 2
Bonci (piazzale) C 3
Bruno, Giordano (via) C 2
Buozzi (viale) B 1
Caduti del Mare (via) A-B 2
Cairoli (viale) A-B 1
Carducci (viale) A 1
Cattedrale B-C 2
Cavallotti (via) B-C 3
Cavour (via) C 2
Civico (museo-pinacoteca) (Palazzo Malatesta) B 2
Colombo, Cristoforo (viale) B 2

Costanzi (piazza) C 2
Dante Alighieri (viale) A-B 2-3
Dodici Settembre (viale) C 2-3
Fanella (via) C 1
Ferrovie dello Stato (stazione) C 3
Filzi, Fabio (via) A 1
Garibaldi (via) B-C 2
Giovanni da Serravalle (via) C 2
Giuglini, Antonio (via) C 3
Giustizia (via) B-C 1
Gramsci (viale) C 1-2
Istituto di Biologia Marina A 2
Kennedy (viale) B-C 1
Lido (spiaggia) A 1
Liscia (via della) B 1
Logge di San Michele B-C 1
Maggiore (porta) C 1
Malatesta (palazzo) (Museo Civico-Pinacoteca) B 2
Malatesta (piazzale) B 2
Malatestiana (rocca) B 1-2
Malatestiane (arche) (ex chiesa San Francesco) B-C 2
Marconi (piazzale) B 2
Marina (via della) A 2

Mariotti, Ruggero (viale) C 3
Matteotti (corso) B-C 1-2
Mazzini (viale) C 1
Montegrappa (via) C 2
Montevecchio (palazzo) B 2
Montevecchio (via) B-C 2
Morganti (via) B 2
Municipio B 2
Mura Sangallo (via) B-C 2-3
Museo Civico (Pinacoteca) (Palazzo Malatesta) B 2
Negusanti (via) C 3
Nolfi (via) B-C 2-3
Palazzi, Francesco (via) C 1-2
Palazzo della Ragione B 2
Palazzo Malatesta (Museo Civico-Pinacoteca) B 2
Palazzo Montevecchio B 2
Perugino (via del) B 2
Pili (via de') C 2
Pinacoteca (Museo Civico) (Palazzo Malatesta) B 2
Pisacane, Carlo (via) C 3
Porta Maggiore C 1
Porta Maggiore (largo di) C 1
Porto A 1-2
Porto (canale del) A 1-2

Primo Maggio (viale) A-B 1
Quattro Novembre (via) C 1-2
Ragione (palazzo della) B 2
Rimembranza (via della) B 1
Rocca Malatestiana B 1-2
Roma (via) C 1
Rosselli (piazza) B 2-3
San Francesco (ex chiesa) (Arche Malatestiane) B-C 2
Sangallo (bastione del) C 3
San Michele (ex chiesa) C 1-2
San Michele (logge di) C 1
San Paterniano (chiesa) C 2
San Pietro ad Vallum (chiesa) B 2
Santa Maria Nuova (chiesa) C 2
Sant'Antonio Abate (chiesa) C 2
Sassonia (spiaggia) A-B 2-3
Sauro, Nazario (via) A-B 1-2
Simonetti (via) A 1
Stazione F.S. C 3
Ventiquattro Maggio (via) B 1
Venti Settembre (piazza) B-C 2
Vittorio Veneto (via) C 2-3

FERMO

1:14 000 (1 cm = 140 m)

0   100   200 m

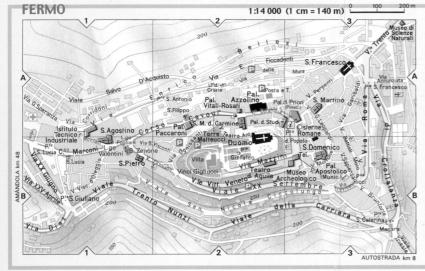

AMANDOLA km 48
AUTOSTRADA km 8

Annunziata (via) A 3
Apostolico (palazzo) (Municipio) B 3
Aquila (teatro dell') B 2
Archeologico (museo) B 3
Azzolino (palazzo) A 2
Battisti (via) A-B 3
Bellesi, Enrico (via) A 1-3
Brunforte (via) B 3
Carriera (viale della) B 2-3
Cavour (corso) A 1-2
Cefalonia (corso) A 2
Ciccolungo, Senatore Nicola (viale) B 1-3
Cisterne Romane A-B 3
Corridoni (via) A 1
Crollalanza (via di) A-B 3
D'Acquisto, Salvo (viale) A 1-2
Diaz (via) B 1
Duomo A-B 2
Ficcadenti, Enzo (via) A 2-3
Firmiano (via) A-B 1-2
Fogliani (largo) B 1
Garibaldi (via) A 3
Girfalco (piazzale) B 2
Grazie (largo delle) A 2

Industriale (istituto tecnico) A 1-2
Istituto Tecnico Industriale A 1-2
Leopardi, Giacomo (via) A-B 3
Manara (largo) B 3
Marconi (corso) B 1
Matteucci (torre) A 2
Mazzini (via) B 2-3
Montani (via) A-B 1
Moro (via) B 3
Morrone (via) B 3
Municipio (Palazzo Apostolico) B 3
Mura (via delle) A 2-3
Museo Archeologico B 3
Museo di Scienze Naturali A 3
Ognissanti (via) A-B 2
Paccaroni (palazzo) A 2
Palazzo Apostolico (Municipio) B 3
Palazzo Azzolino A 2
Palazzo degli Studi A 2-3
Palazzo dei Priori (Pinacoteca) A 3
Palazzo Paccaroni A 2
Palazzo Vitali-Rosati A 2

Perpenti (via) A 3
Pinacoteca (Palazzo dei Priori) A 3
Popolo (piazza del) B 2
Porta San Francesco A 3
Porta San Giuliano B 1
Porta Santa Catarina B 3
Porta Santa Lucia B 1
Porta Sant'Antonio A 2-3
Priori (palazzo dei) (Pinacoteca) A 3
Ricci (piazza) B 3
Roma (via) A 3
Romane (cisterne) A-B 3
San Domenico (chiesa) B 3
San Filippo (chiesa) A 2
San Francesco (chiesa) A 3
San Francesco (porta) A 3
San Giuliano (porta) B 1
San Martino (chiesa) A 3
San Pietro (chiesa) B 1
Santa Caterina (porta) B 3
Sant'Agostino (chiesa) A 3
Santa Lucia (chiesa) B 1
Santa Lucia (porta) B 1
Santa Maria del Carmine (chiesa) A 2

Sant'Antonio (porta) A 2-3
San Zenone (chiesa) B 1
Sapienza (via) B 3
Scienze Naturali (museo di) A 3
Senatore Nicola Ciccolungo (viale) B 1-3
Speranza, Giuseppe (via) A 1
Studi (palazzo degli) A 2-3
Teatro Antico (via) A-B 2
Teatro dell'Aquila B 2
Torre Matteucci A 2
Tranto (viale) A 3
Tranto Nunzi (viale) B 1-2
Trevisani (via) B 3
Trieste (via) B 3
Valentini (largo) B 1
Venticinque Aprile (via) B 1
Venti Giugno (via) B 1
Venti Settembre (viale) B 2-3
Villa Vinci Gigliucci B 2
Vinci Gigliucci (villa) B 1
Visconti, Bianca (via) B 1-2
Visconti d'Oleggio (via) B 1
Vitali-Rosati (palazzo) A 2
Vittorio Veneto (viale) B 2

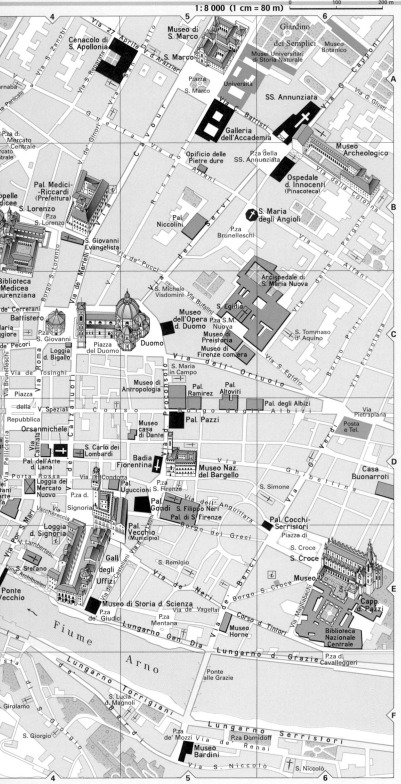

1:8 000 (1 cm = 80 m)

0   100   200 m

Capponi, Gino (via) A 6
Cermine (piazza del) E 1
Cerraia (ponte alla) D 2
Casa Buonarroti D 6
Casa di Dante (museo) D 5
Castellani (via de') A 4-5
Cavalleggieri (piazza dei) F 6
Cavour (via) A-B 4-5
Cenacolo di Foligno A 3
Cenacolo di Sant'Apollonia A 4-5
Ceretani (via de') C 4
Cestello (piazza) D 1
Chiesa (via della) E-F 1-2
Cocchi-Serristori (palazzo) D-E 6
Colonna (via della) B 6
Condotta (via) D 4-5
Congressi (palazzo dei) A 2-3
Corsini (lungarno) D 2-3
Corsini (palazzo) (Galleria) D 2-3
Dante (museo casa di) D 5
Davanzati (palazzo) D 3
Davanzati (piazza) D 3
Denidott (piazza) F 5-6
Diaz, Generale (lungarno) E 5
Duomo C 4-5
Duomo (piazza del) C 4-5
Faenza (via) A-B 3
Fiesolana (via) C 6
Finiguerra, Maso (via) C 1
Firenze com'era (museo di) C 5
Foligno (cenacolo di) A 3
Fossi (via de') C-D 3
Fratelli Rosselli (viale) A 1
Frescobaldi (piazza) E 3
Galleria (Palazzo Corsini) D 2-3
Galleria (Palazzo Pitti) F 2-3
Galleria degli Uffizi E 4
Galleria dell'Accademia A 5
Generale Diaz (lungarno) E 5
Ghibellina (via) D 5-6
Giardino dei Semplici A 5-6
Giardino di Bóboli F 3-4
Giardino Torrigiani F 1
Giglio (via del) B-C 3
Ginori (via de') A-B 4
Giudici (piazza de') E 4
Giusti, Giuseppe (via) A 4
Goldoni (piazza) D 2
Gonci (palazzo) D 5
Grazie (lungarno delle) E-F 5-6
Grazie (ponte alle) F 5
Greci (borgo dei) D-E 5
Guacagni (palazzo) F 2
Guelfa (via) A 3-5
Guicciardini (lungarno) D-E 2-3
Guicciardini (via) E-F 3
Horne (museo) E 5
Inglese (tempio) A-B 1
Jacopo da Diacceto (via) A 1
Lambertesca (via) E 4
Leoni (via dei) D-E 5
Loggia del Bigallo C 4
Loggia della Signoria D 4
Loggia del Mercato Nuovo D 4
Loggia di San Paolo C 2
Madonna degli Aldobrandini (piazza) B 3-4
Maggio (via) E-F 2-3
Magliabechi (via) E 6
Marini, Marino (museo) (ex San Pancrazio) C-D 3
Martelli (via de') B-C 4
Mazzetta (via) F 2
Medicea Laurenziana (biblioteca) B-C 4
Medicee (cappelle) B 4
Medici-Riccardi (palazzo) (Prefettura) B 4
Melarancio (via del) B 3
Melegnano (via) C 1
Mentana (piazza) E 5
Mercato Centrale A-B 3-4
Mercato Centrale (piazza del) A-B 4
Mercato Nuovo (loggia del) D 4
Meridiana, la F 2
Montebello (via) C 1
Mozzi (piazza de') F 5
Municipio (Palazzo Vecchio) D-E 4-5
Musei Universitari di Storia Naturale A 5-6
Museo (Santa Croce) E 6
Museo (Santa Maria Novella) B 2
Museo Archeologico A-B 6
Museo Bardini F 5
Museo Botanico A 6
Museo casa di Dante D 5
Museo di Antropologia C-D 5
Museo di Firenze com'era C 5
Museo di Preistoria C 5
Museo di San Marco A 5
Museo di Storia della Scienza E 4
Museo Horne E 5
Museo Marino Marini (ex San Pancrazio) C-D 3
Museo Nazionale del Bargello D 5

Museo Zoologico F 2
Nazionale (via) A-B 3
Nazionale Centrale (biblioteca) E 6
Neri (via de') E 5
Niccolini (palazzo) B 5
Ognissanti (borgo) C-D 1-2
Ognissanti (chiesa) C 1-2
Ognissanti (piazza) C 1
Opera del Duomo (museo dell') C 5
Opificio delle Pietre dure B 5
Orcellari (orti) B 1
Oriuolo (via dell') C 5-6
Orsanmichele (chiesa) D 4
Orti Orcellari B 1
Orti Orcellari (via degli) B 1-2
Ospedale degli Innocenti (Pinacoteca) B 6
Palazzo Altoviti C-D 5
Palazzo Antinori C 3
Palazzo Bartolini-Salimbeni D 3
Palazzo Cocchi-Serristori D-E 6
Palazzo Corsini (Galleria) D 2-3
Palazzo Davanzati D 3
Palazzo degli Albizi D 5-6
Palazzo dei Capitani di Parte Guelfa D 4
Palazzo dei Congressi A 2-3
Palazzo dell'Arte della Lana D 4
Palazzo di Bianca Cappello E-F 2
Palazzo di San Firenze D-E 5
Palazzo Gondi D 5
Palazzo Guadagni F 2
Palazzo Medici-Riccardi (Prefettura) B 4
Palazzo Niccolini B 5
Palazzo Pazzi D 5
Palazzo Pitti (Galleria) F 2-3
Palazzo Ramirez C-D 5
Palazzo Rucellai D 2-3
Palazzo Spini-Feroni D-E 3
Palazzo Strozzi D 3
Palazzo Uguccioni D 4
Palazzo Vecchio (Municipio) D-E 4-5
Palazzuolo (via) B-C 1-2
Panicale (via) A 4
Panzani (via de') B-C 3
Parione (via di) D 2-3
Pazzi (cappella) E 6
Pazzi (palazzo) D 5
Pecori (via de') C 4
Pelliceria (via) D 4
Pergola (via della) B-C 6
Pescioni (via de') C-D 3
Pietrapiana (via) E 5
Pietre dure (opificio delle) B 5
Pinacoteca (Ospedale degli Innocenti) B 6
Pinti (borgo) C 6
Pitti (palazzo) (Galleria) F 2-3
Pitti (piazza de') F 2-3
Ponte alla Carraia D 2
Ponte alle Grazie F 5
Ponte Amerigo Vespucci C-D 1
Ponte Santa Trinita E 3
Ponte Vecchio D 4
Por Santa Maria (via) D-E 4
Porcellana (via della) C 2
Porta Rossa (via) D 4
Preistoria (museo di) C 5
Presto di San Martino (via del) E-F 2-3
Proconsolo (via del) C-D 5
Pucci (via de') B-C 4-5
Ramirez (palazzo) C-D 5
Renai (via de') F 5-6
Repubblica (piazza della) C-D 4
Ricasoli (via) A-C 4-5
Roma (via) C 4
Romana (via) F 2
Rondinelli (via) C 3
Rosselli, Fratelli (viale) A 1
Rucellai (palazzo) D 2-3
Rucellai, Bernardo (via) B 1
San Barnaba (chiesa) A 4
San Carlo dei Lombardi (chiesa) D 4
San Felice (chiesa) F 2
San Felice (piazza) F 2
San Felicita (chiesa) E-F 3-4
San Filippo Neri (chiesa) D 5
San Firenze (palazzo di) D-E 5
San Firenze (piazza) D 5
San Francesco di Vanchetoni (chiesa) C 2
San Frediano (borgo) D-E 1-2
San Frediano in Cestello (chiesa) D 1
San Gaetano (chiesa) C 3
San Gallo (via) A 4-5
San Giorgio (chiesa) F 4
San Giorgio (costa di) F 4
San Giovanni Evangelista (chiesa) B 4
San Girolamo (chiesa) F 4
San Iacopo (borgo) E 3
San Iacopo Soprano (chiesa) E 3

San Lorenzo (basilica) B 4
San Lorenzo (borgo) B-C 4
San Lorenzo (piazza) B 4
San Marco (chiesa) A 5
San Marco (museo di) A 5
San Marco (piazza) A 5
San Martino alla Scala (chiesa) B 1
San Michele Visdomini (chiesa) C 5
San Niccolò (chiesa) F 6
San Niccolò (via) F 5-6
San Pancrazio (ex chiesa) (Museo Marino Marini) C-D 3
San Paolino (chiesa) C 2
San Paolo (loggia di) C 2
San Remigio (chiesa) E 5
San Simone (chiesa) D 5-6
Santa Croce (basilica) E 6
Santa Croce (borgo) E 5-6
Santa Croce (piazza di) E 6
Sant'Agostino (via) E-F 2
Santa Lucia (via) B 1
Santa Lucia del Magnoli (chiesa) F 5
Santa Maria degli Angioli (chiesa) B 5-6
Santa Maria del Carmine (chiesa) E 1
Santa Maria in Campo (chiesa) C 5
Santa Maria Maggiore (chiesa) C 3-4
Santa Maria Novella (chiesa) B-C 3
Santa Maria Novella (piazza) C 2-3
Santa Maria Novella (stazione centrale F.S.) A-B 1-2
Santa Maria Nuova (arcispedale di) B-C 5-6
Santa Maria Nuova (piazza) C 5
Santa Monaca (via) E 1
Sant'Antonino (via) B 4
Sant'Apollonia (cenacolo di) A 4-5
Santa Reparata (via) A 4
Santa Trinita (chiesa) D 3
Santa Trinita (piazza) D 3
Santa Trinita (via) D 3
Sant'Egidio (chiesa) C 5
Sant'Egidio (via) C 6
Santi Apostoli (borgo) D-E 3
Santi Apostoli (chiesa) D-E 3
Santissima Annunziata (basilica) A 6
Santissima Annunziata (piazza della) A-B 5-6
San Tommaso d'Aquino (chiesa) C 6
Santo Spirito (chiesa) E 2
Santo Spirito (piazza) E-F 2
Santo Spirito (via di) E 2
Santo Stefano (chiesa) E 4
San Zanobi (via) A 4
Scala (via della) A-C 1-2
Semplici (giardino dei) A 5-6
Serragli (via de') E-F 1-2
Serristori (lungarno) F 5-6
Servi (via dei) B-C 5
Signoria (loggia della) D-E 4
Signoria (piazza della) D 4
Soderini (lungarno) D 1-2
Sole (via del) C 3
Spada (via della) C 2-3
Speziali (via) D 4
Spini-Feroni (palazzo) D-E 3
Sprone (via dello) E 3
Stazione (piazza della) B 2
Stazione autolinee B 2
Stazione Centrale Santa Maria Novella F.S. A-B 1-2
Storia della Scienza (museo di) E 4
Storia Naturale (musei universitari di) A 5-6
Strozzi (palazzo) D 3
Strozzi (piazza) D 3
Strozzi (via degli) D 3
Tegolaio (borgo) F 2
Tempio Inglese A-B 1
Terme (via delle) D 3-4
Tintori (corso dei) E 5-6
Tornabuoni (via de') C-D 3
Torrigiani (giardino) F 1
Torrigiani (lungarno) F 4-5
Tosinghi (via de') C 4
Uffizi (galleria degli) E 4
Uguccioni (palazzo) D 4
Unità Italiana (piazza dell') B 2
Università A 5-6
Vaccherecccia (via) D 4
Vagellai (via de') E 5
Valfonda (via) A 2
Vecchietti (via de') C-D 3
Vecchio (palazzo) (Municipio) D-E 4-5
Vecchio (ponte) E 3-4
Ventisette Aprile (via) A 4-5
Verdi, Giuseppe (via) D 6
Vespucci, Amerigo (lungarno) C-D 1-2
Vespucci, Amerigo (ponte) C-D 1
Vigna Nuova (via della) D 2-3
Zoologico (museo) F 2

Accademia (galleria dell') A 5
Acciaiuoli (lungarno degli) E 3
Adua (piazza) A 2
Airterminal A 2
Alamanni, Luigi (via) A 1
Albero (via dell') B 1-2
Albizi (palazzo degli) D 5-6
Alfani (via degli) B-C 5-6
Altoviti (palazzo) C-D 5
Anguillara (via dell') D 5
Antinori (palazzo) C 3
Antinori (piazza degli) C 3
Antropologia (museo di) C-D 5
Arazzieri (via degli) A 5
Archeologico (museo) A-B 6
Archibusieri (lungarno) E 4
Ariento (via dell') A-B 3
Arno (fiume) C-F 1-6
Arte della Lana (palazzo dell') D 4
Autolinee (stazione) B 2
Badia Fiorentina (chiesa) D 5
Banchi (via de') C 3
Bardi (via de') E-F 4-5
Bardini (museo) F 5

Bargello (museo nazionale del) D 5
Bartolini-Salimbeni (palazzo) D 3
Battistero C 4
Battisti, Cesare (via) A 5-6
Benci (via de') E 5
Biblioteca Medicea Laurenziana B-C 4
Biblioteca Nazionale Centrale E 6
Bigallo (loggia del) C 4
Bóboli (giardino di) F 3-4
Borgo degli Albizi (corso) D 4-6
Botanico (museo) A 6
Brunelleschi (piazza) B 5
Brunelleschi (via) C 4
Bufalini (via) C 5
Buonarroti (casa) D 6
Calimala (via) D 4
Calzaiuoli (via de') C-D 4
Campuccio (via del) F 1-2
Capitani di Parte Guelfa (palazzo dei) D 4
Cappella del Pazzi E 6
Cappella Medicee B 4
Cappello, Bianca (palazzo di) E-F 2

FROSINONE

1:11 000 (1 cm = 110 m)

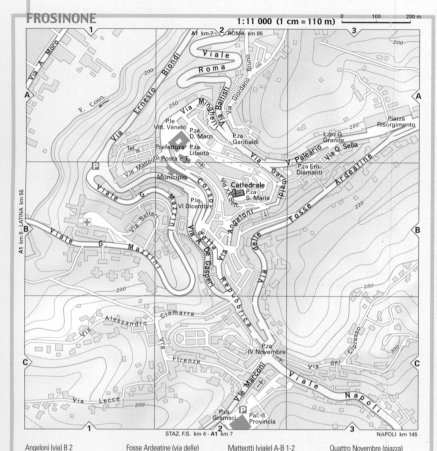

Angeloni (via) B 2	Fosse Ardeatine (via delle)	Matteotti (viale) A-B 1-2	Quattro Novembre (piazza)
Battisti (via) A 2	A-B 2-3	Mazzini, Giuseppe (viale)	C 2
Biondi, Ernesto (via) A 1-2	Garibaldi (piazza) A 2	B 1-2	Repubblica (corso della) B-C 2
Cattedrale B 2	Garibaldi (via) A-B 2	Minghetti (via) A 2	Risorgimento (piazza) A 3
Ciamarra, Alessandro (via)	Giordano Bruno (via) A 2	Moro, Aldo (via) A 1	Roma (via) A 2
C 1-2	Gramsci (piazza) C 2	Municipio B 2	Santa Maria (piazza) B 2
Cipresso (via del) C 3	Grande, Gabriele (largo) A 3	Napoli (viale) C 3	Sei Dicembre (piazzale) B 2
Cosa (fiume) A-B 1-2	Lecce (via) C 1	Palazzo della Provincia C 2	Sella, Quintino (via) A 3
De Gasperi, Alcide (via) B 2	Libertà (piazza) A 2	Paleario (via) A-B 2-3	Sellari (via) B 1-2
Diamanti, Emilio (piazza) B 3	Marconi (viale) C 2	Prefettura A 2	Venti Settembre (via) B 2
Firenze (via) C 2	Marzi, Domenico (piazza) A 2	Provincia (palazzo della) C 2	Vittorio Veneto (piazzale) A 2

LATINA

1:16 000 (1 cm = 160 m)

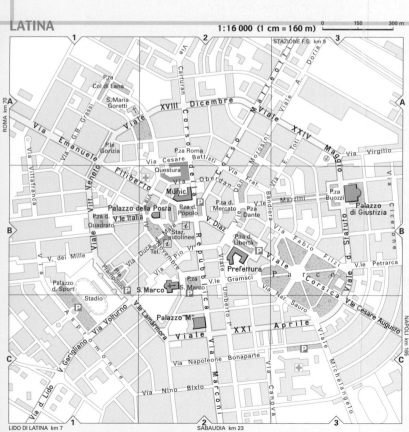

Aspromonte (via) B-C 1	Emanuele Filiberto (via) A-B 1-2	Mille (via dei) B 1	Repubblica (corso della)
Autolinee (stazione) B 2	Filzi, Fabio (via) B 3	Morosini, Don (viale) A-B 2	A-C 2
Bandiera, Fratelli (via) B 2-3	Fratelli Bandiera (via) B 2-3	Municipio B 2	Roma (piazza) A 2
Battisti, Cesare (via) A 2	Garigliano (via) A 3	Napoleone Bonaparte (via) C 2	San Marco (chiesa) B 2
Bixio, Nino (via) C 2	Giustizia (palazzo di) B 3	Oberdan (via) B 2	San Marco (piazza) B 2
Bonaparte, Napoleone (via) C 2	Gorizia (piazzale) A 1	Palazzo "M" C 2	Sauro, Nazario (via) B-C 2-3
Buozzi (piazza) B 3	Gramsci (viale) B 2	Palazzo della Posta B 2	Sport (palazzo dello) B-C 1
Canova (via) B 2	Grassi, Giovanni Battista (via)	Palazzo dello Sport B-C 1	Stadio B-C 1
Carturan (via) A 2	A 1	Palazzo di Giustizia B 3	Statuto (viale dello) B 3
Cesare Augusto (viale) C 3	Italia (viale) B 1-2	Parco B 3	Stazione Autolinee B 2
Cicerone (via) B 3	Lamarmora (viale) C 1-2	Petrarca (viale) B 3	Toti, Enrico (via) A-B 2-3
Col di Lana (piazza) A 1	Libertà (piazza della) B 2	Pio VI (via) B 2	Umberto I (via) B-C 2
Corsica (viale) C 2-3	Lido (via del) C 1	Popolo (piazza del) B 2	Ventiquattro Maggio (viale)
Dante (piazza) B 2	"M" (palazzo) C 2	Posta (palazzo della) B 2	A-B 2-3
Diaz (via) B 2	Marconi (via) C 2	Prampolini (piazzale) B 1	Ventun Aprile (via) A-B 1
Diciotto Dicembre (viale) A 1-2	Matteotti (corso) A-B 2-3	Prefettura B 2	Villafranca (via) A-B 1
Don Morosini (viale) A-B 2	Mazzini (viale) B 2-3	Quadrato (piazza) B 2	Virgilio (via) A 3
Doria, Andrea (viale) A 3	Mercato (piazza del) B 2	Quattro Novembre (via) B 2	Vittorio Veneto (viale) B 1
Duca del Mare (via) B 1-2	Michelangelo (viale) C 3	Questura A-B 2	Volturno (via) C 1

GROSSETO

1:13 000 (1 cm = 130 m)

Aldi (via) C-D 1-2	Fabio Massimo (viale) B 1	Matteotti (viale) B 1-2	Rosselli, Fratelli (piazza)
Alfieri, Vittorio (viale) C 2	Fattori, Giovanni (via) C 1-2	Mazzini (via) B-C 2	B-C 2
Amiata (via) C 3	Ferrovie dello Stato (stazione)	Medicea (fortezza) B-C 3	Saffi, Aurelio (via) B-C 3
Ansedonia (via) B 1	A 1	Mercato (piazza del) C 2-3	San Francesco (chiesa) B 3
Aquiléia (via) B 3	Ferrucci, Francesco (viale)	Mille (via dei) C-D 2-3	San Giuseppe (chiesa) B 1
Archeologico e d'Arte (museo)	C-D 2-3	Museo Archeologico e d'Arte	San Pietro (chiesa) B 2
C 2-3	Fiume (via) B 2-3	C 2-3	Sanzio, Raffaello (piazza) C 1
Aurelia Nord (via) A 1-2	Fortezza Medicea B-C 3	Museo di Storia Naturale C 3	Sardegna (via) A 3
Bandiera, Fratelli (via) D 2	Fossombroni, Vittorio (viale)	Nuova (porta) B 2	Sauro, Nazario (via) A-B 1
Barberi (via dei) C-D 3	B-C 3	Nuovo Stadio C 1	Senese (via) A 3
Battisti, Cesare (via) C 3	Fratelli Bandiera (via) D 2	Oberdan (via) B-C 2	Sicilia (via) A 3
Bengasi (via) B-C 3	Fratelli Rosselli (piazza) B-C 2	Ombrone (viale) B 3	Sonnino (viale) B-D 1-2
Bonghi (via) B 2	Galeazzi (piazza) A 3	Pacciardi, Randolfo (piazza) C 3	Speri, Tito (via) D 3
Brigate Partigiane (viale delle)	Garibaldi (via) B-C 3	Pace (via della) A-B 1-3	Stadio (piazza dello) C 1
D 2-3	Ginori (via) B-C 3	Palazzo Comunale C 2-3	Stacio, Nuovo C 1
Buozzi, Bruno (via) A-B 2	Giotto (via) C-D 1	Parco della Rimembranza B 2-3	Stazione F.S. A 1
Caduti sul Lavoro (piazza) C 2	Giulio Cesare (viale) B 1	Pellico (piazza) D 2	Storia Naturale (museo di) C 3
Canova (via) D 2	Gramsci, Antonio (via) C 3	Ponchielli (piazza) C 3	Tarquinia (via) B-C 1-2
Caravággio (viale) C-D 2	Indipendenza (piazza dell') B 2	Popolo (piazza del) C 2	Teatro degli Industri C 2
Carducci (corso) B-C 2	Industri (teatro degli) C 2	Porciatti, Lorenzo (viale) B 2-3	Telamonio (viale) B-C 1
Comunale (palazzo) C 2-3	Istria (piazza) A 2	Porta Nuova B 2	Tévere (via) A-B 2
Corridoni, Filippo (via) B 3	Lamarmora (piazza) C 2	Porta Vecchia C 3	Trento (via) A-B 2
Dalmazia (piazza) A 2	Lanza (via) C 2	Prefettura B 2	Trieste (via) A-B 2
Dante (piazza) C 2-3	Lulli, Giovan Battista (piazza)	Quattro Novembre (viale) B 2	Trípoli (via) B 3
De Maria (piazza) C 3	C 3	Raffaello Sanzio (piazza) C 1	Vecchia (porta) C 3
De Nicola, Enrico (viale) D 1	Mameli (viale) A-B 1-2	Repubblica (viale della) D 1	Venézia Giùlia (via) A 3
Duomo C 2-3	Manetti (via) B-C 2	Rimembranza (parco della)	Vetulónia (via) D 3
Einaudi, Luigi (viale) D 1	Manin (via) C 2	B 2-3	Vivaldi (via) D 3
Emilia (viale) A 2-3	Marconi (piazza) A 1	Risorgimento (piazza del) D 2	Volturno (piazza) B 3
Etruria (via) B 1	Mascagni, Pietro (viale) C-D 3	Roma (via) A-B 2	Ximenes (viale) C 2

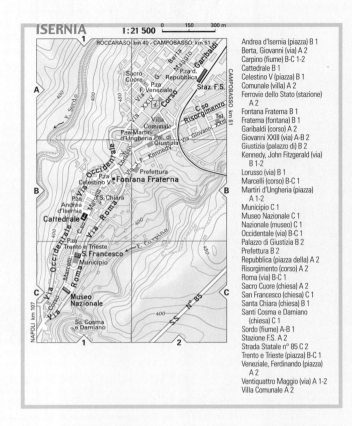

ISERNIA 1:21 500

Andrea d'Isernia (piazza) B 1
Berta, Giovanni (via) A 2
Carpino (fiume) B-C 1-2
Cattedrale B 1
Celestino V (piazza) B 1
Comunale (villa) A 2
Ferrovie dello Stato (stazione) A 2
Fontana Fraterna B 1
Fraterna (fontana) B 1
Garibaldi (corso) A 2
Giovanni XXIII (via) A-B 2
Giustizia (palazzo di) B 2
Kennedy, John Fitzgerald (via) B 1-2
Lorusso (via) B 1
Marcelli (corso) B-C 1
Martiri d'Ungheria (piazza) A 1-2
Municipio C 1
Museo Nazionale C 1
Nazionale (museo) C 1
Occidentale (via) B-C 1
Palazzo di Giustizia B 2
Prefettura B 2
Repubblica (piazza della) A 2
Risorgimento (via) B-C 1
Roma (via) B-C 1
Sacro Cuore (chiesa) A 2
San Francesco (chiesa) C 1
Santa Chiara (chiesa) B 1
Santi Cosma e Damiano (chiesa) C 1
Sordo (fiume) A-B 1
Stazione F.S. A 2
Strada Statale n° 85 C 2
Trento e Trieste (piazza) B-C 1
Veneziale, Ferdinando (piazza) A 2
Ventiquattro Maggio (via) A 1-2
Villa Comunale A 2

Abruzzi, Duca degli (viale) A-B 3-4
Abruzzo (museo nazionale d') (Castello) A-B 5
Accursio (via) B 4
Alfieri (palazzo) C 4
Alterno (fiume) C-D 1-3
Amministrazione Provinciale C 3-4
Angioina (piazza) B 3
Annunziata (via) B 3
Antonelli (via) B 3
Antonelli Dragonetti (palazzo) B 3
Arcivescovado (via) C 3-4
Ardinghelli (palazzo) B 4
Arischia (via) A-B 3
Bafile, Andrea B 3-4
Bariscianello (piazza) B-C 4-5
Bartholomaeis (via) C 3
Bazzano (porta) C 4
Beata Antonia (chiesa) B 3
Belvedere (via) C 3
Bominaco (via) B 4
Buccio (casa di) B 4
Buone Novelle (via delle) C 3
Camponeschi (palazzo) B 4
Cancelle C 4
Cardinale (via del) B-C 3
Carli (palazzo) B 4
Casa di Buccio B 4
Casa di Jacopo B 4
Cascina (via) B 3-4
Castello (Museo Nazionale d'Abruzzo) A-B 5
Castello (parco del) A-B 4-5
Castello (porta) B 5
Castello (via) B 4-5
Cavour (via) B 4
Celestino V (via) C 4
Centi (palazzo) C 4
Cesura (via) B 3
Cimino (via) C 4
Collemággio (piazza di) D 5
Collemággio (viale di) D 4
Comunale (teatro) B 4
Comunale (villa) C 4
Corrado IV (viale) A 1
Corridoni (via) D 3
Crispi, Francesco (viale) C-D 3-4
Croce Rossa (viale della) A 2-3
D'Annunzio, Gabriele (via) D 3-4
De Gasperi, Alcide (viale) A 5
Dragonetti (palazzo) C 4
Duca degli Abruzzi (viale) A-B 3-4
Duomo B-C 3-4
Duomo (piazza del) C 3-4
Federico II (corso) C 4
Ferrovie dello Stato (stazione) B 1
Fibbioni (palazzo) B 4
Fontana dalle Novantanove Cannelle B 2
Fontesecco (via) B 3
Fortebraccio (via) C 4
Franchi (palazzo) B 3
Garibaldi (via) A-B 3-4
Giovanni XXIII (viale) B 3
Giunta Uffici Regionali A 1
Giustizia (palazzo di) A 2
Gran Sasso d'Italia (viale del) A 4-5
Grazie (via delle) C 4
Guasto (via del) A 4
Indipendenza (via) C 4
Jacopo (casa di) B 4
Leoni (porta) B 5
Madonna del Ponte (via) C 2
Maiella (via della) B-C 5
Margherite, Regina (piazza) B 4
Marrelli (via) B 4
Municipio B 4
Museo Nazionale d'Abruzzo (Castello) A-B 5
Napoli (porta) D 3
Nizza (viale) A 4
Novantanove Cannelle (fontana dalle) B 2
Nove Martiri (piazza) B 4
Paganica (via) B 4
Palazzo (piazza) B 4
Palazzo Alfieri C 4
Palazzo Antonelli Dragonetti B 3
Palazzo Ardinghelli B 4
Palazzo Camponeschi B 4
Palazzo Carli B 4
Palazzo Centi C 4
Palazzo di Giustizia A 2
Palazzo Dragonetti C 4
Palazzo Fibbioni B 4
Palazzo Franchi B 3
Palazzo Persichetti B 3
Palazzo Rivera B 3
Panella, Antonio (via) A 5
Parco del Castello A-B 4-5
Patini (via) B 4
Persichetti (palazzo) B 3
Persichetti (viale) B 3
Pescara (viale) B 5
Porcinari (via) A 3
Porta Bazzano C 4
Porta Bazzano (via) C-D 4
Porta Castello B 5
Porta Leoni B 5
Porta Napoli D 3
Porta Paganica (viale di) A 4
Porta Rivera B 2
Porta Romana A 2
Prefettura C 3-4
Punto Touring T.C.I. B-C 3
Quattro Cantoni B 4
Regina Margherita (piazza) B 4
Rendina (via) C 4
Rivera (palazzo) B 3
Rivera (porta) B 2
Roio (via di) B 3
Roma (via) A-B 2-3
Romana (porta) A 2
Sallustio (viale) B 3-4
San Basilio (piazza) A 4
San Bernardino (chiesa) B 4-5
San Bernardino (piazza) B 4-5
San Bernardino (via) B 4
San Domenico (chiesa) B 4
San Flaviano (chiesa) C 4
San Flaviano (via) C 4
San Francesco di Paola (via) C 3-4
San Giovanni Bosco (viale) A 3
San Giuseppe (chiesa) B 3
San Iacopo (via) B 2
San Marciano (chiesa) C 3
San Marciano (via) C 3
San Marco (chiesa) C 4
San Martino (via) B 4
San Michele (via) C 4
San Pietro di Coppito (chiesa) B 3
San Pietro di Sassa (chiesa) B 3
San Silvestro (chiesa) A 3-4
Santa Chiara (via) B-C 3
Santa Giusta (chiesa) C 4
Santa Giusta (via) C 4
Sant'Agostino (chiesa) C 4
Sant'Agostino (via) C 4
Santa Maria di Collemaggio (chiesa) D 5
Santa Maria di Farfa (via) C 5
Santa Maria di Paganica (chiesa) B 4
Santa Maria di Róio (chiesa) B 3
Sant'Amico (via) A-B 4
Sassa (via) B 3
Sinizzo (via) B 4-5
Stadio A 5
Stazione F.S. B 1
Strada Statale n° 17 A-D 1-4
Strada Statale n° 17 bis A A 4
Strinella (via) B-C 5
Suffragio (chiesa) C 3-4
Tagliacozzo (via) A-B 5
Tancredi Da Pentima (via) B 1-2
Teatro (piazza) B 4
Teatro Comunale B 4
Tedeschi (via) B 4
Touring Club Italiano (punto T.C.I.) B-C 3
Tre Marie (via) B 4
Tre Spighe (via delle) A 4
Uffici Comunali B 4
Università B 3
Venticinque Aprile (viale) A-B 1-2
Ventiquattro Maggio (via) D 3-4
Venti Settembre (via) A-C 2-3
Verdi (via) B 4
Villa Comunale C 4
Vittorio Emanuele (corso) B 4
Zara (via) B 5

L'AQUILA 1:12 000 (1 cm = 120 m)

LIVORNO

1:16 000 (1 cm = 160 m)

0 — 200 — 400 m

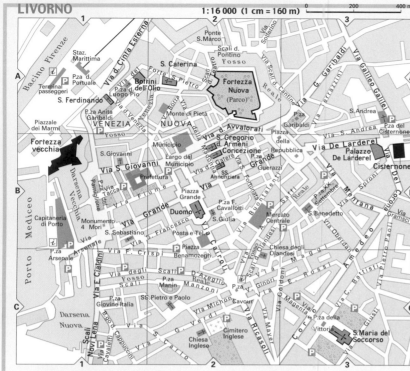

Nuova (darsena) C 1
Nuova (fortezza) (Parco) A 2
Oberdan (via) B-C 3
Olandesi (chiesa degli) C 2
Olandesi (scali degli) C 2
Palazzo De Larderel B 3
Pamiglione (piazza) B 1
Paoli, Pietro (via) B-C 3
Parco (Fortezza Nuova) A 2
Ponte San Marco A 2
Pontino (scali del) A 2
Porto Mediceo B-C 1
Portuale (piazza del) A 1
Prefettura B 1-2
Quattro Mori (monumento) B 1
Reale (fosso) A-C 1-3
Repubblica (piazza della) A-B 2-3
Ricasoli (via) C 2
Rossi, Ernesto (via) C 2-3
Saffi, Aurelio (via) B-C 2
San Benedetto (chiesa) B 3
San Carlo (via) C 1-2
San Ferdinando (chiesa) A 1
San Francesco (via) B 1-2
San Giovanni (chiesa) B 1
San Giovanni (via) B 1-2
San Gregorio degli Armeni (chiesa) B 1
San Marco (ponte) A 2
San Sebastiano (chiesa) B 1
Santa Caterina (chiesa) A 2
Santa Fortunata (via) B 2
Santa Giulia (chiesa) B 2
Santa Maria del Soccorso (chiesa) A 3
Sant'Andrea (chiesa) A 3
Sant'Andrea (via) A-B 3
Santi Pietro e Paolo (chiesa) C 2
Santissima Annunziata (chiesa) B 2
Scali D'Azeglio (via degli) C 1-2
Scali delle Cantine (via) A 2-3
Solferino (via) B 3
Sproni (via) B 3
Stazione Marittima A 1
Tacca (via) B 1
Teatro (scali del) A 2
Terrazzini (via) A 3
Vecchia (darsena) B 1
Vecchia (fortezza) B 1
Venezia (fosso) A-B 1-2
Venezia Nuova A 1-2
Venti Settembre (piazza) B 3
Verdi, Giuseppe (via) C 1-2
Vittoria (piazza della) C 3

Amedeo (corso) B-C 3
Arsenale (piazza) B-C 1
Arsenale (via) B-C 1
Avvalorati (via degli) A-B 2
Battisti, Cesare (via) C 3
Benamozegh (piazza) B-C 2
Borra (via) A 2
Bottini dell'Olio A 1
Buontalenti (via) B 2-3
Cairoli (via) B-C 2
Capitaneria di Porto B 1
Cappuccini (borgo dei) C 1
Cavaletti (via) C 1
Cavallotti, Felice (piazza) B 2
Cavour (via) C 2
Chiesa degli Olandesi C 2
Chiesa Inglese C 2

Cialdini, Enrico (via) C 1
Cimitero Inglese C 2
Cinta Esterna (via della) A 1-2
Cisternone B 3
Cisternone (piazza del) A-B 3
Concezione (chiesa) B 2
Crispi, Francesco (via) B-C 1-2
Darsena Nuova C 1
Darsena Vecchia B 1
De Larderel (palazzo) B 3
De Larderel (piazza) B 3
Del Corona (via) B 3
Duomo B 2
Firenze (bacino) A 1
Forte San Pietro (via del) A 1-2
Fortezza Nuova (Parco) A 2

Fortezza Vecchia B 1
Galere (via delle) B 2
Galilei, Galileo (via) A 3
Garibaldi (piazza) A 3
Garibaldi, Anita (piazza) A 1
Garibaldi, Giuseppe (via) A 3
Ginori (via) C 1
Giovine Italia (piazza) C 1
Giusti (via) A 3
Goldoni (via) C 2-3
Gramsci (via) B 3
Grande (piazza) B 2
Grande (via) B 1-2
Guerazzi (piazza) C 2
Inglese (chiesa) C 2
Inglese (cimitero) C 2
Luogo Pio (piazza del) A 1

Madonna (via della) A-B 2
Magenta (via) C 3
Maggi (via) B-C 2-3
Manin (via) B 2
Manzoni (scali) C 1-2
Marmi (piazzale dei) A 1-2
Mayer (via) C 2
Mediceo (porto) B-C 1
Mentana (via) B 3
Michon (via) C 2
Monte di Pietà A 2
Monumento Quattro Mori B 1
Municipio B 2
Municipio (largo del) B 2
Novi Lena (scali) C 1

LUCCA

1:11 000 (1 cm = 110 m)

0 — 100 — 200 m

Anfiteatro (piazza) B 3
Anfiteatro Romano B 3
Angelo Custode (via dell') B-C 3
Antelminelli (piazza) C 3
Arcivescovado (via dell') C 3
Asili (via degli) B 2
Bacchettoni (via dei) A-C 5
Baluardo Cairoli o della Libertà C 5
Baluardo Cesare Battisti o San Pietro A 5
Baluardo della Libertà o Cairoli C 5
Baluardo di San Frediano A 2
Baluardo San Colombano D 3
Baluardo San Donato C 1
Baluardo San Martino A 4
Baluardo San Paolino C-D 1
Baluardo San Pietro o Cesare Battisti A 5
Baluardo San Regolo C-D 4
Baluardo Santa Croce B 1
Baluardo Santa Maria D 2
Barletti (case) C 3
Barsanti e Matteucci (via) A 2-3
Batoni (via) A 3
Battistero (via del) C 3
Battisti, Cesare (via) B 2-3
Battisti, Cesare e San Pietro (baluardo) A 5
Beccheria (via) C 2
Bernardini (palazzo) C 3
Boccherini, Luigi (piazzale) C 1
Borghi (portone dei) A 3
Borgo Giannotti (via) A 3
Buia (via) B 2-3
Botanico (orto) C 4
Buonamici (viale) B 1
Buonvisi (villa) C 4
Cairoli o della Libertà (baluardo) C 5
Campo Coni A 1
Campo Sportivo D 2
Carducci, Giosuè (viale) C-D 1-2
Carmine (piazza del) B 3
Carrara, Francesco (via) D 2
Casa Giacomo Puccini C 2
Case Barletti C 3
Case Guinigi B 3
Cattedrale (museo della) C 3
Cavallerizza (via della) A-B 3
Cavalletti (via dei) B 1
Cavour (viale) D 2-3
Cenami (palazzo) C 2-3
Cenami (via) C 2-3
Chiesa del Suffragio C 3
Cittadella (piazza) C 2
Collegio (piazza del) B 2-3
Concordia (piazza) A 5
Coni (campo) A 1
Curtatone (piazza) D 3
Della Quercia, Iacopo (via) A 5
Del Prete, Carlo (viale) A-B 1-3
Don Aldo Mei (piazzale) C 5
Ducale (palazzo) C 2
Duomo C 3
Elisa (porta) C 5
Elisa (via) C 4-5
Europa (viale) D 1
Ferrovie dello Stato (stazione) D 3
Fillungo (via) B-C 3
Fosso (via del) A-D 3-4
Fratta (via della) B 3-4
Galli Tassi (via) B-C 2
Garibaldi (corso) D 2-3
Giglio (piazza del) C 2
Giardino Botanico (via del) C 3-4
Giusti, Giuseppe (viale) C-D 3-5
Giudiccioni (piazza) B 3
Guinigi (case) B 3
Guinigi (museo nazionale di villa) B 4-5
Guinigi (via) C 3
Indipendenza (piazza dell') D 2
Libertà o Cairoli (baluardo della) C 5
Magione (piazza della) C 1-2
Malcontenti (piazza) C 1-2
Mansi (palazzo e pinacoteca nazionale) B-C 1-2
Marconi, Guglielmo (viale) A-B 5
Marti, Agostino (viale) A 4-5
Martiri della Libertà (piazzale) A 3
Mazzini (via) D 3-4
Mei, Don Aldo (piazzale) C 5
Mercato Ortofrutticolo D 5
Mordini, Antonio (via) B 3
Municipio B 2
Mura Urbane (passeggiata delle) A-D 1-5
Museo della Cattedrale C 3
Museo Nazionale di Villa Guinigi B 4-5
Napoleone (piazza) C 2
Nieri (via) C 1
Orto Botanico C 4
Pacini, Giovanni (viale) C 5
Palazzetto dello Sport A 1-2
Palazzo Bernardini C 3
Palazzo Cenami C 2-3
Palazzo Ducale C 2
Palazzo Mansi e Pinacoteca Nazionale B-C 1-2

Palazzo Pfanner B 2
Palazzo Pretorio C 2
Paoli, Brunero (viale) B 4-5
Papi, Lazzaro (viale) B-C 1
Pascoli, Giovanni (via) C 1
Passeggiata delle Mura Urbane A-D 1-5
Pfanner (palazzo) B 2
Pinacoteca Nazionale (palazzo Mansi e) B-C 1-2
Porta Elisa C 5
Porta Quattro Novembre A 4-5
Porta San Donato B 1
Porta San Gervasio C 4
Porta San Pietro D 2
Porta Santa Maria A 3
Porta Vittorio Emanuele C 1
Portone dei Borghi A-B 3
Pretorio (palazzo) C 2
Pubblici Macelli (via dei) C-D 5
Puccini, Giacomo (casa) C 2
Quarquonia (via della) B 4-5
Quattro Novembre (porta) A 4-5
Questura D 3
Regina Margherita (viale) D 3
Repubblica (viale della) D 2
Ricasoli (piazza) D 3
Risorgimento (piazzale del) D 2
Roma (via) C 2-3
Romano (anfiteatro) B 3
Rosa (via della) C 3
Rosi, Michele (via) A 4
Salvatore (chiesa) B 2
Salvatore (piazza del) B 2
San Colombano (baluardo) D 3
San Cristoforo (chiesa) C 3
San Donato (baluardo) C 1
San Donato (piazza) B 1
San Donato (porta) B 1
San Francesco (chiesa) B 4
San Francesco (piazza) B 4
San Frediano (baluardo di) A 2
San Frediano (basilica) B 3
San Frediano (piazza) B 3
San Gervasio (porta) C 4
San Giorgio (via) B 2-3
San Giusto (piazza) C 2
San Gregorio (piazza) B 3
San Martino (baluardo) A 4
San Martino (piazza) C 3
San Matteo (piazza) B 2
San Michele (baluardo) C 3
San Michele in Foro (chiesa) C 2
San Micheletto (piazza) C 4
San Nicolao (via) B-C 4
San Paolino (baluardo) C-D 1
San Paolino (via) C 1-2
San Pierino (piazza) C 1
San Pietro (porta) D 2
San Pietro o Cesare Battisti (baluardo) A 5
San Pietro Somaldi (chiesa) B 3
San Ponziano (piazza) C 4-5
San Regolo (baluardo) C-D 4
San Romano (chiesa) C 2
San Salvatore (baluardo) B 5
Santa Chiara (via) B-C 4
Santa Croce (baluardo) B 1
Santa Croce (via) C 3-4
Santa Gemma Galgani (via) B 3-4
Santa Giulia (chiesa) C 3
Santa Giustina (via) B 2
Sant'Agostino (piazza) B 2
Sant'Alessandro (chiesa) C 2
Santa Maria (baluardo) D 2
Santa Maria (porta) A 3
Santa Maria dei Servi (chiesa) C 3
Santa Maria del Borgo (piazza) A 3
Santa Maria della Rosa (chiesa) C 3
Santa Maria Forisportam (chiesa) C 3
Santa Maria Forisportam (piazza) C 3
Sant'Andrea (chiesa) B 3
Sant'Andrea (via) B 3
Santi Giovanni e Reparata (chiesa) C 2-3
Santi Paolino e Donato (chiesa) C 2
Santi Simone e Giuda (chiesa) B 3
San Tommaso (piazza) B 1
Sport (palazzetto dello) A 1-2
Stazione F.S. D 3
Suffragio (chiesa) C 3
Tagliate di San Marco A 2
Tagliate di Sant'Anna (via delle) A-B 1
Uffici Comunali B 2
Varanini (piazza) A 4-5
Verdi, Giuseppe (piazzale) C 1
Villa Buonvisi C 4
Villa Guinigi (museo nazionale di) B 4-5
Vittorio Emanuele (piazza) D 2
Vittorio Emanuele (porta) C 1
Vittorio Emanuele (via) C 1-2
Vittorio Veneto (via) C-D 2
Zecca (via della) B 3-4

MACERATA

1:11 000 (1 cm = 110 m)

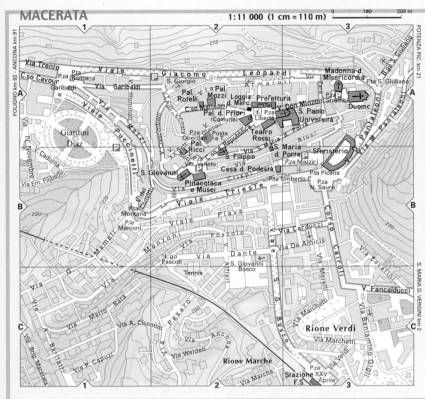

Alfieri (via) B-C 2
Ancona (via) C 2
Armaroli (via) A 2-3
Barilatti, Achille (via) C 1
Batà, Mario (via) C 1
Brigata Macerata (via) C 1
Cadorna (via) A-B 1
Cairoli (corso) B-C 3
Capuzi, Pietro (via) C 1
Carducci (via) B-C 3
Casa del Podestà B 2
Cavour (corso) A 1
Ciccolini, Arturo (via) C 1-2
Comune (Palazzo dei Priori) A 2
Convitto (via del) B 1-2
Costa (via) A 2
Crescimbeni (via) A-B 2
Crispi (via) B 2
Dante (via) B 2
De Amicis (via) B 2-3
Diaz (giardini) A-B 1
Don Minzoni (via) A 2-3
Duomo A 3
Emanuele Filiberto (via) B 1
Ferrovie dello Stato (stazione) C 3
Foscolo (via) B 2
Garibaldi (piazza) A 1
Garibaldi (via) A 1
Giardini Diaz A-B 1
Gigli, Beniamino (via) C 3
Gramsci (via) A 2
Illuminati (via) A 1
Lauri (via) A 2
Leopardi, Giacomo (viale) A 1-3
Libertà (via) A 2
Loggia dei Mercanti A 2
Madonna della Misericordia (chiesa) A 3

Mameli, Goffredo (via) B-C 1
Manzoni (via) B-C 1-2
Marche (rione) A 2
Marche (via) C 2
Marchetti (via) C 3
Marconi (piazzale) B 1
Matteotti (corso) A 2
Mazzini (piazza) B 3
Mercanti (loggia dei) A 2
Merelli (via) B-C 3
Minzoni, Don (via) A 2-3
Montana (porta) B 1
Mozzi (palazzo) A 2
Mozzi (via) A 1
Musei (pinacoteca e) B 2
Oberdan (piazza) A 2
Palazzo dei Priori (Comune) A 2
Palazzo Mozzi A 2
Palazzo Ricci A 2
Palazzo Rotelli A 2
Pancalducci (via) C 3
Pantaleoni, Diomede (via) A-B 3
Pantaleoni, Maffeo (via) A-B 3
Pascoli (largo) B 2
Pesaro (via) C 2
Piave (viale) B 2
Picena (porta) B 3
Pinacoteca e Musei B 2
Podestà (casa del) B 2
Porta Montana B 1
Porta Picena B 3
Porta Romana A 1
Porta San Giuliano A 3
Porta Umberto I B 2-3
Prefettura A 2
Priori (palazzo dei) (Comune) A 2
Puccinotti (viale) A-B 1
Quattro Novembre (via) A-B 1

Repubblica (corso della) A-B 2
Ricci (palazzo) A 2
Ricci (via) A-B 2-3
Rione Marche C 2
Rione Verdi C 3
Romana (porta) A 1
Rossi (teatro) A 2
Rotelli (palazzo) A 2
San Filippo (chiesa) B 2
San Giorgio (chiesa) A 2
San Giovanni (chiesa) B 2
San Giovanni Bosco (chiesa) B 2
San Giovanni Bosco (viale) B-C 2-3
San Giuliano (borgo) A 3
San Giuliano (porta) A 3
San Paolo (chiesa) A 2-3
Santa Maria della Porta (basilica) A 2
Santa Maria della Porta (via) A-B 2-3
Sauro, Nazario (piazza) B 3
Severini (via) B-C 3
Sferisterio A-B 3
Stazione F.S. C 3
Strambi (piazza) A 3
Teatro Rossi A 2
Trento (via) A 1
Trieste (viale) B 1
Umberto I (porta) B 2-3
Università A 2-3
Venticinque Aprile (piazza) C 3
Venti Settembre (via) A-B 2
Verdi (rione) C 3
Verdi (via) C 2
Vittorio Veneto (piazza) B 2
Weiden (via) C 2
Zara (via) A 3

MASSA

1:15 000 (1 cm = 150 m)

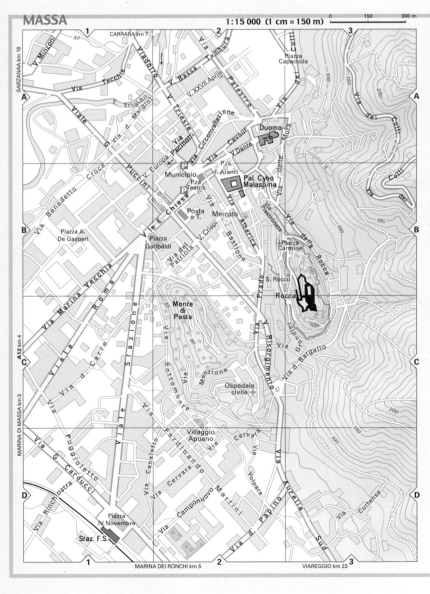

Alberica (via) B 2
Apuano (villaggio) C-D 2
Aranci (piazza degli) A-B 2
Aurelia Sud (via) D 2-3
Bargello (via del) C 2
Bassa Tambura (via) A 2
Bastione (via) B 2
Camponuovo (via) D 2
Canaletto (via) D 1-2
Capaccola (piazza) A 2-3
Carducci, Giosuè (via) D 1
Carmine (piazza) B 2-3
Carre (via delle) C 1
Cavour (via) A 2
Cervara (via) D 1-2
Chiesa, Eugenio (viale) B 1-2
Circonvallazione (via) A 2
Civile (ospedale) C 2
Colli (via dei) A-B 2-3
Crispi (via) B 2
Croce, Benedetto (via) B 1
Curtense (via) D 3
Cybo Malaspina (palazzo) B 2
Dante (via) A 2
De Gasperi, Alcide (piazza) B 1
Duomo A 2
Europa (via) A-B 1-2
Ferrovie dello Stato (stazione) D 1
Frigido (fiume) A-B 1-2
Garibaldi (piazza) B 1-2
Grondini (via) C 2
Margini (via dei) A 1
Marina Vecchia (via) B-C 1
Martini, Ferdinando (via) C-D 1-2

Menzione (via) C 2
Mercato B 2
Minzoni (via) A 1
Monte di Pasta C 2
Municipio B 2
Mura (via delle) A-B 2-3
Ospedale Civile C 2
Pacinotti (via) A 1
Palazzo Cybo Malaspina B 2
Palestro (via) A 2
Papino (via del) D 2
Pasta (monte di) C 2
Patriota (via) B 2
Piastronata (via) B 2
Poggioletto (via) C-D 1
Prado (via) B-C 2
Puccini, Giacomo (viale) A-B 1
Quattro Novembre (piazza) D 1
Rinchiostra (via) D 1
Risorgimento (via) C 2
Rocca B-C 3
Rocca (via della) B 3
Roma (viale) B-C 1
San Rocco B 3
Sottomonte (via) C 2
Stazione (viale) C-D 1
Stazione F.S. D 1
Teatro (piazza) B 2
Tecchie (via) A 1
Trieste (via) A 2
Vertisette Aprile (via) A 2
Viadotto A 1-2
Villaggio Apuano C-D 2
Volpara (via) D 2

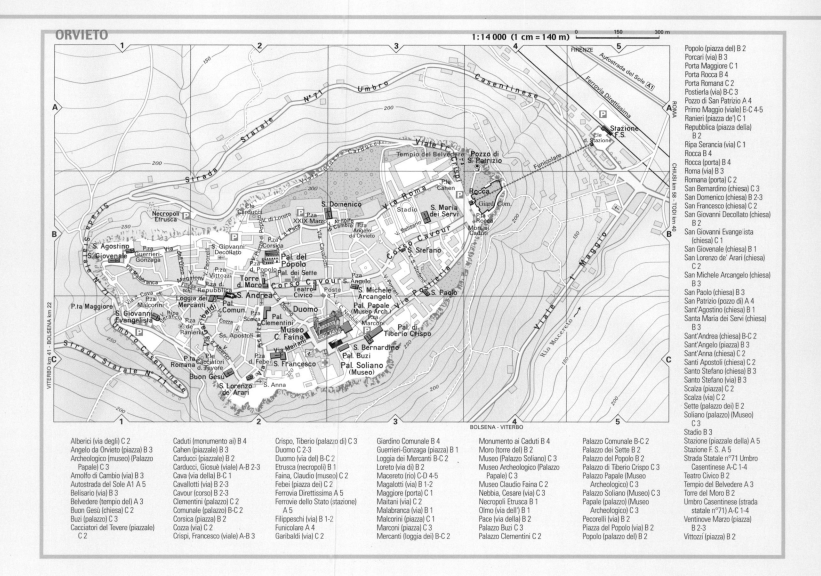

ORVIETO

1:14 000 (1 cm = 140 m)

Popolo (piazza del) B 2
Porcari (via) B 3
Porta Maggiore C 1
Porta Rocca B 4
Porta Romana C 2
Postierla (via) B-C 3
Pozzo di San Patrizio A 4
Primo Maggio (viale) E-C 4-5
Ranieri (piazza de') C 1
Repubblica (piazza della) B 2
Ripa Serancia (via) C 1
Rocca B 4
Rocca (porta) B 4
Roma (via) B 3
Romana (porta) C 2
San Bernardino (chiesa) C 3
San Domenico (chiesa) B 2-3
San Francesco (chiesa) B 3
San Giovanni Decollato (chiesa) B 2
San Giovanni Evange ista (chiesa) C 1
San Giovenale (chiesa) B 1
San Lorenzo de' Arari (chiesa) C 2
San Michele Arcangelo (chiesa) B 3
San Paolo (chiesa) B 3
San Patrizio (pozzo di) A 4
Sant'Agostino (chiesa) B 1
Santa Maria dei Servi (chiesa) B 3
Sant'Andrea (chiesa) B-C 2
Sant'Angelo (piazza) B 3
Sant'Anna (chiesa) C 2
Santi Apostoli (chiesa) C 2
Santo Stefano (chiesa) B 3
Santo Stefano (via) B 3
Scalza (piazza) C 2
Scalza (via) C 2
Sette (palazzo dei) B 2
Soliano (palazzo) (Museo) C 3
Stadio B 3
Stazione (piazzale della) A 5
Stazione F. S. A 5
Strada Statale n°71 Umbro Casentinese A-C 1-4
Teatro Civico B 2
Tempio del Belvedere A 3
Torre del Moro B 2
Umbro Casentinese (strada statale n°71) A-C 1-4
Ventinove Marzo (piazza) B 2-3
Vittozzi (piazza) B 2

Alberici (via degli) C 2
Angelo da Orvieto (piazza) B 3
Archeologico (museo) (Palazzo Papale) C 3
Arnolfo di Cambio (via) B 3
Autostrada del Sole A1 A 5
Belisario (via) B 3
Belvedere (tempio del) A 3
Buon Gesù (chiesa) B 1-2
Buzi (palazzo) C 3
Cacciatori del Tevere (piazzale) C 2
Caduti (monumento ai) B 4
Cahen (piazza) B 3
Carducci (piazzale) B 2
Carducci, Giosuè (viale) A-B 2-3
Cava (via della) B-C 1
Cavallotti (via) B 2-3
Cavour (corso) B 2-3
Clementini (palazzo) C 2
Comunale (palazzo) B-C 2
Corsica (piazza) B 2
Cozza (via) C 2
Crispi, Francesco (viale) A-B 3
Crispo, Tiberio (palazzo di) C 3
Duomo C 2-3
Duomo (via del) B-C 2
Etrusca (necropoli) B 1
Faina, Claudio (museo) C 2
Febei (piazza dei) C 2
Ferrovia Direttissima A 5
Ferrovie dello Stato (stazione) A 5
Filippeschi (via) B 1-2
Funicolare A 4
Garibaldi (via) C 2
Giardino Comunale B 4
Guerrieri-Gonzaga (piazza) B 1
Loggia dei Mercanti B-C 2
Loreto (via di) B 2
Macereto (rio) C-D 4-5
Magalotti (via) B 1-2
Maggiore (porta) C 1
Maitani (via) C 2
Malabranca (via) B 1
Malcorini (piazza) C 1
Marconi (piazza) C 3
Mercanti (loggia dei) B-C 2
Monumento ai Caduti B 4
Moro (torre del) B 2
Museo (Palazzo Soliano) C 3
Museo Archeologico (Palazzo Papale) C 3
Museo Claudio Faina C 2
Nebbia, Cesare (via) C 3
Necropoli Etrusca B 1
Olmo (via dell') B 1
Pace (via della) B 2
Palazzo Buzi C 3
Palazzo Clementini C 2
Palazzo Comunale B-C 2
Palazzo dei Sette B 2
Palazzo del Popolo B 2
Palazzo di Tiberio Crispo C 3
Palazzo Papale (Museo Archeologico) C 3
Palazzo Soliano (Museo) C 3
Papale (palazzo) (Museo Archeologico) C 3
Pecorelli (via) B 2
Piazza del Popolo (via) B 2
Popolo (palazzo del) B 2

BOLSENA - VITERBO

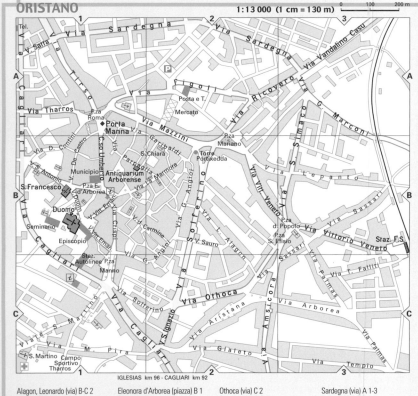

ORISTANO

1:13 000 (1 cm = 130 m)

IGLESIAS km 96 - CAGLIARI km 92

Alagon, Leonardo (via) B-C 2
Amsicora (via) C 2
Angioi, Giovanni (via) B-C 1-2
Antiquarium Arborense B 1
Arborea (via) C 3
Arborense (antiquarium) B 1
Aristana (via) C 2
Autolinee (stazione) B-C 1
Cagliari (via) A-C 1-2
Campo Sportivo Tharros C 1
Carmine (via) B 2
Casu, Vandalino (via) A 3
Contini, Diego (via) A-B 1
Crispi (via) B 1
De Castro (via) B 1
Duomo B 1
Duomo (via) B 1
Eleonora d'Arborea (piazza) B 1
Episcopio B 1
Falliti, Torbeno (via) C 3
Ferrovie dello Stato (stazione) B 3
Figoli (via) A 1-2
Garibaldi (via) A-B 1-2
Gialeto (via) B 2
La Marmora (via) B 1-2
Lepanto (via) B 2-3
Manna (porta) A 1
Manno (piazza) C 1
Marconi, Guglielmo (via) A-B 2
Mariano (piazza) A-B 2
Mazzini (via) A-B 1-2
Mercato A 2
Municipio B 1
Othoca (via) C 2
Palmas (via) B-C 3
Parpaglia (via) B 1-2
Pira, Michele (via) C 3
Popolo (piazza del) B 3
Porta Manna A 1
Portixedda (torre) B 2
Ricovero (via) A 2-3
Roma (piazza) A 1
San Francesco (chiesa) B 1
San Martino (chiesa) C 1
San Martino (viale) C 1
San Simaco (via) A-B 3
Santa Chiara (chiesa) B 2
Sant'Antonio (via) B 1
Sant'Efisio (piazza) B 2-3
Sant'Ignazio (via) C 2
Sardegna (via) A 1-3
Sassari (via) B-C 2-3
Satta (via) A 1
Sauro (via) B 2
Seminario B 1
Solferino (via) B-C 1-2
Stazione Autolinee B-C 1
Stazione F.S. C 3
Tempio (via) C 3
Tharros (campo sportivo) C 1
Tharros (via) A 1
Tirso (via) B 2
Torre Portixedda B 2
Umberto (via) B 1
Vittorio Emanuele (via) B 1
Vittorio Veneto (via) B 2-3

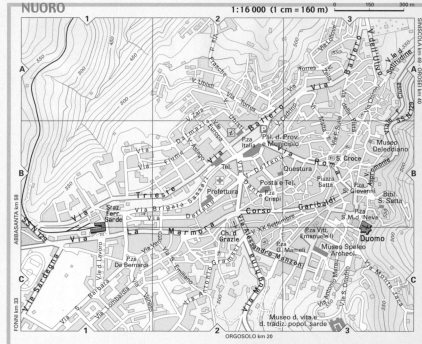

NUORO

1:16 000 (1 cm = 160 m)

ORGOSOLO km 20

Asiago (via) B 2
Aspromonte (via) B 3
Ballero (via) B 2-3
Biblioteca Sebastiano Satta B 3
Brigata Sassari (via) B 1-2
Cedrino (via) A-B 2-3
Chiesa delle Grazie B-C 2
Chironi (via) A 3
Ciusa, Francesco (viale) A-B 3
Crispi (piazza) B 2
Dalmazia (via) A-B 1-2
Dante (via) B 2
De Bernardi (piazza) C 1
Deffenu (via) C 2-3
Deleddiano (museo) B 3
Duomo B-C 3
Europa (viale) B 2
Ferrovie Sarde (stazione) B-C 1
Fiume (via) B 1-2
Frasche (via delle) A 2
Garibaldi (corso) B 2-3
Gramsci, Antonio (via) C 2
Grazie (chiesa delle) B-C 2
Italia (piazza) B 2
La Marmora (via) B-C 1-2
Lavoro (via del) C 1
Lollove (via) A 3
Lombardia (via) A-B 3
Malta (via) A-B 3
Mameli, Goffredo (piazza) C 2-3
Manzoni, Alessandro (via) B-C 2-3
Mereu, Antonio (via) C 3
Monte Jaca (via) C 3
Mughina (via) A 2
Museo Deleddiano B 3
Museo della Vita e delle Tradizioni Popolari Sarde C 3
Museo Speleo Archeologico C 3
Palazzo della Provincia e Municipio B 2
Pietà (via della) A-B 3
Prefettura B 2
Provincia e Municipio (palazzo della) B 2
Questura B 2
Roma (via) B 2-3
San Giovanni (piazza) B 3
Santa Barbara (via) C 1
Santa Croce (chiesa) B 3
Santa Maria della Neve (piazza) C 3
Sant'Emiliano (via) C 1
Sant'Onofrio (via) C 3
Sardegna (via) B 3
Satta (piazza) B 3
Satta, Sebastiano (biblioteca) B 3
Solitudine (viale della) A 3
Speleo Archeologico (museo) C 3
Stazione Ferrovie Sarde B-C 1
Strada Statale n° 129 A-C 1-3
Sulis, Francesco (via) A-B 3
Tcrres (via) A 3
Trieste (via) B 1-2
Ubisti (via) A-B 2
Uivo (via dell') A 3
Veneto (via) C 1-2
Venti Settembre (via) B-C 2-3
Vita e le Tradizioni Popolari Sarde (museo delle) C 3
Vittorio Emanuele II (piazza) C 3
Zara (via) A 2
Zeila (via) A 3

PERUGIA

1:12 000 (1 cm = 120 m)

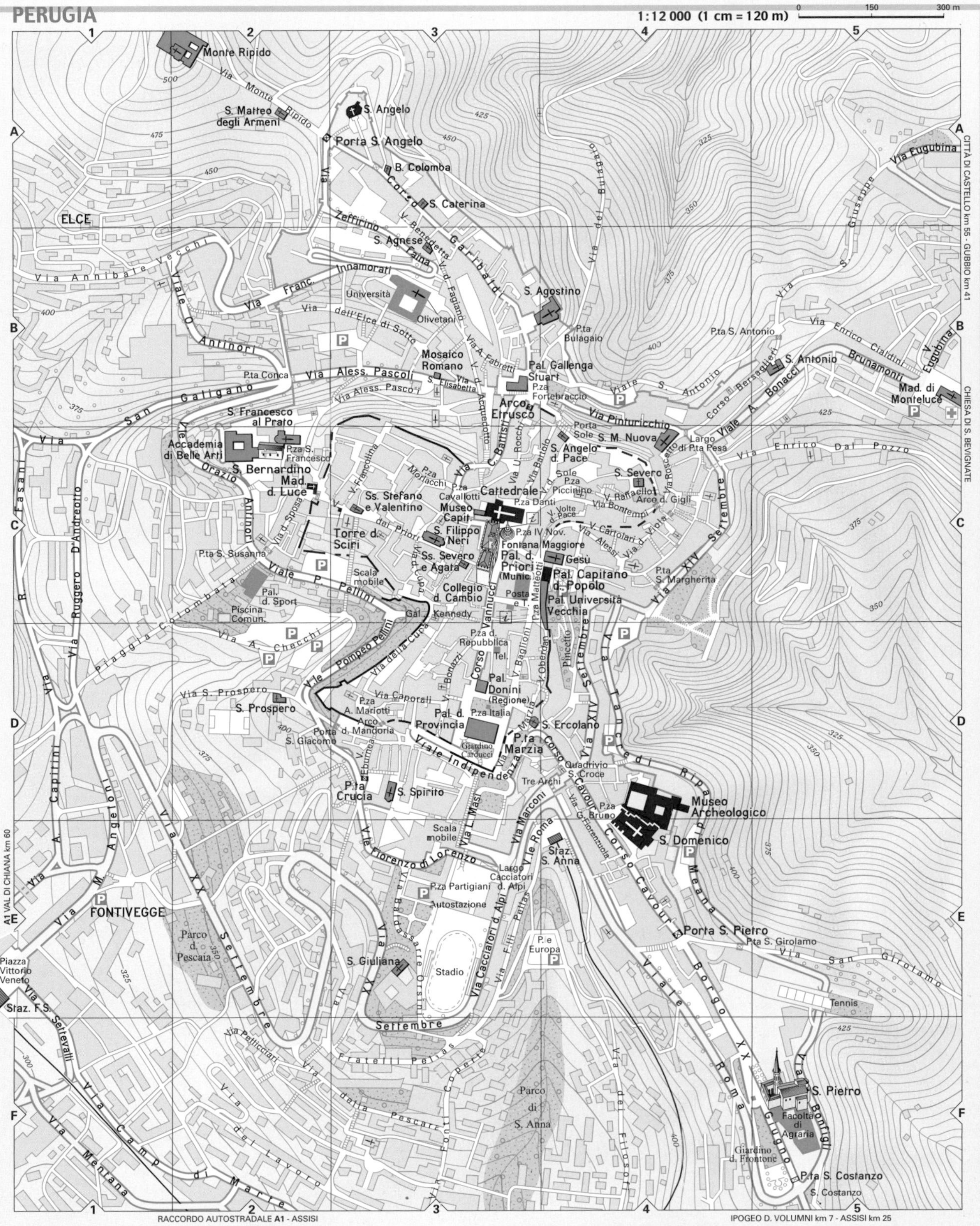

Accademia di Belle Arti C 2
Acquedotto (via dell') B-C 3
Agraria (facoltà di) F 5
Alessi (via) C 4
Angeloni, Mario (via) D-E 1
Antinori, Orazio (viale) B-C 2
Archeologico (museo) D-E 4
Arco dei Gigli C 4
Arco della Mandorla D 3
Arco Etrusco B 3
Autostazione E 3
Baglioni (via) D 3
Bartolo (via) C 3-4
Battisti, Cesare (via) B-C 3
Beata Colomba (chiesa) A 3
Belle Arti (accademia di) C 2
Benedetta (via) A-B 3
Bersaglieri (corso) B 4-5
Bonacci Brunamonti, Alinda (viale) B-C 4-5
Bonazzi (via) D 3
Bonfigli (via) F 5
Bontempi (via) C 4
Bruno, Giordano (piazza) D 4
Bulagaio (porta) B 4
Bulagaio (via del) A-B 4
Cacciatori delle Alpi (largo) E 3
Cacciatori delle Alpi (via) E 3
Cambio (collegio del) C 3
Campo di Marte (via) F 1-2
Capitano del Popolo (palazzo) C 4
Capitini, Aldo (via) D-E 1
Capitolare (museo) C 3
Caporali (via) D 3
Carducci (giardino) D 3
Cartolari (via) C 4
Cattedrale C 3
Cavallotti (piazza) C 3
Cavour (corso) D-E 4
Checchi, Arturo (via) D 2
Cialdini, Enrico (via) B 5
Collegio del Cambio C 3
Colombata (piaggia) C-D 1-2
Conca (porta) B 2
Crucia (porta) D 3
Cupa (via della) C-D 3
Dal Pozzo, Enrico (via) C 4-5
D'Andreotto, Ruggero (via) C-D 1
Danti (piazza) C 3-4
Di Lorenzo, Fiorenzo (viale) E 3
Donini (palazzo) (Regione) D 3
Eburnea (via) D 3
Elce A 1
Elce di Sotto (via dell') B 2-3
Etrusco (arco) B 3
Eugubina (via) A-B 5
Europa (piazzale) E 3-4
Fabbretti, Ariodante (via) B 3
Facoltà di Agraria F 5
Fagiano (via del) B 3
Faina, Zeffirino (via) A-B 2-3
Fasani, Raniero (via) C-D 1
Ferrovie dello Stato (stazione) E 1
Filosofi (via dei) F 4
Fiorenzuola (via) D-E 4
Fontana Maggiore C 3
Fonti Coperte (via) F 3
Fontivegge E 1
Fortebraccio (piazza) B 3-4
Francolina (via) C 3
Fratelli Pellas (via) E-F 3
Frontone (giardino del) F 4-5
Gallenga Stuart (palazzo) B 3
Garibaldi (corso) A-B 3
Gesù (chiesa del) C 4
Giardino Carducci D 3
Giardino del Frontone F 4-5
Gigli (arco dei) C 4
Indipendenza (viale) D 3
Innamorati, Francesco (via) B 2-3
Italia (piazza) D 3
Kennedy (galleria) C 3
Lavoro (via del) F 2

Madonna della Luce (chiesa) C 2
Madonna di Monteluce (chiesa) B 5
Maggiore (fontana) C 3
Mandorla (arco della) D 3
Marconi (via) D-E 3-4
Mariotti, Annibale (piazza) D 3
Marzia (porta) D 3
Marzia (via) D 3
Masi, Luigi (via) D-E 3
Matteotti (piazza) C 3-4
Mentana (via) F 1
Monte Ripido (convento) A 1-2
Monte Ripido (via) A 2
Morlacchi (via) C 3
Mosaico Romano B 3
Municipio (Palazzo dei Priori) C 3
Museo Archeologico D-E 4

Museo Capitolare C 3
Oberdan (via) D 3-4
Olivetani (convento degli) B 3
Orsini, Baldassare (via) E 3
Palazzo Capitano del Popolo C 4
Palazzo dei Priori (Municipio) C 3
Palazzo della Provincia D 3
Palazzo dello Sport C 2
Palazzo Donini (Regione) D 3
Palazzo Gallenga Stuart B 3
Palazzo Università Vecchia C-D 4
Parco della Pescaia E 2
Parco di Sant'Anna F 3-4
Partigiani (piazza) E 3
Pascoli, Alessandro (via) B 2-3
Pellas, Fratelli (via) E-F 3
Pellicciari (via) F 2

Pellini, Pompeo (viale) C-D 2-3
Pescaia (parco della) E 2
Pescara (via della) F 2-3
Piccinino (piazza) C 4
Pincietto D 4
Pinturicchio (via) B-C 4
Piscina Comunale C 2
Porta Bulagaio B 4
Porta Conca B 2
Porta Crucia D 3
Porta Marzia D 3
Porta Pesa (largo di) C 4
Porta San Costanzo F 5
Porta San Giacomo D 2-3
Porta San Girolamo E 4
Porta San Pietro E 4
Porta Sant'Angelo A 3
Porta Sant'Antonio B 5
Porta Santa Margherita C 4
Porta Santa Susanna C 2

Porta Sole B-C 4
Priori (palazzo dei) (Municipio) C 3
Priori (via dei) C 3
Provincia (palazzo della) D 3
Quattordici Settembre (via) C-D 4
Quattro Novembre (piazza) C-D 4
Raffaello (via) C 4
Regione (Palazzo Donini) D 3
Repubblica (piazza della) D 3
Ripa di Meana, Tancredi (via) D-E 4
Rocchi, Ulisse (via) B-C 3
Roma (via) D-F 3-4
Romano (mosaico) B 3
Roscetto (via) C 3
San Bernardino (oratorio) C 2
San Costanzo (chiesa) F 5
San Costanzo (porta) F 5
San Domenico (chiesa) D-E 4

San Filippo Neri (chiesa) C 3
San Francesco (piazza) C 2
San Francesco al Prato (chiesa) C 2
San Galigano (via) B-C 1-2
San Giacomo (porta) D 2-3
San Girolamo (porta) E 4
San Girolamo (via) E 5
San Giuseppe (via) A-B 5
San Matteo degli Armeni (chiesa) A 2
San Pietro (basilica) F 5
San Pietro (porta) E 4
San Prospero (chiesa) D 2
San Severo (chiesa) C 4
Santa Caterina (via) A 3
Santa Croce (quadrivio) D 4
Santa Giuliana (chiesa) E 3
Sant'Agnese (via) B 3
Sant'Agostino (chiesa) B 3-4

Santa Margherita (porta) C 4
Santa Maria Nuova (chiesa) C 4
Sant'Angelo (chiesa) A 3
Sant'Angelo (porta) A 3
Sant'Angelo della Pace (chiesa) C 4
Sant'Anna (parco di) F 3-4
Sant'Anna (stazione) E 4
Sant'Antonio (porta) B 5
Sant'Antonio (viale) B 4
Santa Susanna (porta) C 2
Sant'Elisabetta (via) B 3
Sant'Ercolano (chiesa) D 4
Santi Severo e Agata (chiesa) C 3
Santi Stefano e Valentino (chiesa) C 3
Santo Spirito (chiesa) D 3
Settevalli (via) E-F 1

Sole (porta) B-C 4
Sole (via del) C 3-4
Sport (palazzo dello) C 2
Sposa (via della) C 2
Stadio E 3
Stazione F.S. E 1
Stazione Sant'Anna E 4
Tennis E 5
Torre degli Sciri (chiesa) C 3
Tre Archi D 3-4
Università B 3
Università Vecchia (palazzo) C-D 4
Vannucci (corso) C-D 3
Vecchi, Annibale (via) B 1-2
Venti Giugno (borgo) E-F 4-5
Venti Settembre (via) D-F 1-3
Viola (via della) C 4
Vittorio Veneto (piazza) E 1
Volte della Pace (via) C 4

RACCORDO AUTOSTRADALE A1 - ASSISI

IPOGEO D. VOLUMNI km 7 - ASSISI km 25

PESARO

1:14 000 (1 cm = 140 m)

0   100   200   300 m

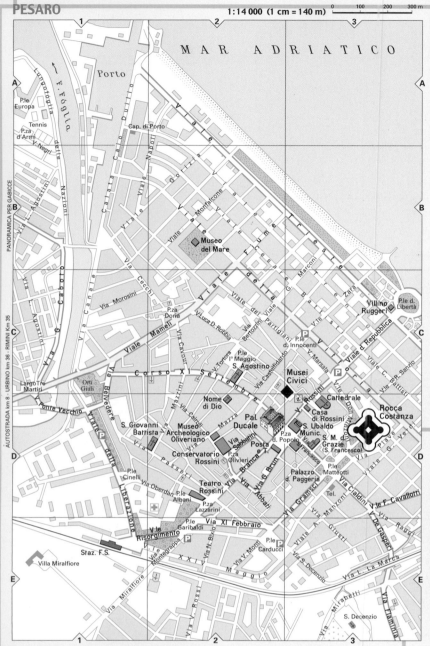

MAR ADRIATICO

Abbati (via) D 2
Agostini, Lodovico (via) B-C 1
Albani (piazzale) D 2
Archeologico Oliveriano (museo) D 2
Armi (piazza d') A 1
Battisti, Cesare (viale) B-D 2-3
Belvedere (via) C-D 1
Bertozzini (via) B 2
Bixio, Nino (via) E 2
Branca (via) D 2
Bruno, Giordano (via) D 2
Caboto, Giovanni (via) B-C 1
Caio Duilio (calata) A-B 1
Cairoli (via) C 1
Canale (via) C 1
Capitaneria di Porto A 1
Carducci (piazzale) E 2-3
Casa di Rossini D 2
Castelfidardo (via) C 2-3
Cattedrale D 3
Cavallotti, Felice (viale) D 3
Cavour (via) C 2
Cecchi (via) B-C 1-2
Cialdini (via) D 3
Cinelli (piazzale) D 1
Civici (musei) C-D 2-3
Conservatorio Rossini D 2
Costanza (rocca) D 3
De Gasperi (via) D-E 3
Della Robbia, Luca (via) C 2
Don Minzoni (viale) C-D 3
Doria (piazza) C 2
Ducale (palazzo) D 2
Europa (piazzale) A 1
Ferrovie dello Stato (stazione) E 1
Fiume (viale) B-C 2
Flaminia (via) D 3
Foglia (fiume) A-D 1
Garibaldi (piazzale) D-E 2
Giuli (orti) C 1
Giusti (via) D-E 3
Gorizia (viale) B 1-2
Gramsci (via) D 2-3
Innocenti (piazzale degli) C 3

La Marca, Luciano (via) E 3
Lazzarini (piazza) D 2
Liberazione (viale della) D-E 1
Libertà (piazzale della) C 3
Madonna delle Grazie (santuario della) (San Francesco) D 3
Mameli (viale) C 1-2
Manzoni, Alessandro (viale) D-E 3
Marconi, Guglielmo (viale) B-C 2-3
Mare (museo del) B 2
Marsala (via) C 3
Matteotti (piazzale) D 3
Mazza (via) D 2
Mazzini (via) C-D 2
Minzoni, Don (viale) C-D 3
Mirabelli (via) E 1
Miralfiore (via) E 1
Miralfiore (villa) E 1
Monfalcone (viale) B 2
Montegrappa (via) E 2
Monti, Vincenzo (via) E 2
Morosini (via) C 1
Municipio D 3
Musei Civici C-D 2-3
Museo Archeologico Oliveriano D 2
Museo del Mare B 2
Napoli (viale) A-B 1-2
Nazioni (lungofoglia delle) A-B 1
Negri (via) A-B 1
Nome di Dio (chiesa) D 2
Oberdan (via) D 1-2
Oliveriano (museo archeologico) D 2
Olivieri (piazza) D 2
Orti Giuli C 1
Paggeria (palazzo della) D 3
Palazzo della Paggeria D 3
Palazzo Ducale D 2
Partigiani (viale dei) C 2-3
Passeri (via) D 1-2
Piave (via) D 3

Piazza d'Armi A 1
Ponte Vecchio (via) D 1
Popolo (piazza del) D 2-3
Porto A 1
Primo Maggio (piazzale) C 2
Raffaello Sanzio (viale) C 3
Raggi (via) D-E 3
Repubblica (viale della) C 3
Risorgimento (viale) E 1-2
Rocca Costanza D 3
Rossi, Vincenzo (via) E 2
Rossini (casa di) D 3
Rossini (conservatorio) D 2
Rossini (teatro) D 2
Rossini (via) C-D 3
Ruggeri (villino) C 3
Sabbatini (via) D 1
San Decenzio (chiesa) E 3
San Decenzio E 3
San Francesco (ex chiesa) (Santuario della Madonna delle Grazie) D 3
San Giovanni Battista (chiesa) D 1-2
Sant'Agostino (chiesa) C 2
Santuario Madonna delle Grazie (San Francesco) D 3
Sant'Ubaldo (chiesa) D 3
Sanzio, Raffaello (viale) C 3
Stazione F.S. E 1
Teatro Rossini D 2
Tennis A 1
Tortora (via) C 2
Tre Martiri (largo) C-D 1
Trento (via) B-C 2-3
Trieste (viale) A-C 2-3
Undici Febbraio (via) D 2
Undici Settembre (corso) C-D 1-2
Ventiquattro Maggio (viale) E 1-2
Verdi, Giuseppe (viale) D 3
Villa Miralfiore E 1
Villino Ruggeri C 3
Vittoria (viale della) B-D 2-3
Zara (viale) C 3

PESCARA

1:21 000 (1 cm = 210 m)

0   200   400 m

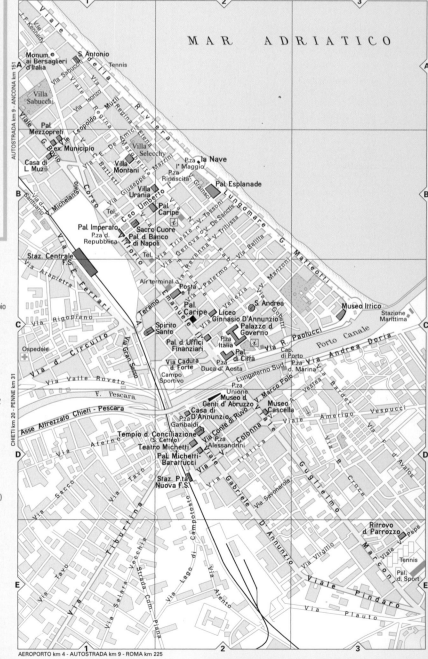

MAR ADRIATICO

Alento (via) E 2
Alessandrini (piazza) D 2
Aosta, Duca d' (piazza) C 2
Arapietra (via) C 1
Asse Attrezzato Chieti-Pescara D 1
Aterno (via) D 1
Balilla (via) B 2
Banco di Napoli (palazzo del) B 1
Bardet (via) C-D 3
Battisti, Cesare (viale) B 1
Bersaglieri d'Italia (monumento ai) A 1
Bovio, Giovanni (viale) A-B 1
Caduta del Forte (via) C 2
Campo Sportivo C-D 2
Capitaneria di Porto C 2-3
Caripe (palazzo) (Corso Umberto I) B 1-2
Caripe (palazzo) (Corso Vittorio Emanuele II) B 2
Casa di D'Annunzio D 2
Casa di Leopoldo Muzii B 1
Cascella (museo) D 2
Centrale (stazione F.S.) B-C 1
Chieti-Pescara (asse attrezzato) D 1
Circuito (via del) C 1
Città (palazzo di) C 2
Colonna, Vittoria (via) D 2
Conciliazione (tempio della) (San Cetteo) D 2
Conte di Ruvo (via) D 2
Croce, Benedetto (via) A-B 1
D'Annunzio (casa di) D 2
D'Annunzio (liceo ginnasio) C 2
D'Annunzio, Gabriele (viale) D-E 2-3
De Amicis, Edmondo (via) A-B 1
De Sanctis, Francesco (via) B 2
Doria, Andrea (via) D 2
Duca d'Aosta (piazza) C 2
Elena, Regina (via) A-B 1

Esplanade (palazzo) B 2
Fabrizi, Nicola (via) B-C 2
Ferrari, Enzo (via) C-D 1
Firenze (via) B-C 1-2
Francesco d'Avalos (via) D 3
Garibaldi (piazza) D 2
Genova (via) B-C 2
Genti d'Abruzzo (museo delle) D 2
Gobetti (via) C 2
Governo (palazzo del) C 2
Gramsci (via) B 2
Gran Sasso (via) C 1
Imperato (palazzo) B 1
Isonzo (via) A 1
Italia (piazza) C 2
Italica (via) D 2
Ittico (museo) C 3
Kennedy, John Fitzgerald (viale) A 1
Lago di Campotosto (via) D-E 2
La Nave (monumento) B 2
Liceo Ginnasio D'Annunzio C 2
Lungaterno Sud D 2
Manzoni (via) B-C 2
Marconi, Guglielmo (viale) D-E 2-3
Marco Polo (via) C-D 2-3
Margherita, Regina (viale) A-B 1
Marina (piazza della) C 2-3
Marittima (stazione) C 3
Matteotti, Giacomo (lungomare) B-C 2-3
Mazzini, Giuseppe (via) B 1-2
Mezzopreti (palazzo) B 1
Michelangelo (via) D 2
Michetti (teatro) D 2
Michetti-Baratucci (palazzo) C 2
Montani (villa) B 1
Monumento ai Bersaglieri d'Italia A 1
Monumento La Nave B 2

Municipio (ex) B 1
Museo Cascella D 2
Museo delle Genti d'Abruzzo D 2
Museo Ittico C 3
Muzii, Leopoldo (casa) B 1
Muzii, Leopoldo (viale) A-B 1
Ospedale C 1
Palazzetto dello Sport E 3
Palazzo Caripe (Corso Umberto I) B 1-2
Palazzo Caripe (Corso Vittorio Emanuele II) B 2
Palazzo degli Uffici Finanziari C 2
Palazzo del Banco di Napoli B 1
Palazzo del Governo C 2
Palazzo di Città C 2
Palazzo Esplanade B 2
Palazzo Imperato B 1
Palazzo Mezzopreti B 1
Palazzo Michetti-Baratucci C 2
Palermo (via) C 2
Paolucci, Raffaele (via) C 2-3
Parrozzo (ritrovo del) E 3
Pepe, Vittorio (viale) E 1
Pescara (fiume) C-D 1-3
Piana (strada comunale) E 1-2
Pindaro (via) E 3
Plauto (via) E 3
Polo, Marco (via) C-D 2-3
Porta Nuova (stazione F.S.) D 2
Porto Canale C 3
Primo Maggio (piazza) B 2
Ravenna (via) B 2
Regina Elena (via) A-B 1
Regina Margherita (via) A-B 1
Repubblica (piazza della) B 1
Rigopiano (via) C 1
Rinascita (via) B 2
Riviera (viale della) A-B 1-3
Ruvo, Conte di (via) D 2

Sabucchi (villa) A 1
Sacco (via) D 1
Sacro Cuore (chiesa) B 1-2
Salara Vecchia (via) E 1
San Cetteo (cattedrale) (Tempio della Conciliazione) D 2
Sant'Andrea (chiesa) C 2
Sant'Antonio (chiesa) A 1
Santuario (via del) B 1
Savonarola (via) D 2
Selecchy (villa) B 1
Spirito Santo (chiesa) C 2
Sport (palazzetto dello) E 3
Stazione Centrale F.S. B 1
Stazione Marittima C 3
Stazione Porta Nuova F.S. D 2
Sud (lungaterno) C 2
Tassoni (via) B 2
Tavo (via) D-E 1
Teatro Michetti D 2
Tempio della Conciliazione (San Cetteo) D 2
Teramo (via) C 1-2
Tiburtina (via) D-E 1
Trieste (via) B-C 2
Umberto I (corso) B 1-2
Unione (piazza) C-D 2
Urania (villa) B 1-2
Valle Roveto (via) C 1
Venezia (via) C 2
Vespucci, Amerigo (viale) D 2
Vestea, Alfonso (via) C-D 2
Villa Montani B 1
Villa Sabucchi A 1
Villa Selecchy B 1
Villa Urania B 1-2
Virgilio (via) E 3
Vittorio Emanuele II (corso) B-C 1-2

AEROPORTO km 4 - AUTOSTRADA km 9 - ROMA km 225

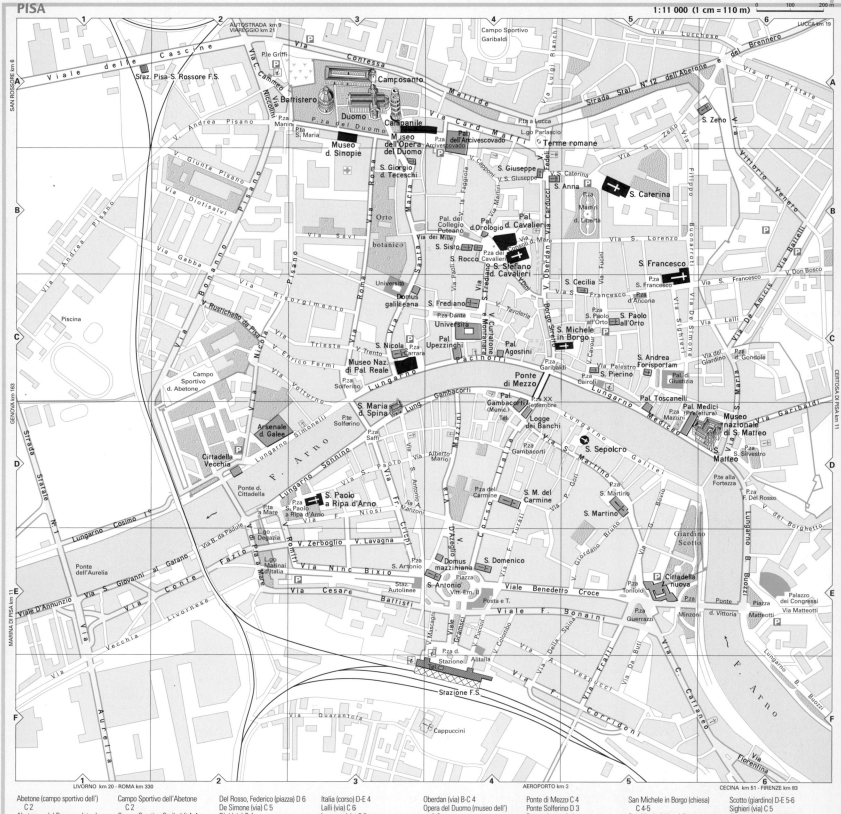

PISA

1:11 000 (1 cm = 110 m)

Abetone (campo sportivo dell') C 2
Abetone e del Brennero (strada statale n° 12 dell') A 5-6
Agostini (palazzo) C 4
Alberto Mario (via) D 3-4
Alitalia E 4
Ancona (piazza d') C 5
Arcivescovado (palazzo dell') A 4
Arcivescovado (piazza) A 4
Arno (fiume) C-F 1-6
Aurelia (ponte dell') E 1
Aurelia (via) (Strada Statale n° 1) D-F 1
Autolinee (stazione) E 3
Banchi (logge dei) D 4
Battelli (via) B 6
Battistero A 3
Battisti, Cesare (via) E 3
Bianchi, Luigi (via) A 4
Bixio, Nino (via) E 3
Bonaccorso da Padule (via) D-E 2
Bonaini, Francesco (viale) E 4-5
Borghetto (via del) D-E 6
Bosco, Don (via) B 6
Botanico (orto) B 3
Bovio, Giovanni (via) D-E 5
Bruno, Giordano (via) D-E 5
Buonarroti, Filippo (via) A-B 5
Buozzi, Bruno (lungarno) D-F 6
Cairoli (piazza) C 5
Cammeo, Carlo (via) A 2
Campanile A 3
Camposanto A 3

Campo Sportivo dell'Abetone C 2
Campo Sportivo Garibaldi A 4
Capponi (via) B 4
Cappuccini (chiesa dei) F 4
Cardinale Maffi (via) A 4
Carducci (via) B 4
Carmine (piazza del) D 5
Carrara (piazza) C 3
Cascine (viale delle) A 1-2
Cattaneo, Carlo (via) E-F 5-6
Cavalieri (palazzo dei) B 4
Cavalieri (piazza dei) B 4
Cavour (via) C 5
Cittadella Nuova E 5
Cittadella Vecchia D 2
Collegio Puteano (palazzo del) B 4
Colombo (via) E 4
Congressi (palazzo dei) E 6
Consoli del Mare (via) B 4
Conte Fazio (via) E 1-2
Contessa Matilde (via) A 3-4
Corridoni, Filippo (via) F 4-5
Cosimo I (lungarno) D-E 1
Crispi, Francesco (via) D-E 3
Croce, Benedetto (viale) E 5
Curtatone e Montanara (via) C 4
D'Annunzio (viale) E 1
Dante (piazza) C 4
D'Azeglio (via) E 4
De Amicis (via) C 6
De Buti (via) E-F 5
Degazia (largo) D 2
Del Rosso, Federico (piazza) D 6
De Simone (via) C 5
Dini (via) C 4
Diotisalvi (via) B 2
Domus galilaeana C 3
Domus mazziniana E 4
Don Bosco (via) B 6
Duomo A 3
Duomo (piazza del) A 3
Faggiola, la (via) B 4
Fazio, Conte (via) E 1-2
Fedeli (via) B 4
Fermi, Enrico (via) C 2-3
Ferrovie dello Stato (stazione) F 3-4
Fiorentina (via) F 6
Fortezza (ponte alla) D 6
Fratti (via) E-F 5
Fucini (via) B-C 5
Gabba (via) B 2
Galilei (piazza) D 5
Gambacorti (lungarno) C-D 3-4
Gambacorti (palazzo) (Municipio) C-D 4
Gambacorti (piazza) D 4
Garibaldi (campo sportivo) A 4
Garibaldi (piazza) C 4
Garibaldi (via) D 5
Giardino (via del) C 6
Giardino Scotto (via) C 6
Giustizia (palazzo di) C 5
Gondole (piazza delle) C 6
Gori, Pietro (via) D 3
Gramsci (viale) E 4
Griffi (piazzale) A 2
Guerrazzi (piazza) E 5

Italia (corso) D-E 4
Lalli (via) C 6
Lavagna (via) E 3
Logge dei Banchi D 4
Lucca (porta a) A 4
Lucchese (via) A 5-6
Maffi, Cardinale (via) A 4
Manin (piazza) A 2-3
Manzoni, Alessandro (via) D 3
Mare (porta a) D 2
Marinai d'Italia (largo) E 2
Martiri (via) E 4
Martiri della Libertà (piazza) B 5
Mascagni (via) E 5
Matteotti (piazza) E 6
Matteotti (via) E 6
Mazzini (piazza) D 5
Mazzini (via) D 5
Mediceo (lungarno) C-D 5
Medici (palazzo) (Prefettura) D 5-6
Mezzo (ponte di) C 4
Mille (via dei) B 3-4
Minzoni (piazza) E 5-6
Municipio (Palazzo Gambacorti) C-D 4
Museo delle Sinopie A-B 3
Museo dell'Opera del Duomo A 3
Museo Nazionale di Palazzo Reale C 3
Museo Nazionale di San Matteo D 5-6
Niccolini (via) A 2
Niosi, Francesco (via) D 3

Oberdan (via) B-C 4
Opera del Duomo (museo dell') A 3
Orologio (palazzo dell') B 4
Orto Botanico B 3
Pacinotti (lungarno) C 3-4
Palazzo Agostini C 4
Palazzo dei Cavalieri B-C 4
Palazzo dei Congressi E 6
Palazzo del Collegio Puteano B 4
Palazzo dell'Arcivescovado A 4
Palazzo dell'Orologio B 4
Palazzo di Giustizia C 5
Palazzo Gambacorti (Municipio) C-D 4
Palazzo Medici (Prefettura) D 5-6
Palazzo Reale (museo nazionale di) C 3
Palazzo Toscanelli D 5
Palazzo Upezzinghi C 4
Palestro (via) B-C 4
Paoli (via) B-C 4
Parlascio (largo) A 4
Pisano, Andrea (via) A-C 1-2
Pisano, Bonanno (via) B-C 2
Pisano, Giunta (via) B 4
Pisano, Nicola (via) B-D 2-3
Pisa-San Rossore (stazione F.S.) A 1
Ponte di Mezzo C 4
Ponte Solferino D 3
Porta a Lucca A 4
Porta a Mare D 2
Porta a Mare (v.a di) D-E 2
Porta Santa Maria A 3
Pratale (via) A 5-6
Prefettura (Palazzo Medici) D 5-6
Puccini (via) E 4
Quarantoia (via) F 3
Risorgimento (via) C 2-3
Roma (via) B-C 3
Romane (terme) A 4
Romiti (via) D-E 2-3
Rustichello da Pisa (via) C 2
Saffi (piazza) D 3
San Domenico (chiesa) E 4
San Francesco (chiesa) B-C 5
San Francesco (ciazza) C 5
San Francesco (via) C 5
San Frediano (chiesa) C 4
San Frediano (via di) A 6
San Giorgio dei Tedeschi (chiesa) B 3
San Giovanni al Gatano (via) E 1-2
San Giuseppe (chiesa) B 4
San Giuseppe (via) B 4
San Lorenzo (via) B 5
San Martino (chiesa) D 5
San Martino (piazza) D 5
San Martino (via) D 4-5
San Matteo (chiesa) D 6
San Matteo (museo nazionale di) D 5-6

San Michele in Borgo (chiesa) C 4-5
San Nicola (chiesa) C 3
San Paolo (via) D 3
San Paolo all'Orto (chiesa) C 5
San Paolo all'Orto (piazza) C 5
San Paolo a Ripa d'Arno (chiesa) D 3
San Paolo a Ripa d'Arno (piazza) D 3
San Pierino (chiesa) C 5
San Rocco (chiesa) B 4
San Silvestro (via) D 6
San Sisto (chiesa) B 4
Santa Caterina (chiesa) B 5
Santa Caterina (via) B 4-5
Santa Cecilia (chiesa) C 5
Santa Maria (porta) A 3
Santa Maria del Carmine (chiesa) D 4
Santa Maria della Spina (chiesa) D 3
Santa Marta (via) C-D 4
Sant'Andrea Forisporiam (chiesa) C 5
Sant'Anna (chiesa) B 4
Sant'Antonio (chiesa) E 3-4
Sant'Antonio (piazza) E 3
Sant'Antonio (via) D 4
Santo Sepolcro (chiesa) D 5
Santo Stefano dei Cavalieri (chiesa) B 4
San Zeno (chiesa) A 5-6
San Zeno (via) A-B 5
Savi (via) B 3

Scotto (giardino) D-E 5-6
Sighieri (via) C 5
Simonelli (lungarno) D 2-3
Sinopie (museo delle) A 3
Solferino (piazza) C 3
Solferino (ponte) D 3
Sonnino (lungarno) D 2-3
Stazione (piazza della) E-F 4
Stazione Autolinee E 3
Stazione F.S. F 3-4
Stazione Pisa-San Rossore F.S. A 1
Strada Statale n° 1 (via Aurelia) D-F 1
Strada Statale n° 12 dell'Abetone e del Brennero A 5-6
Stretto (borgo) C 4
Tavoleria (via) C 4
Terme Romane A 4
Toniolo (piazza) E 5
Toscanelli (palazzo) D 5
Trento (via) C 3
Trieste (via) C 2-3
Turati, Filippo (via) D-E 4
Università C 3-4
Upezzinghi (palazzo) C 4
Vecchia Livornese (via) E-F 1-2
Venti Settembre (piazza) C-D 4
Vespucci, Amerigo (via) E-F 4-5
Vittoria (ponte della) E 6
Vittorio Emanuele II (piazza) E 4
Vittorio Veneto (via) A-B 6
Volturno (via) C-D 2-3
Zerboglio (via) E 3

PISTOIA

1:13 000 (1 cm = 130 m)

0   100   200 m

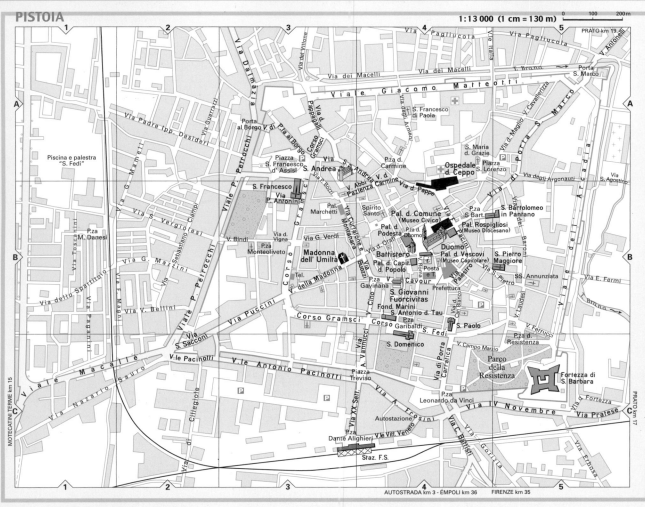

Abbi Pazienza (via) A-B 3-4
Adua (viale) A-B 1
Amendola, Giovanni (corso) B-C 4-5
Antonelli (via) A 5
Antonini, Pellegrino (via) B 3
Arcadia (viale cell') A-B 5
Argonauti (via degli) A-B 5
Armeni (via degli) A 4
Autostazione C 4
Baroni (via dei) B 5
Battistero B 4
Battisti, Cesare (via) C 4
Bellini, Vittorio (via) B 2
Bindi (via) B 3
Borgo (porta al) A 3
Bozzi, Pietro (via) A-B 3
Brana (torrente) A-B 3-5
Buozzi (via) B 4
Campo Marzio (via) C 4-5
Can Bianco (via) B 4
Capitano del Popolo (palazzo del) B 4
Capitolare (museo) (Palazzo dei Vescovi) B 4
Carmine (piazza del) A 4
Carmine (via del) A-B 4
Cavallerizza (via) A 5
Cavour (via) B 4
Ceppo (ospedale del) A-B 4
Ciampi, Sebastiano (via) B 2
Ciliegiole (via di) C 2
Cino (via) B 4
Civico (museo) (Palazzo del Comune) B 4
Comune (palazzo del) (Museo Civico) B 4
Curtatone e Montanara (via) B 3-4
Dalmazia (via) A 3
Danesi, Marcello (piazza) B 1
Dante Alighieri (piazza) C 3-4
Desideri, Padre Ippolito (via) A 2

Diocesano (museo) (Palazzo Rospigliosi) B 4
Duomo B 4
Duomo (piazza) B 4
Erbosa (via) C 5
Fedi, Silvano (corso) B-C 4
Fedi, Silvano (piscina e palestra) A 1
Fermi, Enrico (via) B 5
Ferrovie dello Stato (stazione) C 3-4
Ferrucci (via) B-C 5
Fondazione Marini B 4
Fortezza (via della) C 5
Fortezza di Santa Barbara C 5
Frosini, Attilio (via) C 4
Garibaldi (piazza) B 4
Gavinana (piazza) B 4
Gorizia (via) C 4-5
Gramsci (corso) A-B 3-4
Guerrazzi (via) A 2
Italia (viale) A 4-5
Laudesi (via) B 5
Leonardo da Vinci (piazza) C 4
Macallè (viale) C 1-2
Macelli (via dei) A 3-4
Madonna (via della) B 3
Madonna dell'Umiltà (chiesa) B 3
Maglio (via del) A 5
Magni, Francesco (via) B 2
Mameli, Goffredo (via) A-B 1-2
Marchetti (palazzo) B 3
Marini (fondazione) B 4
Matteotti, Giacomo (viale) A 3-5
Mazzini, Giuseppe (via) B 2
Monteoliveto (piazza) B 3
Museo Capitolare (Palazzo dei Vescovi) B 4
Museo Civico (Palazzo del Comune) B 4

AUTOSTRADA km 3 - ÉMPOLI km 36   FIRENZE km 35

PRATO

1:12 000 (1 cm = 120 m)

0   100   200 m

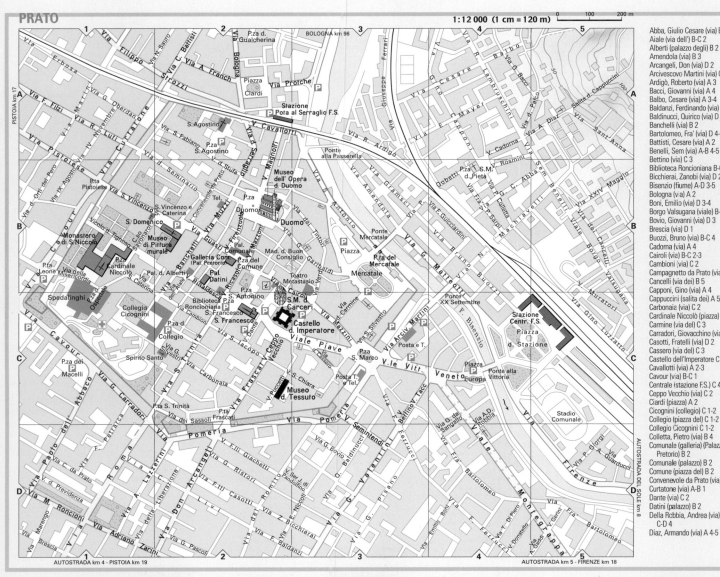

Abba, Giulio Cesare (via) B 4-5
Aiale (via dell') B-C 2
Alberti (palazzo degli) B 2
Amendola B 3
Arcangeli, Don (via) D 2
Arcivescovo Martini (via) C 3
Ardigò, Roberto (via) A 3
Bacci, Giovanni (via) A 4
Balbo, Cesare (via) A 3-4
Baldanzi, Ferdinando (via) D 2-3
Baldinucci, Quirico (via) D 3
Banchelli (via) B 2
Bartolomeo, Fra' (via) D 4-5
Battisti, Cesare (via) A 2
Benelli, Sem (via) A-B 4-5
Bettino (via) C 3
Biblioteca Roncioniana B-C 2
Bicchierai, Zanobi (via) D 2-3
Bisenzio (fiume) A-D 3-5
Bologna (v.a) A 2
Borgo Valsugana (via) B-C 5
Bovio, Giovanni (via) D 3
Brescia (via) D 1
Buozzi, Bruno (via) B-C 4
Cairoli (via) B-C 2-3
Cambioni (via) C 2
Campagnetto da Prato (via) D 1
Cancelli (via del) B 5
Capponi, Gino (via) A 4
Cappuccini (salita da) A 5
Carbonaie (via) C 2
Cardinale Niccolò (piazza) B 1
Carmine (via) C 3
Carradori, Giovacchino (via) C 1
Casotti, Fratelli (via) D 2
Cassero (via del) C 3
Castello dell'Imperatore C 2-3
Cavallotti (via) A 2-3
Cavour (via) B-C 1
Centrale (stazione F.S.) C 4-5
Ceppo Vecchio (via) B 2
Ciardi (piazza) A 2
Cicognini (collegio) C 1-2
Collegio (piazza del) C 1-2
Collegio Cicognini C 1-2
Colletta, Pietro (via) B 4
Comunale (galleria) (Palazzo Pretorio) B 2
Comunale (palazzo) B 2
Comune (piazza del) B 2
Convenevole da Prato (via) B 2
Curtatone (via) A-B 1
Dante (via) C 2
Datini (palazzo) B 2
Della Robbia, Andrea (via) C-D 4
Diaz, Armando (via) A 4-5

Di Piero, Tommaso (via) D 4
Don Arcangeli (via) D 2
Donatello (via) D 4
Duomo B 2
Duomo (piazza) B 2
Erbosa (via) A 1
Europa (piazza) C 4
Ferrari, Giuseppe (via) A 3
Ferrucci, Francesco (via) C-D 3-4
Filzi, Fabio (via) A 1
Firenze (via) C-D 4-5
Firenzuola (via) B 3
Fra' Bartolomeo (via) D 4-5
Fra' Paolo Sarpi (via) A 2
Franchi, Alessandro (via) A 2
Frascati (porta) C 2
Frascati (via) C 2
Fratelli Casotti (via) D 2
Fratelli Giachetti (via) D 2
Gaddi, Agnolo (via) D 4-5
Galleria Comunale (Palazzo Pretorio) B 2
Garibaldi, Giuseppe (via) B 2-3
Gerini (via) D 5
Giachetti, Fratelli (via) D 2
Giorgi, Paolo (via) D 5
Giuliano da Sangallo (via) C-D 4
Gobetti, Piero (via) B 3-4
Gramsci (via) B 3
Gualcherina (piazza della) A 2
Guarducci, Alfredo (via) D 5
Guasti (via) B 2
Guicciardini, Francesco (via) B 4
Imperatore (castello dell') C 2-3
Jacopo di Pandolfino, Ser (via) D 2-3
Lambruschini, Raffaello (via) A 4
Lazzerini, Alessandro (via) D 1-2
Leone (porta) B 1
Liberazione (via della) D 1-2
Livi, Carlo (via) D 1-2
Luti, Raffaello (via) C 5
Luzzatto, Gino (via) C 5
Macelli (piazza dei) C 1
Machiavelli, Nicolò (via) B 4-5
Madonna del Buon Consiglio (chiesa) B 3
Magnolfi (via) A-B 2
Marengo (via) D 1
Marini (via) A 1
Martini, Arcivescovo (via) C 3
Matteotti, Giacomo (via) B-C 3-4
Mayer, Enrico (via) A 3-4
Mazzini (via) C 3
Mazzoni, B 2
Mercatale (piazza) B 3

AUTOSTRADA km 4 - PISTOIA km 19   AUTOSTRADA km 5 - FIRENZE km 18

1:13 000 (1 cm = 130 m)

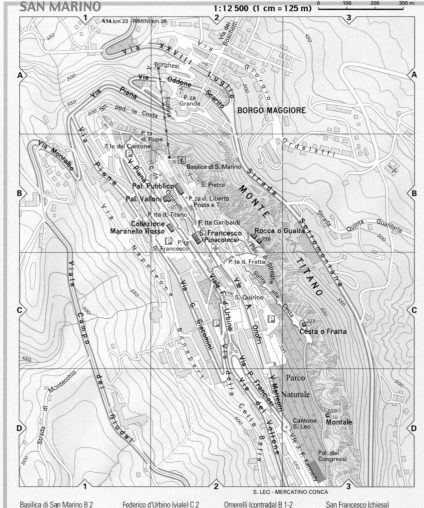

RIETI

Museo Diocesano (Palazzo Rospigliosi) B 4
Orafi (via degli) B 4
Ospedale del Ceppo A-B 4
Pacini, Filippo (via) B 4
Pacinotti, Antonio (via) C 2-3
Padre Ippolito Desideri (via) A 2
Paganini (via) B-C 1
Pagliucola (via) A 4-5
Palazzo dei Vescovi (Museo Capitolare) B 4
Palazzo del Capitano del Popolo B 4
Palazzo del Comune (Museo Civico) B 4
Palazzo della Podestà B 4
Palazzo Marchetti B 3
Palazzo Rospigliosi (Museo Diocesano) B 4
Palestro (via) B 4
Pappagalli (via dei) A 3
Pappe (via delle) B 4
Parco della Resistenza C 4-5
Petrocchi, Policarpo (viale) A-B 2-3
Piscina e Palestra Silvano Fedi A 1
Podestà (palazzo della) B 4
Porta al Borgo A 3
Porta al Borgo (via di) A 3
Porta Carratica (via di) C 4
Porta San Marco A 5
Porta San Marco (via di) A-B 4-5
Pratese (via) C 5
Prefettura B 4
Puccini (via) B 3
Quattro Novembre (via) C 4-5
Resistenza (parco della) C 4-5
Resistenza (piazza della) B-C 5
Roma (via) B 4
Rospigliosi (palazzo) (Museo Diocesano) B 4

Sacconi, Sergio (via) B-C 2
San Bartolomeo (piazza) B 4
San Bartolomeo in Pantano (chiesa) B 4-5
San Domenico (chiesa) B-C 4
San Francesco (chiesa) B 3
San Francesco d'Assisi (piazza) A 3
San Francesco di Paola (chiesa) A 4
San Giovanni Fuorcivitas (chiesa) B 4
San Lorenzo (piazza) A 4-5
San Marco (porta) A 5
San Paolo (chiesa) B 4
San Pietro (via) B 4-5
San Pietro Maggiore (chiesa) B 4-5
Santa Barbara (fortezza di) C 5
Sant'Agostino (via) A-B 5
Santa Maria delle Grazie (chiesa) A 4
Sant'Andrea (chiesa) A 3
Sant'Andrea (via) A-B 3-4
Sant'Antonio del Tau (cappella) B 4
Santissima Annunziata (chiesa) B 5
Sauro, Nazario (via) C 1-2
Spartitoio (via dello) B 1
Spirito Santo (chiesa) B 4
Stazione F.S. C 3-4
Toscanini (via) B 1
Treviso (piazza) C 3-4
Vannucci, Atto (via) B-C 4
Venti Settembre (via) C 3-4
Verdi, Giuseppe (via) B 3
Vergiolesi, Selvaggia (via) B 2
Vescovi (palazzo dei) (Museo Capitolare) B 4
Vigne (delle) B 3
Villone (via del) A 3
Vittorio Veneto (viale) C 4

Arci (porta d') A 3
Arco del Vescovo B 1
Aringo (portal) C 2
Autolinee (stazione) C 2
Battisti (piazza) B 1
Belvedere (via) C 2
Borgorose (via) C 3
Borgo Sant'Antonio (via) C 2
Canali, Ludovico (viale) A 1-2
Cavallotti (ponte) B 3
Cavatella (via delle) C 2
Cavour (piazza) C 1-2
Centuroni (via) A 2
Cintia (porta) A 1
Cintia (via) A-B 1
Comunale (palazzo) (Museo) A-B 1
Diocesano (museo) B 1
Duomo B 1
Ferrovie dello Stato (stazione) A 2
Garibaldi (via) A-B 2-3
Giovanni XXIII (ponte) C 1
Maraini (viale) A 1
Marconi (piazza) A 1
Matteotti (via) C 1-2
Matteucci, Lionello (viale) B-C 1
Mazzini (piazza) A 2
Michaeli (via) C 1
Morroni, Tommaso (viale) A 2-3
Museo (Palazzo Comunale) A-B 1
Museo Diocesano B 1
Oberdan (piazza) A 2
Orchidee (via delle) B-C 1

Palazzo Comunale (Museo) A-B 1
Palazzo Vecchiarelli B 1-2
Palazzo Vescovile B 1
Palme (via delle) B 1
Pellicceria (via) B 2
Pennina (via) A 1
Pescheria (via) A 1-2
Pini (dei) B 1
Ponte Cavallotti B 3
Ponte Giovanni XXIII C 1
Ponte Velino B 1
Porta Aringo C 2
Porta Cintia A 1
Porta Conca A 2
Porta Conca (via) A 2
Porta d'Arci A 3
Porta Romana C 1
Porta Romana (via) C 1
Porto (via del) B 1
Potenziani (piazza) A 1
Prefettura B 1
Primo Maggio (piazza) C 2
Raccuini (via) C 1-2
Ricci (via) A 2
Rinaldi (via) C 2
Ripresa (via) A 2-3
Roma (via) B 1
Romana (porta) C 1
Salaria (via) B-C 1-3
San Francesco (piazza) B 2
San Francesco (via) B 1-2
San Liberatore (via) A 1-2
Santa Chiara (via) B 2
Sant'Agnese (via) A 1
Sant'Agostino (chiesa) A 2
Stazione Autolinee C 2
Stazione F.S. A 2
Strampelli (via) B-C 2-3
Tancredi (via) A 2
Varrone, Terenzio (via) A 1
Vecchiarelli (palazzo) B 1-2
Velino (fiume) B-C 1-3
Velino (ponte) B 1
Verdura (via della) B 1
Vescovile (palazzo) B 1
Vescovo (arco del) B 1
Vittori, Mariano (piazza) B 1
Vittorio Emanuele (piazza) B 1

SAN MARINO

Mercatale (ponte) B 3
Mercatale (porta del) B 3
Metastasio (teatro) B-C 3
Misericordia (via della) B 1
Montegrappa (viale) D 4-5
Muratori (via) B-C 5
Museo dell'Opera del Duomo B 2
Museo del Tessuto C 2
Museo di Pittura Murale B 2
Muzzi (via) B 2
Niccoli, Egisto (via) D 2-3
Niccolò, Cardinale (piazza) B 1
Nove Agosto (via) B 1
Oberdan, Guglielmo (via) A 1
Opera del Duomo (museo dell') B 2
Orti del Pero (via degli) B 1
Ospedale (piazza dell') B-C 1
Palazzo Comunale B 2
Palazzo Datini B 2
Palazzo degli Alberti B 2
Palazzo degli Spedalinghi B-C 1
Palazzo Pretorio (Galleria Comunale) B 2
Palco (via del) A 4-5
Paolo dell' Abbaco (via) C-D 1
Pascoli, Giovanni (via) D 2
Passerella (ponte alla) A 3
Petrarca, Francesco (via) C-D 1
Piave (viale) C 2-3
Pisano, Giovanni (via) D 3
Pistoiese (porta) B 1
Pistoiese (via) A-B 1
Pittura Murale (museo di) B 2
Pomeria (via) C-D 2-3
Ponte alla Passerella A 3
Ponte alla Vittoria C 4
Ponte Mercatale B 3
Ponte Venti Settembre B-C 4
Porta al Serraglio (stazione F.S.) A 2-3
Porta del Mercatale B 3
Porta Frascati C 2
Porta Leone B 1
Porta Pistoiese B 1
Porta Santa Trinità C 1-2
Pretorio (palazzo) (Galleria Comunale) B 2
Previdenza (via della) D 1
Protche (via) A 2-3
Puccetti (via) C 2
Quattro Novembre (via) A-B 1
Ricasoli (via) B-C 2
Rinaldesca (via) B-C 2
Ristori, Giuliano (via) D 2
Roma (via) D 1
Rorrito (via) D 2
Roncioni, Marco (via) D 1

Roncioniana (biblioteca) B-C 2
Rosmini (via) A-B 4
San Domenico (chiesa) B 2
San Fabiano (via) A 2
San Francesco (chiesa) C 2
San Francesco (piazza) C 2
San Iacopo (via) C 2
San Marco (piazza) C 3
San Niccolò (monastero di) B 1
San Silvestro (via) C 3
Santa Caterina (via) B-C 1
Santa Chiara (via) C 2-3
Sant'Agostino (chiesa) A 2
Sant'Agostino (piazza) A 2
Santa Maria della Pietà (piazza) B 4
Santa Maria delle Carceri (chiesa) B-C 2
Sant'Anna (via) A 4
Sant'Antonino (piazza) B-C 2
Sant'Antonio (via) B 3
Santa Trinità (porta) C 1-2
Santa Trinità (via) C 2
San Vincenzo (via) B 1
San Vincenzo e Santa Caterina (chiesa) B 1
Sarpi, Fra' Paolo (via) B 4
Sassoli (via dei) C 2
Sauro, Nazario (via) A 1-2
Savonarola (corso) B 1
Seminario (via del) A-B 1-2
Semintendi (via) C-D 3
Ser Jacopo di Pandolfino (via) D 2-3
Serraglio (via del) A-B 2
Silvestri, Giuseppe (via) C 2
Spedalinghi (palazzo degli) B-C 1
Spirito Santo (chiesa) C 2
Stadio Comunale C-D 5
Stazione (piazza della) C 4-5
Stazione Centrale F.S. C 4-5
Stazione Porta al Serraglio F.S. A 2-3
Strozzi, Filippo (via) A 1-2
Stufa (via della) A-B 2
Tacca (via) C 3
Teatro Metastasio B-C 3
Tessuto (museo del) C 2
Tignoso (vicolo del) B 1
Tintori (via) B 3
Valentini, Giuseppe (via) D 3
Ventiquattro Maggio (via) B 5
Venti Settembre (ponte) B-C 4
Verdi (via) B-C 3
Vittoria (ponte alla) C 4
Vittorio Veneto (via) C 3-4
Zarini, Adriano (via) D 1-2

Basilica di San Marino B 2
Bonaparte, Napoleone (via) B-D 1-2
Borghesi (via) A 1-2
Borgo Maggiore A 2-3
Boschetti (via dei) A 2
Campo dei Giudei (via dei) B-D 1-2
Cantone (piazzale del) B 1
Cella Bella (via della) C-D 2
Cesta (salita alla) C 2-3
Cesta o Fratta C 3
Collezione Maranello Rosso B 2
Congressi (palazzo dei) D 3
Costa, la (strada pedonale) A 1-2

Federico d'Urbino (viale) C 2
Franciosi, Pietro (via) B 1
Fratta (porta della) C 2
Funivia A 1-2
Garibaldi (piazzetta) B 2
Giacomini, Gino (via) C 2
Grande (piazza) B 2
Kennedy, John Fitzgerald (viale) D 3
Libertà (piazza della) B 2
Maranello Rosso (collezione) B 2
Matteotti (via) D 2-3
Montalbo (via) B 1
Montale D 3
Montecchio (strada di) C-D 2-3
Naturale (parco) C-D 2-3

Omerelli (contrada) B 1-2
Onofri, Antonio (via) B 2
Ordelaffi, Giorgio (via) A-B 2-3
Palazzo dei Congressi D 3
Palazzo Pubblico B 2
Palazzo Valloni B 2
Parco Naturale C-D 2-3
Piana (via) A-B 1-2
Pinacoteca (San Francesco) B 2
Porta della Fratta C 2
Porta della Rupe A-B 1-2
Porta San Francesco B 2
Pubblico (palazzo) B 2
Quinta Gualdaria (strada) B 3
Rocca o Guaita B 2-3
Rupe (porta della) A-B 1-2

San Francesco (chiesa) (Pinacoteca) B 2
San Francesco (porta) B 2
San Leo (cantone) D 3
San Marino (basilica di) B 2
San Pietro (chiesa) B 2
San Quirino (chiesa) B 2
Scarito, Oddone (via) C 2
Sottomontana (strada) B-C 2-3
Streghe (passo delle) B-C 2
Titano (monte) B-C 2-3
Titano (piazzetta del) B 2
Valloni (palazzo) B 2
Ventotto Luglio (via) A 1-2
Voltone (via del) D 2

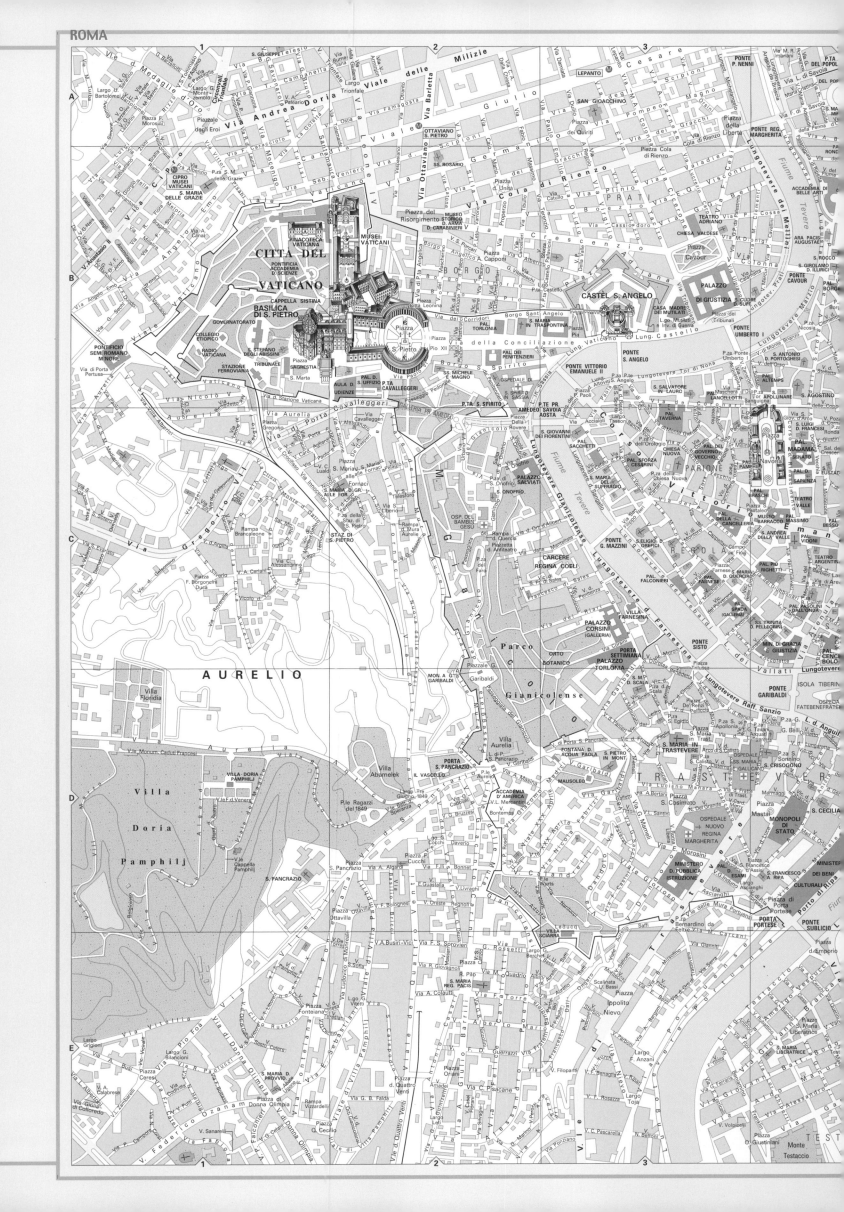

1:13 500 (1 cm = 135 m)

Abate Ugone (via) E 1
Abemelek (villa) D 2
Abruzzi (via) A-B 6
Accademia d'America D 2
Accademia di Francia (Villa Medici) B 5
Accademia di San Luca B 5
Accademia di Santa Cecilia B 4
Accademie di Belle Arti B 4
Acciaioli (via) C 3
ACI B 7
Acqua Paola (fontana dell') D 3
Acquario (Ex) C 7
Acquasparta (via di) B 3
Addolorata (ospizio della) D 6
Adriana (piazza) B 3
Adriano (mausoleo di) B 3
Adriano (teatro) B 3
Agnesi, Gaetana (largo) D 6
Agricoltura e Foreste (ministero dell') B 6
Albania (piazza) E 5
Alberico II (via) B 2-3
Alberteschi (lungotevere) D 4
Alberti, Leon Battista (via) E 5
Albertoni, Ludovica (via) E 1
Albina (piazza) E 5
Albini (via) E 2-3
Aldobrandini (villa) C 5
Aleardi (via) D 7
Alesia (via) E 7
Alessandria (piazza) A 7
Alessandria (via) A 7
Alessandrina (via) C 5
Alessandrino, Clemente (via) C 1
Alessandro III (via) C 2
Alfieri, Vittorio (via) D 7
Algardi, Alessandro (via) D 2
Altare della Patria C 5
Altemps (palazzo) B 4
Altieri (palazzo) C 4
Altina (via) E 7
Altoviti (lungotevere dei) B 3
Amadei (via) E 2
Amba Aradam (largo) E 6
Amba Aradam (via dell') D-E 6-7
Amedeo VIII (via) D 7
Amendola (via) B-C 6-7
America (accademia d') D 2
Amiterno (via) E 7
Ammiragli (viale degli) B 1
Anagrafe D 4
Anastasio II (via) B 1
Ancona (via) A 7
Anfiteatro (piazzetta dell') C 2
Angelico (borgo) B 2
Anglona (via) E 7
Anguillara (lungotevere dell') D 4
Anicia (via) D 4
Aniene (via) A 6
Annia (via) D 6
Annia Faustina (via) E 5
Annibaldi (via degli) C-D 6
Antinori (via) E 3-4
Antiquarium D 5-6
Antonelli (palazzo) C 5
Antonina (via) E 5-6
Antoniniana (via) E 6
Anzani, Francesca (largo) E 3
Appia Nuova (via) D-E 7
Appio (piazzale) D 7
Apulia (via) E 7
Aquitania (via) E 7
Aracoeli (piazza d') C 4-5
Aracoeli (via) C 4
Ara Massima di Ercole (via) D 5
Arancio (via dell') B 4
Ara Pacis B 4
Ara Pacis (via) B 4
Archetto (via dell') C 5
Archiano (via) C 7
Arco dei Ginnasi (via) C 4
Arco della Ciambella (via) C 4
Arco di Costantino D 5
Arco di Dolabella D 6
Arco di San Callisto (via dell') D 3
Arco di Settimio Severo C 5
Ardea (via) E 7
Ardeatino (piazzale) E 5
Arenula (largo) C 4
Arenula (via) C 4
Argentina (teatro) C 4
Argilla (via dell') C 1
Ariosto (via) D 7
Armenia (piazza) E 7
Arminjon, Vittorio (via) A 2
Arnaldo da Brescia (lungotevere) A 4
Arrigo VII (largo) D 5
Artale, Vito (via) A 1
Arte Antica (galleria nazionale d') B 5-6
Arte Orientale (museo nazionale di) C 6-7
Arti (teatro delle) B 6
Artisti (via degli) B 5
Ascianghi (largo) D 3-4
Ascianghi (via) D 3
Asinaria (porta) D 7
Asinio Pollione (via) E 4
Astalli (via degli) C 4
Astura (via) E 7
Atella (via) E 7
Augusta (lungotevere in) A-B 4
Augusto (foro di) C 5
Augusto (mausoleo di) B 4
Augusto Imperatore (piazza) B 4
Aurelia (via) B-C 1
Aurelia (villa) D 2
Aurelia Antica (via) D 1-2
Aureliana (via) B 6
Aurelio (piazzale) D 2
Aurelio (quartiere) D 1
Aurora (via) B 5
Aventina (via) E 5
Aventino (lungotevere) D 4
Aventino (monte) D 4-5
Aventino (viale) E 5
Avignonesi (via degli) B 5
Axum (obelisco di) D 5
Babuino (via del) A-B 4
Baccelli, Guido (viale) E 5-6
Baccina (via) C 5
Bachelet (via) B 7
Balbo, Cesare (via) C 6
Baldinotti (largo) E 5
Bambin Gesù (ospedale del) C 2
Banca d'Italia C 5
Banchi Nuovi (via dei) C 3
Banchi Vecchi (via dei) C 3
Banco Santo Spirito (via del) B-C 3
Barberini (palazzo) B 5-6
Barberini (piazza) B 5
Barberini (stazione metropolitana) B 5
Barberini (via) B 5-6
Barberini (villa) B-C 2
Barbieri (via dei) C 4
Bargoni, Angelo (via) E 3
Barletta (via) A 2
Barrili, Anton Giulio (via) E 2
Bartoli, Daniello (via) E 2
Bartolomei, Ugo (largo) A 1
Bartolomei, Ugo (via) A 1
Barzellotti, Giacomo (via) A 1
Basilica di Massenzio D 5
Basilica Julia D 5
Bassi, Ugo (scalinata) E 3
Bassi, Ugo (via) E 3
Battaglione della Speranza (viale) D 2
Battistero Lateranense D 7
Battisti, Cesare (via) C 5
Baullari (via dei) C 3-4
Belgioioso, Cristina (viale) D-E 1
Belisario (via) B 6
Belle Arti (accademie di) B 4
Belli, Giuseppe (via) B 3-4
Belli, Giuseppe Gioachino (piazza) D 4
Belsiana (via) B 4
Benaglia, Francesco (via) E 3
Benedetta (via) D 3
Benedetto XIV (via) B-C 1
Beni Culturali (ministero dei) D 4
Berchet, Giovanni (largo) E 2-3
Bergamo (via) A 7
Bernardino da Feltre (piazza) D 3
Berni (via) D 7
Bernini, Gian Lorenzo (piazza) E 5
Bertani, Agostino (via) D 3
Bessarione (casina) E 6
Besso (palazzo) C 4
Bettoni, Nicolò (via) E 3
Bezzi, Ergisto (via) E 3
Biancamano, Umberto (via) D 7
Bianchi, Gustavo (via) E 4
Biblioteca Britannica B 6
Biblioteca Nazionale Centrale Vittorio Emanuele II B 7
Bilancioni, Guglielmo (largo) E 1
Bissolati, Leonida (via) B 6
Bixio, Nino (via) C-D 7
Bocca della Verità (piazza) D 4-5
Bocca di Leone (via) B 4
Bodoni, Giovanni Battista (via) E 3-4
Boezio (via) B 2
Boiardo, Matteo (via) D 7
Bologna (vicolo del) D 3
Bolognesi, Francesco (via) D 2
Bolognetti (palazzo) C 4
Bonaparte (palazzo) C 5
Boncompagni (palazzo) B 5-6
Boncompagni (via) B 6
Bonghi, Ruggero (via) D 6-7
Bonifacio VIII (via) C 1
Bontemps (via) D 2
Borghese (palazzo) B 4
Borghese (piazza) B 4
Borgognona (via) B 4-5
Borgoncini Duca, Francesco (piazza) C 1
Borromini (via) E 5
Borsa C 4
Boschetto (via del) C 5-6
Botta, Carla (via) D 6-7
Bottazzi, Filippo (via) E 1
Botteghe Oscure (via delle) C 4
Bragadin, Marcantonio (via) B 1
Bramante (via) E 5
Branca, Giovanni (via) E 3-4
Brancaccio (largo) C 6-7
Brancaccio (palazzo) C 6-7
Brancaleone (rampa) C 1
Braschi (palazzo) C 3-4
Brasile (piazzale) A 5
Brescia, Arnaldo da (lungotevere) A 4
Bricci, Basilio (via) D-E 2
Britannia (via) E 7
Britannica (biblioteca) B 6
Britannico (ospedale) D-E 6
Brunetti, Angelo (via) A 4
Bruno, Giordano (via) A 1
Bruzzesi, Giacinto (via) D 2
Bucimazza (via) D 5
Buco (vicolo) D 4
Bufalo (via del) B 5
Bumeliana (via) A 2
Buonarroti (via) C 7
Busi, Aristide (via) E 1
Busiri-Vici, Andrea (via) E 2
Cadolini, Giovanni (via) D 2
Cadore (via) B 5
Cadorna (via) B 6
Caetani (palazzo) C 4
Caetani, Michelangelo (via) C 4
Caio Cestio (piramide) E 4
Caio Mario (via) A-B 2
Cairoli (via) C 7
Cairoli, Benedetto (piazza) C 4
Calabrese, Albensio (via) E 1
Calabria (via) A-B 6
Calamatta, Luigi (via) B 3-4
Calandrelli (via) D 2-3
Calatafimi (via) B 7
Camera dei Deputati B 4
Campanella, Tommaso (via) A 1
Campania (via) A 5-6
Campidoglio (piazza del) C 5
Campitelli (piazza) C 4
Campitelli (rione) D 5
Campo dei Fiori (piazza) C 3-4
Campo Marzio (rione) B 4
Campo Marzio (via di) B 4
Campora, Pietro (via) E 1
Camuccini (via) E 5
Canal, Antonio (via) B 1
Cancelleria (palazzo della) C 3-4
Cancelleria (vicolo della) C 3
Cancellieri (via) B 2
Candia (via) A-B 1-2
Canestre (piazzale delle) A 5
Canova, Antonio (via) B 4
Capena (porta) D 5-6
Capitolino (monte) C-D 4-5
Capizucchi (piazza) C 4
Capocci (via) C 6
Capo d'Africa (via) D 6
Capo le Case (via) B 5
Cappella Pamphilj (viale) E 1
Cappellari (via dei) C 3
Cappella Sistina B 1-2
Cappellini, Alfredo (via) C 7
Capponi, Amerigo (piazza) B 2
Cappuccini (via dei) B 5
Caracalla (terme di) E 5-6
Caracciolo, Filippo (via) A-B 1
Carcani, Michele (via) D-E 3
Carcere Regina Coeli C 2-3
Cardinal Cassetta (via) C 1
Cardinale Agliardi (via) C 1-2
Cardinale Lualdi (via) C 1
Cardinale Merry del Val (via) D 3
Cardinal Silj (via) C 1
Carducci, Giosuè (via) B 6
Carine (via delle) C 5-6
Carini, Giacinto (via) D-E 2
Carlo Alberto (via) C 7
Carlo Emanuele I (via) D 7
Carlo Felice (viale) D 7
Caro, Lucrezio (via) B 3
Carrozze (via delle) B 4-5
Cartari (via dei) C 3
Casa di Goethe A-B 4
Casal Fiorani (via) E 2
Casa Madre dei Mutilati B 3
Casina Bessarione E 6
Casini, Filippo (via) D 3
Casinò, Algardi (viale) D-E 1
Casino Aurora B 5
Cassiodoro (via) B 3
Castelfidardo (via) B 7
Castello (lungotevere) B 3
Castel Sant'Angelo B 3
Castro Pretorio (rione) B 7
Castro Pretorio (stazione metropolitana) B 7
Castro Pretorio (via) B 7
Castro Pretorio (viale) B 7
Catalana (via) C 4
Catel, Francesco (via) E 1
Catone (via) B 2
Cattaneo, Carlo (via) C 7
Catullo (via) B 3
Caudini (via dei) C 7
Cava Aurelia (via della) C 1
Cavalieri di Malta (ordine dei) E 4
Cavalieri di Malta (piazza) E 4
Cavalleggeri (porta) B 2
Cavalleggeri (via) C 2
Cavallini (via) B 4
Cavallotti, Felice (via) E 2
Cavour (piazza) B 3
Cavour (ponte) B 4
Cavour (stazione metropolitana) C 6
Cavour (via) C 5-6
Cecchi, Antonio (via) E 4
Cecilio Quinto (piazza) E 1-2
Cecilio Quinto (via) E 1-2
Cedro (vicolo del) D 3
Cefalo (vicolo del) C 3
Celani, Giuseppe (via) E 1
Celimontana (piazza) D 6
Celimontana (via) D 6
Celimontana (villa) D 6
Celio (monte) D-E 5-6
Celio (ospedale militare del) D 6
Celio (parco del) D 5-6
Celio (rione) D 6
Celio Vibenna (via) D 5-6
Celsa (via) C 4
Cenci (lungotevere dei) C-D 4
Cenci (palazzo) C 4
Cenci, Beatrice (piazza) C 4
Cenci, Beatrice (via) C 4
Cerchi (via dei) D 5
Cereate (via) E 7
Ceresi (piazza) E 1
Ceriani, Antonio (via) C 1
Cernaia (via) B 6-7
Cerveteri (via) E 7
Cesalpino, Andrea (via) A-B 7
Cesare (foro di) C 5
Cesari, Antonio (via) E 2
Cesi, Federico (via) B 3
Cestari (via dei) C 4
Cestio (ponte) D 4
Chiavari (via dei) C 4
Chiesa (via della) E 1-2
Chiesa del Gesù C 4
Chiesa Nuova C 3
Chiesa Nuova (piazza della) C 3
Chiesa Valdese B 3
Chigi (largo) B 4
Chigi (palazzo) B 4
Cialdini (via) C 7
Ciancaleoni (via) C 6
Cicerone (via) B 3
Cimarra (via) C 5-6
Cinque (vicolo del) D 3
Cinquecento (piazza dei) B 7
Cinque Lune (piazza) B-C 4
Cinque Scole (piazza) C 4
Cipro (via) B 1
Circo Massimo D 5
Circo Massimo (stazione metropolitana) E 5
Circo Massimo (via del) D 5
Cisterna (via della) D 3
Cisterna delle Sette Sale C 6-7
Città del Vaticano B 1
Città Leonina (piazza) B 2
Claterna (via) E 7
Claudia (via) D 6
Claudio Marcello (via) E 6
Clementi, Muzio (via) B 4
Clementina (via) C 6
Clementino (via del) B 4
Cleonia (via) E 1
Clivio Rutario (via) E 1
Clivo di Monte del Gallo (via) C 1
Cluny, Oddone di (via) E 4
Cocchi, Giuseppe (largo) D 2
Codivilla (via) E 1
Cola di Rienzo (piazza) B 3
Cola di Rienzo (via) A-B 2-3
Colautti, Arturo (via) E 2
Collazia (via) E 7
Collegio Etiopico B 1
Collegio Romano C 4
Collegio Romano (piazza) C 4
Collina (via) B 6
Colloredo, Giulia di (via) E 1
Colonna (galleria) B 4-5
Colonna (palazzo) C 5
Colonna (piazza) B 4
Colonna (rione) B 4-5
Colonna (villa) C 5
Colonna, Antonina (via) B-C 4
Colonna, Marcantonio (via) A 3
Colonna, Stefano (via) D 1
Colonna, Vittoria (via) B 3-4
Colonna della Vittoria A 7
Colosseo D 6
Colosseo (piazza del) D 5-6
Colosseo (stazione metropolitana) D 6
Colosseo (via del) C-B 5
Conciliazione (via della) B 2-3
Concordia (via) E 7
Condotti (via) B 4-5
Confienza (piazza) B 7
Conservatori (palazzo dei) C 5-6
Conservatorio (via del) C 3-4
Consolazione (piazza della) D 5
Consolazione (via della) C-D 5
Consulta (palazzo della) C 5
Consulta (via della) C 5
Conte Rosso (via) D 7
Conte Verde (via) C-D 7
Conti (torre de') C 5
Convertite (via delle) B 4
Coppelle (via delle) B 4
Corallo (via del) C 3
Corfinio (via) D 7
Coronari (via dei) C 3
Corpus Domini (chiesa) A 7
Corridori (via dei) B 2
Corsi, Nicola (via) E 1
Corsini (palazzo) C 3
Corsini (via) C 3
Corso (via del) A-C 4-5
Cossa, Pietro (via) B 3-4
Costantino (arco di) D 5
Cottolengo (via del) C 1
Cremera (via) A 6
Crescenzi (salita de') C 4
Crescenzio (via) B 2-3
Crescimbeni, Giovanni Mario (via) D 6
CRI (Croce Rossa Italiana) B 6
Crispi, Francesco (via) B 5
Croce (via della) B 4
Croce Rossa (piazza della) B 7
Croce Rossa Italiana (CRI) B 6
Crociferi (via dei) B 5
Crocifisso (via del) C 1
Cucchi, Francesco (piazza) D 2
Cuma (via) E 7
Curia C 5
Curia (via) C 5
Curtatone (via) B 7
Cutilia (via) E 7
Dacia (via) E 7
Dalla Chiesa, Carlo Alberto (via) A 2
Dall'Ongaro, Francesco (via) E 2-3
Damiata (via) A 3
Dandolo (via) D 3
D'Annunzio, Gabriele (viale) A 4
Dante (piazza) D 7
Dataria (via della) C 5
Daverio, Francesco (via) D 2
D'Azeglio, Massimo (via) B-C 6
Decennio (via) D 7
Decii (via dei) E 5
De Cristofaro, Pietro (via) B 1
De Gasperi, Alcide (via) C 2
Delfini (via dei) C 4
Del Grande, Natale (via) D 3
Dell'Anno, Francesco (via) B 1
Della Rovere (piazza) C 2
Della Valle, Pietro (via) B 3
De Mattias (via) E 7
De Nicola, Enrico (viale) B 6-7
Depretis, Agostino (via) C 6
De' Renzi (piazza) D 3
De Torres (via) E 2
Dezza, Giuseppe (via) D-E 2
Diana (tempietto di) A 5
Di Bartolo, Giuseppe (via) B 1
Difesa (aeronautica) (ministero della) B 7
Difesa (esercito) (ministero della) B 6
Diocleziano (terme di) B 6-7
Dionigi (via) B 3-4
Divino Amore (vicolo del) B 4
Divo Claudio (tempio del) D 6
Dogana Vecchia (via) C 4
Dolabella (arco di) D 6
Domus Aurea D 6
Domus Aurea (via) D 6
Donna Olimpia (piazza di) E 1
Donna Olimpia (via di) E 1
Doria, Andrea (via) A 1-2
Doria Pamphilj (palazzo) C 4-5
Doria Pamphilj (villa) D 1
Drusiana (via) D-E 7
Druso (via) E 6
Due Macelli (via) B 5
Duilio (via) A 3
Duodo, Francesco (via) B 1
Egerio (parco) E 6
Einaudi, Luigi (viale) B 6
Elea (via) E 7
Eliseo (teatro) C 5
Elvia Recina (via) E 7
Emanuele Filiberto (via) C-D 7
Emilia (via) B 5
Emo, Angelo (via) B 1
Emporio (piazza dell') E 4
ENIT B 7
Epiro (piazza) E 7
EPT B 6
Ercolano (via) E 7
Eroi (piazzale degli) A 1
Esami (palazzo degli) D 3
Esposizioni (palazzo delle) C 5-6
Esquilino (monte) C 6
Esquilino (piazza dell') C 6
Esquilino (rione) C 7
Etruria (via) E 7
Ezio (via) A-B 3
Fabiola (via) E 1
Fabio Massimo (via) A-B 2
Fabricio (ponte) D 4
Fabrizi, Nicola (via) D 3
Fabrizio, Girolamo (piazza) B 7
Facoltà di Ingegneria C 6
Faenza (via) D 7
Falco (via del) B 2
Falconieri (palazzo) C 3
Falconieri, Paola (via) E 1
Falda, Giovanni Battista (via) E 2
Falegnami (via dei) C 4
Faleria (via) E 7
Falloppio (via) A-B 7
Famagosta (via) A 2
FAO E 5
Farini (via) C 6-7
Farinone (vicolo del) B 2
Farnese (palazzo) C 3
Farnese (piazza) C 3
Farnese, Alessandro (via) A 3
Farnesi (via dei) C 3
Farnesina (lungotevere della) C 3
Farnesina (villa) C 3
Faro (piazzale del) C 2
Farsalo (via) E 7
Fatebenefratelli (ospedale) D 4
Febo (largo) B-C 3-4
Felice, Carlo (viale) D 7
Feltre, Bernardino da (piazza) D 3
Ferdinando di Savoia (via) A 4
Ferraioli (palazzo) C 4
Ferrara (via) C 5
Ferraris, Galileo (via) E 3
Ferratella (via della) E 6-7
Ferruccio (via) C 7
Fidene (via) D-E 7
Fienaroli (via dei) D 3
Fienili (via dei) D 5
Filopanti (via) E 3
Finanze (piazza delle) B 6
Finzi (via) E 3
Fiore, Ruggero (via) B-C 3
Fiorentini (lungotevere dei) B 1
Fioretti, Mario (via) E 1
Fioritto, Enzo (largo) E 5
Firenze (via) B-C 6
Fiume (piazza) A 6
Fiume (via del) B 4
Flaminio (piazzale) A 4
Flavia (via) B 6
Floridia (villa) D 1
Florio (via) E 3-4
Foà, Pio (via) E 1
Fontana, Domenico (via) D 7
Fontana dell'Acqua Paola D 3
Fontana di Trevi B 5
Fontana di Venere (viale) D 1
Fontanella (via della) A 4
Fontanella Borghese (via) B 4
Fonte di Fauno (via della) D-E 5
Fonteiana (piazza) E 1
Fonteiana (via) D-E 1-2
Foraggi (via dei) D 5
Fori Imperiali (via dei) C-D 5
Fornaci (via delle) C-D 2
Foro di Augusto C 5
Foro di Cesare C 5
Foro Olitorio (via del) D 4
Foro Romano C-D 5
Foro Traiano C 5
Foscolo, Ugo (via) C-D 7
Fra' Albenzio (via) B 1
Fracastoro, Gerolamo (via) A 7
Francia (accademia di) B 5
Frangipane (via) C 5-6
Franklin, Beniamino (via) E 3-4
Fratelli Bonnet (via) D 2
Fratte di Trastevere (via delle) D 3
Frattina (via) B 4-5
Fregene (via) E 7
Frentani (via dei) C 7
Frezza (vie della) B 4
Friuli (via) B 6
Frusta (vicolo della) D 3
Funari (via dei) C 4
Gabi (via) E 7
Gabrielli (palazzo) B-C 3
Gaeta (via) B 7
Galeno (piazza) A 7
Galilei (via) D 7
Galleria Colonna B 4-5
Galleria Nazionale d'Arte Antica (Palazzo Barberini) B 5-6
Galleria Principe Amedeo B-C 2
Galletti, Bartolomeo (via) D 3
Gallia (via) E 6-7
Galoppatoio A 5
Galoppatoio (viale del) A-B 5
Galvani (via) E 4
Gambero (via del) B 4
Garibaldi (ponte) D 4
Garibaldi, Giuseppe (monumento a) D 2
Garibaldi, Giuseppe (piazzale) C-D 2
Garibaldi, Giuseppe (via) C-D 2-3
Gatta (via della) C 4
Gelsomini, Manlio (largo) E 4
Gelsomini, Manlio (viale) E 4-5
Gelsomino (via del) C 1
Gelsomino (vicolo del) C 1
Genova (via) C 6
Genovesi (via dei) D 4
Gensola (via) D 4
Germanico (via) A-B 2-3
Gessi, Romolo (via) E 4
Gesù (chiesa del) C 4
Gesù (piazza del) C 4
Gesù (via del) C 4
Gesù e Maria (chiesa) B 4
Gesù e Maria (via di) B 4
Ghiberti, Lorenzo (via) E 4
Gianicolense (lungotevere) C 2-3
Gianicolense (parco) C-D 2-3
Gianicolo (monte) C-D 2-3
Gianicolo (passeggiata del) C-D 2
Gianicolo (via del) C 2
Gianniti (via) E 3
Giannone, Pietro (via) A 1
Giardini (via dei) B 5
Giardino del Quirinale B 5
Giardino del Teatro (viale) D 1
Ginori (via) E 4
Gioberti (via) C 6-7
Gioia, Flavio (via) E 3
Giolitti, Giovanni (via) C-D 7
Giotto (viale) E 5
Giovagnoli, Raffaello (via) E 2
Giulia (via) C 3
Giulia di Colloredo (via) E 1
Giuliana (via della) A 2
Giulio Cesare (viale) A 2-3
Giusti (via) C-D 7
Giustiniani (via) C 4
Giustiniani, Orazio (piazza) E 3-4
Giustizia (palazzo di) B 3
Glorioso (viale) D 3
Gobetti, Piero (viale) B-C 7
Goethe (casa di) A-B 4
Goethe (monumento a) A 5
Goethe (viale) A 5
Goito (via) B 6-7
Goldoni (largo) B 4
Governatorato (palazzo del) B 1
Governo Vecchio (palazzo del) C 3
Governo Vecchio (via del) C 3
Gracchi (via dei) A-B 2-3
Grazia e Giustizia (ministero di) C 4
Grazioli (palazzo) C 4
Grazioli (piazza) C 4
Greca (via della) D 4-5
Greci (via dei) B 4
Gregoriana (via) B 5
Gregorio VII (piazza) C 1
Gregorio VII (viale) C 1
Grigioni (largo) E 1
Grillo (salita del) C 5
Grotte (vicolo delle) C 3-4
Guastalla, Enrico (via) D 2
Guerrazzi, Francesco Domenico (via) E 2
Guerrieri (via) E 5
Guicciardini (via) D 7
Guinizelli, Guido (via) E 2
Helbig, Nadina (via) E 1
Iberia (via) E 7
Icilio (via) E 4-5
Illiria (via) E 7
Illiria, Pietro d' (piazza) D 4
Il Vascello D 2
Imbriani, Matteo Renato (via) A 4
Imera (via) E 7
Imperiali (palazzi) D 5
INAIL C 5
Indipendenza (piazza) B 7
Induno, Girolamo (via) D 3
Industria Commercio e Artigianato (ministero) B 5-6
Ingegneria (facoltà di) C 6
Innocenzo III (via) C 1-2
Innocenzo X (via) E 1
Interni (ministero degli) C 6
Ipponio (piazzale) E 7
Ipponio (via) E 6-7
Iside (piazza) D 7
Iside (via) D 7
Isola Tiberina D 4
Istituto Nazionale di Statistica C 6
Istituto Poligrafico e Zecca C 7
Italia (corso d') A 5-7
Jugario (vicolo) D 4-5
Julia (basilica) D 5
Labicana (via) D 6-7
La Goletta (via) A-B 1
Lago Terrione (via del) C 1-2
La Malfa, Ugo (piazzale) D 5
Lamarmora (via) C 7
Lancellotti (palazzo) B 3
Lanza, Giovanni (via) C 6
Lata (via) C 4-5
Lateranense (ateneo pontificio) D 7
Lateranense (battistero) D 7
Lateranense (obelisco) D 7
Lateranense (palazzo) D 7
Laterani (via dei) D 7
Lauria, Ruggero di (via) A-B 1
Laurina (via) B 4
Lavatore (via del) B 5
Lavori Pubblici (ministero dei) A 7
Lavoro (ministero del) B 6
Lazio (via) B 5
Lazzarini, Ottorino (via) A 1
Lazzerini (largo) E 5
Leone IV (via) A-B 1
Leone IX (via) C 1
Leone XIII (via) C-E 1
Leonina (via) C 6
Leopardi (largo) C 7
Leopardi (via) C 7
Lepanto (stazione metropolitana) A 3
Lepanto (via) A 3
Leti (largo) E 2
Leto Pompiano (via) B 2
Libertà (piazza della) A 3
Licia (via) E 7
Licina (via) E 5
Ligorio, Pirro (via) E 5
Liguria (via) B 5
Littore, Trebio (via) E 1
Livraghi (via) D 2
Locri (via) D 7
Lombardia (via) B 5
Luca della Robbia (via) E 4
Lucania (via) A-B 6
Lucchesi (via dei) C 5
Luce (via della) D 4
Lucina (via in) B 4
Lucullo (via) B 6
Ludovico di Monreale (via) D-E 2
Ludovico di Savoia (via) D 7
Ludovisi (rione) B 5-6
Ludovisi (via) B 5
Luisa di Savoia (via) A 4
Lungara (via della) C 2-3
Lungaretta (via della) D 3-4
Luni (via) E 7
Lupa (via della) B 4
Lusitania (via) E 7
Luzzati, Luigi (via) D 7
Macao (via) B 7
Machiavelli (via) C-D 7
Madama (palazzo) C 4
Maddalena (via della) B-C 4
Maderno (via) E 5
Madonna dei Monti (via) C 5
Madonna dell'Orto (via) D 4
Magenta (via) B 7
Maglio (viale del) D 1
Magna Grecia (largo) E 7
Magna Grecia (via) D-E 7
Magnanapoli (largo) C 5
Magnolie (viale delle) A 5
Malpighi, Marcello (via) A 7
Mameli, Goffredo (via) D 3
Mamiani (via) C 7
Manara, Luciano (via) D 3
Mantellate (via delle) C 2-3
Mantova (via) A 7
Manunzio, Aldo (via) E 3-4
Manzoni (stazione metropolitana) D 7
Manzoni, Alessandro (viale) C-D 7
Maratta (via) E 5
Marcella (via) E 4-5
Marcello (teatro di) C-D 4
Marcello Claudio (via) E 6
Marche (via) A-B 5-6
Marco Aurelio (via) D 6
Margana (piazza) C 4
Marghera (via) B 7
Margutta (via) A-B 4
Maria Adelaide (via) A 4
Maria Cristina (via) A 4
Marignoli (palazzo) B 4
Marino, Giambattista (via) E 2
Mario, Alberto (via) E 2-3
Mario de' Fiori (via) B 4-5
Marmaggi (via) D 4
Marmorata (via) E 4
Maroniti (via dei) B 5
Marruvio (via) E 7
Marsala (via) B-C 7
Marzio (lungotevere) B 4
Maschera d'Oro (via) B 3-4
Mascherino (via del) B 2
Mascherone (via del) C 3
Masina, Angelo (via) D 2
Massari (via) E 2
Massenzio (basilica di) D 5
Massimo (palazzo) C 4
Mastai (piazza) D 4
Mastro, Giorgio (via) E 4
Mattei (piazza) C 4
Mattonato (via del) D 3
Mauritania (via) E 7
Mausoleo di Adriano B 3
Mausoleo di Augusto B 4
Mazzarino (via) C 5
Mazzini, Giuseppe (ponte) C 3
Mecenate (via) C-D 6-7
Medaglie d'Oro (viale delle) A 1
Medici (villa) B 5
Medici, Giacomo (via) D 2-3
Mellini (lungotevere) A-B 2-3
Meloria (via della) B 1
Mentana (via) B 7
Mercanti (piazza) D 4
Mercantini, Luigi (via) D 2
Mercede (via della) B 5
Mercuri (via) B 4
Merulana (via) C-D 6-7
Mesia (largo) E 7
Messina (via) A 7
Metaponto (via) E 7
Metastasio (via) B 4
Metronia (porta) E 6
Metronio (piazzale) E 6
Metronio (viale) E 6-7
Michelangelo (lungotevere) A 3
Mignanelli (piazza) B 5
Milano (via) C 5-6
Milazzo (via) B 7
Milizie (torre delle) C 5
Milizie (viale delle) A 2
Mille (via dei) B 7
Millelire (via) B 1
Minerva (piazza della) C 4
Minghetti (via) C 4-5
Ministero degli Interni C 6
Ministero dei Beni Culturali (ex ospizio San Michele a Ripa Grande) D 4
Ministero dei Lavori Pubblici A 7
Ministero dei Trasporti A-B 7
Ministero della Difesa (aeronautica) B 7
Ministero della Difesa (esercito) B 6
Ministero dell'Agricoltura e delle Foreste B 6
Ministero della Pubblica Istruzione D 3
Ministero del Tesoro e del Bilancio B 6
Ministero del Turismo e Spettacolo D-E 7
Ministero di Grazia e Giustizia C 4
Ministero Industria Commercio e Artigianato B 5-6
Missori, Giuseppe (via) C 1
Mizzi, Fortunato (viale) D 6
Mocenigo (via) A-B 1
Modena (via) B 6
Modena, Gustavo (via) D 4
Monopoli di Stato D 4
Monreale, Ludovico di (via) D-E 2
Monserrato (via) C 3
Montebello (via) B 7
Monte Brianzo (via di) B 4
Monte Calvarello (via) E 6
Montecchi (via) E 3
Montecitorio (palazzo di) B 4
Montecitorio (piazza di) B 4
Monte del Gallo (salita) C 1
Monte del Gallo (via di) C 1
Monte del Gallo (vicolo di) C 1
Monte della Farina (via del) C 4
Monte Giordano (via di) C 3
Monte Oppio (via) D 6
Monte Oppio (viale del) C-D 6
Monterone (via) C 4
Monte Savello (piazza) D 4
Montevecchio (vicolo) B-C 3
Montezemolo, Giuseppe (largo) A 1
Monti (rione) C 6
Montoro (via di) C 3
Monumento a Giuseppe Garibaldi D 2
Monumento a Goethe A 5
Monumento a Umberto I A 5
Monumento a Vittorio Emanuele II C 4-5
Monumento Caduti Francesi (viale) D 1
Monzambano (via) B 7
Morgagni, Giovanni Battista (via) A-B 7
Moro (via del) D 3
Moroni (via) C 3
Morosini, Emilio (via) D 3
Morosini, Francesco (piazza) A 1
Mura Aurelie (rampa delle) C 2
Mura Aurelie (viale delle) C-D 2
Mura Gianicolensi (viale delle) D-E 2
Mura Portuensi (viale delle) D 3-4
Mura Serviane B 7
Muratori, Ludovico (via) D 6-7
Muratte (via delle) B-C 4-5
Mura Vaticane (clivo delle) B 1
Muro Torto (viale del) A-B 5
Musei Vaticani B 2
Museo Borghese (viale del) A 5-6
Museo Nazionale di Arte Orientale (Palazzo Brancaccio) C 6-7
Museo Nazionale Romano B 6
Mussolino, Benedetto (via) E 3
Mutilati e Invalidi di Guerra (largo) B 3
Nais, Gino (via) B 1
Napoleone I (piazzale) A 4
Napoleone III (via) C 7
Napoli (via) B-C 6
Narducci (via) D 3
Natività di Nostra Signora (chiesa) E 7
Navicella (via della) D-E 6
Navona (piazza) C 4
Nazionale (via) B-C 5-6
Nenni, Pietro (ponte) A 3-4
Nera (via) C 7
Nerini, Felice (via) E 4
Nerva (via) B 6
Niccolini, Giovanni Battista (via) E 2
Nicolò III (via) C 1-2
Nicolò V (via) B 1
Nicosia (piazza) B 4
Nievo, Ippolito (piazza) E 3
Nievo, Ippolito (via) E 3
Nizza (via) A 7
Nomentana (via) A 7
Norico (via) E 7
Normanni (via dei) D 6
Nullo, Francesco (via) E 3
Numa Pompilio (piazzale) E 6
Numidia (via) E 7
Nuova delle Fornaci (via) C-D 2
Obelisco (viale dell') A 4-5
Obelisco di Axum D 5
Obelisco Lateranense D 7
Oca (via dell') A 4
Oddone di Cluny (via) E 4
Odescalchi (palazzo) C 5
Olbia (via) E 7
Olmata (via dell') C 6
Olmetto (via dell') D 4
Ombrellari (via) B 2
Opera (teatro dell') B-C 6
Oppio (parco) D 6
Orazio (via) B 3
Ordine dei Cavalieri di Malta E 4
Orfeo (vicolo d') B 2
Oriani (piazza) E 2
Ormisda (via) C 1
Orologio (piazza dell') C 3
Orsini, Virginio (via) A 3
Orso (via dell') B 4
Orti d'Alibert (via degli) C 2-3
Orti di Galba (via degli) E 1
Orti di Trastevere (via degli) E 3
Orti Gianicolensi (via degli) E 2
Orto Botanico C 3
Osoppo (via) B 7
Ospedale Britannico D-E 6
Ospedale del Bambin Gesù C 2
Ospedale di Santo Spirito in Sassia B 2
Ospedale Fatebenefratelli D 4
Ospedale Militare del Celio D 6

Ospedale Nuovo Regina Margherita D 3
Ospedale San Gallicano D 3-4
Ospedale San Giacomo B 4
Ospedale San Giovanni D 7
Ospizio della Addolorata D 6
Ostia (via) A 1-2
Otranto (via) A 2
Ottaviano (stazione metropolitana) A 2
Ottaviano (via) A-B 2
Ottavilla (piazza) D 2
Ottavilla (via) D 2
Otto Marzo (viale) D 1
Ovidio (via) B 3
Ozanam, Federico (via) E 1
Pace (via della) C 3
Paganica (piazza) C 4
Paganica (via) C 4
Pagano (via) B 6
Paglia (via della) D 3
Pagliari (via) A 7
Palatino (monte) D 5
Palatino (ponte) D 4
Palazzi Imperiali D 5
Palazzo Altemps B 4
Palazzo Altieri C 4
Palazzo Antonelli C 5
Palazzo Barberini (Galleria Nazionale d'Arte Antica) B 5-6
Palazzo Besso C 4
Palazzo Bolognetti C 4
Palazzo Bonaparte C 5
Palazzo Boncompagni B 5-6
Palazzo Borghese B 4
Palazzo Brancaccio (Museo Nazionale d'Arte Orientale) C 6-7
Palazzo Braschi C 3-4
Palazzo Caetani C 4
Palazzo Cenci C 4
Palazzo Chigi B 4
Palazzo Colonna (Galleria) C 5
Palazzo Corsini (Galleria) C 3
Palazzo degli Esami D 3
Palazzo dei Conservatori C 5-6
Palazzo dei Penitenzieri B 2
Palazzo del Governo Vecchio C 3
Palazzo della Cancelleria C 3-4
Palazzo della Consulta C 5
Palazzo della Sapienza C 4
Palazzo delle Esposizioni C 5-6
Palazzo del Quirinale C 5
Palazzo del Santo Uffizio B 2
Palazzo di Giustizia B 3
Palazzo di Montecitorio B 4
Palazzo di Spagna B 5
Palazzo Doria Pamphilj (Galleria) C 4-5
Palazzo Falconieri C 3
Palazzo Farnese C 3
Palazzo Ferraioli C 4
Palazzo Gabrielli B-C 3
Palazzo Grazioli C 4
Palazzo Lancellotti B 3
Palazzo Lateranense D 7
Palazzo Madama C 4
Palazzo Marignoli B 4
Palazzo Massimo C 4
Palazzo Odescalchi C 5
Palazzo Pallavicini-Rospigliosi C 5
Palazzo Pamphilj C 3-4
Palazzo Pio Righetti C 4
Palazzo Rondinini A-B 4
Palazzo Ruspoli B 4
Palazzo Sacchetti C 3
Palazzo Salviati C 2
Palazzo Santacroce C 4
Palazzo Sciarra C 4-5
Palazzo Senatorio C 5
Palazzo Sforza Cesarini C 3
Palazzo Spada C 3
Palazzo Strozzi C 4
Palazzo Torlonia (Via della Conciliazione) B 2
Palazzo Torlonia (Via della Lungara) C 3
Palazzo Valentini C 5
Palazzo Venezia C 4-5
Palazzo Vidoni C 4
Palermo (via) C 5-6
Palestrina, Pier Luigi da (via) B 3
Palestro (via) B 7
Palladio (via) E 5
Pallavicini-Rospigliosi (palazzo) C 5
Palline (vicolo delle) B 2
Pamphilj (palazzo) C 3-4
Pamphilj (via dei) E 1
Pandosia (via) E 7
Panetteria (via) B 5
Panico (via di) B-C 3
Panieri (via dei) D 3
Panisperna (via) C 5-6
Pannonia (largo) E 7
Pannonia (via) E 6-7
Pantaleo (via) E 3
Pantheon C 4
Paola (via) B-C 3
Paoletti (via) A 7
Paolina (via) C 6
Paolina (villa) B 7
Paolo Emilio (via) A-B 3
Paolo II (via) C 1-2
Paolo III (via) B-C 1
Paolo VI (via) B 2
Paolucci, Raffaele (via) E 1
Paolucci De' Calboli (via) E 1
Parboni (via) E 3
Parco del Celio D 5-6
Parco del Celio (viale del) D 5-6
Parco della Resistenza dell'8 Settembre E 4-5
Parco di Porta Capena E 5-6
Parco di Sant'Alessio D 4-5
Parco di Traiano C 6
Parco Egerio E 6
Parco Gianicolense C-D 2-3
Parco Oppio D 6
Parco Savello D 4
Parigi (via) B 6
Parione (rione) C 3
Parione (via di) C 3
Parlamento (piazza del) B 4
Parma (via) C 5
Pascarella, Cesare (via) E 3
Pascoli, Giovanni (via) D 6
Passaglia, Carlo (via) A 1
Pastini (via dei) C 4
Pastrengo (via) B 6
Pateras (via) D 3
Pavone (via del) C 3
Pelagio I (via) C 2
Pelasgi (via dei) C 7
Pellegrino (via del) C 3
Pelliccia (via della) D 3
Penitenza (via della) C 3
Penitenza (vicolo della) C 3
Penitenzieri (palazzo dei) B 2
Penitenzieri (via dei) B 2
Penna (via della) A 4
Pepe, Guglielmo (via) C 7
Peretti, Pietro (via) D 4
Perotti (via) E 2
Peruzzi, Baldassarre (via) E 5
Petrarca (via) D 7
Petroselli (via) D 4
Pettinari (via dei) C 3
Pfeiffer (via) B 2
Pia (piazza) B 3
Pia (porta) B 7
Piacenza (via) C 5-6
Pianciani (via) C-D 7
Pianto (via del) C 4
Piave (via) A-B 6
Piè di Marmo (via) C 4
Piemonte (via) A-B 6
Pierleoni (lungotevere de') D 4
Pier Luigi da Palestrina (via) B 3
Pietra (piazza di) C 4
Pietro d'Illiria (piazza) D 4
Pigna (rione) C 4
Pilo, Rosolino (piazza) E 2
Pilotta (piazza della) C 5
Pilotta (via della) C 5
Pinacoteca Vaticana B 1
Pinciana (porta) A 5
Pinciana (via) A 5-6
Pincio A 4
Pinelli, Ferdinando (via) E 5
Pio Righetti (palazzo) C 4
Pio X (via) B 2-3
Pio XII (piazza) B 2
Piramide Caio Cestio E 4
Piramide Cestia (viale della) E 4-5
Piranesi (via) E 5
Pirgo (via) E 7
Pisacane, Carlo (via) E 2
Pisani, Vittor (via) A-B 1
Piscinula (piazza in) D 4
Plauto (via) B 2
Plebiscito (via del) C 4-5
Plinio (via) B 3
Po (via) A 6
Poerio, Alessandro (via) E 2
Polacchi (via dei) C 4
Poli (via) B 5
Policlinico (viale del) B 7
Poligrafico e Zecca (istituto) C 7
Politeama (via del) D 3
Poliziano, Angelo (via) D 6-7
Pollione Asinio (via) E 4
Polveriera (via della) C-D 6
Polverone (vicolo del) C 3
Pompei (piazza) E 7
Pompei (via) E 7
Pompeo Magno (via) A 3
Pomponazzi, Pietro (via) A 1
Ponte (rione) C 3-4
Ponte Cavour B 4
Ponte Cestio D 4
Ponte Garibaldi D 4
Pontelli (via) E 5
Ponte Mazzini Giuseppe C 3
Ponte Nenni Pietro A 3-4
Ponte Palatino D 4
Ponte Principe Amedeo Savoia Aosta B-C 2-3
Ponte Regina Margherita A 4
Ponte Rotto D 4
Ponte Sant'Angelo B 3
Ponte Sant'Angelo (piazza) B 3
Ponte Sisto C 3
Ponte Sublicio D 4
Ponte Umberto I B 3-4
Ponte Umberto I (piazza) B 3
Ponte Vittorio Emanuele II C 3
Pontificia Accademia delle Scienze B 1
Pontificia Università Gregoriana C 5
Pontificio Ateneo Lateranense D 7
Pontificio Seminario Romano Minore B 1
Ponziani (piazza dei) D 4
Ponziano (via) E 3
Ponzio (via) E 5
Popolo (piazza del) A 4
Popolo (porta del) A 4
Porcari, Stefano (via) B 2
Porta (via della) E 5
Porta Angelica (via di) B 2
Porta Asinaria D 7
Porta Capena D 5-6
Porta Capena (parco di) E 5-6
Porta Capena (piazza di) D 5
Porta Castello (largo) B 2-3
Porta Castello (via) B 3
Porta Cavalleggeri B 2
Porta Cavalleggeri (via) B-C 1-2
Porta del Popolo A 4
Porta Fabbrica (via di) C 1-2
Porta Latina (via di) E 6-7
Porta Lavernale (via) E 4
Porta Maggiore (via di) C 7
Porta Metronia E 6
Porta Metronia (piazza di) E 6
Porta Pertusa (via di) B 1
Porta Pia B 7
Porta Pia (piazzale di) A 7
Porta Pinciana A 5
Porta Pinciana (via di) B 5
Porta Portese D 4
Porta Portese (piazza di) D 4
Porta Portese (via di) D 4
Porta San Giovanni D 7
Porta San Giovanni (piazza di) D 7
Porta San Lorenzo (piazza) C 7
Porta San Pancrazio D 2
Porta San Pancrazio (largo della) D 2
Porta San Pancrazio (via di) D 2
Porta San Paolo E 4-5
Porta San Paolo (piazza di) E 4
Porta San Paolo (stazione) E 4-5
Porta San Sebastiano (via di) E 6
Porta Santo Spirito B 2
Porta Tiburtina C 7
Porta Tiburtina (viale) C 7
Portese (porta) D 4
Portico d'Ottavia (via) C-D 4
Porto (via del) D 4
Porto di Ripa Grande D 4
Portuense (lungotevere) E 3-4
Portuense (via) E 3
Posta Centrale B 4-5
Pozzetto (via del) B 5
Pozzo delle Cornacchie (via) C 4
Prati (lungotevere) B 3-4
Prati (rione) B 3
Prefetti (via) B 4
Pretoriano (viale) B-C 7
Pretorio Castro (viale di) B 7
Principe Aimone (via) D 7
Principe Amedeo (galleria) B-C 2
Principe Amedeo (via) C 6-7
Principe Amedeo Savoia Aosta (ponte) B-C 2-3
Principe Eugenio (via) C 7
Principessa Clotilde (via) A 4
Principe Umberto (via) C 7
Propaganda (via) B 5
Properzio (via) B 2
Provana (via) D 7
Pubblica Istruzione (ministero della) D 3
Publicii (clivio dei) D 5
Puccini, Giacomo (via) A 6
Puglie (via) A-B 6
Purificazione (via della) B 5
Putti, Vittorio (via) E 1
Quadrio, Maurizio (via) E 2
Quattro Cantoni (via) C 6
Quattro Fontane (via delle) B 5-6
Quattro Novembre (via) C 5
Quattro Venti (piazza dei) E 2
Quattro Venti (viale dei) D-E 2
Querceti (via dei) D 6
Quercia (rampa della) C 2
Querini (via) E 4
Questura C 6
Quinto Cecilio (piazza) E 1-2
Quinto Cecilio (via) E 1-2
Quirinale (giardino del) B 5
Quirinale (monte) B-C 5-6
Quirinale (palazzo del) C 5
Quirinale (piazza del) C 5
Quirinale (via del) B-C 5-6
Quirino (teatro) C 5
Quiriti (piazza dei) A 3
Radio Vaticana B 1
Ramni (via dei) C 7
Ranucci, Angela (via) C 1
Rasella (via) B 5
Rattazzi (via) C 7
Recina Elvia (via) E 7
Reggio Emilia (via) A 7
Regina Coeli (carcere) C 2-3
Regina Margherita (ospedale nuovo) D 3
Regina Margherita (ponte) A 4
Regina Margherita (viale) A 7
Regnoli, Oreste (via) D 2
Regola (rione) C 3
Regolo, Attilio (via) A-B 3
Remuria (piazza) E 5
Renella (via della) D 3-4
Repubblica (piazza della) B 6
Repubblica (stazione metropolitana) B 6
Resistenza dell'8 Settembre (parco della) B 6
Rialto (via) B 1
Riari (via dei) C 3
Ricasoli (via) C 7
Ricci (via) A 6
Rinascimento (corso del) C 4
Rio de Janeiro (piazza) A 7
Ripa (lungotevere) D 4
Ripa (rione) D 4-5
Ripa (via) A 7
Ripa Grande (porto di) D 4
Ripetta (passeggiata di) A-B 4
Ripetta (via di) A-B 4
Risorgimento (piazza del) B 2
Rizzo, Luigi (via) A-B 1
Rocca Savella (clivo di) D 4
Romagna (via) A-B 6
Romagnosi, Giandomenico (via) A 4
Roma Libera (via) D 3
Romolo e Remo (largo) C 5
Rondinini (palazzo) A-B 4
Rosa, Ercole (via) E 5
Rosa, Salvatore (via) E 5
Rosazza, Federico (via) E 3
Rosselli, Pietro (via) D 2
Rosmini (via) C 6
Rossetti, Gabriele (via) E 2
Rossi, Pellegrino (via) C 7
Rotonda (piazza della) C 4
Rotto (ponte) D 4
Roverella (via) C 1
Rozat, Bartolomeo (viale) D 1-2
Rubattino (via) E 4
Ruggero di Lauria (via) A-B 1
Rusconi (via) E 3
Ruspoli (palazzo) B 4
Rusticucci (via) B 2
Sabini (via dei) B-C 4-5
Sacchetti (palazzo) C 3
Sacchi, Gaetano (via) D 3
Sacra (via) D 5
Sacro Cuore del Suffragio (chiesa) B 3-4
Sacro Cuore di Gesù (chiesa-Via Marsala) B 7
Sacro Cuore di Gesù (chiesa-Via Piave) B 6-7
Saffi, Aurelio (viale) D-E 2-3
Salandra (via) B 6
Salara Vecchia (via) C 5
Salaria (via) A 6
Saliceti (via) E 3
Saliceto, Guglielmo (via) A 7
Sallustiana (via) B 6
Sallustiano (rione) B 6
Sallustio (piazza) B 6
Salumi (via dei) D 4
Salvi, Nicola (via) D 6
Salviati (palazzo) C 2
Sanarelli (via) E 1
Sanatorio Umberto I D 7
San Bartolomeo (chiesa) D 4
San Basilio (via) B 5-6
San Bernardo (chiesa) B 6
San Bernardo (piazza) B 6
San Bonaventura (chiesa) D 5
San Bonaventura (via) D 5
San Calepodio (via) E 2
San Calisto (piazza) D 3
San Canzio (via) E 2
San Carlino (chiesa) B 6
San Carlo al Corso (chiesa) B 4
San Cesareo de' Appia (chiesa) E 6
San Claudio (via) B 4
San Clemente (chiesa) D 6
San Clemente (piazza) D 6
San Cosimato (piazza) D 3
San Cosimato (via) D 3
San Crisogono D 4
San Damaso (via) C 1
San Domenico (via) D-E 4
San Filippo Neri (via) C 3
San Francesco a Ripa (chiesa) D 4
San Francesco a Ripa (via) D 3-4
San Francesco d'Assisi (piazza) D 3-4
San Francesco di Sales (via di) C 2-3
San Francesco di Sales (vicolo di) C 2-3
San Gallicano (ospedale) D 3-4
San Gallicano (via) D 4
Sangallo (lungotevere del) C 3
San Giacomo (ospedale) B 4
San Giacomo (via) B 4
San Gioacchino (chiesa) A 3
San Giorgio in Velabro (chiesa) D 5
San Giosafat (via) E 5
San Giovanni (ospedale) D 7
San Giovanni (porta) D 7
San Giovanni (stazione metropolitana) D 7
San Giovanni a Porta Latina (chiesa) E 7
San Giovanni Decollato (via) D 5
San Giovanni dei Fiorentini (chiesa) C 3
San Giovanni in Laterano (chiesa) D 7
San Giovanni in Laterano (piazza) D 7
San Giovanni in Laterano (via di) D 6-7
San Girolamo (chiesa) B 4
San Giuseppe (chiesa) A 1
San Gregorio (piazza di) D 5-6
San Gregorio (salita di) D 5
San Gregorio (via di) D 5
San Gregorio Magno (chiesa) D 6
Sanità Militare (largo della) D 6
San Lorenzo in Lucina (chiesa) B 4
San Lorenzo in Panisperna (chiesa) C 6
San Luigi dei Francesi (chiesa) C 4
San Marcello (chiesa) C 5
San Marco C 4-5
San Marco (piazza) C 5
San Marco (via) C 4-5
San Martino ai Monti (piazza) C 6
San Martino ai Monti (via) C 6
San Martino della Battaglia (via) B 7
San Michele (via di) D 4
San Michele a Ripa Grande (ex ospizio) D 4
San Nicola da Tolentino (salita) B 6
San Nicola da Tolentino (via) B 5-6
Sannio (via) D-E 7
San Pancrazio (chiesa) D 1
San Pancrazio (piazza) D 2
San Pancrazio (porta) D 2
San Pancrazio (via di) D 2
San Pantaleo (piazza) C 3-4
San Paolo (porta) E 4-5
San Paolo del Brasile (viale) A 5
San Paolo della Croce (via) D 6
San Patrizio (chiesa) B 6
San Pietro (basilica di) B 1-2
San Pietro (piazza) B 2
San Pietro (stazione di) C 1-2
San Pietro in Carcere (via) C 5
San Pietro in Montorio (chiesa) D 3
San Pietro in Vincoli (chiesa) C 6
San Pietro in Vincoli (piazza) C 6
San Quintino (via) D 7
San Rocco (chiesa) B 4
San Saba (chiesa) E 5
San Saba (rione) E 5-6
San Saba (via) E 5
San Salvatore in Lauro (chiesa) B 3
San Sebastianello (via) B 5
San Silverio (via) C 1
San Silvestro (piazza) B 4-5
San Sisto (chiesa) E 6
San Sotero (via) C 1
Santa Balbina (chiesa) E 5
Santa Balbina (piazza) E 5
Santa Balbina (via di) E 5
Santa Bibiana (chiesa) C 7
Santa Bibiana (via) C 7
Santa Caterina dei Funari (chiesa) C 4
Santa Cecilia (accademia di) B 4
Santa Cecilia (chiesa) D 4
Santa Cecilia (via) D 4
Santa Chiara (via di) C 4
Santacroce (palazzo) C 4
Santa Croce e San Bonaventura dei Lucchesi (chiesa) C 5
Santa Croce in Gerusalemme (via) D 7
Santa Dorotea (via) C 3
Santa Francesca Romana (chiesa) D 5
Sant'Agata dei Goti (chiesa) C 5
Sant'Agata dei Goti (via) C 5
Sant'Agatone Papa (via) C 1
Santa Giovanna d'Arco (via) C 4
Sant'Agostino (chiesa) B 4
Sant'Alberto Magno (via) D 4-5
Sant'Alessio (chiesa) D 4
Sant'Alessio (parco di) D 4-5
Sant'Alessio (via) E 4
Sant'Alfonso De' Liguori (chiesa) C 7
Santa Madre Mediatrice (via) C 1
Santa Maria alle Fornaci (chiesa) C 1-2
Santa Maria alle Fornaci (piazza) C 2
Santa Maria alle Fornaci (via) C 2
Santa Maria degli Angeli (chiesa) B 6
Santa Maria dei Miracoli (chiesa) A 4
Santa Maria della Concezione (chiesa) B 5
Santa Maria dell'Anima (via) C 3-4
Santa Maria della Provvidenza (chiesa) E 1
Santa Maria della Scala (chiesa) D 3
Santa Maria delle Grazie (chiesa) B 1
Santa Maria delle Grazie (piazza) B 1
Santa Maria del Popolo (chiesa) A 4
Santa Maria del Suffragio (chiesa) C 3
Santa Maria di Montesanto (chiesa) A 4
Santa Maria in Aracoeli (chiesa) C 5
Santa Maria in Cappella (chiesa) D 4
Santa Maria in Cosmedin (chiesa) D 4-5
Santa Maria in Cosmedin (via) D 4
Santa Maria in Domnica (chiesa) D 6
Santa Maria in Traspontina (chiesa) B 2-3
Santa Maria in Trastevere (chiesa) D 3
Santa Maria in Trastevere (piazza) D 3
Santa Maria Liberatrice (chiesa) E 4
Santa Maria Liberatrice (piazza) E 4
Santa Maria Maddalena (chiesa) C 4
Santa Maria Maggiore (chiesa) C 6
Santa Maria Maggiore (piazza) C 6-7
Santa Maria Maggiore (via) C 6
Santa Maria Mediatrice (via di) C 1
Santa Maria Regina Pacis (chiesa) E 2
Santa Maria Sopra Minerva (chiesa) C 4
Santa Marta (piazza) B 1
Santamaura (via) A-B 1-2
Santa Melania (via) E 4
Sant'Anastasia (chiesa) D 5
Sant'Anastasia (piazza) D 5
Sant'Andrea al Quirinale (chiesa) B-C 5
Sant'Andrea della Valle (chiesa) C 4
Sant'Andrea delle Fratte (chiesa) B 5
Sant'Angelo (borgo) B 2-3
Sant'Angelo (ponte) B 3
Sant'Angelo (rione) C 4
Sant'Anna (chiesa) D 7
Sant'Anna (via di) C 4
Sant'Anselmo (chiesa) E 4
Sant'Anselmo (piazza) E 4
Sant'Anselmo (via) E 4-5
Sant'Antonino (clivo) B-C 1
Sant'Antonio (chiesa) B 4
Sant'Antonio da Padova (chiesa) D 7
Sant'Apollinare (chiesa) B 4
Sant'Apollonia (piazza) D 3
Santa Prassede (chiesa) C 6
Santa Prisca (chiesa) E 5
Santa Prisca (piazza) E 5
Santa Prisca (via di) D-E 5
Santa Pudenziana (chiesa) C 6
Santa Rufina (vicolo) D 3
Santa Sabina (chiesa) D 4
Santa Sabina (via di) D 4-5
Santa Sofia (via) E 2
Santa Susanna (chiesa) B 6
Santa Susanna (largo) B 6
Sant'Atanasio (chiesa) B 4
Santa Teresa (chiesa) A 6
Sant'Egidio (piazza) D 3
San Telesforo (via) C 1
Sant'Eligio (chiesa) C 3
San Teodoro (chiesa) D 5
San Teodoro (via di) D 5
Sant'Erasmo (via di) D-E 6-7
Sant'Eufemia (via) C 5
Sant'Eusebio (chiesa) C 7
Sant'Eustachio (chiesa) C 4
Sant'Evaristo (via) C 1
Santi Cosma e Damiano (chiesa) C-D 5
Santi Domenico e Sisto (chiesa) C 5
Santi Giovanni e Paolo (chiesa) D 6
Santi Giovanni e Paolo (piazza) D 6
Sant'Ignazio (chiesa) C 4
Sant'Ignazio (piazza) C 4
Santi Marcellino e Pietro (chiesa) D 7
Santi Michele e Magno (chiesa) B 2
Santi Nereo e Achilleo (chiesa) E 6
Santini, Giulio Cesare (via) D 4
Santini, Luigi (via) D 3
Santi Quattro Coronati (chiesa) D 6
Santi Quattro (via dei) D 6-7
Sant'Isidoro (chiesa) B 5
Santissima Trinità dei Pellegrini (chiesa) C 3-4
Santissime Stimmate (chiesa) C 4
Santissimi Apostoli (chiesa) C 5
Santissimi Apostoli (piazza) C 5
Santissimo Rosario (chiesa) B 2
San Tommaso d'Aquino (via) A 1
San Tommaso in Formis (chiesa) D 6
Sant'Onofrio (chiesa) C 2
Sant'Onofrio (piazza di) C 2
Sant'Onofrio (salita di) C 2
Sant'Onofrio (via) C 2
Sant'Onofrio (vicolo) C 2
Santo Spirito (borgo) B 2
Santo Spirito (porta) B 2
Santo Spirito in Sassia (ospedale di) B 2
Santo Stefano (via) C 4
Santo Stefano degli Abissini (chiesa) B 1
Santo Stefano Rotondo (chiesa) D 6
Santo Stefano Rotondo (via di) D 6-7
Sant'Uffizio (palazzo del) B 2
Sant'Uffizio (via del) B 2
San Vitale (chiesa) C 5-6
San Vitale (via) B-C 6
San Vito (via) C 7
Sanzio, Raffaello (lungotevere) D 3-4
Sapienza (palazzo della) C 4
Sapri (via) B 7
Sardegna (via) A-B 5-6
Sassia (lungotevere in) B 2-3
Satrico (via) E 7
Saturnia (via) E 7
Savello (parco) D 4
Savini, Maria (via) A 1
Savoia, Ferdinando di (via) A 4
Savoia, Ludovico di (via) D 7
Savoia, Luisa di (via) A 4
Savonarola, Girolamo (via) A 1
Scala (piazza della) D 3
Scala (via della) C-D 3
Scala (vicolo della) D 3
Scala Santa (chiesa) D 7
Scalia, Giorgio (via) B 1
Scauro (clivo di) D 5-6
Sciarra (palazzo) C 4-5
Sciarra (villa) D-E 2-3
Scipioni (via degli) A-B 2-3
Scrofa (via della) B-C 4
Scuderie (via delle) B 5
Sebastiani, Eustachio (via) E 1-2
Sechi, Giovanni (via) B 1
Selci (via in) C 6
Sella, Quintino (via) B 6
Seminario (via) C 4
Senato C 4
Senatorio (palazzo) C 5
Seni, Ulisse (via) D 2
Serafino, Gualtiero (via) A 1
Sergio I (via) C 1
Serpenti (via dei) C 5-6
Serra (via) E 3
Serviane (mura) B 7
Servili (piazza dei) E 4
Servio Tullio (via) B 6
Sesto Celere (via) E 7
Sette Sale (cisterna delle) C 6-7
Sette Sale (via delle) C 6
Severo, Settimio (arco di) C 5
Sforza (via) C 6
Sforza Cesarini (palazzo) C 3
Sforza Pallavicini (via) B 2-3
Sforzesca (via) B 7
Sibari (via) E 7
Sicilia (via) A-B 5-6
Sienkiewicz, Enrico (piazza) A 6
Silla (via) A-B 2
Silvagni (via) E 2
Silveri, Domenica (via) C 2
Simoni, Simone (via) A 1
Sinuessa (via) E 7
Sistina (via) B 5
Sisto (ponte) C 3
Sisto V (piazzale) C 7
Sivori, Francesco (via) B 1
Soana (via) E 7
Soldati (via dei) B 4
Solferino (via) B 7
Sommacampagna (via) B 7
Sonnino, Sidney (piazza) D 4
Sora (via) C 3
Spada (palazzo) C 3
Spagna (piazza di) B 5
Spagna (stazione metropolitana) B 4-5
Specchi (via degli) C 4
Sprovieri, Francesco Saverio (via) E 2
Stadio D 5
Stadio delle Terme E 5-6
Stamperia (via della) B 5
Statilia (via) D 7
Statistica (istituto nazionale di) C 6
Statuto (via dello) C 7
Stazione Centrale Roma-Termini C 7
Stazione di San Pietro C 1-2
Stazione di San Pietro (piazza della) C 2
Stazione di San Pietro (via della) C 2
Stazione Porta San Paolo E 4-5
Stazione Vaticana (via della) B 1
Stelletta (via della) B 4
Sterbini (via) E 3
Strozzi (palazzo) C 4
Sublicio (ponte) D 4
Suessola (via) E 7
Tabacchi (vicolo dei) D 4
Tacito (via) B 3
Tarquinia (piazza) E 7
Tasso (via) C 3
Tassoni (largo) D 7
Tata, Giovanni (via) E 5
Taurasia (via) E 7
Taurini (via dei) C 7
Tavani Arquati, Giuditta (piazza) D 3-4
Tavolacci (via) D 3
Teatro Adriano B 3
Teatro Argentina C 4
Teatro delle Arti B 6
Teatro dell'Opera B-C 6
Teatro di Marcello C-D 4
Teatro di Marcello (via del) C-D 4-5
Teatro Eliseo C 5
Teatro Pace (via del) C 3
Teatro Quirino C 5
Teatro Sistina B 5
Teatro Valle C 4
Tebaldi (lungotevere dei) C 3
Telesio, Bernardino (via) A 1
Tempietto di Diana A 5
Tempio (via del) C 4
Tempio del Divo Claudio B 6
Tempio di Diana (piazza del) E 4-5
Tempio di Venere e Roma D 5
Tempio di Vesta D 4
Terenzio (via) B 2-3
Teresiani (via) E 1-2
Terme (stadio delle) E 5-6
Terme Deciane (via delle) D-E 5
Terme di Caracalla E 5-6
Terme di Caracalla (viale delle) E 5-6
Terme di Diocleziano B 6-7
Terme di Diocleziano (via delle) B 6
Terme di Tito (via) D 6
Terme di Traiano D 6
Terme di Traiano (via delle) C-D 6
Termini (stazione centrale) C 7
Termini (stazione metropolitana) B 7
Tesoro e Bilancio (ministero del) B 6
Testaccio (lungotevere) E 3-4
Testaccio (monte) E 4
Testaccio (piazza) E 4
Testaccio (rione) E 4
Tevere (via) A 6
Tiberina (isola) D 4
Tibullo (via) B 2
Tiburtina (porta) C 7
Tittoni (via) D 3
Toja (largo) E 3
Tolemaide (via) A 2
Tomacelli (via) B 4
Tor de' Conti (via) C 5
Tor di Nona (lungotevere) B 3
Torino (via) B-C 6
Torlonia (palazzo) (Via della Conciliazione) B 2
Torlonia (palazzo) (Via della Lungara) C 3
Tor Millina (via di) C 3-4
Torre, Federico (via) E 2
Torre Argentina (via di) C 4
Torre de' Conti C 5
Torre delle Milizie C 5
Torricelli, Evangelista (via) E 3
Tor Sanguigna (piazza) B 3-4
Toscana (via) A-B 6
Tracia (via) E 7
Traforo (via del) B 5
Traforo Umberto I B 5
Traiano (parco di) C 6
Traiano (terme di) D 6
Trasporti (ministero dei) A-B 7
Trastevere (rione) D 3-4
Trastevere (viale di) D-E 3
Traversari, Ambrogio (via) E 2-3
Trenta Aprile (viale) D 2-3
Trevi (fontana di) B 5
Trevi (rione) B 5
Triboniano (via) B 3
Tribuna di Campitello (via) C 4
Tribunali (piazza dei) B 3
Trilussa (piazza) C-D 3
Trinità dei Monti B 5
Trinità dei Monti (viale) A-B 4-5
Trionfale (circonvallazione) A 1
Trionfale (via) A 1-2
Tritone (via del) B 5
Tulliano (via) C 5
Tullio Servio (via) B 6
Tunisi (via) A-B 1
Turati, Filippo (via) C 7
Turba, Maria (via) A 1
Turchi, Luigi (via) E 3
Tuscolo (piazza) E 7
Uffici del Vicario (via) B 4
Ulpiano (via) B 3
Umberto I (monumento a) A 5
Umberto I (ponte) B 3-4
Umberto I (sanatorio) D 7
Umberto I (traforo) B 5
Umbria (via) B 6
Umiltà (via dell') C 5
Unità (piazza dell') B 2
Università (viale dell') B 7
Urbana (via) C 6
Urbano VIII (via) C 1
Urbisaglia (via) E 7
Valadier (via) B 3
Valadier (viale) A 4
Valdina (vicolo) B 4
Valentini (palazzo) C 5
Valenziani (via) A 6-7
Valeri (via dei) E 6
Valiero, Agostino (via) C 1
Vallati (lungotevere dei) C-D 3-4
Valle (teatro) C 4
Valle delle Camene (via di) D-E 5-6
Valle Murcia (via) D 5
Vantaggio (via del) B 4
Vanvitelli (via) E 4
Varese (via) B 7
Varrone (via) B 2
Vascellari (via) D 4
Vascello, il D 2
Vascello (via del) D 2
Vaticani (musei) B 2
Vaticano (città del) B 1
Vaticano (lungotevere) B 3
Vaticano (viale) B 1-2
Veio (via) D-E 7
Velabro (via del) D 5
Velletri (via) A 6
Venere e Roma (tempio di) D 5
Venezia (palazzo) C 4-5
Venezia (piazza) C 5
Venezia (via) C 6
Venezian, Giacomo (via) D 3
Veniero, Sebastiano (via) B 1-2
Venosta (largo) C 6
Venticinque, Giulio (via) A-B 1
Ventiquattro Maggio (via) C 5
Venti Settembre (via) B 6-7
Verri, Pietro (via) D 7
Vesalis, Andrea (via) A 7
Vespasiano (via) B 2
Vespucci, Amerigo (via) E 3-4
Vesta (tempio di) D 4
Vetrina (via della) B-C 3
Vicario (vicolo del) C 1
Vicenza (via) B 7
Vicinale (vicolo) E 1
Vidoni (palazzo) C 4
Villa Abamelek D 2
Villa Alberici (via) B-C 1
Villa Aldobrandini C 5
Villa Aurelia D 2
Villa Barberini B-C 2
Villa Celimontana D 6
Villa Colonna C 5
Villa Doria Pamphilj D 1
Villa Farnesina C 3
Villa Floridia D 1
Villa Fonseca (via di) D 6-7
Villafranca (via) B 7
Villa Medici (Accademia di Francia) B 5
Villa Medici (viale) A 4-5
Villa Pamphilj (viale di) D-E 1-2
Villa Paolina B 7
Villa Patrizi (via) A-B 7
Villa Pepoli (via di) E 5
Villa Peretti (largo) B 6
Villari, Pasquale (via) D 7
Villa Sciarra D-E 2-3
Villa Wolkonsky D 7
Villa Wolkonsky (piazza di) D 7
Villini (via dei) A 7
Viminale (piazza del) C 6
Viminale (via) B-C 6
Virgilio (via) B 3
Visconti, Ennio Quirino (via) B 3
Vite (via della) B 4-5
Vitelleschi, Giovanni (via) B 2
Vitellia (via) D-E 1-2
Viterbo (via) A 6
Vitetti, Giuseppe (largo) E 2
Vittime del Terrorismo (largo) E 5
Vittoria (colonna della) A 7
Vittoria (via) B 4
Vittorio (borgo) B 2
Vittorio Amedeo II (via) D 7
Vittorio Emanuele (stazione metropolitana) C 7
Vittorio Emanuele II (biblioteca nazionale centrale) B 7
Vittorio Emanuele II (corso) C 3-4
Vittorio Emanuele II (monumento a) C 4-5
Vittorio Emanuele II (piazza) C 7
Vittorio Emanuele II (ponte) C 3
Vittorio Veneto (via) B 5-6
Vizzardelli (rampa) E 1
Volpicelli (via) E 3
Volta, Alessandro (via) E 4
Volturno (via) B 6-7
Vulci (via) E 7
Wern (viale) D 2-3
Wolkonsky (villa) D 7
Wurts (piazzale) D 2-3
Zambarelli, Luigi (via) E 1
Zanardelli (via) B 3-4
Ziani, Sebastiano (via) A-B 1
Zingari (via degli) C 6
Zoccolette (via delle) C 3-4
Zuccari (via) E 5
Zucchelli (via) B 5

1:11 000 (1 cm = 110 m)

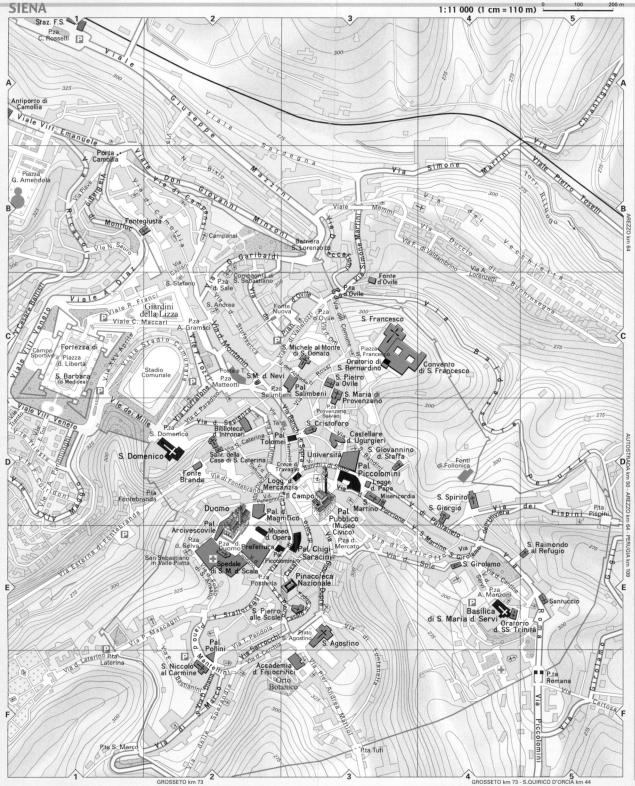

Amendola, Giovanni (via)
C-D 1-2
Angioi, Giovanni Maria (corso)
C 1
Artigianato Sardo (mostra) C 2
Asproni, Giorgio (via) C-D 2-3
Azuni (piazza) B 2
Barone d Usini (palazzo) B 2
Bogino (via) A 1-2
Brigata Sassari (via) C 2
Cagliari (via) C 2
Cappuccini (chiesa) B 3
Carlo Alberto (via) C 2
Castello (piazza) B-C 2
Cavalcavia A 1
Cavour (via) C 2
Civico (teatro) B 2
Cliniche Universitarie D 1
Comune (palazzo del) B 1-2
Concie (via delle) C 1
Conte di Moriana (piazza) D 3
Coppino (viale) B-C 1
D'Annunzio, Gabriele (via) A 2
Dante (viale) D 2-3
Deffenu, Attilio (via) D 2
Deledda, Grazia (via) A 2-3
Duomo B 1
Duomo (via del) B 1-2
D'Usini, Barone (palazzo) B 2
Emiciclo Garibaldi C 2
Facoltà Veterinaria D 3
Ferrovie dello Stato (stazione)
B 1
Fiume (piazza) C 2
Fonte Fosello A 2
Garibaldi (emiciclo) C 2
Genova (via) D 2
Giardino Pubblico C 1-2
Istituti Scientifici Universitari
C 1
Italia (piazza d') C 2
Italia (viale) C-D 1-2
La Marmora, Alberto (via) B 1-2
Maddalena (via) B-C 1
Mameli, Goffredo (viale) B 2-3
Mancini (via) C 1-2
Mannu (via) C 2
Marcconi (piazza) D 1
Margherita di Savoia (corso)
C 1-2
Marghinotti (via) A 2-3
Mercato (piazza) B 2
Mille (via dei) D 1-2
Moriana, Conte di (piazza) D 3
Mostra Artigianato Sardo C 2
Museo Sanna C 3
Napoli (via) D 2
Nuova (porta) C 1-2
Palazzo Barone d'Usini B 2
Palazzo del Comune B 1-2
Palazzo della Provincia C 2
Paoli, Pasquale (via) D 2
Pascoli, Giovanni (via) A 2
Ponte Rosello A 2
Porta Nuova C 1-2
Provincia (palazzo della) C 2
Pubblico (giardino) C 1-2
Roma (via) C-D 2-3
Romagna (via) A 2-3
Rosello (fonte) A 2
Rosello (ponte) A 2
Rosello (via) B 2

Abbadia (via dell') C 2-3
Accademia dei Fisiocritici F 3
Amendola, Giovanni (piazza)
B 1
Arcivescovile (palazzo) D-E 2
Banchi di Sopra (via) D 3
Banchi di Sotto (via) D 3
Bandini, Sallustio (via) D 3
Basilica di Santa Maria
dei Servi E 4
Bastianini, Ettore (via) E-F 2
Battisti, Cesare (via) C 1
Beccafumi, Domenico (via) B 3
Biagio di Montluc (via) B 1
Biblioteca degli Intronati D 2
Bixio, Nino (via) A-B 2
Botanico (orto) F 2-3
Branda (fonte) D 2
Camollia (antiporto di) A 1
Camollia (porta) B 1
Camollia (via di) B 1-2
Campansi (chiesa) B 2
Campansi (via di) B 2
Campo, il D 3
Campo Sportivo C 1
Cantine (via delle) E 4
Capitano (via del) D 2
Casa di Santa Caterina
(santuario della) D 2
Castellare degli Ugurgieri D 3
Cerchia (via della) E-F 2-3
Certosa (via) F 5
Chiantigiana (via) A-B 5
Chigi-Saracini (palazzo) E 3
Città (via di) D-E 2-3
Civico (museo) (Palazzo
Pubblico) D 3
Compagnia di San Sebastiano
(chiesa) B-C 2
Comunale (stadio) C 1-2

Comune (via del) C 3
Convento di San Francesco
C 3-4
Corridoni, Filippo (viale) D 1
Croce di Travaglio D 3
Curtatone (via) C-D 2
Diaccceto (via) D 2
Diana (via della) F 2
Diaz, Armando (viale) B-C 1
Don Giovanni Minzoni (viale)
B 1-3
Duccio di Buoninsegna (via)
B-C 4-5
Duomo D-E 2
Duomo (piazza del) E 2
Duprè, Giovanni (via) E 2
Esterna di Fontebranda (via)
D-E 1
Ferrovie dello Stato (stazione)
A 1
Fisiocritici (accademia dei) F 3
Follonica (fonti di) A 1
Fontanella (via di) E-F 3
Fonte Branda D 2
Fontebranda (porta) D 2
Fontebranda (via di) D 2
Fonte d'Ovile D 2
Fontegiusta (chiesa) B 1-2
Fonti Nuova E 2
Fonti di Follonica D 4
Fortezza di Santa Barbara
(o Medicea) C-D 1
Fosso di Sant'Ansano (via del)
E 2
Francesco di Valdambrino (via)
B 3-4
Franci, Rinaldo (viale) C 1-2
Galluzza (via della) D 2
Garibaldi, Giuseppe (via)
B-C 2

Gazzani (via) B-C 2
Giardini della Lizza C 1-2
Gigli, Girolamo (via) E-F 5
Gramsci, Antonio (piazza) C 1
Il Campo D 3
Intronati (biblioteca degli) D 2
Laterina (porta) E-F 1
Laterino (via del) F 1
Libertà (piazza della) C-D 1
Lizza (giardini della) C 1-2
Logge del Papa D 3
Loggia della Mercanzia D 3
Lorenzetti, Ambrogio (via) B-C 4
Maccari, Cesare (viale) C 1-2
Magnifico (palazzo del) D 2
Mantellini (piano dei) E-F 2
Manzoni, Alessandro (piazza)
E 4
Martini, Simone (via) B-C 3-4
Mascagni, Paolo (via) E-F 1-2
Matteotti (piazza) D 2
Mattioli, Pier Andrea (via) F 3
Mazzini, Giuseppe (viale)
A-B 1-3
Medicea (fortezza di Santa
Barbara o) C-D 1
Memmi (viale) B 3
Mercanzia (loggia della) D 3
Mercato (piazza del) D 3
Mille (viale dei) C-D 1-2
Minzoni, Don Giovanni (viale)
B 1-3
Misericordia (chiesa) D 3
Montanini (via dei) C-D 2
Museo Civico (Palazzo
Pubblico) D 3
Museo dell'Opera E 2
Nazionale (pinacoteca) E 3
Nuova (fonte) E 2
Opera (museo dell') E 2

Oratorio della Santissima
Trinità E 4
Oratorio di San Bernardino C 3
Orti (via degli) C 3
Orto Botanico F 2-3
Ovile (fonte d') C 3
Ovile (piazza d') C 3
Ovile (porta d') C 3
Palazzo Arcivescovile D-E 2
Palazzo Chigi-Saracini E 3
Palazzo del Magnifico D 2
Palazzo Piccolomini (Banchi di
Sotto) D 3
Palazzo Piccolomini (Via di
Città) E 2-3
Palazzo Pollini E-F 2
Palazzo Pubblico (Museo
Civico) D 3
Palazzo Salimbeni C 3
Pannilunghi, Arturo (via) D 1
Pantaneto (via di) D-E 3-4
Papa (logge del) D 3
Paradiso (via del) C-D 2
Pellegrini (via del) D 3
Pendola, Tommaso (via) E 2
Peruzzi, Baldassarre (via)
C-D 3-5
Pian d'Ovile (via) C 2-3
Piave (via) B 1
Piccolomini (palazzo) (Banchi di
Sotto) D 3
Piccolomini (palazzo) (Via di
Città) E 2-3
Piccolomini (palazzo) F 5
Pinacoteca Nazionale E 3
Pispini (porta) D 5
Pispini (via dei) D 4-5
Pollini (palazzo) E-F 2
Porrione (via del) D 3

Porta Camollia B 1
Porta d'Ovile C 3
Porta Fontebranda D 2
Porta Laterina E-F 1
Porta Pispini D 5
Porta Romana F 5
Porta San Marco F 1
Porta Tufi F 3
Postierla (piazza) E 2
Prato Sant'Agostino E 3
Prefettura D 2
Pubblico (palazzo) (Museo
Civico) D 3
Ricasoli (via) B 1
Riluogo (torrente) B 5
Roma (via) E 4-5
Romana (porta) F 5
Rosselli, Carlo (piazza) A 1
Rossi (via dei) C-D 3
Sale (piazza del) C 2
Salimbeni (palazzo) C 3
Salimbeni (piazza) C 2-3
Salvani, Provenzano (piazza)
D 3
San Bernardino (oratorio di)
C 3
San Cristoforo (chiesa) D 3
San Domenico (basilica di) D 2
San Domenico (piazza) D 2
San Francesco (basilica) C 3
San Francesco (convento di)
C 3-4
San Francesco (piazza) C 3
San Giorgio (chiesa) D-E 4
San Giovannino della Staffa
(chiesa) D 3
San Girolamo (chiesa) E 4
San Girolamo (via) E 4
San Lorenzo (barriera) B 1
San Marco (porta) F 1

San Marco (via di) F 2
San Martino (chiesa) D 3
San Martino (via) D-E 3-4
San Michele al Monte di
San Donato (chiesa) C 3
San Niccolò al Carmine (chiesa)
F 2
San Pietro (via) E 2-3
San Pietro alle Scale (chiesa)
E 3
San Pietro a Ovile (chiesa)
C 3
San Raimondo al Refugio
(chiesa) E 4-5
San Sebastiano in Valle Piatta
(chiesa) E 2
Santa Barbara o Medicea
(fortezza di) C-D 1
Santa Caterina (santuario della
casa di) D 2
Santa Caterina (via) D 2
Sant'Agostino (chiesa) E 3
Sant'Agostino (prato) E 3
Santa Maria dei Servi (basilica
di) E 4
Santa Maria della Scala
(spedale di) E 2
Santa Maria delle Nevi (chiesa)
C 2
Santa Maria di Provenzano
(chiesa) C-D 3
Sant'Andrea (chiesa) C 2
Santissima Trinità (oratorio
della) E 4
Santo Spirito (chiesa) D 4
Santo Stefano (chiesa) C 2
Santuario della Casa di Santa
Caterina D 2
Santuccio (chiesa) E 5
Sapienza (via della) D 2

Sardegna (viale) A-B 2-3
Sarrocchi (via) E-F 2
Saticotto (v a di) E 3-4
Sauro, Nazario (viale) B 1
Sauro (via dei) E 4
Selva (piazza della) B 2
Servi (via dei) E 4
Sole (via del) E 3-4
Sopra (casato di) E 3
Sotto (casato di) D-E 3
Spedale di Santa Maria
della Scala E 2
Sperandie (via delle) F 2
Sportivo (campo) C 1
Stadio Comunale C 1-2
Stadio Comunale (viale)
C 1-2
Stalloreggi (via) E 2
Stazione FS. A 1
Stufasecca (via della) C 2
Terme (via del) C 2
Termini (via dei) D 2-3
Tolomei (palazzo) D 3
Toselli, Pietro (viale) B 5
Toti, Enrico (viale) D 1
Tozzi, Federigo (viale) D 1
Travaglio (croce di) D 3
Trento (viale) D 1
Trieste (viale) D 1
Tufi (porta) F 3
Ugurgieri (castellare degli)
D 3
Uliviera (via dell') D-E 4
Università D 3
Vallerozzi (via di) C 2-3
Vecchietta (via del) B-C 4-5
Venticinque Aprile (viale)
D 1
Ventiquattro Maggio (via)
D 1
Vittorio Emanuele (viale) A 1
Vittorio Veneto (viale) C-D 1

SASSARI
1:15 000 (1 cm = 150 m)

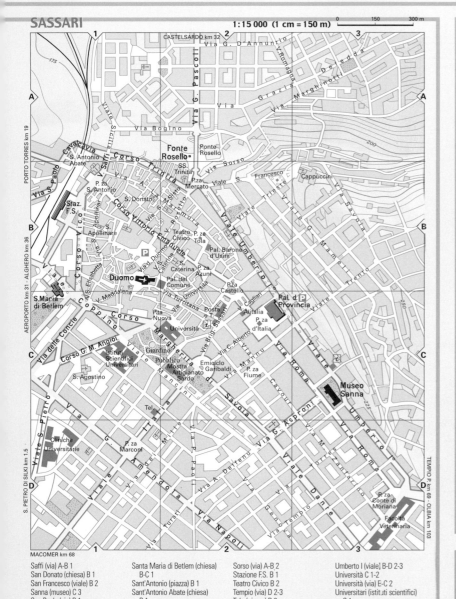

TERAMO
1:15 000 (1 cm = 150 m)

Aosta, Duca d' (via) A 2
Autolinee (stazione) A 2-3
Baluardo (via del) A-B 3
Bovio (viale) A 1
Caduti della Libertà (piazza) B 3
Campana (via) A 3
Campo Sportivo B 2
Capuani (via) A 2
Carducci (via) A-B 1-2
Carmine (piazza del) B 2-3
Castello (via del) A 1
Cattedrale A-B 2
Cavour (viale) A 1
Cerulli (corso) B 2
Comunale (villa) A 1
Conte Contin (via) B 1
Contin, Conte (via) B 1
Crucioli, Francesco (viale) A 1
D'Annunzio (via) A-B 1-2
Dante (piazza) B 1
Dati, Nicola (via) A 1
De Albertiis (via) B 3
De Gasperi (via) A 1-3

Delfico (via) A 1-2
De Michetti (corso) B 2-3
Diaz, Armando (via) A 2
Dipaolantonio (via) B 1
Duca d'Aosta (via) A 2
Forti, Carlo (via) A-B 2
Garibaldi (piazza) A 1
Getulio (via) A 2
Guido II (via) A 3
Irelli, Vincenzo (via) B 2
Lucidi, Noè (via) B 3
Madonna delle Grazie (chiesa) B 3
Martiri della Libertà (piazza) A-E 2
Mazzini (viale) A-B 1
Melatina (porta) A 2-3
Melatini (largo) B 2
Milli, Giannina (via) A-B 1
Municipio A-B 2
Muzi (via) B 2
Nardo (via del) B 1
Oberdan (via) A 2

Palma, Nicola (via) A 2
Paolucci (via) A-B 1
Pigliacelli (via) A 2
Pinacoteca A 1
Piscina A 2
Ponte Porta Romana B 1
Ponte San Ferdinando A-B 3
Ponte San Francesco A 3
Porta Carrese (via) B 3
Porta Melatina A 2-3
Porta Reale B 3
Porta Romana B 1
Porta Romana (corso) B 1-2
Porta Romana (ponte) B 1
Prefettura A 1
Pretuzio (via) A 2
Ragusa (circonvallazione) A-B 1-3
Reale (porta) B 3
Romana (porta) B 1
Romano (teatro) B 2
San Domenico (chiesa) B 2
San Ferdinando (ponte) A-B 3

San Francesco (piazza) A 2-3
San Francesco (ponte) A 3
San Giorgio (corso) A 1-2
San Giuseppe (via) B 2
Sant'Anna (chiesa) A-B 2
Sant'Antonio (chiesa) B 2
Savini (via) B 2
Spalato (circonvallazione) B 1-2
Sportivo (campo) B 2
Stazio (via) B 1
Stazione Autolinee A 2-3
Strada Statale n° 81 B 1
Teatro Romano B 2
Tordino (fiume) B 1-3
Torre Bruciata (via) A 1
Trento e Trieste (via) B 1-2
Verdi, Giuseppe (piazza) B 2
Vezzola (torrente) A 2
Vezzola (via) A 2
Villa Comunale A 1
Vittorio Veneto B 2
Zaccaria (via) A 1

SPOLETO
1:12 500 (1 cm = 125 m)

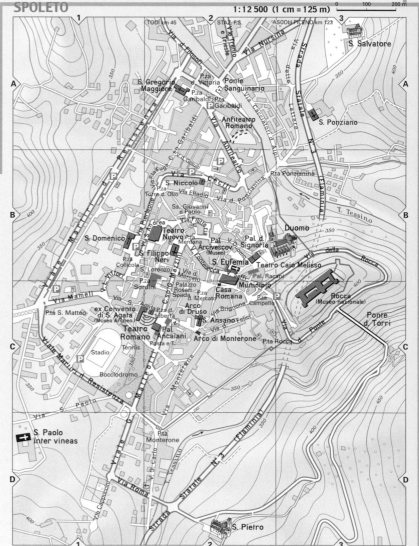

Saffi (via) A-B 1
San Donato (chiesa) B 1
San Francesco (viale) B 2
Sanna (museo) C 3
San Paolo (via) B 1
San Pietro (viale) C-D 1
San Sisto (via) B 1-2
Santa Caterina (chiesa) B 1-2
Santa Caterina (via) B 1-2
Sant'Agostino (chiesa) C 1

Santa Maria di Betlem (chiesa) B-C 1
Sant'Antonio (piazza) B 1
Sant'Antonio Abate (chiesa) B 1
Sant'Apollinare (chiesa) B 1
Sant'Apollinare (via) B 1
Sant'Elisabetta (via) B-C 1
Santissima Trinità (chiesa) B 2
Savoia (via) B 3
Sicilia (viale) A 1

Sorso (via) A-B 2
Stazione F.S. B 1
Teatro Civico B 2
Tempio (via) D 2-3
Tola (piazza) B 2
Torres (via) D 2-3
Trento (via) B-C 3
Trieste (viale) B 2
Trinità (corso) A-B 1-2
Turati (via) D 1-2
Turritana (via) B-C 2

Umberto I (viale) B-D 2-3
Università C 1
Università (via) E-C 2
Universitari (istit.ti scientifici)
Universitarie (cliniche) D 1
Veterinaria (facoltà) D 3
Vico (corso) D 1
Vittorio Emanuele (corso) B 1-2
Zanfarino, Maurizio (via) D 3

Ancaiani (palazzo) C 2
Anfiteatro (via) A-B 2
Anfiteatro Romano A 2
Archeologico (museo) (ex Convento di Sant'Agata) C 1
Arcivescovile (palazzo) (Museo) B 2
Arco di Druso C 2
Arco di Monterone C 2
Bocciodromo C 1
Brignone (via) C 2
Cacciatori delle Alpi (via) A-B 2-3
Caio Melisso (teatro) B 2
Campello (piazza) C 2
Cappuccini (via) D 1
Casa Romana C 2
Cecili (via) B 2
Collicola (piazza) B 1
Convento di Sant'Agata (ex) (Museo Archeologico) C 1
Druso (arco di) C 2
Duomo B 2-3
Duomo (via) B 2
Elladio (via) B 2
Felici (via dei) C 2
Filitteria (via) B 2
Filosofi (via dei) A 2
Flaminia (strada statale n° 3) A-D 2-3
Fontesecca (via) B 2
Garibaldi (corso) A-B 2
Garibaldi (piazza) A 2
Garibaldi (porta) A 2
Gesuiti (via dei) B 2
Lettere (via delle) A 3
Libertà (piazza della) C 2
Mameli (via) C 1
Martiri della Resistenza (viale) A-C 1-2
Matteotti, Giacomo (viale) C-D 1-2

Mazzini, Giuseppe (corso) B-C 2
Mentana (piazza) B 2
Mercato (piazza del) C 2
Mercato (via del) C 2
Monterone (arco di) C 2
Monterone (portal) D 2
Monterone (via) C-D 2
Municipio B-C 2
Museo (Palazzo Arcivescovile) B 2
Museo Archeologico (ex Convento di Sant'Agata) C 1
Museo Nazionale (Rocca) B-C 3
Nazionale (museo) (Rocca) B-C 3
Nuovo (teatro) B 2
Nursina (via) A 2-3
Palazzo Ancaiani C 2
Palazzo Arcivescovile (Museo) B 2
Palazzo della Signoria B 2
Palazzo Racani B 2
Palazzo Rosari Spada B-C 2
Pierleone (via) B 1-2
Ponte (via del) C 3
Ponte delle Torri C 3
Ponte Sanguinario A 2
Ponzianina (porta) B 2
Ponzianina (via della) B 2
Porta Fuga B 2
Porta Garibaldi A 2
Porta Monterone D 2
Porta Ponzianina B 2
Porta Rocca C 2-3
Porta San Matteo C 1
Racani (palazzo) B 2
Rocca (Museo Nazionale) B-C 3
Rocca (via della) B 3
Roma (via) D 1-2
Romana (casa) C 2

Romano (anfiteatro) A 2
Romano (teatro) C 1-2
Rosari Spada (palazzo) B-C 2
Saffi (via) B 2
San Carlo (via) D 2
San Domenico (chiesa) B 1
San Filippo Neri (chiesa) B 2
San Gregorio Maggiore (chiesa) A 2
Sanguinario (ponte) A 2
San Lorenzo (chiesa) B 1-2
San Matteo (porta) C 1
San Niccolò (chiesa) B 2
San Paolo (via) C-D 1
San Paolo inter vineas (chiesa) D 1
San Pietro (chiesa) D 2
San Ponziano (chiesa) A 3
San Salvatore (basilica) A 3
Sant'Agata (ex convento di) (Museo Archeologico) C 1
Sant'Agata (via) C 1-2
Sant'Andrea (via) B 2
Sant'Ansano (chiesa) C 2
Sant'Eufemia (chiesa) B 2
Santi Giovanni e Paolo (chiesa) B 2
Signoria (palazzo della) B 2
Sordini (piazza) B-C 1-2
Stadio C 1
Strada Statale n° 3 Flaminia A-D 2-3
Teatro Caio Melisso B 2
Teatro Nuovo B 2
Teatro Romano C 1-2
Tennis C 1
Tessino (torrente) A-D 2-3
Torre dell'Olio (piazza) B 2
Torri (ponte delle) C 3
Trento e Trieste (viale) A 2
Vittori, Loreto (via) B-C 1
Vittoria (piazza della) A 2

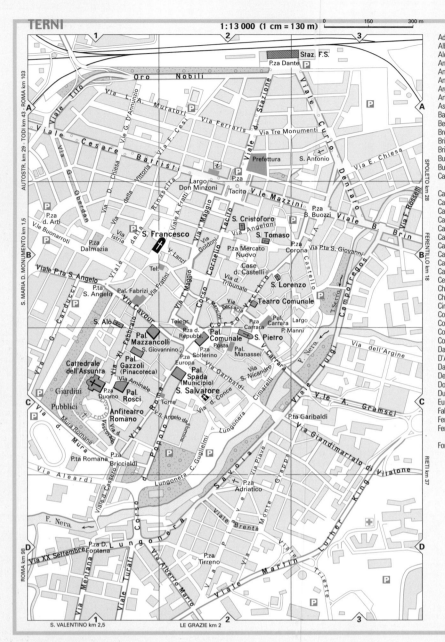

TERNI

1:13 000 (1 cm = 130 m)

TREVI

1:6 500 (1 cm = 65 m)

TERNI index:

Adriatico (piazza) D 2
Alberto Mario (via) D 1-2
Aleardi (via) C-D 1
Aminale (via) C 1
Anfiteatro Romano C 1
Angeloni (via) B 2
Argine (via dell') C 3
Arti (piazza delle) B 1
Assunta (cattedrale dell') C 1
Battisti, Cesare (viale) A 1-2
Beccaria (via) B 2
Brenta (viale) D 2
Briccialdi (piazza) B 1
Brin, Benedetto (viale) B 3
Buonarroti (viale) B 1
Buozzi, Bruno (piazza) B 3
Campofregoso, Luigi (viale)
   B-C 3
Carducci, Giosuè (via) B-C 1
Carrara (palazzo) B 2
Carrara (piazza) B-C 2
Carrara (via) C 2
Case dei Castelli B 2
Cassero (viale del) C-D 1
Castelli (case dei) B 2
Castelli (via) B 3
Cattedrale dell'Assunta C 1
Cavour (via) B 1
Cesi, Federico (via) A 1-2
Chiesa, Damiano (via) A-B 1
Chiesa, Eugenio (via) A 3
Cimarelli (lungonera) C 2
Comunale (palazzo) C 2
Comunale (teatro) B 2
Conce (via delle) C 2
Corona (piazza) B 2-3
Dalmazia (piazza) B 1
D'Annunzio, Gabriele (via) A 1
Dante (piazza) A 2-3
Dentato, Curio (viale) A-B 3
Don Minzoni (largo) A-B 2
Duomo (piazza) C 1
Europa (piazza) C 2
Fabrizi (palazzo) B 1
Ferraris (via) A 2
Ferrovie dello Stato (stazione)
   A 3
Fontana, Domenico (piazza) D 1

Fratelli Rosselli (via) B 3
Fratini (via) B 1-2
Fratti, Antonio (viale) B 2
Garibaldi (porta) C 2
Garibaldi (via) C 2
Gazzoli (palazzo) (Pinacoteca)
   C 1
Giandimartalo di Vitalone (via)
   C-D 3
Giardini Pubblici C 1
Goldoni (via) B 2
Gramsci, Antonio (viale) C 3
Guglielmi, Carlo (lungonera)
   C-D 1-2
Istria (via) B 1
King, Martin Luther (viale)
   D 2-3
Lanzi (via) B 2
Manassei (palazzo) C 2
Mancini (via) B 1
Manni, Pietro (largo) B-C 2-3
Mazzancolli (palazzo) B-C 1-2
Mazzini (viale) B 2-3
Mentana (via) D 1
Mercato Nuovo (piazza) B 2
Minzoni, Don (largo) A-B 2
Monte Grappa (via) C-D 2
Municipio (Palazzo Spada) C 2
Mura (via delle) C 1
Mura Romane C 1
Muratori, Ludovico Antonio
   (via) A 1-2
Nera (fiume) C-D 1-3
Oberdan, Guglielmo (via) A-B 1
Oro Nobili, Tito (viale) A 1-2
Palazzo Carrara B 2
Palazzo Comunale C 2
Palazzo Fabrizi B 1
Palazzo Gazzoli (Pinacoteca) C 1
Palazzo Manassei C 2
Palazzo Mazzancolli B-C 1-2
Palazzo Rosci C 1
Palazzo Spada (Municipio) C 2
Piave (via) C-D 2
Pinacoteca (Palazzo Gazzoli)
   C 1
Popolo (corso del) C-D 1-2
Porta Romana C 1

Porta San Giovanni (via) B 3
Porta Sant'Angelo B 1
Porta Sant'Angelo (viale) B 1
Prefettura A 2
Primo Maggio (via) B 2
Repubblica (piazza della)
   B-C 2
Rinascita (viale della) A-B 1-2
Roma (via) C 1-2
Romana (porta) C 1
Romane (mura) C 1
Romano (anfiteatro) C 1
Rosci (palazzo) C 1
Rosselli, Fratelli (via) B 3
San Cristoforo (chiesa) B 2
San Francesco (chiesa) B 1-2
San Giovannino (via) B 1
San Giovannino (chiesa) C 2
San Lorenzo (chiesa) B 2
San Nicandro (via) C 2
San Pietro (chiesa) C 2
San Salvatore (chiesa) C 2
Sant'Alò (chiesa) B-C 1
Sant'Angelo (porta) B 1
Sant'Angelo da Flumine (via)
   C 1-2
Sant'Antonio (chiesa) A 3
San Tomaso (chiesa) B 2
Savoia (lungonera) C-D 1-2
Serra (torrente) B 3
Solferino (piazza) C 2
Spada (palazzo) (Municipio)
   C 2
Stazione (viale della) A 2
Stazione F.S. A 3
Tacito (piazza) A-B 2
Tacito, Cornelio (corso) B 2
Teatro Comunale B 2
Tirreno (piazza) D 2
Torre C 2
Tre Monumenti (via) A 2-3
Tribunale (via del) C 1
Trieste (viale) D 2-3
Turati (via) D 1
Undici Febbraio (via) B-C 1
Vecchio (corso) B 2
Venti Settembre (via) D 1
Vescovado (via del) C 1
Vittoria (via della) A-B 1

TREVI index:

Arte di San Francesco
   (raccolta d') A 2
Bruscito (porta del) A 1
Cieco (porta del) B 2
Ciuffelli (viale) A 3
Comunale (palazzo) A-B 2
Dogali (via) A-B 2
Duomo (via del) A-B 2
Fantosati (via) B 2
Folle (porta) A 1-2
Garibaldi (piazza) A 2
Lago (porta del) B 3
Lucarini (via) A 2

Mazzini (piazza) A-B 2
Mostaccio (portico del) B 2
Nuova (porta) B 2
Ospedale A 3
Palazzo Comunale A-B 2
Palazzo Valenti alla Piaggia
   A-B 1
Piagge (piazza delle) B 1
Piaggia B 1
Porta del Bruscito A 1
Porta del Cieco B 2
Porta del Lago B 3
Porta della Strada Nuova B 2

Porta Folle A 1-2
Porta Nuova B 2
Porta San Fabiano B 1
Portico del Mostaccio B 2
Raccolta d'Arte di
   San Francesco A 2
Rocca (piazza della) A 2
Roma (via) B 2-3
San Fabiano (porta) B 1
San Francesco (chiesa) A 2
San Francesco (raccolta d'arte
   di) A 2
San Francesco (via) A 2

San Giovanni Decollato
   (chiesa) B 2
Santa Chiara (chiesa) B 1
Santa Croce (chiesa) A-B 1
Santa Lucia (chiesa) B 2
Sant'Emiliano (chiesa) A 2
Santo Stefano (chiesa) A 2
Stazione F.S. (strada alla) B 3
Strada nuova (porta della) B 2
Torre (piazza della) B 1
Valenti alla Piaggia (palazzo)
   A-B 1
Zappelli (via) A 2

URBINO
1:7 500 (1 cm = 75 m)

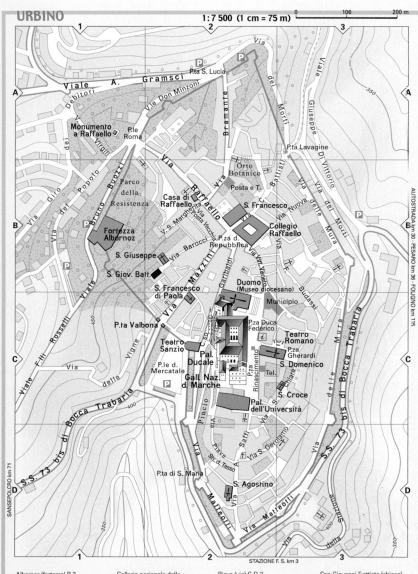

VITERBO
1:10 000 (1 cm = 100 m)

URBINO

Albornoz (fortezza) B 2
Barocci (via) B 2
Battisti, Cesare (via) B 2-3
Bocca Trabaria (strada statale n° 73 di) C-D 1-3
Botanico (orto) A-B 2
Bramante (via) A-B 2
Budassi, Francesco (via) B-C 2-3
Buozzi, Bruno (viale) B-C 1
Casa di Raffaello B 2
Collegio Raffaello B 2
Diocesano (museo) (Duomo) B-C 2
Di Vittorio, Giuseppe (viale) A-B 2
Don Minzoni (viale) A 1-2
Duca Federico (piazza) C 2
Ducale (palazzo) C 2
Duomo (Museo diocesano) B-C 2
Federico, Duca (piazza) C 2
Fortezza Albornoz B 2
Fratelli Rosselli (viale) C 1

Galleria nazionale delle Marche C 2
Garibaldi (corso) B-C 2
Gherardi (piazza) C 3
Giro dei Debitori (via) A-B 1
Gramsci, Antonio (viale) A 1-2
Lavagine (porta) A 3
Marche (galleria nazionale delle) C 2
Mattecti (via) D 2-3
Mazzini (via) B-C 2
Mercatale (piazzale del) C 2
Minzoni, Don (viale) A 1-2
Monumento a Raffaello A 1
Morti (via dei) A-B 2-3
Municipio C 2-3
Mura (via delle) B-D 3
Museo diocesano (Duomo) B-C 2
Nuova (via) B 3
Orto Botanico A-B 2
Palazzo dell'Università C 2
Palazzo Ducale C 2
Parco della Resistenza B 1-2

Piave (via) C-D 2
Pincio C 2
Popolo (via del) B 1
Porta di Santa Maria D 2
Porta Lavagine A 3
Porta Santa Lucia A 2
Porta Valbona C 2
Posta Vecchia (via) B 2
Raffaello (casa di) B 2
Raffaello (collegio) B 2
Raffaello (monumento a) A 1
Raffaello (via) A-B 2
Repubblica (piazza della) B 2
Resistenza (parco della) B 1-2
Rinascimento (piazza) C 2
Roma (piazzale) A 1
Romano (teatro) C 2-3
Rosselli, Fratelli (viale) C 1
Saffi, Aurelio (via) C 2
San Domenico (chiesa) C 2-3
San Francesco (chiesa) B 2
San Francesco di Paola (chiesa) C 2
San Gerolamo (via) D 2-3

San Giovanni Battista (chiesa) B 2
San Giuseppe (chiesa) B 2
Santa Chiara (via) C 2-3
Santa Croce (chiesa) C 2
Sant'Agostino (chiesa) D 2
Santa Lucia (porta) A 2
Santa Margherita (via) B 2
Santa Maria (porta di) D 2
Sanzio (teatro) C 2
Stazione (via della) D 3
Strada Statale n° 73 di Bocca Trabaria C-D 1-3
Tasso (strada del) D 2
Teatro Romano C 2-3
Teatro Sanzio C 2
Università (palazzo dell') C 2
Valbona (porta) C 2
Vigne (via delle) C 1
Virgili (via) A 1
Vittorio Veneto (via) B 2

VITERBO

Alessandri (palazzo degli) C 2
Alighieri (piazza) B 3
Alvaro, Corrado (via) D 1
Ascenzi (via) B-C 1
Baracca, Francesco (viale) A 2-3
Bianchi, Emilio (via) B 2
Boccacci (via) A 3
Borgognone (torre di) C 2
Brenta (via) B 3
Buon Pastore (via) D 2
Buozzi, Brunc (via) B 1
Caduti (piazza dei) B 2
Caduti (sacrario dei) B 2
Campo Sportivo A 1
Capocci, Raniero (viale) A-C 3
Cardinale La Fontaine (via) C 2
Carletti, Tommaso (via) C 3
Carmine (porta del) D 2
Casa di Valentino della Pagnotta C 1
Casa Poscia C 2
Case dei Gatti C 2
Castelli (piazza dei) D 1
Cattedrale (San Lorenzo) C 1
Cavour (via) C 2
Chiesa della Crocetta B 3
Chiesa del Paradiso A 3
Chigi (palazzo) C 2
Confraternite (museo delle) C 2
Crispi (via) C 2
Crocetta (chiesa della) B 3
Diaz, Armando (via) D 2-3
Duomo (ponte del) C 2
Erbe (piazza delle) B 2
Fabbriche (via delle) C 2-3
Faul (porta) C 1
Faul (via) C 1
Fermi, Enrico (via) D 3
Ferrovia (via della) A 3
Ferrovie Roma Nord (stazione) A 3
Fiorentina (porta) A 2
Fontana dei Leoni B 2
Fontana della Rocca A 2
Fontana di San Faustino B 2
Fontana Grande C 3

Fontana Grande (piazza) C 2-3
Fortezze (via delle) C-D 3
Garbini (via) A 2
Garibaldi (via) C 3
Gatti (case dei) C 2
Gesù (via) A 3
Giardino Pubblico A-B 1-2
Gorizia (via) A 3
Gramsci (piazzale) A 2-3
Italia (corso) B 2-3
La Fontaine, Cardinale (via) C 2
Lazzaretto Nuovo (via del) B 1
Leoni (fontana dei) B 2
Lorenzo da Viterbo (via) C 1
Macchina di Santa Rosa (museo della) C 2
Marconi (via) B 2-3
Maria Santissima Liberatrice (via) B 1-2
Marini, Ambrogio (via) A 2
Martiri d'Ungheria (piazza) B 2
Mattectti (via) B 2-3
Mazzatosta (piazza) B-C 2
Mazzini (via) B-C 3
Mille (via dei) C 3
Morte (piazza della) C 2
Murata (porta) A 2
Museo 'Palazzo dei Papi) C 1
Museo (Rocca) A-B 2
Museo Civico B-C 3
Museo della Macchina di Santa Rosa C 2
Museo delle Confraternite C 2
Orologio Vecchio (via dell') B-C 2-3
Pace (via delle) C 2-3
Palazzina (via della) A 1-2
Palazzo Chigi C 2
Palazzo degli Alessandri C 2
Palazzo dei Papi (Museo) C 1
Palazzo dei Priori C 2
Palazzo del Podestà C 2
Palazzo Farnese C 1
Palazzo Mazzatosta B-C 2
Palazzo Santoro B 3
Papi (palazzo dei) (Museo) C 1
Paradiso (chiesa del) A 3
Pavone (via del) B 2

Piano Scarano (via di) D 2
Pilastro (via del) B-C 1-2
Plebiscito (piazza del) C 2
Podestà (palazzo del) C 2
Ponte del Duomo C 2
Porta del Carmine D 2
Porta della Verità C 3
Porta Faul C 1
Porta Fiorentina A 2
Porta Fiorentina (stazione F.S.) A 2
Porta Murata A 3
Porta Romana C 3
Porta Romana (stazione F.S.) D 3
Porta San Pietro D 3
Prato Giardino (via) A-B 1
Prefettura C 2
Priori (palazzo dei) C 2
Questura D 3
Repubblica (piazza della) B 2
Rocca (fontana della) A 2
Rocca (Museo) A-B 2
Rocca (piazza della) A-B 2
Romana (porta) C 3
Romiti, Mariano (via) D 3
Rosselli (via) B 2
Rossi Danieli, Luigi (via) A 1
Sacrario dei Caduti B 2
Saffi (via) C 2
Salicicchia (via) D 2-3
San Carluccio (piazza) C 2
San Clemente (via) C 1-2
San Faustino (fontana di) B 2
San Faustino (piazza) B 2
San Francesco (chiesa) A 2-3
Sangemini (via) C 3
San Giovanni Battista (chiesa) B 2
San Giovanni Decollato (via) B-C 1
San Giovanni in Zoccoli (chiesa) B 3
San Leonardo (via) C 3
San Lorenzo (cattedrale) C 1
San Lorenzo (via) C 1-2
San Luca (via) B 2
San Marco (chiesa) B 3
San Paolo (via) C-D 1

San Pellegrino (via) C 2
San Pietro (chiesa) D 3
San Pietro (porta) D 3
San Pietro (via) C-D 2-3
San Sisto (chiesa) C 3
Sant'Agostino (piazza) B 1
Santa Maria della Salute (chiesa) C 2
Santa Maria della Verità (chiesa) C 3
Santa Maria in Gradi (via) C-D 3
Santa Maria Nuova (chiesa) C 2
Sant'Andrea (chiesa) D 2
Sant'Andrea (via) D 2
Sant'Angelo in Spatha (chiesa) C 2
Sant'Antonio (via) C 1
Santa Rosa (santuario di) B 3
Santa Rosa (via) B 3
Santi Faustino e Giovita (chiesa) B 2
Santissima Trinità (chiesa) B 1
Santoro (palazzo) B 3
Santuario di Santa Rosa B 3
Stazione Ferrovie Roma Nord A 3
Stazione Porta Fiorentina F.S. A 2
Stazione Porta Romana F.S. D 3
Teatro dell'Unione B 3
Tedeschi (via) A 3
Torre di Borgognone C 2
Trento (via) A 3
Trieste (viale) A 3
Unione (teatro dell') B 3
Valentino della Pagnotta (casa di) C 1
Valle Cupa (via) A 3
Verdi (piazza) B 3
Verità (porta della) C 3
Verità (via della) C 3
Vetralla (via) D 3
Vicenza (via) A-B 3
Vico Squarano (via) D 1-2
Vittoria (via della) A-B 2-3
Volta, Alessandro (via) A-B 1
Volta Buia (via della) B 2-3

Scheda di segnalazione

Gentile lettore,
richiediamo la Sua gentile collaborazione per poterLe offrire un
servizio sempre migliore.
La preghiamo di voler utilizzare le fotocopie di questa scheda e della
pagina dell'atlante interessata dalla segnalazione per comunicarci:

Nuove strade, gallerie, ponti, svincoli, sottopassi o sovrappassi

Linee ferroviarie e nuovi impianti di risalita

Modifiche nella toponomastica

Asfaltatura di strade

Suggerimenti per migliorare le caratteristiche dell'atlante

Modalità
La scheda dovrà essere spedita a:

Touring Editore
Redazione Geocartografica
Via Adamello 10
20139 Milano – fax 0253599969
e-mail: cartografia@touringclub.it

Indice dei nomi
con codice di avviamento postale

Avvertenze per la consultazione / How to use the index

Nell'indice figurano i nomi di tutte le località, elencati secondo l'ordine alfabetico. Le cifre in neretto si riferiscono al numero della tavola in cui il nome figura; le lettere e le cifre successive precisano il riquadro, o i riquadri, entro cui il nome si trova.

Per tutti i comuni e oltre 3000 località è riportato il codice di avviamento postale preceduto dal simbolo ✉.

Il riferimento ai centri abitati, ai monti (non ai gruppi montuosi), ai valichi alpini, ai monumenti isolati e ad ogni altra entità geografica rappresentata in cartografia mediante un simbolo piccolo e compatto è fatto al simbolo non all'estensione del nome.

Qualora in un toponimo il nome proprio sia preceduto da un termine generico (es.: Monte Bianco; Lago di Varano), quest'ultimo viene posposto nell'indice (Bianco, Monte-; Varano, Lago di-). Anche gli articoli sono posti nell'indice dopo il nome (es.: Cava, la-).

Gli omonimi sono distinti generalmente mediante l'aggiunta, tra parentesi, della sigla automobilistica della provincia e, quando è il caso, del nome del comune.

Nei territori bilingui, dove cioè di un oggetto geografico compaiono nella cartografia due nomi, ciascuno di essi è riportato nell'indice seguito dal segno = e dal nome corrispondente nell'altra lingua (es.: Aosta = Aoste; Aoste = Aosta; Adige = Etsch; Etsch = Adige) e naturalmente dal riferimento alla tavola dove il nome compare.

Le forme italiane di nomi stranieri sono riferite con il segno → alle forme locali.

L'accento posto sui toponimi italiani ha valore esclusivamente tonico. I toponimi che non portano alcun segno di accento si pronunciano accentati sulla penultima vocale.

The names of all localities are featured in the index, listed alphabetically. The figures in bold refer to the number of the plate in which the name features; the letters and their successive figures specify the square, or squares within which the name is found.

For all italian municipalities and more than 3000 places the post code is indicated by the simbol ✉.

Reference to centres of population, to mountains (not to mountain ranges), to Alpine passes, to specific monuments and to every other geographic entity represented in the cartography by a small compact symbol is made to the symbol itself and not to the extension of the name.

Whenever in a place name the given name is preceded by a general name (e.g. Monte Bianco; Lago di Varano) the general name is placed last in the index (Bianco, Monte-; Varano, Lago di-). Articles are also placed in the index after the name (e.g. Cava, la -).

Places of the same name are generally distinguished by the addition, in parentheses, of the two-letter provincial vehicle registration code and, when necessary, the name of the municipality.

In bilingual territories, i.e., where two names of a geographic object appear on the map, each is represented in the index followed by the = symbol and by the corresponding name in the other language (e.g. Aosta = Acste; Aoste = Aosta; Adige = Etsch; Etsch = Adige) and naturally by reference to the plate in which the name appears.

Italian version of foreign names are referenced by the → symbol to the local names.

The accent placed on Italian places names has exclusively tonic value. Place names which do not bear any accent are pronounced with emphasis on the penultimate vowel.

A

Abbacurrente, Torre di- **28** E 3
Abbadesse **3** D 5
✉ *48012*
Abbadia (AN) **11** C 5
Abbadia (SI) **13** A 7
✉ *53040*
Abbadia, Ponte dell'- **17** C 1
Abbadia di Fiastra **11** F 4
Abbadia di Fiastra, Riserva Naturale- **11** F 4-5
Abbadia Ìsola **9** D 2
Abbadia Monastero **9** E 5
Abbadia San Salvatore **13** D 6
✉ *53021*
Abbadórgiu, Punta s'- **33** D 6
Abbagadda, Nuraghe- **33** F 1
Abbalata, Monte- **29** E 2
Abbandonato, l'- **13** D 4
Abba Salida, Nuraghe s'- **31** D 2
Abbasanta **32** D 6
✉ *09071*
Abbasanta, Altopiano di- **32** C-D 5-6
Abbatéggio **19** E 2
✉ *65020*
Abbatóggia, Punta- **29** B 4
Abbatzu, Cantoniera- **32** B 4
Abbazia (BO) **3** C 1
Abbazia, Masseria- **23** E 2
Abbazia di Montevéglio, Parco Regionale dell'- **2** D 6-7
Abbiadori **29** D 5
Abbruciato, Casale- **20** E 7
Abealzu, Cantoniera- **28** F 4
Abetáia **6** A 1
Abetemozzo **15** F 3
Abeti, Monte degli- **1** C 3
Abeto (FI) **6** B 6
Abeto (PG) **14** D 8
✉ *06040*
Abetone **5** B 7
✉ *51021*
Abetone, Colle- **18** B 7
Abetone, Riserva Naturale- **5** B 7
Abialzu, Rio- **30** E 4
Abile, Monte- **32** A 6
Abini, Nuraghe- **33** D 2
Áboca **10** A 1
Abruzzo, Lazio e Molise, Parco Nazionale d'- **22** C-D 1-2
Áccas, Monte- **36** A 6
Áccas, Nuraghe- **32** E 4
Accesa, Lago dell'- **12** B-C 8
Accettori, Punta s'- **35** D 6
Acciaiolo **8** B 6
Acciano **18** F 8
✉ *67020*
Acciarella **25** B 5
Accodulazzo, Nuraghe- **35** B 3
Accorradróxiu, Punta s'- **34** D-E 4
Accúmoli **15** F 1
✉ *02011*
Ácera **14** D 6
Ácero, Forca d'- **22** D 1
Ácero, Monte- **27** D 3
Acetella, Monte- **14** F 5
Acília **20** D 5
✉ *00125*
Acone Santa Maria **6** E 4
Acone Sant'Eustáchio **6** E 4
Ácqua (GE) **1** D 2
Ácqua (PO) **6** C 1
Ácqua, l'- **6** C 1
Acquabella, Punta di- **19** D 5
Acquabona (RE) **2** E 1
Acquacadda **36** C 5
Ácqua Callenti, Rio s'- **35** E 5
Acquacanina **14** B 8
✉ *62035*
Ácqua Chiara, Canale- **26** C 4
Ácqua Cláudia, Stabilimento- **20** A 5
Acquacotta, Cantoniera de s'- **34** F 6
Acquadalto **6** B 5
Ácqua dei Ranci **22** E 4
Ácqua delle Rose, Sorgente- **24** E 7
Ácqua di San Franco **18** C 6
Ácqua durci, Cala de s'- **35** E 6
Ácqua e s'Ollastu, is Arénas s'- **34** C 3
Acquafondata **26** A 7
✉ *03040*
Acquafredda, Castello di- **36** B 6
Acquafredda, Riserva Naturale di- **20** C 5
Acqualagna **10** B 5
✉ *61041*
Acqualoreto **14** F 2
✉ *05020*
Acquapartita **6** E 8
Acquapendente **13** E 7
✉ *01021*
Acquapuzza, Monte- **25** A 7
Acquarátola **15** F 3
Acquaresi **36** A 3
Acquaría **2** F 4
✉ *41020*
Acquaro, Monte- **18** E 8
Acquarola (FC) **7** B 2
Acquarossa (VT) **17** B 5
Ácqua Rossa, Fosso dell'- **17** B 5
Acquarotta, Casa- **23** B 4
Acquasanta (AN) **10** B 8
Acquasanta Terme **15** E 2
✉ *63041*
Acquasparta **14** F 4
✉ *05021*
Acquato, Lago- **16** B 8
Ácqua Tosta, Monte- **20** A 3
Acquaviva (CH) **22** B 5
Acquaviva (PU) **10** C 5
✉ *61043*
Acquaviva (RM) **18** F 1
Acquaviva (San Marino) **7** D 3
Acquaviva (SI) **13** A 7
✉ *53040*
Acquaviva, Colle di- **22** C 8
Acquaviva, Monte- **19** F 3
Acquaviva Collecroce **22** C 8
✉ *86030*
Acquaviva d'Isérnia **22** E 3
✉ *86080*
Acquaviva Picena **15** C 5
✉ *63030*
Ácque Alte, Canale delle- **25** A 6
Ácque Medie, Collettore- **25** B 6
Acquerino **6** C 1
Acquerino, Riserva Naturale di- **6** C 1
Acquevive **22** F 5-6
Acquisti, Fattoria- **13** D 1
Acquosi **10** F 7
Acuto **21** D 4
✉ *03010*
Acuto, Monte- (AV) **27** D 7
Acuto, Monte- (CE) **27** B 2
Acuto, Monte- (FG) **24** F 6
Acuto, Monte- (FI) **6** E 3
Acuto, Monte- (LT) **21** F 4
Acuto, Monte- (MC) **11** E 3
Acuto, Monte- (MO) **2** E 6
Acuto, Monte- (PG-Nocera Umbra) **14** B 6
Acuto, Monte- (PG-Umbértide) **10** F 2
Acuto, Monte- (PU) **10** C 5
Acuto, Monte- (SS) **31** C 2
Acutzu Sarrabesu, Monte- **35** F 5
Ada, Villa- **9** C 7
Adálicu, Monte- **33** F 6
Adde, Punta 'e- **30** D 4
Adde, Rio de s'- **30** D-E 6
Addina, Colle- **18** A 8
Addolorata, Santuário dell'- **27** A 2
Adelano **4** B 5
Adone, Monte- **2** E 8
Adriano, Villa di- **21** D 2
Adriático, Mar- **11** B-C 6-8
Adunata, Ponte dell'- **14** F 1
Advento, Torrente l'- **27** C-D 2
Aeclánum **27** F 7
Affilani, Monti- **21** C 4
Affile **21** C 4
✉ *00021*
Áffrica, Scóglio d'- **16** F 1
Áfra, Torrente- **10** A 1
Agazzi **9** C-D 7
Agelli **15** D 2
✉ *63049*
Agello (MC) **10** E 8
Agello (PG) **14** B 2
✉ *06060*
Agello (RN) **7** D 4
Aggi **14** A 6
Ággia, Torrente- **10** D 1
Ággius **29** F 2
✉ *07020*
Ággius, Stazione di- **29** F 2
✉ *07020*
Agliana **6** D 1
✉ *51031*
Agliano **5** A 4
Agliena, Torrente- **9** B 2
Aglientina **29** E 5
Aglientu **29** D 2
✉ *07020*
Aglientu, Monte- **29** D 3
Áglio **1** A 4
Agna (AR) **6** F 6
Agna (PR) **1** D 8
Agna, Torrente- **6** D 1
Agnano **5** F 5-6
✉ *56010*
Agnata, l'- **29** D 2
Agnellasca, Torrente- **1** B 1
Agnena, Canale- **26** F 7
Agnino **4** C 8
✉ *54010*
Agnone (IS) **22** D 5
✉ *86081*
Agnova **15** F 3
Ago, l'- **4** C 5
Agolla **14** A 7
Ágosta **21** B 3
✉ *00020*
Agosta, Árgine- **3** B 5-6
Agostinelli, Masseria- **27** A 7
Agriano **14** E 7
✉ *06040*
Agrústos **31** C 6-7
✉ *08020*
Agugliano **11** B 4
✉ *60020*
Aguzzano, Parco Urbano di- **20** B 6-7
Aguzzo **17** B 8
Aguzzo, Monte- (PG) **14** C 6
Aguzzo, Monte- (PR) **1** D 8
Aguzzo, Monte- (RM-Formello) **20** A 6
Aguzzo, Monte- (RM-Vallinfreda) **21** A 3
Áia, Torrente l'- **17** B 8
Aiáccio **8** B 5
Áia dei Diávoli, Monte- **8** F 8
Aiale **10** D 5
Aiale, l'- **13** D 7
Áia Pagliai **23** D 1
Aidomaggiore **32** C-D 6
✉ *09070*
Áie (FC) **7** B 1
Áie di Cósola **1** A 1
✉ *15060*
Áie di Formignano, le- **7** B 1
Aielli **21** A 7
✉ *67041*
Aielli Stazione **21** A 7
✉ *67040*
Aiello (TE) **18** A 7
Ailano **27** B 1
✉ *81010*
Ainu, Porto- **31** C-D 7
Aiola **2** A 2
Aiola, Monte- **6** D 8
Aiona, Monte- **1** C 3
Áios, is- **36** C 5
Airola **27** F 4
✉ *82011*
Ala, Punta- **12** E 7
Alabro, Rio- **21** E 5
Alà dei Sardi **31** D 4
✉ *07020*
Alanno **19** D 2
✉ *65020*
Alatri **21** E 6
✉ *03011*
Alatri, Témpio di- **21** E 6
Alba Adriática **15** D 6
✉ *64011*
Albacina **10** E 7
✉ *60040*
Alba Fucens **21** A 6
Albagiara **34** B 6
✉ *09090*
Albaneto **18** B 3
✉ *02016*
Albani, Colli- **21** D-E 1
Albano, Lago- **21** D-E 1
Albano, Monte- (MO) **5** A 6
Albano, Monte- (PT) **6** E 1
Albano Laziale **21** E 1
✉ *00041*
Albarelli **6** A 1
Albareto (MO) **2** A-B 6
✉ *41030*
Albareto (PR-Albareto) **1** D 5
✉ *43051*
Albareto, Monte- **1** A 4
Albazzano **2** C 1
Albe **21** A 6
✉ *67050*
Albegna, Bocca d'- **16** B 6
Albegna, Fiume- **13** D 4
Alberáccio, Póggio- **6** F 4
Álbera Lígure **1** A 1
✉ *15060*
Alberese **13** F 2
✉ *58010*
Alberese, Stazione di- **13** F 2
✉ *58010*
Albereto (RA) **3** F 5
Albereto (RN) **7** D 4
Alberghi **5** D-E 7
Álberi **2** A 1
Álberi, Cala degli- **16** D 4
Alberici **11** A 3
Alberino **3** B 2
Alberlungo **3** A 4
Álbero, Colle dell'- **22** C 6
Alberona **27** B 8
✉ *71031*
Alberoro **9** D 7
✉ *52040*
Albiano (AR-Anghiari) **9** B 8
Albiano (AR-Arezzo) **9** C 8
Albiano (LU) **5** B 5-6
Albiano Magra **4** D 6
✉ *54010*
Albinático **5** E 7-8
Albinea **2** B 3
✉ *42020*
Albínia **16** B 6
✉ *58010*
Albo, Monte- **31** E-F 5-6
Álbola (SI) **9** C 4
Alborino, Casa- **23** D 3
Alchénnero, Rio- **32** A 5
Áldria **5** B 8
Aldu, Monte- **30** C 6
Alento, Fiume- (CH) **19** E 3
Alento, Ponte di- **19** D 3-4
Aleri, Nuraghe- **35** C 6
Áles **34** B 6
✉ *09091*
Aléssio **7** D 2
Alétzia, Fiume d'- **34** E 5
Alétzia, Ponte d'- **34** E 5
Alfedena **22** E 3
✉ *67030*
Alfeo, Monte- **1** B 2
Álfero **6** E 8
✉ *47020*
Alfi **14** B 8
Alfonsine **3** D 5
✉ *48011*
Alfonsine, Riserva Naturale di- **3** C 5-6
Alghero **30** E 2
✉ *07041*
Alghero, Rada di- **30** E 2
Aliano (FI) **9** A 2
Álica **8** B 7
✉ *56030*
Alidosi, Castello- **6** A 4-5
Alidurri, Punta- **33** C 6
Alife **27** C 2
✉ *81011*
Aliforni **10** E 8
Áliga, Punta s'- **36** C 3
Álinos, sos- **31** F 7
Álinos, Rio sos- **31** F 7
Állai **32** F 6
✉ *09080*
Allasu, Bruncu- **33** F 4
Allegrezze **1** C 3
✉ *16040*
Allerona **13** E 8
✉ *05011*
Allerona, Stazione- **13** E 8
✉ *05011*
Allocchi, Galleria degli- **6** C 4-5
Allori **8** A 6
Allumiere **17** F 3
✉ *00051*
Alma, Fosso- **12** D 8
Alma, Monte- **28** F 5-6
Alma, Monte d'- **12** D 8
Almirano **3** A 3
Alpe (GE-Gorreto) **1** B 2
Alpe (GE-Vóbbia) **1** B 1
Alpe (PR) **1** D 4
Alpe, Monte- (GE-MS) **1** E 4
Alpepiana **1** C 3
✉ *16040*
Alpe Sant'António **5** B 5
Alpesígola, Monte- **5** A 6
Alpi Apuane, Parco Regionale delle- **5** B-C 4-5
Alpicella (GE) **1** C 3
Alpicella, Monte- **4** C 6
Alsium **20** B 3
Alta, Cima- **18** B 7
Alta, Serra- (FR) **21** D 7
Altáccio, Monte- **6** C-D 7
Altagnana **5** B-C 3-4
✉ *54030*
Altana, Rio- (NU) **31** D 4
Altana, Rio- (SS) **28** E 6
Altano, Capo- **36** B 2
Altare de Lógula **33** C 2
Alta Sant'Egídio, Monte- **9** E 8
Alta Val Parma e Cedra, Parco Regionale dell'- **1** E 7-8
Altavilla **18** A 7
Altedo **3** B 1
✉ *40051*
Altesino **13** A 4
Alteta **15** A 3
✉ *63025*
Alti, Poggi- **13** E 4
Altidona **15** A 5
✉ *63016*
Altiera, Rocca- **22** E 1
Altília (CB) **27** B 4
Altino (AP) **15** D 1
Altino (CH) **19** F 5
✉ *66040*
Altíssimo, Monte- (LU) **5** B 4
Alto, Colle- **18** E 4
Alto, Monte- (AQ) **21** C 7
Alto, Monte- (FR) **21** F 4
Alto, Monte- (GR) **13** B 2
Alto, Monte- (LT) **26** B 2
Alto, Monte- (LU) **5** A 5
Alto, Monte- (MS) **4** B-C 8
Alto, Monte- (PR) **1** D 5
Alto, Ponte- **9** E 4
Alto, Ripa dell'- **10** B 2
Alto Appennino Modenese, Parco Regionale dell'- **5** A-B 6-7
Alto Appennino Reggiano, Parco Regionale dell'- **2** E-F 1
Altomena **6** F 4-5
Alto Merse, Riserva Naturale- **13** A 2-3
Altopáscio **5** E 7
✉ *55011*
Altopiano Marconi **2** D 8
Altora, Punta- **31** B 6
Alto Rotondi, Monte- **27** E 4
Altovia **18** A 6
Altrocanto **17** B 8
Altuino, Monte- **21** C 4
Altura, Monte- **29** C 4
Alústia, Rio de- **35** B 5-6
Álvari **1** D 2
Alvaro, Monte- (SS) **28** F 2
Alvi **18** A 6
Alviano (MC) **11** E 6
Alviano (TR) **17** A 6
✉ *05020*
Alviano, Lago di- **17** A 6
Alvignanello **27** D 3
✉ *81010*
Alvignano **27** D 2
✉ *81012*
Alvito **21** E 8
✉ *03041*
Alvu, Nuraghe- (SS-Cossoine) **32** A 5
Alvu, Nuraghe- (SS-Nulvi) **28** E 5
Ama (SI) **9** C 4
✉ *53010*
Amándola **15** C 2
✉ *63021*
Amándola, Monte- **15** C 1
Amare, Grotta- **18** C 7
Amaro, Monte- (AQ) **22** D 1
Amaro, Monte- (PE) **22** A 3
Amaseno **26** B 3
✉ *03021*
Amaseno, Fiume- **25** C 8
Amatrice **18** A 5
✉ *02012*
Amborzasco **1** C 3
✉ *16040*
Ambra **9** D 5
✉ *52020*
Ambra, Cala d'- **31** C 6
Ambrifi, Castello di- **26** B 3-4
Ambro, Torrente- **15** C 1
Ambrogiana **6** F 1
✉ *50056*
Ambrogina, l'- **13** D 4
Améglia **4** E 7
✉ *19031*
Améglio **26** C 8
✉ *81048*
Amélia **17** A 7
✉ *05022*
Amélia, Passo d'- **17** A 8
Améndola **23** F 7
Améndola, Stazione di- **23** F 7
Amiata, Monte- **13** D 5
Amiternum **18** C 5
Ammeto **14** D 2
Ammónite **3** D 5-6
Ámola **2** B 7
✉ *40017*
Amorosa, Fattoria dell'- **9** F 6
Amorosi **27** D 3
✉ *82031*
Ampinana **6** D 5
Ámpio, Torrente- **12** D-E 8
Ampugnano **9** E 3
Anagni **21** E 4
✉ *03012*
Anastasi, Nuraghe- **35** C 6
Ancaiano (PG) **14** F 5-6
Ancaiano (SI) **9** E 2
Ancarano (TE) **15** D 4
✉ *64010*
Ancarano, Forca d'- **14** D 8
✉ *06040*
Anchetta **6** F 3-4
Anchiano **5** D 6
✉ *55020*
Anchione **5** E 7-8
Anciolina **9** B 6
Ancognano **2** E 8
Ancona **11** A-B 5
✉ *60100*
Anconella **2** F 8
Andrea, Monte- **22** D 7
Andria Puddu **31** B 5
Anei, Nuraghe- **34** B 6
Anela **31** F 2
✉ *07010*
Aneo, Monte- **8** E 7
Aneta **1** E 8
Áneva, Torrente- **2** F 6
Anfiteatro, Rovine- **26** D 8
Ángeli (AN-Ancona) **11** B 5
Ángeli (AN-Mergo) **11** C 2
✉ *60030*
Ángeli, Chiesa gli- **13** B 4
Ángeli, Golfo degli- **37** C 2
Ángeli, Monte degli- **24** E 5
Angélica **8** A 7
Ángelo, Arco dell'- **37** A 5
Ángelo, Convento dell'- **5** D 6
Ángelo Custode, Casa- **30** E 2
Ánghelu Rúiu, Necrópoli- **30** D 2
Anghiari **9** B 8
✉ *52031*
Angízia **21** B 6
Anglona, Regione- **28** E-F 4-6
Anguillara, Stazione di- **20** A 5
Anguillara Sabázia **20** A 5
✉ *00061*
Ánia, Torrente- **5** B 6
Aniene, Fiume- **21** B 1
Aniene, Sorgenti dell'- **21** C 5
Anita **3** C 5
✉ *44010*
Anita Garibaldi, Cippo di- **3** C 6-7
Ánitra, Laghi dell'- **22** C 5
Anitrella **21** F 7
✉ *03030*
Annallai, Rio- **35** D 4
Annecchino, Ponte- **26** F 8
Annìbale, Ponte- **27** E 1
Annifo **14** B 6
✉ *06030*
Annunziata (CA) **37** A 5
Annunziata, Chiesa l'- (AQ) **22** B 1
Annunziata, Chiesa l'- (FG) **24** F 4
Annunziata, Convento dell'- **14** C 4
Annunziata, l'- (CE) **27** E 2
Annunziata Lunga, Passo- **26** B 7-8
Annunziatella, l'- **20** D 6
Ánqua **9** F 1
✉ *53030*
Ansedónia **16** C 7
Ansélice **27** E 7
Ansidónia, Osteria- **13** C 5
Ánsina **9** D 8
Ántas, Rio- **34** F 3
Ántas, Témpio di- **34** F 3
Antella **6** F 3
✉ *50011*
Antésica **2** C 1
Antéssio **4** B 5
Antica Città di Sutri, Parco Urbano- **17** E 5-6
Antico (MC) **14** B 7-8
Antico (PU) **7** E 2
Antícoli Corrado **21** B 3
✉ *00022*
Antignano (LI) **8** C 4
✉ *57128*
Antigóri, Torre- **36** D 7
Antirata **10** C 2
Antisciana **5** B 5
Antognano (LU) **5** A 4
Antognola (PG) **10** F 2
Antognola (PR) **2** C 1
Ántola, Monte- **1** B 1
Ántola, Parco Regionale dell'- **1** B 1
Antolini, Villa- **11** D 4
Antona **5** B 3-4
Antonáccia, Torre- **24** D 4
Antonelli, Masseria- **27** C 6
Antráccoli **5** E 6
Antría (AR) **9** C 7
Ántria (PG) **14** A 2
Antrodoco **18** C 4
✉ *02013*
Antrodoco, Gole di- **18** C 4
Antrosano **21** A 6
✉ *67050*
Antullo, Pozzo d'- **21** D 6
Antunceddu, Nuraghe d'- **29** C-D 3
Anversa degli Abruzzi **22** B 1
✉ *67030*
Anzeddu, Monte- **34** F 4
Ánzio **25** B 4
✉ *00042*
Anzo **4** D 4
Ánzola **1** C 4
Anzola dell'Emília **2** C 7
✉ *40011*
Anzolla **1** D 8
Ánzos, Rio- **28** E 6
Anzu, Punta su- **31** F 7
Aorívola **26** C 8
Apagni **14** D 6
Apécchio **10** B 3
✉ *61042*
Apella **4** B 7-8
Ápia, l'- **9** B 7
Ápice **27** E 6
✉ *82021*
Ápice, Stazione di- **27** E 6
✉ *82021*
Ápice Nuovo **27** E 6
Apiro **10** D 8
✉ *62021*
Apoléggia **18** B 2
Apollonio, Castello- **21** B 2
Apollosa **27** F 5
✉ *82030*
Appalto **9** F 8
Appennínia **22** B 1
Appennino **14** C 8
✉ *62030*
Appennino, Galleria dell'- **6** A-B 2
Appennino Tosco-Emiliano, Parco Nazionale dell'- **1** D-F 7-8
Áppia, Via- **20** D 7
Áppia Antica, Parco Regionale- **20** D 6-7
Áppia Antica, Via- (RM) **20** D 7
Appignano (MC) **11** D 4
✉ *62010*

Appignano (TE) **19** A 1 ✉ *64030*
Appignano del Tronto **15** C-D 4 ✉ *63031*
Appíolo, Monte- **26** B 4
Áppiu, Nuraghe- **30** F 3
Apricena **24** E 2 ✉ *71011*
Apricena, Stazione di- **23** D 4 ✉ *71011*
Apricena Superiore, Stazione di- **24** E 2
Aprilia **21** F 1 ✉ *04011*
Apsa, Torrente- **7** F 5
Apsella **7** E 5
Apuane, Alpi- **5** A-C 4-5
Áquila, L'- **18** D 6
Aquilano (CH) **19** C 5
Aquilano (TE) **18** A 7
Aquileia **5** D 6
Aquilente, Piano d'- **18** D 4
Aquino (FR) **26** A 5 ✉ *03031*
Aquinum **26** A 5
Arafranca-Pinaco **18** A 5
Aragno **18** C 6 ✉ *67010*
Aragno, Monte d'- **18** C 6
Arai, Rio- **35** D 2
Áramo **5** D 7
Arana, Monte- **30** E 5
Aranci, Golfo degli- **29** E 6
Ara Nova **20** B-C 4
Arapetrianni **18** E 4
Arasulè-Toneri **33** E 3
Aratena **31** B 4
Aratrice, l'- **13** C 3
Aratu, Rio- **33** D 3
Araxisi, Rio- **33** F 1
Arazecca, Monte- **22** D 3
Árbatax **33** F 7 ✉ *08041*
Árbia **9** E 4
Árbia, Colle d'- **29** A 2
Árbia, Torrente- **9** F 4
Arbo, Monte- **35** A 4-5
Arboréa **34** B 4 ✉ *09092*
Arboréa, Regione- **34** A 5-7
Arbu, Monte- (CA) **37** B 5
Arbu, Monte- (Monti del Gennargentu) **33** E 4
Arbu, Monte- (NU-Tertenia) **35** B 5-6
Arburese, Regione- **34** D-E 3-4
Árbus **34** E 4 ✉ *09031*
Árbus, Monte- (CA-Ísola di Sant'Antíoco) **36** E 3
Árbus, Monte- (CA-Teulada) **36** E 5
Arce (FR) **21** F 7 ✉ *03032*
Arceno, Villa d'- **9** D 5
Arceto **2** B 4 ✉ *42010*
Arcetri **6** F 3 ✉ *50125*
Arcévia **10** C 7 ✉ *60011*
Archi (CH) **19** F 5 ✉ *66040*
Archi Stazione **19** F 5
Archittu, s'- **32** D 3 ✉ *09073*
Arci, Monte- **34** B 5
Arcidosso **13** D 5 ✉ *58031*
Arcigliano **5** D 8
Arcille **13** E 3 ✉ *58050*
Arcinazzo, Altipiani di- **21** C 4 ✉ *00020*
Arcinazzo Romano **21** C 4 ✉ *00020*
Arcione, Castello- **21** B 1
Arcipélago de la Maddalena, Parco Nazionale- **29** B 4-6
Arcipélago Toscano, Parco Nazionale dell'- (GR-Formiche di Grosseto) **16** A 4
Arcipélago Toscano, Parco Nazionale dell'- (GR-Ísola del Gíglio) **16** D 4
Arcipélago Toscano, Parco Nazionale dell'- (GR-Ísola di Giannutri) **16** E 5
Arcipélago Toscano, Parco Nazionale dell'- (LI-Ísola d'Elba) **12** E 3-4
Arcipélago Toscano, Parco Nazionale dell'- (LI-Ísola di Cápraia) **12** B 1
Arcipélago Toscano, Parco Nazionale dell'- (LI-Ísola di Gorgona) **8** C 1
Arcipélago Toscano, Parco Nazionale dell'- (LI-Ísola di Montecristo) **16** F 2-3
Arcipélago Toscano, Parco Nazionale dell'- (LI-Pianosa) **16** C 1
Arcipélago Toscano, Parco Nazionale dell'- (LI-Scóglio d'Áffrica) **16** F 1
Arco, Monte- **12** E 5
Arco, Punta dell'- **25** F 5
Arco dell'Ángelo **37** A 5
Árcola (SP) **4** E 6 ✉ *19021*
Arcone, Fermata- **30** D 3
Arcosu, Monte- **36** B 6
Arcu, Passo s'- **33** F 3
Arcu, Punta su- **31** E-F 7
Arcu Correboi **33** E 4
Arcu de Genneruxi, s'- **36** E 6
Arcu de Sárrala de Susu **35** C 6
Arcuentu, Bruncu- **35** E 2
Arcuentu, Monte- **34** D-E 4
Arcueri, Cantoniera- **35** A 4
Arcueri, Monte- **35** A 4
Arcu 'e su Pirastu Trottu, Passo s'- **35** A 4
Arcu Genna Arrela **35** E 6
Arcu Genna Bogai **34** F 3
Arcu Guddetórgiu **33** E 3
Arcu is Crabiólas **35** B 4
Arcu Neridu **37** A 4
Arcu Santo Stéfano **35** C 4
Arcu sa Ruinedda **37** B 4
Arcu sa Tella **34** D-E 4
Árdali **33** E 6 ✉ *08040*
Árdara **30** D 6 ✉ *07010*
Ardaúli **32** D-E 6-7 ✉ *09081*
Ardea **20** F 7 ✉ *00040*
Ardeatina, Via- **20** D 6
Ardeatine, Fosse- **20** C 6
Ardenza **8** B-C 4 ✉ *57128*
Ardenza, Torrente- **8** C 5
Ardiano **7** C 2
Aremogna, Piano- **22** D 3
Aremogna, Rifúgio- **22** D 3 ✉ *67030*
Arena, Cala- **28** B 2
Arenarzu, Quadrívio s'- **32** E 6
Arénas **34** F 4
Arénas, Spiággia is- **32** E 3
Arette, Rifúgio delle- **14** C 8
Arezzo (AR) **9** C 7 ✉ *52100*
Arezzo (GE) **1** B 1
Arezzo (PG) **14** F 4
Arezzo, Monte- **21** B 6
Argatone, Monte- **22** C 1
Argelato **2** B 8 ✉ *40050*
Argenta **3** B 4 ✉ *44011*
Argentário, Monte- **16** C 6
Argentarola, Ísola- **16** C 5
Argentella, Monte- **15** D 1
Argentiera **28** F 1 ✉ *07040*
Argentiera, Capo dell'- **28** F 1
Argentigli, Torre- **14** E 7
Argentina, Torre- **32** B 3
Argento, Báia d'- (LT) **25** D 7 ✉ *04016*
Argentu, Monte- **34** F 3
Argiadóres, Monte- **33** A 6
Argiano (FI) **9** A 2
Argiano (SI-Montalcino) **13** C 4
Argiano (SI-Montepulciano) **13** B 7
Argignano **10** E 7 ✉ *60040*
Árgine Agosta **3** B 5-6
Argiólas, Cantoniera sas- **31** E 6
Argiólas, Genn'- **35** F 5
Ari **19** D 4 ✉ *66010*
Ária, Monte d'- **10** F 8
Ária dell'Orso, Monte- **27** B 3
Ariano Irpino **27** E 7 ✉ *83031*
Ariano Scalo **27** D 8 ✉ *83030*
Aríccia **21** E 1 ✉ *00040*
Arielli **19** E 4 ✉ *66030*
Arienzo **27** F 3 ✉ *81021*
Arigau, Nuraghe- **34** D 5-6
Arile, Monte- **14** F 7
Aringo **18** A 5 ✉ *67010*
Arinúccia **22** E 1
Aríschia **18** C 5-6 ✉ *67011*
Aritzo **33** F 3 ✉ *08031*
Arixi **35** E 3
Arlena di Castro **17** B 3 ✉ *01010*
Arli **15** E 2
Árlia **4** C 8
Arliano (FI) **6** D 4
Arliano (LU) **5** E 5
Armaiolo **9** E 5
Armarolo **3** C 1
Arme, Cima d'- **18** B 2
Armena, Fattoria- **13** A 5
Armenzano **14** B 5
Armi, Colle d'- **23** E 2
Armidda, Monte- **35** A 5
Armillotti, Masseria- **24** E 6
Armúngia **35** E 4 ✉ *09040*
Arnáccio **8** A 5
Arnano **14** A 7
Arnara **21** F 6 ✉ *03020*
Arnara, Fosso di- **21** F 6
Arnata, Monte- **17** A 7
Arnata, Torrente- **14** E 3
Arni **5** B 4
Arno, Capo d'- **6** E 6
Arno, Fiume- **6** F 2
Arno, Rio- **18** B 7
Arnone **26** F 8 ✉ *81030*
Arola (AP) **15** E 2
Arola (PR) **2** B 1
Aronte, Rifúgio- **5** B 4
Arpagna, Monte- **12** B 1
Arpáia **27** F 3-4 ✉ *82011*
Arpaise **27** F 5 ✉ *82010*
Arpi **23** F 6
Arpino **21** F 7-8 ✉ *03033*
Arpinova **23** F 6 ✉ *71010*
Arpiola **4** B 6
Arquata del Tronto **15** E 1 ✉ *63043*
Arqueri, Cantoniera- **35** A 4
Arqueri, Monte- **35** A 4
Arrámene, Genna- **33** E 6
Árras, Nuraghe- **35** C 5
Arredelu, Genna- **33** F 3
Arrennégula, Nuraghe- **33** B 5
Arrestino, Monte- **21** F 2
Arriali, Rio s'- **36** A 4
Arricelli, Rocca- **35** F 4
Arrone **18** A 1 ✉ *05031*
Arrone, Fiume- **20** B-C 5
Arrone, Forca dell'- **18** A 1-2
Arrone, Torrente- **17** D 2
Arrúbia, s'Ena- **34** A 4
Arrúbiu, Monte- **36** D 7
Arrúbiu, Nuraghe- **35** C 4
Árrus, Rio is- **34** F 4
Arsenti, Monte- **12** A 8
Arsicci **10** A 1
Arsina **5** D 6
Arsita **19** B 1 ✉ *64031*
Ársoli **21** A 3 ✉ *00023*
Arsone, Monte- **1** C 6
Artaneddu, Punta- **31** D-E 5
Artemísio, Monte- **21** E 1-2
Artena **21** E 2-3 ✉ *00031*
Artimino **6** F 1 ✉ *59015*
Artora, Nuraghe- **31** E 7
Arunzo, Monte- **21** A 5
Arútas, Punta is- **32** F 3
Arvello **14** B 6
Arviganu, Monte- **30** F 3
Arvu, Nuraghe- **33** B 6
Arzachena **29** D 4 ✉ *07021*
Arzachena, Golfo di- **29** D 5
Árzana **33** F 5 ✉ *08040*
Árzana, Stazione di- **33** F 5 ✉ *08040*
Arzanadolu, Monte- **33** F 3
Arzelato **4** B 6
Arzéngio **4** B 6
Arzeno **1** E 3
Arzilla, Torrente- **7** E 6
Ascagnano **10** F 3
Ascensione, Monte dell'- **15** C 3
Aschi Alto **21** B 8
Áschio **14** C 8
Aschivoni, Punta de s'- **34** C 3
Ascianello **13** A 7
Asciano (PI) **5** F 5 ✉ *56010*
Asciano (SI) **9** F 5 ✉ *53041*
Áscoli Piceno **15** D 3 ✉ *63100*
Ascona (GE) **1** C 3
Ascrea **18** E 3 ✉ *02020*
Aserei, Monte- **1** A 4
Asía **2** A 8
Ásina, Torrente- **13** C 1
Asinara, Golfo dell'- **28** C-D 3-5
Asinara, Ísola- **28** B-C 1-2
Asinara, Parco Nazionale dell'- **28** C 2
Asinara, Riserva Marina dell'- **28** C 2
Ásino, Punta dell'- **31** D 7
Ásino, Valle dell'- **18** E 6
Aso **15** B 3
Aso, Fiume- **15** D 2
Ásola, Torrente- **11** E 6
Asoru, Nuraghe s'- **35** F 5
Aspiddarzu, Punta de s'- **32** A 7
Áspio, Fiume- **11** C 5
Áspio Terme **11** B 5 ✉ *60021*
Aspra, Monte- **18** A 2
Aspreta, l'- **17** A 7
Aspro, Punta de su- **29** E 5
Aspru, Nuraghe s'- **31** F 2
Aspu, Cúccuru- **34** A 6
Assano **26** D 8 ✉ *81042*
Assémini **37** A 1 ✉ *09032*
Assergi **18** C 7 ✉ *67010*
Assino, Torrente- **10** E 3
Assisi **14** B 4 ✉ *06081*
Asso, Castèl d'- **17** C 4
Asso, Torrente- **13** B 5
Assolo **34** B 7 ✉ *09080*
Asta **2** F 2 ✉ *42030*
Astili, Monte- **35** A 6
Astimini, Rio d'- **28** F 2
Astorara **15** D 1
Astrone, Torrente- **13** B 7
Astura, Fiume- **25** B 5
Astura, Torre- **25** B 5
Asua de Pari, Perda- **36** C 3
Asuai **33** E 3
Asuni **34** A 7 ✉ *09080*
Asusa, Nuraghe- **35** B 2
Ateleta **22** C 4 ✉ *67030*
Aterno, Fiume- **18** E 7
Atessa **22** A 5 ✉ *66041*
Athethu, Nuraghe- **33** B 2
Atina **22** F 1 ✉ *03042*
Atri (PG) **14** F 7
Atri (TE) **19** A 2 ✉ *64032*
Attalzu, Monte- **28** F 6
Attapoi, Rio- **34** C 5
Attíggio **10** E 6 ✉ *60040*
Attigliano **17** B 6 ✉ *05012*
Attone, Torrente- **14** C 4
Atzara **33** E-F 2 ✉ *08030*
Atzara, Nuraghe- **32** D 5
Atzeni, Casa- **34** E 4
Auditore **7** E 4 ✉ *61020*
Auduni **27** C 3
Aufidena **22** D 3
Aulella, Torrente- **5** A 3
Aulla **5** A 2 ✉ *54011*
Aurélia **17** F 2 ✉ *00050*
Aurelia, Via- **20** C 5
Aurélia Etrusca, Via- **16** B 6
Auro, Torrente- **10** A 2
Aurora, Terme- **33** A 2
Aurunci, Monti- **26** C 4-6
Aurunci, Ponte degli- **26** D 7
Áusa, Torrente- **7** C 4
Auséntе, Torrente- **26** D 6
Ausoni, Monti- **26** B 2-3
Ausónia **26** C 6 ✉ *03040*
Aústis **33** E 2 ✉ *08030*
Aúto, Monte- **23** F 2
Autódromo di Ímola **3** E-F 3
Autore, Monte- **21** B 5
Autrara, Torre- **24** E 6
Auzzo, Póggio- **9** F 1
Avacelli **10** C 7 ✉ *60040*
Aváglio (PT) **5** D 8 ✉ *51010*
Avane **5** E 5 ✉ *56019*
Avegno **1** D 1 ✉ *16030*
Ave Grátia Plena **27** E 2 ✉ *82030*
Avella, Fiume- **19** F 4
Avella, Ponte- **19** F 4
Ávena **6** F 7 ✉ *52010*
Avenale (AN) **10** D 6
Avenale (MC) **11** D-E 3 ✉ *62011*
Avéndita **14** E 7
Aveno **1** D 2
Aventino, Fiume- **22** A 4
Avenza **5** B-C 3 ✉ *54031*
Áveto, Parco Regionale dell'- **1** C-D 3
Áveto, Torrente- (GE) **1** C-D 2
Áveto, Torrente- (PC) **1** B 3
Avezzano (AQ) **21** A 6 ✉ *67051*
Avezzano (CE) **26** D 7 ✉ *81030*
Avigliano Umbro **14** F 3 ✉ *05020*
Avoltore, Punta- **16** D 6
Avru, l'- **28** D 7
Azara, Case- **29** C 4
Azaro, Villa- **1** E 3
Azzagulta **28** D 6
Azzani **31** B 5
Azzano (LU) **5** C 4 ✉ *55040*
Azzano (PG) **14** E 5
Azzarone, Masseria- **24** E 6
Azzinano **18** A 8 ✉ *64040*
Azzurra, Grotta- (SP) **4** E-F 6

B

Babbu Mannu, Chiesa- **31** F 4
Baccagnano **6** A 7
Baccaiano **9** A 2
Baccana **4** C 7-8
Baccanella **8** B 7
Baccano (RM) **17** F 7
Baccano (SP) **4** E 6
Baccarecce **18** E 4
Bacchereto **6** E 1 ✉ *59015*
Bacchileddi, Nuraghe- **28** E 4
Baccinello **13** E 3 ✉ *58050*
Bacciolino **7** C 1 ✉ *47022*
Baccu Arródas **35** F 6
Baccu sa Crésia, Rio- **35** C 5-6
Baccu Scóvas, Monte- **35** E 5
Ba Cerbus, Peschiera di- **36** C 3
Bachella **2** C 5
Baciano **9** B 7
Bacu Ábis **36** B 3 ✉ *09010*
Bacugno **18** B 4
Bacugno, Monte- **14** F 6
Badde de Iana, Rio- **30** E 3
Badde Dianesu, Rio- **30** E 6
Baddelonga, Cantoniera- **32** B 4
Badde Manna, Rio- **31** B-C 2
Badde Orca **32** B 3
Badde Sálighes **32** B 6
Badde Suelzu **31** C 4
Badde Urbara **32** D 4
Badesi **28** D 6 ✉ *07030*
Badesi Mare **28** D 6
Badesse **9** D 3 ✉ *53035*
Badi **6** B 1 ✉ *40030*
Badia (AR-Capolona) **9** C 7
Badia (AR-Pratovécchio) **6** F 6
Badia (BO) **2** E 7
Badia (PG-Castiglione del Lago) **13** A-B 8
Badia (PG-Valfábbrica) **14** A 4
Badia, Chiesa di- (AR) **9** E 8
Badia, Chiesa di- (PI) **8** B 7
Badia, la- (FR) **26** A 3
Badia, la- (PG-Costacciaro) **10** E 5
Badia, la- (PG-Magione) **14** B 1
Badia, la- (PO) **6** B 2
Badia, la- (PU) **7** F 5
Badia a Coltibuono **9** C 4
Badia a Coneo **9** D 2
Badia Agnano (AR) **9** C-D 6 ✉ *52020*
Badia Agnano (FI) **6** D 5
Badia al Pino **9** D 6 ✉ *52041*
Badia Ardenga **13** A 4
Badia a Rípoli **6** F 3 ✉ *50126*
Badia a Ruoti **9** D 5
Badia a Séttimo **6** F 2 ✉ *50010*
Badia a Taona **6** C 1
Badia Cantignano **5** E 6 ✉ *55060*
Badiáccia a Montemuro **9** B 4
Badia del Borgo **6** B 6
Badia di Montecorona **10** E 2
Badia di San Bartolomeo **19** D 1
Badia Morronese **22** A 2 ✉ *67030*
Badia Pozzéveri **5** E 7 ✉ *55010*
Badia Pratáglia **6** F 7 ✉ *52010*
Badia Tedalda **10** A 1 ✉ *52032*
Badia Tega **9** A 6
Badicroce **9** D 8
Badiola (GR) **13** E 1
Badiola (PG) **14** B 2 ✉ *06070*
Badiola, Casa- **13** E 1
Badolo **2** E 8
Badoni **1** A 5
Badu Alzolas, Rio- **31** C 3
Badu Andría **31** D 5
Badu Crabolu, Rio- **32** A-B 4
Badu de Mola, Rio- **32** B 4
Badu Mesina, Rio- **31** B 2
Badu Orane, Nuraghe- **33** C 3
Badu Rúiu, Rio- **30** D 6
Baffadi **6** A 5
Baffe, Punta- **1** F 3
Baganza, Torrente- **2** A 1
Bagazzano **2** B 6 ✉ *41015*
Bággio (PT) **6** C 1
Baggiovara **2** B 5 ✉ *41040*
Bagnacavallo **3** E 5 ✉ *48012*
Bagnáia (LI) **12** D 4
Bagnáia (PG) **14** B 2 ✉ *06071*
Bagnáia (SI) **9** F 3
Bagnáia (VT) **17** C 5 ✉ *01031*
Bagnara (BN) **27** F 5 ✉ *82010*
Bagnara (CE) **26** F 7
Bagnara (PG) **14** A 6
Bagnara di Romagna **3** E 4 ✉ *48010*
Bagnarola (BO) **3** C 1 ✉ *40050*
Bagnarola (FC) **7** A-B 3 ✉ *47040*
Bagnaturo **22** A 2 ✉ *67030*
Bagnaturo, Ponte- **27** D 7-8
Bagnena **9** B 6-7
Bagni (RM) **17** F 5
Bagni (TR) **14** E 1
Bagni (VT) **17** C 4
Bagni di Lucca **5** C 6 ✉ *55022*
Bagni di Mommialla **9** C 1
Bagni di Nocera **14** A-B 6
Bagni di San Martino **30** D 5
Bagni di Stigliano **17** F 4
Bagni di Tívoli **21** B 1 ✉ *00011*
Bagni di Vicarello **17** F 5
Bagnile **7** A 2
Bagni Oddini **33** B 2
Bagni San Filippo **13** C 6 ✉ *53020*
Bagni Sant'Agostino **17** F 2
Bagni Termali (SI) **13** D 7
Bagno (FC) **6** C 8
Bagno (FG) **24** D 4
Bagno (RE) **2** B 4 ✉ *42048*
Bagno, il- (CE) **26** E 8
Bagno, il- (FC) **6** C 6
Bagno, Rio- **14** D 3
Bagno a Rípoli **6** F 3 ✉ *50012*
Bagno delle Bussete **17** C 4
Bagno di Cética **9** A 5
Bagno di Gavorrano **12** C 8 ✉ *58021*
Bagno di Piano **2** B 8
Bagno di Romagna **6** E 8 ✉ *47021*
Bagno Grande **18** D 6 ✉ *67042*
Bagnola **11** D 5
Bagno la Perla **8** F 8
Bagnoli (BN) **27** F 3 ✉ *82019*
Bagnoli (GR) **13** D 5 ✉ *58031*
Bagnoli del Trigno **22** E 6 ✉ *86091*
Bagnolo (AR) **9** E 8
Bagnolo (FC-Castrocaro Terme) **6** A 7-8
Bagnolo (FC-Forlì) **7** A 1
Bagnolo (FC-Méldola) **7** B 1
Bagnolo (GR-Civitella-Pagánico) **13** B 3
Bagnolo (GR-Santa Fiora) **13** D 5 ✉ *58030*
Bagnolo (PO) **6** D 2
Bagnolo, Monte- (AL) **1** A 2
Bagnolo, Terme di- **12** A 8
Bagnolo in Piano **2** A 4 ✉ *42011*
Bagnone **4** B-C 7 ✉ *54021*
Bagno Píccolo **18** D 6 ✉ *67042*
Bágnore **13** D 5 ✉ *58032*
Bagnorégio **17** A 5 ✉ *01022*
Bagnoro **9** D 7
Bagno Roselle **13** E 2 ✉ *58040*
Bagno Vignoni **13** B 5 ✉ *53027*

Bagnu, lu- 28 D 5
✉ 07030
Bai, Torrente- 13 C 2
Báia (CE) 27 C 1
Baia Caddinas 29 E 6
Báia delle Zágare 24 E 7
Báia Domízia 26 D-E 6
✉ 81030
Báia Domízia Sud 26 E 6
✉ 81010
Baia Felice 26 E 6
Baiana 11 C 4
Báia Sardínia 29 D 5
✉ 07020
Baigno 6 B 2
Baignoni, Punta- 29 D 5
Baiocca, Stagno- 36 D 4
Baiolu, Nuraghe- 30 C 5
Baiona, Cantoniera- 28 F 2
Baiso 2 D 3
✉ 42031
Balaiana, Nuraghe- 29 D 3
Bálatro 6 F 3
Balbano 5 E 5
Balconevisi 8 A 8
Baldami 14 B 2
Baldignano 10 A-B 1
Baldu, Rio di- 29 D 3
Baligioni, Monte- 31 B 2
Balistreri, Punta- 31 B 3
Ballada, Piano de sa- 34 F 5-6
Ballano, Lago- 1 E 8
Ballao 35 D 4
✉ 09040
Ballone 1 D 8
Ballone, Póggio- 12 D 8
Ballu, Monte su- 33 D 2
Bálsamo, Vigna- 23 F 8
Balsorano Nuovo 21 D 7
✉ 67052
Balsorano Vécchio 21 D 7
Balze 7 F 1
✉ 47020
Balzi 27 E 2
Balzo 15 D 1
Bánari 30 E 5
✉ 07040
Banca 27 D 3
Banca, Masseria della- 23 F 1
Bancali 28 F 3
✉ 07040
Banchetti, i- 19 F 4
Banchi, i- 1 D 1
Bandita (LI) 12 B 6
Bandita, Regione la- 13 E 7
Banditelle (LI) 12 B 6
Banditelle (PO) 6 C-D 2
Banditelle, le- 8 D 6
Bando (FE) 3 B 4
✉ 44010
Bangiuludu, Palazzo- 34 F 6
Bannere, le- 27 B 6
Bannone 2 B 2
Bano, Monte- 1 C 1
Bantine 31 E 2
Bantine Sale, Torre- 30 D 1
Banzena 6 F 7
✉ 52010
Banzola (RE) 2 C 2-3
Banzolo 1 A 4-5
Baosu, Porto- 32 B 3
Barabana 3 C 2-3
Baracca, la- (AR) 9 C 8
Baracca, la- (SP) 4 C 4
Baraccone 26 B 8
Barádili 34 B-C 6
✉ 09090
Baragazza 6 B 3
✉ 40031
Baralla, Póggio- 6 F 7
Baranello 27 A 3
✉ 86011
Baranzolo 1 D 3
Barátili San Pietro 32 E-F 4
✉ 09070
Baratti 12 B 5
Baratti, Golfo di- 12 B 5-6
Baratz, Lago- 30 D 1
Barba (BN) 27 F 5
Barba (PT) 6 E 1
Barbagelata 1 C 2
Barbágia Belvì 33 F 2-4
Barbágia Ollolai 33 C 2-4
Barbágia Seúlo 35 A 2-3
Barbanti 10 B 6
Bárbara 10 B 7
✉ 60010
Barbarano Romano 17 E 4
✉ 01010
Barbarasco 4 C 7
✉ 54012
Barbaricina 5 F 5
Barbarolo 2 F 8
Barbarossa, Punta- 28 C 2
Barbato, Monte- 27 B 6
Bárberi 19 B-C 3
✉ 50031
Barberino di Mugello 6 C 3
✉ 50031
Barberino Val d'Elsa 9 B 2
✉ 50021
Barbi, Chiesa- 13 B 5

Barbialla 8 B 8
Barbiana 6 D 4
Barbiano (AR) 6 F 6
Barbiano (PR) 2 B 1
Barbiano (RA) 3 E 4
✉ 48010
Barbigarezza 1 C 5
Barbíschio 9 C 4
Barbona (MO) 2 E 4
Barbona, Monte- 5 D 6
Barbotto 7 D 2
Barbusi 36 B 3
Barca 9 D-E 4
Barca, Cala della- 30 D-E 1
Barca, Rio- 30 D-E 2
Barcáccia, la- 14 A 4
Barca del Grazi, la- 16 B 7
Barchessa (BO) 3 B 2
Barchi (PU) 10 A 6-7
✉ 61040
Barco (FI) 6 C 4
Barco (RE) 2 A 2-3
✉ 42020
Bardalone 5 C 8
✉ 51022
Bardi 1 B 5
✉ 43032
Bárdia, Monte- 33 B 6
Bardine San Terenzo 5 A 3
Bardone 1 B 8
Bardosu, Cantoniera- 32 B 7
Barega 36 B 4
Baregnano 14 A 8
Baressa 34 C 6
✉ 09090
Baressa, Rio di- 34 C 6
Barésus, Nuraghe de is- 35 D 6
Barete 18 C 5
✉ 67010
Barga 5 B 5-6
✉ 55051
Bargagli 1 D 1
✉ 16021
Bargécchia 5 D 4
✉ 55040
Bargi 6 B 2
✉ 40040
Bargino 9 A-B 2
Bargni 7 F 6
Bargonasco 1 F 3
Bargone 1 F 3-4
✉ 16030
Bari, Torre di- 35 A 6
Baricella 3 B 2
✉ 40052
Baricello, Torrente- 19 B 2
Barigazzo 2 F 3-4
✉ 41020
Barigazzo, Monte- 1 B 6
Barile (PT) 5 D 8
Barisano 3 F 5
✉ 47010
Bari Sardo 35 A 6
✉ 08042
Barisciano 18 D 7
✉ 67021
Barisciano, Lago di- 18 C 7
Barisoni 35 C 6
Baróncia 15 A 1
Barone, Monte- (FG) 24 E 7
Baronia, Regione- 31 F 6-7
Baróttoli 9 F 4
Barrabisa 29 C 4
Barrali 35 E 2
✉ 09040
Barrata, Toppa- 27 D 5
Barrea 22 D 2
✉ 67030
Barrea, Lago di- 22 D 2
Barretta, Masseria- 23 F 7
Barrettini, Ísola- 29 B 4
Barrocus, Lago is- 35 B 2
Barrua 36 D 5
Bartolacelli 2 D 4-5
Barullo 9 F 7-8
Barumela, Castello- 34 B 6
Barúmini 35 C 1
✉ 09021
Barussa, Nuraghe- 36 E 4
Baschi 14 F 1-2
✉ 05023
Bascianella 18 A 8
Basciano (SI) 9 D 3
Basciano (TE) 18 A 8
✉ 64030
Báscio 7 F 1-2
Basélica, Chiesa di- 1 C 6
Basélice 27 B 6
✉ 82020
Basiago 3 F 4
Basile, Casa- 32 A 6-7
Basilicagoiano 2 A 2
✉ 43020
Basilicanova 2 A 2
✉ 43030
Bassacutena 29 D 3
✉ 07020
Bassacutena, Rio- 29 D 3
Bassano (AN) 10 E 7
Bassano in Teverina 17 B 6
✉ 01030
Bassano Romano 17 E 5
✉ 01030

Bassano Romano, Stazione di- 17 E 5 ✉ 01030
Bassiano 25 A 7
✉ 04010
Basso Merse, Riserva Naturale- 13 A 3
Bassone 4 B 6
Bastardo 14 D 4
✉ 06030
Bastia (AN) 10 E 6
Bastia (FE) 3 C 4
Bastia (MS) 4 C 7
Bastia (RA) 3 F 6
Bastia, Monte la- 5 C 7
Bastia Umbra 14 B 4
✉ 06083
Bastíglia 2 A 6
✉ 41030
Bastiola 14 B 4
Bastiola, Monte- 10 E 2
Bastione, Monte- 6 B 3
Basto 15 E 3
Bastogi, Villa- 13 A 7
Bastrémoli 4 D 6
✉ 19020
Batignano 13 D 2
✉ 58041
Battáglia (PU) 10 A 4
Battáglia (TE) 15 F 4
Battáglia, Monte- 6 A 5
Battedizzo 2 E 8
Batteria, Punta la- 31 D 7
Battiferro 18 A 1
✉ 05100
Battifolle 9 C-D 6-7
Battifolle, Monte- 5 C 7
Battistone, Punta- 29 C-D 5
Bau 34 E 3
Bau, Casa- 35 C 2
Baucca 10 D 2
Bau e Mándara, Lago- 33 F 5
Bau e Mela, Lago- 33 E-F 4
Bau 'e Tanca, Nuraghe- 33 E 5
Bauladu 32 E 5
✉ 09070
Baunei 33 E 6
✉ 08040
Baunuxi, Cantoniera- 33 F 6
Bau Préssiu, Ponte- 36 B 5
Bausa Mela 35 A 2
Bavareto 14 B 7
Bavastri 1 C 1
Bavastrini 1 C 1-2
Bazzano (AQ) 18 D 6
Bazzano (BO) 2 D 7
✉ 40053
Bazzano (PR) 2 C 2
✉ 43020
Bazzano Inferiore 14 E 6
✉ 06049
Bazzano Superiore 14 E 6
Bazzini 1 A 6
Bazzinitta, Nuraghe- 28 F 2
Beato Ángelo, Badia del- 10 D 8
Beato Giolo, Grotta del- 14 C 6
Beato Sante, Convento- 7 F 6
Bébbio 2 D 3
Béccati Questo, Torre- 13 B 8
Beccazzittu, Monte- 29 E 2
Becche, Punta delle- 29 A 3
Béccia, la- 9 A 7
Becco, Monte- 1 D 1
Bedizzano 5 B 3
✉ 54032
Bedónia 1 C 5
✉ 43041
Beduzzo 1 C 8
✉ 43020
Befa, la- 13 A 4
Beffi 18 E 8
✉ 67020
Bega, Rio- 34 E 3
Belagáio 13 B 3
Beldiletto, Castello- 14 B 8
Belfiore, Cima- 2 F 1
Belforte (PR) 1 C 6
Belforte (SI) 9 F 1
✉ 53030
Belforte all'Isáuro 7 F 3
✉ 61026
Belforte del Chienti 15 A 1
✉ 62020
Bella, Fontana- 35 F 2
Bella Fárnia, Cantoniera- 25 C 7
Bellante 15 E 5
✉ 64020
Bellária (MO-Castelnuovo Rangone) 2 C 5
Bellária (PU) 10 B 4
Bellária (RN) 7 B 3
✉ 47814
Bellária (SI) 13 B 5
Bellária, ex Parrócchia di- 7 B 3
Bellária-Igea Marina 7 B 3
✉ 47814 - 47813
Bellariva (FG) 24 C 5
Bellariva (RN) 7 C 4
✉ 47900
Bellásola 1 D 8
Bellavalle 6 B 1

Bellavista (GR) 13 F 3
Bellavista, Capo- 33 F 7
Bellegra 21 C 3
✉ 00030
Bellimpiazza, Casa- 28 E 4
Bellino, Monte- 17 B 1
Bellisío Solfare 10 C 6
✉ 61045
Bello, Monte- (CB) 22 A 8
Bello, Monte- (PR) 1 B 4
Belloca 10 A 5
Bellocchi 7 F 7
✉ 61030
Bellócchio 3 B 6-7
Bellona 27 E 1
✉ 81041
Belluzzi, Casa- 3 F 7
Belmonte 6 A 4
Belmonte, Cappella di- 23 D 4
Belmonte Castello 22 F 1
✉ 03040
Belmonte del Sánnio 22 C 5
✉ 86080
Belmonte in Sabina 18 D 2
✉ 02020
Belmonte Piceno 15 A 3
✉ 63029
Belnome 1 A-B 2
Belricetto 3 D 4
✉ 48010
Belsedere 9 F 5
Beltíglio 27 F 5
✉ 82010
Belu, Fiume- 34 D 5
Belvedere (AN) 10 F 6
Belvedere (BO) 6 A 4
Belvedere (GR) 13 A 1
Belvedere (LI) 12 A 7
Belvedere (PG-Città di Castello) 10 C 2
Belvedere (PG-Gúbbio) 10 F 4
Belvedere (PG-Schéggia e Pascelupo) 10 D 5
Belvedere (PG-Spoleto) 14 F 5
Belvedere (PU) 10 A 6
Belvedere (TR) 13 D 8
Belvedere, Cantoniera- 32 A 7
Belvedere, Casa- 10 B 4
Belvedere, Monte- (BO) 5 A 8
Belvedere, Monte- (MS) 5 C 3-4
Belvedere, Monte- (RI) 18 C 2
Belvedere, Rifúgio- (MS) 5 B 3
Belvedere della Líscia, Rifúgio- 22 D 2
Belvedere Fogliense 7 E 5
✉ 61010
Belvedere Ostrense 10 B 8
✉ 60030
Belvì 33 F 3
✉ 08030
Benábbio 5 C 6
✉ 55022
Benano 13 E 8
Bénas, Stagno de is- 32 E 3
Benatzu, su- 36 D 5
Benedello 2 E 5
✉ 41020
Benetutti 31 F 3
✉ 07010
Benevento 27 E 5
✉ 82100
Bengodi 16 A 6
Bentivóglio 3 B 1
✉ 40010
Benvignante 3 B 3
Benzone, Lago di- 33 D 2
Berceto 1 C 7
✉ 43042
Bérchida, Cantoniera- 31 F 7
✉ 08020
Bérchida, Rio- 31 F 7
Berchidda 31 C 3
✉ 07022
Berchiddeddu 31 B 5
✉ 07020
Berga 1 B 1
Bergassana 4 C 5
Bérgiola Maggiore 5 B 3
Bergullo 3 F 3
Berleta 6 D 7
Berlingheri, Casa- 36 A 5
Berlini 1 B 5
Beróide 14 D 5
✉ 06040
Berre, Nuraghe- 32 B 6
Berruíles 31 C 6
✉ 08020
Bertassi (PC) 1 B 2
Berti, Casale- 18 F 1
Bertigaro 1 D 3
✉ 16040
Bertinoro 7 B 1
✉ 47032
Bertocchi 2 F 5-6
✉ 41055
Bertone 1 B 2
Bertone, Colle- 18 A 2
Bertorella 1 D 5
Bertuzzi, Valle- 3 A 6
Berzigala, la- 2 E 5
Berzola 2 B-C 1
Besózzola 1 A 6

Bessude 30 E 5
✉ 07040
Betigna, Torrente- 4 B 6
Béttola (PU) 7 E 7
Béttola (RE) 2 C 3
Bettolelle 10 A 8
Bettolle 9 F 7
✉ 53040
Bettona 14 B 3
✉ 06084
Bevagna 14 C 4
✉ 06031
Bevano, Bocca del- 3 E 7
Bevano, Torrente- 7 A 1
Beverino 4 C 6
Beverone 4 C 5-6
Bevilácqua (BO) 2 A 8
Biagetto, Pián- 5 B 6
Biagi 10 F 8
Biágio, Póggio di- 13 F 8
Biagioni 6 B 1
Bianca 17 F 3
Bianca, la- 29 F 5
Bianca, Punta- (SP) 4 F 7
Biancamícia 13 B 6
Biancanelle, Póggio- 8 C 6
Biancanigo 3 F 3
Biancano 27 E 2
Biancareddu 28 E 1
✉ 07040
Bianche, Case- 28 B 2
Bianchi (PR) 1 B 6
Bianco, Monte- (FR) 22 F 1
Biasi 31 C 5
Biassa 4 E 5
✉ 19133
Bibbiana 6 B 5
Bibbiano (AR) 9 B 7
Bibbiano (FI) 6 F 4
Bibbiano (RE) 2 B 2
✉ 42021
Bibbiano (SI-Buonconvento) 13 A 4
Bibbiano (SI-Colle di Val d'Elsa) 9 C 2
Bibbiena 9 A 7
✉ 52011
Bibbona 8 E 6
✉ 57020
Bibbona, Riserva Naturale di- 8 E 6-7
Bibele, Monte- 2 F 8
Bibiana 9 A 7
Bíbola 4 D 7
✉ 54011
Bibulano 2 F 8
Bíccari 27 B 8
✉ 71032
Bicchiere 5 B 7
Bicciano 9 B 7
Bicco, Monte- 14 C 8
Biddé, Nuraghe- 31 E-F 3
Bidderdi, Cantoniera- 34 E 4
Biddiriscottai, Grottone di- 33 B 6
Bidella, Nuraghe- 34 A 5-6
Bidente, Fiume- 6 C 8
Bidente di Corniolo, Fiume- 6 D 7
Bidente di Pietrapazza, Fiume- 6 E 7
Bidente Ridrácoli, Fiume- 6 D-E 7
Bidicolai, Cantoniera- 33 C 5
Bidiene, Rio- 32 B-C 6
Bidighinzu, Lago- 30 E 5
Bidissáriu, Rio- 34 A 7-8
Bidonì 32 D 7
✉ 09080
Biedano, Fosso- 17 D 4
Biena, Torrente- 9 E-F 4
Biforco (AR) 6 F 8
✉ 52010
Biforco (FI) 6 C 5
Bigioni 18 A 3
✉ 02010
Bíglio 4 B 7
Bigotti 1 C 4
Bilanciere, Monte- 15 F 3
Bilancino, Lago di- 6 C-D 3
Bilgalavò 31 C 6-7
Biliano Saldu 29 D 4
Billi 7 E 2
Billi, Palazzo- 10 E 5
Binaghe, Monte- 1 C 6
Binami 13 A 8
Bino, Lago- 1 B 4
Bintinoi, Rio- 35 D-E 4
Bínzas, Rio 'e- 33 C 2
Biódola, Golfo della- 12 D 4
Birándola 9 F 5
Biriu, Nuraghe- 34 A-B 7
Bírori 32 B-C 6
✉ 08010
Bisani, Cantoniera- 33 D 2
Bisano 3 F 1
✉ 40050

Bisarca, la- 13 C 6
Bisce, Ísola delle- 29 C 5
Bíscia, Passo della- 4 B 4
Biscina 10 F 4
Bisco, Masseria del- 27 B 8
Biscúbio, Torrente- 10 B 3
Bisegna 22 B 1
✉ 67050
Biséia, Ponte de- 31 F 2
Biselli 14 E 7
Bisenti 19 B 1
✉ 64033
Bisentina, Ísola- 17 A 3
Bisénzio, Fiume- 6 C 2
Bisignano (AP) 15 D 2
✉ 63040
Bissicoro, Monte- 33 E 6
Bithia 36 F 6
Bitta, Cala- 29 D 5
Bitti 31 F 4
✉ 08021
Bivigliano 6 D 3
✉ 50030
Bívio, il- 6 C 3
Bívio Capoiale, Fermata- 24 D 3
Bívio Colli 15 D 4
Bívio di Montegelli 7 C 1
Bívio Ercole 10 F 6
Bizzuno 3 D 4
Blera 17 E 4
✉ 01010
Blockhaus, Monte- 19 F 3
Boasi 1 C-D 1
Bobolíca, Rio- 32 D 5
Bocca, Ísola della- 29 F 5-6
Bocca Chiarano, Serra- 22 B 7
Bocca di Fiume 25 B 7
Bocca di Magra 4 F 7
✉ 19030
Bocca di Pantano, Casa- 22 C 2
Boccadirio, Santuário di- 6 B 2-3
Bocca di Scala, Monte- 5 A 5
Bocca di Valle 19 F 3-4
Boccáia, Casa- 5 A 5-6
Boccaleone 3 B 3
✉ 44010
Bocca Nuova, Foce- 23 B 3
Boccassuolo 2 F 3
✉ 41046
Boccea 20 B 5
Boccetta 14 F 1
Boccheggiano 13 A 1
✉ 58020
Bocchignano 18 E 1
✉ 02030
Bocco 1 E 2
Bocco, Monte- 4 B 8
Bocco, Passo del- (GE) 1 D 3
✉ 16040
Bocco, Passo del- (GE-SP) 1 E 3-4
Bóccolo della Noce 1 A 5
Bóccolo de' Tassi 1 A 5
Bocconi 6 C 6
✉ 47010
Boes, Nuraghe- 31 F 3
Boésimo 6 B 6
Bogli 1 B 2
Bogliasco 1 E 1
✉ 16031
Boi, Capo- 37 C 5
Bóio 1 B 7
Bóio, Monte- 18 B 4
Bojano 27 A 3
✉ 86021
Bolano 4 D 6
✉ 19020
Bólgheri 8 F 6
✉ 57020
Bólgheri, Stazione di- 8 F 6
✉ 57020
Bollano 9 F 5
Bolle, le- 9 B 3
Bollella 27 B 4
Bologna (BO) 2 C-D 8
✉ 40100
Bolognana 5 C 5-6
Bolognano (PE) 19 E 2
✉ 65020
Bolognina 2 A 7
Bolognola (MC) 15 C 1
✉ 62035
Bolótana 32 B 7
✉ 08011
Bolótana, Stazione di- 32 B 7
✉ 08011
Bolsena 13 F 8
✉ 01023
Bolsena, Lago di- 17 A 3-4
Bolza, Monte- 18 C 8
Bomarzo 17 B 6
✉ 01020
Bomba 22 A 5
✉ 66042
Bombarde, Spiággia delle- 30 E 2
Bombiana 6 A 1
✉ 40030
Bombone 6 F 4
Bominaco 18 E 8

Bomporto 2 A 6
⊠ 41030
Bona, Cala- 30 E 2
Bona, Funtana- 33 D 4
Bonaita 30 A 7
Bonalaccia 12 E 4
Bonarba, Rio- 35 F 3
Bonárcado 32 D 5
⊠ 09070
Bonassai, Nuraghe- 30 D 2
Bonassola 4 D 4
⊠ 19011
Boncellino 3 E 5
⊠ 48012
Bonconvento 2 B-C 8
Bonea 27 F 4
⊠ 82013
Bonefro 23 E 1
⊠ 86041
Bonefro-Santa Croce, Stazione di- 23 E 1
Bonéggio 14 B 3
Bonelle 6 C 1
Bonghi, Monte- 33 F 6
Boni 6 B 1
Bonifácio 29 A 2-3
Bonifácio, Bocche di- 29 A-B 3-4
Bonito 27 E 7
⊠ 83032
Bonnánaro 30 E-F 5
⊠ 07043
Bono (SS) 32 A 7
⊠ 07011
Bonórchis, Torrente- 32 D 6
Bonorva 32 A 5
⊠ 07012
Bonu Ighinu, Castello- 32 A 4
Bonu Ighinu, Chiesa- 30 F 4-5
Bora (FC) 7 C 1
Bora (RE) 2 D 1
Boracífero, Lago- 12 A 8
⊠ 58020
Borágine, Monte- 18 A 4
Boratella 7 C 1
Borbona 18 B 4
⊠ 02010
Bordignano 6 A 4
Bordónchio 7 B 3
Bore 1 A 6
⊠ 43030
Boreca, Torrente- 1 B 2
Borella 7 A 3
Borello (FC) 7 C 1
⊠ 47022
Borello (RA) 3 F 3
Borello, Torrente- 6 D 8
Borgáccio 7 F 6
Borgallo, Galleria del- 1 D 6
Borgallo, Monte- 4 A 6
Borgaria 17 B 8
⊠ 05035
Borgata Marina (CH) 19 E 6
Borgata Mastino 34 B 4
Borgata Pirastera 35 A 2
Borgatello 9 D 2
Borghetti 2 E 8
Borghetto (AN-Ancona) 11 B 5
Borghetto (AN-Monte San Vito) 11 B 3
Borghetto (MC) 11 C 3
Borghetto (PG-Fossato di Vico) 10 E 5
Borghetto (PG-Tuoro sul Trasimeno) 9 F 8
⊠ 06060
Borghetto (PT-Campiglio) 5 C 8
Borghetto (PT-Pistoia) 6 D 1
Borghetto (RA-Bagnacavallio) 3 E 5-6
Borghetto (RA-Faenza) 3 E 4
Borghetto (VT-Cívita Castellana) 17 D 7 ⊠ 01030
Borghetto (VT-Grotte di Castro) 13 F 7
Borghetto, Villa- 13 A 6
Borghetto di Fenígli 10 B 5
Borghetto di Vara 4 C 5
⊠ 19020
Borghetto Primo 3 F 6
Borghetto Secondo 3 F 6
Borghetto Traversara 3 E 5
Borghi (FC) 7 C 2-3
⊠ 47030
Bórgia, Sciale- 23 F 8
Borgiano 14 A 8
Borgo (AP) 15 E 1
Borgo (CE) 26 D 8
Borgo (MS) 4 C 6
Borgo a Buggiano 5 E 7
⊠ 51011
Borgo a Giovi 9 B-C 7
Borgo alla Collina 6 F 6
⊠ 52010
Borgo a Mozzano 5 C 6
⊠ 55023
Borgo Áppio 26 E 8
⊠ 81046
Borgo Bainsizza 25 A 5
⊠ 04010
Borgo Bisano 3 F 1
Borgo Bóvio 18 A 1
Borgo Campone 7 A 3
Borgo Capanne 6 B 1
⊠ 40030
Borgo Carso 25 A 6
⊠ 04010
Borgo Celano 24 F 3
Borgo Cerreto 14 E 6
⊠ 06041
Borgo Cortili 3 B 2-3
Borgo delle Ánime 3 D 6
Borgo di Ronta 7 A 2
Borgo di Stazione Montecósaro 11 E 6
Borgo Duanera la Rocca 23 F 5
Borgo Ermada 25 C 8
⊠ 04010
Borgo Flora 25 A 5
⊠ 04012
Borgo Fosso Ghiáia 3 E 7
Borgo Fusara 3 D-E 5-6
Borgo Galluzzo 10 A 8
Borgo Giglione 10 F 2
Borgognone, Monte- 1 D 7
Borgo Grappa (LT) 25 B 6
⊠ 04010
Borgo Isonzo 25 B 6
⊠ 04100
Borgo Manara 3 A 6
Borgo Masotti 3 D 6
Borgo Massano 7 E 5
Borgo Montello 25 A 5
⊠ 04010
Borgo Montenero 25 D 7
⊠ 04010
Borgo Muratori 3 F 6
Borgonovo Ligure 1 D 3
⊠ 16046
Borgonuovo (AR) 9 F 7
Borgonuovo (LU) 5 E 6
Borgonuovo (TE) 15 F 3
Borgonuovo di Pontécchio 2 D 8
Borgo Ottomila 21 B 7
Borgo Pace (PU) 10 A 2
⊠ 61040
Borgo Páglia (FC-Cesena) 7 B 2
Borgo Páglia (FC-Mercato Saraceno) 7 C 1
Borgo Panigale 2 C-D 8
⊠ 40132
Borgo Pasna 3 F 6
Borgo Pasúbio 25 B 7
⊠ 04014
Borgo Piave (LT) 25 A 6
⊠ 04010
Borgo Pieve Sestina 7 A 2
Borgo Podgora 25 A 6
⊠ 04010
Borgo Quínzio 18 F 1
⊠ 02030
Borgo Rio Secco 17 C 3
Borgo Ripe 15 A 2
Borgo Rívola 3 F 3
⊠ 48025
Borgorose 18 E-F 5
⊠ 02021
Borgo Ruffini 11 B 4
Borgo Sabotino 25 B 5
⊠ 04010
Borgo San Giovanni (MC-Belforte del Chienti) 15 A 1
Borgo San Giovanni (MC-Visso) 14 C 8
Borgo San Lorenzo 6 D 4
⊠ 50032
Borgo San Pietro (RI-Petrella Salto) 18 E 4
⊠ 02020
Borgo San Pietro (RI-Póggio Bustone) 18 B 2
⊠ 02018
Borgo Santa Maria (LT) 25 B 5
Borgo Santa Maria (MC) 15 A 1
Borgo Santa Maria (PU) 7 E 6
⊠ 61020
Borgo Sant'António 14 C 8
Borgo Sant'António Abate 27 C 1 ⊠ 81040
Borgo Santa Rita 20 F 6
Borgo San Vittore 7 B 1-2
Borgo Seganti 3 C-D 5
Borgo Sisa 3 F 6
Borgo Stecchi 7 C 1
Borgo Tomba 3 A 3-4
Borgo Tossignano 3 F 2
⊠ 40021
Borgo Túfico 10 E 7
Borgo Vaccina 20 B 3
Borgo Val di Taro 1 C-D 5-6
⊠ 43043
Borgo Valeriani 3 B 2
Borgo Velino 18 C 3-4
⊠ 02010
Borgo Vódice 25 C 7
⊠ 04010
Boroneddu 32 D 6
⊠ 09080
Bórore 32 C 6
⊠ 08016
Borra, la- (FC) 3 F 5
Borra, la- (PI) 8 A 6
Borrello (CH) 22 B 4-5
⊠ 66040
Borri, Chiesa- 9 A 4
Borro 9 B 6
Borroni 14 C 5
Borsa, Torrente- 4 B 4
Borsa Bassa 7 C 1
Borsano (PR) 1 B 8
Borsea (RE) 2 B 2
Borselli 6 F 5
⊠ 50060
Borsigliana 5 A 4
Borta de Carrónes, Rio sa- 33 B 2-3
Borta Melone, Monte- 33 D 2
Bortigali 32 B 6
⊠ 08012
Bortigiádas 31 A 2
⊠ 07030
Bortolani 2 E 7
Borutta 30 F 5
⊠ 07040
Borzano (RE-Albinea) 2 B 3-4
⊠ 42010
Borzano (RE-Ciano d'Enza) 2 C 2
Borzonasca 1 D 3
⊠ 16041
Borzone 1 D 3
Bosa 32 B 3
⊠ 08013
Bosa Marina 32 B 3
⊠ 08013
Boschetti, i- 12 A 8
Boschetto (LT) 21 E 2
Boschetto (PG) 10 F 6
Boschetto (PR-Albareto) 1 D 5
Boschetto (PR-Tizzano Val Parma) 2 C 1
Boschi (BO) 3 B 2
Boschi (PC) 1 B 3
Boschi (PR) 1 C 7
Boschi, Villa i- 9 F 6
Boschi di Bardone 1 B 8
⊠ 43040
Boschi di Carrega, Parco Regionale dei- 1 A 8
Bosco (PG) 14 A 3
⊠ 06080
Bosco (PR) 1 D 7
⊠ 43020
Bosco, Punta- 25 E 1
Bosco, Rifúgio del- 27 B 6
Bosco ai Frati, Convento- 6 C 3
Bosco di Frattona 3 E 2
Bosco di Rossano 4 B-C 6
Bosco di Sant'Agnese, Riserva Naturale- 9 C 3
Bosco di Scardavilla, Riserva Naturale- 6 B 8
Boscona 9 D 2
Bosconure 1 A 4
Bosco Pontoni, Masseria- 23 C 2
Bosco Rédole, Stazione di- 27 A 4
Bosco Tondo 9 C 1
Bosseda 4 C 6
Bossi (AR) 9 D 7
Bossi (SI) 9 D 4
Bosso, Fiume- 10 B-C 4
Bóssola, Monte- 1 A-B 1
Bossona, Villa di- 13 A 7
Botináccio 9 A 1
Botro ai Marmi 12 A 6
Bottáccia, la- 20 C 5
Bottagna 4 D 6
⊠ 19020
Bottazzella 26 A 8
Botte 17 D 5
⊠ 01013
Botte, Scóglio la- 25 F 2-3
Bottega 7 E 5
Bottegone 6 D 1
⊠ 51032
Botticino (FE) 3 A 3
Bóttidda 32 A 7
⊠ 07010
Bottigli, Monte- 13 F 2
Bottignana 4 C 8
Bottione 1 B 6-7
Botto 14 F 1
Bova (FE) 3 A-B 3
Bovara 14 D 5
Bove, Monte- 21 A 5
Bovécchio (FI) 6 C 2
Bovécchio (SP) 4 D 5
Bovéglio 5 D 7
Bove Nord, Monte- 14 C 8
Bove Sud, Monte- 14 C 8
Boville Érnica 21 F 6-7
⊠ 03022
Bovino (FI) 6 D 5
Bozale, Cappella del- 1 C-D 3
Bozzano 5 E 5
⊠ 55050
Bozzolo (SP) 4 C 5
Brabaisu, Rio- 35 F 4
Bracali 6 E 1
Braccagni 13 D 1-2
Braccano 10 E 7
Bracciano (FC) 7 B 1
Bracciano (RM) 20 A 4
⊠ 00062
Bracciano, Lago di- 17 F 5-6
Bráccio d'Arpino 21 F 7
Bracco 1 F 4
Bracco, Passo del- 4 C 4
Bracelli 4 D 5
Braddi, Case- 18 A 3
Bráia (MS) 4 A 6
Bráia (PR) 1 C 8
Bráida 2 C 5
Brallo di Pregola 1 A 2
⊠ 27050
Brana 6 C 1
Branca 10 E 5
⊠ 06020
Brancíglia 2 D 3
Brancorsi 12 A 7
Brandéglio 5 C 7
Brandinchi, Porto- 31 B 6
Brándola 2 E 4
Braniatógghiu 29 D 4
Branzone 1 C 6
Brasimone, Lago- 6 B 2
Brasimone, Torrente- 6 A 2
Brática, Torrente- 1 D 8
Brattello, Passo del- 4 A 6
Bratto (MS) 4 A 6
Bravi 1 A 6
Brebéis, Stagno de is- 36 E 4
Brecciarola 19 D 3
⊠ 66010
Brecciosa, Monte la- 21 D 8
Breccioso, Colle- 18 F 5
Bregaceto, Monte- 1 D 3
Brenna (SI) 9 F 3
Brento 2 E-F 8
Bréscia (RN) 7 D 5
Breva, la- 1 D 4-5
Brevenna, Torrente- 1 C 1
Brezza 26 E-F 8
⊠ 81046
Briccioso 22 E 4
Bric della Forca 1 A 3
Brícoli 6 F 2
Brigantina, Punta- 16 D 1
Bríglia, la- 6 D 2
⊠ 59028
Brígnole 1 C 3
Brisighella 6 A 6-7
⊠ 48013
Bríttoli 19 D 1
⊠ 65010
Brizzolara 1 D 3
⊠ 16040
Broccostella 21 E 8
⊠ 03030
Broletto 2 B 3
Brólio 9 E 7
Brólio, Castello di- 9 D 4
Brollo 9 A 4
Brómia 1 C 1
Brondoleto 10 F 7
Bronzo 7 E 4
Brozzi 6 E-F 2
⊠ 50145
Bruchelle, Monte- 6 C 8
Brucianesi 6 F 1-2
⊠ 50055
Bruciano, Castello di- 8 F 8
Bruciato 7 D 3
Brufa 14 B 3
⊠ 06089
Bruggi 1 A 2
Brugnato 4 C 5
⊠ 19020
Brugneto (PC) 1 A 3
⊠ 29020
Brugneto, Lago del- 1 C 2
Brugnetto 10 A 8
⊠ 60010
Brugnola 1 B-C 6
Bruilcu Comidai 37 A 5
Bruna 14 E 5
⊠ 06080
Bruna, Fiume- 12 E 8
Bruna, la- 10 F 3
Bruncu Allasu 33 F 4
Bruncu Arcuentu 35 E 2
Bruncu Capriolu 33 F 4
Bruncu Cicillanu 37 A 5
Bruncu Coxinadróxiu 37 A 4
Bruncu de Madili, Nuraghe- 34 B 7
Bruncu 'e Pisu 33 D 6
Bruncu 'e Pisucerbu 33 E 5
Bruncu Fenugu, Rio- 34 D 6
Bruncu Furau 33 F 4
Bruncu Istiddi 33 F 2-3
Bruncu Mógumu 37 A 3
Bruncu Muncinale 33 E 3
Bruncu Niada 35 B 5
Bruncu Perda Ziara 33 F 2
Bruncu sa Cruxi, Nuraghe- 34 C 7
Bruncu Sálamu 35 F 3
Bruncu San Giórgio 33 E 2
Bruncu Sant'Elías 33 F 2
Bruncu Sciòllas 35 E 5-6
Bruncu Sogáies 32 F 6
Bruncu Spina 33 E 4
Bruncu su Cani 35 F 3
Bruncu Téula 36 C 3
Brunella 31 D 6
⊠ 08020
Brunelli (PR) 1 C 5-6
Brunetta 10 E 3
Brunette, Monte- 14 D 6
Bruno, Monte- (FC) 6 C 6
Bruno, Póggio- 13 D 1
Brusá, Monte- 1 E 7
Bruscara, Casa- 10 A 2
Brusciana 8 A 8
Brusciano (RI) 18 E 4
Brusciól, Monte- 4 B 6-7
Brúscoli 6 B 3
⊠ 50033
Bruzzetti 1 A 4-5
Bruzzi 1 A 5
Bubano 3 E 3
⊠ 40020
Buca, la- (BO) 2 A 7-8
Buca, la- (SI) 13 A 6
Buccetta 14 F 1
Bucchiánico 19 D 3-4
⊠ 66011
Bucciana, Monte- 6 C 1-2
Bucciano (BN) 27 F 4
⊠ 82010
Bucciano (PI) 8 A 8
Bucciano (SI) 9 E 4
Búcine 9 C 5
⊠ 52021
Buco, Molino del- 9 B 7
Buco del Signore 2 B 3
Buda (BO) 3 C-D 3
Buda (PG) 18 A 3
Buddusò 31 E 3
⊠ 07020
Budelli, Ísola- 29 B 4
Budello, Monte- 29 B 4
Budello, Torre- 36 E 5
Búdino 14 C 4
Budoni 31 C 6-7
⊠ 08020
Budoni, Cala di- 31 C 7
Budoni, Fiume- 31 C 6
Budrialto, Monte- 6 B 6
Búdrie 2 C 7
⊠ 40017
Búdrio (BO) 3 C 2
⊠ 40054
Búdrio (RA) 6 A 5
Búdrio (RE) 2 A 4
Bue, Monte- 1 C 4
Bue Marino, Grotta del- 24 A 2
Bue marino, Grotta del- 33 C 6
Buenos Aires, Póggio- 1 D 3
Bufalotta 20 B 7
Bugiano 14 D 6
⊠ 06040
Buggerru 34 F 3
⊠ 09010
Buggiana 6 D 8
Buggiano 5 D 7
⊠ 51011
Bugialla 9 C 4
Bugnara 22 A 1
⊠ 67030
Buiano 9 A 7
Buida, Ponte- 18 E 2
Búio, Monte- 1 B 1
Bulciano 6 F 8
Bulera, Croce- 8 E 8
Bulgaria 7 B 2
⊠ 47023
Bulgarnò 7 B 2
Buliciano 9 D 1
Bullicame, Lago- 17 C 4-5
Bullone, su- 28 F 6
Bultei 31 F 2
⊠ 07010
Bulvarís, Cantoniera- 30 D 7
Bulzi 28 E 6
⊠ 07030
Búnnari, Lago- 28 F 4-5
Buonacquisto 18 B 2
⊠ 05030
Buonalbergo 27 D 7
⊠ 82020
Buoncammino 29 C 3
Buonconvento 13 A 4
⊠ 53022
Buoni 1 C 1
Buonsollazzo, Badia- 6 D 3
Buonviággio 4 D 6
Burano, Fiume- 10 B 5
Burano, Lago di- 16 C 7-8
Burano, Serra di- 10 C-D 4
Burano, Torrente- 10 C 4
Burantinu, Cala- 30 F 2
Burcei 37 A 4
⊠ 09040
Búrchio 9 A 4
Búrghidu, Nuraghe- 30 D 7
Búrgos 32 A 7
⊠ 07010
Buriane 3 C 2
Buriano (GR) 13 D 1
⊠ 58040
Buriano (PI) 8 D 7
Buriano (PT) 6 E 1
Burráia, Rifúgio la- 6 E 6
Burrone, Monte- 8 C 5
Burzanella 6 A 2
Burzano 3 E 1
Busachi 32 E 6
⊠ 09082
Busana 2 E 1
⊠ 42032
Busática 4 B 6
Busche (PG) 10 F 5
Busci 18 B 5
Busco (AR) 10 F 1
Busi (PR) 1 B 6
Businco, Scóglio 28 E 1
Busona 9 D 3
Busseto (AR) 9 B 7
Busseto (MS) 4 C 7
Bussi 21 A 7
Bussi sul Tirino 19 E 1
⊠ 65022
Busso 22 F 6
⊠ 86010
Buti 5 F 6
⊠ 56032
Bútule, Rio- 30 E 7
Buzzáccheni 15 B 2
Buzzancone, Punta di- 12 E 5
Buzzó 1 D 5

C

Ca' 1 B 3
Ca', la- 6 A 3
Cabanne 1 C 3
⊠ 16040
Ca' Bazzone 3 E 1
Cábbia 18 B 4-5
Cábbia, Monte- 18 B 4
Cabella Lígure 1 A 1
⊠ 15060
Cabelle 2 D 6
Cabelli 6 D 7
Cabernardi 10 C 6
⊠ 60042
Ca' Bertacchi 2 C 3
Caboara 1 C 5
Ca' Bortolucci 2 E 5
Cabosa 1 B 2
Cábras 32 F 4
⊠ 09072
Cábras, Stagno di- 32 F 3
Cabu Ábbas, Santuário Nurágico- 29 F 5
Caburáccia 6 A 4
Cáccamo sul Lago 15 A 1
Cacchiano 9 D 4
Cáccia, Capo- 30 E 1
Cacciamponi 10 C 6
Cacciano (AN) 10 E 6
Cacciano (AR) 9 D 6
Cacciano (BN) 27 E 4
⊠ 82030
Cacciola 2 B 4
Caccume, Monte- 21 F 5
Cadágnolo 5 A 6
Caddárgiu, Ponte- 33 B 3
Cáddaris, Nuraghe- 32 C 6
Cadè (RE) 2 A 3
⊠ 42040
Ca' de' Cároli 2 C 4
⊠ 42019
Ca' de' Fabbri (BO-Castello di Serravalle) 2 E 7
Ca' de' Fabbri (BO-Minérbio) 3 B 1 ⊠ 40050
Cadelbosco di Sopra 2 A 3
⊠ 42023
Ca' del Costa 6 A 3
Ca' di Giulietta 2 F 8
Cadignano (MO) 2 E-F 4
⊠ 41023
Ca' di Lugo 3 D 4
Cadimare 4 E 6
⊠ 19131
Ca' di Quattro 5 A 6
Cadiróggio 2 C 4
Ca' di Sola 2 C 6
Cadréas, Cantoniera- 32 A 5
Cadriano 3 D 1
Cafággio (LI) 12 B 6
Cafággio (PO) 6 E 2
⊠ 59100
Cafaggiolo 6 D 3
⊠ 50037
Caffaráccia 1 C 6
Cafórnia, Monte- 18 F 6
Ca' Gallo 7 F 4
⊠ 61020
Cággiole 13 A 7
Cagli 10 B 4-5
⊠ 61043
Cágliari 37 B 2
⊠ 09100
Cágliari, Golfo di- 37 C-D 2-4
Cágliari, Stagno di- 37 B 2
Cagnano Amiterno 18 B-C 5
⊠ 67012
Cagnano Varano 24 D 4
⊠ 71010
Cágnero, Monte- 10 A 3
Cagno, Monte- 18 E 6
Cágnore 10 F 8
Caguseli, Ianna- 33 C 3
Cáia Borsa 27 C 4
Caianello 26 C 8
⊠ 81059

Caiano (AR) **6** F 6
Caiano (TE) **15** F 3
Caiazzo **27** E 2
✉ *81013*
Caicambiucci **10** C 4
✉ *06020*
Caimbanca **3** A 5
Cáio, Monte- **1** D 8
Caioletto **7** E 1
Cáio Menio Basso, Monumento a- **21** B 2
Cáira **26** A 6
✉ *03040*
Cáiro **7** E 6
Cáiro, Monte- **26** A 6
Caiti **2** D 1
Cáitta, Ponte di- **30** F 3
Cala, Punta de sa- **35** D 6
Calabresi, Villa- **14** F 1
Calabrina **7** A 2
Cala d'Oliva **28** B 2
✉ *07042*
Cala d'Óstia, Torre di- **36** E 7
Calafúria **8** C 4
Calafúria, Riserva Naturale di- **8** C 4
Cala Galera **16** C 6
Cala Gonone **33** B 6
✉ *08020*
Cala Grande, Punta- **16** C 5-6
Calagrano, Cala- **29** C-D 5
Cala Liberotto **33** A 7
✉ *08028*
Calalunga, Torre di- **24** C 6
Calambrone **8** B 4
Calamecca **5** C 7-8
✉ *51010*
Calamello, Torre di- **6** A 6
Calamita, Monte- **12** E 5
Calamone, Lago- **2** E 1
Cala Mosca **37** B-C 2-3
✉ *09126*
Calanchi di Atri, Riserva Naturale- **19** A 2
Calangiánus **29** F 3
✉ *07023*
Cala Píccola **16** C 5-6
Cala Piombo, Punta di- **36** F 4
Cala Regina, Torre- **37** C 4
Calaresu, Rio- **33** E 4
Cala Sabina, Fermata- **29** E 6
Caláscio **18** D 8
✉ *67020*
Cala Scirocco, Punta- **8** C 1
Calasetta **36** C 2
✉ *09011*
Calassiti **21** F 7
Calaverde **36** E 7
Calavorno **5** C 6
✉ *55024*
Calazzotto **22** A 4
Calbenzano **9** B 7
Calbi **9** D 7
Calbóla **6** C 7
✉ *47017*
Cálboli **6** B 7
Calcara (BO) **2** C 7
✉ *40010*
Calcara (MC) **14** C 8
Calcariola **18** D 3
Calcata **17** E 7
✉ *01030*
Calci **5** F 6
✉ *56011*
Calcina **14** A 7
Calcina, Cala della- **30** E 1
Calcináia (FI-Lastra a Signa) **6** F 2
Calcináia (FI-San Casciano in Val di Pesa) **9** A 2-3
Calcináia (PI) **8** A 6
✉ *56012*
Calcináio, Monte- **13** C 7
Calcinelli **7** F 6
✉ *61030*
Calcione **9** E 6
Calcione, Molino del- **9** E 6
Caldana (GR) **12** D 8
✉ *58020*
Caldana (LI) **12** B 6
Caldarette **15** A 4
Caldarola **15** A 1
✉ *62020*
Calderara di Reno **2** C 8
✉ *40012*
Calderino **2** D 7
✉ *40050*
Caldese, il- **10** B 3
Caldirola **1** A 1
✉ *15050*
Caldognola, Torrente- **14** A 5
Caldosa, Stazione- **29** D-E 4
Cálena, Monte- **24** D 6
Calenzano **6** E 2
✉ *50041*
Calenzano Fondo **1** A 4
Calerno **2** A 2-3
✉ *42040*
Cales **26** E 8
Calestano **1** B 8
✉ *43030*
Caletta **8** D 5
✉ *57012*
Caletta, la- (CA) **36** C 2
Caletta, la- (NU) **31** E 7
✉ *08020*
Cálice al Cornovíglio **4** C 6
✉ *19020*
Cálich, Stagno di- **30** E 2
Cálice, Torrente- **6** D-E 1
Cálici, Masseria li- **23** F 5
Califórnia, la- **8** E 6
✉ *57020*
Caligi, Monte- **5** B 7
Caligiana **14** A 2
Calisese **7** B 2
✉ *47020*
Calistri **5** B 8
✉ *40030*
Calla, Passo la- **6** E 6
Calleta **9** A 6
Callone **8** A 7
Cállora, Torrente- **27** A 2
Calmazzo **10** A 5
✉ *61030*
Calómini **5** B 5
Calone, Nuraghe- **33** B 2
Calore **27** F 6
✉ *83033*
Calore, Fiume- (BN) **27** D 3
Calvana, Monti di- **6** C-D 2
Cálvari (GE-Davagna) **1** E 1
Cálvari (GE-San Colombano-Certénoli) **1** E 2
✉ *16040*
Calvário, Monte- (AQ) **22** C 3
Calvário, Monte- (BN) **27** E 7
Calvário, Monte- (RM) **17** F 5
Calvário, Monte- (TE) **18** A 7
Calvário, Monte il- **22** E 3
Calvello, Colle- **25** A 8
Calvello, Monte- (AV-Casálbore) **27** D 7
Calvello, Monte- (BN) **27** C 4
Calvello, Monte- (IS) **26** B 8
Calvenzano (BO) **2** F 7
Calvi (BN) **27** F 6
✉ *82018*
Calvi, Monte- (BO) **6** B 2
Calvi, Monte- (CE) **27** F 2
Calvi, Monte- (LI) **12** A 6
Calvi, Monte- (VT) **17** E 6
Cálvia, Monte- **30** F 7
Cálvia, Rio de- **30** E 2
Calvi dell'Úmbria **17** C 8
✉ *05032*
Calvillano **7** E 2
Calvilli, Monte- **26** B 3
Calvi Risorta **27** D 1
✉ *81042*
Calvisi **27** C 2-3
✉ *81010*
Calvi Vécchia **27** D 1
Calvo, Monte- (AQ) **18** C 5
Calvo, Monte- (BN) **27** E 5
Calvo, Monte- (CB) **23** E 2
Calvo, Monte- (CH) **19** F 6
Calvo, Monte- (FG) **24** E 4
Calvo, Monte- (FR-Monti Aurunci) **26** B-C 6
Calvo, Monte- (FR-Monti Ausoni) **26** B 3
Calvo, Monte- (GR-Gavorrano) **12** C 8
Calvo, Monte- (GR-Santa Fiora) **13** E 5
Calvo, Monte- (LT) **26** C 3
Calvo, Monte- (RM) **21** B 4
Calvo, Monte- (SI) **9** C 4-5
Calzolaro **10** E 2
✉ *06010*
Camaiore **5** D 4
✉ *55041*
Camáldoli (AR) **6** F 7
✉ *52010*
Camáldoli (RM) **21** D 1
Camáldoli, Éremo di- **6** E 7
✉ *52010*
Camarda **18** C 7
✉ *67010*
Camarda, Monte- **18** D 8
Camarrásiu, Rio- **32** A 3
Camatta (MO) **2** F 4-5
✉ *41020*
Cambiano (FI) **9** A 1
✉ *50051*
Cámbio, Monte di- **18** B 3
Camedda, Ponte- **30** E 4
Camedda, Rio- **30** E 4
Camenata, Molino- **9** C 4
Cámera **15** E 4
Cámera, la- **23** E 5
Camerano (AN) **11** B-C 5
✉ *60021*
Camerano (RN) **7** C 3
Camerata **14** F 3
✉ *06059*
Camerata Nuova **21** A 4
✉ *00020*
Camerata Picena **11** B 4
✉ *60020*
Cámere, Ísole le- **29** D 6
Cámere, le- **29** A 2
Camerino **14** A 8
✉ *62032*
Camerlona **3** D 6
✉ *48010*
Cameroni, i- **24** A 2
Ca' Micci **7** E 3
Camícia, Monte- **18** C 8
Camigliano (CE) **27** E 1
✉ *81050*
Camigliano (SI) **13** B 4
Camilla, Passo della- **1** E 3
Caminata (PR) **1** B 5
Caminino **13** B-C 2
Camino (CE) **26** B 7
✉ *81040*
Camino, Monte- (CE) **26** C 7
Camisa **37** A 5
Camminate **7** F 7
Cammino, Masseria- **26** F 8
Cámmoro **14** D 6
✉ *06030*
Camoggiano **6** C 3
Camogli **1** E 1
✉ *16032*
Camosciara, la- **22** D 2
Campáccio **5** B 4
Campáccio, Monte- (FI) **6** D 5
Campaegli **21** B 4
Campagnano di Roma **17** F 7
✉ *00063*
Campagnático **13** D 3
✉ *58042*
Campagnola (CE) **26** C 8
✉ *81040*
Campagrina **5** B 4
Campaiana **5** A 5
Campaldino, Piano di- **6** F 6
Campana (AQ) **18** E 7
Campana (FI) **9** B 3
Campana (SI) **9** F 4
Campana, Colle- **10** F 2
Campana, la- **3** D 1
Campana, Porto- **36** F 6
Campanaro, Piscina- **24** C 6
Campanaro, Scuola- **27** B 6
Campanasissa, Colle della- **36** B 5
Campane, Póggio delle- **7** F 2
Campanedda **28** F 2
✉ *07040*
Campanelle **15** A 2
Campanino **27** F 4
Campanozzi, Casa- **24** E 3
Campeda, Altopiano della- **32** A-B 5-6
Campeda, Stazione di- **32** B 6
Campéggio **6** A 4
Campello sul Clitunno **14** E 5-6 ✉ *06042*
Campensa, Masseria- **27** A 5
Campestri **6** D 4
Campi (AR) **9** A 7
Campi (PG) **14** D 8
Campi (PR) **1** D 5
Campi (SI) **9** D 4
Campi, Báia di- **24** D 7
Campiano (FC) **7** D 1
Campiano (RA-Castèl Bolognese) **3** F 3
✉ *48010*
Campiano (RA-Ravenna) **3** F 6
Campi Bisénzio **6** E 2
✉ *50013*
Campidano **34** A-F 4-6
Campíglia **4** E 5-6
✉ *19132*
Campíglia dei Foci **9** D 2
Campíglia d'Órcia **13** C 6
✉ *53020*
Campíglia Maríttima **12** B 6
✉ *57021*
Campíglia Maríttima, Stazione di- **12** B 6
✉ *57020*
Campíglio (MO) **2** D 6
Campíglio (PT) **5** C 8
Campigliola, la- **17** B 1
Campiglione (AP) **11** F 6
Campigna **6** E 6
Campigno **6** C 5
Campionna, Ísola- **36** F 5
Campi Resi **10** A 4
Campitelli, Rifúgio- **22** E 2
Campitello (PG) **10** D 5
Campitello (TR) **17** A 8
Campitello Matese **27** A-B 2
Campittu, Cantoniera su- **31** F 3
Campi Vécchio **14** D 8
Campli **15** E-F 4
✉ *64012*
Campli, Montagna di- **15** E-F 3-4
Campo (CE) **26** C 7
Campo (PI) **5** F 5-6
✉ *56010*
Campo (PU) **10** A 2
Campo, Golfo di- **12** E 4
Campo, Monte- **22** C 4
Campo Aperto **27** A 3
Campobasso **22** F 7
✉ *86100*
Campo Catino **21** C 5-6
✉ *03016*
Campocavallo **11** C 5
Campo Cécina **5** B 3
Campo Ceresa, Regione- **21** B 5
Campochiaro **27** B 3
✉ *86020*
Campo dell'Osso **21** B 4
Campo dell'Ugolino **9** A 3
Campo di Carne **25** A 4
✉ *04011*
Campodiégoli **10** E 6
Campo di Fano **22** A 1
✉ *67030*
Campo di Giove **22** A 3
✉ *67030*
Campo di Mare **20** B 3
Campodimele **26** B 4
✉ *04020*
Campo di Montelánico **21** F 3
Campodipietra **22** F 8
✉ *86010*
Campodivivo **26** D 5
Campodónico (AN) **10** F 6
✉ *60040*
Campodónico (GE) **1** E 2
Campo Felice **18** E 6
Campofilone **15** A-B 5
✉ *63016*
Campoforogna **18** C 3
Campogalliano **2** A-B 5
✉ *41011*
Campogialli **9** B 6
✉ *52020*
Campo Iemini **20** F 6
Campo Imperatore **18** C 7-8
✉ *67010*
Campolandru, Punta- **28** D 5
Campolano **18** E 4
✉ *02020*
Campolarzo **14** A 8
Campolato, Casa- **24** F 5
Campolato, Grava di- **24** F 5
Campolattaro **27** C 5
✉ *82020*
Campolémisi **5** C 5
Campoleone **20** E 7
✉ *04010*
Campoleone, Scalo- **21** F 1
✉ *04010*
Cámpoli, Prato di- **21** D 7
Cámpoli Appennino **21** E 8
✉ *03030*
Cámpoli del Monte Taburno **27** E 4 ✉ *82030*
Campolieto **22** F 8
✉ *86040*
Campolieto-Monacilioni, Stazione di- **22** E 8
Campolino, Riserva Naturale- **5** B 6-7
Campolo **6** A 2
Campoluci **9** C 7
Campolungo (FE) **3** A 5
Campolungo (RE) **2** D 2
Campolungo, Altopiano- **15** C 1
Campo Lupino, Monte- **26** A 3
Campomarino (CB) **23** B 2
✉ *86042*
Campomela, Stazione di- **30** D 4
Campomigliáio **6** D 3
Campomizzo, Ponte- **22** C 1
Campo Morino **13** F 7
Campomorto, Casa- **17** C 2
Campo nell'Elba **12** E 3-4
✉ *57034*
Camponocécchio **10** D 7
Campopalazzi **13** A 3
Campo Pisano **36** A 4
Cámpora (PR) **2** C 1
Camporághena **4** C 8
Camporanda **2** F 1
Camporbiano **9** C 1
Cámpore (SP) **4** B 4
Camporeggiano **10** E 3
✉ *06020*
Cámpore-Santa Maria **4** B 4
Camporgiano **5** A 4-5
✉ *55031*
Cámpori **5** B 5
Camporóppolo **14** E 5
Campo Rotondo (AQ) **21** B 5
Camporotondo (SS) **29** D 3
Camporotondo di Fiastrone **15** A 1 ✉ *62020*
Camporsévoli **13** C 7
Camposanto **2** A 7
✉ *41031*
Camposáuro, Monte- **27** E 4
Camposonaldo **6** D 7
Campo Soriano **26** C 2
Campo Spina, Punta- **34** F 4
Campo Staffi **21** B 5
Campo Tizzoro **5** C 8
✉ *51023*
Campotosto **18** A 6
✉ *67013*
Campotosto, Lago di- **18** A-B 6
Campotto **3** C 3
✉ *44010*
Campotto, Cassa- **3** C 4
✉ *44010*
Campottone **10** F 6
Campováglio **29** D 3
Campovalano **15** E 4
✉ *64010*
Campovecchio **9** B 6
Campoverde (LT) **25** A 5
✉ *04010*
Campriano **8** A 8
Campriano, Chiesa di- **9** C 7
Campu, Rio de su- **31** E 3-4
Campudúlimu **28** E 7
Campu Giavesu, Cantoniera- **30** F 5
Campu Omu, Cantoniera- **37** A 4
Campu Sali, Cala- **34** D 3
Camucia **9** F 8
✉ *52042*
Camugliano **8** B 7
Camugnano **6** A 2
✉ *40032*
Cana **13** E 4
✉ *58050*
Canadello **1** B 4
Canáglia **28** F 1-2
✉ *07040*
Canala, Fosso la- **22** C-D 1
Canala, la- **3** D 6
Canala, Sella- **27** B 6
Canalara **21** E 8
Canale (AP) **15** D 2
Canale (GE) **1** C 2
✉ *16020*
Canale (TR) **14** F 1
✉ *05010*
Canale, Monte- (PU) **7** F 2
Canale, su- **31** B 4
✉ *07020*
Canale di Bonifica in Destra del Reno **3** C 5-6
Canale Emiliano-Romagnolo **3** C 1-2
Canale Monterano **17** F 5
✉ *00060*
Canales, Lago sos- **31** E 4
Canáles, Rio- **32** B 7
Canaletto (BO) **2** A 7
Canali (RE) **2** B 3
✉ *42100*
Canalícchio **14** C 3
Canalli, Torrente di- **29** A 3
Canapine, Forca- **14** E 8
Canareddu, Monte- **29** E 5
Canárgius, Canale is- **36** D 6
Canate, Monte- **1** A 7
Canaváccio **10** A 5
✉ *61030*
Cancelli (AN) **10** E 6
✉ *60040*
Cancelli (FI) **9** A 5
✉ *50060*
Cancello (FR) **22** F 1
Cancello ed Arnone **26** F 8
✉ *81030*
Canda, Colle di- **6** A 4
Candéglia **6** D 1
✉ *51030*
Candela, Monte- **29** E 3
Candelara **7** F 6
✉ *61020*
Candelaro, Masseria- **23** F 7
Candelaro, Stazione di- **23** F 7
Candelaro, Torrente- **23** F 7
Candelattu, Punta- **31** C 3-4
Candeli **6** F 3
✉ *50012*
Candelozzo, Monte- **1** C 1
Candeo, Nuraghe- **34** B 6
Cándia **11** B 5
✉ *60020*
Candiano, Canale- **3** D 7
Candiázzus **34** F 3
Candigliano, Fiume- **10** A 5
Candigliano, Torrente- **10** B 3
Canelle, Cala delle- **16** D 4
Canepina **17** C 6
✉ *01030*
Canesano **1** C 8
Caneso **1** C 4
Caneto (PR) **1** D 8
Canétolo **1** D 7
Canetra **18** C 3
✉ *02010*
Canevara **5** B 3
✉ *54030*
Canevare **5** A 7-8
✉ *41020*
Canfáito, Monte- **10** E 8
Canfittori **5** D 7-8
Cángia **3** F 5
Cangiális, Nuraghe is- **35** B 3
Cani, Bruncu su- **35** F 3
Cániga **30** C 4
Canigione, Punta del- **29** E 6
Caníglia di Sopra, Masseria- **23** C 4
Caníglia di Sotto, Casa- **23** C 4
Canimpiso, Masseria- **23** C 4
Canino **17** B 2
✉ *01011*
Canino, Monte- **17** B 2
Caniparola **5** B 2
✉ *54030*
Canisoni, Spiággia- **36** D 3
Canistro **21** B 6
✉ *67050*
Canistro Superiore **21** B 6
✉ *67050*
Canitzu, Monte- **32** E 5
Canna, Punta sa- **31** B 1-2
Cannai **36** E 3
Cannai, Torre- **36** E 3
Cannaiola **14** D 5
Cannalza, Rio- **28** F 6-7
Cannara **14** C 4
✉ *06033*
Cannara, Stazione di- **14** B 4
✉ *06033*
Cannarzu, Nuraghe- **30** D 5
Cánnas, Cantoniera- **37** A 5
Cánnas, Rio di- (Fiume Flumendosa) **35** E 4
Cánnas, Rio di- (Torrente sa Picocca) **37** A 5
Cánnas, Rio is- **37** A 2
Canneddi, Punta li- **28** C 6
Cannéggia **14** A 6
Cannella **10** A 8
Cannelle, Punta delle- **12** E 5
Canneto (PG) **14** A 2
Canneto (PI-Monteverdi Maríttimo) **8** F 7
✉ *56040*
Canneto (PI-San Miniato) **8** A 8
Canneto (RI) **18** F 1
✉ *02030*
Canneto, Monte di- **8** F 7
Canneto, Valle di- **22** E 2
Cannigione **29** D 4-5
✉ *07020*
Cannigone, Rio- **32** C 7
Cannisoni, Rio- **35** D 2-3
Cannone, Punta- (SS-Ísola Maddalena) **29** B 4
Cannone, Punta- (SS-Ísola Tavolara) **29** F 6
Cannonéris, is- **36** D 6
Cannuzzo **7** A 2
✉ *48010*
Canónica (FI) **9** B 1
Canónica (PG) **14** E 2
✉ *06059*
Canónica (RN) **7** C 3
Canónica (TR) **13** F 8
Canónica, Chiesa- **9** B 3
Canónica, Chiesa la- **9** F 5
Canónica a Cerreto **9** D 4
Canosa, Grotta- **22** A 3
Canosa Sannita **19** D 4
✉ *66010*
Canóscio **10** D 2
Canossa (MS) **4** C 7
Canossa (RE) **2** C 2
✉ *42026*
Cánova **9** A 5
Canova (MS) **5** A 2-3
Canova (RE) **2** D 1
Cansano **22** A-B 2
✉ *67030*
Cánsoli **5** C 4
Cantagallina **13** B 8
Cantagallo **6** C 2
✉ *59025*
Cantagrillo **6** E 1
Cantalena **9** E 8
Cantalice **18** B 2
✉ *02014*
Cantalupo (FR) **26** A 5
Cantalupo (PG) **14** C 4
✉ *06031*
Cantalupo, Casone- **23** D 2
Cantalupo, Stazione di- **27** A 2
Cantalupo in Sabina **18** D 1
✉ *02040*
Cantalupo Lígure **1** A 1
✉ *15060*
Cantalupo nel Sánnio **27** A 2
✉ *86092*
Cantalupo Sélice **3** D-E 3
Cantari, Monti- **21** C 5-6
Canterano **21** B 3
✉ *00020*
Canterno, Lago di- **21** D 5
Cantia **10** D 6
Cantiano **10** C 4
✉ *61044*
Cantiere, Monte- **2** F 3
Cantinella (BN) **27** E 3
Cantone (BO) **2** A 8
Cantone (MO-Bastíglia) **2** A 6
Cantone (MO-Carpi) **2** A 5
Cantone (MO-Formígine) **2** B 5
Cantone (PG) **10** B 2
Cantone (RE-Quattro Castella) **2** B 3
Cantone (RE-Sant'Ilário d'Enza) **2** A 2
Cantone (TR) **14** D 1
Cantone, Masseria- **23** F 5
Canu, Monte- **29** D 4
Canzano **15** F 5
✉ *64020*
Canzatessa **18** C 6
Capáccia, Capo- **29** D 6
Capalbiáccio, Póggio- **16** C 7
Capálbio **16** C 8
✉ *58011*
Capálbio, Stazione di- **16** C 8
✉ *58010*

Capalle 6 E 2 ✉ 50010
Capannacce, le- 9 E 7
Capannacce, Osteria delle- 17 C 5
Capannáccia 29 C 4
Capannaguzzo 7 A 2
Capanne (GR-Manciano) 13 F 5 ✉ 58050
Capanne (GR-Massa Maríttima) 12 B 8 ✉ 58024
Capanne (MS) 5 C 3
Capanne (PG-Cáscia) 14 F 7
Capanne (PG-Perugia) 14 B 2
Capanne (PI) 8 A 7 ✉ 56020
Capanne, le- 7 E 1
Capanne, Monte- 12 E 3
Capanne, Póggio- 9 E 5
Capanne di Cósola 1 A 2
Capanne di Sillano 2 F 1
Capanne di Sotto 5 C 8
Capannella, la- 17 D 6
Capannelle (GR-Campagnático) 13 D 2
Capannelle (GR-Civitella Pagánico) 13 B 3
Capannelle, Ippodromo delle- 20 D 7 ✉ 00178
Capannelle, Passo delle- 18 B-C 6
Capanni 7 B 3
Capannina, la- 5 D 3
Capánnole 9 C-D 5 ✉ 52020
Capánnoli 8 B 7 ✉ 56033
Capannone, il- 5 A 6-7
Capánnori 5 E 6 ✉ 55012
Capannúccia 9 A 3
Caparoni, Punta lu- 30 C 1
Capávoli 8 B 7
Capécchio, Fosso- 17 C-D 3
Capelletti 27 C 4
Capel Rosso, Punta del- (GR-Ísola del Gíglio) 16 D 4
Capel Rosso, Punta del- (GR-Ísola di Giannutri) 16 E 6
Capena 17 F 8 ✉ 00060
Capestrano 19 E 1 ✉ 67022
Capestrino, Masseria- 22 D 5
Capezzano (LU-Camaiore) 5 D 4 ✉ 55040
Capezzano (LU-Pietrasanta) 5 C 4 ✉ 55045
Capezzine, Fattoria- 13 A 8
Capistrello 21 B 6 ✉ 67053
Capitana 37 B 4
Capitan Celli, Casa- 21 E 2
Capitignano (AQ) 18 B 5 ✉ 67014
Capitone (BN) 27 E-F 3
Capitone (TR) 17 A 7 ✉ 05020
Capo Cáccia-Ísola Piana, Riserva Marina- 30 E 1
Capo Carbonara, Riserva Marina- 37 C 5-6
Capocavallo 14 A 2
Capocolle 7 A 1 ✉ 47032
Capo Comino, Case- 31 E 7 ✉ 08020
Capocotta, Casale- 20 E 6
Capocroce 21 F 7
Capo d'Ácero, Monte- 19 F 1
Capodácqua (AP) 15 E 1 ✉ 63040
Capo d'Ácqua (AQ) 19 D 1
Capo d'Ácqua (PG) 14 A 6 ✉ 06080
Capodácqua (PG) 14 B 5-6 ✉ 06030
Capodarco 11 F 7 ✉ 63010
Capo d'Árgine (BO) 3 C 1
Capo da Uccello, Masseria- 23 F 7
Capo di Fiume, Sorgenti- 22 B 3
Capodimonte (VT) 17 A-B 3 ✉ 01010
Capo di Monte, Monte- 12 A 6
Capo di Rio 11 D 3
Capo di Serre, Monte- 18 C 8
Capo d'Omo, Cantoniera- 25 C 7
Capodrise 27 F 2 ✉ 81020
Capoferrato 37 A 6
Capoiáccio 27 B 5
Capoiale 24 C 3
Capolapiággia 14 A 8
Capo la Villa 18 D 5
Capolegrotte 19 F 4
Capoleprata 21 F 5
Cápoli 5 A 4
Capolíveri 12 E 5 ✉ 57031
Capolona 9 B 7 ✉ 52010
Capoponte 2 C 1 ✉ 43020
Capoposta 19 F 4
Caporciano 18 E 8 ✉ 67020
Capório 22 F 5
Caposelvi 9 C 5
Capostrada 5 D 8 ✉ 51033
Capotagliato, Cala di- 28 D 1
Capoterra 36 C 7 ✉ 09012
Capovento, Torre- 26 D 4
Capo Volturno, Sorgente- 22 F 3
Cappadócia 21 B 5 ✉ 67060
Cappeddu, Punta- 29 D 2
Cappella (LU-Bagni di Lucca) 5 C 7
Cappella (LU-Lucca) 5 D 5-6
Cappella, Monte- 27 B 1
Cappella, Villa la- 13 B 7
Cappelle (AQ) 21 A 6 ✉ 67060
Cappelle (CE) 26 D 7
Cappelle sul Tavo 19 B 3 ✉ 65010
Cappelletta, Passo della- 1 A 4
Cappello, Monte- (BO) 6 A 5
Cappello, Monte- (PR) 1 C 4
Cappellone, Monte- 18 D 8
Cappiella 22 E 6
Cappone 7 E 5
Capponi, Case- 15 C 3
Cappucciata, Monte- 19 D 1
Cappuccini (VT) 17 E 5
Cappuccini, Chiesa dei- (AR-Anghiari) 9 B 8
Cappuccini, Chiesa dei- (AR-Castiglion Fiorentino) 9 E 8
Cappuccini, Chiesa dei- (MC) 11 D 6
Cappuccini, Chiesa dei- (PG-Cannara) 14 C 4
Cappuccini, Chiesa dei- (PG-Città di Castello) 10 C 2
Cappuccini, Chiesa dei- (PG-Gubbio) 10 E 4
Cappuccini, Chiesa dei- (PG-Passignano sul Trasimeno) 10 F 1
Cappuccini, Chiesa dei- (PG-Perugia) 14 A 2
Cappuccini, Chiesa dei- (PG-Spoleto) 14 F 5
Cappuccini, Chiesa dei- (PG-Todi) 14 E 3
Cappuccini, Chiesa dei- (SI) 9 D 2
Cappuccini, Convento- (FG-San Marco la Cátola) 27 A 7
Cappuccini, Convento- (FG-Serracapriola) 23 C 3
Cappuccini, Convento- (RM) 17 F 5
Cappuccini, Convento dei- (CA) 34 D 6
Cappuccini, Convento dei- (FG) 24 C 5
Cappuccini, Convento dei- (TR) 17 A 7
Cappuccini, Convento i- (AN) 10 A 7
Cappuccini, Convento i- (MC) 11 F 1
Cappuccini, Convento i- (PU) 10 A 6
Cappuccini, Convento i- (SI) 13 B 7
Cappuccini, i- 24 F 4
Cappuccini, Ísola dei- 29 C-D 5
Cappuccini, Villa dei- 14 C 4
Cappuccini Vecchi 17 B 8
Capra, Cala- 29 C 4-5
Capráccia 17 A 4
Capracotta 22 C 4 ✉ 86082
Capradosso (AP) 15 C 3
Capradosso (RI) 18 D 3 ✉ 02020
Caprafico 15 F 5
Capráia (AR) 9 B 6
Capráia (FI) 6 F 1 ✉ 50056
Capráia (LU) 5 B 5-6
Capráia, Ísola- 24 A 2
Capráia, Ísola di- 12 A-B 1
Capráia, Porto- 12 B 1
Capráia e Límite 6 F 1 ✉ 50056 - 50050
Capráia Ísola 12 B 1 ✉ 57032
Capráie, Podere- 9 E 5
Capránica 17 E 5 ✉ 01012
Capránica Prenestina 21 C 3 ✉ 00030
Capránica-Sutri, Stazione di- 17 E 5
Caprara, Grotta- 19 F 3
Caprara, Ísola- 24 A 2
Caprara, Punta- 28 B 2
Caprara d'Abruzzo 19 C 3 ✉ 65010
Capraro, Monte- 22 D 4
Caprarola 17 D 6 ✉ 01032
Caprarola, Stazione di- 17 D 6 ✉ 01032
Caprazzino-Strada 7 F 3 ✉ 61028
Caprera, Ísola- 29 C 5 ✉ 07020
Caprese Michelángelo 9 A 8 ✉ 52033
Capretta 14 E 1
Capri, Monte- 4 E 5
Capriati a Volturno 26 A 8 ✉ 81014
Capriati a Volturno, Stazione di- 26 B 8 ✉ 71014
Caprícchia (LU) 5 B 5
Caprícchia (RI) 18 A 6
Capriccioli 29 D 5
Capríglia (CH) 22 A 5
Capríglia (LU) 5 C 4 ✉ 55045
Capríglia (MC) 14 B 7
Capríglio (PR) 2 D 1 ✉ 43020
Capriglíola 4 D 7 ✉ 54010
Caprignana 5 A 5
Caprile (AR) 7 F 1
Caprile (FR) 26 A 5 ✉ 03038
Caprile (GE) 1 B 2
Caprile (PG) 10 D 5
Caprile (PU) 10 C 5
Caprile (RE) 2 E 1
Caprile, Colle- 1 D 1
Cáprio 4 B 7
Capriolu 29 D 3
Capriolu, Bruncu- 33 F 4
Capriuleddu 29 E 3
Capro 14 C 4
Caprolace, Lago di- 25 C 6-7
Caprona 5 F 6 ✉ 56010
Capsano 18 B 8
Cápua 27 E-F 1 ✉ 81043
Capugnano 6 A 1 ✉ 40046
Carabiddícchia, Fontana- 2 B 5
Caraceno, Monte- 22 D 5
Ca' Raffaello 7 F 1-2 ✉ 52030
Ca' Raggia 2 E 4
Caramánico Terme 19 F 2 ✉ 65023
Carameto, Monte- 1 A 6
Carana, Rio- 29 F 2
Carani 26 E 7
Carano (CE) 26 D 7 ✉ 81030
Carano (LT) 21 F 1 ✉ 04011
Caranza 4 B 4-5
Carapelle Calvísio 18 D 8 ✉ 67020
Carapello, Torrente- 22 F 8
Carasco 1 E 3 ✉ 16042
Carassai 15 B 4 ✉ 63030
Caravai, Passo di- 33 D 4
Carávius, Monte is- 36 C 6
Carbai, Nuraghe- 33 B 3
Carbognano 17 D 6 ✉ 01030
Cárbolo, Monte- 5 A 2
Carbona, Stazione- 2 F 7
Carbonara (CE) 26 D 8
Carbonara, Capo- 37 C-D 5
Carbonara, Golfo di- 37 C 5
Carbonesca 10 F 4
Carbónia 36 C 3-4 ✉ 09013
Carbonífera 12 C 7
Carbonile (FI-Dicomano) 6 D 5
Carbonile (FI-Pélago) 6 F 4
Cárceri (AQ) 22 C 3-4
Cárceri, Éremo delle- 14 B 5
Carchitti 21 D 2 ✉ 00030
Carda 9 A 6
Cardagnano 15 B 1
Cardáxius, Rio- 35 E 2-3
Cardedu 35 B 6 ✉ 08040
Cardedu, Nuraghe- 35 B 6
Cardella 10 B 4
Cardeto, Croce al- 6 F 5
Cardétole 6 D 3
Cardiga, Monte- 35 D 5
Carditello 27 F 1
Cardito (FR) 22 F 2 ✉ 03040
Cardòn, il- 16 D 1
Cardosa, Monte- 14 D 8
Cardoso (LU-Gallicano) 5 C 5-6
Cardoso (LU-Stazzema) 5 C 4-5
Cardosu, Rio su- 33 A 5
Careggi 6 E 3 ✉ 50134
Caréggia 4 C 6
Caréggine 5 B 4-5 ✉ 55030
Carella, Monte- 22 F 2
Careno (PR) 1 A 7
Careste 7 D 1
Ca' Restelli 7 D 5
Carestello 10 E 4
Cargédolo 2 F 3 ✉ 41040
Cargeghe 30 D 4 ✉ 07030
Cariásas, Mura- 32 A 6
Cariè 14 B 6
Carife 27 F 8 ✉ 83040
Carige 16 C 8 ✉ 58010
Carignano (FG) 27 A 8
Carignano (MS) 5 A 2
Carignano (PR) 2 A 1
Carignano (PU) 7 E 6
Carignano Terme 7 E 6-7
Carillus, is- 36 D 5
Carínola 26 E 7 ✉ 81030
Carínola, Piana di- 26 E 7-8
Carisasca 1 A 3
Cariseto 1 B 3
Carlantino 23 F 1 ✉ 71030
Carloforte 36 C 2 ✉ 09014
Carlotta, Villa- (NU) 35 B 2
Carmea 4 D 6
Carmela, Masseria- 23 F 7
Carmignanello 6 C 2 ✉ 59022
Carmignano (PO) 6 E 1 ✉ 59015
Cármine (AR) 9 B 8
Cármine, Bívio- 35 A 5
Cármine, Cappella del- 27 C 5
Cármine, il- (FR) 26 A 4
Carmo, Monte- (AL-GE) 1 B 2
Carnáio, Colle del- 6 E 8
Carnaiola 13 D 8 ✉ 05010
Carnella, Monte- 1 E 3
Carnello 21 E 7 ✉ 03030
Carniana 2 E 2
Carníglia 1 C-D 4
Carnola 2 D 2
Caróbbio 1 C 8
Caroddi, Punta- 33 D 7
Carovilli 22 E 4 ✉ 86083
Carpadasco 1 B 6 ✉ 43049
Cárpana 1 B 5
Carpana, Cappella- 1 C 5
Carpaneto 2 C 1 ✉ 43028
Carpani 12 D 4 ✉ 57037
Carpegna 7 F 2 ✉ 61021
Carpegna, Monte- 7 F 2
Carpegna, Pieve di- 7 F 3 ✉ 61021
Cárpena 7 A 1
Carpeneto (GE) 1 B-C 2
Carpignalle 9 A-B 3
Carpignano 27 F 7 ✉ 83035
Carpina, Torrente- 10 D 3
Carpinelli, Foce- 5 A 4 ✉ 55030
Carpinello 7 A 1 ✉ 47010
Carpineta (BO) 6 A 2
Carpineta (FC) 7 B 2
Carpineta (PT) 6 B 1
Carpineti 2 D 3 ✉ 42033
Carpineto, Val- 18 A-B 3
Carpineto della Nora 19 D 1 ✉ 65010
Carpineto Romano 21 F 4 ✉ 00032
Carpineto Sinello 22 A 6 ✉ 66030
Cárpini 10 D 3
Carpino 24 D 5 ✉ 71010
Carpino, Fiume- 22 F 4
Cárpino, Masseria- 23 F 3
Carpino, Stazione di- 24 D 4 ✉ 71010
Carpinone 22 F 5 ✉ 86093
Carpinone, Lago di- 22 F 5
Carrabusu, Rio- 32 B 5
Carracanedda, Punta- 31 B 3
Carradore, Punta- 35 A 2
Carráia (FI) 6 D 2
Carráia (LU) 5 E 6 ✉ 55061
Carráia (PG) 14 B 1
Carráie 3 F 6
Carralzu, Cantoniera- 30 D 6
Carrara (MS) 5 B 3 ✉ 54033
Carrara (PU) 7 F 7
Carrara, Rifúgio- 5 B 3
Carrega, Capanne di- 1 B 2
Carrega Lígure 1 B 1-2 ✉ 15060
Carrello, Colle- 22 E 7
Carrito 21 A 8 ✉ 67050
Carrito, Galleria di- 21 A 8
Carro 4 C 4 ✉ 19012
Carródano 4 C 5 ✉ 19020
Carródano Inferiore 4 C 4-5 ✉ 19020
Carródano Superiore 4 C 4-5 ✉ 19020
Carséggio 6 A 5 ✉ 40025
Carsóli 18 F 4 ✉ 67061
Carsuga 10 C 1
Cársulae 17 A 8
Cartasegna 1 B 1
Cartiera, Casa- 17 C 4
Cartoceto (PU-Cartoceto) 7 F 6 ✉ 61030
Cartoceto (PU-Pérgola) 10 B 6
Carunchina, Colle- 22 C 6
Carúnchio 22 B 6 ✉ 66050
Carúnchio, Bívio di- 22 B 6 ✉ 66050
Caruso, Colle- 22 F 7
Caruso, Forca- 21 A 8
Caruso, Monte- (FR) 26 A 3
Caruso, Monte- (IS) 27 A 1
Carviano 2 F 7
Carza, Torrente- 6 D 3
Casa, Cantoniera sa- 33 F 2
Casa, Fonte la- 22 B 7
Casa, Punta sa- 30 F 3
Casabasciana 5 C 7 ✉ 55050
Casa Bianca 6 C 3-4
Casabianca (AP) 11 F 7
Casabianca (SI) 9 F 6
Casabona (IS) 22 E 3-4
Casacagnano 15 D 3
Casacalenda 22 D 8 ✉ 86043
Casacanditella 19 E 4 ✉ 66010
Casacce (AR) 9 C 6
Casacce (PG-Gúbbio) 10 F 4
Casacce (PG-Schéggia e Pascelupo) 10 D 5
Casáccia (PG) 14 A 2
Casáccia (RM) 20 A 5 ✉ 00060
Casáccia, la- 17 C 6
Casa dell'Alpe 6 C 4
Casa del Giardino 5 C 4
Casa delle Vacche, Rifúgio- 19 F 2
Casa del Vergheto 5 B 3
Casadimonte 5 C 7-8
Casagiove 27 F 2 ✉ 81022
Caságlia (BO) 2 D 8 ✉ 40135
Caságlia (FI) 6 C 5 ✉ 50034
Caságlia (PG) 14 A 3
Caságlia (PI) 8 D 7
Caságlia (SI) 9 C 2
Caságlia, Colla di- 6 C 4-5
Caságlia, Póggio- 16 B 8
Casagliana 29 E 5
Casalalta 14 C 3 ✉ 06050
Casalánguida 22 A 6 ✉ 66031
Casalappi 12 B 7
Casaláttico 21 F 8 ✉ 03030
Casalbordino 19 F 6 ✉ 66021
Casalbore 27 D 7 ✉ 83034
Casál Borsetti 3 C 7 ✉ 48010
Casalbusone 1 B 1
Casalcassinese 22 F 2 ✉ 03040
Casalciprano 22 F 6 ✉ 86010
Casaldianni, Fattoria- 27 C 5
Casaldonato 1 B 3-4
Casaldrino 1 A 3
Casalduni 27 D 4-5 ✉ 82027
Casale (AP) 15 D 2
Casale (AQ) 22 A 1
Casale (AR) 9 C 8
Casale (BO) 5 A-B 8
Casale (CB) 22 E 6
Casale (CE-Carínola) 26 D 7 ✉ 81030
Casale (CE-Castelmorrone) 27 E 2 ✉ 81020
Casale (CE-Teano) 26 D 8 ✉ 81057
Casale (FC-Cesena) 7 B-C 2
Casale (FC-Modigliana) 6 A 6
Casale (FI) 6 D 5-6
Casale (IS) 22 F 5
Casale (MC) 14 A 7
Casale (PC) 1 A 3
Casale (PG-Foligno) 14 C 6
Casale (PG-Montefalco) 14 D 4
Casale (PO) 6 E 1-2
Casale (PR-Felino) 2 A 1
Casale (PR-Tórnolo) 1 D 4 ✉ 43050
Casale (PU) 10 C 4
Casale (RA) 6 A 6
Casale (RE) 2 D 2
Casale (SP) 4 D 5
Casale, il- 17 E 2
Casalécchio de' Conti 3 E 2
Casalécchio di Reno 2 D 8 ✉ 40033
Casale del Bosco 13 A 4
Casale della Mándria 21 F 1
Casale delle Palme 25 A 6
Casale di Pari 13 B 3 ✉ 58040
Casale di Perna 20 D 6
Casaléggio (GE) 1 C 3
Casale Maríttimo 8 E 6 ✉ 56040
Casalena 15 C 3
Casale Nuovo 18 F 1
Casale Nuovo di Presciano 21 F 1
Casale San Nicola 18 B 7
Casale San Vito 7 B-C 3
Casale Stáffora 1 A 2
Casaleto 1 C 4
Casaletto (AQ) 21 A 4
Casaletto (VT) 17 D 5
Casalfiumanese 3 F 2 ✉ 40020
Casalforzato, Colle- 22 A 7
Casalgrande 2 C 4 ✉ 42013
Casalgrande Alto 2 C 4
Casalguidi 6 E 1 ✉ 51034
Casali (AP) 15 A 3
Casali (FR) 26 B-C 6
Casali (MC) 14 C 8
Casali (PC) 1 A 5
Casali Belforte 14 D 7
Casali d'Aschi 21 B 8 ✉ 67050
Casalina (MS) 4 A 7
Casalina (PG) 14 C 3 ✉ 06051
Casalincontrada 19 D 3 ✉ 66012
Casaline 18 C 5
Casalini (PG) 14 B 1
Casalino (AR-Pratovécchio) 6 F 6
Casalino (AR-Monte San Savino) 9 E 6
Casalino (RE) 2 F 2
Casalino (SI) 9 F 4
Casal Morena 20 D 7
Casalnovo 16 A 8
Casalnuovo Monterotaro 23 E-F 2 ✉ 71033
Casalone (GR) 13 C 3
Casalone (VT) 17 B 6
Casalone, il- 17 D 4
Casalone, Póggio- 9 F 2
Casalotti 20 C 5 ✉ 00166
Casal Palocco 20 D-E 5 ✉ 00124
Casalporino 1 C 4
Casal Thaulero 15 F 6
Casaltondo 13 B 8
Casàl Traiano 25 B 7
Casalvécchio di Púglia 23 F 2 ✉ 71030
Casalvento 10 D 5-6
Casalvieri 21 F 8 ✉ 03034
Casamaggiore 13 A 8
Casamáina 18 E 6 ✉ 67040
Casa Malpasso 16 A 6
Casamarcone 5 C 8
Casamari, Abbazia di- 21 E 7 ✉ 03020
Casa Mattei 20 C 5
Casamona 9 B 6
Casamontanara 10 C-D 6
Casamora 9 A 5
Casamorcia 10 D 4
Casamostra 26 D 8 ✉ 81057

Casano **4** E 7 ✉ *19034*
Casanola **3** F 4
Casanova (GE) **1** C 2 ✉ *16020*
Casanova (PI) **8** B 7
Casanova (PR) **1** B 6
Casanova (RI) **18** A 3
Casanova (SI-Murlo) **13** A 3
Casanova (SI-Radicófani) **13** C 6
Casanova-Carani **26** D-E 7 ✉ *81030*
Casanova d'Alpe **6** E 7
Casanuova (AR) **9** C 6
Casanuova (FI) **6** B 4
Casanuova (FR) **26** A 4
Casanuova (PI) **8** D 7
Casape **21** C 2 ✉ *00010*
Casaprota **18** E 2 ✉ *02030*
Casapulla **27** F 2 ✉ *81020*
Casaráccio, Stagno di- **28** D 1
Casaregnano **15** D 2
Casarene, Cima- **18** F 2
Casarenella, Colle- **27** B 5
Casárgiu **34** E 4
Casárgius, Monte- **35** F 5
Casarnese **17** A 7
Casarola **1** D 8
Casarola, Monte- **2** E 1
Casarsa, Masseria- **27** B 8
Casarza Lígure **1** F 3 ✉ *16030*
Casaselvática **1** C 7 ✉ *43030*
Casastrada **8** A 8
Casático (LU) **5** A 4-5
Casático (PR) **2** B 1
Casa Vécchia **9** B 7
Casavécchia (AQ) **18** D 5
Casavécchia (MC) **14** B 7-8 ✉ *62036*
Casavécchia (PG) **10** F 1
Casavétere **27** E 7
Cascano **26** D 7 ✉ *81030*
Cascate del Verde, Riserva Naturale- **22** B 5
Cáscia (FI) **9** A 5 ✉ *50066*
Cáscia (MC) **11** E 4
Cáscia (PG) **14** F 7 ✉ *06043*
Casciáio, Monte- **6** B 2
Casciana **5** A 4
Casciana Alta **8** B 6 ✉ *56030*
Casciana Terme **8** B 6 ✉ *56034*
Cascianella **5** A 4
Casciani, Torrente- **9** B-C 1
Casciano **13** A 3 ✉ *53010*
Cáscina (PI) **8** A 6 ✉ *56021*
Cascina (PG) **14** B 1
Cascina, Piano di- **18** C 4
Cascinare **11** E 6 ✉ *63010*
Cascine (PI) **5** F 6 ✉ *56032*
Cascine Nuove (PI) **8** A 5
Cascine Vécchie **5** F 4
Cáscio **5** B 5
Case, le- **15** A 2
Case Balocchi **2** F 2
Case Borra **3** B 3
Case Cara **34** C 4
Case d'Asta **1** A 7
Casedda, la- **29** E 3
Case del Lago **2** A 3
Case di Pedrolara **7** D 4
Case Ferri **8** B 6
Case Giusti **8** E 6
Casella (PC) **1** B 3
Casella (RE-Scandiano) **2** C 3
Casella (RE-Vetto) **2** D 1-2
Casella (SP) **4** D 5
Casella, la- **14** D 2
Caselle (PR) **1** A 8
Caselle, le- (AR) **9** F 8
Caselle, le- (PG) **14** E 2
Caselle, le- (VT) **13** E 7-8
Caselle Ianniti, Monte- **27** A 1
Caselline **6** E 3
Casellona **13** B 5
Case Luneto **1** A 6
Caselvático **27** B 5
Case Missiroli **7** B 2
Casemurate **7** A 2
Casenove (PG) **14** C 6 ✉ *06030*
Casenove (RE) **2** F 1
Casenóvole **13** B 3
Casentile **17** E 4
Casentini, Rifúgio- **5** B 6-7
Casentino **18** D-E 7
Casentino, Regione- **6** F 6-7
Casenuove (AN) **11** C 4
Case Nuove (FI) **9** A 1
Casenuove (FI) **9** A 1
Case Nuove (PR) **2** B 2
Case Nuove (PU) **10** A 6
Case Perdu Melis **36** C 6
Case Petrelle **7** F 3
Caserine, le- **21** C 7
Caserta (CE) **27** F 2 ✉ *81100*
Caserta Vécchia **27** F 2 ✉ *81020*
Case Selva **3** F 3
Case Sordi **6** B 8
Case Stiddiosa **36** D 7
Casetta, la- **6** B 3
Casetta di Tiara **6** B 4
Casette (AP) **15** A 4
Casette (MS) **5** B 3 ✉ *54030*
Casette (PI) **9** D 1
Casette (RI) **18** C 2 ✉ *02100*
Casette, le- (AN) **11** C 4
Casette, le- (AP) **15** D 3
Casette, le- (RM) **21** B 1
Casette d'Ete **11** F 6 ✉ *63011*
Casevécchie (PG) **14** C 5
Case Venti **7** C 2
Case Venzi **7** C 1
Case Volpe **2** E 3
Casi **26** D 8 ✉ *81057*
Casigliano **14** F 4 ✉ *05021*
Casigno (BO-Castèl d'Aiano) **2** F 6
Casigno (BO-Grizzana Morandi) **2** F 7
Casilina, Via **21** C 1
Casillónes, Monte- **30** D 4
Casina **2** C 2-3 ✉ *42034*
Casina, la- **13** E 6-7
Casinalbo **2** C 5 ✉ *41041*
Casine (AN-Ancona) **11** B 4
Casine (AN-Ostra) **10** A 8
Casine, le- (PI) **8** B 6
Casini **6** E 1
Casinina **7** E 4 ✉ *61020*
Casino (RE) **2** D 2
Casino (SI) **9** F 2
Casino, il- **3** C 2
Casino de' Boschi **2** A 1
Casino di Terra **8** E 7 ✉ *56040*
Casino Vezzani **19** D 5
Caso (PG) **14** F 6
Caso, Masseria- **23** E 6
Cásola (BO) **6** A 1
Cásola (CE) **27** F 2 ✉ *81020*
Cásola (MO) **2** E 3 ✉ *41045*
Cásola (PR) **1** C 8 ✉ *43028*
Cásola Canina **3** E 3
Cásola Canossa **2** C 2-3
Cásola in Lunigiana **5** A 3-4 ✉ *54014*
Cásola Quérciola **2** C 3
Cásola Valsénio **6** A 5-6 ✉ *48010*
Casole **6** D 5
Cásole **9** B 4
Cásole d'Elsa **9** E 1 ✉ *53031*
Cásoli (CH) **19** F 4 ✉ *66043*
Cásoli (LU-Bagni di Lucca) **5** C 7 ✉ *55050*
Cásoli (LU-Camaiore) **5** C-D 4-5 ✉ *55060*
Cásoli (TE) **19** A 2 ✉ *64030*
Casolla (CE) **27** F 2 ✉ *81029*
Casone (FG) **23** E 5
Casone (FI) **6** D 3
Casone (LI-Castagneto Carducci) **8** F 6
Casone (LI-Castagneto Carducci) **12** A 6
Casone (PG) **10** F 6
Casone (SI) **9** E 1
Casone, il- (CB) **22** D 7
Casone, il- (GR) **13** F 6 ✉ *58010*
Casone, Masseria il- **23** E 2
Casone della Valle, Masseria- **23** E 3
Casoni (AQ) **22** D 2
Casoni (BO) **3** B 1 ✉ *40051*
Casoni (GE) **1** C 2 ✉ *16023*
Casoni (SP) **4** C 6
Casoni, i- (BO) **3** B-C 2
Casoni, i- (SP) **4** C 6
Casoni di Romagna **6** A 4
Casoni di Terzo **13** D 2
Ca' Sordi **6** B 8
Cásore del Monte **5** D 8 ✉ *51030*
Casotti (PT) **5** B 7
Caspéria **18** D 1 ✉ *02041*
Caspessa **10** A 6
Cáspoli **26** B 7 ✉ *81049*
Caspri **9** A 5
Cassa Campotto **3** C 4 ✉ *44010*
Cassa di Valle Santa **3** C 4
Cassana (SP) **4** D 5
Cassanigo **3** E 4
Cassano (AV) **27** F 5 ✉ *83010*
Cassano (BO) **3** F 1
Cassego **4** A 4
Cássero (AN) **11** B 4
Cássia, Via- **17** F 6-7
Cassiano **11** A 3
Cassignano **14** B 6
Cassimoreno **1** B 4
Cassingheno **1** C 2 ✉ *16020*
Cassino (FR) **26** A 6 ✉ *03043*
Cassino (RI) **15** F 1
Cássio **1** B-C 7 ✉ *43040*
Cássio, Monte- **1** B 7
Castagna (AN) **10** C 6
Castagna (TR) **18** A 1
Castagna, Monte della- **2** E 3
Castagna, Rio di la- **31** A-B 5
Castagna, Torre della- **22** E 5
Castágnelo **1** D 2
Castagneto (MO) **2** E 5 ✉ *41020*
Castagneto (RE-Baiso) **2** D 3
Castagneto (RE-Ramiseto) **2** E 1 ✉ *42030*
Castagneto (TE) **15** F 4 ✉ *64040*
Castagneto Carducci **12** A 6 ✉ *57022*
Castagneto Carducci, Stazione di- **8** F 6 ✉ *57022*
Castagnétoli **4** B 6
Castagno (FI) **6** A 5
Castagno (PT) **5** D 8
Castagno, il- **9** C 1 ✉ *50050*
Castagno d'Andrea, il- **6** D 6
Castágnola **14** D 4
Castagnola (LU) **5** A 4
Castagnola (PC) **1** B 3
Castagnola (SP) **4** C 4
Castagnoli **9** C-D 4 ✉ *53010*
Castagnolo **2** B-C 7
Castagnolo Minore **3** B-C 1
Castalda, Casa- **10** F 5 ✉ *06020*
Castángia, Monte- **37** A 4
Castanza, sa- **31** B 5
Casteddácciu, Punta lu- **31** C 6
Casteddu **28** E 2
Casteddu, Monte- (CA) **37** B 4
Casteddu, Monte- (SS-Calangiánus) **29** F 3
Casteddu, Monte- (SS-Luogosanto) **29** E 3
Casteddu, Nuraghe su- **33** B 5
Casteddu, Punta- **33** A 5
Castedduzzu, Monte su- **28** F 7
Castèl Bagnolo, Stazione di- **17** C 7
Castèl Baronia **27** F 8 ✉ *83040*
Castelbasso **15** F 5 ✉ *64020*
Castelbellino **10** C 8 ✉ *60030*
Castèl Bolognese **3** F 3-4 ✉ *48014*
Castelbottáccio **22** D 7 ✉ *86030*
Castelbuono (PG) **14** C 4
Castèl Campagnano **27** E 3 ✉ *81010*
Castèl Campanile, Casale di- **20** B 4
Castelcanafurone **1** A 3
Castèl Castagna **18** A-B 8 ✉ *64030*
Castèl Castagnáio **6** E 6
Castelcavallino **7** F 4 ✉ *61029*
Castèl Cellesi **17** A 5 ✉ *01020*
Castèl Cerreto, Riserva Naturale- **19** A 1
Castelchiodato **21** A 1 ✉ *00010*
Castèl Colonna **10** A 8 ✉ *60010*
Castelcorníglio **1** B 7
Castèl d'Aiano **2** F 6 ✉ *40034*
Casteldaldo **2** D 3
Castèl d'Alfiolo **10** E 4
Castèl d'Alpi **6** A 3 ✉ *40030*
Castèl dei Britti **3** D-E 1 ✉ *40068*
Castèl del Bosco (PI) **8** A 7 ✉ *56020*
Casteldelci **7** F 1 ✉ *61010*
Castèl del Giúdice **22** C 4 ✉ *86080*
Castèl dell'Alpe **6** D 6
Castèl dell'Áquila **17** A 7 ✉ *05020*
Casteldelmonte **14** F 4
Castèl del Monte (AQ) **18** C-D 8 ✉ *67023*
Castèl del Piano (GR) **13** D 5 ✉ *58033*
Castèl del Piano (PG) **14** B 2 ✉ *06071*
Castèl del Rio **6** A 5 ✉ *40022*
Castèl d'Emílio **11** B 4 ✉ *60020*
Castèl di Cásio **6** A 1 ✉ *40030*
Castèl di Croce **15** C 3 ✉ *63030*
Castèl di Décima **20** D 6 ✉ *00128*
Castèl di Fiori **14** D 1
Castèl di Guido **20** C 5 ✉ *00057*
Castèl di Ieri **18** F 8 ✉ *67020*
Casteldilago **18** A 1 ✉ *05031*
Castèl di Lama **15** D 4 ✉ *63031*
Castèl di Leva **20** D 6 ✉ *00134*
Casteldimezzo **7** D 6
Castèl di Nocco **5** F 6
Castèl di Rocca, Monte- **22** E 8
Castèl di Sangro **22** D 3 ✉ *67031*
Castèl di Sasso **27** D 1 ✉ *81040*
Castèl di Tora **18** E 3 ✉ *02020*
Castèl Dória, Lago di- **28** E 6
Casteldória, Terme di- **28** D 6
Castelfalfi **8** B 8
Castelferrato **19** C 4
Castelferretti **11** B 4 ✉ *60020*
Castelfidardo **11** C 5 ✉ *60022*
Castelfiorentino **9** B 1 ✉ *50051*
Castèl Fiorentino **23** F 3
Castèl Focognano **9** A 7 ✉ *52016*
Castèl Folignano **15** D 4
Castelforte (LT) **26** C 6 ✉ *04021*
Castèl Fraiano, Monte- **22** C 5
Castelfranco **18** C 2
Castelfranco di Sopra **9** A-B 5 ✉ *52020*
Castelfranco di Sotto **5** F 7 ✉ *56022*
Castelfranco Emília **2** C 6 ✉ *41013*
Castelfranco in Miscano **27** C 7 ✉ *82022*
Castelfranco in Miscano, Stazione di- **27** D 7 ✉ *82022*
Castèl Frentano **19** E 5 ✉ *66032*
Castèl Fusano **20** E 5 ✉ *00122*
Castelgagliardo **7** F 6
Castèl Gandolfo **21** D-E 1 ✉ *00040*
Castèl Gilardi **9** E 8
Castèl Ginnetti **21** F 2
Castèl Giocondo **13** B 4
Castèl Giórgio **13** F 8 ✉ *05013*
Castèl Giudeo, Monte- **9** E 8
Castèl Giuliano **20** A 3-4 ✉ *00062*
Castèl Guelfo di Bologna **3** D 3 ✉ *40023*
Castelguidone **22** C 6 ✉ *66040*
Castella, le- (LT) **21** F 2 ✉ *04010*
Castellabate (RN) **7** B 3
Castelláccia, la- **13** C 1
Castelláccio (FR) **21** E 4 ✉ *00030*
Castelláccio (RA) **3** F 6
Castelláccio, Punta- **29** F 7
Castellafiume **21** B 5 ✉ *67050*
Castellalto **15** F 5 ✉ *64020*
Castell'Amato, Monte- **21** B 4
Castellana (PE) **19** C 3
Castellano (TN) **15** D 3
Castellano, Monte- **22** C 4
Castellano, Monte il- **18** B 6
Castellano, Torre del- **9** A 4
Castellano, Torrente- **15** E 3
Castell'Anselmo **8** B 5 ✉ *57010*
Castellarano **2** C 4 ✉ *42014*
Castellari, Monte- **17** A 6
Castellaro (AN) **10** D 8 ✉ *60040*
Castellaro (MO) **2** F 4 ✉ *41029*
Castellaro (PR) **1** A 6
Castellaro (RE) **2** D 2
Castell'Azzara **13** E 6 ✉ *58034*
Castellazzo (RE) **2** B 4 ✉ *42048*
Castelleale **7** D 4
Castelleone (PG) **14** C 3
Castelleone di Suasa **10** B 7 ✉ *60010*
Castelletta **10** D 7 ✉ *60040*
Castelletto (BO) **2** D 6
Castelletto (LU) **5** A 4
Castelletto (PT) **5** E 8
Castelletto (SI) **9** F 2
Castelletto, Monte- **1** E 1
Castelli (RM) **20** D-E 8
Castelli (TE) **18** B 8 ✉ *64041*
Castelliere Ombría **1** B 6
Castellina (FI) **6** F 1
Castellina (PT) **5** D 8
Castellina (RA) **6** A 6
Castellina, la- **9** F 6
Castellina in Chianti **9** C 3 ✉ *53011*
Castellina Maríttima **8** D 6 ✉ *56040*
Castellina Maríttima, Stazione di- **8** D 6 ✉ *56040*
Castellina Scalo **9** D 2-3 ✉ *53032*
Castellino (MO) **2** E 6 ✉ *41050*
Castellino del Biferno **22** E 8 ✉ *86020*
Castellino Nuovo **22** E 8
Castelliri **21** E 7 ✉ *03030*
Castelli Romani, Parco Regionale dei- **20** D-E 8
Castello (AQ) **18** E 7
Castello (AR) **6** F 5
Castello (BN) **27** F 3
Castello (FC) **6** E 8
Castello (FI) **6** E 3 ✉ *50141*
Castello (FR-Alvito) **21** E 8 ✉ *03041*
Castello (FR-Roccasecca) **26** A 5
Castello (IS) **22** F 3
Castello (MC-Fiordimonte) **14** B 8
Castello (MC-Fiuminata) **10** F 6-7
Castello (MS-Comano) **4** C 8
Castello (MS-Tresana) **4** C 6
Castello (MS-Zeri) **4** B 5
Castello (PR-Corníglio) **1** C-D 7-8
Castello (PR-Selva Grossa) **1** B 7
Castello (PT) **6** B 1 ✉ *51020*
Castello (PU-Montelabbate) **7** E 6
Castello (PU-Sassoféltrio) **7** D-E 3
Castello (RE) **2** A 4
Castello (SP) **4** C 4 ✉ *19012*
Castello, il- (BO) **3** F 2
Castello, il- (CE) **26** E 7
Castello, Monte- (AV) **27** D 8
Castello, Monte- (BN) **27** F 3-4
Castello, Monte- (FG) **24** E 2-3
Castello, Monte- (GE-Rapallo) **1** E 2
Castello, Monte- (GE-Sestri Levante) **1** F 3
Castello, Monte- (LI) **12** B 1
Castello, Monte il- **9** A 8
Castello, Spiággia del- **24** D 7
Castello Arbizzi **2** A 4
Castello Bagnolo, Stazione di- **17** C 7
Castello d'Árgile **2** B 8 ✉ *40050*
Castello del Lago **27** F 6 ✉ *83030*
Castello del Matese **27** C 2 ✉ *81016*
Castello della Pieve **10** A 2
Castello delle Forme **14** C 2-3
Castello di Campeggi **2** C 8
Castello di Cásola **1** B 8
Castello di Corno **18** C 4
Castello di Morgnano **14** E 5
Castello di Póggio **10** A 7
Castello di Ravarano **1** C 8
Castello di Serravalle **2** D 6 ✉ *40050*
Castello Montalto **10** E 2
Castellonalto **18** A 2
Castellónchio **1** C 7 ✉ *43030*
Castellone **27** A 3 ✉ *86020*
Castellone, il- **21** F 2
Castellonorato **26** D 5 ✉ *04020*
Castello Pagánica **18** B 5
Castello Quérciola **2** C 3
Castell'Ottieri **13** E 6 ✉ *58010*
Castellúccio (AR) **9** C 7
Castellúccio (BO) **6** A-B 1 ✉ *40030*
Castellúccio (MO) **5** A 8 ✉ *41055*
Castellúccio (PG) **14** D 8 ✉ *06046*
Castellúccio (SI) **13** B 6
Castellúccio, Monte- (FC) **6** E 7-8
Castellúccio Valmaggiore **27** C 8 ✉ *71020*
Castellúnchio **14** F 1
Castèl Madama **21** B 2 ✉ *00024*
Castèl Maggiore **2** C 8 ✉ *40013*
Castèl Malnome **20** C 5
Castèl Manardo, Monte- **15** C 1
Castèl Martini **5** E 8 ✉ *51030*
Castelmássimo **21** E 6 ✉ *03020*
Castelmáuro **22** C 7 ✉ *86031*
Castelmenardo **18** E 5
Castelmonte, Monte- **14** F 6
Castelmorrone **27** E 2 ✉ *81020*
Castelmozzano **2** C 1
Castelmúzio **13** A 6 ✉ *53020*
Castelnovo ne' Monti **2** D 2 ✉ *42035*
Castelnuovo (AQ-Avezzano) **21** A 6
Castelnuovo (AQ-San Pio delle Cámere) **18** D 8 ✉ *67020*
Castelnuovo (AR-Pieve Santo Stéfano) **10** A 1
Castelnuovo (AR-Subbiano) **9** B 7
Castelnuovo (AR-Talla) **9** A 6
Castelnuovo (BO) **2** F 6
Castelnuovo (FI-Castelfiorentino) **9** A 1 ✉ *50051*
Castelnuovo (FI-Rufina) **6** F 5
Castelnuovo (MC) **11** D 5
Castelnuovo (PG) **14** B 4 ✉ *06088*
Castelnuovo (PO) **6** E 2
Castelnuovo (PU-Auditore) **7** E 4
Castelnuovo (PU-San Leo) **7** D 3
Castelnuovo (RA) **3** E 3
Castelnuovo a Volturno **22** F 3 ✉ *86070*
Castelnuovo Berardenga **9** E 4-5 ✉ *53019*
Castelnuovo Berardenga, Stazione di- **9** E 4 ✉ *53019*
Castelnuovo dei Sabbioni **9** B 4 ✉ *52020*
Castelnuovo dell'Abate **13** C 5 ✉ *53020*
Castelnuovo della Dáunia **23** F 2 ✉ *71034*
Castelnuovo di Farfa **18** E 1 ✉ *02031*
Castelnuovo di Garfagnana **5** B 5 ✉ *55032*
Castelnuovo di Porto **17** F 8 ✉ *00060*
Castelnuovo di Val di Cécina **8** F 8 ✉ *56041*
Castelnuovo Grilli **9** F 6
Castelnuovo Magra **4** E 7 ✉ *19030*
Castelnuovo Misericórdia **8** C 5 ✉ *57011*
Castelnuovo Parano **26** C 6 ✉ *03040*
Castelnuovo Rangone **2** C 5-6 ✉ *41051*
Castelnuovo Tancredi **13** A 4
Castelnuovo Vomano **19** A 1 ✉ *64020*
Castelpagano (BN) **27** B 5 ✉ *82024*
Castelpagano (FG) **24** E 2

Castelpetroso **22** F 5 ✉ *86090*
Castelpizzuto **27** A 1-2 ✉ *86090*
Castelplánio **10** C 7-8 ✉ *60031*
Castelpóggio **5** B 3
Castèl Porziano **20** E 5 ✉ *00122*
Castelpoto **27** E 5 ✉ *82030*
Castelpriore **7** E 1
Castelraimondo **10** F 7 ✉ *62022*
Castèl Rigone **10** F 2 ✉ *06060*
Castèl Rinaldi **14** E 4
Castèl Ritaldi **14** D 5 ✉ *06044*
Castèl Romano **20** E 6 ✉ *00128*
Castelromano **22** F 4 ✉ *86080*
Castèl Rubello **14** F 1
Castèl San Benedetto **18** C-D 2
Castèl San Felice **14** E 6
Castèl San Gimignano **9** D 1 ✉ *53030*
Castèl San Giovanni (PG-Cáscia) **14** F 8
Castèl San Giovanni (PG-Castèl Ritaldi) **14** D 5
Castèl San Niccolò **6** F 6 ✉ *52018*
Castèl San Pietro (AP) **15** C 2
Castèl San Pietro (MC) **10** E 8 ✉ *62027*
Castèl San Pietro (RI) **18** E 1 ✉ *02040*
Castèl San Pietro Romano **21** C 2 ✉ *00030*
Castèl San Pietro Terme **3** E 2 ✉ *40024*
Castèl Santa Maria (MC) **10** F 7
Castèl Santa Maria (PG) **14** F 8
Castèl Sant'Ángelo (MC) **10** E 8
Castèl Sant'Ángelo (RI) **18** C 3 ✉ *02010*
Castelsantángelo sul Nera **14** D 8 ✉ *62039*
Castèl Sant'Elia **17** E 7 ✉ *01030*
Castèl San Venanzo **10** F 8
Castèl San Vincenzo **22** E 3 ✉ *86071*
Castelsardo **28** D 5 ✉ *07031*
Castelsavino, Monte- **6** F 8
Casteltodino **14** F 4 ✉ *05020*
Castèl Trosino **15** D 3 ✉ *63100*
Castelvécchi **9** C 4
Castelvécchio (AQ) **18** F 5
Castelvécchio (FI) **6** A 4
Castelvécchio (LU) **5** F 6
Castelvécchio (MO) **2** D 4 ✉ *41048*
Castelvécchio (PT) **5** C 7 ✉ *51010*
Castelvécchio (PU) **10** A 7 ✉ *61040*
Castelvécchio (RE) **2** D 3
Castelvécchio (SI) **13** B-C 6
Castelvécchio (VT) **17** B 6
Castelvécchio, Riserva Naturale- **9** C 1
Castelvécchio, Rovine- **9** D 1
Castelvécchio Calvísio **18** D 8 ✉ *67020*
Castelvécchio Páscoli **5** B 5-6 ✉ *55020*
Castelvécchio Subéquo **18** F 8 ✉ *67024*
Castelvénere **27** D 3 ✉ *82037*
Castelverrino **22** D 5 ✉ *86081*
Castelvétere in Val Fortore **27** B 6 ✉ *82023*
Castelvetro di Módena **2** D 5-6 ✉ *41014*
Castelvieto **14** A 2
Castèl Viscardo **13** E 8 ✉ *05014*
Castèl Volturno **26** F 7 ✉ *81030*
Castenaso **3** D 1 ✉ *40055*
Castiádas **37** B 5 ✉ *09040*
Casticciano **7** B 1
Castiglioncello (FI) **6** A 4
Castiglioncello (LI-Castagneto Carducci) **8** F 7
Castiglioncello (LI-Rosignano Maríttimo) **8** D 5 ✉ *57012*
Castiglioncello (LU) **5** E 5
Castiglioncello Bandini **13** D 4 ✉ *58040*
Castiglioncello del Trinoro **13** C 7
Castiglione (AN) **10** E 6
Castiglione (AQ-Montereale) **18** A 5
Castiglione (AQ-Ortona dei Marsi) **21** A 8
Castiglione (AQ-Tornimparte) **18** D-E 5
Castiglione (FC) **6** A 8
Castiglione (IS) **22** E 4-5 ✉ *86080*
Castiglione (MS) **4** C 7
Castiglione (PG) **10** E 3
Castiglione (PU) **10** B 3
Castiglione (RI) **18** C 1
Castiglione (RM) **21** A 1
Castiglione, Monte- **10** F 1
Castiglione, Monte di- **10** D 3
Castiglione, Torrente- **5** A 5
Castiglione a Casáuria **19** E 1-2 ✉ *65020*
Castiglione Chiavarese **1** F 4 ✉ *16030*
Castiglione dei Pépoli **6** B 2-3 ✉ *40035*
Castiglione del Bosco **13** B 4
Castiglione del Lago **13** A 8 ✉ *06061*
Castiglione della Pescáia **12** E 8 ✉ *58043*
Castiglione della Valle **14** B 2 ✉ *06072*
Castiglione di Cérvia **3** F 7
Castiglione di Garfagnana **5** A 5 ✉ *55033*
Castiglione di Ravenna **3** F 6-7 ✉ *48010*
Castiglione d'Órcia **13** B 5 ✉ *53023*
Castiglione in Teverina **14** F 1 ✉ *01024*
Castiglione Messer Marino **22** C 5-6 ✉ *66033*
Castiglione Messer Raimondo **19** B 1 ✉ *64034*
Castiglione Ubertini **9** C 5
Castiglion Fibocchi **9** C 6 ✉ *52029*
Castiglion Fiorentino **9** E 7 ✉ *52043*
Castiglion Fosco **14** C 1 ✉ *06060*
Castiglioni (AN-Arcévia) **10** C 7 ✉ *60010*
Castiglioni (AN-Sassoferrato) **10** C 6
Castiglioni (FI) **6** E 5
Castiglioni (IS) **22** E 3
Castiglioni (PG) **14** B 6
Castiglioni (SI) **9** C-D 2
Castiglioni (TR) **18** A 2
Castiglioni, Villa- **11** D 3
Castignano **15** C 3-4 ✉ *63032*
Castilenti **19** B 2 ✉ *64035*
Castione, Fiume- **16** A 7
Castione de' Baratti **2** B 2 ✉ *43020*
Castóglio **4** B 6
Castorano **15** C-D 4 ✉ *63030*
Cástore, Masseria- **23** F 6
Castreccioni **10** D 8
Castreccioni-Cíngoli, Lago di- **11** D 2
Castro (AP) **15** D 1
Castro (VT) **17** B 1
Castro, Castello di- **31** C-D 2
Castro, Osteria di- **26** A 3
Castro, Sasso di- **6** B 3
Castrocaro Terme e Terra del Sole **6** A 8 ✉ *47011*
Castrocielo **26** A 5 ✉ *03030*
Castro dei Volsci **26** A 3 ✉ *03020*
Castroncello **9** E 7
Castronovo **21** C 7 ✉ *67050*
Castropignano **22** F 6 ✉ *86010*
Castro-Pofi-Vallecorsa, Stazione di- **26** A 3
Castro San Martino **6** B 3
Castrovalva **22** B 1 ✉ *67030*
Catábbio **13** F 5 ✉ *58050*
Catábio, Monte- **18** B 3
Catailli **26** C 7
Cátala, Cantoniera- **29** F 3
Cátala, Rio su- **30** D-E 3
Catalano, Ísola il- **34** A 2
Catausa, Voragine- **26** B 2
Catena (PI) **8** A 8
Catena (PT) **6** E 1 ✉ *51030*
Catena, Villa- **21** C 2
Catenáia, Alpe di- **9** A-B 7-8
Catese **6** E 3
Catigliano **10** C 1
Catignano (FI) **9** B 1
Catignano (PE) **19** D 2 ✉ *65011*
Catignano (SI) **9** D 4
Catino **18** D 1
Catino, Campo- **21** C 5-6
Catirina, Punta- **31** F 5
Catobagli **10** C 6
Cátola, Ponte- **27** A 7
Cátola, Torrente la- **27** A 7
Cátria, Monte- **10** C 5
Cattabiano **2** C 1
Cattabrighe **7** D 6 ✉ *61100*
Cattaragna **1** B 3
Cattarelle, Póggio- **6** C 2
Cattólica **7** D 5 ✉ *47841*
Caturano **27** F 2 ✉ *81040*
Catúrchio **7** F 2
Cau, Monte- **28** E 4
Cáucaso, Monte- **1** D 2
Caudina, Valle- **27** F 4
Caudine, Forche- **27** F 3
Caudino **10** C 6
Cautano **27** E 4 ✉ *82030*
Cava, la- (PI) **8** A 7
Cava, Monte- **18** E 5
Cavaceppo **15** E 3
Cava di Sábbia Silicea **13** C 2
Cavagnano (AQ) **18** B 5
Cavalbianco, Monte- **2** F 1
Cavalcalupo, Monte- **1** C 8
Cavaliere, Colle- **19** C 2
Cavaliere, Fiume- **22** F 4
Cavaliere, Masseria- **23** C 4
Cavallano **9** D 1
Cavallari (AQ-Montereale) **18** B 5
Cavallari (AQ-Pízzoli) **18** C 5
Cavallari (CE) **27** D 1
Cavalleggeri, Casa- **12** B 6
Cavalli, Passo dei- **22** D 3
Cavallina **6** C-D 3 ✉ *50030*
Cavallo, Ísola di- **29** A 3
Cavallo, Monte- (FC) **7** C 1
Cavallo, Monte- (FR-le Mainarde) **22** E 2
Cavallo, Monte- (FR-Viticuso) **26** A 7
Cavallo, Monte- (GE) **1** D 2
Cavallo, Monte- (GR) **16** B 8
Cavallo, Monte- (MC) **14** C 7
Cavallone **18** F 8
Cavallone, Grotta del- **22** A 3
Cavallúccio, Punta- **19** D 6
Cavalmagra, Póggio- **6** B 5
Cavalmurone, Monte- **1** A 2
Cavanella Vara **4** D 6 ✉ *19020*
Cavarzano (PO) **6** C 2 ✉ *59024*
Cavatassi **15** E 5
Cavazzoli **2** A 3 ✉ *42100*
Cavazzolo **1** C 7
Cavazzona **2** C 7 ✉ *41013*
Cavazzone **2** C 3
Cave (AQ) **18** D 5
Cave (CE) **26** C 7 ✉ *81044*
Cave (RM) **21** D 3 ✉ *00033*
Cavello, Rocca- **1** D 1
Caverzana **2** B 2
Cavi **1** F 3 ✉ *16030*
Cavignaga **1** C 5
Cavina San Pietro **6** A 6
Cavizzano **4** A 4
Cavo (FE) **3** A 3
Cavo (LI) **12** D 5 ✉ *57030*
Cavo, Monte- **21** D 1
Cavogna, Monte- **14** D 7
Cávola **2** E 3 ✉ *42010*
Cávola, Bívio la- **24** F 6
Cávoli **12** E 3 ✉ *57030*
Cávoli, Ísola dei- **37** D 5
Cavone, Rifúgio- **5** B 8
Cavorsi **1** C 1
Cavriago **2** A 3 ✉ *42025*
Cavríglia **9** C 4 ✉ *52022*
Cavúccia **15** F 4
Cavuoti **27** F 5
Cazzano (BO) **3** C 1
Cazzettone, Masseria- **27** D 6
Cecanibbi **14** E 3
Ceccano **21** F 5-6 ✉ *03023*
Cecchignola **20** D 6 ✉ *00143*
Cecchina **21** E 1 ✉ *00040*
Cece, Monte- (CB) **22** D 8
Cece, Monte- (RA) **6** A 5
Ceci, Monte- **12** A 7
Ceciáia, Casa- **8** E 6
Ceciliano **9** C 7 ✉ *52100*
Cécina (LI) **8** E 6 ✉ *57023*
Cécina (MS) **5** A 3
Cécina (PT) **5** E 8
Cécina, Fiume- **8** D-E 6
Cécina, Ponte di- **9** F 1
Cedda **9** C 2
Cedogno **2** C 1-2
Cedra, Torrente- **2** D 1
Cedrécchia **6** A 3
Cedri **8** C 8
Cedrino, Fiume- **33** A 6
Cedrino, Lago del- **33** B 5
Céfalo, Monte- **26** D 4
Cefalone, Monte- **18** E 6
Cegliolo **9** E 8
Celalba **10** B 1
Celamonti **13** A 5
Celano (AQ) **21** A 7 ✉ *67043*
Celano, Gole di- **21** A 7
Celano, Serra di- **18** F 7
Celeano **10** F 8
Celenza sul Trigno **22** C 6 ✉ *66050*
Celenza Valfortore **23** F 1 ✉ *71035*
Celestina, Abbazia- **10** F 3
Celincórdia **7** B 2
Cella (FC-Cesenático) **7** A 3
Cella (FC-Mercato Saraceno) **7** C 1 ✉ *47020*
Cella (RE) **2** A 3 ✉ *42040*
Cella di Pálmia **1** B 8
Cella Simbeni **7** D 5
Celle (FC-Cesenático) **7** B 3
Celle (FC-Santa Sofia) **6** D 6
Celle (FI-Dicomano) **6** E 5
Celle (FI-Figline Valdarno) **9** B 4
Celle (RA) **3** F 4 ✉ *48018*
Celle di San Vito **27** C 8 ✉ *71020*
Cellena **13** E 5 ✉ *58050*
Celleno **17** A 5 ✉ *01020*
Céllere **17** B 2 ✉ *01010*
Celle sul Rigo **13** D 7 ✉ *53040*
Celletta, Santuário della- **3** C 4
Cellino Attanásio **19** A 1 ✉ *64036*
Cellino Vécchio, Monte- **19** A 1
Céllole **26** D-E 6 ✉ *81030*
Céllole, Pieve di- **9** C 1
Celsa **9** E 2
Cembrano **4** B 4
Cena, Torrente- **22** A 7
Cenácchio **3** B 1
Cenáia **8** A 6 ✉ *56040*
Cencelle **17** E 3
Cencerato **1** A 2
Cenci, Villa- **10** F 3
Cenciara **18** D 3
Cenédola, Torrente- **1** A 6
Cenerente **14** A 2 ✉ *06070*
Cénica, Fosso- **21** E-F 5
Cenina **9** B 7
Cennina **9** D 5
Ceno, Torrente- **1** B 6
Centare **14** B 7
Centenaro (PC) **1** A 4 ✉ *29020*
Centeno **13** E 7
Centinarola **7** E 7
Cento (BO) **3** C-D 1-2
Cento (FC) **7** C 2
Cento (FE) **2** A 8 ✉ *44042*
Centobuchi **15** C-D 5 ✉ *63033*
Centocelle **20** C 7
Centocelle, Case le- **17** E-F 3
Centocelle, Villa- **22** E 8
Cento Croci, le- **7** F 8
Cento Croci, Passo di- **4** A 4-5
Centofinestre **11** D 4
Centoforche, Colle di- **6** C 7
Centóia **9** F 7-8 ✉ *52040*
Centro Telespaziale Fúcino **21** B 7
Centro Turístico Gattarella **24** D 7
Centro Vélico di Caprera **29** C 4-5
Centurano **27** F 2 ✉ *81023*
Cepagatti **19** C 3 ✉ *65012*
Ceparana **4** D 6 ✉ *19020*
Ceparano, Torre di- **6** A 7
Ceppagna **26** B 8 ✉ *86070*
Ceppaiano **8** B 6
Ceppaloni **27** F 5 ✉ *82010*
Cepparano **15** D 3
Ceppato **8** B 6
Ceppeto, Cappella di- **6** E 3
Ceppo **15** F 2
Ceprano **26** A 4 ✉ *03024*
Ceprano, Stazione di- **26** A 4 ✉ *03024*
Cerageto **5** A 5 ✉ *55030*
Cerasa (LU) **5** A 6
Cerasa (PU) **7** F 7 ✉ *61030*
Cerasa, Monte la- **18** A 4
Cerasella, Cantoniera- **25** C 7
Cerasito **22** F 6
Ceraso, Capo- **29** F 6
Ceraso, Monte- (RM) **21** D 2
Ceraso, Piano del- **18** F 6-7
Cerasoli, Rifúgio- **21** C 6
Cerasolo **7** D 4 ✉ *47852*
Cerasomma **5** E 5 ✉ *55050*
Cerasuolo **22** F 2-3 ✉ *86070*
Ceratelli **4** C 8
Cerbáia (FI) **9** A 2 ✉ *50020*
Cerbáia (SI-Monticiano) **13** A 3
Cerbáia (SI-Sovicille) **9** E 2
Cerbáia, Rocca- **6** C 2
Cerbáie, Colline le- **5** F 7
Cerbaiolo **10** A 1
Cerbara **10** C 1 ✉ *06011*
Cérboli, Ísola- **12** D 6
Cerboni **10** C 2
Cercemaggiore **27** A 5 ✉ *86012*
Cercepíccola **27** A 4 ✉ *86010*
Cercétole **9** A 8
Cerchiáia **9** E 3
Cerchiara (RI) **18** D 2
Cerchiara (TE) **18** B 8
Cérchio **21** A 7 ✉ *67044*
Cerchiola, Torrente- **18** B 8
Cercucce **18** E 4
Cerdomare **18** E 2 ✉ *02037*
Cerédolo **3** D 1 ✉ *40033*
Cerédolo dei Coppi **2** C 2
Ceréglio **2** F 6 ✉ *40030*
Cerella, Monte- **21** B 3
Cerendero **1** B 1
Cerenova **20** B 3 ✉ *00050*
Ceresa, Monte- **15** E 2
Cereseto (PR) **1** B-C 5 ✉ *43050*
Cerésola **10** E 6
Ceresola (AP) **15** C 2
Ceresola (MO) **2** E 3
Cerétoli **4** B 6-7
Cerétolo **2** C 1
Cerézzola **2** C 2
Cerfone, Torrente- **9** C 8
Ceri **20** B 4 ✉ *00052*
Ceriano **7** C 3
Cerignale **1** A 3 ✉ *29020*
Cerisola (GE) **1** C 3
Cermignano **19** A 1 ✉ *64037*
Cermone **18** C 5
Cernitosa **7** E 2
Ceródolo **3** D 1
Cérqua, la- **17** B 8
Cerqueta **21** F 7
Cerqueto (PG-Gualdo Tadino) **10** F 5
Cerqueto (PG-Marsciano) **14** C 2 ✉ *06052*
Cerqueto (TE-Civitella del Tronto) **15** E 3 ✉ *64010*
Cerqueto (TE-Fano Adriano) **18** A-B 7 ✉ *64040*
Cerqueto, Pizzo- **15** D 2
Cerqueto Casale **20** E 7
Cerralti, Chiesa di- **13** E-F 2-3
Cerratina **19** C 3 ✉ *65010*
Cerrè **2** E 2
Cerrédolo **2** E 3 ✉ *42010*
Cerréggio **2** D 1
Cerrè Marabino **2** E 2-3
Cerreta **22** E 3
Cerreta, Monte della- **18** E 7
Cerretana **15** C 2
Cerrete (PG) **14** D 5
Cerrete, Póggio- **9** F 3
Cerreto (AP-Montegiórgio) **15** A 3
Cerreto (AP-Venarotta) **15** D 3
Cerreto (AV) **27** D-E 8
Cerreto (GR) **13** F 6
Cerreto (IS) **22** D 4 ✉ *86080*
Cerreto (MC) **14** A 7
Cerreto (PR) **1** B 5
Cerreto (PU) **10** C 4
Cerreto (RN) **7** E 4
Cerreto (SI) **13** A 3
Cerreto (TR) **14** E 2
Cerreto, Badia a- **9** B 1
Cerreto, Colle- **21** F 8
Cerreto, Lago del- **2** F 1
Cerreto, Monte- (RI) **18** B 4
Cerreto, Passo del- **2** F 1
Cerreto Alto **25** B 6
Cerreto dell'Alpi **2** E-F 1 ✉ *42037*
Cerreto d'Esi **10** E 7 ✉ *60043*
Cerreto di Spoleto **14** D 6-7 ✉ *06040*
Cerreto Guidi **5** F 8 ✉ *50050*
Cerreto Laziale **21** B 3 ✉ *00020*
Cerreto Rossi **1** B 4
Cerreto Sannita **27** C 3-4 ✉ *82032*
Cerri, i- **22** D 4
Cerrito Piano, Colle- **21** B 2
Cerro (GE) **1** C 3
Cerro (PG) **14** C 3
Cerro, Casa- **13** E 5
Cerro, Forca di- **14** E 6
Cerro, Monte del- **22** C 5
Cerro al Volturno **22** E 3 ✉ *86072*
Cerro Balestro **13** B 1
Cerrone, Monte- **10** D 4
Cerrosecco, Taverna- **22** E 8
Certaldo **9** B 1 ✉ *50052*
Certalto **7** F 3
Certano, Torrente- **10** C 3-4
Certárdola **4** C 8
Certénoli **1** E 2
Certignano **9** B 5
Certino **9** D 2
Certopiano **10** C 6
Certo Piano, Casa- **13** B 2
Certosa (BO) **2** B 8
Certosa, la- (LU) **5** E 5
Cervara (AP) **15** E 2
Cervara (MS) **4** A 6 ✉ *54027*
Cervara (PG) **14** D 7
Cervara di Roma **21** B 4 ✉ *00020*
Cervarezza **2** E 1 ✉ *42036*
Cervaro (FR) **26** A 7 ✉ *03044*
Cervaro (TE) **18** A 6 ✉ *64040*
Cervaro, Forcella di- **26** A 7
Cervaro, Monte- (IS) **22** F 3
Cervaro, Torrente- (BN) **27** B 6
Cervarola, Monte- **5** A 7
Cervarolo (RE) **2** F 2
Cervellino, Monte- **1** C 7-8
Cerventosa, Passo della- **9** E 8
Cervéteri **20** B 3 ✉ *00052*
Cérvia **3** F 7 ✉ *48015*
Cervidone **11** D 3
Cervinara **27** F 4 ✉ *83012*
Cervino (CE) **27** F 3 ✉ *81023*
Cervognano **13** A 7
Cesa (AR) **9** E 7 ✉ *52040*
Cesacástina **18** A 6 ✉ *64040*
Cesaiavutti, Monte- **27** A 1
Cesano (AN) **7** F 8 ✉ *60012*
Cesano (RM) **20** A 5 ✉ *00060*
Cesano (TE) **15** E 3 ✉ *64010*
Cesano, Fiume- **10** A-B 7
Cesano, Stazione di- **20** A 5 ✉ *00064*
Cesapiana, Passo- **22** B 4
Cesaproba **18** B 4 ✉ *67010*
Cesarano (CE) **27** E 2
Cesaventre **15** F 1
Cescheto **26** C 7
Cese (AQ-Avezzano) **21** A 6 ✉ *67050*
Cese (AQ-L'Aquila) **18** C 5
Cese (CE) **27** D 1
Cese (FR) **22** F 1
Cese (PG) **14** F 6
Ceselli **14** F 6 ✉ *06040*

Cesena 7 B 2
✉ 47023
Cesenático 7 A 3
✉ 47042
Ceserano 5 A 3
✉ 54010
Ceserano, Torrente- 5 A 6
Cesi (MC) 14 B 6
✉ 62030
Cesi (TR) 17 A 8
✉ 05030
Césima, Monte- 26 B 8
Césoli 21 A 8
Césolo 10 F 8
Cessapalombo 15 A 1
✉ 62020
Cesure 14 B 7
Cética 9 A 6
Cetina, la- 9 E 2
Cetinale 9 E 2
Cetine, le- 9 F 2
Cetona 13 C 7
✉ 53040
Cetona, Monte- 13 C 7
✉ 53040
Cévola 2 B 2
Cévoli 8 B 6
✉ 56030
Cherémule 30 F 5
✉ 07040
Cherina, Nuraghe sa- 31 D-E 1-2
Chessa, Rio sa- 33 A 5
Chia (CA) 36 F 6
Chia (VT) 17 B 6
✉ 01020
Chia, Rio di- 36 F 6
Chia, Stagno di- 36 F 6
Chia, Torre di- 36 F 6
Chiaconcello, Monte- 24 D 6
Chiáia di Luna 25 E 1
Chiaiamari 21 F 7
✉ 03030
Chiáio 27 D 2
Chiama 4 C 4
Chiana, Canale Maestro- 9 F 7
Chiana, Val di- 9 C-F 7
Chianacce 9 F 7
Chianca, Ísola la- 24 C 6
Chiancarelle 26 C 2
Chianche 27 F 5
✉ 83010
Chianchetelle 27 F 5
Chianciano 13 B 7
Chianciano Terme 13 B 7
✉ 53042
Chiancone, Monte- 23 F 3
Chiani 9 C 7
Chiani, Torrente- 14 D 1
Chianni 8 C 7
✉ 56034
Chianni, Pieve a- 9 B 1
Chianti 9 C-D 3-4
Chianti, Monti del- 9 C 4
Chiantino, Croce del- 9 E 4
Chiappa (GE-Camogli) 1 E 1
Chiappa (GE-Valbrevenna) 1 B 1
Chiappa, Punta- 1 E 1
Chiappino (LI) 8 C 5
Chiappo, Monte- 1 A 2
Chiappozzo, Monte- 1 E 4
Chiaramonti 28 F 6
✉ 07030
Chiaravalle 11 B 3-4
✉ 60033
Chiarentana 13 B 6-7
Chiarino, Parrócchia di- 11 D 5-6
Chiaro, Rio- (IS) 22 F 3
Chiaro, Rio- (MC) 11 E 4
Chiarone Scalo 16 C 8
✉ 58010
Chiáscio, Fiume- 10 E 5
Chiaserna 10 C 5
✉ 61044
Chiassa 9 B-C 7
✉ 52030
Chiassáia 9 B 6
Chiastre 1 C 7
Chiatri 5 D 5
Chiáuci 22 E 5
✉ 86097
Chiavano 14 F 8
✉ 06040
Chiavano, Forca di- 14 F 8
Chiávari 1 E 2
✉ 16043
Chiaveretto 9 B 7-8
Chiavi, le- 13 C 6
Chiazzano 6 D 1
✉ 51030
Chiecco, Póggio al- 12 B 7
Chiecinella 8 A-B 8
Chienti, Fiume- 11 E 6
Chiéntina 8 B 7
Chiesa, la- 3 A 1
Chiesa, Toppa della- 27 C 6
Chiesabianca 1 B 5-6
Chiesáccia 5 C 5
Chiesa in Giù 13 E 4
Chiesa Nuova (FE) 3 A 1
✉ 44028
Chiesanuova (FI) 9 A 2
Chiesa Nuova (GE) 1 E 2
Chiesanuova (GE) 1 E 3
Chiesanuova (RA) 3 C-D 3-4
Chiesanuova di San Vito 11 E 4 ✉ 62010
Chiesina 5 A 8
Chiesina Uzzanese 5 E 7
✉ 51013
Chiesino 9 D 6
Chiesiola 1 C 4
Chiessi 12 E 3
Chiesuola (RA) 3 E 5
Chieti 19 C-D 3-4
✉ 66100
Chieti Scalo 19 C-D 3
✉ 66013
Chiéuti 23 C 3
✉ 71010
Chiéuti-Serracapriola, Stazione di- 23 B 3
✉ 71010
Chifente, Torrente- 15 C 4
Chifenti 5 C 6
Chigiano 10 E 8
Chilivani 30 E 7
✉ 07010
China, Capo di- 22 F 1
Chioano 14 E 3
Chiócchio 9 A 3
✉ 50020
Chioda, Monte- 6 B 7
Chiodo, Monte- 1 C 4
Chiona, Torrente- 14 C 5
Chioso (GE) 1 C 1
Chioso (MS) 4 B 5-6
Chiostra, la- 8 D 8
Chiozza 2 B-C 4
Chiozzano 6 A 6
Chirò, Casa- 24 D 2
Chirò, Masseria- 23 D 4
Chirralza, Rio- 28 F 6
Chitignano 9 A 7
✉ 52010
Chiugiana 14 A 2
Chiusa (RA) 3 E 6
Chiusa, la- (FC) 6 A 8
Chiusa di Ginestreto 7 E 6
Chiusdino 13 A 2
✉ 53012
Chiusi 13 B 8
✉ 53043
Chiusi, Lago di- 13 B 8
Chiusi-Chianciano Terme, Stazione di- 13 B 8
✉ 53044
Chiusi della Verna 9 A 8
✉ 52010
Chiúsita 14 D 7
Chiúsola 4 B 5
Chiusure 13 A 5
✉ 53020
Ciabattu 29 D 3
Ciáccia, la- 28 D 5
Ciáccia, Villa- 23 E 3
Ciampino 20 D 7
✉ 00043
Ciamprisco 26 E 8
✉ 81050
Ciannavera 27 C 6
Ciano (MO) 2 E 6
✉ 41050
Ciano d'Enza 2 B-C 2
✉ 42026
Ciaramella 10 D 6
Ciarliana 13 A 7
Cibóttola 14 C 2
Cicagna 1 D 2
✉ 16044
Cicana, Valle- 1 D-E 3
Ciccalento, Ponte- 24 F 3
Cicconi 14 B 8
Ciccotello 27 C 4
Cicerone, Tomba di- 26 D 4
Cichero 1 D 2
Ciciano 13 A 1-2
✉ 53010
Cicignano 17 D 8
Ciciliano 21 B 3
✉ 00020
Cicillanu, Bruncu- 37 A 5
Cicogna (AR) 9 B 5-6
Cicognáia 7 F 2
Cicolano, Regione- 18 D-E 3-5
Cícoli, Monte- 26 E 6
Cidrò 34 E-F 3
Ciesco, Monte- 27 C 4
Cifalco, Monte- 22 F 1
Cigarello 2 D 3
Ciggiano 9 D 6
✉ 52040
Cigliano (FI-Rúfina) 6 E 5
Cigliano (FI-San Casciano in Val di Pesa) 9 A 2
Cignano (AR) 9 F 7
Cignano (FI) 6 B 6
Cignato 6 B 5
Cigno 6 D 8
Cigno, Monte- 27 C 3
Cigno, Torrente- (CB) 23 C 1
Cigno, Torrente- (PE) 19 D 2
Cignoni, Fermata- 35 A 2
Cígoli 8 A 8
Ciliano 13 A 6
Cilleni, Bandita- 14 A 5
Cima di Vorno 5 F 6
Cimamonte, Monte- 17 A 7
Cimarani, Monte- 21 A 6
Cimarella Villa 11 E 4
Cimata di Castello, Monte- 18 C 3
Cimetta, Colle- 21 C 5
Cimina, Via- 17 D 5
Cimini, Monti- 17 D 5-6
Cimino, Monte- 17 C 5
Cimogna, Monte- 27 B 1
Cimone, Monte- (MO) 5 A 7
Cincelli 9 C 7
Cinciano 9 C 2
Cinecittà 20 C 7
Cinelli, Casale- 17 D 4
Cineto Romano 21 A 3
✉ 00020
Cingoli 11 D 3
✉ 62011
Cinigiano 13 D 4
✉ 58044
Cinisco, Fiume- 10 B 6
Cinquale 5 C 3
✉ 54030
Cinquanta 3 B 1
Cinquecerri 2 E 1
✉ 42030
Cinquemíglia, Piano delle- 22 C 2
Cinque Terre, Parco Nazionale delle- 4 D-E 5
Cinque Terre, Regione- 4 D-E 5
Cinque Terre, Riserva Marina delle- 4 D-E 4-5
Cinta, la- 31 B-C 6
Cintóia 9 A 3
Cintolese 5 E 8
✉ 51030
Ciocco, il- 5 B 5-6
Ciociaria, Regione- 21 D-E 3-6
Ciola (FC-Castrocaro Terme) 6 A 8
Ciola (FC-Mercato Saraceno) 7 D 1 ✉ 47020
Ciola Araldi 7 C 2
Ciola Corniale 7 C 3
✉ 47822
Ciommi 19 F 4
Ciorlano 27 B 1
✉ 81010
Cipolláio, Galleria del- 5 C 4
Cipressi 19 B 2
Circe 25 D 7
Circello 27 C 5
✉ 82020
Circeo, Monte- 25 D 7
Circeo, Parco Nazionale del- (LT) 25 C-D 7
Circeo, Parco Nazionale del- (LT-Ísola Zannone) 25 D 2
Circeo, Selva del- 25 C 7
Ciréglio 5 C 8
✉ 51020
Ciregna 1 A 3-4
Cirifoddi 36 C 7
Cirignano (BN) 27 F 4
✉ 82016
Cirignano (FI) 6 C 3
Cirignone 6 F 8
Cirone, Passo del- 1 D 7
Cirras, Rio- 35 E 2-3
Cisa, Passo della- 1 D 7
Cisigliana 4 C 8
Císpiri, Rio- 32 D 5
Cisterna (CE) 27 E 1-2
✉ 81040
Cisterna (FR) 21 E 8
Cisterna, Rifúgio- 21 D 7
Cisterna di Latina 21 F 2
✉ 04012
Cístio 6 D 4
✉ 50039
Citerna (PG) 10 C 1
✉ 06010
Citerna (PR) 1 B 7
Citerna, Monte- 6 B 3
Citerna, Válico- 6 B 3
Citerno 13 F 8
Citta, la- 2 C 7
Cittadella (BO) 3 B 2
Città della Doménica 14 A 2
Città della Pieve 13 C 8
✉ 06062
Città di Castello 10 C 2
✉ 06012
Città di Fállera, Monte- 14 C 1
Città di Macerata, Rifúgio- 14 C 8
Città di Massa, Rifúgio- 5 B 4
Cittaducale 18 C 3
✉ 02015
Cittanova (MO) 2 B 5
Cittareale 18 A 4
✉ 02010
Città Sant'Ángelo 19 B 3
✉ 65013
Ciucchetta, Monte la- 22 E 3
Ciuchesu 29 C 3
Ciuffenna, Torrente- 9 B 5
Civago 2 F 2
✉ 42030
Civetta, Casa- 27 A 8
Civette, Torre- 12 D 7
Civinini, Capanna- 12 D 7
Cívita (AQ) 21 A 3
✉ 67060
Cívita (PG) 14 F 8
Cívita (VT) 17 A 5
✉ 01022
Cívita, Colle della- 19 E 3
Cívita, Forca della- 14 F 8
Civitacampomarano 22 D 7
✉ 86030
Cívita Castellana 17 D 7
✉ 01033
Cívita Castellana-Magliano, Stazione di- 17 D 7
✉ 01030
Cívita d'Antino 21 C 6-7
✉ 67050
Civita di Bagno 18 D 6
Civitaluparella 22 B 4
✉ 66040
Civitaluparella, Stazione di- 22 B 4-5 ✉ 66040
Civitanova del Sánnio 22 E 5
✉ 86094
Civitanova Marche 11 E 6
✉ 62012
Civitanova Marche Alta 11 E 6
✉ 62012
Civitaquana 19 D 2
✉ 65010
Civitaretenga 18 E 8
✉ 67020
Cívita Superiore 27 A 3
Civitata, Punta della- 12 B 1
Civitate, Chiesa di- 23 D 3
Civitate, Ponte di- 23 D 3
Civitatomassa 18 D 5
Civitavécchia (FR) 21 F 8
Civitavécchia (RM) 20 A 1
✉ 00053
Civitella (RI) 18 E 4
Civitella (RM) 21 A 2
✉ 00026
Civitella, Monte- (AQ) 18 B 5
Civitella, Monte- (FR) 21 D 5
Civitella, Monte- (GR) 13 E 6
Civitella, Monte- (MC) 14 C 7
Civitella, Monte- (PG) 10 D 1
Civitella, Monte di- 14 F 6
Civitella, Monte la- 26 B 3
Civitella Alfedena 22 D 2
✉ 67030
Civitella Benazzone 10 F 3
Civitella Casanova 19 C 1
✉ 65010
Civitella Cesi 17 E 4
✉ 01010
Civitella d'Agliano 17 A 5
✉ 01020
Civitella d'Arno 14 A 3
Civitella de' Conti 14 D 2
Civitella del Lago 14 F 2
✉ 05020
Civitella del Tronto 15 E 4
✉ 64010
Civitella di Romagna 6 C 8
✉ 47012
Civitella in Val di Chiana 9 D 6
✉ 52040
Civitella Licínio 27 C 3
✉ 82030
Civitella Maríttima 13 B-C 3
✉ 58045
Civitella Messèr Raimondo 22 A 4 ✉ 66010
Civitella Pagánico 13 C 3
✉ 58045
Civitella Pagánico, Stazione di- 13 C 3 ✉ 58045
Civitella Ranieri 10 E 2
Civitella Roveto 21 C 6
✉ 67054
Civitella San Páolo 17 E 8
✉ 00060
Civitelle 14 C 6
Civitelle, Póggio delle- 14 C 4
Civitello, Monte- 10 D 3
Civório 6 D 8
Cixerri, Rio- 36 A 5
Classe, Pineta di- 3 E-F 7
Cláudia Braccianese, Via- 20 A 4
Clemente, Taverna di- 22 E 8
Clitérnia Nuova 23 B 2
✉ 86040
Clitunno, Fiume- 14 D 5
Clitunno, Fonti del- 14 D 5
Clitunno, Témpio di- 14 D 5
Coa Márgine, Monte- 35 E 1
Coberta, Funtana- 35 D 4
Cóccia, Guado di- 22 A 3
Cóccia, Monte- 23 B 1
Cóccia, Póggio di- 17 E 4
Coccíglia 5 C 7
Coccolia 3 F 5-6
✉ 48010
Coccorano 10 F 4
Cóccore 10 D 6
Cocucci, Masseria- 22 C 5
Cocullo 22 A 1
✉ 67030
Cocuruzzo 26 C 7
✉ 81040
Coda, Punta- 29 C 4-5
Coda Cavallo, Capo- 31 B 7
✉ 08020
Codacchi 22 D 7
Coda della Carasanta 28 D 1
Codarda 25 B 8
Codaruina 28 D 6
✉ 07039
Codemondo 2 A 3
✉ 42025
Códena 5 B 3
✉ 54033
Codes, Nuraghe- 32 A 5
Codi, Monte- 35 C 5
Codiponte 5 A 3
✉ 54010
Codivara 4 B 4
Codogno (PR) 1 D 5
Códolo 4 B 6
Codorso 1 D 4
Codrignano 3 F 2
Codrongianos 30 D 5
✉ 07040
Códula de Sísine, Rio- 33 D 6
Códula di Luna, Rio- 33 C 6
Coeliáula 9 A 1
Cóffia 6 F 6
Coggina, Genna- 33 E 6
Coghínas 31 B-C 2
Coghínas, Cantoniera- 28 E 7
Coghínas, Fiume- 28 D 6
Coghínas, Lago del- 31 C-D 1-2
Coghínas, Stazione- 28 E 7
Cogno San Bassano 1 A 4
Cogolatzu, Nuraghe- 32 C 5
Cógoli 31 E 5
Cogorno 1 E 3
✉ 16030
Cogótis, Monte- 36 D 5
Coiamma, Rio- 34 A-B 6
Coiano (FI) 8 A 8
Coiano (PO) 6 D 2
✉ 59100
Cola 2 D 2
✉ 42020
Colantónio, Masseria- 22 A 6
Colasordo, Serra- 22 B 2
Colba, Cala la- 29 C 2-3
Colbassano 10 E 5
Colbórdolo 7 E 5
✉ 61022
Colbu, lu- 29 E 1
✉ 07030
Colbu, Monte lu- 31 B 2
Colbúccaro 11 F 4
✉ 62020
Colcellalto 7 F 2
✉ 52032
Colcello 10 D 6
Colcerasa 10 E 8
Coldapi 10 C 6
Coldazzo 7 E 5
Coldellanoce 10 D 6
Coldigioco 10 E 8
Coldragone 26 A 4
Colfano 15 A 1
Colfelice 26 A 4-5
✉ 03030
Colferráio 10 E 7
✉ 62020
Colfiorito 14 B 6
✉ 06030
Colfiorito, Parco Regionale- 14 B 6
Colfiorito, Piano di- 14 B 6
Colfiorito, Válico- 14 B 6
Col Francesco 10 F 3
Colfulignato 14 A 5
Coli 1 A 3
✉ 29020
Colignola 9 B 8
Colla (MS) 5 A 3
✉ 54010
Colla, Monte sa- 35 C 4
Colla, Passo- 1 C 5
Collácchia 13 C 1
Colla di Caságlia 6 C 5
Colla di Gritta 4 D 4-5
Collagna 2 E 1
✉ 42037
Collalto (IS) 22 F 3
Collalto (SI) 9 D-E 2
Collalto Sabino 18 F 3
✉ 02022
Collamato 10 E 7
✉ 60040
Collarmele 21 A 8
✉ 67040
Collatea 18 B 2
Collattoni 14 C 7
Collazzone 14 D 3
✉ 06050
Colle (AN-Fabriano) 10 E 6
Colle (AN-Fabriano) 10 F 6
Colle (AP-Arquata del Tronto) 15 F 1
Colle (AP-Montefortino) 15 C 2
Colle (AQ-Lúcoli) 18 D 5-6
Colle (AQ-Pizzoli) 18 C 5
Colle (LU-Capánnori) 5 D 6
Colle (LU-Castelnuovo di Garfagnana) 5 B 5
Colle (MC) 15 B 1
Colle (PG-Bettona) 14 B 3
Colle (PG-Nocera Umbra) 14 A 6
Colle (PI) 8 B 6
Colle (PO) 6 C 2
Colle (SI-Gaiole in Chianti) 9 D 4
Colle (SI-Trequanda) 9 F 6
Colle (TR) 13 D 8
Colle, Fiume- 21 F 5
Colle, il- (AN) 10 D 8
Colle, il- (AQ) 22 A 1
Colle, Monte di- 27 C 5
Colle, Torre del- 19 E 3
Colle Alberti 5 F 8
Colle Alto 26 A 4
Colle Aprico (AN) 10 C 7
Colle Aprico (PG) 14 A 6
Collebaccaro 18 C 1-2
Collebaldo 14 C 1
Colle Barucci 6 C 3
Colleberardi 21 E 6
✉ 03020
Collebrincioni 18 C 6
✉ 67100
Colle Calvo 18 B 5
Colle Calzolaro 14 B 1
Colle Cardarilli, Case- 21 F 5
Collecarrise 22 F 6
Colle Castagno 18 D 5
Collécchio (GR) 16 A 6
Collécchio (PR) 2 A 1
✉ 43044
Colle Ciupi 9 D 3
Collecorvino 19 B 2
✉ 65010
Colle Croce 14 B 6
Colle d'Anchise 27 A 3
✉ 86020
Colle d'Antico, Chiesa del- 10 C 3
Colledara 18 A-B 8
✉ 64042
Colle d'Avéndita 14 E 7
Colle del Marchese 14 D 4
Colle di Cómpito 5 F 6
✉ 55062
Colle di Corte 10 C 7
Colle di Fuori 21 D 2
✉ 00040
Colledimácine 22 A-B 4
✉ 66010
Colledimezzo 22 B 5
✉ 66040
Colle di Preturo 18 C 5
Colle di Róio 18 D 6
✉ 67040
Colle di Sponga 18 E 4
Colle di Tora 18 E 3
✉ 02020
Colle di Val d'Elsa 9 D 2
✉ 53034
Colle d'Orano 12 E 3
Colledoro (RM) 21 D-E 3
Colledoro (TE) 18 B 8
✉ 64041
Colledoro, Chiesa di- 21 F 2
Colleferro 21 E 3
✉ 00034
Collefrácido 18 D 5
Collegalli 8 B 8
Collegara 2 B-C 6
Collegiacone 14 F 7
Collegiglioni 10 D 6
Collegiove 18 F 3
✉ 02020
Collegiudeo 18 E 4
Collegnago 4 C 8
Collelicino 18 A 1
Collelongo 21 C 7
✉ 67050
Colleluce 10 F 8
Collelungo (PI) 8 B 8
Collelungo (TR-Baschi) 14 F 2
✉ 05020
Collelungo (TR-San Venanzo) 14 D 2 ✉ 05010
Collelungo Sabino 18 E 2
✉ 02030
Collelungo, Torre di- 13 F 1
Colle Lupo, Fattoria- 16 A 7
Collemácchia 22 F 3
Collemaggiore 18 E 5
✉ 02028
Colle Malamerenda 9 E 3-4
Collemáncio 14 C 4
Colle Mastroianni 21 E 8
Colle Mattarello 21 F 6-7
Colle Mausoleo 21 F 6
Collemelúccio, Casa- 22 E 5
Collemese 14 B 8
Collemezzano 8 D 6
Colle Micotti 17 C 8
Collemíncio 14 A 5
Colleminúccio 15 F 4
✉ 64020
Collemontanino 8 C 6
Collemoresco 15 F 1
✉ 02010
Colléoli 8 A 7
Colle Paganello 10 E 6
Colle Pagánica 18 B 5
Collepardo 21 D 6
✉ 03010

Collepepe **14** C 3
⊠ *06050*
Collepietro (AQ) **19** E 1
⊠ *67020*
Collepietro (TE) **15** E 5
Collepino **14** B 5
Collepizzuto **17** A 8
Colle Plínio **10** C 2
Colleponi **10** D 6
⊠ *60040*
Colleponte **14** F 6
Colle Ponte **26** B 4
Colleporto **18** A 1
Colleposta **22** F 1
Collepuno, Colle- **22** B 6
Cóllere, Monte- **1** C 2
Cólleri **1** A 2
Collerinaldo **18** C 4
Collesalvetti **8** B 5-6
⊠ *57014*
Colle San Benedetto **14** B 8
Colle San Giácomo **21** A 5
Colle San Lorenzo **14** C 5
Colle San Magno **26** A 5
⊠ *03030*
Colle San Marco **15** D 3
Colle Sannita **27** B 5-6
⊠ *82024*
Colle San Páolo **14** B 1
Colle Santa Maria (TE) **15** F 4
Colle Santa Maria (TR) **13** D 8
Collesantángelo **18** B 2
Colle Santo **14** A 2
Collesanto **14** B 8
Colle Sassa **18** D 5
Collescípoli **17** B 8
⊠ *05033*
Collesecco (AR) **9** D-E 8
Collesecco (CH) **19** D 5
Collesecco (PG) **14** D 4
Collesecco (TR) **14** F 3
⊠ *05020*
Collesino **4** B-C 7
Collespada **15** F 1
Collestatte Piano **18** A 1
⊠ *05030*
Collestrada **14** B 3
⊠ *06080*
Colletorto **23** E 1
⊠ *86044*
Colle Tronco **26** A 4
Colletta, Cima della- **1** A 2
Collettara **18** D 5
Colle Umberto I **14** A 2
⊠ *06070*
Collevalenza **14** E 3
⊠ *06050*
Collevécchio (RI) **17** D 8
⊠ *02042*
Collevécchio (TE) **18** A 8
⊠ *64040*
Colleverde **18** A 3
Colli (AQ) **18** C 5
Colli (CH) **19** F 5
Colli (FR) **21** F 7
⊠ *03030*
Colli (LU) **5** B 5
Colli (MC) **10** E 7
Colli (SP) **4** B 4
Colli, Case- **10** F 8
Colli Alti **6** E 2
Colli a Volturno **22** F 3
⊠ *86073*
Colliberti **18** B 8
Collicelle **18** A 4
Collicelli **10** E 8
Collicello (AQ) **18** B-C 5
Collicello (TR) **17** A 7
Colli del Tronto **15** D 4
⊠ *63030*
Colli di Montebove **21** A 4
⊠ *67060*
Collimento **18** D 5-6
Collina (AN) **11** C 3-4
⊠ *60030*
Collina (AP) **15** D 2
Collina (BO) **6** A 2
Collina (FC) **6** D 8
Collina (FI) **6** E 3
Collina (LU) **5** E 6
Collina (MC) **10** F 8
Collina (PT) **5** D 8
⊠ *51020*
Collina (RI) **18** D 2
Collina, Monte- **6** C 6
Collina della Porretta, Passo della- **6** C 1
Collina Nuova **15** B 3
Collinas **34** C 6
⊠ *09020*
Collinello **7** B 1
⊠ *47032*
Colliolla **2** D 3
Colli sul Velino **18** B 1-2
⊠ *02010*
Collodi **5** D 7
⊠ *51014*
Colloredda, Punta di- **31** C 6
Collungo **10** A 1
Colmano **6** B 7-8
Colmurano **15** A 2
⊠ *62020*
Cologna (TE) **15** F 6
⊠ *64020*
Cologna, Monte- **14** C 6
Cologna Spiággia **15** E 6
⊠ *64020*
Colóngola (MC) **10** D 8
Colóngola (PG) **14** A 2
Colóngole (LI) **8** C 5
⊠ *57010*
Colóngole (PI) **5** E 5
Colóngnora (LU-Pescáglia) **5** C 5
Colóngnora (LU-Villa Basilica) **5** D 7
Cologone, Sorgente su- **33** B 5 ⊠ *08025*
Colombai **5** F 7
Colombáia **2** D 3
Colombáie, Case- **8** C 6
Colombara (PU-Frontone) **10** C 5
Colombara (PU-Piόbbico) **10** B 3
Colombaro (MO) **2** C 5
⊠ *41050*
Colombarone **2** B 5
Colombella Alta **14** A 3
⊠ *06080*
Colombella Bassa **14** A 3
⊠ *06080*
Colombo, Monte- (FC) **6** C 7
Colómbus, Punta- **34** C-D 6
Colónia Arnaldi **1** D 1
⊠ *16030*
Cólonica **6** E 2
Colonna (PU) **7** F 5
Colonna (RM) **21** C-D 1
⊠ *00030*
Colonna, Monte- **21** C 5
Colonna di Grillo **9** E 5
Colonnata (FI) **6** E 3
⊠ *50019*
Colonnata (MS) **5** B 3
⊠ *54030*
Colonne **1** A 1
Colonne, Punta delle- **36** D 2
Colonnella **15** D 5
⊠ *64010*
Colonnetta **14** E 1
Coloreta, Monte- **6** B 4
Coloreto **2** A 2
Coloretta **4** B 5
Coloru, Grotta de su- **28** E 6
Colotto **11** F 3
Colpalombo **10** F 4
⊠ *06020*
Colpetrazzo **14** E 4
⊠ *06050*
Col Piccione **14** A 1-2
Colpodalla **14** B 8
Colsaino **14** A 5
Coltano, Tenuta di- **8** A 5
⊠ *56010*
Coltavolino **10** F 3
Colti **29** D 3
Coltodino **18** F 1
⊠ *02030*
Columbárgia, Torre- **32** C 3
Columbrica, Colle- **21** C 7
Colunga **3** D 1
Colustrai, Stagno dei- **37** A 6
Colustrai, Villággio- **37** A 6
Colvalenza **14** E 3
Comácchio **3** A-B 6
⊠ *44022*
Comácchio, Lidi di- **3** A-B 7
Comácchio, Valli di- **3** B 5-6
Comano (MS) **4** C 8
⊠ *54015*
Comeana **6** F 1-2
⊠ *59015*
Cómero, Monte- **6** E 8
Comidai, Bruncu- **37** A 5
Comino **19** E 4
Comino, Capo- **31** E 7-8
Commenda **17** B 4
Comoretta, Punta- **31** F 4
Compiano (PR) **1** C 5
⊠ *43053*
Compiano (RE) **2** C 2
⊠ *42020*
Compignano (LU) **5** E 5
Compignano (PG) **14** C 2
⊠ *06050*
Compiobbi **6** F 4
⊠ *50061*
Compione **4** B 7
Compito **9** A 8
Compre, le- **21** D 7
Compresso **10** F 2
Comugni **9** B 6
Comunáglia **10** E 2
Comunanza **15** C 2
⊠ *63044*
Comune, Costa- **14** F 8
Comune, Serra- **21** D 7
Comunéglia **4** B 4
⊠ *19020*
Comune Sottano **1** B 5
Comunitore, Monte- **15** E 1-2
Cona, la- **25** D 7
Cona di Selvapiana **21** F 4
Cona Faiete **15** F 3
Cona Rovara **21** C 8
Conca, Rio sa- **31** C 3
Conca, Tavèrna di- **26** B 8
Conca, Torrente- **7** D 5
Conca Casale **26** A 7-8
⊠ *86079*
Conca della Campánia **26** C 7
⊠ *81044*
Concali, Monte su- **36** B 6
Concarabella, Cantoniera- **31** C 2-3
Cóncas **31** D 5-6
⊠ *08020*
Cóncas, Case Rupestri sas- **33** B 3
Conca s'Omu, Monte- **34** F 3-4
Conca Verde **29** C 3-4
Concerviano **18** D 3
⊠ *02020*
Concosu, Punta- **33** D 3
Cone, le- **21** E 3
Cónero, Monte- **11** B 5
Cónero, Parco Regionale del- **11** B-C 5-6
Configni (RI) **18** C 1
⊠ *02040*
Configni (TR) **14** F 4
Configno **18** A 5
Confini **27** F 5
Coniale **6** B 4
⊠ *50033*
Conie, le- **13** C 6
Cónio Avena **1** C 2
Conócchia **22** F 4
Consalvi, Chiesa di- **11** E 4
Consándolo **3** B 3
⊠ *44013*
Conscenti **1** E 3
Consélice **3** D 4
⊠ *48017*
Consíglia **1** D 2
Consuma **6** F 5
⊠ *50060*
Consuma, Passo della- **6** F 6
Conte, il- **2** B 8
Conte, Porto- **30** E 1
Contessa, Canale della- **23** F 8
Contessa, Casa- **10** F 2
Conti **15** C 2
Conti, i- **25** E 1
Contigliano **18** C 1
⊠ *02043*
Contignano **13** C 6
⊠ *53040*
Contile **1** B 6
Contra **27** C 1-2
Contra, sa- **28** E 7
Contra d'Óschiri **33** A 2
Contra Quadrada **31** C 4
Contreddas, sas- **30** B 7
Controguerra **15** D 5
⊠ *64010*
Controne, Casale- **20** B 6
Convalle **5** D 5
Conventello **3** D 5-6
Conventino **21** A 1
Conventino, il- **17** B 5
Convento **11** F 4
Convento, il- **23** C 2
Conventu, Nuraghe su- **34** C 5-6
Converselle **6** A 7
Conzattu, Nuraghe- **30** E 5
Copogna **14** A 7
Coppa, Monte- (SP) **4** B 5
Coppa Castello, Masseria- **23** E 4
Coppa del Fornaro **24** C 6
Coppa della Mácchia **24** F 4
Coppa di Mastro Stéfano **24** E 3
Coppa di Mezzo **24** E 4
Coppa di Rose **23** C 3
Coppa di Rose, Masseria- **23** C 3
Coppa Ferrata **24** E 4
Coppa Guardiola **24** E 6
Coppa San Pietro **27** A 7
Coppa Santa Tecla **24** E 7
Coppa Sartágine **24** C 6
Coppe **18** B 1
Coppere, Colle- **22** C 8
Coppito **18** D 6
⊠ *67010*
Coppo **11** C 5
Coppo dei Fossi **24** C 6
Corallo, Porto- (CA-Iglésias) **36** A 3
Corallo, Porto- (CA-Villaputzu) **35** F 6
Corano (GR) **17** A 1
Corbara (TR) **14** F 2
⊠ *05019*
Corbara, Lago di- **14** E-F 2
Corbesassi **1** A 2
Corcagnano **2** A 1
Corcelli, Ísola- **29** B 4
Córchia **1** C 7
Corchiano **17** D 6-7
⊠ *01030*
Córcia **10** F 6
Corciano **14** A 2
⊠ *06073*
Corcolle **21** C 1
⊠ *00010*
Corcumello **21** B 6
⊠ *67050*
Cordesco **15** F 5
Cordigliano **14** A 3
Cordivino **10** D 8
Cordona, Monte- **1** D 1
Cordra, Monte- **37** A 4
Core, Monte- **25** E 1
Coréglia Antelminelli **5** B 6
⊠ *55025*
Coréglia Lígure **1** E 2
⊠ *16040*
Corella **6** D 5
Coremò **36** C 4
Coreno Ausónio **26** C 6
⊠ *03040*
Corese Terra **18** F 1
⊠ *02030*
Corezzo **6** F 7-8
Corfínio **19** F 1
⊠ *67030*
Corfínium **19** F 1
Corfino **5** A 5
⊠ *55030*
Corgna **10** F 1
Cori **21** F 2-3
⊠ *04010*
Coriano (RE) **2** E 2
Coriano (RN) **7** D 4
⊠ *47853*
Coriconi **15** C 2
Corigliano **26** D 7
⊠ *81030*
Corinaldo **10** A 7
⊠ *60013*
Corlaga **4** B 7
⊠ *54021*
Corleto (RA) **3** F 5
Corletto **2** B 5
Corliano **5** F 8
Corlo (MO) **2** C 5
⊠ *41010*
Corlo (PG) **10** E 2
Cormelano, Monte- **14** F 5
Cornácchia, Monte- (AQ-Collimento) **18** E 6
Cornácchia, Monte- (AQ-FR) **21** D 8
Cornácchia, Monte- (FG) **27** B 8
Cornacchiáia **6** B 3-4
⊠ *50033*
Cornacchiano **15** E 4
Cornaccina **1** A 8
Cornacervina **3** A 4
Cornareto **1** A 1
Cornaro **1** A 3
Cornate, le- **13** A 1
Cornate Fosini, Riserva Naturale le- **8** F 8
Corneda **4** C 6-7
Cornello, Masseria- **24** E-F 5
Cornello, Passo- **14** A 6
Corneta, Monte- **9** D 8
Corneto (RE) **2** E 3
Córnia **1** D 2
Córnia, Fiume- **12** B 6
Corniana **1** B 7-8
⊠ *43040*
Corniano (RE) **2** B 2
Cornice **4** C 5
Cornicolani, Monti- **21** A 1
Cornìglia **4** E 5
⊠ *19010*
Cornìglio **1** D 8
⊠ *43021*
Cornillo Nuovo **18** A 5
Cornillo Vécchio **15** F 1
Cornino, Piano- **18** D 4
Corniola **9** A 1
Córniolo **6** B 1
Corniolo **6** D 6-7
⊠ *47010*
Corno, Fiume- (PG) **14** E 7
Corno, Ísola del- **36** C 1
Corno, Monte- (IS) **26** A 8
Corno, Monte- (RI) **18** B 3
Corno, Vado di- **18** C 7
Corno alle Scale **5** B 8
Corno alle Scale, Parco Regionale del- **5** B 8
Cornócchia **9** F 2
Cornocchia, Riserva Naturale- **9** F 1-2
Corno Grande **18** B 7
Córnolo (PC) **1** A 5
Córnolo (PR) **1** C 4
Cornone **23** B 4
Corno Piccolo **18** B 7
Cornovíglio, Monte- **4** C 6
Córnus, Nuraghe- **32** D 3
Córnus, Rovine- **32** D 3
Cornuto, Monte- **16** A 6
Coromédus, Monte- **35** A 3
Corona (AQ) **18** F 6
Corona Alta, Punta- **30** E 5
Corona Maria, Monte- **36** B 3
Corona Niedda, Scogli- **32** C 3
Corona, Nuraghe sa- **35** E 1
Corone (PG) **14** D 7
Coroneo, Nuraghe- **33** D 3
Corongedda, Monte- **35** D 3
Coróngiu **36** B 4
Coróngiu, Cantoniera- **37** B 3-4
Coróngiu, Fiume- **33** F 6
Coróngiu, Laghi di- **37** A 3-4
Coróngiu, Ponte- **35** C 6
Coróngiu, Punta- **35** B 5
Coróngiu Era **35** A 2
Corpi Santi **22** A 4
Corpolò **7** C 3
⊠ *47828*
Corpo Reno **2** A 8
⊠ *44040*
Corposano **10** B 1
Corra Chérbina, Punta- **33** B 2
Corrasi, Punta- **33** C 5
Corrazzu, Nuraghe- **34** B 7
Correboi, Arcu- **33** E 4
Corr'e Cerbu, Rio- **35** E 5-6
Correggi **3** A 4
Corréggio (RE) **2** A 4-5
⊠ *42015*
Corr'é Pruna, Rio- **37** A 5-6
Corrías, Casa- **36** A 4
Corridónia **11** F 5
⊠ *62014*
Corrieri **5** B 8
Corrópoli **15** D 5
⊠ *64013*
Corrugunele **31** C-D 4
Corrulia, Nuraghe- **35** E 5
Corru Mannu, Punta- **34** B 3-4
Córrus de Trubutzu, Nuraghe- **33** F 6
Corsagna **5** C 6
⊠ *55023*
Corsalone **9** A 7
Corsalone, Torrente- **6** F 7
Corsano (AV) **27** E 7
Corsano (MS) **5** A 3
Corsari, Torre dei- **34** C 3
Córsica **29** A 2-3
Corsignano **9** D 3
Corsonna, Torrente- **5** B 6
Corte, la- (RE) **2** A 3
Corte, la- (SS) **28** F 2
⊠ *07040*
Corte, Monte della- **22** D 1
Corte, Rio di- **32** B 5
Corte Brugnatella **1** A 3
⊠ *29020*
Corte Centrale **3** A 5
Corte Cérbos, Monte- **33** F 2
Cortenuova (FI) **6** F 1
Corte Pórcus, Monte- **35** C 5
Corti (PC) **1** A 6
Corti, le- (FI-Fucécchio) **5** F 8
Corti, le- (FI-Greve in Chianti) **9** B 3-4
Corti, le- (LU) **5** E 5
Corticella (BO) **2** C 8
⊠ *40128*
Corticella (RE) **2** B 4
Cortigno **14** E 7
Cortine (FI) **9** C 3
Cortino **18** A 7
⊠ *64040*
Cortióis **36** D 4
Corti Rósas **35** D 4
Corto, Casa del- **13** D 6
Cortoghiana **36** B 3
⊠ *09010*
Cortogno **2** C 2
Cortona **9** E 8
⊠ *52044*
Cortona, Ponte di- **9** F 7
Corva (AP) **11** F 6
Corváia **5** C 4
Corvara (PE) **19** D-E 1
⊠ *65020*
Corvara (SP) **4** D 5
Corvaro **18** E 5
⊠ *02020*
Corvella **6** A 1
Corvi, Monte dei- **11** B 5
Córvia **14** C 5
Córvia, Colle- **21** C 2
Corviale **20** C 6
⊠ *00148*
Corvo, Monte- (AQ) **18** B 7
Corvo, Monte- (PE) **19** F 1
Corvo, Ponte- **27** E 5
Corzago **2** E 3
Corzano (FC) **6** E 8
Cosa (GR) **16** C 7
Cosa, Fiume- **21** F 5
Cosce, Monte- **17** C 8
Coscerno, Monte- **14** F 6
Cóscia di Donna, Capo- **28** D 1
Coscogno **2** E 5
⊠ *41026*
Cósina **3** F 4-5
⊠ *48010*
Cosona **13** A 5
Cospáia **10** B 1
Cossatzu, Cantoniera- **33** F 3
Cossignano **15** C 4
⊠ *63030*
Cossito **15** F 1
Cossoíne **32** A 5
⊠ *07010*
Cossu, su- **31** D 6
⊠ *08020*
Costa (GE) **1** C 1
Costa (MC-Pióraco) **10** F 7
Costa (MC-Serravalle di Chienti) **14** B-C 7
Costa (PG) **14** A 6
Costa (PR) **2** C 1
Costa (RA) **3** F 2-3
Costa, la- (LU) **2** F 1
Costa, la- (PG-Città della Pieve) **13** B 8
Costa, la- (PG-Spoleto) **14** F 4
Costa, la- (PR-Berceto) **1** C 7
Costa, la- (PR-Neviano degli Arduini) **2** C 2
Costa, Monte della- **27** C 1
Costa, Serra sa- **33** F 2
Costa Bianca **11** D 5
Costabona **2** E 2
Costacciaro **10** D-E 5
⊠ *06021*
Costa d'Arvello **14** B 6
Costadásino **1** B 6
Costa de' Grassi **2** E 2
Costa di Castrignano **2** B 1
Costa Dorata **31** B 6
Costafabbri **9** E 3
Costafontana **1** C 2
Costalpino **9** E 3
⊠ *53010*
Costalta (RE) **2** F 2-3
Costano **14** B 4
⊠ *06080*
Costa San Savino **10** D 5
Coste (VT) **17** A 4
Coste, le- (IS) **27** A 2
Coste, le- (MO) **2** E 5
Costerbosa **1** C 6
Coste San Páolo **14** D 5-6
Costi, Cúccuru de- **33** A 6
Costola **4** B 4-5
Costone, Monte il- **18** F 6
Costone, Póggio- **17** B 1
Costozza (BO) **6** B 1-2
Costrignano **2** E 4
⊠ *41040*
Cotento, Monte- **21** C 5
Cotignola **3** E 4-5
⊠ *48010*
Cotília, Terme di- **18** C 3
Cotogni **26** C 7
Cotone, Castello di- **13** E 3
Cotorniano **9** F 2
Cottanello **18** C 1
⊠ *02040*
Cotti **19** F 5
Cottignola **6** A 6-7
Cotto **4** C 8
Covecada, Punta- **31** D 3
Covigliáio **6** B 3
⊠ *50030*
Coviolo **2** B 3
⊠ *42100*
Coxinadróxiu, Bruncu- **37** A 4
Coxinas, Rio- **35** E 3
Cozza, Serra- **27** E 7
Cozzano (PI) **8** C 8
Cozzano (PR) **1** C 8
⊠ *43020*
Cozzano, Chiesa di- **9** D 7
Craba, Nuraghe- **32** C 5
Crabalza, Rio- **32** B 4
Crabía, Nuraghe- **32** E 5
Crabíles, Monte- **31** E 2
Crabiólas, Arcu is- **35** B 4
Crabiolu, Ponte su- **35** B 5-6
Crabolu, Ponte- **30** D 2
Crábus, Punta is- **36** E 6
Cracáxia, Ponte- **34** C 5
Crapinu, Punta- **33** C 3
Crasciana **5** C 7
Crasta, Monte- **30** E 3
Crastu **34** A-B 7
⊠ *08034*
Crastu, Nuraghe su- **35** A 6
Crastu Rúiu, Monte su- **28** F 7
Craviago, Monte- **1** A 6
Crécchio **19** D 5
⊠ *66014*
Creda (BO) **6** A 2
⊠ *40030*
Credarola **1** B 5
Créia, Monte- **31** F 5
Cremadasca **1** B 4-5
Cremone, Torrente- **11** F 5
Crepacuore, Monte- **21** C 6
Crésia, Genna 'e- **35** B 5-6
Crésia, Nuraghe- **35** D 5
Crésia, Punta sa- **36** D 6
Crespellano **2** C-D 7
⊠ *40056*
Crespiano **4** C 8
⊠ *54010*
Créspina **8** B 6
⊠ *56040*
Crespino del Lamone **6** C 5
⊠ *50034*
Créspole **5** C 7
⊠ *51010*
Crestegallo, Monte- **26** E 7
Crete, le- **27** A 2
Crete, Regione le- **9** E 4-5
Creti **9** F 7
Cretone **21** A 1
⊠ *00010*
Crevalcore **2** A 7
⊠ *40014*

Crisci (CE) 27 F 3
Crisciuleddu 29 E 3
Crispi, Monte- 26 C 4
Crispiero 10 F 8 ⊠ *62020*
Cristallo, Punta- 30 D 1
Cristo (MO) 2 A 6
Cristo, Masseria di- 22 C 4
Cristo, Monte- (AQ) 18 C 7
Cristo, Monte- (LT) 26 D 4
Cristoforo Colombo, Via- 20 D-E 5
Croara (BO-Casalfiumanese) 3 F 2
Croara (BO-San Lázzaro di Sávena) 3 D 1
Crobu, Punta su- 35 B 3
Cróbus, Monte is- 35 C 6
Croce (CE) 27 D 1 ⊠ *81042*
Croce (FR) 26 A 6
Croce (MC-Caldarola) 14 A 8
Croce (MC-Visso) 14 C 7
Croce (RE) 2 D 2 ⊠ *42035*
Croce (RN) 7 D 4
Croce, Chiesa- 9 F 6
Croce, Colle della- (AQ) 22 E 2
Croce, Colle la- (CE) 26 B 8
Croce, Colle la- (IS) 27 A 1
Croce, la- (AN) 10 A 8
Croce, la- (AP) 15 B 3
Croce, la- (GR) 13 F 3
Croce, la- (SI-Montalcino) 13 B 5
Croce, la- (SI-Radda in Chianti) 9 C 4
Croce, Lago la- 22 C 5
Croce, Monte- (LT) 26 B 4
Croce, Monte- (PR) 1 B 8
Croce, Monte- (RM) 18 F 3
Croce, Monte della- (AR) 10 E 1
Croce, Monte della- (RE) 2 D 4
Croce, Monte la- (PT) 6 C 1
Croce, Passo la- (PU) 10 D 5
Croce, Passo la- (SI) 9 C 4
Croce, Piàn della- 21 F 4
Croce a Mori, Válico- 6 E 5-6
Croce Arcana, Passo della- 5 B 8
Croce a Uzzo 6 C 1
Croce Daniele 6 B 6
Croce dei Segni, Monte- 1 A 5
Croce del Chiantino, Chiesa della- 9 E 4
Croce delle Prádole 2 E 7
Croce di Febo, Chiesa- 13 B 6
Croce di Sant'Eusánio, Bívio la- 19 E 5
Croce di Serra, Monte- 14 F 2
Croce di Solfarata, la- 20 E 6
Croce di Via 15 A 3
Croce d'Orero 1 D 2
Croceferro 14 E 5
Crocefisso, Chiesa il- 15 A 4
Crocegrossa, Masseria- 22 B 7
Crocella di Motta 27 A 7
Croce Lóbbia 1 A 4
Crocemaróggia 14 F 5
Croce Moschitto 25 A 7
Crocetta (BO-Castèl Guelfo di Bologna) 3 D 3
Crocetta (BO-Pianoro) 3 F 1
Crocetta (BO-Sant'Agata Bolognese) 2 A-B 7
Crocetta (CH) 19 E 5
Crocetta (MO) 2 D-E 5
Crocetta, la- (AQ) 18 E 6
Crocetta, la- (CH) 22 A-B 5
Crocetta, la- (FC) 7 B 2
Crocetta, Monte- 1 D 4
Crocetta, Monte della- 28 D 1
Crocetta, Passo la- 6 B 2
Crocette (AN) 11 C 5
Crocette (MO) 2 E 5 ⊠ *41026*
Croci, Colle delle- 22 B 6
Croci, le- (FI) 6 C 3 ⊠ *50041*
Croci, Monte delle- 14 A 4-5
Croci, Vetta le- 6 E 3-4
Crociale 6 A 1
Crociarone (RA) 7 A 2
Crocícchie, Stazione di- 20 A 4
Croci di Calenzano 6 D 3
Crocifisso, Chiesa del- 21 E 6
Crocifisso, Chiesa il- 17 D 6
Crocifisso, Santuário del- (MC) 11 E 3
Crocifisso di Varano 24 D 4
Crocina, la- 9 B 6
Crocino 8 B 5 ⊠ *57010*
Cródolo, Monte- 1 B 5
Crogana, Nuraghe- 32 F 5
Crognaleto 18 A 7 ⊠ *64043*
Crovara (GE) 1 D 1
Crovara (RE) 2 D 2
Crucca, la- 28 F 3
Cruser 3 C 6
Cruzitta, Punta- 29 E 1
Cuba, Fiume- 37 B 4
Cuccarello 4 C 7
Cucchinadorza, Lago di- 33 D 2
Cucciano 27 F 6
Cucco, Monte- (GE) 1 D 3
Cucco, Monte- (MS) 4 A 6
Cucco, Monte- (PG) 10 D 5
Cuccú, Foce il- 5 A 2
Cuccu, Monte- 31 D 2
Cuccurano 7 F 7 ⊠ *61031*
Cuccurdoni Mannu, Punta- 34 F 5
Cuccureddu, Monte- (NU) 33 C 2
Cuccuréddus, Monte- 34 E 5
Cúccuru Aspu 34 A 6
Cuccuruddu, Monte- (SS) 30 F 5
Cúccuru de Costi 33 A 6
Cúccuru de Luna 31 D 6
Cúccuru 'e Mufloni 33 F 4-5
Cúccuru 'e Paza 33 D 4
Cúccuru Luggérras 35 D 6
Cúccuru Matta Masónis 37 A 2
Cúccuru Orru 35 E 3
Cúccuru sas Pédras Niéddas 31 E 5
Cúccuru su Pirastru 33 A 4
Cúccuru Tundu 35 C 6
Cúccuru Turri 35 D 3
Cuconi, Cantoniera- 29 C-D 4
Cucullío, Monte- 33 B 4
Cucurra, Casa sa- 30 D 6
Cuffiano (BN) 27 C 5 ⊠ *82020*
Cuffiano (RA) 3 F 3
Cuga, Rio- 30 E 4
Cúglieri 32 C 4 ⊠ *09073*
Cugnana, Golfo di- 29 E 5
Cugnana, Porto di- 29 E 5
Cugnana, Punta- 29 E 5
Cugnana Verde 29 E 5
Cúgnoli 19 D 2 ⊠ *65020*
Cuguttada, Punta- 30 F 6
Cúiaru, Monte- 30 F 6
Cuile Novo 28 D 2
Cuile San Lorenzo 28 D 1
Culáccio 5 C 4
Culivardi, Casa- 9 C 1
Cultu, Nuraghe- 28 E 6
Culurgioni, Monte- 36 E 5
Cumone, Rio- 32 A 4
Cuna 9 F 4
Cuncosu 29 D 4
Cune 5 C 6
Cunfettu, Punta- 31 F 3
Cuoco, Monte- 17 F 4
Cuoni, Rio di- 29 D 2
Cupa 26 D 7 ⊠ *81037*
Cupari, Casa- 24 D 7
Cupazzi, Fonte- 27 B 6
Cupello 22 A 7 ⊠ *66051*
Cupello, Masseria- 23 F 2
Cupeta Palmieri, Masseria- 23 E 5
Cupetti, Punta- 31 E 6
Cupi 14 B 8
Cupo 10 E 6
Cúpola, Masseria- 23 F 8
Cúpoli 19 B 1
Cupone 22 E 3 ⊠ *86070*
Cupra Maríttima 15 B 5 ⊠ *63012*
Cupramontana 10 C-D 8 ⊠ *60034*
Cura 17 D 4-5 ⊠ *01013*
Curadureddu, Cantoniera- 31 B 2
Cura Nuova 12 C 8
Curático 1 C 8
Curcúrica, Stagno de sa- 31 F 7
Curcúris 34 B 6 ⊠ *09090*
Cures 18 F 1
Curetta 15 B 3 ⊠ *63029*
Curi, Monte sa- 29 E-F 5
Curiano 9 F 4
Curina 9 E 4
Curletti 1 B 3
Cúros, Rio- 30 F 3-4
Currada 2 C 2
Curti (CE-Curti) 27 F 2 ⊠ *81040*
Curti (CE-Gióia Sannítica) 27 C 3
Curvale, Monte- 22 E 3
Cusano Mutri 27 C 3 ⊠ *82033*
Cusciano 18 A 7 ⊠ *64040*
Cusércoli 6 C 8 ⊠ *47010*
Cusignano 8 A 8
Cusna, Monte- 2 F 2
Cussórgia 36 C 3 ⊠ *09011*
Cutigliano 5 B 7-8 ⊠ *51024*
Cutoni 22 F 4
Cuviolo 3 F 1
Cuzzola 31 C 5

D

D'Addetta, Masseria- 24 D 4
Dadomo 1 A 6
Dáglio 1 B 1
D'Alfonso, Casa- 23 D 4
Dalli Sopra 2 F 1
Dalli Sotto 2 F 1
Dama 9 A 7
D'Amário, Masseria- 22 B 8
Dandini 21 E 4
Dardagna, Torrente- 5 A-B 8
D'Árdes, Masseria- 23 E 2
Dáunia, Monti della- 27 A-B 7
Davagna 1 D 1 ⊠ *16022*
Débbia 2 D 3
De Capoa, Casa- 27 A 4
Déccio (LU) 5 D 6
Décima (BO) 2 A 8 ⊠ *40010*
Décima (FI) 6 E 4
Décima-Malafede, Riserva Naturale- 20 E 6
Decimomannu 37 A 1 ⊠ *09033*
Decimoputzu 36 A 6-7 ⊠ *09010*
Decontra 19 F 2
Decorata 27 B 6 ⊠ *82020*
De Filippis, Casa- 26 B 3
Dego, Monte- 1 B 3
Déiva Marina 4 C-D 4 ⊠ *19013*
Del Bono, Masseria- 24 F 3
D'Elísis, Masseria- 22 C 8
Delta del Po, Parco Regionale del- (Emília-Romagna) 3 A-C 5-6
De Luca, Casa- 23 D 3
Demanio 26 A 8
De Marco, Masseria- 22 A 6
De Matthaéis 21 F 6 ⊠ *03100*
Demidóff, Parco- 6 E 3
Déndalo 19 E 4
Denzano 2 D 5
De Perna, Casa- 24 D 5
Dercogna 1 D 1
D'Ercole, Casa- 19 F 7
Deroma, Casa- 28 F 2
Deruta 14 C 3 ⊠ *06053*
Deruta, Stazione di- 14 B 3 ⊠ *06053*
De Simone, Masseria- 24 E 4
Désulo 33 E 3 ⊠ *08032*
Désulo-Tonara, Stazione- 33 E 3
Deta, Pizzo- 21 D 7
Deu, Monte- 30 E 4
Deu, Monte di- 29 F 3
Devoto A., Fondazione- 1 D 3
Dezérega 1 D 2
Diacceto 6 F 5 ⊠ *50060*
Diaccia Botrona, Riserva Naturale- 12 E 8
Diaterna, Torrente- 6 B 4
Diávolo, Passo del- 21 C 8
Diávolo, Piana del- 17 C 2
Diávolo, Torre del- 36 D 7
Dicomano 6 D-E 5 ⊠ *50062*
Di Croce, Masseria- 22 A 6
Diecimetri, Ponte- 18 B 3
Diécimo 5 D 6 ⊠ *55020*
Difensola, Masseria- 23 D 3 ⊠ *71010*
Difesa, Monte- 27 C 8
Difesa, Monte della- 25 A 8
Difesa, Rifúgio della- 22 D 1
Di Gióvine, Masseria- 23 F 4
Dignano (MC) 14 B 7
Dinazzano 2 C 4
Diolaguárdia 7 B-C 2
Disconesi 4 B 4
Dispensa di Tatti 9 D 1
Diversivo, Canale- 13 E 1
Divino Amore, Santuário del- 20 D 7 ⊠ *00134*
Dóccia (FI) 6 E 4
Dóccia (MO) 2 D 6
Doda, Cantoniera sa- 34 F 6
Dodici Marie, Chiesa delle- 21 E 5
Dódici Morelli 2 A 8 ⊠ *44040*
Dogana (FI) 9 A 1
Dogana (GR) 13 C 3
Dogana (SP) 4 E 7 ⊠ *19034*
Dogana, la- 10 F 2
Doganáccia, Rifúgio- 5 B 8
Dogana Nuova 5 A 7 ⊠ *41020*
Dogana Rossa, la- 13 B 7
Doganella (GR) 16 A-B 7
Doganella (LT) 21 F 3 ⊠ *04010*
Doganella, Sorgente di- 21 D 2
Doganelle 27 F 8
Dogato 3 A 4 ⊠ *44020*
Dóglia, Monte- 30 D 2
Dóglio 14 F 2
Dogliola 22 B 7 ⊠ *66050*
Dolciano 13 B 7-8
Dolianova 35 F 3 ⊠ *09041*
Dolina Revótano 18 D 1
Dolo, Torrente- 2 E 3
Domagnano 7 D 3
Doméstica, Cala- 34 F 2-3
Domo (AN) 10 D 7 ⊠ *60040*
Domo (MC) 11 D 3
Domubéccia, Nuraghe- 34 C 5
Domu de su Para, sa- 36 B 3
Sa Domu s'Orcu, Nuraghe- 36 D 7
Dómus, is- 36 D 4
Domus de Janas 30 E 6
Dómus de Maria 36 E 6 ⊠ *09010*
Domusnóvas 36 A 4-5 ⊠ *09015*
Domusnóvas Canáles 32 D 6 ⊠ *09070*
Donadone, Masseria- 23 F 6
Donegáglia 7 B 3
Donegani, Rifúgio- 5 B 4
Donetta 1 C 1
Donicílio 7 E 1
Donigala 33 F 6
Donigala Fenughedu 32 F 4 ⊠ *09070*
Donna, Monte della- 24 F 2
Donna, Punta sa- 31 E 4-5
Donnacori, Cantoniera- 33 B 3
Donnini 6 F 4-5 ⊠ *50060*
Donorático 8 F 6 ⊠ *57024*
Donori 35 F 2 ⊠ *09040*
Don Tommaso, Masseria- 23 E 1
Dorgagnano 7 B 1
Dorgali 33 B 6 ⊠ *08022*
Dória, Castèl- 28 D 6
Dosso (FE) 2 A 8 ⊠ *44040*
Dosso (PC) 1 A 4
Dosso, Monte- 1 B 6
Dovádola 6 B 7 ⊠ *47013*
Dova Inferiore 1 B 1
Dova Superiore 1 B 1
Dovaru, Monte su- 33 C 4
Dozza 3 E 2 ⊠ *40060*
Dozzano 4 B 6
Dragonara, Castello di- 23 E 2
Dragone, Torrente- 2 E 3-4
Dragoni (CE) 27 D 2 ⊠ *81010*
Dritta, Punta- 36 C 3
Drusco 1 C 4 ⊠ *43050*
Dualchi 32 C 6 ⊠ *08010*
Duca degli Abruzzi, Rifúgio- (AQ) 18 C 7
Duca degli Abruzzi, Rifúgio- (MO) 5 B 8
Ducato di Fabriago 3 D 4
Ducéntola (BO) 2 B 7
Ducéntola (FE) 3 A 3
Duchessa, Lago di- 18 F 6
Duchessa, Montagne della- 18 E-F 5
Duchessa, sa- 34 F 4
Dudda 9 B 4
Dúddova 9 D 5
Dudurri, Nuraghe- 33 B 6
Due Maestà 2 B 3-4
Due Ponti, i- 1 C 2
Duesanti 14 E 3
Due Santi, Passo dei- 4 B 5
Dugenta 27 E 3 ⊠ *82030*
Dugliolo 3 B 2
Duidduru, Nuraghe- 34 B 7
Duna Feníglia, Riserva Naturale di- 16 C 7
Dunarobba 14 F 3 ⊠ *05020*
Duprè, Villa- 6 F 3
Durazzanino 3 F 6
Durazzano 27 F 3 ⊠ *82015*
Durci, Flumini- 35 E 6
Duro, Monte- 2 C 3
Durónia 22 E 6 ⊠ *86020*
Dürrboden 2 C 7

E

Ebba, Scala s'- 32 F 7
Ebro, Monte- 1 A 1
Éderas, Piana- 28 E 5
Édron, Torrente- 5 B 4-5
Ega sa Fémmina, Monte s'- 36 A 6
Eggi 14 E 6 ⊠ *06049*
Églio 5 B 5
Égola, Torrente- 8 B 8
Égua, Conca s'- 35 F 4
Elba, Ísola d'- 12 D 3-4
Elce 15 F 3
Elci, Monte- 18 F 1-2
Elcito 10 E 8
Elefante, Róccia l'- 28 D-E 5
Éleme, Rio de s'- 31 C 4
Élice 19 B 2 ⊠ *65010*
Elidone, Monte s'- 32 A 6
Élighe Longu, Casa- 28 F 2
Elighe Mannu 28 B 2
Elini 35 A 5 ⊠ *08040*
Élio, Monte d'- 24 C 3
Éllera Corciano, Stazione di- 14 A 2 ⊠ *06074*
Élmas 37 B 2 ⊠ *09030*
Élmici, Rocca d'- 6 B 8
Elmo 13 F 6 ⊠ *58010*
Elmo, Monte- 13 F 6
Elpíghia, Nuraghe- 28 D 5
Elsa, Fiume- 16 A 8
Éltica, Monte la- 31 B 3
Elva, Monte- 28 E 2
Elvella, Torrente- 13 D 7
Emília, Via- 6 A 8
Emiliano, Monte- 2 F 5
Émpoli 6 F 1 ⊠ *50053*
Ena, Nuraghe s'- 32 A 5
Ena Arrúbia, s'- 34 A 4
Ena Longa, Casa- 30 D 6
Enas 31 B 5
Enas, Stazione di- 31 B 4-5
Énfola, Capo d'- 12 D 4
Ente, Torrente- 13 C 5
Entella, Torrente- 1 E 2
Episcópio, Basílica- 26 D 7
Epitáffio (CB) 27 A 3
Epitáffio (LT) 25 A 6
Epitáffio, Torre dell'- 26 C 2
Équi Terme 5 A 3 ⊠ *54022*
Era, Fiume- 8 B 7
Erbáia 6 C 3
Erbano, Monte- 27 C 3
Ércole Curino, Santuário di- 22 A 2
Eremita (PU) 10 C 4
Éremo (FI-Marradi) 6 C 6
Éremo (FI-San Godenzo) 6 D 6
Éremo di Pietra Bismántova 2 D 2
Erente, Fruncu- 33 B 4
Erétum 21 A 1
Eri, Monte- 28 E 5
Erighíghine, Nuraghe- 32 C 6
Ernici, Monti- 21 D 4-6
Errano 3 F 4 ⊠ *48010*
Érula 28 F 7 ⊠ *07030*
Esanatóglia 10 F 7 ⊠ *62024*
Escalaplano 35 D 4 ⊠ *08043*
Escolca 35 C 2 ⊠ *08030*
Escovedu 34 B 6
Esinante, Torrente- 10 D 8
Esino, Fiume- 11 B 3
Espéria 26 B 5 ⊠ *03045*
Esporlatu 32 A 7 ⊠ *07010*
Esterzili 35 B 3-4 ⊠ *08030*
Esterzili, Stazione- 35 B 3 ⊠ *08030*
Ete Morto, Torrente- 11 F 5-6
Ete Vivo, Fiume- 15 A 4
Etrusca, Tagliata- 16 C 7
Etrusche, Tombe (LI) 12 B-C 5-6
Etrusche, Tombe- (RM) 17 F 2
Etrusche, Tombe- (TR) 14 F 1
Etrusche, Tombe- (VT-Montalto di Castro) 17 C 1-2
Etrusche, Tombe- (VT-Tuscánia) 17 C 3
Etrusco, Ponte- 17 E 4
Ettóri, Pedra- 30 F 3
Etzu 32 C 4
EUR 20 D 6
Eúrnolo 26 D 8
Eva, Punta- 36 E 7
Evangelista, Póggio- 17 A 3
Evangelo, Monte dell'- 2 C 4
Exi, Monte- 36 B 4
Ezi 28 E 2
Ezzu, Pont'- 32 B 7

F

Fabbiana 5 C 8
Fabbiano (LU) 5 C 4
Fabbrecce 10 D 2
Fabbrerie 7 C 3
Fabbri 14 D 5
Fábbrica (BO) 3 F 2
Fábbrica (FI) 9 B 3
Fábbrica (SI) 9 D 2
Fabbricáccia 9 F 3
Fábbrica di Péccioli 8 C 7 ⊠ *56037*
Fábbriche (AR) 9 E 6
Fábbriche (LU) 5 C 7
Fábbriche di Vállico 5 C 5 ⊠ *55020*
Fabbro 5 E 7
Fabbro, il- 6 C 2
Fabiana 6 A 2
Fábio 6 D 2
Fábio, Lago- 13 B 3
Fabriano 10 E 6 ⊠ *60044*
Fábrica di Roma 17 D 6 ⊠ *01034*
Fabro 13 D 8 ⊠ *05015*
Faella 9 A 5 ⊠ *52020*
Faena, Torrente- 14 D-E 2
Faenza 3 F 4 ⊠ *48018*
Faeta, Monte- 5 F 6
Faetano 7 D 3-4
Faete 15 E 1
Faete, Monte- 13 E 4
Faeto (AR) 9 B 6
Faeto (FG) 27 C 8 ⊠ *71020*
Faeto (MO) 2 D 4 ⊠ *41028*
Fageto, Monte- 1 D 8
Fagge 18 E 4
Faggeta, la- 21 F 4
Faggeta, Monte la- 6 C 5
Faggeto, Monte- (LT) 26 C 4
Faggeto, Villa- 10 F 2
Fággia 13 D 5
Fággia, Monte della- 6 D 8
Faggiano (BN) 27 E 3 ⊠ *82019*
Faggiano (RE) 2 C 4
Fággio 1 B 4-5
Faggiola, Monte- 6 B 5
Fággio Rotondo, Monte- 21 D 7
Fagianeria 27 E 2
Fagiolu, Rio- 29 E 4
Fagnano Alto 18 E 7 ⊠ *67020*
Faiano (TE) 18 A 8
Faicchio 27 C-D 3 ⊠ *82030*
Faidello 5 A 7 ⊠ *41022*
Faiete 19 A 1
Faieto (PR-Varano de' Melegani) 1 A 7
Faieto (TE) 18 A 7
Faiolo 14 D 1
Fáiti 25 B 7
Faito, Monte- 18 F 5
Faito, Rifúgio- 21 E 7
Falasca, Punta- 27 A 1
Falchetto, Póggio del- 3 F 1
Falchi 27 E 1
Falciani, Ponte dei- 9 A 3
Falciano (AR) 9 B 7
Falciano (San Marino) 7 D 4
Falciano del Mássico 26 E 7 ⊠ *81030*
Falciano del Mássico, Lago di- 26 E 7
Falciano-Mondragone, Stazione di- 26 E 7
Falcine 4 D 7
Falcinello 4 D 7 ⊠ *19038*
Falcioni 10 D 7
Falco, Monte- 6 E 6
Falco, Piàn del- 5 A 8
Falcognana 20 D 7
Falconara, Monte la- (IS) 22 F 3
Falconara Alta 11 A-B 4 ⊠ *60015*
Falconara Maríttima 11 A 4 ⊠ *60015*
Falcone, Capo del- 28 D 1
Falcone, Punta- 29 B 3

Falcone, Torre- **28** D 1
Falera **7** F 1
Faléria (AP) **15** A 3
Faléria (VT) **17** E 7
⊠ *01030*
Falérii Novi **17** D 6-7
Falérii Véteres **17** E 7
Falerone **15** A 2
⊠ *63020*
Falgano **6** E 5
Fallarosa **1** C 1
Fallascoso **22** A 4
⊠ *66010*
Fallena **21** E 8
Fallo **22** B 5
⊠ *66040*
Falsettáio **13** C 4
Falterona, Monte- **6** E 6
Faltona (AR) **9** A-B 6
⊠ *52010*
Faltona (FI) **6** D 4
Falvaterra **26** A 4
⊠ *03020*
Fanano **5** A 8
⊠ *41021*
Fanciullata **14** C 3
Fangacci, Passo- **6** E 7
Fano **7** E 7
⊠ *61032*
Fano a Corno **18** B 7
⊠ *64040*
Fano Adriano **18** A 7
⊠ *64044*
Fantella **6** C 7
Fantino **6** C 5
Fantuzza **3** D 3
Fara, Casa- (CA) **36** A 7
Fara, Casa- (CB) **23** D 1
Fara, Torre della- **22** C 7
Fara Filiórum Petri **19** E 4
⊠ *66010*
Faraglione, Punta- **16** C 4
Fara in Sabina **18** E 1
⊠ *02032*
Farano, Monte- **22** B 7
Faraone **15** E 4
⊠ *64010*
Fara San Martino **19** F 4
⊠ *66015*
Farazzano **7** B 1
Farfa **18** E 1
⊠ *02030*
Farfa, Abbazia di- **18** E 1
Farfa, Fiume- **18** E 1
Farfanaro **1** C 5
Farfanosa **1** C 3
Fargno, Forcella di- **15** C 1
Faríndola **19** C 1
⊠ *65010*
Farine, le- **17** C 5
Farini **1** A 4
⊠ *29023*
Fariolo **2** D 2
Farma, Torrente- **13** B 2
Farnese **17** A-B 2
⊠ *01010*
Farnesiana, la- **17** E 3
Farneta (AR-Bibbiena) **6** F 7
Farneta (AR-Cortona) **9** F 7
Farneta (MO) **2** E 3
⊠ *41045*
Farneta, Abbazia di- **9** F 7
Farneta, la- **9** D 1
Farneta di Riccò **2** D 5
Farnetella **9** F 6
Farneto (BO-Monterénzio) **3** E 1 ⊠ *40042*
Farneto (BO-San Lázzaro di Sávena) **3** D 1
⊠ *40068*
Farneto (PG) **14** A 3
Farneto (PU) **7** E 5
Farneto, Monte- **7** C 2
Farnetta **14** F 3
⊠ *05026*
Farnócchia **5** C 4
Fasani **26** D 7
⊠ *81037*
Fáscia **1** B 2
⊠ *16020*
Fáscia, Monte- **1** C 3
Fasciano **13** A 7
Fassinoro **18** D 3
Fastello **17** B 5
⊠ *01020*
Fate, Grotta delle- **22** E 1
Fate, Monte delle- **26** B 2
Fattore **19** E 6
Faúglia **8** B 6
⊠ *56043*
Fava, Castello della- **31** D 7
Favalanciata **15** E 2
Favale **15** E 4
⊠ *64010*
Favale di Málvaro **1** D 2
⊠ *16040*
Favalto, Monte- **9** D 8
Favaracchi, Monte- **27** B 1
Favete **10** D 8
Faviano di Sopra **2** B 1
Faviano di Sotto **2** B 1
Favíschio **18** B 4
⊠ *02019*
Favitozzo, Monte- **21** F 4
Fazzano (MS) **5** A 3
Fazzano (RE) **2** A 4
Fébbio **2** F 2
Febo, Croce di- **13** B 7
Féccia, Fiume- **9** F 2
Fedi **6** D 1
Fegina **4** D 4-5
Felcino **10** A 2
Felcioni **10** D 6
Felegara **1** A 8
⊠ *43040*
Feligara **1** A 2
Felina **2** D 2
⊠ *42038*
Felino **2** A 1
⊠ *43035*
Felísio **3** E 4
Fellegara **2** B 4
⊠ *42019*
Fellicarolo **5** A 7-8
⊠ *41020*
Félsina, Fattoria di- **9** D-E 4-5
Feltrino, Torrente- **19** D 5
Fema, Monte- **14** C 7
Fematre **14** C 7
⊠ *62039*
Femminamorta **5** D 8
Fenáio, Punta del- **16** C 4
Fenella, Torrente- **10** B 7
Fenígli **10** B 5
Feníglia, Tómbolo di- **16** C 6-7
Fenile (PU) **7** E 7
Fennau, Monte- **33** E 6
Feno, Capo di- **29** A 2
Fenogu, Nuraghe- **34** A 6
Fenosu **34** A 4
Fenosu, Stazione di- **28** F 5
Fenugu, Gútturu- **34** E 4-5
Fenugu, Torre de su- **37** C 4
Féola, Cala di- **25** E 1
Feraxi, Stagno di- **37** A 6
Fércole **13** B 3
Ferella, Masseria- **27** B 6
Ferentillo **18** A 2
⊠ *05034*
Ferentino **21** E 5
⊠ *03013*
Ferentino-Supino, Stazione di- **21** E 5 ⊠ *03013*
Férento **17** B 5
Fermignano **10** A 4-5
⊠ *61033*
Fermo **15** A 4
⊠ *63023*
Ferónia **31** D 7
Ferrada **1** D 2
Ferrano (FI) **6** F 5
Ferrano (SI) **13** A 5
Ferrante, Canale- **23** E-F 4
Ferrante, Monte- (IS) **22** E 4
Ferrantello, Masseria- **23** E 1
Ferrara, Abbazia della- **27** C 1
Ferrari (AV-Cervinara) **27** F 4
⊠ *83012*
Ferrata, Coppa- **24** E 4
Ferrato, Capo- **37** A 6
Ferrazzano **27** A 4
⊠ *86010*
Ferrè **1** B 3
Ferretto **9** F 8
Ferriere (GE) **1** D 1
Ferriere (PC) **1** B 4
⊠ *29024*
Ferriere (SP) **4** C 4-5
Ferriere, le- **25** A 5
⊠ *04010*
Ferro, Capo- **29** C 5
⊠ *07021*
Ferro, Porto- **30** D 1
Férroli, li- **29** D-E 2
Ferrone, il- **9** A 3
Ferru, Monte- (CA) **37** A 6
Ferru, Monte- (NU) **35** B 6
Ferru, Monte- (OR) **32** D 4
Ferrucci **8** A 6
Ferrúccio, Punta di- **19** C 5
Ferru Ezzu, Cantoniera- **30** D 4
Fersinone, Fiume- **14** C 1
Fertilia **30** E 2
⊠ *07040*
Férula, Sedda sa- **33** A-B 3-4
Ferulargiu, Punta- **31** F 6
Ferulosu, Monte- **30** F 5
Festà **2** E 5
⊠ *41054*
Fetováia **12** E 3
Fetováia, Punta di- **12** E 3
Feurra, Monte- **34** F 5
Fezzana **9** A 2
Fezzano **4** E 6
⊠ *19020*
Fiaiola **17** B 8
Fiamenga (PG) **14** C 5
⊠ *06030*
Fiamignano **18** E 4
⊠ *02023*
Fiammineda **5** B 8
Fianello **17** C 8
⊠ *02040*
Fiano (FI) **9** B 2
⊠ *50050*
Fiano (LU) **5** D 5
Fiano Romano **17** F 8
⊠ *00065*
Fiascherino **4** E 6
⊠ *19030*
Fiascone, Torrente- **13** F 4
Fiáscus, is- **36** D 4
Fiastra **14** B 8
⊠ *62033*
Fiastra, Lago di- **14** B 8
Fiastra, Torrente- **11** F 4
Fiastrella, Torrente- **15** A 1
Fiastrone, Fiume- **15** B 1
Fibbialla (LU) **5** D 5
Fibbialla (PT) **5** D 7
Fibbiana **6** F 1
⊠ *50056*
Fibbiano **5** D 5
Fibreno, Fiume- **21** E 8
Fibreno, Lago- **21** E 8
Ficáccia, la- **29** B-C 3
Ficarolo, Badia- **9** D 8
Ficciana **6** D 6
Fico, Cala- **36** C 1
Fico, Colle del- **23** B 1
Ficoncella, Terme della- **17** F 3
Ficulle **13** D 8
⊠ *05016*
Fidenae **20** B 6
⊠ *00138*
Fiegni **14** B 8
⊠ *62035*
Fiegni, Monte- **14** A 8
Fienili (LT) **25** B 8
Fieschi, Basilica dei- **1** E 3
Fiésole **6** E 3
⊠ *50014*
Fiesso (BO) **3** D 1
⊠ *40055*
Fietri **9** D 4-5
Figari, Capo- **29** E 6
Figarole, le- **4** E 6-7
Figarolo, Ísola di- **29** E 6
Figarúia **28** D 7
Fighille **10** C 1
⊠ *06010*
Fighine **13** D 7
Figino (AL) **1** A 1
Figino (RI) **18** B 4
Fíglia di Iório, Grotta della- **22** A 3
Figline **6** D 2
⊠ *59027*
Figline Valdarno **9** A-B 4
⊠ *50063*
Figliola **18** A 7
Fignola **2** F 4
Fígos, Monte- **31** C 3
Figu **34** B 6
Figu, Rio- **36** A 5
Figu Niedda, Nuraghe- (CA-Castiádas) **37** B 5-6
Figu Niedda, Nuraghe- (CA-Muravera) **37** A 5
Figu Orrúbia, Rio- **35** A 5
Figurella, Masseria- **23** E 4
Figu Rúia, Cantoniera- **30** E 5
Filacciano **17** E 8
⊠ *00060*
Filare **12** C 8
Filattiera **4** B 7
⊠ *54023*
Filau, Monte- **36** F 6
Filettino **21** C 5
⊠ *03010*
Filetto (AN) **10** A 8
Filetto (AQ) **18** C 7
Filetto (CH) **19** E 4
⊠ *66030*
Filetto (MS) **4** C 7
⊠ *54020*
Filetto (RA) **3** F 5
⊠ *48010*
Filetto, Lago di- **18** C 7
Filéttole (PI) **5** E 5
⊠ *56010*
Filéttole (PO) **6** D 2
Filibertu, Rio- **30** D 2
Filicáia **5** B 5
⊠ *55030*
Filigare **6** A 3
⊠ *50030*
Filighe, Nuraghe- **32** E 7
Filignano **26** A 8
⊠ *86074*
Filippo, Monte- **16** C 6
Filipponi **10** D 6
Filo **3** C 4
⊠ *44010*
Filorsi **26** D 7
⊠ *81035*
Filottrano **11** D 4
⊠ *60024*
Fine, Monte la- **6** A 4
Fine, Torrente- **8** D 5
Fino, Fiume- **19** B 2-3
Finocchieto **18** C 1
Finócchio **21** C 1
⊠ *00132*
Fioba, Piàn della- **5** B 4
Fiobbo, Torrente- **15** C 4
Fióio, Fosso- **21** B 4-5
Fioli **15** F 3
Fionchi, Monte- **14** F 5
Fiónica, Monte- **36** A 5
Fiora, Fiume- **17** D 1
Fiora, Stazione la- **25** C 8
⊠ *04010*
Fiorana, la- **3** B 4
⊠ *44010*
Fiorano Modenese **2** C 5
⊠ *41042*
Fiordimonte **14** B 8
⊠ *62035*
Fiordini **17** B 4
Fiore **14** E 3
Fiore, Monte- **19** D 1
Fiorentina **3** C 2
Fiorentina, Croce- **9** C 3
Fiorentina di Piombino, Stazione- **12** C 6
⊠ *57020*
Fiorentini, Caserma Forestale- **31** F 2
Fiorentini, Villa- **21** C 2
Fiorentino **7** D 3
Fiorenzuola di Focara **7** D 6
⊠ *61010*
Fiori **1** A 6
Fiori, Montagna dei- **15** E 3
Fiorino, Monte- **2** E 1-2
Fiorito, Monte- **4** C 5-6
Firenze **6** F 3
⊠ *50100*
Firenzuola (FI) **6** B 4
⊠ *50033*
Firenzuola (TR) **14** F 4
Fischietto, Monte- **22** B 5
Fiuggi **21** D 5
⊠ *03014*
Fiugni **18** B 5
Fiumalbo **5** A 7
⊠ *41022*
Fiumana **6** B 8
⊠ *47010*
Fiumane **6** B 6
Fiumara, Ponte- **22** E 3
Fiumarella, Torrente- (AV) **27** E 8
Fiumarello, Torrente- **22** F 8
Fiumaretta di Améglia **4** E-F 7
⊠ *19030*
Fiumata **18** E 4
⊠ *02020*
Fiumazzo **3** D 5
Fiume (MC) **14** B 7
Fiume (PG) **10** D 5
Fiume (TE) **15** F 3
Fiume, il- (LU) **5** A 5
Fiume, Torrente- **13** E 6
Fiume Gízio, Sorgente- **22** B 2
Fiumesino (AN) **11** A 4
Fiumetto **5** D 3-4
⊠ *55044*
Fiumicello (FC) **6** D 6
Fiumicello, Torrente- (MC) **11** D 4
Fiumicino (FC) **7** B 3
⊠ *47039*
Fiumicino (RM) **20** D 4
⊠ *00054*
Fiumicino, Torrente- **15** E-F 4
Fiuminata **10** F 6-7
⊠ *62025*
Fiungo **14** A 8
Fivizzano **4** C 8
⊠ *54013*
Fizzo, Sorgente del- **27** F 4
Flamignano **18** A 7-8
Flaminia, Via- **20** A 6
Flávia, Porto- **36** A 3
Flávia, Torre- **20** B 3
Fleno **15** E 2
Flocco, Colle- **19** F 6
Flóres, Genna- **33** E 3
Floriano **15** E 4
Florinas **30** D 5
⊠ *07030*
Flumendosa, Fiume- **33** F 4
Flumendosa, Foce del- **35** F 6
Flumendosa, Lago Alto del- **33** F 5
Flumendosa, Lago del- **35** C 3-4
Flumentépido, Rio- **36** B 3
Flumentórgiu, Torre di- **34** C 3
Flúmeri **27** F 8
⊠ *83040*
Flumineddu, Rio- (CA) **35** F 2
Flumineddu, Rio- (Cedrino) **33** B-C 5
Flumineddu, Rio- (Flumendosa) **35** C 4
Fluminese, Regione- **34** F 3-5
Flúmini **37** B 4
⊠ *09046*
Flúmini, Rio- (NU-Genoni) **35** A 6
Flúmini, Rio- (NU-Lanusei) **34** A 7
Fluminimaggiore **34** F 3-4
⊠ *09010*
Fluno **3** E 3
Flussío **32** B 4
⊠ *08010*
Fluvione, Fiume- **15** D 2
Foccadoro, Colle- **22** D 7
Fócchia **5** C 5
Foce (AP) **15** D 1
Foce (AQ) **18** D 5
Foce (PU) **10** C 5
Foce (SP) **4** E 5-6
⊠ *19134*
Foce (TR) **17** A 7
Foce, la- **13** B 6
Foce, Passo la- **5** A 2-3
Foce a Giovo **5** B 6
Foce dei Tre Confini **4** B 5
Foce delle Porchette **5** C 5
Foce delle Radici **5** A 6
Foce del Trébbio **5** C 7
Foce di Filo **3** C 5
Foce di Giovo **5** B 3-4
Foce di Lera, Colle- **29** A 2-3
Foce di Rastello **4** B 5
Foce di Terrarossa **5** A 5
Foce il Cuccù **5** A 2
Focene **20** D 4
⊠ *00054*
Focette, le- **5** D 4
⊠ *55044*
Focetto, Monte- **4** B 5
Foci **22** E 3
Foci, Monte- **29** E 3-4
Focoláccia, Passo della- **5** B 4
Foddeddu, Fiume- **33** F 6
Fogaccia **20** C 5
Fogari, Póggio- **13** A 2
Foghe, Punta di- **32** C 3
Fóglia **17** D 8
⊠ *02046*
Fóglia, Fiume- **7** E-F 4
Foglianise **27** E 4
⊠ *82030*
Fogliano (LT) **25** B 6
⊠ *04010*
Fogliano (MO) **2** D 5
Fogliano (PG-Cáscia) **14** E-F 7
Fogliano (PG-Spoleto) **14** F 4
Fogliano (RE) **2** B 4
Fogliano, Lago di- **25** B 6
Fogliano, Monte- **17** D 5
Fogliano Grosso **9** E-F 3
Fogliano Marina **7** C 4-5
Fognano (FI) **9** A 5
Fognano (PT) **6** D 1
⊠ *51037*
Fognano (RA) **6** A 6
⊠ *48010*
Fogu, Pérdas de- **36** D 3
Foiano della Chiana **9** F 7
⊠ *52045*
Foiano di Val Fortore **27** C 7
⊠ *82020*
Folgorito, Monte- **5** C 4
Folignano (AP) **15** D 4
⊠ *63040*
Foligno **14** C 5
⊠ *06034*
Folli **1** B 4
Follo (SP) **4** D 6
⊠ *19020*
Follo Alto **4** D 6
Follona, Casa- **12** D 8
Follónica **12** C 7
⊠ *58022*
Follónica, Golfo di- **12** C-D 6-7
Folta **1** D 5
Foltrone, Monte- **15** E 3
Fonaco **10** C 1
Fondi (LT) **26** C 3
⊠ *04022*
Fondi (LU) **5** D 4
Fondi (PG) **14** B 6
Fondi, Lago di- **26** C 2-3
Fondiano **2** C 3
Fondillo, Valle di- **22** D 1
Fondi-Sperlonga, Stazione di- **26** C 3
Fondo, il- **7** C 3
Fóndola **27** D 1
Fonnésus, is- **36** C 4
Fonni (NU) **33** D 3
⊠ *08023*
Fonni (PG) **14** D 6
Fontalcinaldo **13** A 1
Fontana (BO) **2** E 7-8
Fontana (RE) **2** B 5
Fontanabuona, Valle- **1** D-E 2
Fontana di Papa **21** E 1
Fontanafratta **21** E 7
Fontanafredda (CE) **26** D 7
⊠ *81035*
Fontana Liri **21** F 7
⊠ *03035 - 03030*
Fontana Liri Inferiore **21** F 7
⊠ *03035*
Fontana Liri Superiore **21** F 7
⊠ *03030*
Fontanalúccia **2** F 2-3
⊠ *41040*
Fontana Mandrini **21** F 5
Fontanamare **36** A 3
Fontanamela, Fermata di- **35** A 2
Fontana Moneta **6** B 5
Fontanaradina **26** D 7
⊠ *81030*
Fontana Raminosa **35** A 3
Fontanarossa **27** F 7
⊠ *83040*
Fontanarossa **1** B 2
⊠ *16020*
Fontana Vécchia **27** C-D 3
Fontanavento **1** A 5
Fontanélice **3** F 2
⊠ *40025*
Fontanella (BO) **2** D 7
Fontanella (FI) **9** A 1
Fontanelle (AR) **9** A 7
Fontanelle (CE) **26** D 8
⊠ *81057*
Fontanelle (CH) **22** B 4
Fontanelle (PE) **19** C 4
⊠ *65131*
Fontanelle (SI) **9** E 5
Fontanelle (TE) **19** A 2
⊠ *64030*
Fontanelle, Lago- **14** C 5
Fontanelle, Rio- **26** E 7
Fontanigorda **1** C 2
⊠ *16023*
Fontanili di Corte Valle Re, Riserva Naturale- **2** A 3
Fontarello **18** B 4
Fontavignone **18** E 7
Fontazzi **9** F 3
Fonte (FR) **21** D 5
⊠ *03015*
Fonte, la- **8** A 6
Fonte Abeti **10** B 2
Fonte al Cárpine **13** F 3
Fonte al Ronco **9** D-E 7
Fonte Avellana, Éremo di- **10** C 5
Fonteblanda **16** A 6
⊠ *58010*
Fontebuona **6** E 3
⊠ *50036*
Fontécchia, Monte- **21** C 8
Fontécchio **18** E 7
⊠ *67020*
Fontécchio, Terme di- **10** C 2
Fontecellese, Monte- **21** A 4
Fonte Cerreto **18** C 7
Fontechiari **21** E 8
⊠ *03030*
Fonte Colombo, Convento di- **18** C 2
Fontecorniale **7** F 6
Fonte d'Amore **22** A 2
Fonte del Campo **15** F 1
Fonte del Piano **10** D 8
Fonte di Bréscia **14** A 6
⊠ *62020*
Fonte di Papa **20** A 7
⊠ *00016*
Fonte d'Ólio **11** B 5-6
Fonte Ertina, Casa- **18** B 2
Fontegreca **27** B 1
⊠ *81014*
Fonte Lardina **15** B 1
Fontelunga **9** E 7
Fonte Nuova **20** B 7
⊠ *00010*
Fonte Paciano **13** B 8
Fonte Ramata **27** A 4
Fonterossi **22** A 4
Fonterútoli **9** D 3
⊠ *53010*
Fontespina **11** E 6
⊠ *62012*
Fonte Vética, Rifúgio- **18** C 8
Fonte Vetriana **13** C 7
Fóntia **5** B 3
⊠ *54030*
Fontiano **9** D 7
Fontignano **14** B 1
⊠ *06070*
Fontisterni **6** F 4-5
Foppiano (GE) **1** B 2-3
Foppiano (PR) **1** D 4
Foradada, Ísola- **30** E 1
Forano **17** D 8
⊠ *02044*
Forano, Convento di- **11** D 4
Fórbici, Passo delle- **5** A 5-6
Forca, Bric della- **1** A 3
Forca, la- (RI-Cittareale) **18** A 4
Forca, la- (RI-Leonessa) **18** A 2-3
Forca, Passo la- **18** D 5
Forca di Valle **18** B 8
⊠ *64040*
Forcatura **14** B 6
Force **15** C 3
⊠ *63045*
Forcella (AP) **15** E 2
Forcella (FR) **21** D 8
Forcella (MC) **14** C 7
Forcella (RI) **18** C 1
Forcella (TE) **19** A 1
⊠ *64030*
Forcella, Válico la- (GE) **1** D 2-3
Forcelle **15** F 1
Forcelli **2** B 7-8
Forche, Monte delle- **6** C 7-8
Forche, Póggio le- **17** F 5
Forche Caudine **27** F 3
Forchetta, Válico della- **22** B 3
Fórchia (BN) **27** F 3
⊠ *82011*
Fórchia (CE) **27** F 3
⊠ *81023*
Forci, Villa- **5** D 5
Fórcoli **8** B 7
⊠ *56036*

Fordongiánus 32 E-F 6
✉ 09083
Foresta (IS) 22 E 3
Foresta, Convento la- 18 C 2
Foresta, la- (CE) 27 F 1
Foresta di Berignone, Riserva Naturale- 9 E 1
Foresta di Búrgos 32 A 7
✉ 07010
Foresta di Monterúfoli-Caselli, Riserva Naturale- 8 E-F 7
Foresta Umbra 24 D 6
Foreste Casentinesi, Monte Falterona e Campigna, Parco Nazionale delle- 6 D-E 6-7
Forestella, Valle- 22 E 2
Forlì 6 A 8
✉ 47100
Forlì del Sánnio 22 E 4
✉ 86084
Forlimpópoli 7 A 1
✉ 47034
Forma, la- 21 C 4
✉ 03010
Forma di Santa Oliva, Rio- 26 B 5
Forma Quesa, Rio- 26 B 5
Forme 18 F 6
✉ 67050
Forme d'Aquino, Rio le- 26 B 5-6
Formellino 3 F 4
Formello 20 A 5
✉ 00060
Formentara 4 B 5-6
Fórmia 26 D 5
✉ 04023
Formica di Burano, Ísola- 16 C 7
Formica di Montecristo 16 F 1
Formiche, Castello delle- 17 C 7
Formiche, le- 25 E 2
Formiche, Monte delle- 3 F 1
Formiche di Grosseto 16 A 4
Formícola 27 D 1
✉ 81040
Formiga, Nuraghe- 35 B 2
Formígine 2 C 5
✉ 41043
Fórmole 9 A 8
Fórmole, Riserva Naturale- 9 A 8
Formone, Torrente- 13 C 6
Forna, le- 25 E 1-2
✉ 04020
Fornace (AN) 11 B 2
Fornace (BO) 2 D 7
Fornace (FI) 6 E 5
Fornace (GR) 16 A 8
Fornace (PT) 6 D 1
Fornace (SI) 13 A 5
Fornace, la- (PU) 10 A 7
Fornace, la- (RE) 2 D 2
Fornace di Filo 3 C 5
Fornacella 9 D 4
Fornacelle 6 D 1
Fornacette (FI) 9 A-B 2
Fornacette (PG) 10 D 4
Fornacette (PI) 8 A 6
✉ 56012
Fornaci (MC) 10 E 8
Fornaci, le- 6 D 2
Fornaci, Passo delle- 14 C 8
Fornaci di Barga 5 B-C 5-6
✉ 55052
Fornaro, Coppa del- 24 C 6
Fornazzano 6 B 5-6
Fornelli (IS) 22 F 3
✉ 86070
Fornelli (SS) 28 C 2
Fornelli, Rada dei- 28 D 2
Fornello (AR) 6 F 5
Fornello (FI-Pontassieve) 6 E 4
Fornello (FI-Vícchio) 6 C 4-5
Fornello (PT) 6 E 1
Forni 12 B 7
Forni dell'Accesa 12 C 8
Fornisco 15 F 3
Forno (MS) 5 B 3-4
✉ 54034
Forno, Cala di- 16 A 6
Forno, il- 2 B 5
Forno della Gaiana 3 D 2
Fórnole 17 B 7
✉ 05020
Fórnoli (LU) 5 C 6
✉ 55026
Fórnoli (MS) 4 C 7
Fornovo di Taro 1 A 8
✉ 43045
Fornovolasco 5 C 5
✉ 55020
Foro 19 C 5
Foro, Fiume- 19 D 4
Forquet, Casa- 24 D 3
Forsivo 14 E 7
Forte, Monte- (LT) 26 C 5
Forte, Monte- (SS) 28 F 3
Forte dei Marmi 5 C-D 3
✉ 55042
Forte di Bibbona 8 F 6

Forte Village 36 E 7
✉ 09010
Fortezza, Monte della- 16 F 2
Forti, su- 37 B 3
Fortore, Fiume- 23 C 3
Fortore, Torre- 23 B 4
Fortullino 8 C-D 5
Fortuna, Passo della- 21 B 3
Fóruli 18 D 5
Foscalina 5 B 3
Fosciándora 5 B 5-6
✉ 55020
Fosdinovo 5 A-B 2
✉ 54035
Fosdondo 2 A 4
✉ 42015
Fósini 9 F 1
Fósio 1 B 7
Fósola, Monte- 2 D 2
Fossa (AQ) 18 D 7
✉ 67020
Fossa, Casale la- 20 F 6
Fossa, Torrente- 13 C 2
Fossa, Torrente la- 29 F 4
Fossacésia 19 E 6
✉ 66022
Fossacésia Marina 19 E 6
✉ 66020
Fossanova, Abbazia di- 25 B 8
✉ 04010
Fossanova San Biágio 3 A 2
Fossatéula, Monte sa- 36 B 4
Fossatillo 18 C 5
Fossato (PO) 6 B 2
✉ 51020
Fossato (PU) 10 C 5
Fossato, Colle di- 10 E 6
Fossato di Vico 10 E 5
✉ 06022
Fossi, Coppo dei- 24 C 6
Fossignano 20 F 7
Fosso Ghiáia 3 E 7
Fóssola 5 B 3
✉ 54033
Fossombrone 10 A 6
✉ 61034
Fosso Sejore 7 E 7
Fosto 10 C 4
Foxi (CA) 37 B 3
Foxi, Casa de- 36 E 4
Foxi, Rio- 37 C 5
Foxi, Rio de- 36 E 4-5
Foxi 'e Sali 36 E 7
Foxi Manna, sa- 35 C 6
Fraccano 10 C 2
✉ 06010
Fradusto, Chiesa- 6 A 3
Fragaiolo 9 A 8
Fraga Mórus, Nuraghe- 35 D 1
Fragheto 7 E 1
Fragneto l'Abate 27 D 5
✉ 82020
Fragneto Monforte 27 D 5
✉ 82020
Fragno 1 B 8
Fraigada, Nuraghe sa- 37 B 4
Fraigada, sa- 30 F 6
Fráigas, Stazione sa- 30 D 7
✉ 07014
Fráilis, Punta- 33 F 7
Fraine (CH) 22 B-C 6
Fraioli 21 F 8
Framura 4 C-D 4
✉ 19014
Framura, Stazione di- 4 D 4
✉ 19014
Franca 14 B-C 6
Francavilla 10 A 8
Francavilla al Mare 19 C 4
✉ 66023
Francavilla d'Ete 11 F 5
✉ 63010
Francese, Cala- 29 C 4
Francesi, Punta di li- 29 D 2
Franchi 1 A 6
Francocci 14 E 4-5
Francolise 26 E 8
✉ 81050
Franculácciu 31 C 6
Frasassi, Grotte di- 10 D 7
Frasca, Capo della- 34 B 3
Frascaro (RE) 2 D 2
Frascata, la- 3 C 4
Frascati 21 D 1
✉ 00044
Fraschette 21 E 5
Frassi 1 B 3
Frassignoni 6 B 1
✉ 51020
Fráissine 12 A 7
✉ 58020
Frassinédolo 2 E 1-2
Frassineta (AN) 10 C 6
Frassineta (AR) 6 F 7
Frassineta (BO) 6 A 4
Frassineti 2 E 4
✉ 41020
Frassineto (AR) 9 D-E 7
✉ 52040

Frassineto (BO) 3 E 1
Frassineto (GE) 1 C 1
Frassineto (PR) 1 B 4
Frassineto, Passo di- 10 A 1
Frássini 9 F 2
✉ 41044
Frassinoro 2 F 3
Frasso, Stazione di- 25 C 8
Frasso-Dugenta, Stazione di- 27 E 3
Frasso Sabino 18 E 2
✉ 02030
Frasso Telesino 27 E 3
✉ 82030
Fratelle 6 F 8
Fratelli, Casa- 34 F 3
Frati, Monte dei- 10 A 1
Fratta (AR) 9 E 7
Fratta, la- 9 F 6
Fratta, Monte- (RI) 18 E 5
Fratta, Torrente- 22 D-E 6
Fratta, Valle- 26 A 3
Frattaguida 14 D 1
Fratta Terme 7 B 1
✉ 47030
Fratta Todina 14 D 3
✉ 06054
Fratte (PG) 14 A 2
Fratte Rosa 10 A 6
✉ 61040
Fratticciola 9 F 7
Fratticiola Selvática 10 F 4
✉ 06080
Frattócchie 20 D 7
✉ 00040
Fráttoli 18 A 6
Frattúccia 17 A 7
Frattura 22 B 1
✉ 67030
Freddo, Monte- (BN) 27 B 5
Freddo, Monte- (FC) 6 C 6
Fregarolo, Passo di- 1 C 2
Fregene 20 C 4
✉ 00050
Fregiolo 6 B 6-7
Fregnanello 6 A 6-7
Frena, Monte- 6 B 4
Frentani, Monti dei- 22 B 6-8
Fresagrandinária 22 B 7
✉ 66050
Fresciano 7 F 1
✉ 52030
Frida 32 A 7
Frigento 27 F 7-8
✉ 83040
Frigiani, Ísola- 28 D 5
Frignano, Regione- 2 E-F 2-5
Frignone, Monte- 5 A 4-5
Frisa 19 E 5
✉ 66030
Frisolino 1 E 3
Friuni 27 E 4
Frondarola 18 A 8
✉ 64040
Frontale (MC) 10 E 8
✉ 62020 - 62021
Frontano, Monte- 10 C 3
Fronticella 6 C 7
Frontignano (MC) 14 C 8
Frontignano (PG) 14 D 3
Frontignano (SI) 9 F 3
Frontino 7 F 3
✉ 61021
Frontone 10 C 6
✉ 61040
Frontone, Spiággia di- 25 E 1
Frónzola 9 A 6
Frósini 9 F 2
✉ 53010
Frosinone 21 F 5-6
✉ 03100
Frosolone 22 F 6
✉ 86095
Fruncu Erente 33 B 4
Fruncu Mannu 33 C 6
Fruncu Padúlas 33 C 4
Frusciu,-Monte- 30 F 4
Frúscus, Nuraghe- 32 E 5
Fucécchio 5 F 8
✉ 50054
Fucécchio, Padule- 5 E 8
Fucignano 15 E 4
Fúcino, Centro Telespaziale- 21 B 7
Fúcino, Piana del- 21 A-B 7
Fucino, Rio- 18 A-B 6
Fucito 24 D 5
Fuga, Monte- 26 C 6
Fuile Mare 33 A 7
Fumaiolo, Monte- (FC) 7 F 1
Fumaiolo, Monte- (VT) 17 B 2
Fumo, Monte- (PG) 10 C 2
Fumone 21 E 5
✉ 03010
Fumosa, Cantoniera- 31 A 2
Funari 27 E 1
Funesu, Monte- 34 C 4
Fungáia 9 E 3
Fungáia, Riserva Naturale della- 9 A 8

Funo 2 C 8
✉ 40050
Funtana Bona 33 D 4
Funtana Congiada, Punta- 33 F 3
Funtana Niedda, Stazione- 28 F 4
Funtana Ona, Monte- 37 A 4
Funtanazza, Colonia Marina- 34 D 3
Funtanéddas, Monte- 33 B 3
Furau, Bruncu- 33 F 4
Furbara, Stazione di- 20 B 3
✉ 00050
Furci 22 A 7
✉ 66050
Furittu, Rio- 35 F 4
Furlo 10 A 5
✉ 61041
Furlo, Gola del- 10 A 5
Furónis, Perda is- 35 C-D 5
Furtei 35 D 1
✉ 09040
Fusanti, Monte- 27 F 3
Fuschi 27 C 5
Fusignano 3 D 4-5
✉ 48010
Fuso, Monte- 2 C 1
Futa, Passo della- 6 B 3

G

Gabba 6 A 1
Gábberi, Monte- 5 C 4
Gábbia, Póggio a- 8 E 7
Gabbiana (MS) 4 C 7
✉ 54020
Gabbiani, Báia dei- 24 E 7
Gabbiano (BO) 2 F 8
Gabbiano (FI) 6 C 3
Gabbiano (MC) 14 B 7
Gabbiano Vécchio 9 F 7
Gabbro 8 C 5
✉ 57010
Gabbro, Monte- 9 F 1
Gabella (AN) 11 A 3
Gabella (PI) 5 F 6
Gabella Nuova 15 B 1
Gabelletta (TR) 17 A 8
✉ 05100
Gabelletta (VT-Céllere) 17 B 2
Gabelletta (VT-Monterosi) 17 E 6
Gabellina, la- 2 F 1
Gabellino 13 A-B 1
Gabiano (TE) 15 E 3
Gabicce Mare 7 D 5
✉ 61011
Gabicce Monte 7 D 5
Gábii 21 C 1
Gaddau, Cantoniera- 31 B 2
Gadoni 33 F 3
✉ 08030
Gaeta (LT) 26 D 4
✉ 04024
Gaggiano, Casa- 24 D 3
Gággio (BO) 6 A 5
Gággio (MO) 2 B 6
✉ 41010
Gággio Montano 6 A 1
✉ 40041
Gagliano (TE) 15 E 4
Gagliano Aterno 18 F 8
✉ 67020
Gaglianovécchio 10 E 8
Gagliétole 14 C 3
Gágliole 10 F 7-8
✉ 62022
Gaiana 3 D 2
Gaiana, Torrente- 3 D 2
Gaianello 2 F 4-5
✉ 41020
Gaiano (PR) 1 A 8
✉ 43030
Gaiano (RA) 3 E 4
Gaiato 2 F 5
✉ 41020
Gaibana 3 A 2-3
Gaibanella 3 A 2-3
✉ 44040
Gaibóla 2 D 8
✉ 40136
Gaíco 15 D 2
Gáida 2 A 3
Gaifana 14 A 6
✉ 06020
Gaiole in Chianti 9 C 4
✉ 53013
Gaione 2 A 1
Gáiro 35 A 5
✉ 08040
Gáiro, Báia di- 35 B 6
Gáiro Sant'Élena 35 A 5
Gáiro Taquisara 35 A 5
Galante, Masseria- 27 B 5
Galassi, Casa- 24 E 2
Galatrona 9 C 5
Galciana 6 D 1
✉ 59012

Galeata 6 C 7-8
✉ 47010
Galenne, Monte- 14 E 6
Galera 10 F 2
Galera, Capo- 30 E 2
Galera, Punta- 29 B 5
Galéria 20 A 5
Gálgata 10 F 4
Gálliga 6 E 4
Gallano (MC) 14 B 7
Gallano (PG) 14 B 5-6
Gallena (LU) 5 C 4
Gallena (SI) 9 E 2
Galleno (FI) 5 F 7
✉ 50050
Galleraie 9 F 1
Gallese 17 C-D 7
✉ 01035
Gallese-Vasanello, Stazione di- 17 C 7 ✉ 01030
Galli, Case- 27 B-C 5
Galliana 6 B 6
Galliano (FI) 6 C 3
✉ 55027
Gallicano nel Lázio 21 C 2
✉ 00010
Galliera 3 A 1
✉ 40015
Gallina (SI) 13 B 6
✉ 53023
Gallinara, Monte- 1 C 7
Gallinaro 22 E 1
✉ 03040
Gallinola, Monte la- 27 B 3
Gallisterna 3 F 3
Gallo (AQ) 21 A 5
✉ 67060
Gallo (BO) 3 E 2
✉ 40050
Gallo (CE) 26 C 7
Gallo (FC) 7 C 1
Gallo (FE) 3 A 2
✉ 44020
Gallo (PU) 7 F 5
✉ 61020
Gallo (RE) 2 A 2
Gallo, Fosso del- 19 A 3
Gallo, Ísola del- 36 C 1
Gallo, Lago di- 27 A-B 1
✉ 81035
Gallo Matese 27 A 1
✉ 81010
Galloro, Monte- 14 E 6
Gallúccio 26 C 7
✉ 81045
Gallura 29 E 2-5
Galluzzo 6 F 3
✉ 50124
Galtelli 33 A 6
✉ 08020
Gamagna 18 E 4
Gámbaro (PC) 1 B 4
Gambassi Terme 9 B 1
✉ 50050
Gambatesa 27 A 6
✉ 86013
Gambellara (RA) 3 F 6
✉ 48010
Gamberáia 9 F 6
Gamberaldi 6 B 5
Gamberale 22 C 4
✉ 66040
Gambéttola 7 B 2
✉ 47035
Gambulaga 3 A 3
✉ 44010
Gamogna, Monte di- 6 C 6
Ganaceto 2 A 5
✉ 41010
Gandazzolo 3 B 2
Ganghereto, Chiesa- 9 B 5
Ganzanigo 3 D 2-3
Garaventa 1 C 1
Garavícchio 16 C 8
Garbarino 1 B 2
Garbatella 20 C 6
Garbo, Ponte del- 9 F 5
Garbugliaga 4 C 6
Gardu, Nuraghe su- 33 A 6
Garfagnana, Regione- 5 A-C 5-6
Gargallo (MO) 2 A 5
✉ 41012
Gargano, Parco Nazionale del- 23 C 6-8
Gargano, Promontório del- 24 D-E 3-7
Gargano, Testa del- 24 D 7
Gargonza 9 E 6
Gari, Fiume- 26 B 6
Garibaldi, Capanno- 3 D 6-7
Garibaldi, Casa di- 29 C 5
Garibaldi, Cippo di Anita- 3 C 6-7
Gariglione, Fiume- 26 B 6
Garnerone, Rifúgio- 5 B 3-4
Garófali 26 D 7
✉ 81035
Garófano 2 D 6
✉ 41056
Garrano 15 F 4

Garrufo (TE-Campli) 15 E 4
✉ 64010
Garrufo (TE-Sant'Omero) 15 E 4
Garufo, Colle- 15 A 1
Garulla Inferiore 15 C 1
Garzano 27 F 2
Gasoru, Nuraghe- 35 C 3
Gassano 5 A 3
✉ 54020
Gastea, Monte- 35 A 3
Gastra 9 A 5
Gastra, Varco di- 9 A 5
Gatta 2 E 2
✉ 42030
Gattaceca e del Barco, Riserva Naturale di- 20 A 7
Gattáia 6 C 4
✉ 50039
Gattara 7 F 1
Gattarella, Centro Turístico- 24 D 7
Gatteo 7 B 3
✉ 47030
Gatteo a Mare 7 A 3
✉ 47043
Gattera, Casa- 8 D 8
Gatti, Masseria li- 23 E 4
Gatto, Osteria del- 10 E 5
Gattolino (FC) 7 A 2
✉ 47020
Gattorna 1 D 1-2
✉ 16030
Gattúccio 10 D 7
Gavaseto 3 A 1
Gavasseto 2 B 4
Gavazzo (PR) 2 B 2
Gavedo 4 C 6
Gavelli 14 F 6
Gavi, Ísola di- 25 D 2
Gavignano (AR) 9 D 5
Gavignano (RM) 21 E 3-4
✉ 00030
Gavignano (SI) 9 C 2
Gavignano Sabino 17 E 8
✉ 02040
Gavigno 6 B 2
Gaville (AN) 10 D 6
Gaville (FI) 9 B 4
Gavinana 5 C 8
✉ 51025
Gaviserri 6 E 6
Gavoi 33 D 3
✉ 08020
Gavorrano 12 C 8
✉ 58023
Gavorrano, Stazione di- 13 C 1
✉ 58023
Gazzano 2 F 2-3
✉ 42010
Gázzaro 2 A 2
Gazzaro, Monte- 6 B 3
Gazzo (PR) 1 B 5
Gázzolo 2 D 1
Gelagna Alta 14 A-B 7
Gelagna Bassa 14 B 7
Gello (AR-Anghiari) 9 B 8
Gello (AR-Arezzo) 9 C 8
Gello (AR-Bibbiena) 6 F 7
Gello (LU) 5 C 5
Gello (PI-Montecatini di Val di Cécina) 8 D 7
Gello (PI-Paláia) 8 B 7
Gello (PI-Pontedera) 8 A 6
Gello (PI-San Giuliano Terme) 5 F 5
Gello (PT) 5 D 8
Gello Biscardo 9 B 6
Gello Mattaccino 8 C 6
Gelsa 5 E 7
Gemelli, Monte- 6 D 6
Gémini, Ísole- 12 E 5
Geminiano 1 B 5
Gemmano 7 D 4
✉ 47855
Genazzano 21 C 3
✉ 00030
Genga 10 D 7
✉ 60040
Geni, Rio di- 34 D 7
Génis, Monte- 35 F 4
Genna Arrámene 33 E 6
Genna Arredelu 33 F 3
Genna Arrela, Arcu- 36 E 6
Genna Bogai, Arcu- 34 F 3
Genna Coggina 33 E 6
Genna Corte, Nuraghe- 34 A 7
Genna Croce 33 D 5
Genna 'e Crésia 35 B 5-6
Genna 'e Medau, Passo- 35 A 4
Genna Flóres 33 E 3
Genna Grecu 33 E 2
Gennamari 34 E 3
✉ 09030
Genna Maria, Nuraghe- 34 C-D 6
Gennano, Stagno di- 28 E 2
Gennargentu, Monti del- 33 E-F 3-4
Genn'Argiólas 35 F 5
Gennaro, Masseria don- 24 F 4
Gennaro, Monte- 21 A 2
Genna Sarbene 33 D 6

Genna Scálas 33 D 6
Genna Silana 33 D 5
Genna Spina 34 B 5
Genna su Ludu 36 E 5
Genna Tres Móntis 35 E 3
Genna Uassa, Cantoniera- 35 A 3
Genneruxi, s'Arcu de- 36 E 6
Genn'e Spina, Casa- 37 B 5
Genniómus 36 D 5
Genoni 34 B 7
✉ 08030
Genuri 34 B 7
✉ 09020
Genzana, Monte- 22 B 1
Genzano di Roma 21 E 1
✉ 00045
Genziana, Monte- 33 E 4
Geppa 14 E 6
Gerano 21 B 3
✉ 00025
Gereméas 37 C 4
Gerfalco 13 A 1
✉ 58020
Gergei 35 C 2
✉ 08030
Gericómio 21 C 2
Gerione, Rúderi di- 23 D 1
Gerosa, Lago di- 15 D 2
Gerrei, Regione- 35 E 3-4
Gésico 35 D 2
✉ 09040
Gésico, Fermata- 35 D 2
✉ 09040
Gessaro, Colle- 22 B 8
Gessi, i- 13 B 2
Gessi Bolognesi e Calanchi dell'Abbadessa, Parco Regionale dei- 3 E 1
Gesso (BO-Casalfiumanese) 3 F 1
Gesso (BO-Zola Predosa) 2 D 7-8
Gesso (PU) 7 D 4
Gessopalena 22 A 4
✉ 66010
Gésturi 35 B 1-2
✉ 09020
Gesualdo 27 F 7
✉ 83040
Gherghenzano 3 B 1
Gherra, Monte- 30 E 4
Ghetto Randuzzi 7 C 4
Ghezzano 5 F 5
✉ 56010
Ghiáia, Fosso- 3 E 6-7
Ghiardo 2 B 3
Ghiare (PR-Berceto) 1 C 7
✉ 43040
Ghiare (PR-Montechiarúgolo) 2 A 1-2
Ghiare, le- 1 C 8
✉ 43020
Ghiaroni 3 B 2
Ghibullo 3 E 6
✉ 48010
Ghiffi, Monte- 1 D 3
Ghiffi, Passo di- 1 D 3
Ghilarza 32 D 6
✉ 09074
Ghinghetta, Scóglio la- 36 B 2
Ghirlanda 12 B 8
✉ 58020
Ghisciera, Puntetta della- 30 D 1
Ghivizzano 5 C 6
✉ 55053
Ghizzano 8 B 8
✉ 56030
Giácomo, Colle di- 27 A 5
Giacopiane, Lago di- 1 D 3
Giaiette 1 D 3
✉ 16040
Giallonardo 27 C 4
✉ 82027
Giammartino 15 F 6
Giammatura, Monte- 15 E 3
Giampereta 6 F 8
Giampereto 15 B 1
Giandeto 2 D 3
Giannella, Tómbolo della- 16 B-C 6
Giannone 5 F 5
Giannutri, Ísola di- 16 E 6
✉ 58018
Giano, Monte- 18 C 4
Giano dell'Úmbria 14 D 4
✉ 06030
Giánola, Torre- 26 D 5
Giano Vetusto 27 D 1
✉ 81042
Giara, Altípiano sa- 35 C 2
Giara di Gésturi, Altípiano- 34 B 6-7
Giardinelli, Ísola- 29 B-C 5
Giardini 13 A 5
Giardino (BO) 3 E 3
Giardino, Casa del- 5 C 4
Giardino, il- 16 C 7
Giardino Buonaccorsi 11 D 6
Giardone, Nuraghe- 37 C 5
Giarola (PR) 1 A 8
Giarola (RE) 2 E 1
Giarolo, Monte- 1 A 1

Giave 30 F 5
✉ 07010
Giba 36 D 4
✉ 09010
Gibas, Castello- 35 F 6
Gidolo, Rio- 35 B-C 5
Giganti, Tomba dei- 33 E 4
Gigliana 4 B 7
Giglio, il- 21 E 6
✉ 03020
Gíglio, Ísola del- 16 C-D 4
Gíglio, Punta del- 30 E 1
Gíglio Campese 16 C 4
✉ 58010
Gíglio Castello 16 C 4
✉ 58012
Gíglio Porto 16 D 4
✉ 58013
Gildone 27 A 5
✉ 86010
Gildone, Monte di- 27 A 5
Gimigliano (AP) 15 D 3
Ginepro, Colle- 22 E 5
Ginepro, Monte- (AQ-FR) 21 D 6
Ginepro, Monte- 18 E 5
Ginestra (BN) 27 F 6
Ginestra, Bosco della- 24 D 6
Ginestra, Torrente- 27 D 7
Ginestra degli Schiavoni 27 C 7
✉ 82020
Ginestra Fiorentina 6 F 2
✉ 50020
Ginestra Sabina 18 E 2
✉ 02030
Ginestreto (FC) 7 D 2
Ginestreto (PU) 7 E 6
✉ 61100
Ginestreto (SI) 9 E 3
Ginezzo, Monte- 10 E 1
Ginnirco, Monte- 33 E 6-7
Giogo, Monte del- 4 B-C 8
Gióia dei Marsi 21 B 8
✉ 67055
Gióia Sannítica 27 C 3
✉ 81010
Gióia Vécchio 21 C 8
Gioiella 13 A 8
✉ 06060
Gioiello 10 D 1
Giolve, Nuraghe- 32 A 5
Giómici 10 F 4
Giona 6 F 7
Giordano, Capo- 36 B 2
Giordano, Masseria- (CB) 23 B 1
Giorgina, la- 21 A 5
Giorgino 37 B 2
Giorzi Massone, Nuraghe- 30 D 5
Gióscari, Nuraghe di- 30 D 4
Giovà, Passo del- 1 A 2
Giovagallo 4 C 6
Giovannina, Villa- 2 A 8
Giove 17 B 6
✉ 05024
Giove Ánxur, Témpio di- 26 D 2
Giovecca 5 C 4
Giovenca, Fiume- 21 A 8
Giovi, Monte- 6 E 4
Gioviano 5 C 6
✉ 55020
Giovo, Foce a- 5 B 6
Giovo, Foce di- 5 B 4
Giovo, Monte- 5 B 6
Girardi (RM) 20 A 7
Girasole 33 F 6
✉ 08040
Girátola, Chiesa- 6 C 3
Girgenti 18 E 4
Giriadroxiu 36 C 6
Giroconzoláu, Cantoniera- 35 A 3
Girone, Monte- 6 C 7
Gissi 22 A 6
✉ 66052
Giucano 5 A 2
Giuerri Mannu, Nuraghe- 34 B 7
Giúgnola 6 A 4
✉ 40022
Giulianello 21 E 2
✉ 04010
Giulianello, Lago di- 21 E 2
Giuliano (AR) 9 B 7
Giuliano di Roma 26 A 2
✉ 03020
Giuliano Teatino 19 D 4
✉ 66010
Giulianova 15 E 6
✉ 64021
Giulianova Lido 15 E 6
✉ 64022
Giúlio, Ponte- 13 E 8
✉ 66040
Giuncana 28 D 7
Giuncano Scalo 14 F 5
✉ 05030
Giuncárico 13 C 1
✉ 58020
Giuncugnano 5 A 4
✉ 55030

Giuntatore, Mórgia- 27 B 6
Giuntúras, Rio- 28 F 6
Giusti, Casa- 8 E 6
Giustiniana, la- 20 B 6
✉ 00135
Giustizieri, Cantoniera- 33 D 5
Giusto, Monte- 26 C 2
Giuvigiana, Monte- 6 C 4
Gízio, Fiume- 22 A 2
Gizzi 18 A 3
Glória, Abbazia della- 21 D 4
Gloriani 26 D 8
Glórie 3 D 5
✉ 48020
Gnignera, la- 17 C 4
Goau, Nuraghe- 32 F 4
Gocéano, Catena del- 32 A 7
Gocéano, Regione- 32 A 7-8
Godi, Monte- 22 C 2
Godo 3 E 5
✉ 48010
Goduti, Masseria- 27 A 8
Goga, la- 14 A 2
Goggianello 3 F 3
Gogna, Torrente- 19 F 5
Goiano 1 B 8
Gola del Furlo, Riserva Naturale- 10 A 5
Gola della Rossa e di Frasassi, Parco Regionale della- 10 C-D 7
Golaso 1 A 6
Gole di San Venanzio, Riserva Naturale- 19 F 1
Golfo Aranci 29 E 6
✉ 07020
Golfo di Orosei e del Gennargentu, Parco Nazionale del- 33 C-F 3-5
Gómbio (RE) 2 D 2
Gombitelli 5 D 5
Gombo 5 F 4
Gómito, Monte- 5 B 7
Goni 35 D 3-4
✉ 09040
Goni, Nuraghe- 35 D 3
Gonna, Ponte la- 13 A 2
Gonnesa 36 B 3
✉ 09010
Gonnesa, Golfo di- 36 A 2-3
Gonnoscodina 34 C 6
✉ 09090
Gonnosfanádiga 34 E 5
✉ 09035
Gonnosnò 34 B 6
✉ 09090
Gonnostramatza 34 C 6
✉ 09093
Goraiolo 5 D 7-8
Gora Pixina Longa 34 F 6
Gorasco 5 A 2-3
Gordana, Torrente- 4 B 6
Gordena 1 B 1
Gorfigliano 5 A 4
✉ 55030
Gorga (RM) 21 E-F 4
✉ 00030
Gorgacce, Monte delle- 10 D 2
Gorghe, le- 9 E 6
Górgiti 9 A 5
Gorgo (FE) 3 A 2
Gorgo (LI) 8 C 5
Gorgo Cerbara 10 B 4
Gorgoglione, Monte- 21 F 3
Gorgona, Ísola de- 8 C 1
Gorgona Scalo 8 C 1
✉ 57030
Goriano Sícoli 22 A 1
✉ 67030
Goriano Valli 18 F 8
✉ 67020
Gorreto 1 B 2
✉ 16020
Gorro 1 C 6
Gorropis, Nuraghe- 31 E 7
Gorropu, Gola de- 33 C 5
Gortomedda, Punta- 31 E 6
Gorzano (MO-Maranello) 2 C 5
Gorzano, Monte- 18 A 6
Gotra 1 D 5
Gotra, Torrente- 1 D-E 5
Gottano 2 D 1
Góttero, Monte- 4 B 5
Gova 2 E 3
Govossai, Lago- 33 D 3-4
Grabellu, Punta su- 31 F 6
Gracciano 13 A 7
✉ 53040
Gracciano dell'Elsa 9 D 2
✉ 53034
Gradara 7 D 5
✉ 61012
Grádoli 13 F 7
✉ 01010
Graffignano 17 A 5
✉ 01020
Gragnana (LU) 5 A 4
Gragnana (MS) 5 B 3
✉ 54030
Gragnano (AR) 10 B 1
Gragnano (LU) 5 E 7
✉ 55010
Gragnano, Monte di- 10 C 3

Gragnola 5 A 3
✉ 54020
Gragnone 9 D 7
Graiana 1 D 8
Gramázio, Masseria- 23 F 8
Gramizza, Torrente- 1 C 3
Gramizzola 1 B 2-3
Grammática 1 D 8
Gramolazzo 5 A 4
Gramugnana 8 B 6
Granaglione 6 B 1
✉ 40030
Granaiola 5 C 6
Granaiolo 9 A 1
✉ 50050
Granaione 13 D 3
Granali 10 F 8
Granara 1 C 6
Granare 3 E 2
Granari, i- 18 E 1
Granaro, Monte- 22 A 6
Granarola 7 D 6
Granaiolo 3 E 4
✉ 48019
Gran Sasso d'Itália 18 B 6-8
Gran Sasso e Monti della Laga, Parco Nazionale del- 18 A-C 6-8
Grassano, Chiesa di- 2 B 2
Grássina 6 F 3
✉ 50015
Grattacoppa 3 D 6
Grava di Campolato 24 F 5
Gravagna Montale 1 D 7
Gravéglia (GE) 1 E 3
✉ 16040
Gravéglia (SP) 4 D 6
Gravéglia, Torrente- 1 E 3
Gravisca 17 E 2
Grázie, Chiesa le- 35 B 6
Grázie, Lago delle- 11 F 3
Grázie, le- (MC) 11 F 3
Grázie, le- (PT) 5 C 8
✉ 51030
Grázie, le- (SP) 4 E 6
✉ 19022
Grázie, Monte le- 17 F 3
Grázie, Santuário le- 9 D 2
Grazzanise 26 F 8
✉ 81046
Greca, Cala- 29 E 6
Grécchia 5 A 8
Grecciano 8 A 5-6
Gréccio 18 C 1
✉ 02040
Gréccio, Stazione di- 18 B 2
Grécciola 4 C 7
Greci (AV) 27 D 8
✉ 83030
Greci, Posta dei- 23 F 6
Greco, Masseria- 27 B 6
Greco, Monte- 22 D 2
Grecu, Genna- 33 E 2
Gregoriano, Ponte- 13 E 7
Grello 10 F 5
Greppo, Villa- 13 B 5
Greppolischieto 14 C 1
Gressa 6 F 7
Gretano, Torrente- 13 B 2-3
Greve, Fiume- 9 A-B 3
Greve in Chianti 9 B 3
✉ 50022
Grezzano (FI) 6 C 4
Grezzano, Monte- 4 A-B 6
Grezzo 1 B 5
Gricciano 9 A 1
Gricigliana 6 C 2
Gricignano (AR) 10 B 1
Gricignano (FI) 6 D 4
Griécas, Cala- 30 F 2
Grighini, Monte- 32 F 6
Grignano (AV) 27 E 7
Grilli 13 D 1
✉ 58020
Grillo 14 A 6
Grillo, Ponte del- 20 A 7
Grisciano 15 E-F 1
✉ 02011
Grisignano 6 A 8
Gritta, Colla- 4 D 4-5
Grizzana Morandi 2 F 7
✉ 40030
Gromignana 5 B-C 6
Gronda 5 B 4
Grondana 1 D 4

Gróndola 4 A 6
✉ 54027
Grondone 1 A 3
Grontone, Rio- 1 B 7
Gropà, Monte- 1 A 1
Grópina 9 B 5-6
Groppallo 1 A 4
✉ 29020
Groppi, Monte- 4 C 4
Groppizioso 1 D 8
Groppo (MS-Bagnone) 4 C 7
Groppo (MS-Tresana) 4 C 6
Groppo (PR) 1 D 5
Groppo (RE) 2 D 1
Groppo (SP) 4 B 5
Groppodalósio 4 A 7
Groppoducale 1 A 5
Granali 10 F 8
✉ 29021
Gróppoli 4 C 6
✉ 54020
Groppo San Giovanni 1 C 6
Grosseto 13 E 2
✉ 58100
Grosseto, Formiche di- 16 A 4
Grosso, Monte- (FC) 6 C 8
Grosso, Monte- (LI) 12 D 5
Grosso, Monte- (MS) 4 D 7
Grottaferrata 21 D 1
✉ 00046
Grotta Giusti 5 E 8
✉ 51015
Grottaminarda 27 F 7
✉ 83035
Grottammare 15 B-C 5
✉ 63013
Grotta Parlanti 5 E 8
Grottazzolina 15 A 3
✉ 63024
Grotte (PU) 7 E 6
Grotte, le- (FG) 24 F 3
Grotte, le- (LI) 12 D 4
Grotte di Castro 13 F 7
✉ 01025
Grotte di Pietrasecca, Riserva Naturale- 18 F 4
Grotte Santo Stéfano 17 B 5
✉ 01026
Grotti (PG) 14 E 6
Grotti (RI-Borgorose) 18 F 5
✉ 02020
Grotti (RI-Cittaducale) 18 D 3
✉ 02010
Grotti (SI) 9 F 3
Grottini 20 A 2
Gróttola 26 C 8
Gróttole (BN) 27 C 3
Gróttole (CE) 27 E 2
Grottone 24 F 6
Grottoni, i- 16 E 6
Grucitta, Chiesa la- 29 E 4
Grugnaleto 11 A 3
Grugua 34 F 3
Grumale 10 C 2
Grúmene, Cantoniera su- 33 B 3
Grúmene, Rio de su- 33 B 4
Gruppa, Rio- 35 E 5
Grúttas, Punta is- 33 D 5
Grutti 14 D 3
Grux 'e Mármuri, sa- 36 C-D 7
Guadagnolo 21 C 3
✉ 00030
Guadamello 17 C 7
Guadine 5 B 4
Guaitarola, Monte- 4 C-D 4
Gualandro, Monte- 9 F 8
Gualdo (AR) 6 E-F 5
Gualdo (FC) 6 B-C 8
Gualdo (FE) 3 A 3
Gualdo (LU) 5 D 5
✉ 55060
Gualdo (MC-Castelsantángelo) 14 D 8
Gualdo (MC-Gualdo) 15 B 1
✉ 62020
Gualdo (TR) 17 C 7
✉ 05030
Gualdo, Passo di- 14 D 8
Gualdo Cattáneo 14 D 4
✉ 06035
Gualdo Tadino 10 F 5-6
✉ 06023
Gualinga 2 C 5-6
Guamaggiore 35 D 2
✉ 09040
Guamo 5 E 6
✉ 55060
Guappo, Masseria del- 22 C 7
Guarcino 21 D 5
✉ 03016
Guarda (BO) 2 F 8
Guardapasso 20 E 6
Guardasone 2 B 2
Guardea 17 A 6
✉ 05025
Guárdia, Colle della- 22 F 8
Guárdia, la- (AQ) 21 C 8
Guárdia, la- (MO) 2 E 5
Guárdia, Monte- (LT) 25 E 1
Guárdia, Monte- (PR) 2 D 1
Guárdia, Monte- (RM) 21 A 2
Guárdia, Punta della- 25 E 1
Guárdia, Punta la- 31 B 7

Guardiabruna 22 C 6
✉ 66050
Guárdia dei Mori, Monte- 36 C 2
Guárdia d'Orlando, Monte- 18 F 4
Guárdia Grande 30 D 1
Guardiagrele 19 E 4
✉ 66016
Guardiagrele, Stazione di- 19 E 4 ✉ 66016
Guardialfiera 22 D 8
✉ 86030
Guardialfiera, Lago di- 22 C 8
Guardiano, Toppa del- 27 D 6
Guardianu, Monte- 36 A 3
Guárdia Preposti 29 C 4
Guardiarégia 27 B 3
✉ 86014
Guárdia Sanframondi 27 D 4
✉ 82034
Guárdia Vomano 15 F 5
✉ 64020
Guardiola, Coppa- 24 E 6
Guardiola, Monte la- 23 F 3
Guardiola, Serra- 22 D 8
Guardistallo 8 E 6-7
✉ 56040
Guarenna 19 F 5
Guarero, Monte- 33 C 2
Guarniera 3 F 7
Guasila 35 D 2
✉ 09040
Guastaméroli 19 D 5
✉ 66030
Guasticce 8 B 5
✉ 57010
Guasto 22 F 5
✉ 86090
Guazzino 9 F 6-7
✉ 53040
Gúbbio 10 E 4
✉ 06024
Guddetórgiu, Arcu- 33 E 3
Guerro, Torrente- 2 D 5-6
Guffone, Monte- 6 D 7
Gugliano 5 D 6
Guglionesi 23 B 1
✉ 86034
Guglionesi-Portocannone, Stazione- 23 B 1
Guida, Casa- 24 E 6
Guidónia-Montecélio 21 A-B 1
✉ 00012
Gúglia 2 D 6
✉ 41052
Guilmi 22 A-B 6
✉ 66050
Guinza 10 B 2
Guisa Pépoli 2 A 7
Guistrigona 9 E 4
Gúlana, Punta- 33 D 2
Gunnaréllia, Rio- 33 F 2
Gurgazo 29 A 3
Gurtúrgius, Punta- (NU-Siniscóla) 31 E 6
Gurtúrgius, Punta- (NU-Siniscóla) 31 F 6-7
Gurue, Rio 'e- 33 E 5
Gurzu, Nuraghe- 31 F 2
Gusana, Lago di- 33 D 3
Gusciola 2 E 3
✉ 41045
Guselli 1 A 5
Guspene, Ponte- 33 D 4
Gúspini 34 D-E 4
✉ 09036
Gusti 26 D 7
Gutturgios, Monte- 33 C 5
Gútturu Mannu, Rio- 36 B-C 6-7
Gútturu Sporta 36 E 5
Guzzano (BO-Camugnano) 6 A 2
Guzzano (BO-Pianoro) 2 E 8
Guzzano (LU) 5 C 6
Guzzano Inferiore 15 F 5
Gúzzini, Monte- 35 B 3
Guzzurra 31 F 5
Guzzurra, Cantoniera- 31 E 6

H

Hélvia Rícina 11 E 4
Hidalgo, Punta- 12 D 7

I

Iacci, Monte- 18 B 3
Iacotenente, Monte- 24 E 6
Iacovizzo, Monte- 24 D 6
Iadanza 27 D 5
Iameddari, Monte- 32 B 6
Iampietro, Masseria- 27 C 7
Iana, Nuraghe- 32 E 5
Ianara, Monte- 27 B 2
Ianare, Torrente- 27 D 4
Ianna Caguseli 33 C 3
Ianna 'e Rughe, Cantoniera- 31 F 5

Ianna Portellítos 31 F 5-6
Iánnas, Cantoniera- 33 C 4
Iannas, Nuraghe- 30 E 7
Iannucci, Masseria- 23 F 3
Iano (FI) 8 C 8
Iano (PT) 6 C 1
Iano (RE) 2 C 4
Iano, Monte- 21 D 1
Ianziti, Masseria- 27 B 7
Iavello, Fattoria- 6 D 2
Iba Manna, Nuraghe sa- 35 A 6
Icciano 14 F 5
Iconicella, Santuário della- 19 E 3
Idda, Monte- 37 A 5
Iddiano 2 E 5
✉ 41026
Ídice 3 D 1
Ídice, Torrente- 3 C 3
Idolo, Monte- 33 F 5
Iemmare, Rio- 22 E 3
Ienca, Monte- 18 B 6
Ienne 21 C 4
✉ 00020
Iera 4 B 7
Ierna 14 C 1
Iezza, Rifúgio- 27 B 2
Igea Marina 7 B 3
✉ 47813
Íggio 1 A 6
✉ 43047
Iglésias 36 A 4
✉ 09016
Iglesiente, Regione- 34 D-F 3-4
Iglesiente, Regione- 36 A-D 4-6
Igno, Monte- 14 A 7
Ilbono 35 A 5
✉ 08040
Ilci 14 D 3
✉ 06050
Il Fondo 7 C 3
Íllica (PR) 1 B-C 4-5
Íllica (RI) 15 F 1
Íllice 15 D 2
Illírio, Colle- 21 E 3
Illorai 32 A-B 7
✉ 07010
Iloi, Nuraghe- 32 D 6
Ilole, Nuraghe- 33 C 4
Imbertighe, Nuraghe- 32 C 6
Imbessu, Rio- 34 A 7
Imbrecciata 11 D 4
Imele, Fiume- 21 A 5
Imelle, Torrente- 17 D 8
Ímola 3 E 3
✉ 40026
Ímola, Autódromo di- 3 E-F 3
Imovilla 2 D 3
Impeddau, Monte s'- 36 E 4
Impiano 9 C 6
Impiccia, Masseria- 27 A 8
Impiombato, Casa- 24 E 6
Imporchia, Masseria- 23 E 2
Imposte 15 F 3
Impostino (GR-Magliano in Toscana) 16 A 6-7
Impostino (GR-Magliano in Toscana) 16 A 7
Imposto, l'- (GR) 13 B 3
Imposto, l'- (SI) 13 A 3
Impruneta 9 A 3
✉ 50023
Incenso, Punta dell'- 25 D 2
Incile, Casa- 21 B 6
Incisa 9 A 4
Incisa, Passo dell'- 6 E 8
Incisa in Val d'Arno 9 A 4
✉ 50064
Incontro, Convento dell'- 6 F 4
Incoronata (IS) 22 F 5
✉ 86090
Indicatore 9 C 7
Indiprete 27 A 2
✉ 86090
Infernaccio, Gola dell'- 15 C 1
Inferno, Cala d'- (LI) 12 D 5
Inferno, Cala d'- (SS) 30 E 1
Ingarano, Passo di- 24 E 2
Inghiottitóio, l'- 14 E 8
Ingurtosu 34 E 3
✉ 09030
Inno 6 F 2
Insugherata, Riserva Naturale- 20 B 6
✉ 64040
Intermésoli 18 B 7
Intro d'Ácqua 19 D 1
Introdácqua 22 A-B 1-2
✉ 67030
Ínus, Nuraghe de- 34 B-C 5
Inverno, Monte- 1 A 7
Inviolata 21 B 1
Inviolata, Parco Regionale dell'- 20 B 8
✉ 64010
Ioanella 15 F 3-4
✉ 64010
Ioanneddu, Punta- 31 F 7
Ioánnes Ábbas 28 F 2
Ioffredo 27 F 4
✉ 83012

Iola 6 A 1
✉ 41055
Iolo 6 E 1
✉ 59014
Iório, Rifúgio di- 21 D 8
Irco, Monte dell'- 22 A 4
Irghiddo, Nuraghe- 32 C 7
Irgoli 33 A 6
✉ 08020
Iriai 33 B 5
Irola 4 B 7
Irpínia 27 D-F 7-8
Irveri, Monte- 33 B 6
Isalle, Rio- 33 A 5
Isca, Ponte- 36 C 5
Isca, Ponte s'- 35 F 1
Isca d'Archi, Stazione di- 22 A 5
Isca de sa Mela, Válico s'- 33 E 2
Iscala Mala, Rio- 30 E 3
Iscanneddu, Rio- 28 F 6
Íschia, Fosso- 27 A 3-4
Íschia di Castro 17 B 2
✉ 01010
Ischitella 24 C 5
✉ 71010
Ischitella, Stazione di- 24 C 5
✉ 71010
Isclero, Fiume- 27 E-F 3
Iscoba, Monte- 28 F 5
Iscra, Stazione- 32 B 7
Iscrocca, Nuraghe- 35 E 5
Iscudu, Monte d'- 33 E 3
Iselle, Nuraghe- 31 E 3
Isérnia 22 F 4
✉ 86170
Ísili 35 B 2
✉ 08033
Ísola (FC) 6 D 7
Ísola (GE) 1 B 2
Ísola (MC) 10 E 8
Ísola (PG) 14 A 5
Ísola (PI-San Miniato) 5 F 8
Ísola (PI-Vecchiano) 5 F 4
✉ 55033
Ísola (PR-Compiano) 1 C 5
Ísola (PR-Palanzano) 1 D 8
✉ 43020
Ísola (PR-Tizzano Val Parma) 2 C 1
Ísola (RA) 3 F 3
Ísola (SP) 4 E 7
✉ 19034
Ísola, l'- (FG) 24 C 4
Ísola, l'- (FI) 6 D 2
Ísola, l'- (MC) 11 E 5
Ísola Bella 25 A 5
Ísola d'Árbia 9 F 4
Ísola del Gíglio 16 C-D 4
✉ 58012
Ísola del Gran Sasso d'Itália 18 B 8 ✉ 64045
Ísola del Liri 21 E 7
✉ 03036
Ísola del Piano 7 F 5
✉ 61030
Ísola di Fano 10 A 6
✉ 61040
Ísola di Montecristo, Riserva Naturale dell'- 16 F 2
Ísola Farnese 20 A 5
✉ 00123
Ísola Fossara 10 D 5
✉ 06020
Isolarotonda 1 C 3
Ísola Rossa 28 C 8
Ísola San Biágio 15 C 1
Ísola Santa 5 B 4
Ísole di Ventoténe e Santo Stéfano, Riserva Naturale e Riserva Marina- 25 F 5
Ísole Trémiti 24 A 2
✉ 71040
Ísole Trémiti, Riserva Marina- 24 A 2
Isoletta (FR) 26 A 4
✉ 03020
Isolona 1 D 2
✉ 16040
Isolotto, l'- 16 C 6
Ispádula, Casa- 30 C 6
Ispáras, Nuraghe- 35 B 2
Ispinigoli, Grotta di- 33 B 6
Ispíridu Santu, Chiesa di- 28 F 5
Ispuligi, Punta- 33 D 6
Issi 28 E 2
Istana, Porto- 29 F 6
Istelai, Nuraghe- 31 F 3-4
Ístia d'Ombrone 13 E 2
✉ 58040
Istiddi, Bruncu- 33 F 2
Istrana, Torre sa- 29 F 5
Itálico, Santuário- 22 D 5
Itálico, Témpio- 22 D 6
Itieli 17 B 8
✉ 05035
Itri 26 C-D 4
✉ 04020
Itri, Stazione di- 26 D 4
✉ 04020
Ittia, Punta- 31 C 5

Ittireddu 30 E 6
✉ 07010
Íttiri 30 E 4
✉ 07044
Íttiri, Cala- 32 A 3
Iugo, Monte- 14 C 6
Iuncu, Cantoniera- 28 D 7
Iuvánum 22 B 4
Ividori, Monte- 24 F 3
Ixi, Monte- 35 E 3
Izzalini 14 E 3
✉ 06050
Izzana, Nuraghe- 29 E-F 2

J

Janas, Grotte de is- 35 A 3
Jelsi 27 A 5
✉ 86015
Jerzu 35 B 5
✉ 08044
Jesi 11 C 3
✉ 60035
Jesi, Torre di- 11 C 3 .
Jezza Guerino, Rifúgio- 27 B 2

L

Labante 2 F 6
Labbro, Monte- 13 D 5
Labè, i- 1 A 5
Labico 21 D 2
✉ 00030
Labiolu, Nuraghe- 30 D 3
Labro 18 B 2
✉ 02010
Laccheddu, Fontana su- 28 E-F 5
Láccio 1 C 1
✉ 16020
Laccu Canu, Monte su- 31 C 5
Laccu sa Vitella, Punta- 34 A 5
Laccunéddas, Monte is- 36 C 7
Lacerno, Torrente- 21 E 8
Lacerone, Monte- 18 C 1
Lachésos, Monte- 30 E 6
Lacona 12 E 4
Lacona, Golfo di- 12 E 4
Láconi 34 A 7-8
✉ 08034
Laconía 29 D 4-5
Lacore, Laghi- 22 C 2
Lácque, le- 10 E 8
Láculo 18 B 4
Lada, Perda- 35 D 4
Ládas, Nuraghe sas- 28 F 6
Ladino 6 A 7
Ladíspoli 20 B 3
✉ 00055
Laerru 28 E 6
✉ 07030
Laga, Monti della- 15 F 2-3
Lagacci 6 B 1
Lagaccioli 16 B 8
Lagadello 1 B 7
Lagaro 6 A 2
✉ 40030
Lagastrello, Passo di- 4 B 8
Lagdei 1 D 7
Laghetto (RM) 21 C 1
✉ 00040
Laghi, Via dei- 21 D-E 1
Laghi di Suviana e Brasimone, Parco Regionale del- 6 B 2
Laghi Lungo e Ripa Sottile, Riserva Naturale Parziale- 18 B 2
Lago (GE) 1 D 1
Lago (MO) 2 F 3
✉ 41045
Lago (PC) 1 A 3
Lago (PR) 1 B 8
Lago di Burano, Riserva Naturale- 16 C 7-8
Lago di Canterno, Riserva Naturale- 21 D 5
Lago di Falciano, Riserva Naturale- 26 E 7
Lago di Montepulciano, Riserva Naturale- 13 B 7-8
Lago di Penne, Riserva Naturale- 19 B 1
Lago di Posta Fibreno, Riserva Naturale- 21 E 8
Lago di Serranella, Riserva Naturale- 19 F 5
Lago di Vico, Riserva Naturale del- 17 D 5
✉ 01037
Lagoni 9 F 1
Lagoni, Laghi i- 1 E 7
Lagoni del Sasso 8 F 8
Lagoni Rossi 12 A 7
Lágora 6 A 2
Lago Sant'Egídio, Álveo del- 24 E 4
Lagosanto 3 A 6
✉ 44023

Lago Trasimeno, Parco Regionale del- 14 A 1
Lagrimone 2 C 1
✉ 43020
Laguna di Orbetello, Riserva Naturale- 16 B 6
Lagune 2 E 7
Laiano 27 E 3
✉ 82019
Láio, Fosso- 19 F 4
Lajático 8 C 7
✉ 56030
Lalatta 2 D 1
Lama (AR) 9 A 8
Lama (PG) 10 C 1-2
✉ 06013
Lama (PV) 1 A 2
Lama (SI-Montalcino) 13 B 5
Lama (SI-Monticiano) 13 A 3
Lama (SP) 4 E 7
Lama, la- (AR) 9 A 5
Lama, la- (FC) 6 E 7
Lama, Ponte di- 23 F 6
Lama, Torrente- 10 B 2
La Maddalena 29 C 4
✉ 07024
Lama dei Peligni 22 A 4
✉ 66010
Lama di Mónchio 2 E 4
Lama di Reno 2 E 7-8
✉ 40037
Lamalesa 13 A 3
Lama Mocogno 2 F 4
✉ 41023
La Mármora, Punta- 33 F 4
Lamberti, Ponte- 1 B 6
Lambertúccia 15 A 1
Lame (GR) 13 A 1
Lame (TE) 15 F 3
Lame, Lago delle- 1 C 3
Lámmari 5 E 6
✉ 55013
Lámole 9 B 4
✉ 50020
Lámoli 10 B 2
✉ 61040
Lamone, Fiume- 3 D 6
Lampianu 28 E 1
Lamporécchio 5 E 8
✉ 51035
Lampu, Serra su- 33 E 2
Lana, Torrente- 10 D 2
Lanciáia 9 E 1
Lanciano 19 E 5
✉ 66034
Lanciano, Passo- 19 E 3
Láncio, Monte- 5 A 8
Lanciole 5 C 7
Lancisa 5 B 8
Landrigga, la- 28 F 3
✉ 07040
Lanessi, Torrente- 35 D 1
Langhirano 2 B 1
✉ 43013
Lano 9 D 2
Lantere, Monte- 26 A 7
Lanusei 35 A 5
✉ 08045
Lanúvio 21 E 1
✉ 00040
Lanzi, Rio dei- 26 E 8
Lanzo, Fosso- 13 B 3
Lanzona, Rocca- 1 A 7
Lapanu, Monte- 36 E 5
Lapedona 15 A 4
✉ 63026
L'Áquila 18 D 6
✉ 67100
Larai, Cantoniera- 29 F 3
Larano dei Marchesi 1 A 7
Larciano (FC) 6 C 8
Larciano (PT) 5 E 8
✉ 51036
Larderello 8 F 8
✉ 56044
Lardiano 6 B 8
Lardine, Cantoniera- 33 A 3
Larenta, Monte- 32 A 4
Larghetto 18 C 2
Largisi 27 E 2
Largo Zullo 27 A 4
Lari 8 B 6
✉ 56035
Lariano 21 E 2
✉ 00040
Larino 23 D 1
✉ 86035
Larniano (AR) 9 A 6
Larniano (SI) 9 B 8
Larniano (SI-San Gimignano) 9 C 1
Laroma 19 F 4
Lascocanale 17 D 3
Lascone, Casa- 16 B 8
Lásina, Piano- 35 E 2
Las Plássas 34 C 7
✉ 09020
Lassini, Rio- 35 F 3
Lastra, la- 6 C 6
Lastra a Signa 6 F 2
✉ 50055
Lastreto, Abbazia di- 10 B 6

Latari, Punta- 31 D 4
Látera (FI) 6 D 3
Látera (VT) 17 A 3
✉ 01010
Laterina 9 C 6
✉ 52020
Laticastelli 9 E 5
Latignano 8 A 6
✉ 56021
Latina (CE) 27 C 1
✉ 81010
Latina (LT) 25 A-B 6
✉ 04100
Latina, Scalo- 25 A 6
✉ 04013
Latina, Via- 21 D 2
Latzones, Nuraghe- 32 E 6
Láura (PI) 8 B 6
Laurentina, Via- 20 E 6
Laurentum 20 E 5
Lauría, Masseria- (FG) 23 D 3
Láuro (CE) 26 D 7
✉ 81030
Láuro (FG) 24 C-D 3
Lautoni 27 D 1
Lauzo, Monte- 26 D 3
Lavacchielli 1 C 6
Lavacchini 5 B 8
Lavaggiorosso 4 D 4
Lavagna (GE) 1 E 2-3
✉ 16033
Lavagna, Torrente- 1 D-E 2
Lavaiana, Torrente- 1 A 4
Lavaiano 8 A 6
✉ 56030
Lávane, Monte- 6 C 5
Laverino 14 A 6
Lavezzi, Ísola di- 29 A 3
Lavezzi, Scóglio di- 29 B 3
Lavezzola 3 C 4
✉ 48021
Laviano (PG) 13 A 7
✉ 50020
Lavínium 20 E 6
✉ 00040
Lavino, Torrente- (BO) 2 D 7
Lavino, Torrente- (PE) 19 E 2
Lavino di Mezzo 2 C 7-8
✉ 40011
Lavino di Sopra 2 D 7-8
Lavino di Sotto 2 C 7-8
Lavória 8 A 6
Lazzaretto (BO) 2 B 7
Lazzaretto (FI) 5 F 8
Lazzaretto 5 F 8
✉ 50050
Leano, Monte- 25 C 8
Leano, Póggio- 13 D 6
Le Capanne 7 E 1
Lecca, Torrente- 1 B 4-5
Lecce nei Marsi 21 C 8
✉ 67050
Lecce nei Marsi, Rovine- 21 B 8
Lecceta di Torino di Sangro, Riserva Naturale- 19 E 6
Lecchi (SI-Gaiole in Chianti) 9 D 4 ✉ 53013
Lecchi (SI-Poggibonsi) 9 D 2
Lecci, Póggio- 13 E 2
Léccia 8 F 8
Léccia, Palazzo- 24 F 4
Leccio 13 B 3
Léccio (FI) 9 A 4
✉ 50067
Léccio (PI) 8 A 8
Léccio, Póggio del- 16 B 7
Léccio, Porto- 29 E 1
Léccio, Rio- 5 E 7
Lecinone, Monte- 21 B 2
Lécore 6 E 2
Lega 3 F 5
Leggiana 14 C 6
Legna, Monte- 1 A-B 2
Legnaiolo, Porto- 29 F 6
Legnaro (SP) 4 D 4-5
Legogne 14 E 7
Legogne, Monte di- 14 E 7
Légoli 8 B 8
✉ 56030
Legri 8 D 3
Leguigno 2 C 2
Lei 32 B 7
✉ 08010
Léia, Fosso- 17 C 2
Léivi 1 E 2
✉ 16040
Leméglio 1 F 4
Lempa 15 E 4
✉ 64010
Lemura 14 B 1
Lenardede, Monte- 33 C 4
Leni, Torrente- 34 F 6
Lennova 1 B 6
Lénola 26 B 4
✉ 04025
Lente, Fiume- 17 A 1
Lente, Torrente- 27 D 4-5
Lentella 22 A 7
✉ 66050
Lenzu, Case- 36 A 4
Leo, Torrente- 2 F 5
Leofara 15 E 3
✉ 64010

Leofreni 18 E 4
✉ 02020
Leognano 18 A 8
Leonardo da Vinci, Aeroporto Intercontinentale- 20 D 4
Leonessa (RI) 18 A 3
✉ 02016
Leonessa, Sella di- 18 B 3
Leoni, Monte- 13 C 2
Lepini, Monti- 21 F 3-4
Leporano (CE) 27 E 1
Lepore, Fonte- 21 D 8
Lepre, Colle- 18 F 3
Lepri, Cima- 15 F 2
Lerchi 10 C 1
✉ 06010
Lérici 4 E 6
✉ 19032
Lerno, Monte- 31 E 3
Lernu, Rio su- 31 C 5
Lesignana 2 A-B 5
✉ 41010
Lesignano de' Bagni 2 B 1
✉ 43037
Lesignano Pálmia 1 B 8
✉ 43030
Lésima, Monte- 1 A 2
Lésina 23 C 4
✉ 71010
Lésina, Lago di- 24 D 1-2
Lésina, Stazione di- 23 C 4
✉ 71010
Lete, Fiume- 27 B 1
Lete, Grotta del- 27 B 1
Letegge 14 A 8
Letegge, Monte- 14 A 8
Letino 27 B 1
✉ 81010
Letino, Lago di- 27 B 1
Letízia 26 F 7
Lettomanoppello 19 E 2-3
✉ 65020
Lettopalena 22 A-B 3
✉ 66010
Leunaxi, Rio- 35 F 4
Levà (GE) 1 D 1
Leva, Monte di- 20 E 6
Lévane 9 C 5
✉ 52023
Levanella 9 C 5
Levante, Cala di- 29 F 7
Levante, Riviera di- 4 B-F 1-6
Lévanto 4 D 4
✉ 19015
Levigliani 5 C 4
Levizzano 2 D 3
✉ 42010
Levizzano Rangone 2 D 5
✉ 41010
Lezzara 1 B 5
Lezzaruole 1 D 1
Liano 3 E 2
Libbiano (PI-Péccioli) 8 B 7
Libbiano (PI-Pomarance) 8 E 8
✉ 56045
Libbiano (SI) 9 C 1
Libéccio, Punta- (LI) 16 C 1
Liberi 27 E 2
✉ 81040
Libiano 7 E 2
Libiola (GE) 1 E-F 3
Libolla 3 A 4
Libro Aperto, Monte- 5 A 7
Licciana Nardi 4 C 7
✉ 54016
Licciola, Monte la- 29 C 3
Licenza 21 A 2
✉ 00026
Liceto 10 D 6
Lidarno 14 A 3
Lido Adriano 3 E 7
✉ 48020
Lido degli Estensi 3 B 6-7
✉ 44024
Lido degli Scacchi 3 A 6-7
Lido dei Gigli 25 A 4
Lido dei Pini 25 A 4
Lido delle Nazioni 3 A 6-7
Lido delle Sirene 25 B 4
Lido del Sole (FG) 24 C 4
Lido del Sole (SS) 29 F 4
Lido di Camaiore 5 D 4
✉ 55043
Lido di Campomarino 23 B 2
✉ 86042
Lido di Capo Portiere 25 B 6
Lido di Casalbordino 19 E 7
Lido di Castèl Fusano 20 E 5
Lido di Cincinnato 25 A 4
Lido di Classe 3 F 7
✉ 48020
Lido di Dante 3 E 7
Lido di Faro 20 D-E 5
Lido di Fermo 11 F 7
✉ 63010
Lido di Foce Verde 25 B 5
✉ 04010
Lido di Follónica 12 C 7
Lido di Fondi 26 D 3
Lido di Latina 25 B 5-6
Lido di Lavínio 25 A-B 3-4
✉ 00040

Lido di Lavínio, Stazione- **25** A 4 ⊠ *00040*
Lido di Lollia **25** A 3
Lido di Marechiaro **25** B 4
Lido di Óstia **20** E 5 ⊠ *00121 - 00122*
Lido di Pomposa **3** A 6-7
Lido di Portonuovo **24** D 7
Lido di Sávio **3** F 7 ⊠ *48020*
Lido di Siponto **23** E 8 ⊠ *71040*
Lido di Spina **3** B 6-7 ⊠ *44024*
Lido di Torre Mileto **24** C 3
Lido Orrì **33** F 6
Lido Ríccio **19** C 5
Lido San Giovanni (SS) **30** E 2
Lierna (AR) **6** F 7
Liesina, Torrente- **5** C 8
Lieto, Monte- **14** D 8
Lignano, Monte- **9** D 7
Ligónchio **2** F 1 ⊠ *42039*
Ligorzano **2** D 4-5 ⊠ *41028*
Ligustino, Ponte- **27** C 5
Lilliano **9** C-D 3
Lima, la- **5** B 7-8 ⊠ *51020*
Lima, Torrente- **5** B 7
Limano **5** C 7
Limata **26** E 7
Limátola **27** E 2 ⊠ *82030*
Limbara, Monte- **31** B 2-3
Limentra di Sambuca, Torrente- **6** B-C 1
Limentra Inferiore, Torrente- **6** B 2
Limentrella di Tréppio, Torrente- **6** B-C 1
Límidi **2** A 5-6 ⊠ *41010*
Limido **1** B 8
Limigiano **14** C 4
Limisano **6** B 7
Límite-Capráia **6** F 1
Límite sull'Arno **6** F 1 ⊠ *50050*
Límiti di Gréccio **18** C 1 ⊠ *02045*
Limosano **22** E 7 ⊠ *86022*
Limpiddu **31** D 6-7 ⊠ *08020*
Linari (FI-Barberino Val d'Elsa) **9** C 2
Linari (FI-Greve) **9** A 3-4
Linari (MS) **4** B 8
Linari (SI) **9** D 5
Linaro (BO) **3** F 3
Linaro (FC) **7** C 1 ⊠ *47020*
Linaro, Capo- **20** A 1
Línas, Monte- **34** E-F 4
Linguadà **1** A-B 5
Línnas **34** C 4
Linu, Nuraghe su- **35** D 2
Liocca, Torrente- **1** E 8
Lioni, lu- **31** C 6 ⊠ *08020*
Lipperi, Casa- **30** D 7
Lippiano **10** C 1 ⊠ *06010*
Liprando, Monte- **1** C 1
Liri, Fiume- **26** B 6
Líscia **22** B 6 ⊠ *66050*
Líscia, Fiume- **29** C-D 4
Líscia, Lago del- **29** E 3
Líscia, Ponte- **29** C 4
Líscia, Porto- **29** C 3-4
Líscia di Vacca **29** D 5
Líscia di Vacca, Golfo- **29** C-D 5
Lisciano (AP) **15** D 3 ⊠ *63100*
Lisciano (RI) **18** C 3
Lisciano di Colloto **15** E 3
Lisciano Niccone **10** F 1 ⊠ *06060*
Liscione, Ponte- **22** C 8
Liscoi, Rio- **33** B-C 2
Lisone, Monte- **34** F 4
Lisorno **4** B 5
Lissano **6** A 2
Litorale Romano, Riserva Naturale- **20** C 4-5
Littichedda **29** D 3
Littigheddu **28** E 6
Littigheddu, Monte- **28** D 7-8
Littu Petrosu, Punta- **29** E 4
Liuru, Monte- **37** A 6
Livata, Monte- **21** B 4
Livergnano **2** F 8 ⊠ *40050*
Lividónia, Punta- **16** C 6
Livignano **5** A 4
Livorno **8** B 4 ⊠ *57100*
Lizzano (FC) **7** B 1 ⊠ *47023*
Lizzano (PT) **5** B 8 ⊠ *51020*
Lizzano in Belvedere **5** A 8 ⊠ *40042*
Lizzo **6** B 1
Lóbbia, Torrente- **1** A 4
Locce, Piano- **18** D 7-8
Lóccis, is- **36** C 4
Loceri **35** A 6 ⊠ *08040*
Loco (GE) **1** C 2
Locoe, Rio de- **33** B-C 4
Lóculi **33** A 6 ⊠ *08020*
Loddune, Nuraghe- **33** A 3
Lodè **31** E 5 ⊠ *08020*
Lodine **33** D 3 ⊠ *08020*
Lodonero **18** B 4
Lodrignano **2** C 1
Lodrignano, Sella di- **2** C 1
Loelle, Nuraghe- **31** E 4
Lóggio (AR) **9** F 7
Lóggio, Monte- **7** F 1
Logna **14** E 7
Logudoro, Regione- **30** D-E 4-7
Loiano **2** F 8 ⊠ *40050*
Lóiri **31** B 5 ⊠ *07020*
Lóiri-Porto San Páolo **31** B 5-6 ⊠ *07020*
Lollove **33** A 4 ⊠ *08100*
Lombardi (PU) **7** E 2
Lombardi (VT) **17** E-F 2
Lómbrici **5** D 4-5
Lonaro **18** B 4
Londa (FI) **6** E 5 ⊠ *50060*
Longana **3** E 6
Longano (IS) **27** A 1 ⊠ *86090*
Longano, Monte- **27** F 3
Longara **2** C 8
Longastrino **3** C 5 ⊠ *44014*
Longiano **7** C 2 ⊠ *47020*
Longone Sabino **18** E 3 ⊠ *02020*
Longonsardo, Porto- **29** B-C 3
Longu, Nuraghe- (CA) **37** A 4
Longu, Nuraghe- (SS) **32** A 4
Longu, Rio- **37** A 4
Lonnano **6** E-F 6
Lopi **13** A-B 8
Loppéglia **5** D 5 ⊠ *55060*
Loppelíe, Nuraghe- **33** E 6
Lóppia **5** B-C 6
Loppiano **9** A 4
Lorda, Ponte della- **27** A 1
Lorda, Torrente- **27** A 1
Lorenzana **8** B 6 ⊠ *56043*
Lorenzático **2** B 8
Loretello **10** B 7
Loreto (AN) **11** C-D 5-6 ⊠ *60025*
Loreto (PG-Gúbbio) **10** D 3
Loreto (PG-Todi) **14** D 3
Loreto Aprutino **19** C 2 ⊠ *65014*
Lori, Monte- **9** B 6
Lório, Punta- **32** C 3
Lorium **20** C 5
Lornano **9** D 3
Loro Ciuffenna **9** B 5 ⊠ *52024*
Loro Piceno **15** A 2 ⊠ *62020*
Lórsica **1** D 2 ⊠ *16045*
Losa, Nuraghe- **32** D 6
Lóscove **6** F 6
Losso **1** A-B 2-3
Loto **1** E 3
Lotto **22** E 4
Lotzorai **33** F 6 ⊠ *08040*
Lovoleto **3** C 1 ⊠ *40057*
Lózzoia **1** C 7
Lúas, Nuraghe- **34** A 6
Lubriano **17** A 5 ⊠ *01020*
Lucagnano **8** B 6
Lucardo **9** B 2 ⊠ *50025*
Lucarelli **9** C 3 ⊠ *53017*
Lucca (LU) **5** E 6 ⊠ *55100*
Lucchese, Mácchia- **5** E 4
Lúcchio **5** C 7 ⊠ *55050*
Lucciana **9** D 1
Lucciano **14** B 7
Lucciolabella, Riserva Naturale- **13** B 6
Lucente **6** F 4
Lucerena **9** E 2
Luciana (PI) **8** B 5-6 ⊠ *56040*
Luciano (PO) **6** B 2
Luciano, Masseria- **22** A 8
Lucífero, Ponte- **27** C 8
Lucigliano **6** C 3
Lucignana **5** C 6
Lucignano (AR) **9** E 6 ⊠ *52046*
Lucignano (FI) **9** A 2
Lucignano (VT) **17** B 6
Lucignano d'Árbia **9** F 4 ⊠ *53010*
Lucignano d'Asso **13** A 5
Lucito **22** D 7 ⊠ *86030*
Luco **9** C 2
Luco, Monte- (AQ) **18** D 6
Luco, Monte- (SI) **9** C 5
Luco dei Marsi **21** B 6 ⊠ *67056*
Lucolena **9** B 4 ⊠ *50020*
Lucolena di Sotto **9** B 4
Lúcoli **18** D 5-6 ⊠ *67045*
Lúcoli Alto **18** D 6
Luco Mugello **6** C 4
Lucretili, Monti- **21** A 2
Lucrézia **7** F 7 ⊠ *61030*
Lucullo, Fonte di- **25** D 7
Lucus Feróniae **17** F 8
Luda, Rio su- **35** C 5
Ludu, Genna su- **35** B 5
Luduride, Nuraghe- **33** C 2
Ludurru, Nuraghe- **31** E 3
Ludurúiu, Nuraghe- **33** B 5
Lugagnano (PR) **1** D 8
Luggérras, Cúccuru- **35** D 6
Lughérras, Nuraghe- **32** D 5
Lughérres, Monte- **28** F 5
Lugliano **5** C 6
Lugnano (PG) **10** D 1 ⊠ *06010*
Lugnano (PI) **8** A 6
Lugnano (RI) **18** C 3
Lugnano in Teverina **17** A 6 ⊠ *05020*
Lúgnola **17** C 8
Lugo (RA) **3** E 4 ⊠ *48022*
Lugo (RE) **2** D 4
Luicciana **6** C 2 ⊠ *59025*
Lula **31** F 5 ⊠ *08020*
Lumarzo **1** D 1 ⊠ *16024*
Lumbaldu **28** E 7
Lumburau, Monte- **35** B 5
Lumiere **12** B 6
Luminásio **2** E 7
Luna, Alpe della- **10** A 1
Luna, Cala di- **33** C 6
Luna, Chiáia di- **25** E 1
Luna, Cúccuru de- **31** D 6
Luna, Valle della- **29** F 2
Lunamatrona **34** C 6 ⊠ *09022*
Lunano **7** F 3 ⊠ *61026*
Lunano, Castello di- **7** F 3 ⊠ *61026*
Lunassi **1** A 1-2
Lunata **5** E 6 ⊠ *55010*
Lunavera, Punta 'e sa- **33** A 5
Lundra, Cantoniera- **35** E 4
Lunga, Cala- **36** D 2
Lunga, Punta- (FG) **24** C 7
Lunga, Serra- **21** C 7-8
Lungagnana **9** A 1
Lunghezza **21** B 1 ⊠ *00010*
Lungo, Lago- (LT) **26** D 3
Lungo, Lago- (RI) **18** B 2
Lungo, Monte- **22** D 6
Luni **4** E 7 ⊠ *19034*
Lunigiana, Regione- **4** B-D 6-7
Luogo, il- **13** F 3
Luogomano **6** C 2
Luogosanto **29** E 3 ⊠ *07020*
Lupaiolo **7** F 3
Lupara (BO) **3** C 2
Lupara (CB) **22** D 8 ⊠ *86030*
Lupara, Casa- **10** D 4
Lupara, Monte- **26** D 8
Lupazzano **2** C 1 ⊠ *43020*
Lupinája **5** B 5-6
Lupo, Passo del- **5** A 7
Lupo, Válico del- (FG-Dáunia) **27** A 7
Lupo, Válico del- (FG-Gargano) **24** E 6
Lupompesi **9** F 4
Lupone, Monte- (IS) **22** E 5
Lupone, Monte- (RM) **21** F 3
Luppa **18** F 4
Luppa, Grotta di- **18** F 4
Lúras **29** F 3 ⊠ *07025*
Luri **34** B 4
Luriano **13** A 2
Luscignano **5** A 3
Lusei, Monte- **35** B 4
Lusignana **4** B 7
Lustignano **8** F 8 ⊠ *56040*
Lústrola **6** B 1
Lusuolo **4** C 7
Lutiano Nuovo **6** D 4
Lutiano Vécchio **6** D 4
Lutirano **6** B 6 ⊠ *50034*
Lutzu, Monte- **32** D 7
Luzzani, Nuraghe li- **28** F 4
Luzzano **27** F 3 ⊠ *82010*
Luzzena **7** C 1

M

Macallè **23** F 6
Maccabei **27** F 5
Maccarese **20** C 4 ⊠ *00057*
Maccarese, Bonifica di- **20** C-D 4
Maccarétolo **3** A 1 ⊠ *40018*
Mácchia (PG) **14** D 6
Mácchia (RI) **15** F 1
Mácchia, Coppa della- **24** F 4
Mácchia, la- **21** E 5
Mácchia, Ponte della- **27** D 6
Mácchia da Sole **15** E 3
Mácchia d'Isérnia **22** F 3-4 ⊠ *86070*
Macchiagódena **22** F 5 ⊠ *86096*
Macchialunga, Monte- **18** B 1
Macchiareddu **37** B 1-2 ⊠ *09032*
Macchiariello **27** E 7
Mácchia Santa Cecília **15** F 3
Macchiascandona **13** E 1
Macchiatornella **18** A 6
Mácchia Valfortore **23** F 1 ⊠ *86040*
Mácchie (CH) **22** A 4
Mácchie (MC-Castelsantángelo) **14** D 8
Mácchie (MC-San Ginésio) **15** A 2
Mácchie (PG) **14** B 1 ⊠ *06060*
Mácchie (TR) **17** A 7 ⊠ *05022*
Macchione **5** A 6
Macchioni **26** A 3
Macciadosa, Nuraghe- **28** F 3 ⊠ *07040*
Macciano (PG) **14** D 4
Macciano (SI) **13** B 7
Macenano **14** F 6
Mácera della Morte **15** F 2
Macerata (MC) **11** E 4-5 ⊠ *62100*
Macerata (PI) **8** A 6
Macerata Campánia **27** F 1-2 ⊠ *81047*
Macerata Féltria **7** F 3 ⊠ *61023*
Macerátola **14** C 5
Mácere **21** D 2
Macereto, Santuário di- **14** C 8
Macerino **14** F 4
Macerone **7** B 2 ⊠ *47024*
Macerone, Monte il- **22** E-F 4
Macía Morta, Monte- **9** C 3
Maciano **7** E 2 ⊠ *61010*
Mácina (MC) **11** F 5
Macinare, Monte- **10** C 3
Macinare, Piàn delle- **10** D 5
Mácine **10** C 8
Maciolla **7** F 4
Maciona, la- **29** F 3
Macioni, Monte- **37** C 5
Macomér **32** B 5-6 ⊠ *08015*
Madau, Rio- **33** D 4
Madau, Tenuta- **28** F 6
Maddalena, Chiesa la- (AQ) **18** F 5
Maddalena, Chiesa la- (FR) **21** E 6
Maddalena, Chiesa la- (OR) **32** F 4
Maddalena, Ísola- **29** B-C 4
Maddalena, Ísola della- **30** E 2
Maddalena, la- (CA) **37** C 2
Maddalena, la- (SS) **29** C 4
Maddalena, Ponte della- (LU) **5** C 6
Maddaloni **27** F 2 ⊠ *81024*
Madonna (PE) **19** B 3-4
Madonna, Chiesa la- **9** B 5
Madonna, la- (SI-Abbadia San Salvatore) **13** D 6
Madonna, la- (SI-Gaiole in Chianti) **9** D 4
Madonna, Punta della- **4** D 4
Madonna Addolorata **19** A 3
Madonna Bruna, Chiesa della- **15** A 4
Madonna Candelécchia, Chiesa della- **21** B 7
Madonna d'Appari, Santuário- **18** D 7
Madonna degli Ángeli (PE) **19** B 2
Madonna degli Ángeli (RI) **17** C 7-8
Madonna degli Ángeli, Chiesa della- (FG) **24** E 2
Madonna degli Ángeli, Chiesa della- (FR) **21** E 7
Madonna degli Ángeli, Chiesa della- (LT) **25** A 7
Madonna degli Archetti, Chiesa della- **15** A 3-4
Madonna dei Bagni, Chiesa della- **14** C 3
Madonna dei Baldaccini **2** E 5
Madonna dei Boschi (BO) **6** A 3-4
Madonna dei Cínque Faggi, Chiesa della- **10** C 3
Madonna dei Fornelli **6** A 3 ⊠ *40048*
Madonna dei Fossi, Chiesa della- **6** E 5
Madonna dei Miràcoli **19** F 7 ⊠ *66020*
Madonna dei Monti, Chiesa della- (PG) **10** E 3
Madonna dei Monti, Chiesa della- (LT) **21** F 2
Madonna dei Pini, Chiesa della- **17** A 6
Madonna dei Tre Fiumi **6** C 4
Madonna del Barco, Chiesa della- **17** D 6
Madonna del Bosco, Santuário della- (RA) **3** C 5
Madonna del Buon Consíglio, Chiesa della- (CH) **19** F 6
Madonna del Busso, Chiesa della- **14** B 1
Madonna del Cármine, Chiesa della- (AQ-Gagliano Aterno) **18** F 8
Madonna del Cármine, Chiesa della- (AQ-Rocca Pia) **22** C 2
Madonna del Cerro, Chiesa della- **17** C 2
Madonna del Cuore, Chiesa della- **18** C 2
Madonna del Fággio, Santuário della- **5** B 8
Madonna del Fossatello, Chiesa della- **14** E 1
Madonna del Fuoco **7** B 2
Madonna del Gíglio, Chiesa della- **17** D 7
Madonna dell'Ácero, Santuário della- **5** B 8
Madonna della Cima **10** D 4
Madonna della Cívita, Chiesa della- **26** C 4
Madonna dell'Ácqua **5** F 5
Madonna della Difesa, Santuário- **22** D 8
Madonna della Fiamenga, Chiesa della- **14** C 5
Madonna del Lago **15** B 3
Madonna della Guárdia, Santuário della- (GE-Castiglione Chiavarese) **1** F 4
Madonna della Lanna, Santuário della- **21** C 8
Madonna della Líbera, Chiesa della- (BN) **27** E 3
Madonna della Líbera, Chiesa della- (CE) **27** C 2
Madonna della Líbera, Chiesa della- (FG) **24** F 6
Madonna della Líbera, Chiesa della- (IS) **26** A 8
Madonna dell'Altare, Chiesa di- **22** B 3
Madonna della Luce, Chiesa della- **18** B 2
Madonna della Mazza, Santuário della- **19** E 3
Madonna dell'Ambro, Santuário della **15** C 1
Madonna della Neve **14** A 3
Madonna della Neve, Chiesa della- (AV) **27** F 6-7
Madonna della Neve, Chiesa della- (CB) **22** F 7
Madonna della Neve, Chiesa della- (LT) **25** A 7
Madonna della Neve, Chiesa della- (PG) **14** F 8
Madonna della Neve, Chiesa della- (RA) **7** A 2
Madonna della Neve, Chiesa della- (RI) **18** B 2
Madonna della Neve, Chiesa della- (SS) **32** B 7
Madonna della Neve, Santuário della- (FR) **21** E-F 6 ⊠ *03100*
Madonna della Pace **21** B 3 ⊠ *00020*
Madonna della Pace, Cappella della- **19** B 3
Madonna della Quércia, Chiesa della- (RI) **18** E 2
Madonna della Quércia, Chiesa della- (VT) **17** C 5
Madonna della Salute, Chiesa della- (VT) **17** A 3
Madonna della Spella, Santuário della- **14** B 5
Madonna della Speranza, Santuário della- **26** A 2
Madonna della Spiga, Chiesa della- **17** C 5
Madonna dell'Assunta, Chiesa della- **22** E 3
Madonna della Stella (FR) **21** E 8
Madonna della Stella (PG) **14** D 5 ⊠ *06030*
Madonna della Stella, Cappella- **27** D 1
Madonna della Stella, Chiesa della- (FG) **23** F 3
Madonna della Stella, Santuário della- (PG) **14** E 7 ⊠ *06030*
Madonna della Tosse, Chiesa della- **9** A 1
Madonna dell'Aurícola, Chiesa della- **26** B 3
Madonna della Valle, Chiesa della- **27** E 7
Madonna delle Cárceri, Chiesa della- **14** A 7
Madonna delle Grázie (AN) **11** B 4
Madonna delle Grázie (FR) **21** E 5
Madonna delle Grázie (SI) **13** A 6
Madonna delle Grázie, Chiesa della- (AQ) **22** D 3
Madonna delle Grázie, Chiesa della- (AV) **27** F 7
Madonna delle Grázie, Chiesa della- (FR-Anagni) **21** E 4
Madonna delle Grázie, Chiesa della- (FR-Santopadre) **21** F 8
Madonna delle Grázie, Chiesa della- (GR) **17** A 1-2
Madonna delle Grázie, Chiesa della- (PE) **19** D 2
Madonna delle Grázie, Chiesa della- (RM-Anguillara Sabázia) **20** A 4-5
Madonna delle Grázie, Chiesa della- (RM-Sant'Oreste) **17** E 8
Madonna delle Grázie, Chiesa della- (SI) **9** E 3
Madonna delle Grázie, Chiesa della- (TE) **19** A 2
Madonna delle Grázie, Necrópoli Eneolítica della- **27** F 7
Madonna delle Grázie, Santuário della- (GE) **1** E 2
Madonna delle Grázie, Santuário della- (LI) **12** E 4
Madonna delle Grázie, Santuário della- (PG) **14** C 4
Madonna delle Grondici, Santuário della- **14** C 1
Madonna delle Grotte, Chiesa della- **18** C 4
Madonna delle Mosse, Chiesa della- **17** C 2
Madonna delle Querce, Chiesa della- (RI) **18** F 2
Madonna delle Querce, Chiesa della- (RM) **21** C 3
Madonna delle Querce, Chiesa della- (SI-Castiglione d'Órcia) **13** C 5
Madonna delle Querce, Chiesa della- (SI-Montepulciano) **13** A 7
Madonna delle Querce, Santuário della- (AR) **9** E 6
Madonna dell'Éschio, Chiesa della- **17** A 3
Madonna delle Vigne Piane, Chiesa della- **21** F 8
Madonna dell'Incoronata, Chiesa della- **24** E 2
Madonna dell'Olivo, Chiesa della- (VT) **17** C 3
Madonna del Monte **11** E 5 ⊠ *62100*
Madonna del Monte, Chiesa della- (FR) **21** C 4
Madonna del Monte, Chiesa della- (PG) **14** D 7
Madonna del Monte, Santuário della- (LI) **12** E 3

Madonna del Parto, Chiesa della- (VT-Sutri) **17** E 6
Madonna del Parto, Chiesa della- (VT-Vignanello) **17** C 6
Madonna del Passo **18** C 3
Madonna del Piano (FR-Morolo) **21** F 5
Madonna del Piano (FR-Castro dei Volsci) **26** A 3 ✉ *03020*
Madonna del Piano (PU) **10** B 6
Madonna del Piano, Chiesa della- (AN) **10** B 7
Madonna del Piano, Chiesa della- (FR) **26** B 4
Madonna del Piano, Chiesa della- (GR) **17** A 2
Madonna del Piano, Chiesa della- (IS) **27** A 1
Madonna del Piano, Chiesa della- (PG) **14** B 3
Madonna del Piano, Chiesa della- (VT) **17** E 5
Madonna del Pianto **11** E 5-6
Madonna del Pino, Oratório- **3** D 6-7
Madonna del Pino, Santuário della- **3** F 7
Madonna del Póggio **2** B 7
Madonna del Ponte **7** E 7
Madonna del Ponte, Chiesa della- **26** A 2
Madonna del Prato, Chiesa della- (GE) **1** C 3
Madonna del Rimédio, Santuário della- (NU) **33** A 6
Madonna del Rimédio, Santuário della- (OR) **32** F 4
Madonna del Sasso, Chiesa della- **6** E 4
Madonna del Soccorso **14** A 2
Madonna del Soccorso, Chiesa della- (PG) **13** A 8
Madonna del Soccorso, Chiesa della- (VT) **17** D 6
Madonna del Sole, Santuário della- **10** B 8
Madonna del Sorbo, Santuário della- **20** A 5
Madonna del Taburno, Santuário della- **27** F 4
Madonna del Vitellino, Chiesa della- **13** A 8
Madonna di Bagno, Chiesa della- **14** C 3
Madonna di Baiano **14** F 5
Madonna di Barcaglione, Chiesa della- **11** B 4
Madonna di Bracciano, Chiesa della- **20** B 5
Madonna di Brecciaro, Chiesa della- **21** B 3
Madonna di Briano, Chiesa della- **27** F 1
Madonna di Canneto, Badia-Santuário della- **22** C 7
Madonna di Canneto, Chiesa della- **22** E 2
Madonna di Caravággio, Chiesa della- **1** E 1
Madonna di Castiglione, Chiesa della- **4** D 7
Madonna di Conca, Cappella della- **15** F 4
Madonna di Cristo, Chiesa della- **24** F 3
Madonna di Fátima, Chiesa della- **31** E-F 2
Madonna di Fucináia, Chiesa della- **12** B 6
Madonna di Gallo **9** F 6
Madonna di Gaspreano, Chiesa della- **14** B 7
Madonna di Loreto, Cappella della- **21** D 5
Madonna di Loreto, Chiesa della- (FG-Cagnano Varano) **24** D 4
Madonna di Loreto, Chiesa della- (FG-Péschici) **24** C 6
Madonna di Loreto, Chiesa della- (FR) **26** B 4
Madonna di Loreto, Chiesa della- (IS) **22** C 4
Madonna di Loreto, Chiesa della- (VT) **17** D 5
Madonna di Mezzo Agosto, Chiesa della- **25** A 8
Madonna di Mongiovino, Santuário della- **14** B 1
Madonna di Monserrato, Chiesa della- **35** C 1
Madonna di Monserrato, Santuário della- **12** E 5
Madonna di Montegridolfo **7** E 5
Madonna di Monte la Téglia, Santuário della- **22** B 8
Madonna di Montenero, Santuário della- **4** E 5
Madonna di Montevetro, Santuário della- **26** B 5
Madonna di Nozarego, Santuário della- **1** E 1-2
Madonna di Pietracquária, Santuário della- **21** A 6
Madonna di Pietracupa, Convento della- **9** B 3
Madonna di Pietravolta **2** F 3 ✉ *41040*
Madonna di Pugliano, Chiesa della- **7** E 3 ✉ *61014*
Madonna di Puianello, Santuário della- **2** D 5
Madonna di Riguardo, Chiesa della- **13** B 5
Madonna di Roseto, Chiesa della- **27** E 3
Madonna di San Clemente, Chiesa della- **2** A 6
Madonna di San Luca, Santuário della- **2** D 8
Madonna di Soviore, Santuário della- **4** D 5
Madonna di Stignano, Chiesa della- **24** F 3
Madonna di Valverde, Chiesa della- **33** B 4
Madonna di Valverde, Santuário della- **18** D 7
Madonna Pradoro, Chiesa della- **21** F 3
Madonna Sanità, Chiesa della- **13** C 8
Madonna Seritella, Chiesa della- **27** A 8
Madonna Serre, Chiesa della- **8** B 7
Madonnella, Chiesa la- **17** D 3
Madonnetta, Chiesa della- **29** C 4
Madonnetta d'Ete **15** A 4
Madonnina, Chiesa la- **9** C 1
Madonnina, la- (FR) **21** E 6
Madonnina, Rifúgio la- **32** D 4
Madonnino, Bivio del- **13** A 2
Madonnino, Chiesa del- **13** A 6
Madonnúccia **10** B 1 ✉ *52030*
Madrignano **4** D 6
Maenza **25** A 8 ✉ *04010*
Maestà (AN) **10** C 7
Maestà (MC) **11** F 4
Maestra, Cala- **16** F 2
Maestra Fornelli, Punta- **28** C 1-2
Maestrale, Stagno di- **36** E 4
Maestra Serre, Punta- **28** B 2
Maestrello **10** F 2
Maestro Chiana, Canale- **9** F 7
Mafalda **22** B 7 ✉ *86030*
Mafrollo, Casa- **24** D 7
Maga Circe, Grotta della- **25** D 7
Magazzinazzo, Fattoria- **3** A 4
Magazzino **2** C 6 ✉ *41056*
Maggiano (FI) **9** B 2
Maggiano (LU) **5** E 5 ✉ *55050*
Maggiano (SI) **9** D-E 2
Mággio (BO) **3** D 1
Mággio, Colle- **17** A 8
Mággio, Monte- (AN-PG) **10** E 6
Mággio, Monte- (FC) **7** B 1
Mággio, Monte- (PG) **14** E 7
Mággio, Monte- (SI) **9** D 2
Maggio, Rio- **7** E 1
Maggiorasca, Monte- **1** C 4
Maggiore, Ísola- **14** A 1 ✉ *06060*
Maggiore, Monte- (CE-Pietramelara) **27** D 1
Maggiore, Monte- (CE-Rocca d'Evandro) **26** B 7
Maggiore, Monte- (FI-PO) **6** D 2
Maggiore, Monte- (GR) **17** B 1
Maggiore, Monte- (PG) **14** D 6
Maggiore, Punta- (CA) **36** D 2
Maggiore, Punta- (NU) **31** C 6
Magioncalda **1** B 1
Magione (BO) **3** E 2
Magione (PG) **14** A 1 ✉ *06063*
Magione, la- **21** E 6
Magliana, Via della- **20** D 5 ✉ *00148*
Maglianello Alto **18** D 2
Maglianello Basso **18** D 2
Magliano (FI) **9** B 2
Magliano (LU) **5** A 4 ✉ *55030*
Magliano (MS) **4** C 7-8
Magliano (PU) **7** E 7
Magliano (TE) **15** F 3
Magliano, Torre di- **23** D 1
Magliano de' Marsi **21** A 6 ✉ *67062*
Magliano di Tenna **15** A 3 ✉ *63025*
Magliano in Toscana **16** A 7 ✉ *58051*
Magliano Romano **17** F 7 ✉ *00060*
Magliano Romano, Stazione di- **17** F 7
Magliano Sabina **17** D 7 ✉ *02046*
Máglio (BO) **3** E 3
Magna, Villa- **21** E 4
Magnadorsa **10** C 7
Magnanella **15** F 4
Magnano (CE) **26** C 8
Magnano (LU) **5** A 5
Magnasco **1** C 3 ✉ *16048*
Magnavacca **10** A 3
Magnola, Monte della- **18** F 6
Magomádas **32** B 4 ✉ *08010*
Magonfia **2** D 2
Magra, Fiume- **4** B-C 7
Magra, Villa- **10** A 2
Magrano, Palazzo- **10** F 4
Magreta **2** B-C 5 ✉ *41010*
Magrignana **2** F 4
Magugnano (VT) **17** B 5 ✉ *01026*
Magusu, Punta- **34** F 4-5
Maiano (FI) **6** F 3
Maiano (PG) **14** E 5 ✉ *06049*
Maiano (PU) **7** E 1
Maiano, Torrente- **13** E 3
Maiano Monti **3** D 4
Maiático **2** A 1
Maiella **27** A 3
Maiella, Montagna della- **19** F 3
Maielletta, Monte la- **19** F 3
Maiero **3** A 4 ✉ *44010*
Mainarde, Monti le- **22** E-F 2
Máio, Monte- (CE) **27** B 2
Máio, Monte- (FR-Monti Aurunci) **26** C 6
Máio, Monte- (FR-Viticuso) **26** A 7
Maiolati Spontini **10** C 8 ✉ *60030*
Maioletto **7** D-E 2
Maioletto, Rocca di- **7** E 2
Maiolo (PC) **1** A 4
Maiolo (PU) **7** E 2 ✉ *61010*
Maiorano di Monte **27** D 2 ✉ *81040*
Maiorchina, Punta- **36** B 3
Maiore, Cala- **29** B 4
Maiore, Monte- **30** E 3
Maiori, Monte- **34** B 6
Maiori, Nuraghe- **29** F 2
Maiori, Paúli- (CA) **34** B 7
Maiori, Paúli- (NU) **34** B 6-7
Maiori, Paúli- (OR) **34** A 4
Máiru, Punta- **34** E 4
Maissana **4** B 4 ✉ *19010*
Maiulo, Monte- **27** E 2
Malacalzetta **34** F 4
Malacappa **2** B 8
Maladróxia, Cala- **36** D-E 3
Malafrasca **9** C 3 ✉ *53030*
Malagrotta **20** C 5 ✉ *00057*
Malaina, Monte- **21** F 4
Malalbergo **3** A 2 ✉ *40051*
Malandriano **2** A 2
Malapesa **13** B 7
Malávidos, Fontana sos- **33** C 3
Malbe, Monte- **14** A 2
Malborghetto, Casa- **20** A 6
Malcantone (RA) **3** D-E 4
Malchittu, Nuraghe- **29** D 4
Mal di Ventre, Íscla di- **32** E-F 2
Maledetta, Nuraghe- **36** E 5
Malfatano, Capo- **36** F 6
Malfidano **34** F 3
Malgrate (MS) **4** B-C 7
Malignano **9** E-F 3
Maliseti **6** D 2 ✉ *59100*
Malito, Valle di- **18** E 5
Málliu, Rio- **37** A 4-5
Malmantile **6** F 2 ✉ *50050*
Malócchio **5** D 7
Malpassággio, Ponte- **22** A 5
Malpasso, Casa- **16** A 6
Malpasso, Monte- **1** E 8
Malpasso, Osteria- **20** D 6 ✉ *00128*
Malpertuso, Monte- **4** D 5
Malta, Rio- **36** A 6
Malti **29** D 2
Maltignano (AP) **15** D 4 ✉ *63040*
Maltignano (PG) **14** F 7-8 ✉ *06040*
Malu, Rio- (CA-Pabillónis) **34** D 5
Malu, Rio- (CA-Villasor) **34** F 7
Malvarano, Colle- **22** A 2
Malvezza **3** B 2
Malviano **11** A-B 3
Malvizza **27** D 7
Mamiano **2** B 1-2 ✉ *43030*
Mammi **9** C-D 7-8
Mammiano **5** C 8 ✉ *51020*
Mammiano Basso **5** C 8
Mamoiada **33** C 3 ✉ *08024*
Mamone **31** E 4-5 ✉ *08020*
Mamuntánas, Stazione- **30** E 2
Mamusa, Azienda Agricola- **34** E 5-6
Mamusi **31** C 5
Manaccora, Báia di- **24** C 6
Manacore del Gargano, Scogliera- **24** C 6
Managu, Porto- **32** B 3
Manara, Punta- **1** F 3
Manarola **4** E 5 ✉ *19010*
Manasúddas, Cantoniera- **33** B 5 ✉ *08100*
Manasúddas, Monte- **33** B 5
Manatecco, Bosco- **24** C-D 6
Mancanello, Coste del- **27** B 1
Mancasale **2** A 4 ✉ *42010*
Manciano (AR) **9** E 7 ✉ *52040*
Manciano (GR) **17** A 1 ✉ *58014*
Mancinello, Monte- **5** A 8
Mancini **19** D 5-6
Mándara, Monte sa- **35** D 3
Mándas **35** C 2 ✉ *09040*
Mandela **21** A 3 ✉ *00020*
Mándorli **9** A 1
Mandra, la- **26** A 6
Mandra de Cáia, Punta- **33** D 4
Mandra Murata, Monte- **19** F 1
Mandras, Stazione- **31** C 3
Mándria, la- **16** C 8
Mandriola **20** D 6
Mandriola, Cala- **12** D 5
Mandriole **3** C 6
Mandrioli, Passo dei- **6** F 7
Mandrione, Nuraghe su- **31** B 3
Mandrolisai, Altopiano- **33** E 1-2
Mandrone, Monte di- **26** B 5
Maneia **1** A 6-7
Manfredónia **24** F 5 ✉ *71043*
Mángia **4** C 5
Mangona **6** C 2-3
Manigi **14** F 8
Manimundu, Sedda- **33** D 2
Manna, Fontana- **35** A 3
Manna, Punta- **31** E 5
Manna, Salina- **31** E 7
Manna, Zéppara- **34** B 7
Mannau, Grotta de su- **34** F 3
Mannaulacche, Monte- **33** A 2
Manno (RE) **2** E 3
Mannu, Capo- (OR) **32** E 2-3
Mannu, Capo- (SS) **28** F 1
Mannu, Fiume- (CA) **34** F 6-7
Mannu, Fiume- (CA-OR) **34** C 5
Mannu, Fruncu- **33** C 6
Mannu, Monte- (CA) **35** E 1
Mannu, Monte- (NU) **32** A 3
Mannu, Nuraghe- (SS-Berchidda) **31** C 2-3
Mannu, Nuraghe- (SS-Monteleone Rocca Dória) **30** F 4
Mannu, Piano- **28** B 2
Mannu, Pizzu- **35** B 2
Mannu, Planu- **30** F 7
Mannu, Rio- (CA-Barale) **35** E-F 2
Mannu, Rio- (CA-Dómus de Maria) **36** E 6
Mannu, Rio- (CA-Fluminimaggiore) **34** F 3
Mannu, Rio- (CA-Narcao) **36** C 5
Mannu, Rio- (CA-Santadi) **36** D 5
Mannu, Rio- (NU-Aústis) **33** E 2
Mannu, Rio- (NU-Bari Sardo) **35** A 6
Mannu, Rio- (NU-Ísili) **35** B 2
Mannu, Rio- (NU-Lodè) **31** D 5
Mannu, Rio- (OR-Gonnostramatza) **34** B-C 6
Mannu, Rio- (OR-Cúglieri) **32** C 3
Mannu, Rio- (OR-Masúllas) **34** C 6
Mannu, Rio- (OR-Mílis) **32** E 4
Mannu, Rio- (OR-Ruínas) **32** F 7
Mannu, Rio- (SS-Nulvi) **28** F 5
Mannu, Rio- (SS-Ozieri) **30** F 7
Mannu, Riu- **28** E-F 3
Mannu, Scóglio- **36** B 2
Mannu della Reale, Porto- **28** B 2
Mannu de Pattada, Rio- **31** E 2
Mannu de Planu de Múrtas, Rio- **32** B 5
Mannuri, Rio- **31** B 5
Manoppello **19** E 3 ✉ *65024*
Manoppello Scalo **19** D 3 ✉ *65025*
Mantello, Bonífica del- **3** C 5-6
Mantesca, la- **10** C 2
Mantignana **14** A 2 ✉ *06075*
Mantignano **6** F 2 ✉ *50142*
Mantigno **6** B 5
Manzano (AR) **9** F 7
Manzano (PR) **2** B 1
Manzi **9** B 8
Manziana **17** F 5 ✉ *00066*
Manzolino **2** B-C 7 ✉ *41010*
Mara **32** A 4-5 ✉ *07010*
Maracalagónis **37** A 3 ✉ *09040*
Maraconis, Monte- **35** D 4
Maralunga, Punta di- **4** E 6
Marana (AQ) **18** B 5 ✉ *67010*
Marana (SS) **29** E 5-6
Marane **22** A 2 ✉ *67039*
Maranello **2** C 5 ✉ *41053*
Marangone, Torre- **20** A 1
Marano (BO-Castenaso) **3** C1
Marano (BO-Gággio Montano) **6** A 1
Marano (PR) **2** A 2 ✉ *43020*
Marano, Monte- **26** C 4
Marano, Póggio- **27** A 7
Marano, Torrente- **7** D 4
Marano dei Marsi **18** F 5 ✉ *67062*
Marano Équo **21** B 3 ✉ *00020*
Maránola **26** D 5 ✉ *04020*
Marano sul Panaro **2** D 6 ✉ *41054*
Marárgiu, Capo- **32** B 3
Marasca, Colle- **22** D 7
Marazzino **29** C 3
Marcantónio **27** A 5
Marceddì **34** B-C 3-4
Marceddì, Stagno di- **34** C 3-4
Marcellano **14** D 4 ✉ *06030*
Marcelli **11** C 6 ✉ *60026*
Marcellina (RM) **21** A 2 ✉ *00010*
Marcellina, Rovine- **21** A 1-2
Marcena (AR) **9** B 7
Marcetelli **18** E 3 ✉ *02020*
Marchesa, la- (FG) **23** F 4
Marchesa, Masseria la- **23** E 3
Marchese, Podere del- **16** C 1
Marchese, Punta del- **16** C 1
Marcialla **9** B 2 ✉ *50020*
Marciana (LI) **12** E 3 ✉ *57030*
Marciana (PI) **8** A 6 ✉ *56021*
Marciana Marina **12** D 3 ✉ *57033*
Marcianise **27** F 2 ✉ *81025*
Marciano (AR) **6** F 7
Marciano (SI) **9** E 3
Marciano della Chiana **9** E 7 ✉ *52047*
Marciano Freddo **27** D 2 ✉ *81012*
Marciaso **5** A 3 ✉ *54035*
Marcigliana, Riserva Naturale della- **20** A-B 7 ✉ *00138*
Marcignana **5** F 8 ✉ *50050*
Marcignano **10** D 1
Marciola **6** F 2
Marcoiano **6** C 3
Marcolano, Monte- **21** C 8
Marcu, Rio- **32** E 6
Marcusa, Punta- **33** F 3
Mare, Monte- **22** F 2
Mare, Via del- **20** D 5-6
Marebello **7** C 4
Marécchia, Fiume- **7** C 3
Mareddu, Monte- **37** B 5
Mare Foghe, Riu di- **32** E 4
Maremma **16** A-C 6-8
Maremma, Parco Regionale della- **16** A 6
Maremma Pisana, Regione- **12** A-B 6-7
Marena **1** A 7
Maresca **5** C 8 ✉ *51026*
Marescalchi, Villa- **2** D 8
Mareto **1** A 4 ✉ *29023*
Marga, Casa la- **9** B 7
Marganai, Monte- **36** A 4
Márghine, Catena del- **32** B 6-7
Márghine, Rocca sa- **28** F 5
Margiani, Monte- **34** E 5
Márgine di Momigno **5** C 8
Márgine Rosso **37** B 3
Marginetto, Punta- **29** B 4
Marginone **5** E 7 ✉ *55010*
Margone, Nuraghe- **28** E 2
Maria, Monte- (CA-Dómus de Maria) **36** E 6
Maria, Monte- (CA-Villasimíus) **37** C 5
Maria Cristina, Ponte- **27** D 4
Maria Incantada, Nuraghe- **33** F 2
Mariani, Casa- **32** A 6
Marianitto **18** A 4
Mariannáccia, Casa- **16** A 7-8
Mariano **1** B 6 ✉ *43047*
Maria Santíssima di Stignano, Santuário di- **24** E 3
Mari Ermi **32** F 3
Marigosa, Casa- **34** E 4
Marigosa, sa- **32** E 3
Marina (PE) **19** B 3
Marina, Casa della- **37** B 6
Marina dei Ronchi **5** C 3
Marina di Alberese **13** F 1
Marina di Árbus **34** D 3
Marina di Bibbona **8** F 6
Marina di Campo **12** E 3-4 ✉ *57034*
Marina di Carrara **5** C 2-3 ✉ *54036*
Marina di Castagneto-Donorático **8** F 6 ✉ *57024*
Marina di Cécina **8** E 5-6 ✉ *57023*
Marina di Chiéuti **23** B 3
Marina di Gáiro **35** B 6
Marina di Grosseto **13** F 1 ✉ *58046*
Marina di Lésina **23** B 4
Marina di lu Impostu **31** B 6
Marina di Massa **5** C 3 ✉ *54037*
Marina di Minturno **26** D 6 ✉ *04020*
Marina di Montemarciano **11** A 4 ✉ *60016*
Marina di Montenero **22** A 8
Marina di Montignoso **5** C 3
Marina di Orosei **33** A 7
Marina di Palidoro **20** C 4
Marina di Péscia Romana **16** D 8
Marina di Pietrasanta **5** D 3-4 ✉ *55044*
Marina di Pisa **8** A 4 ✉ *56013*
Marina di Ravenna **3** D 7 ✉ *48023*
Marina di Salívoli **12** C 5-6
Marina di San Vito **19** D 5 ✉ *66035*
Marina di Sorso **28** E 4
Marina di Torre del Lago Puccini **5** E 4
Marina di Torre Grande **34** A 3-4
Marina di Tor San Lorenzo (RM) **25** A 3
Marina di Vasto **19** F 7 ✉ *66055*
Marina Faleriense **11** F 7
Marina Palmense **15** A 5 ✉ *63010*
Marina Romea **3** C-D 7 ✉ *48010*
Marina San Gemiliano **33** F 6
Marinasco **4** D-E 6 ✉ *19134*
Marina Velca **17** E 2
Marinella, Fermata- **29** E 5
Marinella, Golfo di- **29** E 5-6
Marinella di Sarzana **4** E-F 7 ✉ *19030*
Marino (RM) **21** D 1 ✉ *00047*
Marino, Monte- (FC) **6** E 7
Marino, Monte- (PR) **1** C 7
Mario, Monte- **20** B 6
Mario Calderari, Rifúgio- **21** C 6
Mariotti, Rifúgio- **1** D-E 7
Maríschio **10** E 6

Maristella 30 E 1
Maritza 28 E 4
Mária 5 D 6
✉ 55014
Marliana 5 D 7-8
✉ 51010
Marliano 6 F 2
Marmagna, Monte- 4 B 7
Marmi, Grotta dei- 24 E 7
Marmigliáio 8 C 5
Marmilla, Regione- 34 C 5-7
Marmirolo (RE) 2 B 4
✉ 42029
Marmoráia 9 E 2
Marmorata, Ísole- 29 B 3
Marmorata, la- 29 B 3
Mármore 18 B 1
✉ 05030
Mármore, Cascate delle- 18 A-B 1
Marmoreto 2 E 1
Marmorta 3 B 3
✉ 40050
Mármuri, Grotta su- 35 A 5
Maro 2 E 2
Marocco, Podere- 9 E 5
Marola (RE) 2 D 2
✉ 42030
Marola (SP) 4 E 6
✉ 19132
Marotta 7 F 8
✉ 61035
Marozzo 3 A 6
✉ 44020
Marra 1 D 7
Marrada, Rio- 35 E 4
Marradi 6 B 5
✉ 50034
Marrara 3 A 3
✉ 44040
Marreri, Ponte- 33 A 4
Marrocco 21 E 8
Marroccu 37 C 4
Marrone, Monte- 22 F 2
Marroneto 13 D 5
✉ 58037
Marrúbiu 34 B 4-5
✉ 09094
Marrucheto 13 E 1
Marságlia (PC) 1 A 3
✉ 29020
Marsciano 14 C-D 2
✉ 06055
Mársia (AP) 15 D 2
Mársia (AQ) 21 A 4
Mársica 21 A-B 7-8
Marsicano, Monte- 22 D 1
Marsíglia 1 D 1
Marsignano 6 B 8
Marsiliana 16 B 7
✉ 58010
Marsiliana, Castello della- 12 B 8
Marsiliana, Fattoria- 12 B 8
Marsiliana, Riserva Naturale- 12 B 7
Marsullo, Masseria- 27 B 7
Marta (VT) 17 B 3
✉ 01010
Marta, Fiume- 17 D 2-3
Martana, Ísola- 17 A-B 4
Martani, Monti- 14 E-F 4
Martano (PR) 1 C 8
Martano, Monte- 14 E 4
Marteddu, Rio- 33 A 3
Martellese, Monte il- 19 F 3
Martelli 21 E 5
Marti 8 A 7
✉ 56020
Martigliano 7 F 2
Martignana 9 A 1
Martignano, Lago di- 17 F 6
Martignone 2 C 7
Martina, la- (BO) 6 A 4
Martina, Punta- 12 D 7
Martine, Nuraghe- 30 D 6
Martino, Póggio- 17 D 2
Martino, Punta- (SS) 29 D 4
Martino, Rio- 25 B-C 6
Martinsicuro 15 D 6
✉ 64014
Mártis 28 F 6
✉ 07030
Martorano (FC) 7 A 2
✉ 47020
Martorano (PR) 2 A 2
Marturanum, Parco Regionale Suburbano- 17 E 4
Marzabotto 2 E-F 7
✉ 40043
Marzáglia 2 B 5
✉ 41010
Marzanello 26 C 8
✉ 81058
Marzano (GE) 1 C 1
Marzano Áppio 26 C 8
✉ 81035
Marzeno 6 A 7
✉ 48010
Marzeno, Torrente- 6 A 7
Marzocca 11 A 3
✉ 60017
Marzocco, Torre del- 8 B 4
Marzola 2 D 4-5
Marzolana, Monte- 14 B 1
Marzolara 1 B 8
✉ 43030
Masaínas 36 D 4
✉ 09010
Masaínas, Cantoniera- 34 F 6
Masanti di Sopra 1 C 5
✉ 43050
Masanti di Sotto 1 C 4-5
✉ 43050
Máscari, Rio- 30 D 3
Mascarino-Venezzano 2 B 8
Maschio di Lariano 21 E 2
Mascia, Casa- (FG-San Severo) 23 E 4
Mascia, Casa- (FG-Serracapriola) 23 D 3
Mascione 22 F 7
Mascioni 18 B 6
✉ 67010
Mascioni, Monte- 18 B 6
Masculo, Masseria- 27 A 8
Masenzías, Punta- 35 F 5
Masera, la- 5 A 8
Masereto 1 B 7
Maserno 2 F 5-6
✉ 41055
Masi, i- 26 A 3
Masiénnera, Punta- 30 F 7
Masiera 3 D 5
Masi San Giácomo 3 A 3
✉ 44020
Masone (RE) 2 B 4
✉ 42029
Masonedili, Cantoniera- 35 D 6
Masone Pardu 37 B 5
Masoni Nostu, Ponte de- 34 D 6
Massa (BN) 27 D 3
✉ 82030
Massa (FC-Cesena) 7 B 1
Massa (FC-Forlì) 6 A 8
Massa (FC-Longiano) 7 B 2
Massa (FC-Sársina) 7 E 1
Massa (FI) 9 A 4
Massa (LU) 5 A 5
Massa (MC) 10 F 7
Massa (MS) 5 C 3
✉ 54100
Massa (PU) 10 C 4
Massa (RA) 3 F 6
Massa (RE) 2 E 3
Massa, Ponte- 13 E 2
Massaciúccoli 5 E 5
Massaciúccoli, Lago di- 5 E 4-5
Massa d'Albe 18 F 6
✉ 67050
Massa e Cozzile 5 D 7
✉ 51010
Massa Fermana 15 A 2
✉ 63020
Massaini, Palazzo- 13 A 6
Massa Lombarda 3 D 4
✉ 48024
Mássama 32 F 4
✉ 09070
Massa Maríttima 12 B 8
✉ 58024
Massa Martana 14 E 4
✉ 06056
Massa Martana, Stazione di- 14 F 4 ✉ 06056
Massaprofóglio 14 B 7
Massarella 5 F 8
✉ 50050
Massari (BN) 27 D 3
Massari (CB) 27 A 3
Massarosa 5 E 4-5
✉ 55054
Massarotto, Casa- 24 E 5
Massenzático 2 A 4
✉ 42010
Masserecci, Póggio- 9 A 6
Masseto 6 E 4-5
Mássico, Monte- 26 E 7
Massignano (AN) 11 B 5
Massignano (AP) 15 B 5
✉ 63010
Massignano, Marina di- 15 B 5
Mássimo 18 B 8
Mássimo, Porto- 29 B 4-5
Masso 1 F 4
Masso, Monte- 9 A 3-4
Masso d'Orso 18 B 4
Massoncello, Monte- 12 C 5
Massumático 2 A 8
Mastiano 5 D 6
Mástixi, Punta su- 35 A 7
Mastramici 27 C 4
Mastrati 26 B 8
Mastromarco 5 E 8
✉ 51035
Mastro Pietro, Fosso di- 25 B 5-6
Mastro Stéfano, Coppa di- 24 E 3
Masua 36 A 3
Masúllas 34 C 5-6
✉ 09090
Matanna, Monte- 5 C 4-5
Matassino 9 A 4
✉ 50063
Matélica 10 F 7
✉ 62024
Matellica 7 A 2
Matese, Lago del- 27 B 2
Matese, Monti del- 27 A-B 2-3
Matese, Parco Regionale del- 27 B-C 2-3
Matigge 14 D 5
Matráia 5 D 6
✉ 55010
Matrice 22 F 7-8
✉ 86030
Matrice-Montágano, Stazione di- 22 F 7
Matta, Fontana- 17 E 2
Mattaleto 2 B 1
Matta Masónis, Cúccuru- 37 A 2
Mattarana 4 C 4-5
✉ 19020
Matt' e Abramu, Monte sa- 35 E-F 5
Mattei Enrico, Rifúgio- 4 B 7
Mattinata 24 E 6
✉ 71030
Mattinata, Porto di- 24 E 6
Mattone, Monte- (AQ-Pettorano sul Gízio) 22 B 2
Mattone, Monte- (AQ-Villetta Barrea) 22 D 2
Mattone, Rio su- 30 D 2-3
Matzáccara 36 C 3
Máuro, Monte- (BN) 27 F 4
Máuro, Monte- (CB) 22 C 7
Mavone, Fiume- 18 B 8
Máxia, Casa- 34 F 6
Máxia, Punta- 36 D 6
Mazonzo, Punta 'e- 33 A 3
Mazzangrugno 11 B-C 3
Mazzano Romano 17 E 7
✉ 00060
Mazzanta 8 E 5
Mazzi (FC) 7 E 1
Mazzináiu, Cantoniera- 31 C 4
Mazzocco, Torrente- 7 E 3
Mazzola 5 A 3
Mazzolano 3 F 3
Mazzolla 8 D 8
✉ 56048
Mazzolu, Monte- 29 D 4
Mazzoni, i- 26 F 7-8
Meana Sardo 33 F 2
✉ 08030
Meana Sardo, Stazione di- 33 F 2 ✉ 08030
Meati 5 E 5
Medadu, Monte- 33 C 4
Medáris, Monte- 31 F 3
Medau, Genna 'e- 35 A 4
Medau Zirimilis, Lago di- 36 B 6
Méddas, is- 36 C 5
Medelana (BO) 2 E 7
Medelana (FE) 3 A 4
Medesano 1 A 8
✉ 43014
Mediana, Strada- 25 C 7
Mediano 2 C 1
✉ 43020
Medicina (BO) 3 D 2
✉ 40059
Medicina (PT) 5 D 7
Medusa, Castello- 34 A 7
Medusa, Castello di- 33 F 6
Meggiano (PG) 14 E 6
Megna, Monte- 1 B 4
Mela, Monte- 35 A 5
Mela, Póggio di- 8 D 7
Mela, sa- 28 F 7
Melacce, Torrente- 13 D 3
Melandro 23 F 4
Melano (AN) 10 E 6
✉ 60040
Mélas, Rio- 30 F 4
Melazza, Punta de la- 21 E 3
Méldola 7 B 1
✉ 47014
Mele, Piana delle- 19 F 3
Melello 10 B 1
Meleta 13 B 1
Meletello 17 A 1
Meleto (AR) 9 B 4
✉ 52020
Meleto (RN) 7 E 5
Meleto, Castello di- 9 C 4
Melézzole 14 F 2
✉ 05020
Melfa 26 A 5
Melfa, Fiume- 22 E 2
Melfa, Valle del- 21 F 8
Meli, Ísola dei- 36 B 2
Meliciano 9 C 7
Melisenda 35 C 6
Mélito, Ponte- 27 E-F 7
Mélito Irpino 27 E 7
✉ 83030
Mélito Irpino Vécchia 27 E 7
Melizzano 27 E 3
✉ 82030
Mellicciano 8 A 8
Melo 5 B 7
Meloni, Casa- 35 B 6
Melonta, Monte di- 14 D 1
Melória, Torre della- 8 B 4
Memmenano 9 A 7
Menata 3 C 5
Menegosa, Monte- 1 A 5
Menga, Punta- 36 E 4
Mengaccini 10 F 1
Mengara 10 E-F 4
Mengucci, Colle- 22 A 7
Menna, Masseria- 19 F 6
Mennella 22 F 3
Menócchia, Torrente- 15 B 4-5
Menotre, Fiume- 14 C 6
Menotti Garibaldi, Tomba di- 21 F 1
Mensa 7 A 2
Mensanello 9 D 2
Mensano 9 E 1
Menta (PR) 1 D 4
Menta, Punta la- 28 D 5
Mentana 20 A 7
✉ 00013
Mentorella, Santuário della- 21 B 3
Menzano 18 C 5
Meoste 6 F 3
Merángeli 27 D 1
Meravíglia, Monte- 14 F 7
Mercaldi Nuova, Masseria- 23 F 6
Mercatale (AR) 10 F 1
✉ 52040
Mercatale (BO) 3 E 1
✉ 40050
Mercatale (FC) 6 C 7-8
Mercatale (FI) 9 A 3
✉ 50020
Mercatale (PO) 6 C 2
✉ 59023
Mercatale (PU) 7 F 3
✉ 61020
Mercatale (RA) 6 A 5
Mercatale Valdarno 9 C 5
✉ 52020
Mercatello (PG-Castèl Ritaldi) 14 D 5
Mercatello (PG-Marsciano) 14 C 2 ✉ 06050
Mercatello, Passo del- 1 B 3
Mercatello sul Metáuro 10 A 2
✉ 61040
Mercatino Conca 7 E 3
✉ 61013
Mercato (PR) 2 C 1
Mercato (PU) 7 D 5
Mercato, Ponte- 18 F 1
Mercato Saraceno 7 D 1
✉ 47025
Mercato Vécchio (PU) 7 F 3
Mérchis, Ponte- 32 C 6
Mérchis, Rio- 32 C 5
Meretto 6 D 2
Mereu, Monte- 36 D 7
Mergnano San Pietro 14 A 7
✉ 62032
Mergnano San Savino 14 A 7
✉ 62032
Mergo 10 C 7
✉ 60030
Meria, Monte- 21 B 7
Merinum 24 C 6
Merizzo 4 C 7
✉ 54028
Merlano 2 E 7
Merláschio 3 F 4
Merse, Fiume- 9 F 3
Mesa 25 B-C 7
Mesa, Punta sa- 31 D 3
Mesa de s'Attentu, sa- 30 F 3
Mesau 36 E 7
Mesco, Punta del- 4 D 4
Mescolino, Monte- 6 D 8
Messercola 27 F 3
✉ 81020
Mesu 'e Róccas, Monte- 32 D 4
Mesumundu, Chiesa di- 30 E 5
Meta (AQ) 21 C 6
✉ 67050
Meta, Monte la- 22 E 2
Meta, Monti della- 22 D-E 2
Meta, Pizzo di- 15 B 1
Meta, Torrente- 10 B 2
Metallífere, Colline- 9 F 1-2
Metato, Póggio- 9 D-E 1
Metáuro, Fiume- 10 A 5
Metello 2 F 1
Metilde, Casa- 24 C 3
Métola, Torre- 10 A 3
Metra 5 A 4
Metti (MS) 4 D 6-7
Metti (PR) 1 A 6
Mevale 14 D 7
Mezzaluna, Cala- 36 C-D 1-2
Mezzana (MS) 5 A 3
Mezzana (PI) 5 F 5
✉ 56010
Mezzana (PO) 6 E 2
✉ 59100
Mezzana, Monte- 22 B 1
Mezzana della Quércia, Masseria- 24 E 2
Mezzanagrande, Masseria- 24 F 3
Mezzane, le- 27 B 8
Mezzánego 1 E 3
✉ 16046
Mezzangrugno 11 B-C 3
Mezzano (CE) 27 F 2
✉ 81100
Mezzano (RA) 3 D 5
✉ 48010
Mezzano (VT) 17 A 2
Mezzano, Lago di- 17 A 2
Mezzano, Monte- (PR) 1 A 6
Mezzano, Valle del- 3 A-B 4-5
Mezzanotte 10 B 6
Mezzavalle (GE) 1 D 3
Mezzavia (AR) 9 E 8
Mezzavia (PG) 10 C 1
Mézzema 1 F 4
Mezzeno 3 F 4
Mezzo, Colle di- 27 A 2
Mezzo, Coppa di- 21 E 4
Mezzo, Monte di- (FG) 24 D 5
Mezzo, Monte di- (TE) 18 A 6
Mezzocolle, Parrócchia di- 3 F 2
Mezzogiorno, Faraglioni di- 25 E 1
Mezzolara 3 C 2
✉ 40050
Mezzoni 1 C 2
Miale Ispina, Monte- 30 D 3
Miano (FC) 6 B 7
Miano (PR-Corníglio) 1 C-D 8
Miano (PR-Medesano) 1 A 8
Miano (PR-Sant'Andrea Bagni) 1 A 8
Miano (TE) 18 A 8
✉ 64040
Miano, Monte- 23 F 2
Micarone 19 C 2
Micciano (AR) 9 B 8
Micciano (PI) 8 E 7-8
✉ 56045
Micheli, Rifúgio- 1 D 8
Micigliano 18 C 3
✉ 02010
Mídia, Monte- 21 A 4
Miemo 8 D 7
Migiana 14 A 2
Migiana di Monte Tézio 10 F 3
Migianella dei Marchesi 10 E 2
Migliana 6 C 2
Miglianello 5 D 5
Migliánico 19 C 4
✉ 66010
Migliano (PG) 14 C 2
✉ 06050
Migliara 2 C-D 2
Migliarina (AR) 9 C 5
Migliarino (FE) 3 A 4
✉ 44027
Migliarino (PI) 5 F 4-5
✉ 56010
Migliarino-San Rossore-Massaciúccoli, Parco Regionale- 8 A 4
Migliarino-San Rossore-Massaciúccoli, Parco Regionale- 5 F 4
Míglio, Monte- (AQ) 22 B 1
Míglio, Monte- (IS) 22 D 4
Migliorini 5 C 7-8
Mignano 9 A 8
Mignano, Monte- 1 D 2
Mignano Monte Lungo 26 B 7
✉ 81049
Mignone (VT) 17 E-F 2
Mignone, Fiume- 17 E 3
Milano Maríttima 3 F 7
✉ 48016
Milanu, Nuraghe su- 35 B 2
Mileto, Torre- 24 C 3
Miletto, Monte- 27 B 2
Milia, Torrente- 12 A 8
Mílis 32 E 4-5
✉ 09070
Milone, Fosso- 19 C 3
Mimola, Cantoniera- 22 C 2
Mimose, Baia delle- 28 D 6
Minciaredda, Nuraghe- 28 E 2
Minérbio 3 B 1
✉ 40061
Minerva, Monte- 30 F 4
Minerva, Palazzo- 30 F 4
Miniera 7 D 2
Minniminni, Monte- 37 B 5
Minore, Ísola- 10 F 1
Minore, Rio- (SS-Benetutti) 31 F 3
Minore, Rio- (SS-Íttiri) 30 D 4
Minozzo 2 E 2
✉ 42030
Minturnae 26 D 6
Minturno 26 D 6
✉ 04026
Minucciano 5 A 4
✉ 55034
Mirabella, Passo di- 27 F 7
✉ 83030
Mirabella Eclano 27 F 7
✉ 83036
Mirabello Sannítico 27 A 4
✉ 86010
Mirácolo, Santuário il- 31 F 4
Miralago, Passo di- 27 B 2
Miraldella 10 A 2
Miralduolo 14 B 3
Miramare 7 C 4
✉ 47831
Miranda (IS) 22 E-F 4
✉ 86170
Miranda (TR) 18 B 1
✉ 05100
Miratóio 7 F 2
Miravalle 3 C 2
Mirenu, Rio- 33 F 6
Mirra, Monte sa- 36 C 6
Mirteto 5 C 3
✉ 54100
Misa, Fiume- 10 A 8
Misa, Necrópoli Etrusca- 2 F 7
Misano Adriático 7 D 5
✉ 47843
Misano Monte 7 D 5
✉ 47843
Miscano, Fiume- 27 D 7
Misciano (AR- Arezzo) 9 C 8
Misciano (AR-Sansepolcro) 10 B 1
Miscilli, Masseria- 24 F 4
Miscoso 1 E 8
Misericórdia 9 E 7
Missano (MO) 2 E 6
✉ 41059
Missiano 14 B 1
Mistongo, Vado- 27 B 5
Mistrano 14 A 7
Místras, Stagno di- 34 A 3
Mita, la- 10 E 1-2
Mitza de s'Orcu, sa- 36 E 6
Mocaiana 10 D 3
✉ 06020
Mocáio, Fattoria- 8 D 7
Mocogno 2 F 4
✉ 41023
Mocogno, Monte- 2 F 4
Mocónesi 1 D 2
✉ 16047
Mocrone 4 B-C 7
Modanella 9 E 6
Modditonalza 28 E 7
Modditzi, Punta sa- 35 E 6
Módena 2 B 5-6
✉ 41100
Modestino, Masseria- 23 F 1
Modighina, Punta- 34 A 7
Modigliana 6 A-B 7
✉ 47015
Módine 9 A 5
Modino, Monte- 2 F 3
Modolena 2 A 3
Módolo 32 B 4
✉ 08019
Modonnetta d'Ete 15 A 4
Mogginano 6 F 8
Moggiona 6 F 7
✉ 52010
Móglia (GE) 1 B-C 2
Mogliano 11 F 5
✉ 62010
Mogne 6 B 2
Mogorella 34 A 6
✉ 09080
Mógoro 34 C 5-6
✉ 09095
Mógoro, Rio- 34 C 4
Mógumu, Bruncu- 37 A 3
Moiano (BN) 27 F 3
✉ 82010
Moiano (PG) 13 B 8
✉ 06060
Móie (AN) 10 C 8
✉ 60030
Moitzus, Punta- 37 A 5
Mola, Casa la- 4 C 4
Mola, Fosso della- 25 A-B 4
Mola, Ponte della- 26 A 3
Molara, Ísola- 31 B 7
Molara, Monte- 27 E 8
Molarotto, Ísola- 31 B 7
Molas, is- 36 E 7
Molazzana 5 B 5
✉ 55020
Molella 25 D 7
Molentárgius, Stagno dei- 37 B 2-3
Molentárgius Saline, Parco Regionale- 37 B 2-3
Molentina, Rio- 33 E 6
Moléntis, Punta- 37 C 6
Moletta, Fosso della- 20 F 7
Molezzano 6 C-D 4
Moliciara 4 E 7
✉ 19033
Molina Aterno 18 F 8
✉ 67020
Molináccio 3 E 6
Molináccio Umbro 10 F 6
✉ 06020
Molina di Quosa 5 E 5
✉ 56010
Molinara 27 C 6
✉ 82020
Molinático, Monte- 1 D 6
Molin Bianco 9 C 7
Moline, le- (PC) 1 B 4
✉ 29020
Molinella (BO) 3 B 3
✉ 40062

Molinello 4 A 7 ✉ 54020
Molinello Piani 3 E 4
Molinetto (AP) 15 A 5
Molini (GE) 1 C 3
Molino (AQ) 22 D 3
Molino del Pallone 6 B 1 ✉ 40030
Molino del Piano 6 E 4 ✉ 50060
Molino di Báscio 7 F 1 ✉ 61010
Molino Nuovo (GE) 1 D-E 1
Molino Nuovo (PT) 5 E 7
Molino Paderi, Casa- 35 C 1
Molínos, Ponte- 33 B 3
Molínos, Rio sos- 32 D 4-5
Molinu, Ponte- 31 E 2
Molise 22 F 6 ✉ 86020
Molise, Regione- 22 D-E 5-8
Molla, Canale- 13 E 1
Molla, Capo- 28 B 2
Molla, Ponte- 13 E 2
Molleone 10 B 5
Mollo, Rio- 22 E 1
Molò, Rio de- 31 F 3
Molviano 15 E 4
Mombaróccio 7 F 6 ✉ 61024
Momigno 5 C 8 ✉ 51030
Mómmio 4 C 8
Mómmio Castello 5 D 4
Mómmio Piano 5 D 4 ✉ 55040
Mompeo 18 E 1 ✉ 02040
Mónache, Chiesa le- 25 B 8
Mónache, Fonte delle- 13 D 5
Mónache, Villa delle- 8 D 8
Monachina, la- 20 C 5
Monachino 6 C 1
Mónaci, Ísole i- 29 C 5
Mónaci, Lago di- 25 C 6
Mónaci, Passo dei- 22 E 2
Mónaci, Pozzi dei- 23 D 4
Monaciano 9 D 3-4
Monacilioni 22 F 8 ✉ 86040
Mónaco, Masseria- 23 F 3
Mónaco, Monte- (CE) 27 C 1
Mónaco, Torre del- 26 F 8
Mónaco Cappelli, Masseria- 23 F 5
Mónaco di Gióia, Monte- 27 C 3
Monastero (AR) 9 C 4
Monastero (MC) 15 B 1
Monastero (PU) 7 F 3 ✉ 61026
Monastero, Abbadia- 9 E 5
Monastero d'Ombrone 9 D-E 5
Monastir 35 F 2 ✉ 09023
Moncerato 2 D 4 ✉ 41048
Mónchio (MO) 2 E 3-4 ✉ 41040
Mónchio (PR) 2 C 1
Mónchio delle Corti 1 D 8 ✉ 43010
Mónchio delle Olle 2 C 2
Moncígoli 5 A 3 ✉ 54010
Moncioni 9 C 5 ✉ 52020
Mondaino 7 E 5 ✉ 47836
Mondaniga 3 D 4
Mondávio 10 A 7 ✉ 61040
Mondolfo 7 F 8 ✉ 61037
Mondonuovo (BO) 3 B 2
Mondragone 26 E-F 7 ✉ 81034
Monéglia 1 F 3-4 ✉ 16030
Monestirolo 3 A 3 ✉ 44040
Moneta 29 C 4-5 ✉ 07020
Moneta, Monte- 26 D 4
Moneta, Passo della- 29 C 5
Monfestino 2 D 5 ✉ 41028
Mongardino (BO) 2 D-E 7
Monghidoro 6 A 3 ✉ 40063
Mongiardino Lígure 1 B 1 ✉ 15060
Monistero 9 D 7
Monleone 1 D 2 ✉ 16044
Monna, Colle della- 22 D 3
Monna, Monte la- 21 D 6
Monna Casale, Monte- 22 F 2
Monna Rapanella, Monte- 21 C 8
Monna Rosa, Monte- 21 B 5
Mónnola, Torrente- 22 B 6
Monócchia, Torrente- 11 D 4-5
Monreale, Azienda Agrária- 34 D 5
Monreale, Castello di- (CA) 34 D 6
Monsagrati 5 D 5
Monsampietro 15 C 3
Monsampietro Mórico 15 B 3 ✉ 63029
Monsampolo del Tronto 15 C-D 5 ✉ 63030
Monsano 11 B 3 ✉ 60030
Monsanto 9 C 2
Monserrato 37 B 2 ✉ 09042
Monsigliolo 9 F 8
Monsummano Terme 5 E 8 ✉ 51015
Montacchita 8 A-B 7
Montacuto (AN) 11 B 5
Montacuto (PG) 10 E 2
Montágano 22 E 7 ✉ 86023
Montagna (AR) 10 B 1
Montagna, la- (AV-FG) 27 C 8
Montagna, la- (VT) 17 A 3
Montagna di Torricchio, Riserva Naturale- 14 C 7
Montagnana (FI) 9 A 2 ✉ 50025
Montagnana (MO) 2 D 5 ✉ 41028
Montagnana (PT) 5 D 8 ✉ 51030
Montagnana, Monte- 1 C 8
Montagnano 9 E 7 ✉ 52040
Montagna Spaccata, Lago- 22 E 2
Montagne della Duchessa, Riserva Naturale delle- 18 F 5
Montagnola (AQ) 22 E 2
Montagnola (IS) 22 D 4
Montagnola, Cantoniera- 22 D 2
Montagnola, Colline- 9 E 2
Montagnola, la- (CH) 22 A 6
Montagnola, la- (IS-Civitanova dei Sánnio) 22 F 5
Montagnola, la- (IS-Rionero Sannítico) 22 D 3
Montagnola, la- (RI) 18 B 1
Montagnola, Monte la- (PU) 10 B 4
Montagnola, Villa- 14 B 3
Montaguto 27 D 8 ✉ 83030
Montaguto, Stazione di- 27 D 8 ✉ 83030
Montaiate 10 C 5
Montáio 9 C 4
Montaione 8 B 8 ✉ 50050
Montalbano (FE) 3 A 2 ✉ 44040
Montalbano (MO) 2 E 6 ✉ 41059
Montalbano (RN-San Giovanni in Marignano) 7 D 5
Montalbano (RN-Santarcángelo di Romagna) 7 C 3 ✉ 47822
Montalcinello 9 F 2 ✉ 53010
Montalcino 13 B 4 ✉ 53024
Montaldo, Monte- 1 C 1
Montaldo di Cósola 1 A 1-2
Montale (AN) 10 B 7
Montale (MO) 2 C 5 ✉ 41050
Montale (PT) 6 D 1 ✉ 51037
Montale (RE) 2 C 2
Montale (SP-Lévanto) 4 D 4-5 ✉ 19015
Montale (SP-Varese Lígure) 4 B 5
Montalera, Castello di- 14 B 1
Montaletto 7 A 2
Montaletto, Chiesa di- 7 A 2
Montalfina 13 F 8
Montalfóglio 10 B 6
Montali 14 B 1
Montalla 9 F 8
Montallese 13 B 7-8 ✉ 53040
Montalone 9 A 8
Montalto (FC) 7 D 1
Montalto (IS) 22 D 3
Montalto (MC) 15 A 1
Montalto (MO) 2 F 6 ✉ 41059
Montalto (RE) 2 C 3 ✉ 42030
Montalto, Castello di- 9 D 5
Montalto, Monte- (CH) 22 C 4
Montalto delle Marche 15 C 3 ✉ 63034
Montalto di Castro 17 D 1 ✉ 01014
Montalto Marina 17 D 1
Montalto Tarugo 10 A 6
Montaltuzzo, Villa- 9 D 6
Montanare 9 F 8 ✉ 52040
Montanari 3 F 5
Montanari, Masseria- 24 C 5
Montanaro (CE) 26 D 8 ✉ 81050
Montanello 11 E 4
Montanina, la- 9 A 7
Montanino 9 A 5
Montaperti 8 C 8
Montappone 15 A 2 ✉ 63020
Montáquila 22 F 3 ✉ 86070
Montarale, Monte- 14 C 1
Montardone 2 D 5
Montarice 11 D 6
Montarlone, Monte- 1 C 3
Montarone, Monte- 22 D 5
Montarsíccio 1 C 4
Montásico 2 E 7
Montásola 18 C 1 ✉ 02040
Montata 2 C 2
Montatrice 11 D 6
Montáttico 21 F 8
Montáuro, Monte- 27 A 7
Montautello, Chiesa di- 10 C 1
Montaúto (SI-Asciano) 9 F 4
Montaúto (SI-Monteriggioni) 9 D 2
Montaúto (SI-San Gimignano) 9 C 1
Montaúto, Castello- 9 B 8
Montáuto, Riserva Naturale- 17 C 1
Montázzoli 22 B 5 ✉ 66030
Monte (PU) 7 E 3
Monte, Cima del- 12 E 5
Monte, il- (CB) 22 C 8
Monte, il- (CH-Castelguidone) 22 D 6
Monte, il- (CH-San Giovanni Lipione) 22 D 6
Monte, il- (MO) 2 F 3
Monte, Nuraghe su- 32 A 6
Monte, Piano del- 22 B 5
Monte, Pizzu 'e- 35 B 6
Monte Acuto 6 F 4
Monteacuto, Fiume- 25 A 8
Monteacuto delle Alpi 5 B 8 ✉ 40042
Monteacuto Ragazza 6 A 2
Monteacuto Vallese 6 A 3
Monte Adone, Galleria di- 2 E-F 8
Monte Altavellio 7 E 4
Monte Amiata 13 C 5 ✉ 53020
Monte Antico 13 C 4 ✉ 58030
Monte Antico, Stazione di- 13 C 4 ✉ 58030
Monteaperti 9 E 4
Monte a Péscia 5 D 7
Monte Argentário 16 C 6 ✉ 58019
Monte Armato 3 E 1
Montebámboli 12 A 8 ✉ 58024
Montebaranzone 2 D 4 ✉ 41040
Monte Baroni, Podere- 9 E 5
Montebello (FC) 7 D 3
Montebello (FI) 9 B 1
Montebello (PG) 14 B 3 ✉ 06126
Montebello (PR) 1 D 8
Montebello (PU) 10 A 6
Montebello (VT) 17 D 3
Montebello di Bertona 19 C 1 ✉ 65010
Montebello di Mezzo 4 D 6
Montebello sul Sangro 22 B 5 ✉ 66040
Monte Benedetto 7 E 2
Montebenichi 9 D 5
Montebíbico 14 F 5
Montebollo 10 D 5
Montebonello (FI) 6 E 4
Montebonello (MO) 2 E 4-5 ✉ 41020
Monte Bora 7 C 2
Montebotolino 7 F 1
Montebradoni 8 D 8
Montebruno 1 C 2 ✉ 16025
Montebudello 2 D 6
Montebufo 14 D 7
Montebuoni 9 A 3
Monte Buono 14 A 1
Montebuono (GR) 13 F 5-6 ✉ 58010
Montebuono (RI) 17 D 8 ✉ 02040
Montecagnano 9 E 3
Montecagno 2 E 2
Monte Calderaro 3 E 1
Montecalende 7 F 4
Montecalvello 17 A-B 5
Monte Calvo 3 D-E 1
Montecalvo-Buonalbergo, Stazione di- 27 D 7
Montecalvo in Fóglia 7 E 4 ✉ 61020
Montecalvo Irpino 27 D 7 ✉ 83037
Montecálvoli (PI) 8 A 7 ✉ 56030
Montecálvoli (SI) 9 F 5-6
Montecampano 17 B 7 ✉ 05020
Montecanepino 11 D 6
Montecani 36 A 3
Monte Capra, Costa- 1 A 3-4
Montecapraro 1 A 1
Montecarelli 6 C 3 ✉ 50030
Montecarlo 5 E 7 ✉ 55015
Montecarlo, Convento di- 9 B 5
Montecarotto 10 C 7 ✉ 60036
Montecarulli 9 C 1
Monte Casale, Convento di- 10 B 1
Montecassiano 11 D 4 ✉ 62010
Montecassino, Abbazia di- 26 A 6 ✉ 03043
Montecastelli 10 E 2 ✉ 06010
Montecastelli Pisano 9 E 1 ✉ 56040
Monte Castello 7 D 1 ✉ 47025
Montecastello (PI) 8 A 7 ✉ 56020
Monte Castello di Víbio 14 D 2 ✉ 06057
Montecastrilli 14 F 3 ✉ 05026
Monte Catillo, Riserva Naturale- 21 B 2
Montecatini Terme 5 D-E 7-8 ✉ 51016
Montecatini Val di Cécina 8 D 7 ✉ 56040
Montecatini Valdiniévole 5 D 8 ✉ 51010
Monte Catone 3 E 2
Montecavallo 10 A 1
Monte Cavallo 14 C 7 ✉ 62036
Montecávolo 2 B 3 ✉ 42020
Montécchio (AR-Castiglion Fiorentino) 9 E 7
Montécchio (AR-Chiusi della Verna) 9 A 7
Montécchio (AR-Cortona) 9 F 7
Montécchio (AR-Subbiano) 9 B 7
Montécchio (FC) 7 C 2
Montécchio (PG-Giano dell'Úmbria) 14 D 4
Montécchio (PG-Nocera Umbra) 14 A 5
Montécchio (PI) 8 B 7
Montécchio (PU) 7 E 5 ✉ 61020
Montécchio (RA) 6 A 6-7
Montécchio (SI) 9 E 3
Montécchio (TR) 14 F 2 ✉ 05020
Montécchio Emília 2 A 2 ✉ 42027
Montecellesi, Riserva Naturale- 9 E 3
Montecénere 2 F 4 ✉ 41020
Montecerboli 8 F 8 ✉ 56040
Monte Cerignone 7 E 3 ✉ 61010
Montecerreto 2 E 4
Montechiaro 9 E 4
Montechiarúgolo 2 A 2 ✉ 43022
Monteciccardo 7 E 6 ✉ 61024
Montecilfone 22 B 8 ✉ 86032
Montecóccioli 21 F 8
Montecódes, Nuraghe- 32 B 5
Monte Codi, Cantoniera- 35 C 5
Montecodruzzo 7 C 2
Montecológnola 14 A 1
Monte Colombo 7 D 4 ✉ 47854
Montecómpatri 21 D 1 ✉ 00040
Montecontieri 9 F 5
Montecopiolo 7 E 3 ✉ 61014
Montecopiolo, Castello di- 7 E 3 ✉ 61014
Monte Corona, Éremo di- 10 F 2
Montecoronaro 6 F 8
Montecoronaro, Válico di- 6 F 8
Montecorone 2 E 6 ✉ 41050
Montecorvino, Torre di- 27 A 8
Montecósaro 11 E 6 ✉ 62010
Monte Cresia 37 B 4
Montecreto 2 F 4 ✉ 41025
Montecristo, Formica di- 16 F 1
Montecristo, Ísola di- 16 F 2
Monte Cucco 13 D 3
Monte Cucco, Parco Regionale- 10 D 5
Montecúccoli 6 C 2
Montecúccolo 2 F 5 ✉ 41026
Montecurto 4 C-D 7-8
Monte d'Accoddi, Santuário Preistórico di- 28 F 3
Montedale 10 B 2
Monte de' Bianchi 5 A 3
Montedecoro 27 F 3 ✉ 81024
Monte del Lago 14 A 1
Montedimezzo, Riserva Naturale- 22 D 4
Montedinove 15 C 3 ✉ 63034
Montedivalli 4 D 6 ✉ 54010
Montedóglio 10 B 1
Montedóglio, Lago di- 9 B 8
Monte Doménico 1 E 3
Monte Donato 2 D 8 ✉ 40141
Montedoro, Monte- 23 F 4
Monteduro 2 D 1-2 ✉ 42035
Montefabbri 7 E 5
Montefalco (RM) 21 A 2
Montefalco (PG) 14 D 5 ✉ 06036
Montefalcone 5 F 7
Montefalcone Appennino 15 C 2 ✉ 63028
Montefalcone di Val Fortore 27 C 7 ✉ 82025
Montefalcone nel Sánnio 22 C 7 ✉ 86033
Montefano 11 D 4 ✉ 62010
Montefano Vécchio 11 D 4
Montefatúcchio 6 F 8
Montefegatesi 5 B 6 ✉ 55050
Montefelcino 7 F 6 ✉ 61030
Montefeltro, Regione- 7 E 1-3
Monteferrante 22 B 5 ✉ 66040
Monte Ferru, Castello di- 32 C 4
Montefiascone 17 B 4 ✉ 01027
Montefiésole 6 E-F 4
Monte Figu, Nuraghe- 34 B 6
Montefino 19 A 1 ✉ 64030
Montefioralle 9 B 3
Montefiore 5 A 4
Montefiore, Castello di- 11 D 4
Montefiore Conca 7 E 4 ✉ 47834
Montefiore dell'Aso 15 B 4 ✉ 63010
Montefiorello 14 E 6
Montefiorentino, Convento di- 7 F 3
Montefiorino 2 E 3 ✉ 41045
Montefiridolfi 9 B 2-3 ✉ 50020
Monteflávio 18 F 2 ✉ 00010
Montefollónico 13 A 6 ✉ 53040
Monteforno 10 B 3
Monteforte 28 F 2
Montefortino (AN) 10 C 7 ✉ 60011
Montefortino (AP) 15 C 1-2 ✉ 63044
Montefortino (RA) 6 A 7-8
Montefóscoli 8 B 7 ✉ 56030
Montefotogno 7 D 2
Montefranco 18 A 1 ✉ 05030
Montefreddo, Villa- 14 B 2
Montefredente 6 A 3
Montefresco 9 F 5
Monte Frúsciu, Bívio- 32 A 6
Monte Fulcadu, Cantoniera- 30 F 3
Montefusco 27 F 6 ✉ 83030
Montegabbione 14 C 1 ✉ 05010
Montegallo 15 D 1-2 ✉ 63040
Montegallo, Villa- 11 B-C 5
Montegáudio 7 F 5-6
Montegelli 7 D 2 ✉ 47030
Montegémoli 8 E 8 ✉ 56045
Montéggiori 5 D 4
Monte Gherardo 10 B 6
Monteghirfo 1 D 2
Monte Giardino 7 D 3
Montegíbbio 2 D 4-5 ✉ 41040
Monte Giberto 15 A 3-4 ✉ 63020
Montegiórgio 15 A 3 ✉ 63025
Montegiove 14 C 1
Monte Giove, Éremo di- 7 E 7
Montegiovi (AR) 9 B 7
Montegiovi (GR) 13 C 5 ✉ 58030
Montegonzi 9 C 4-5 ✉ 52020
Montegranaro 11 F 6 ✉ 63014
Monte Granata, Posta- 24 F 3
Monte Grande 7 B 1
Montegranelli 6 E 8
Montegridolfo 7 E 5 ✉ 47837
Monte Grimano Terme 7 E 3 ✉ 61010
Montegroppo 1 D 5
Montegrosso (GE) 1 C 3
Montegrottone 18 E 1
Montegualtieri 19 A 1 ✉ 64030
Monteguidi 9 E 1 ✉ 53031
Monteguidi, Chiesa- 6 D 7-8 ✉ 47018
Monteguidúccio 7 F 5 ✉ 61030
Monte Jottone 7 C 1
Montelabate 10 F 3
Montelabbate 7 E 6 ✉ 61025
Monte Labbro, Riserva Naturale- 13 D 5
Montelabreve 10 A 2
Montelago (AN) 10 D 5-6
Montelago (RE) 2 D 3
Montelánico 21 F 3 ✉ 00030
Montelánico, Campo di- 21 F 3
Montelapiano 22 B 5 ✉ 66040
Monte la Pieve 3 F 2
Montelaterone 13 D 5 ✉ 58030
Monte Lattáia 13 C 2
Monteleone (FC) 7 C 2
Monteleone di Fermo 15 B 3 ✉ 63029
Monteleone di Spoleto 14 F 7 ✉ 06045
Monteleone d'Orvieto 13 C 8 ✉ 05017
Monteleone Rocca Dória 30 F 4 ✉ 07010
Monteleone Sabino 18 E 2 ✉ 02033
Monteleto 10 D 4
Montelibretti 18 F 1 ✉ 00010
Montelicciano 7 E 3 ✉ 61013
Montelifrè 13 A 6
Montelongo 23 D 1 ✉ 86040
Monte Longo, Nuraghe- 30 F 6
Montelópio 8 C 7-8
Montelovesco 10 E 3
Montélparo 15 B 3 ✉ 63020
Monteluco 14 F 5
Montelungo (MS) 4 A 6-7
Montelungo (RM) 21 E 4
Montelungo Superiore 4 A 6
Montelupo Fiorentino 6 F 1 ✉ 50056
Montelupone 11 E 5 ✉ 62010
Montemággio (PU) 7 D 3 ✉ 61010
Montemággio, Castello di- 7 D 3 ✉ 61010
Monte Mággio, Grotta- 14 E 7
Montemaggiore (BO) 2 D 7
Montemaggiore (FC) 6 B 7-8
Montemaggiore (RM) 18 F 1
Montemaggiore, Abbazia di- 10 C 2-3
Montemaggiore al Metáuro 7 F 7 ✉ 61030
Montemagno (PI) 5 F 6 ✉ 56011
Montemagno (PT) 6 E 1 ✉ 51030
Monte Maiore, Grotta- 30 F 4
Montemanno 1 A 1
Montemarcello 4 F 7 ✉ 19030
Montemarcello-Magra, Parco Regionale- 4 D-E 6-7
Montemarciano (AN) 11 A 3 ✉ 60018

Montemarciano (AR) 9 B 5
Monte Marcone 19 F 5
Monte Marino 11 F 7
Montemartano 14 E 4 ⊠ 06049
Monte Martello 10 B 5
Montemassi 13 B-C 1 ⊠ 58020
Monte Melino 14 A 2
Montemerano 16 A 8 ⊠ 58050
Montemíccioli, Torre di- 9 D 1
Monte Migliore 20 E 6
Montemignáio 6 F 5 ⊠ 52010
Montemiletto 27 F 6 ⊠ 83038
Montemiscoso 2 E 1
Montemitro 22 C 7 ⊠ 86030
Montemóggio 1 D 3
Montemolino (MO) 2 F 4
Montemolino (PG) 14 D 3
Montemónaco 15 D 1 ⊠ 63048
Montemontanaro 7 F 6
Monte Mori, Fattoria- 9 F 5
Monte Muradu, Nuraghe- 32 B 5
Montemurlo 6 D 1-2 ⊠ 59013
Monte Nai 37 B 6
Monte Navegna e Monte Cervia, Riserva Naturale- 18 E-F 3-4
Montenero (GR) 13 C 4 ⊠ 58040
Montenero (LI) 8 C 4-5 ⊠ 57128
Montenero (PG) 14 F 3 ⊠ 06050
Montenero, Grotta di- 24 E 3
Montenero, Monte- (FG) 24 E 3-4
Montenero, Riserva Naturale- 8 C 8
Montenero, Stazione di- 22 D 3
Montenero di Bisáccia 22 B 8 ⊠ 86036
Montenerodomo 22 B 4 ⊠ 66010
Montenero Sabino 18 D-E 2 ⊠ 02040
Montenero Val Cocchiara 22 E 3 ⊠ 86080
Monte Níbbio, Válico di- 14 D 1
Monte Nieddu, Rio- 36 D 7
Montenovo 7 C 2
Monte Nuovo 11 E 5
Monteodorísio 19 F 7 ⊠ 66050
Monte Oliveto 9 C 1
Monte Oliveto Maggiore, Abbazia di- 9 F 5 ⊠ 53020
Monte Olivo, Chiesa- 7 F 4
Monte Ombraro 2 E 6 ⊠ 41050
Monteorsaro 2 F 2
Monte Orsello 2 E 6 ⊠ 41052
Montepagano 15 F 6 ⊠ 64020
Monte Paganúccio 10 B 5
Montepastore 2 E 7
Monte Paza, Ísola- 32 D 6-7
Montepegli 1 D-E 2
Monte Penna, Riserva Naturale- 13 E 5-6
Montepennino 14 D 5
Montepescali 13 D 2 ⊠ 58030
Montepescini 13 A 3
Montepetra 7 D 1 ⊠ 47025
Monte Petriolo 14 B 2 ⊠ 06072
Monte Petrosu 31 B 6 ⊠ 08020
Monte Petrosu, Cima di- 31 B 6
Montepiano 6 B 2 ⊠ 59026
Monte Piè 1 A 8
Montepò, Castello di- 13 E 3
Montepolesco 11 C 4
Monte Polo 10 A 5
Monteponi 36 A 3-4 ⊠ 09010
Monteponi, Lago- 36 A 3
Monte Pórzio 10 A 7 ⊠ 61040
Monte Pórzio Catone 21 D 1 ⊠ 00040
Monteprandone 15 C 5 ⊠ 63033
Monte Pranu, Lago di- 36 C-D 4
Monte Prinzera, Riserva Naturale di- 1 B 8
Monte Pucci, Torre di- 24 C 6
Montepulciano 13 A 6-7 ⊠ 53045
Montepulciano, Lago di- 13 A 7-8
Montepulciano, Stazione di- 13 A 7 ⊠ 53040
Monterado 10 A 8 ⊠ 60010
Monterado, Colle- 17 A 4
Monterano 17 F 4-5
Monterano, Póggio- 10 A 1
Monterano, Riserva Naturale- 17 F 4-5
Monteráppoli 9 A 1 ⊠ 50053
Monterchi 10 C 1 ⊠ 52035
Montereale (AQ) 18 B 5 ⊠ 67015
Montereale (FC) 7 B 2
Montereggi 6 E 3
Monteréggio 4 C 6 ⊠ 54020
Monterenu 28 E 6-7
Monterénzio 3 F 1 ⊠ 40050
Monterénzio, Rovine di- 3 F 1
Montericco 2 B 3-4
Monteriggioni 9 D 2 ⊠ 53035
Monte Rinaldo 15 B 3 ⊠ 63020
Monteriolo 7 E 1
Monterivoso 18 A 2
Monte Roberto 10 C 8 ⊠ 60030
Monterocchetta 27 F 5 ⊠ 82010
Monteroduni 27 A 1 ⊠ 86075
Monterolo 10 B 6 ⊠ 61045
Monteromano 10 A 2
Monte Romano 17 E 3 ⊠ 01010
Monte Romano, Parrocchiale di- 6 B 6 ⊠ 48010
Monterone (AR) 10 A 2 ⊠ 52038
Monterone (BN) 27 F 6
Monterongrìffoli 13 A 5
Monteroni d'Árbia 9 F 4 ⊠ 53014
Monterosi 17 E-F 6 ⊠ 01030
Monterosi, Lago di- 17 E 6
Monterosso (AN) 10 C 6 ⊠ 60045
Monterosso, Stazione di- 10 C 6 ⊠ 60046
Monterosso al Mare 4 D 5 ⊠ 19016
Monterotondo (RM) 20 A 7 ⊠ 00015
Monterotondo Maríttimo 12 A 8 ⊠ 58025
Monterotondo Scalo 20 A 7 ⊠ 00016
Monteróvero, Monte- 23 F 1
Monterubbiano 15 A 4 ⊠ 63026
Monte Rubiáglio 13 E 8 ⊠ 05010
Monte Rufeno, Riserva Naturale- 13 E 7
Monterúmici 2 F 8
Móntes 30 D 5
Montesabinese 21 A 4 ⊠ 67061
Monte Sacro 20 B 7
Monte Salaiole, Casa- 10 E 4
Montesalso 1 A 7
Monte Salviano, Riserva Naturale- 21 B 6
Monte San Bartolo, Parco Regionale- 7 D 5-6
Monte San Biágio 26 C 3 ⊠ 04020
Monte San Giovanni 2 E 7
Monte San Giovanni Campano 21 F 7 ⊠ 03025
Monte San Giovanni in Sabina 18 D 1-2 ⊠ 02040
Monte San Giusto 11 F 5 ⊠ 62015
Monte San Martino 15 B 2 ⊠ 62020
Monte San Pietrángeli 11 F 5 ⊠ 63010
Monte San Pietro 2 D 7 ⊠ 40050
Monte San Quírico 5 E 6 ⊠ 55100
Monte San Savino 9 E 6 ⊠ 52048
Monte Santa Maria 18 E 1 ⊠ 02030
Monte Santa Maria, Chiesa- 7 F 5
Monte Santa Maria Tiberina 10 D 1 ⊠ 06010
Monte Sant'Ángelo 24 E-F 5-6 ⊠ 71037
Monte Sante Marie 9 E 5 ⊠ 53041
Montesanto (FE) 3 A 3 ⊠ 44010
Montesanto (PG) 14 D 7
Monte Santo, Chiesa di- 14 E 3
Monte Santu, Capo di- 33 E 7
Monte San Vito (AN) 11 B 3 ⊠ 60037
Monte San Vito (PG) 14 F 6
Montesárchio 27 F 4 ⊠ 82016
Monte Sasso 7 D 1
Montesca, la- 10 C 2
Monte Scalari, Fattoria- 9 A 4
Monte Scorra 36 A 3
Montescudáio 8 E 6 ⊠ 56040
Montescudo 7 D 4 ⊠ 47854
Montese 2 F 5-6 ⊠ 41055
Montesecco (PT) 6 D 1
Montesecco (PU) 10 B 6
Monte Senário, Convento- 6 D 3
Montesicuro 11 B 4 ⊠ 60020
Montesilvano 19 B 3 ⊠ 65015
Montesilvano Colle 19 B 3
Montesilvano Marina 19 B 3 ⊠ 65016
Montesóffio 10 A 4
Monte Sole, Parco Storico di- 2 E-F 7-8
Monte sopra Róndine 9 C 7
Monte Soratte, Riserva Naturale- 17 E 7-8
Monte Sorbo, Pieve di- 7 D 1
Monte s'Orcu, Rio- 36 B-C 4
Montespaccato 20 C 5
Montespécchio 2 F 5 ⊠ 41055
Monte Sperello 14 A 2
Montespértoli 9 A 2 ⊠ 50025
Monte Subásio, Parco Regionale- 14 A-B 5
Monte Táuro, Castello- 7 D 4
Monte Tavianella 6 B 2-3
Monteti, Monte- 16 B 8
Montetiffi 7 D 2
Montetórtore 2 F 6 ⊠ 41059
Monte Tranquillo, Santuário di- 22 D 1
Monte Urano 11 F 6 ⊠ 63015
Montevacà, Passo di- 1 C 4
Montevarchi 9 C 5 ⊠ 52025
Montevécchio (CA) 34 D 4 ⊠ 09030
Montevécchio (CB) 27 A 4
Montevécchio (FC) 7 C 1
Montevécchio (PU) 10 B 6
Montevécchio, Rio di- 34 D 4
Montevéglio 2 D 7 ⊠ 40050
Monteverde (AP) 15 A 3
Monteverde (CB) 27 A 3 ⊠ 86021
Monteverde (PG) 14 A 4
Monteverde, Quadrívio di- 27 A 4
Monteverdi Maríttimo 8 F 7 ⊠ 56040
Montevettolini 5 E 8 ⊠ 51010
Monteviale (AR) 10 A 1
Monte Vibiano Nuovo 14 C 2
Monte Vibiano Vécchio 14 C 2
Monte Vidon Combatte 15 B 3-4 ⊠ 63027
Monte Vidon Corrado 15 A 2-3 ⊠ 63020
Montevirgínio 17 F 5 ⊠ 00060
Montevitozzo 13 E 6 ⊠ 58010
Monti (AN) 11 C 4
Monti (MS-Licciana Nardi) 4 C 7 ⊠ 54017
Monti (MS-Pontrémoli) 4 A 6
Monti (PR) 1 C 5
Monti (SI-Gaiole in Chianti) 9 D 4 ⊠ 53010
Monti (SI-San Gimignano) 9 C 2 ⊠ 53010
Monti (SS) 31 B 4 ⊠ 07020
Monti, Rio de- 36 E 5-6
Montiano (FC) 7 B 2 ⊠ 47020
Montiano (GR) 13 F 2-3 ⊠ 58052
Monticchiello 13 B 6 ⊠ 53020
Montícchio 18 D 6 ⊠ 67020
Monticelli (AN) 10 D 6
Monticelli (FR) 26 B 5 ⊠ 03040
Monticelli (PG-Corciano) 14 A 2
Monticelli (PG-Marsciano) 14 B 2
Monticelli (PG-Perugia) 14 A 3
Monticelli (PR) 1 C 5
Monticelli Terme 2 A 2 ⊠ 43023
Monticello (AR) 9 C 6
Monticello, Monte- (FR) 21 F 8
Monticello Amiata 13 D 4 ⊠ 58047
Monticiano 13 A 2 ⊠ 53015
Monti di Cadiróggio 2 C 4
Monti di Villa 5 C 6
Montiego 10 B 4
Montieri 13 A 1 ⊠ 58026
Montieri, Póggio di- 13 A 1
Montignano (AN) 11 A 3 ⊠ 60010
Montignano (PG) 14 E 4
Montignoso (FI) 8 C 8
Montignoso (MS) 5 C 3-4 ⊠ 54038
Montilgallo 7 C 3
Montilongu, Punta di- 29 E 4
Montingégnoli 9 F 1
Montioni 12 B 7 ⊠ 57028
Montioni, Parco Interprovinciale di- 12 B-C 7
Montisi 13 A 6 ⊠ 53020
Monti Sibillini, Parco Nazionale dei- 14 C-D 8
Monti Simbruini, Parco Regionale dei- 21 B-C 4-5
Montísola 18 B 2 ⊠ 02045
Monti-Telti, Stazione di- 31 B 4
Monti Uri, Cantoniera- 31 D 2
Montóggio 1 C 1 ⊠ 16026
Montone (PG) 10 D 2 ⊠ 06014
Montone (TE) 15 E 6 ⊠ 64020
Montone, Fiume- 3 F 5
Montone, Fosso- 6 D 6
Montópoli di Sabina 18 F 1 ⊠ 02034
Montópoli in Val d'Arno 8 A 7 ⊠ 56020
Montorgiali 13 E 3 ⊠ 58050
Montório (GR) 13 E 6 ⊠ 58010
Montório al Vomano 18 A 7-8 ⊠ 64046
Montório in Valle 18 F 3
Montório nei Frentani 23 D 1 ⊠ 86040
Montório Romano 18 F 2 ⊠ 00010
Montoro (AN) 11 C 4
Montoro (TR) 17 B 7 ⊠ 05020
Montorsáio 13 D 2 ⊠ 58040
Montorsi, Monte- 27 A 7
Montorso 2 F 5 ⊠ 41020
Montorso, Galleria di- 25 B 8
Montórsoli 6 E 3
Montósoli 13 B 4
Montotto (AP-Fermo) 15 A 4
Montotto (AP-Monterubbiano) 15 B 4
Montottone 15 B 3 ⊠ 63020
Montóvolo, Santuário di- 6 A 2
Montozzi 9 C 6
Montresta 32 A 3 ⊠ 08010
Montuolo 5 E 5 ⊠ 55050
Monumento di Fuori 26 A-B 8
Monzone (MO) 2 E-F 4 ⊠ 41020
Monzone (MS) 5 A 3 ⊠ 54025
Monzuno 2 F 8 ⊠ 40036
Moo, Lago- 1 B 4
Mopolino 18 B 5
Mora 14 A 4
Moradúccio 6 A 5 ⊠ 40022
Moránego 1 C 1 ⊠ 16020
Morano, Osteria di- 10 F 5 ⊠ 06023
Morcella 14 C 2
Morciano di Romagna 7 D 5 ⊠ 47833
Morcone 27 C 4 ⊠ 82026
Mordano 3 E 3-4 ⊠ 40027
Moregnano 15 A 4 ⊠ 63027
Morella, Casa- 10 F 4
Morelli (FI) 5 F 8
Morelli (MC) 15 B 1
Morello (AN) 10 C 6
Morello (FI) 6 E 3
Morello, Monte- 6 E 3
Morena, Parrócchia di- 10 C 3
Móres 30 E 6 ⊠ 07013
Moresco 15 A 4 ⊠ 63026
Móres-Ittireddu, Stazione- 30 E 6
Moretta, Monte- 35 D 3
Morfasso 1 A 5 ⊠ 29020
Mórgia, Monte la- 22 A 4
Mórgia Giuntatore 27 B 6
Mórgia Schiavóne, Ponte- 22 D-E 7
Mórgie, le- 19 E 6
Morgongiori 34 B 5 ⊠ 09090
Mória 10 C 4
Moriano (FI) 6 F 4
Moriano (PG) 14 D 4
Morichella 15 B 1
Morico (MC-Pollenza) 11 F 4
Morico (MC-San Ginésio) 15 A 1
Moricone 18 F 1 ⊠ 00010
Moricone, Monte- 14 D 8
Moricone, Osteria- 18 F 1
Morignano 15 D 3
Morino 21 C 6 ⊠ 67050
Morléschio 10 F 3
Morlupo 17 F 8 ⊠ 00067
Morlupo-Capena, Stazione di- 17 F 7
Mormorola 1 C 6 ⊠ 43050
Moro, Monte- (CH) 22 B 7
Moro, Monte- (RI) 18 D 4
Moro, Monte- (SS) 29 D 5
Moro, Monte- (TR) 18 A 1
Moro, Torrente- 19 D-E 5
Morolo 21 F 5 ⊠ 03017
Morolo, Stazione di- (FR) 21 E 5 ⊠ 03017
Morolo, Stazione di- (RM) 17 F 7
Moroni, Ponte- 29 F 4
Morónico 6 A 7
Morra (PG) 10 D 1 ⊠ 06010
Morra (RE) 2 E 3
Morra, Monte- 21 A 2
Morrano Nuovo 14 E 1 ⊠ 05010
Morre 14 F 2 ⊠ 05020
Morrea 21 C 7
Morrea, Forchetta 21 C 7
Morrice 15 F 2
Morro (MC) 14 A 7 ⊠ 62032
Morro (PG) 14 C 6
Morrocco 9 B 2
Morro d'Alba 10 B 8 ⊠ 60030
Morro d'Oro 15 F 6 ⊠ 64020
Morrona 8 B 7 ⊠ 56030
Morrone, Montagne del- 19 F 2
Morrone, Monte- (AQ) 19 F 2
Morrone, Monte- (FR) 22 F 1
Morrone, Monte- (PE) 19 C 1
Morrone, Monte- (RI) 18 E 5
Morrone del Sánnio 22 E 8 ⊠ 86040
Morroni 27 F 6-7 ⊠ 83032
Morro Reatino 18 B 2 ⊠ 02010
Morrovalle 11 E 5 ⊠ 62010
Morrovalle, Stazione di- 11 E 5 ⊠ 62010
Morruzze 14 F 2
Morsiano 2 F 2-3
Mortaiolo 8 A-B 5
Mortale 21 F 8
Morte, Mácera della- 15 F 2
Mortore, Casa- 23 E 4
Mortório, Ísola- 29 D 6
Mortório, Torre- 37 B 4
Moru, Nuraghe- 35 A 6
Mórzola 2 A 2
Morzone, Monte 27 A-B 2
Moscano 10 D 7
Moscarello, Canale- 25 B 5
Mosce di Bramante, Masseria le- 23 F 7
Moscheta, Badia di- 6 B 4
Moschiaturo, Monte- 27 B 4
Móscia, Torrente- 6 E 5
Mosciano 6 F 2
Mosciano Sant'Ángelo 15 E 5 ⊠ 64023
Moscona, Póggio di- 13 D 2
Moscosi 10 E 8 ⊠ 62011
Moscufo 19 C 3 ⊠ 65010
Mossale 1 D 7
Mosse 17 B 4 ⊠ 01020
Mostri, Parco dei- 17 B 6
Motegu, Fontana- 35 C 1
Mótola, Monte- (AQ) 18 E 8
Mótola, Monte- (PG) 14 F 6
Motrone 5 C 5-6
Motrone di Versília 5 D 4
Motta (BN) 27 F 5
Motta Caggiano, Colle- 22 A-B 7
Motta Montecorvino 27 A 7 ⊠ 71030
Motta Montecorvino, Fiumara di- 27 A 8
Motta Panetteria, Masseria- 23 F 5
Motticella, la- 23 F 4
Mozza, Torre- 23 B 3
Mozzacatena 10 E 8
Mozzagrogna 19 E 5 ⊠ 66030
Mozzano 15 D 3 ⊠ 63040
Mozzano, Monte- 18 B 5
Mózzola, Torrente- 1 B 6-7
Múcchia 9 F 8
Múccia 14 A-B 7 ⊠ 62034
Mucciano 6 C 4
Mucciatella 2 B 3
Mucigliani 9 E 4
Muddetru, Monte- 29 F 3
Muddizza, la- 28 D 5-6
Mudégiu, Cantoniera- 30 F 4
Mudregu, Monte- 32 C 7
Muffa 2 D 7 ⊠ 40056
Mufloni, Cúccuru 'e- 33 F 4-5
Mugello, Regione- 6 D 4-5
Muggiano 4 E 6 ⊠ 19139
Mugnano (PG) 14 B 1-2 ⊠ 06076
Mugnano (SI) 9 F 3
Mugnano (VT) 17 B 6 ⊠ 01020
Mugnone, Torrente- 6 E 3
Mugoni 30 D-E 1
Mulárgia 32 B 6 ⊠ 08010
Mulárgia, Lago- 35 C-D 3
Mulárgia, Rio- 35 C 3
Mulazzano (RN) 7 D 4
Mulazzano Monte 2 B 1 ⊠ 43010
Mulazzo 4 B-C 6 ⊠ 54026
Mulina 5 C 4
Mulinelli 9 C 8
Mulini 27 F 2-3
Mulíno 2 D 6 ⊠ 41056
Mulino di Arzachena 29 D 4-5
Mulinu, Rio- 32 A 4
Multeddu 28 D-E 5
Mummuiola 11 D 3
Mumullónis, Punta- 34 E 3
Muncinale, Bruncu- 33 E 3
Mundúgia, Monte- 33 E 6
Mungianeddu, Punta- 33 E 3
Municca, Ísola- 29 B 3
Muntiggioni 28 D 6
Mura (FI) 8 B 8
Muráccio, Póggio- 6 C 3
Muraglione, Passo del- 6 D 6
Murano, Monte- 10 D 7
Murata 21 F 7
Muravera 35 F 6 ⊠ 09043
Murazzano (AN) 10 D 6
Murci 13 E 4 ⊠ 58050
Murdegu, Pranu- 34 D 5
Murera, Rio- 35 C 2
Múrgia, Casa- (CA-Gúspini) 34 D 4-5
Múrgia, Casa- (CA-Villacidro) 34 E 5
Múrgia, Casa- (OR) 34 C 5
Muriana 5 A 8
Muríccia, Chiesa- 6 E 5
Muriè, Nuraghe- 33 A 7
Muristene, Nuraghe- 33 B 5
Murittu, Punta- 33 B 4
Murlo 13 A 4 ⊠ 53016
Murlo, Miniera di- 13 A 4
Murlo, Monte- 10 F 2
Muro, Casa de- 35 D 3
Muro, Monte- 9 A 4
Muro Pizzo, Monte- 18 E 2
Múros 30 D 4 ⊠ 07030
Muros, Monte- 31 B 2
Murredda, Rio- 37 B-C 5
Murroni, Rio- 30 D 5
Murta, Rio de sa- 34 C 3
Múrtas, Cala di- 35 E 6
Múrtas, Paúli- 32 E 3
Múrtas, Scóglio di- 35 E 6
Múrtas, Torre di- 35 D 6
Murtazzolu, Rio- 32 C 6

Muru Mannu, Rio su- 35 D 3
Múscas, Casa- 32 E 5
Muschiaturo 24 C 4
Museddu 35 B 6
Musei 36 A 5
✉ 09010
Musella 7 D 1
Musellaro 19 E 2
✉ 65020
Muserale 14 B 1
Musiara Inferiore 1 C-D 8
✉ 43028
Musiara Superiore 1 C-D 8
Musigliano 5 F 5
✉ 56020
Musignano (VA) 17 C 2
✉ 01011
Musone 11 C 5
Musone, Fiume- 11 D 3
Mussático 2 C 1
Mussingiua 33 B 2
Mutigliano 5 D 5
✉ 55060
Mutignano 19 A 2
✉ 64038
Mútria, Monte- 27 B 3
Mutrucone, Cantoniera- 33 A 7
Mutteddu, Pranu- 35 D 3
Mutti, Póggio- 13 A 1
Mutucrone, Punta su- 31 E 6
Muzzaniga 3 D 2-3

N

Nacciarello 13 B 4
Nai, Monte- 37 B 6
Náia, Torrente- 14 E-F 3
Nansignano 27 E 3
Napoleone, Póggio- 9 F 4
Napoleone, Villa- 12 E 4
Naracáuli 34 E 3
Narba, Monte- 35 F 5
Narbolía 32 E 4
✉ 09070
Narcao 36 C 5
✉ 09010
Narcao, Monte- 36 C 5
Nardi 5 F 7
Nardoni, Masseria- 27 B 5
Naregno 12 E 5
Nárgius, Nuraghe- 32 D 5
Narnali 6 D 2
✉ 59100
Narni 17 B 8
✉ 05035
Narni Scalo 17 B 8
✉ 05036
Naro, Abbazia di- 10 B 4
✉ 61041
Nasci, Casa- 19 F 7
Náscio 1 E 3
Nasuti 19 E 5
Natzárgius, Nuraghe- 35 D 2
Navácchio 8 A 6
✉ 56023
Nave (LU) 5 E 5
Nave, la- 9 E 7
Navegna, Monte- 18 E 3
Navelli 18 E 8
✉ 67020
Navèrt, Monte- 1 E 7
Navicelli, Canale dei- 8 B 4
Navicello 2 B 6
Navrino, Monte- 32 A 4
Nazzano (RM) 17 E 8
✉ 00060
Nazzano Tévere Farfa, Riserva Naturale di- 17 E 8
Ne 1 E 3
✉ 16040
Nébbia, Monte della- 18 F 5
Nebbiano (AN) 10 D 6
✉ 60040
Nebbiano (FI-Certaldo) 9 B 2
Nebbiano (FI-Montespértoli) 9 A 1
Nébida 36 A 3
✉ 09010
Necrópoli eneolítica della Madonna delle Grázie 27 F 7
Necrópoli Etrusca (GR) 13 D 1
Necrópoli Etrusca (VT) 17 E 2-3
Negra, Punta- (SS-Alghero) 30 E 2
Negra, Punta- (SS-Stintino) 28 D 2
Negra, Torre- 30 D 1
Negro, Lago- (CH) 22 B 5
Negruzzo 1 A 2
Neirone 1 D 1-2
✉ 16040
Neirone, Torrente- 1 D 1-2
Nelo, Nuraghe su- 31 E 2
Nemi (MC) 14 B 8
Nemi (RM) 21 E 1
✉ 00040
Nemi, Lago di- 21 E 1
Neoneli 32 E 7
✉ 09080
Nepezzano 15 F 4-5
✉ 64020

Nepi 17 E 6
✉ 01036
Nera, Fiume- 14 D 7
Nera, Parco Fluviale del- 18 A 2
Nera, Punta- (LI) 12 E 3
Nera, Punta- (NU) 33 A 7
Nera Montoro 17 B 7
✉ 05027
Nérbisci 10 D 3
Nercone, Monte su- 33 D 5
Nereto 15 D 5
✉ 64015
Nerito 18 B 6-7
Nero, Colle- 22 E 4
Nero, Monte- (GE-PR) 1 D 3
Nero, Monte- (LT) 25 A 7
Nero, Monte- (SP) 4 C 5
Nérola 18 F 2
✉ 00017
Nerone, Monte- 10 B 4
Nerone, Palazzo di- 21 C 4
Nesce 18 E 4
Néspoli 6 C 8
✉ 47010
Néspolo 18 F 4
✉ 02020
Néstore, Fiume- 13 C 8
Néstore, Torrente- 10 D 1
Nettuno 25 B 4
✉ 00048
Nettuno, Grotta di- 30 E 1
Néula, Monte della- 29 F 4
Neulache, Ponte- 33 B 4
Neviano degli Arduini 2 C 1
✉ 43024
Neviano de' Rossi 1 B 8
✉ 43050
Névola, Fiume- 10 A 8
Niada, Bruncu- 35 B 5
Nibani, Ísole di li- 29 D 5-6
Nibaru, Punta de lu- 28 E 1
Nibbiáia 8 C 5
✉ 57010
Níbbio, Cima del- 26 B 3
Níbbio, Póggio- 17 D 5
Nicciano 5 A 4
Niccioleta 13 A 1
✉ 58020
Niccone 10 E 2
✉ 06010
Nicola 4 E 7
✉ 19034
Nicola, Monte- 24 D 6
Nicola Bove, Monte- 37 B 4
Nidastore 10 B 7
✉ 60040
Nido di Corvo, Pizzo di- 24 D 4
Nídos, Punta sos- 33 B 5
Nieddio, Nuraghe- 33 D 3
Nieddu, Monte (CA-Maracalagónis) 37 C 4-5
Nieddu, Monte- (CA-Núxis) 36 C 6
Nieddu, Monte- (NU-SS) 31 C 6
Nieddu, Nuraghe- 30 D 5
Nieddu di Ottana, Monte- 33 C 2
Nieddu Mannu, Monte- 35 F 6
Niévole, Torrente- 5 D 8
Ninci, Villa- 9 D 6
Ninfa 21 F 3
Ninfa, Lago di- 5 A 7
Ninfe, Cascata delle- 22 D 2
Nirano 2 D 5
Nirone 1 E 8
Nisi, Masseria- (FG) 23 C 4
Nismozza 2 E 1
Nisportino 12 D 5
Nisporto, Punta di- 12 D 5
Niviano (MO) 2 F 5
✉ 41020
Nocchi 5 D 5
✉ 55063
Nócchia, Canale- 25 B-C 6
Nocciano 19 D 2
✉ 65010
Noce (FI) 9 B 2
Noce (MS) 4 B 5-6
Nocella 15 F 4
Nocelleto 26 E 8
✉ 81030
Nocera Scalo 14 A 5
Nocera Umbra 14 A 6
✉ 06025
Noce Secca, Cantoniera- 33 C 4
Noceto (GE) 1 B 1
Noci (GE) 1 C 1
Nocivéglia 1 C 4-5
Nocolino 8 D 6
Nócria 14 D 8
Nódica 5 E 5
✉ 56010
Nodiggheddu 28 E 2
Noduladu, su- 31 D 3
Nodu Pianu 29 F 6
Nolza, Nuraghe- 33 F 2
Nomadélfia 13 D 2
Nomentana, Via- 18 A 7
Nomentum 20 A 7
Nomentum, Riserva Naturale- 20 B 7

Nommisci 18 A 5
Nonántola 2 B 6
✉ 41015
Nora 36 E 7
Nora, Fiume- 19 D 3
Noragúgume 32 C 7
✉ 08010
Norba 17 F 3
Norbello 32 D 6
✉ 09070
Nórchia 17 D 4
Nórcia 14 E 8
✉ 06046
Norma 21 F 3
✉ 04010
Nortiddi 31 E 4
Nortosce 14 E 7
Nostra Signora Bonária, Chiesa di- 35 E 4
Nostra Signora de Cabu Ábbas, Chiesa di- 30 F 5
Nostra Signora de Córos, Chiesa di- 30 E 4
Nostra Signora degli Ángel, Chiesa di- 33 B 5
Nostra Signora de is Grázias, Chiesa di- 36 C 5
Nostra Signora del Buon Cammino, Chiesa di- (CA) 36 A 4
Nostra Signora del Buon Cammino, Chiesa di- (NU) 33 B-C 5
Nostra Signora della Solitudine, Chiesa di- 33 B 4
Nostra Signora de Paúlis, Abbazia di- 30 D 4
Nostra Signora de su Monte, Chiesa di- (NU) 33 D 3
Nostra Signora de su Monte, Chiesa di- (SS) 29 E 5-6
Nostra Signora di Bonária, Santuário di- 28 F 5
Nostra Signora di Buoncammino, Chiesa di- 36 B 6
Nostra Signora di Castro, Chiesa di- 31 C 2
Nostra Signora di Gonari, Santuário di- 33 C 3
Nostra Signora di Loreto, Chiesa di- 33 C 4
Nostra Signora di Monserrato, Chiesa di- 33 B 5
Nostra Signora di Montallegro, Santuário di- 1 E 2
Nostra Signora d'Interríos, Chiesa di- 30 F 3
Nostra Signora di Otti, Chiesa di- 31 C 2-3
Nostra Signora d'Ítria, Santuário di- 33 D 3
Nostra Signora d'Íttiri, Chiesa di- 34 B 7
Nostra Signora Liscoi, Chiesa di- 33 B 2
Nostra Signora Sinni, Chiesa di- 33 B 2
Notaresco 15 F 5
✉ 64024
Notaresco, Stazione di- 15 F 5
✉ 64020
Notteri, Stagno- 37 C 5
Nóttola 13 A 7
Nova, Fiume la- 17 A 2
Nova, Fonte- 22 A 4
Novaféltria 7 E 2
✉ 61015
Nove Fontane, Località- 4 C 6
Novegígola 4 D 6
Novéglia 1 B 5-6
Novéglia, Torrente- 1 B 5
Novella, la- 13 D 6
Novellano 2 F 2
Novilara 7 E 6-7
✉ 61020
Novo, Cuile- 28 D 1
Nóvoli (FI) 6 D 3
✉ 50127
Novo San Giovanni, Monte- 33 D 4
Nozzano Castello 5 E 5
✉ 55050
Nozzano Vécchio 5 E 5
✉ 55050
Núccio, Ca'- 10 A 2
Nuche, Monte sa- 31 F 6-7
Núchis 29 F 2
✉ 07020
Núchis, Stazione di- 29 F 3
✉ 07020
Nuda, Monte la- 2 F 1
Nughedu San Nicolò 30 E 7
✉ 07010
Nughedu Santa Vittória 32 D 7
✉ 09080
Núgola 8 B 5
✉ 57010
Nule 31 F 3
✉ 07010
Nuluttu, Rio- 35 B 3
Nulvi 28 F 5
✉ 07032

Numana 11 C 6
✉ 60026
Nunnale, Nuraghe- 33 A 4
Nunzi, Masseria- 27 B 6
Nunziatella (GR) 16 C 7
Núoro 33 B 4
✉ 08100
Nuova, Casa- (PU) 10 A 3
Nuova, Casa- (TR) 13 E 8
Nuova, Fontana- 34 F 6
Nuova, Torre- (CA) 34 B 3
Nuova, Torre- (SS) 30 E 1
Nuovo, Piano- 14 E 1
Nuovo, Podere- 13 C 4
Nuovo, Ponte- (BN) 27 C 4
Nuovo, Ponte- (CA-Cagliari) 37 C 2
Nuovo, Ponte- (CA-Villasor) 34 F 6-7
Nuovo, Ponte- (FR) 26 B 2
Nuovo, Ponte- (IS) 22 F 3
Nuracale, Nuraghe- 32 C 4
Nuracciolu, Punta- 34 D 3
Nuraceddu 31 B 6
✉ 08020
Nuraghi, Valle dei- 30 F 5-6
Núragus 34 B 7
✉ 08030
Nurallao 34 B 8
✉ 08030
Nuráminis 35 F 1-2
✉ 09024
Nuraxi, Nuraghe su- 34 C 7
Nuraxi de Mesu 36 E 6
Nuraxi Fígus 36 B 3
Nuraxinieddu 32 F 4
✉ 09070
Nurchidda, Nuraghe- 31 F 2
Nurdole, Fiume- 33 B 3
Nurecci, Monte- 34 C 4
Nureci 34 A 7
✉ 09080
Núria, Monte- 18 D 4
Nurietta, Monte- 18 D 4
Nuritzi, Monte- 35 D 2
Nurra 34 A 7
Nurra, Regione la- 30 C-D 2-3
Núrres, Monte- 31 D-E 6
Nurri 35 C 3
✉ 08035
Nurri, Cantoniera di- 35 B 3
Nurta, Nuraghe- 35 A 6
Núschele, Monte- 33 A 3
Nusenna 9 C 5
✉ 53010
Núxis 36 C 5
✉ 09010
Nuzzo, Piani del- 27 D 7-8

O

Obachelle, Monte- 21 F 8
Óbolo, Monte- 1 A 5
Oca, Pizzo d'- 1 B 6
Occhetta 30 E 7
Occhione, Punta- 29 D 4
Occhito, Lago di- 23 F 1
Oche, Punta delle- 36 C 2
Oche, Rio de sa- 33 B 5
Ocosce 14 F 7
Ocre (AQ) 18 D 6
✉ 67040
Ocre (RI) 18 A 3
Ocre, Monte- 18 E 6
Ocrículum 17 C 7
Oddastru, Rio- 29 D-E 4
Oddastru, Stazione- 29 E 4
Oddeu, Monte- 33 C 5
Oddie, Monte- 31 F 6
Ode, Monte- 18 D 1
Odescalchi, Castello- 20 B 3
Ódio, Fiume- 19 B 2
Oes, Nuraghe- 30 F 5
Ofena 18 D 8
✉ 67025
Offagna 11 C 4
✉ 60020
Offeio 18 D 3
Offida 15 C 4
✉ 63035
Ogliastra, Ísola dell'- 33 F 7
Ogliastra, Regione- 35 A 6
Ógnio 1 D 1
✉ 16030
Ola, Nuraghe- 33 B 3
Oladri, Monte- 36 F 2
Olai, Rio- 33 D 4
Ólbia 29 F 5
✉ 07026
Ólbia 2 29 E-F 5
Ólbia, Golfo di- 29 F 6
Olena 9 C 3
Olesa, Punta- 31 E 2
Oletto, Rio- 30 F 7
Olévano Romano 21 C 3
✉ 00035
Olévola, Torre- 25 D 8
Olévole 14 D 1

Olgiata 20 A 5
Olía, Monte- 31 C 4
Olía Speciosa 37 A 5
Olíena 33 B 4
✉ 08025
Olíena, Rio d'- 33 B 4
Olina 2 F 4
✉ 41020
Olinie, Monte- 33 E 5
Olivara 2 E 5-6
Olivella 26 A 6
Olivello 13 A 4
Olivera, Cantoniera s'- 32 B 4
Oliveto (AR) 9 D 6
Oliveto (BO) 2 D 7
Oliveto (FI) 9 B 1
Oliveto (RI) 18 E 2
Olívola (MS) 4 C-D 7
Olívola, Masseria- 27 D-E 5
Ollasteddu, Monte s'- 36 D 5
Ollastra 32 F 5
✉ 09084
Ollastra Simáxis 32 F 5
✉ 09084
Ollastu, Conca s'- 34 B 5
Ollastu, Riu- 34 F 4-5
Ollolai 33 C-D 3
✉ 08020
Olmedo 30 D 3
✉ 07040
Olmeto (PG) 14 C 2
Olmeto (TE) 15 E 3
Ólmi 22 B 6
Olmi (PT) 6 E 1
✉ 51038
Olmo (AR) 9 D 7
✉ 52040
Olmo (FI) 6 E 3
Olmo (PC) 1 A 4
Olmo, l'- (PG) 10 E 1
Oloitti 28 F 6
Olólvica, Punta- 31 E 4
Ólpeta, Fosso- 17 A 2
Oltre Vara 4 D 5-6
Olzai 33 C 2-3
✉ 08020
Olzai, Rio di- 33 C-D 2
Ombréglio 5 D 6
Ombría, Castelliere- 1 B 6
Ombrone, Fiume- 13 D-E 3
Ombrone, Torrente- 6 E 1
Óminis, Perda de is- 36 D 3
Omodeo, Lago- 32 D 6-7
Omu, Nuraghe s'- 35 B 5
Onamarra, Punta- 33 C 6
Onanì 31 F 5
✉ 08020
Onano 13 F 7
✉ 01010
Onelli 14 F 7
Oneto 1 E 2
Onferno 7 E 4
✉ 47855
Onferno, Riserva Naturale di- 7 E 4
Onifai 33 A 6
✉ 08020
Oniferi 33 B 3
✉ 08020
Oniferi, Stazione di- 33 B 3
✉ 08020
Onna 18 D 6-7
✉ 67020
Ónnis, Fontana- 34 D 6
Ontaneta 6 E 3
Ontignano 6 E 3
Opagna 14 F 8
Opi (AQ-Fagnano Alto) 18 E 7
Opi (AQ-Opi) 22 D 1
✉ 67030
Óppia Nuova 30 E 6
Óppio, Passo di- 5 C 8
Oramara, Monte- 1 B 3
Orani 33 C 3
✉ 08026
Oratiddo, Nuraghe- 32 D 3
Oratino 22 F 7
✉ 86010
Oratóio 8 A 5
Orázio, Villa di- 21 A 2
Orbai 36 B 5
Orbai, Monte- 36 E 6
Orbetello 16 C 6
✉ 58015
Orbetello Scalo 16 C 7
✉ 58016
Orbetello, Laguna di- 16 C 6-7
Orbicciano 5 D 5
Orchi 26 C 7
Órcia, Fiume- 13 C 4
Orciano di Pésaro 10 A 7
✉ 61038
Orciano Pisano 8 C 6
✉ 56040
Orciático 8 C 7
✉ 56030
Ordignai, Nuraghe d'- 33 A 6
Órdini, Monte- 35 E 6
Orecchiella 5 A 5
Orello, Monte- 12 E 4

Orentano 5 F 7
✉ 56020
Orero (GE-Orero) 1 D 2
✉ 16040
Orézzoli 1 B 3
✉ 29026
Orfento, Fiume- 19 F 3
Órgia 9 F 3
Órgiu Trudu, Punta- 36 D 5
Orgorui, Nuraghe- 33 C 4
Orgósolo 33 C 4
✉ 08027
Orguda, Nuraghe- 33 F 5
Oriano 1 B 7
Orícola 21 A 3
✉ 67063
Oridda, Valle- 34 F 4
Oriola 7 C 2
✉ 47020
Oriolo (RA) 6 A 7-8
Oriolo Romano 17 F 5
✉ 01010
Oristano 34 A 4
✉ 09170
Oristano, Golfo di- 34 A-B 3-4
Oritti, Nuraghe- 33 D 2
Orizzanna, Nuraghe de- 33 A 3
Orlando, Torre d'- 26 D 4
Orme, Torrente- 9 A 1
Ornano Grande 18 B 8
✉ 64040
Ornaro 18 E 2
Orneta 27 E 8
✉ 83030
Orneto 4 B 5
Oro (PG) 14 C 1
Oro, Monte- 21 E 3
Oro, Monte d'- (FR) 26 B 5
Oro, Monte d'- (PU) 7 F 4
Oro, Monte d'- (VT) 17 B 4
Oro, Ponte d'- 12 A 6
Orocco, Monte- 1 C 4
Orosei 33 A 6-7
✉ 08028
Orosei, Golfo di- 33 B-C 6-7
Orosei, Monte- 33 E 5
Orotelli 33 B 2
✉ 08020
Orotelli, Serra d'- 33 A-B 2
Orri, Monte- 36 B 5
Órria, Nuraghe- 28 E 5-6
Órrido di Botri, Riserva Naturale- 5 B 7
Orríola, Monte- 31 C 3
Orrisezzo, Monte- 32 E 7
Orroli 35 C 3
✉ 08030
Orru, Cúccuru 35 E 3
Orsa, Monte- 19 F 2
Orsaiola, Chiesa- 10 A-B 4
Orsara 6 A 5
Orsaro, Monte- 1 D 7
Orsello, Monte- 18 E 6
Orsigna 5 B 8
✉ 51020
Orsigna, Monte- 5 B 8
Orsini, Casa- 17 E 6
Orsino, Ponte- 21 D 3
Orso, Capo d'- (SS) 29 C 4-5
Orso, Colle dell'- (AQ) 18 F 6
Orso, Colle dell'- (IS) 22 F 5
Orso, Monte- 26 C-D 4
Orsogna 19 E 4
✉ 66036
Orta, Fiume- 19 E 2
Ortacésus 35 E 2
✉ 09040
Ortano 12 E 5
Ortano, Capo- 12 D-E 5
Orte 17 B-C 7
✉ 01028
Ortelle (FR) 21 F 5
Orte Scalo 17 C 7
✉ 01029
Ortezzano 15 B 3
✉ 63020
Orti, Casa l'- 13 E 3
Ortignano-Raggiolo 9 A 6
✉ 52010
Ortimino 9 A 1
Orti su Loi 37 C 1
Orto, Rio su- 33 B 2
Ortobene, Monte- 33 B 4
✉ 08100
Ortolano 18 B 6
✉ 67010
Ortolu, Nuraghe- 30 F 5
Ortona 19 C-D 5
✉ 66026
Ortona dei Marsi 21 B 8
✉ 67050
Ortonovo 4 E 7
✉ 19034
Ortuábis, Cantoniera- 35 A 2
Ortuábis, Stazione- 35 A 2
Ortúcchio 21 B 8
✉ 67050
Ortueri 33 E 1
✉ 08036
Ortueri, Rio di- 32 E-F 7
Orturano 4 B 7
Orune 33 A 4
✉ 08020
Oruni, Canale- 30 D-E 2

Orvieto 14 F 1
✉ 05018
Orvili, Cantoniera- 31 D 7
Orvínio 18 F 3
✉ 02035
Orzale 9 E 8
Orzignano 5 F 5
Orzili, Monte- 33 F 6
Osa 14 E 2
Osa, Osteria dell'- 21 C 1
Osa, Torrente- 16 A 6-7
Osacca 1 C 5
Osalla, Caletta di- 33 B 6
Osalla, Rio d'- 33 B 6
Osarella 14 E 1
Osaspera, Cantoniera- 31 E 3
Oscano 14 A 2
Óschina, Nuraghe- 32 E 5
Óschiri 31 C 2
✉ 07027
Óschiri, Contra di- 33 A 2
Óschiri, Rio di- 31 C-D 2
Ose, Torrente- 14 B 4
Osento, Fiume- 19 F 6
Ósero, Monte- 1 A 4
Osidda 31 F 3
✉ 08020
Ósilo 28 F 5
✉ 07033
Ósimo 11 C 5
✉ 60027
Ósimo Stazione 11 C 5
✉ 60028
Ósini 35 A 5
✉ 08040
Ósini Nuovo 35 A 5
Ósini Vécchio 35 A 5
Ósoli 15 D 2
Ospedale, l'- 9 C 5
Ospedaletto (FC-Bertinoro) 7 A 1
Ospedaletto (FC-Forlì) 7 A 1
Ospedaletto (LT) 21 F 3
Ospedaletto (PG) 14 E 7
Ospedaletto (PI) 8 A 5
Ospedaletto (RE) 2 B 4
Ospedaletto (RN) 7 D 4
✉ 47852
Ospedaletto (TR) 14 D 1
✉ 05010
Ospedalícchio 14 B 4
✉ 06080
Ospitale (MO) 5 A 8
✉ 41021
Ospitaletto (MO) 2 D 5
✉ 41054
Ospitaletto (RE) 2 F 1
Ospitàl Monacale 3 B 3
✉ 44010
Ospízio, Chiesa- 13 D 7
Ossáia 9 F 8
Ossano 3 F 3
Ossário di Castelfidardo 11 C 5
Ossegna 4 B 4
Osservanza, Chiesa dell'- 13 B 4-5
Osservatório Meteorológico di Monte Cimone 5 A 7
Ossi 30 D 4
✉ 07045
Ossoni, Monte- 28 D 5
Ostellato 3 A 4
✉ 44020
Osteria (AN) 10 B 7
Osteria (PI) 8 C 7
Osteria, l'- 36 C 5
Osteriáccia, l'- 13 D 8
Osteriáccia, Monte- 7 E 4
Osteria del Colle 14 A 2
Osteria di Morano 10 F 5
Osteria di Piávola 7 C 1
Osteria Grande 3 D-E 1-2
✉ 40060
Osterianova 11 D 4
Osteria Nuova (FI) 6 F 3-4
✉ 50012
Osteria Nuova (PU-Apécchio) 10 B 3
Osteria Nuova (PU-Montelabbate) 7 E 5
✉ 02030
Osteria Nuova (RI) 18 E 2
Osteria Nuova (RM) 20 A 5
Osteriola 3 C 1
Óstia 20 D 5
Óstia Antica 20 D 5
✉ 00119
Óstia Parmense 1 C 6
✉ 43040
Óstina 9 A 5
Ostina, Cala- 28 D 5
Ostra 10 B 8
✉ 60010
Ostra Antica 10 B 8
Ostra Vétere 10 B 7
✉ 60010
Otre, Grotta l'- 21 A 5
Otrícoli 17 C 7
✉ 05030
Ottana 33 C 2
✉ 08020
Ottava 28 F 3
Ottava, Rio d'- 28 E-F 3

Ottávia 20 B 6
✉ 00135
Ottavo 9 B 4
Ottignana 6 C 6
Ottiolu 31 C 6-7
✉ 08020
Ottiolu, Punta d'- 31 C 7
Ottone 11 D 4
Ottone (PC) 1 B 2-3
✉ 29026
Ovíndoli 18 F 7
✉ 67046
Ovodda 33 D 3
✉ 08020
Ozieri 30 E 6-7
✉ 07014
Ozieri, Rio d'- 30 E 6-7
Ózola, Torrente- 2 F 2
Ozzano dell'Emilia 3 D 1
✉ 40064
Ozzano Taro 1 A 8
✉ 43046
Ozzastru, Nuraghe- 30 D 5
Ozzóla 1 A 3

—————

P

Pabillónis 34 D 5
✉ 09030
Pabillónis, Stazione di- 34 D 5
✉ 09030
Pace (RI) 18 E 4
✉ 02020
Pace, Chiesa la- (AR) 9 E-F 7
Pace, Chiesa la- (FG) 24 F 5
Pace, la- (TN) 11 E 4-5
Pacentro 22 A 2
✉ 67030
Paci, Rifúgio 15 D 3
Paciano 13 B 8
✉ 06060
Pacima, Monte la- 18 C 6
Pácina 9 E 4
Pacini, Rifúgio- 6 C 2
Padedda, Punta- 28 F 1
Padente, Nuraghe de- 35 A 3
Paderna (RE-Baiso) 2 C 4
Paderna (RE-Vezzano sul Cróstolo) 2 C 3
Paderno (BO) 2 D 8
✉ 40136
Paderno (FC) 7 D 1-2
Padiglione 11 C 4-5
Padiglione, Bosco del- 25 A 4-5
Padiglione, Monte- 21 A 5
Padiglione, Stazione di- 25 A 4
Padivarma 4 D 5-6
✉ 19020
Padónchia 10 C 1
Padovano, Posta- 24 F 4
Pádria 32 A 4
✉ 07015
Padrogiano 29 F 5
Padrogiano, Fiume- 29 F 5
Padru 31 C 5
✉ 07020
Padru, Monte- 29 E 3
Padru Maggiore, Nuraghe- 32 C 4
Padru Mannu 32 A-B 6
Padula (TE) 18 A 6
✉ 64040
Padúlas, Fruncu- 33 C 4
Padule (FI) 6 D 4
Padule (PG) 10 E 4
✉ 06020
Paduledda 28 C 6
Padule di Fucécchio 5 E 8
Padule di Raspollino 13 D-E 1
Paduli 27 E 6
✉ 82020
Paduli, Lago- 4 B 8
Paduli, Stazione di- 27 E 6
✉ 82020
Padulivo 6 D 4
Padulle 2 B 8
✉ 40010
Padulo, Cantoniera- 29 F 2
Pagana, Póggio della- 16 D 4
Pagánica 18 D 6-7
✉ 67016
Pagánico (FC) 6 E 8
Pagánico (GR) 13 C 3
✉ 58048
Pagánico (PU) 10 A 3
Pagánico Sabino 18 F 3
✉ 02020
Paganina 9 F 1
Pagano, Monte- (AQ) 22 D 4
Paganúccio, Monte- 10 A 5
Pagazzano (PR) 1 C 7
Paggese 15 E 2
✉ 63041
Paggi 1 E 3
Paghette 18 B 4
Pagino 10 A 5
Páglia, Fiume- 13 E 8
Pagliáccia 14 A 3
Pagliana 6 B 3-4
Pagliana, Casa- 8 B 6
Paglian Casale 20 E 7

Pagliano 10 E 7
Pagliara (AQ) 21 B 5
✉ 67050
Pagliara (BN) 27 F 5
✉ 82010
Pagliare (AP) 15 D 5
✉ 63036
Pagliare (AQ) 18 D 5
✉ 67018
Pagliare, Rovine- 18 D 8
Pagliarelle, Monte- 27 C 4
Pagliaro, Monte- (GE) 1 D 2
Pagliaro, Monte- (RM) 21 B 2
Pagliaro Inferiore 1 A 1
Pagliaro Superiore 1 A 1
Pagliaroli 18 A 7
✉ 64040
Pagliarone, Monte- 27 B 8
Paglicci, Grotta- 24 F 3
Paglieríccio 6 F 6
Paglieta 19 F 6
✉ 66020
Pagliete, Bonífica di- 20 C 4
Pagliola, Torrente- 13 D 6
Pagliosa, Ísola sa- 32 A 3
Pagliuca 27 F 7
Pagnana 5 F 8
Pagno (FC) 7 E 1
Pago, Monte il- 18 C 5
Pago, Monte lo- 18 F 6
Pago Veiano 27 D 6
✉ 82020
Paidorzu, Monte- 31 F 2
Palacane, Masseria- 24 F 3
Palacéris, Casa- 36 E 7
Paladini 18 B 6
Pala 'e Rughes, Nuraghe- 32 A 7
Palágano 2 F 3-4
✉ 41046
Palágio 8 C 8
Palagione 8 D 8
Palai, Punta- 32 B 7
Paláia 8 B 7-8
✉ 56036
Palanzano (PR) 1 D 8
✉ 43025
Palata (CB) 22 C 8
✉ 86037
Palau 29 C 4
✉ 07020
Palazza 3 D 3
Palazza, la- 10 A 1
Palazzata 10 E 8
Palazzetto (PG) 10 F 5
Palazzetto (SI) 13 A 2
Palazzi (AR) 10 A 1
Palazzi (PI) 8 A 5
Palazzi (PU) 10 A 3
Palazzina, la- (CE) 27 B 2
Palazzina, la- (PI) 8 A 4
Palazzina, la- (SI) 13 D 7
Palazzina d'Ete 15 A 4
Palazzo (AN) 10 B-C 6
✉ 60010
Palazzo (BO) 2 F 6
Palazzo (LI) 12 E 4-5
Palazzo (MC-Esanatoglia) 10 F 7
Palazzo (MC-Póggio San Vicino) 10 D 8
Palazzo (PG) 14 A 4
✉ 06080
Palazzo, il- (FI) 6 E 5
Palazzo, il- (PU) 7 F 4
Palazzo, Riserva Naturale- 9 F 1
Palazzo Bovarino 14 D 1
Palazzo del Pero 9 D 8
✉ 52030
Palazzo Guerrino 3 D 3
Palazzo Guglielmi 19 F 3
Palazzolo (FI) 9 A 4
Palazzolo (PG) 10 E 5
Palazzo Mancinelli 10 F 5
Palazzo Marcucci 6 A 7
Palazzone (PG) 10 D 1
Palazzone (SI-Pienza) 13 A 6
Palazzone (SI-San Casciano dei Bagni) 13 D 7-8
✉ 53040
Palazzo Rossi 2 E 8
Palazzo Tamba 2 E 8
Palazzuolo (AR) 9 D 5-6
✉ 52048
Palazzuolo Alto 9 D 5
Palazzuolo sul Sénio 6 B 5
✉ 50035
Palcano 10 C 4
Pale 14 C 5
✉ 06030
Palena 22 B 3
✉ 66017
Palena, Stazione di- 22 B 3
✉ 66017
Palente, Rio di- 14 A 7
Palermo, Torrente- 24 D 6
Palestrina 21 C 2
✉ 00036
Palestrina, Stazione di- 21 D 2
✉ 00036
Paliano 21 D 3-4
✉ 03018

Palidoro 20 B 4
Pallano, Monte- 22 A 5
Pallavicino (AL) 1 A 1
Pallerone 5 A 2
✉ 54020
Palleroso 5 B 5
✉ 55032
Pallosu, Cala su- 32 E 3
Pallosu, su- 32 E 3
Palma, Monte 34 F 3
Palmádula 28 F 1
✉ 07040
Palmaiola, Ísola- 12 D 5
Palmária, Ísola- 4 F 6
✉ 19025
Palmarola, Ísola- 25 D-E 1
Pálmas 36 D 4
Pálmas, Golfo di- 36 D-E 3-4
Pálmas, Porto- 28 F 1
Pálmas, Rio- 36 D 4
Pálmas Arboréa 34 A 4-5
✉ 09090
Palmavera, Nuraghe- 30 E 2
Palmiano 15 D 2
✉ 63049
Palmirano 3 A 3
Palmo, Monte- 14 D 8
Pálmoli 22 B 6
✉ 66050
Pálmori 23 F 5
✉ 71030
Palo (RM) 20 B 3
✉ 00055
Palombáia, Colle- 12 E 3
Palombara (TE) 18 B 8
Palombara (TR-Allerona) 13 D 8
Palombara (TR-Narni) 17 A 8
Palombara, Osteria- 26 A 2
Palombara Marcellina, Stazione di- 21 B 2
Palombara Sabina 21 A 1
✉ 00018
Palombare 18 A 1
Palombarese, Via- 21 B 1
Palombaro 19 F 4
✉ 66010
Palombi 15 B 2
Palombina Nuova 11 A-B 4
✉ 60020
Palombina Vécchia 11 A-B 4
✉ 60020
Palombo, Monte- 22 C 1
Palone, il- 8 F 6
Paltrático 9 C 7
Paludi, Cantoniera- 33 A 5
Panaro, Fiume- 2 D 6
Panaro, Monte- 13 F 8
Panco, Cima- 14 E 4
Páncole (GR) 13 F 3
✉ 58050
Páncole (SI) 9 C 1
Pan di Zúcchero, Scóglio- 36 A 3
Pane e Vino, Fosso- 25 A 5
Panella, Masseria- 27 C 2
Panesi 1 E 3
Pangone, Bívio- 2 E-F 4
Pánia della Croce, Monte- 5 C 4-5
Pánia di Corfino, Monte- 5 A 5
Panicáglia 6 C 4
✉ 50030
Panicágliora 5 D 7-8
Panicale (PG-Città di Castello) 10 C 2
Panicale (PG-Panicale) 14 B 1
✉ 06064
Panicale, Stazione di- 13 B 8
✉ 06064
Panicali 10 D 8
Panicarola 14 B 1
✉ 06060
Pánico 2 E 7
Panigheto, Monte- 6 B 6
Panighina 7 A-B 1
Panna 6 B-C 3
Pánnesi 1 D 1
Panócchia 2 A 1
Pantaleo 36 D 6
Pantalla 14 D 3
✉ 06050
Pantana (PU) 10 B-C 6
Pantana (RI) 18 D 2
Pantaniello (IS-Pettoranello del Molise) 22 F 4-5
Pantaniello (IS-Sessano) 22 F 4-5
Pantano (CE) 27 D 2
Pantano (FR) 21 C 5
Pantano (IS) 22 F 3
Pantano (PG) 10 F 2
✉ 06070
Pantano (RE) 2 D 3
✉ 42033
Pantano, Casa- 17 F 2
Pantano, Chiesa di- 6 C 7-8
Pantano, Fonte di- 22 C 2
Pantano, Monte- 22 F 3
Pantano Borghese 21 C 1
Pantiere 10 C 8
Panzano (FI) 9 B 3
✉ 50020

Panzano (MO-Campogalliano) 2 A 5
✉ 41011
Panzano (MO-Castelfranco Emilia) 2 B 6
Páola, Torre- 25 D 7
✉ 54020
Paolantónio 15 D-E 4
✉ 64016
Paolelli 17 E 7
Paolino, Masseria- 24 E 5
Paolino, Monte- 26 B 6
Paolisi 27 F 4
✉ 82011
Papalai, Punta- 33 B 2
Papale, Masseria- 27 A 5
Paperino 6 E 2
✉ 59100
Papiano (AR) 6 E 6
✉ 52017
Papiano (PG) 14 C 2
✉ 06050
Papiano (PT) 6 E 1
Papiano-Castello di Forme, Stazione de- 14 C 3
Papigno 18 B 1
✉ 05037
Para 7 B 1
✉ 47014
Para, Torrente la- 7 E 1
Paradiso, Costa- 29 D-E 1
Paradiso, Monte- 20 A 2
Paradiso, Scóglio- 24 C 6
Paraggi 1 E 2
✉ 16038
Paragnano, Cala di- 29 A 2
Parana 4 C 6
Paranesi 15 F 3
Parapinta, Rio- 29 F 2
Parasacco (FE) 3 A 4
Parasano, Monte- 21 B 8
Parazzuolo 1 C-D 2-3
✉ 16040
Parchetto, il- 24 D 6
Parchiule 10 A 2
Párdis, Monte- 35 C 3
Pardu, Monte- 35 E 4
Pardu, Nuraghe- 35 C 2
Pardu, Rio- 35 A 5
Pardu Atzei 34 D 4
Parello, Cascata del- 22 B 4
Pareti 12 E 4-5
Pari 13 B 3
✉ 58040
Pariana 5 D 7
Paringianu 36 C 3
Páris, Monte sos- 28 E 5
Parisa, Masseria- 23 F 3
Pariti, Masseria- 23 F 8
Parlapiani 27 B 4-5
Parláscio 8 B 6
Parlesca 10 F 3
✉ 06080
Parma, Torrente- 2 A 1-2
Parma di Badignana, Torrente- 1 D-E 7
Parnacciano 10 B 2
Parolito 11 F 3
Parrana San Giusto 8 B 5
✉ 57010
Parrana San Martino 8 B 5
✉ 57010
Parrano (PG) 14 D 5
Parrano (TR) 14 D 1
✉ 05010
Parrédis, Monte- 35 E 5
Parrina (PG-Città di Castello) 10 C 2
Parrina, la- 16 B 7
Partigliano 5 D 5-6
Partino 8 B 7
✉ 56030
Partitore 2 A 2
Pascellata 15 F 3
✉ 64010
Pascelupo 10 D 5
✉ 06020
Pascoso 5 C 5
✉ 55060
Pasna 3 F 6
Pasquali 1 A 7
Pasquarelli 27 F 5
Pasquílio 5 C 3
Passággio 14 B 4
✉ 06080
Passignano 9 B 3
Passignano, ex Badìa a- 9 B 3
Passignano, Monte- 26 C 3
Passignano sul Trasimeno 10 F 1 ✉ 06065
Passionisti, Chiesa dei- 11 E 5
Passionisti, Convento- 16 C 6
Passo (PU) 7 F 6
Passo Corese 18 F 1
✉ 02036
Passo dei Pecorai 9 A 3
✉ 50020

Passo di Ripe 10 A 8
✉ 60010
Passo di Tréia 11 E 4
✉ 62010
Passogatto 3 C 4
✉ 48028
Passone, Passo il- 2 F 2
Passo Oscuro 20 C 4
✉ 00050
Passo Sant'Ángelo 15 A 2
Passo Segni 3 A 2
Pástena (FR) 26 B 4
✉ 03020
Pástena (IS) 22 F 5
Pástena, Grotte di- 26 A 4
Pástene 27 F 5
✉ 82010
Pástina (PG) 10 F 5
Pástina (PI) 8 C 6
✉ 56040
Pástine 9 C 2
Pastinelle, le- 26 A 6-7
Pastorano (BN) 27 F 4
Pastorano (CE) 27 E 1
✉ 81050
Pastorello 2 C 1
✉ 43010
Patada, Nuraghe sa- 28 F 4
Patalécchia, Monte- 27 A 2
Paterno (AN-Ancona) 11 B 4
✉ 60020
Paterno (AN-Fabriano) 10 E 7
Paterno (AQ) 21 A 7
✉ 67050
Paterno (FI-Montespértoli) 9 A 1
Paterno (FI-Pélago) 6 F 5
Paterno (FI-Váglia) 6 E 3
Paterno (MC-San Severino Marche) 10 F 8
Paterno (MC-Tolentino) 11 F 3
Paterno (RI) 18 C 3
Paterno (TE) 15 E 4
✉ 64010
Patigno 4 B 5
Pátrica 21 F 5
✉ 03010
Patrignani, Podere- 3 C 7
Patrignolo 10 E 8
Patrignone (AP) 15 C 3
✉ 63034
Patrignone (AR) 9 C 7
Patrignone (PI) 5 E 5
Patrignone, Fosso- 16 A 7
Pattada 31 E 2
✉ 07016
Pattada, Nuraghe sa- 31 E-F 2-3
Pattada, Rocca sa- 32 C 4
Pau 34 B 6
✉ 09090
Pau, Rio- 34 F 5-6
Paucéris, is- 36 C 6
Paucéris Mannu, Monte is- 36 C 6
Páule, Casa- 30 D-E 5
Páule, Monte- 31 E 3
Páuli Arbarei 34 C 6-7
✉ 09020
Paulilátino 32 D-E 5
✉ 09070
Paulilátino, Cantoniera di- 32 E 5
Páuli Maiori (CA) 34 B 7
Páuli Maiori (NU) 34 B 6-7
Páuli Maiori (OR) 34 A 4
Páuli Múrtas 32 E 3
Paulinu, Punta- 33 E 4
Páulis, Monte- 35 A 6
Pauloni, Serra- 29 C 3
Paupisi 27 D 4
✉ 82030
Paura, la- 25 A 8
Paura, Passo della- 22 C 3
Paurano 9 D 2
Pávana Pistoiese 6 B 1
✉ 51020
Pavaracchi, Monte- 27 B 1
Pavareto 4 C 4
Pavelli 9 B 4
Pavone, Bívio del- 17 F 6
Pavone, Torrente- 8 F 8
Pavullo nel Frignano 2 E 5
✉ 41026
Paza, Cúccuru 'e- 33 D 4
Pazienza, Masseria- 23 E 3
Pazzano (MO) 2 D 5
✉ 41028
Pazzere 5 E 8
Pazzosa, Seno de sa- 32 A 3
Peano, Villa- 14 A 3
Pecchione 2 B 4
Péccia, Fiume- 26 B 7
Péccioli 8 B 7
✉ 56037
Peci, Monte- 4 C 8
Pécora, Capo- 34 E 2-3
Pécora, Fiume- 12 C 8
Pecoraro, Monte- (CE) 26 D 7
Pecorile 2 C 3
✉ 42020
Pecorile, il- 6 B 3
Pecorone (PZ) 13 F 8
Pedara (AP) 15 D 2

Pedaso **15** A 5
⊠ *63016*
Peddi de Cani, Fontana- **35** C 5
Péddis, Casa- **36** E 5
Peddiu **31** B-C 3
Pediano **3** F 3
Pedicciano **18** E 7
Pedicino, Monte- **21** D 7
Pédina **1** A 5
Pedogna **5** C 5-6
Pedogna, Torrente- **5** D 5-6
Pedona **5** D 4
⊠ *55040*
Pedrabianca, sa- **31** D 5
Pedra Ettóri **30** F 3
Pedráia, la- **28** F 1
Pedra Lada, Monte- **32** A 5
Pedra Longa, Punta- **33** E 7
Pedralonga, Monte- **31** D 2
Pedralonga, Punta sa- **31** C 5
Pedrami, Ísola dei- **31** D 7
Pédras de Fogu, Cantoniera- **28** E 4
Pédras de Fogu, Rio- **28** E 4-5
Pédras Niéddas, Cúccuru sas- **31** E 5
Pedra Taleri, sa- **32** C 7
Pedredu, Cantoniera- **31** C 2
Pedreso, Castello- **31** B 5
Pedriazzi, Cantoniera li- **28** F 3
Pedrósola **6** B 6
Pedrosu, Monte- **30** C 5
Pedru Ghisu, Punta- **28** F 2
Pedrumalu, Case- **28** D 6
Péglia, Monte- **14** E 1
Péglio (FI) **6** B 4
Péglio (PU) **10** A 3
⊠ *61049*
Pegna, Torre della- **30** E 1
Pégola **3** A-B 1
⊠ *40058*
Pégui **4** D 6
Pei **1** A 2
⊠ *29020*
Péidru, Nuraghe- **32** B 5
Pélago **6** F 5
⊠ *50060*
Pelao, Monte- **30** E 5
Pelato, Colle- **18** B 7
Pelato, Monte- (LI) **8** C 5
Pelato, Monte- (PR) **1** A 7
Pelau, Fiume- **35** B 6
Pelingo **10** A 5
Pelizzone, Passo del- **1** A 5
Pellacini **1** A 4
Pellécchia, Monte **21** A 2
Pellegrina, Punta- **30** F 7
Pellegrino, Monte- (LT) **25** D 2
Pellegrino Parmense **1** A 7
⊠ *43047*
Pellescritta **18** B 5
Pelosa **1** D 4
Pelosa, Monte la- **18** A 2
Pelosa, Spiággia della- **28** D 1-2
Pelosa, Torre- **28** D 1
Peloso, Monte- **22** C 8
Pelpi, Monte- **1** C 5
Peltuinum **18** D 8
Penavara **3** A 2
Pendenza **18** D 3
Peneto **9** C-D 8
Penisola del Sínis-Ísola Mal di Ventre, Riserva Marina- **32** F 2-3
Penna (AR-Laterina) **9** C 6
Penna (AR-Terranuova Bracciolini) **9** B 5
Penna, Monte- (AR) **6** F 8
Penna, Monte- (GE-PR) **1** C-D 4
Penna, Monte- (PG) **10** F 6
Penna, Monte- (RE) **2** F 2
Penna, Monte della- **2** F 4
Penna, Monte la- **22** D 4
Penna, Punta della- **19** E 7
Penna, Torrente- **1** D 3
Pennabilli **7** E 2
⊠ *61016*
Pennadomo **22** A 5
⊠ *66040*
Penna in Teverina **17** B 6-7
⊠ *05028*
Pennapiedimonte **19** F 4
⊠ *66010*
Pennapizzuto, Colle- **22** B 4
Pennarossa, Monte- **18** A 1
Penna San Giovanni **15** B 2
⊠ *62020*
Penna Sant'Andrea **19** A 1
⊠ *64039*
Penne **19** B 2
⊠ *65017*
Penne, Forca di- **19** D 1
Penne, Lago di- **19** C 1-2
Pennino, Monte- **14** A 6
Péntema **1** C 1
Péntime, Monte- **27** E 4
Pentolina **9** F 2
Pera (AP) **15** C 2
Pera (BO) **3** E 3
Pera (SP) **4** B 4
Perácchia **15** E 2
Perano **19** F 5
⊠ *66040*
Perazzo, Taverna- **27** A 4
Percile **21** A 2
⊠ *00020*
Percozzone **10** C 6
Perda Asua de Pari **36** C 3
Perda Carcina, Nuraghe- **35** A 6
Perdaddossu, Nuraghe- **32** F 6
Perda de Pibera **34** E 4-5
Perda de sa Mesa, Punta- **34** F 4
Perdáia, Monte- **36** E 6
Perdáias, Rio- **36** B 3
Perdaiola **36** D 5
Perd'Áira, Monte- **33** F 5
Perda is Furónis **35** C-D 5
Perda Lada **35** D 4
Perda Liana, Monte- **33** F 4
Perda Longa, sa- **36** F 6
Perda Pera, sa- **35** B 6
Perdasdefogu **35** C 5
⊠ *08046*
Perdas de Fogu **36** D 3
Pérdas de is Óminis **36** D 3
Perda Zinna, Bruncu- **33** F 2
Perdáxius **36** C 4
⊠ *09010*
Perdedu, Monte- **35** A 3
Perd 'e Sali, Punta- **36** D 7-8
Perdosu, Monte- **34** D 3
Perdosu, Nuraghe- **36** C 5
Perdosu, Rio de su- **37** A 4-5
Perdu Carta **36** A 4
Perdugúgoni, Rio- **35** B 4
Perdu Loci, Rio- **36** A 5
Perdu Loi, Nuraghe- **35** D 6
Perduto, Isolotto- **29** A 4
Pere, Colle delle- **10** F 7
Perentile, Monte- **21** F 3
Pereta **13** F 3
⊠ *58050*
Pereta, Casa- **17** A 1
Pereto (AQ) **21** A 4
⊠ *67064*
Pereto (PU) **7** E 1
Perétola **6** E 2
⊠ *50145*
Pérfugas **28** E 6
⊠ *07034*
Pérgine Valdarno **9** C 6
⊠ *52020*
Pergo **9** F 8
Pérgola (PU) **10** B 6
⊠ *61045*
Pérgola (RA) **3** F 3-4
Pérgola, Cala della- **24** E 7
Pérgola Bella **14** B 1-2
Pergolacce, Casa- **17** A 1
Perignano **8** A-B 6
⊠ *56030*
Perisco, Ponte- **26** B 5
Pero, Golfo- **29** D 5
Pero, il- **9** A-B 1
Pero dei Santi **21** C 6
⊠ *67050*
Perolla **13** B 1
Perone, Monte- **12** E 3
Peroni, Póggio- **12** E 7
Perotta **14** A 3
Perotti **1** B 4
Pérpoli **5** B 5
Perrillo **27** F 5
⊠ *82010*
Perrone, Sella del- **27** B 3
Persignano **9** B 5
Perticano **10** D 5
⊠ *60040*
Perticara **7** D 2
⊠ *61017*
Perticara, Monte della- **7** D 2
Pertusato, Faro di- **29** A 3
Pertuso (AL) **1** A 1
Pertuso (PC) **1** B 4
Perúgia **14** A 3
⊠ *06100*
Peruledda **28** D 5
Peruzzo, Casa- **13** B 2
Pesa, Torrente- **9** C 4
Pésaro **7** D 6
⊠ *61100*
Pescáglia **5** C 5
⊠ *55064*
Pescáia **9** E 7
Pescáia, la- **13** C 2
Pescara (FR) **21** F 5
Pescara (PE) **19** B 4
⊠ *65100*
Pescara, Fiume- **19** E 2
Pescara, Lago- **27** B 8
Pescara, Sorgenti del- **19** F 1
Pescara del Tronto **15** E 1
⊠ *63043*
Pescarola (MO) **2** D 4
Pescasséroli **22** D 1
⊠ *67032*
Pescatori, Casotto dei- **13** E 1
Pescatori, Rifúgio dei- **24** A 8
Pesce, Torre del- **26** C 2
Pesche **22** F 4
⊠ *86090*
Péschici **24** C 6
⊠ *71010*
Péschici, Stazione di- **24** C 6
⊠ *71010*
Peschiena, Monte- **6** D 5
Peschiera, Sorgenti del- **18** D 3
Péschio, Monte- (LT) **26** B 2
Péschio, Monte- (RM) **21** E 1
Peschiola **22** A 6
Péscia (PG) **14** F 8
Péscia (PT) **5** D 7
⊠ *51017*
Péscia, Torrente- **5** C 7
Péscia Fiorentina **16** C 8
Pesciano **14** F 3
Péscia Romana **16** C 8
⊠ *01010*
Pescina (AQ) **21** A 8
⊠ *67057*
Pescina (FI-Greve in Chianti) **9** B 4
Pescina (FI-Váglia) **6** E 3
Pescina (GR) **13** C 5
Pescina (PC) **1** A 3
Pescinello, Riserva Naturale- **13** E 5
Pescocanale **21** B 6
⊠ *67050*
Pescocostanzo **22** C 3
⊠ *67033*
Pescocupo **22** E 5
Pesco della Carta, Monte- **27** A 6
Pesco del Tesoro, Monte- **27** A 6
Pesco la Messa, Monte- **22** F 5
Pescolanciano **22** E 5
⊠ *86097*
Pescomaggiore **18** D 7
Pescopagano, Torre di- **26** F 7
Pescopennataro **22** C 4
⊠ *86080*
Pescorocchiano **18** E 4
⊠ *02024*
Pesco Sannita **27** D 5
⊠ *82020*
Pescosansonesco **19** E 1
⊠ *65020*
Pescosólido **21** D 8
⊠ *03030*
Péssola **1** B 6
⊠ *43040*
Péssola, Torrente- **1** B 7
Pesta **12** B 8
Pestello, Trívio- **9** C 5
Pestrino **10** A 5
Pésus **36** C 4
Petacciato **22** A 8
⊠ *86038*
Petacciato Marina **22** A 8
Petano, Monte- **18** A 2
Petazzano, Chiesa di- **10** D 4
Petraiolo, Masseria- **27** A 8
Petra Maína, Serra di- **31** B 2
Petrano, Monte- **10** C 4
Petrara (IS) **22** E-F 3
Petrara (PU) **10** C 5
Petra Rúia, Cala di- **29** D-E 5
Petrarvella, Monte- **14** B 1
Petrazzi **9** B 1
⊠ *50051*
Petreddu, Monte- **29** F 3
Petrella, Monte- **26** C 5
Petrella Guidi **7** E 2
Petrella Liri **21** A 5
⊠ *67060*
Petrella Massana **7** F 2
Petrella Salto **18** D 4
⊠ *02025*
Petrella Tifernina **22** E 7
⊠ *86024*
Petrelle **10** E 1
⊠ *06010*
Petrelle, Case- **7** F 3
Petreto **9** E 8
Petriano **7** F 5
⊠ *61020*
Petricci **13** E 5
⊠ *58050*
Petríccio, Póggio- **12** E 8
Petrignácola **1** C 8
Petrignano (PG-Assisi) **14** A 4
⊠ *06086*
Petrignano (PG-Castiglione del Lago) **13** A 8
⊠ *06060*
Petrignone **6** A 8
Petrino, Monte- **26** E 7
Petriolo (FI) **6** F 4
Petriolo (MC) **11** F 4-5
⊠ *62014*
Petriolo, Bagni di- **13** B 3
Petriolo, Fattoria- **9** F 6
Petrítoli **15** B 4
⊠ *63027*
Petrofiani, Masseria- **23** E 3
Petrognano (AR) **9** C 7
Petrognano (FI-Barberino Val d'Elsa) **9** B 2
Petrognano (FI-San Godenzo) **6** D 5
Petrognano (LU-Capannori) **5** D 7
Petrognano (LU-Piazza al Sérchio) **5** A 4
Petrognano (PG) **14** E 5
Petróia (PG-Città di Castello) **10** D 1 ⊠ *06010*
Petróia (PG-Gúbbio) **10** F 4
Petróio (FI) **6** E 5
Petróio (SI-Castelnuovo Berardenga) **9** D 3
Petróio (SI-Trequanda) **13** A 6
⊠ *53020*
Petrona **6** D 3-4
Petroro **14** D 3
Petrosino, Ponte- **23** E 6
Petroso, Monte- **22** E 2
Petroso, Torrente- **27** A 3
Petrucci **6** C 1
Petrulli, Masseria- **23** F 3
Petrulo **27** D 1
⊠ *81042*
Petruro Irpino **27** F 5
⊠ *83010*
Pettenadu, Monte- **30** E 3
Pettinara **3** F 4
Pettino **14** D 6
Petto **18** A 8
⊠ *64030*
Pettoranello del Molise **22** F 4
⊠ *86090*
Pettorano sul Gízio **22** B 2
⊠ *67034*
Pévero **29** D 5
Pezza **6** F 7
Pezza, Piano di- **18** F 6
Pezza, Vado di- **18** F 7
Pezzo della Stella, Colle- **22** F 5
Pezzolo (RA) **3** E 5
Pezzos, Scala sos- **32** A 7
Piagáio **5** D 5
Piagge (AN) **10** C 8
Piagge (PG) **10** F 5
Piagge (PU) **7** F 7
⊠ *61030*
Piagge (RI) **18** E 4
Piaggetta, la- **5** E 4-5
Piággia (AQ) **18** D 5
Piággia (PG) **14** C 7
Piággia, Monte la- **18** D 5
Piággia Secca **10** D 5-6
Piaggione **5** D 6
⊠ *55050*
Piaggiori **5** D 6
Piagna **4** B 6
Piamággio **6** A 3
Piammartino **11** D 3
Piana (CB) **22** F 6
Piana (PG) **13** A 8
Piana, Ísola- (CA) **36** B 2
Piana, Ísola- (SS-Alghero) **30** E 1
Piana, Ísola- (SS-la Maddalena) **29** B 4
Piana, Ísola- (SS-Ólbia) **29** F 6
Piana, Ísola- (SS-Porto Tórres) **28** C-D 1-2
Piana, la- (LT) **25** D-E 2
Piana, Pieve di- **13** A 4
Piana, Podere- **14** B 3
Piana, Posta- **23** F 7
Piana Battolla **4** D 6
⊠ *19020*
Piana Bella di Montelibretti, Stazione di- **18** F 1
Pianacce **5** E 6
Pianacci **13** B 4
Pianáccio **5** B 8
⊠ *40042*
Pianadelle **1** A 4
Pianadetto **1** F 8
Piana di Monte Verna **27** E 2
⊠ *81013*
Pianali, Podere- **12** A 6
Pianazze, Passo delle- **1** B 4-5
Piancalcáio, Casa- **16** B 8
Piancáldoli **6** A 4
⊠ *50030*
Piancarani **15** E 4
⊠ *64010*
Piancastagnáio **13** D 6
⊠ *53025*
Pianciano, Monte- **14** E 6
Piandagli **5** A-B 6
Piàn d'Alma **12** D 8
Piandassino **10** E 3
Piàn degli Ontani, Riserva Naturale- **5** B 7
Piàn dei Bighi **13** C 1
Piandeipreti **1** D 1
Piàn dei Ratti **1** D 2
⊠ *16040*
Piàn dei Ratti-Pianezza **1** D 2
Piandelagotti **5** A 6
⊠ *41047*
Piàn del Falco **5** A 7-8
Piàn dell'Armà **1** A 2
Piàn della Serra **10** C 3
Piàn dell'Elmo **10** E 7
Piàn delle Vigne **13** B 4
Piàn del Póggio **1** A 2
Piàn del Ponte **6** F 7
Piàn de' Valli **18** C 3
Piàn di Balestra **6** A 3
Piàn di Barca **4** D 5-6
Piàn di Bartolo **6** E 3
Piàn di Casale **6** A 1
⊠ *40046*
Piandicastello **7** E 4
⊠ *61010*
Piàn di Cerreto **5** B 5
Piàn di Lúcchio **10** C-D 5
Piàn di Mácina **2** E 8
Piàn di Mággio, Monte- **9** C 8
Piàn di Marte **10** F 1
Piandimeleto **7** F 3
⊠ *61026*
Piàn di Molino **10** B 3
Piàn di Morrano **17** A 1
Piàn di Mugnone **6** E 3
Piàn di Novello **5** B 7
Piàn di Rocca (GR) **12** E 8
Piàn di Rocca (SI) **13** A 3-4
Piàn di Rote, Monte- **7** E 1
Piàn di San Lázzaro **11** B 5
Piàn di San Martino **14** E 3
⊠ *06050*
Piàn di Scò **9** A 5
⊠ *52026*
Piandisetta **2** F 7
⊠ *40030*
Piàn di Spille **17** E 2
Piàn di Spino **7** C 1
Piàn di Vénola **2** F 7
Piàn di Ventena **7** D 5
⊠ *47842*
Piándoli **14** E 7
Piane (AP) **15** C 2
Piane (MC) **10** E 7
Piane, le- (AP) **15** A 3
⊠ *63025*
Piane, le- (CH) **19** D 4-5
Pianedda, Monte sa- **31** C 5
Piane di Falerone **15** A 3
⊠ *63020*
Piane di Mocogno **2** F 4
Pianella (PE) **19** C 3
⊠ *65019*
Pianella (SI) **9** D-E 4
⊠ *53010*
Pianelleto **1** B 6
Pianelli **27** E 2
Pianello (AN-Monte Roberto) **10** C 8 ⊠ *60030*
Pianello (AN-Ostra) **10** A-B 8
⊠ *60010*
Pianello (PG) **14** A 4
⊠ *06080*
Pianello (PU) **10** C 4
⊠ *61040*
Pianello, Torrente- **22** A 5
Pianetti (GR) **13** D 3
Pianetto (FC) **6** C 7
Pianezza (GE) **1** D 2
Pianezza (RI) **18** A 3
Pianézzoli **8** A 8
Piàn Fienile, Casa- **14** D 6
Piangipane **3** E 5
⊠ *48020*
Piani, i- (SS) **30** D 2
Pianiano **17** B 2
Piani di Póggio Fidoni **18** C 2
Piàn Múcini, Podere- **12** B 8
Piano (AN) **10** C 6
Piano (AP) **15** D 1
Piano (PU) **10** B 3
Piano (SI) **13** A 6-7
Piano, Casa del- **16** B 7
Piano, il- (VT) **17** C 7
Piano, il- **2** F 4
Piano, Monte- (CB) **22** D 6
Piano, Monte- (TE) **18** B 6
Piano, Pizzo del- **27** E 3
Piano, Regione il- **19** D 1
Piano degli Ontani **5** B 7
⊠ *51020*
Piano dei Greci **27** F 6-7
Piano della Fárnia **5** A 8
Piano della Pieve **14** A 5
Piano della Rocca **5** C 6
Piano delle Fonti **19** E 4
Piano dell'Ospedale **22** A 6
Piano del Vóglio **6** A 3
⊠ *40040*
Piano di Collécchia **5** A 3
Piano di Coréglia **5** C 6
⊠ *55028*
Piano di Follo **4** D 6
Piano di Nese **10** F 2
Piano d'Orta **19** E 2
⊠ *65020*
Piano Grande **15** F 4
Piánola **18** D 6
Piano Maggiore **15** E 3
Pianopantano **27** F 7
Pianore **5** D 4
⊠ *55040*
Piano Ristéccio **15** E 4
Pianoro **2** E 8
⊠ *40065*
Pianoro, Grotta del- **17** F 6
Pianoro Vécchio **2** E 8
⊠ *40060*
Pianorso **2** E 4
⊠ *41040*
Pianosa **16** C-D 1
⊠ *57035*
Pianosa, Ísola- (FG) **24** A 8
Pianosa, Ísola- (LI) **16** C-D 1
Piano San Pietro **15** E 4
Pianosinático **5** B 7
⊠ *51020*
Pianostano **1** A 2
Piano Vomano **18** A 7
Piàn Paradiso, Stazione di- **17** E 7
Piansano **17** B 3
⊠ *01010*
Piansuolo **1** B 1
Pianta **3** D-E 2
Piántoli **26** C 7
Piantónia **1** B 8
⊠ *43040*
Piantravigne **9** B 5
Pianu, Cantoniera- **30** E 4
Pianu Ladu, Cantoniera- **30** D 7
Piàn Zaeta, Monte- **15** F 1
Pianzano (RE) **2** D 3
Piastra **5** B 3
Piastre **5** C 8
⊠ *51020*
Piatto, Lago- **5** B 7
Piattoni **15** D 4
Piatu, Rio- **29** F 3-4
Piávola **7** C 1
⊠ *47020*
Piazza (BO) **6** A-B 1
Piazza (PI) **8** B 6
Piazza (PR) **2** A 2
Piazza (PT) **5** C 8
⊠ *51020*
Piazza (SI) **9** B-C 3
Piazza (SP-Déiva Marina) **4** C 4
Piazza (SP-Rocchetta di Vara) **4** C 6
Piazza al Sérchio **5** A 4
⊠ *55035*
Piazza di Brancoli **5** D 6
Piazza di Sabbione, la- **2** B 4
Piazzanello **5** D 5
Piazzano (CH) **19** F 5
⊠ *66040*
Piazzano (FI) **6** D 4
Piazzano (LU) **5** D 5
Piazze (SI) **13** C-D 7
⊠ *53040*
Piazze, le- (BO) **6** A 2
Piazzetta Sandelonga **26** B 8
Picca, Monte- **19** E 1
Piccalinna **34** D 4
Piccarolu, Rio- **32** A 4
Picchiara, Monte- **4** B 5
Picchiasassi, Ponte- **5** A 7
Picci, Casa- **35** F 6
Piccianello **19** B 2
⊠ *65010*
Picciano **19** B 2
⊠ *65010*
Picciche **14** D 5
Piccilli **26** C 8
⊠ *81044*
Piccinini, Taverna- **15** D 3
Piccione **10** F 4
⊠ *06080*
Piccirella, Masseria- **24** F 3
Píccola, Cala- **16** C 5-6
Píccolo, Corno- **18** B 7
Picinisco **22** F 1
⊠ *03040*
Pico **26** B 4
⊠ *03020*
Picocca, Torrente sa- **35** F 5
Picógnola, Casa- **10** D 4
Picógnola, Monte- **10** D 4
Pidéura **3** F 3
Pidócchio, Monte- **22** B 4
Piè, Monte- **1** A 8
Piecorto **9** C 2
Piè del Colle **14** D 8
Piedelpóggio **18** A 3
⊠ *02010*
Piè del Sasso **14** C 7
Piede Rocca, Masseria- **22** E 3
Piè di Colle **14** B 8
Piedicolle (AQ) **18** B 4
Piedicolle (PG) **14** D 3
⊠ *06050*
Piedicolle (RI) **18** B 2
Piè di Costa **20** A 7
Piedilama **15** E 1
Piediluco **18** B 1
⊠ *05038*
Piediluco, Lago di- **18** B 1
Piè di Móggio **18** B 1
⊠ *02010*
Piedimonte (FI) **6** B 5
Piedimonte Alta **26** A 6
Piedimonte Massicano **26** E 7
⊠ *81030*
Piedimonte Matese **27** C 2
⊠ *81016*
Piedimonte San Germano **26** A 6 ⊠ *03030*
Piedipaterno **14** E 6
⊠ *06040*
Piediripa (MC) **11** E 5
⊠ *62010*
Piediripa (PG) **14** E 8
Piedivalle **14** D 7-8
⊠ *06040*
Piega **7** D 2

Piegáio (AR) **9** E 8
Piegaro **14** C 1 ⊠ *06066*
Piegusciano **14** A 8
Pieia **10** B-C 4
Piè la Costa **18** D 5
Pienza **13** B 6 ⊠ *53026*
Pierantónio **10** F 3 ⊠ *06015*
Piercy, Villa- **32** A-B 6
Pierle **10** F 1
Pierosara **10** D 7
Pietà, Chiesa la- (FG) **24** D 7
Pietra, Castello di- **13** C 1
Pietra, Monta- **7** D 1
Pietra, Riserva Naturale la- **13** A-B 2
Pietra Appesa, Monte- **24** D-E 6
Pietrabbondante **22** D 5 ⊠ *86085*
Pietrabianca, Rio- **27** C-D 1
Pietra Bismántova, Monte- **2** D 2
Pietrabuona **5** D 7 ⊠ *51010*
Pietracamela **18** B 7 ⊠ *64047*
Pietracatella **23** F 1 ⊠ *86040*
Pietra Cipolle, Masseria- **23** D 4
Pietracolora **2** F 6
Pietracupa (CB) **22** E 6 ⊠ *86020*
Pietracupa (FR) **26** A 3
Pietracuta **7** D 3 ⊠ *61010*
Pietradefusi **27** F 6 ⊠ *83030*
Pietra dell'Uso **7** D 2
Pietraferrazzana **22** B 5 ⊠ *66040*
Pietrafilaia, Podere- **8** D 7
Pietrafitta (FR) **22** E 1 ⊠ *03040*
Pietrafitta (PG) **14** C 1 ⊠ *06060*
Pietrafitta (SI) **9** C 3
Pietrafitta, Villa- **9** C 2
Pietraforte **18** F 3
Pietra Gentile, Monte- **22** C 1
Pietraguisa **2** F 4
Pietráia (AR) **9** F 8
Pietráia (PG) **14** B 2
Pietralacroce **11** B 5 ⊠ *60129*
Pietralata, Monte- **10** A 5
Pietralta **15** F 2 ⊠ *64010*
Pietralunga (PG) **10** D 3 ⊠ *06026*
Pietramala **6** A 3-4 ⊠ *50030*
Pietramáura **7** D 3
Pietramelara **27** D 1 ⊠ *81051*
Pietramelina **10** E-F 3
Pietramonte **27** B 6
Pietramontecorvino **23** F 2 ⊠ *71038*
Pietramora **6** A 7
Pietranera **1** B 2
Pietranico **19** D-E 2 ⊠ *65020*
Pietransieri **22** C 3 ⊠ *67030*
Pietrapana, Rifúgio- **5** C 4
Pietrapazza **6** E 7
Pietra Pertusa, Monte- **5** D 6
Pietrapiana **9** A 5
Pietrarada **1** B 5-6
Pietraroja **27** C 3 ⊠ *82030*
Pietrarúbbia **7** F 3 ⊠ *61023*
Pietrasanta **5** C-D 4 ⊠ *55045*
Pietrasanta, Rifúgio- **5** B 4
Pietrascritta, Monte- **21** B-C 8
Pietrasecca **18** F 4 ⊠ *67065*
Pietraspaccata **1** A 7
Pietra Stretta, Passo- **15** F 3
Pietraporciana, Riserva Naturale- **13** B 7
Pietratonda **13** C 2
Pietrauta **14** D 4
Pietravairano **27** C 1 ⊠ *81040*
Pietraviva **9** D 5 ⊠ *52020*
Pietre **2** D 2
Pietrelcina **27** D 6 ⊠ *82020*
Pietrelcina, Stazione di- **27** D 6 ⊠ *82020*
Pietre Nere, Punta- **23** B 4
Pietreréie, Colle- **22** E 4
Pievasciata **9** D 4
Pieve (LU) **5** D 4-5 ⊠ *55021*
Pieve (MC) **14** C 8
Pieve (MS) **4** C 7
Pieve (PG) **14** A 3
Pieve (PR) **1** B 6
Pieve (SI) **9** F 6 ⊠ *53048*
Pieve (SP) **4** C 5 ⊠ *19020*
Pieve, Chiesa di- (MC) **11** E 4
Pieve, Chiesa di- (PI) **8** C 8
Pieve, la- (AR-Búcine) **9** C-D 5
Pieve, la- (AR-Búcine) **9** D 5
Pieve, la- (GR) **13** F 3
Pieve, la- (SI) **13** B 4
Pieve a Élici **5** D 4-5 ⊠ *55054*
Pieve al Toppo **9** C 7 ⊠ *52040*
Pieve a Maiano **9** C 6
Pieve a Niévole **5** D-E 8 ⊠ *51018*
Pieve a Pitiana **6** F 5
Pieve a Presciano **9** C 6 ⊠ *52020*
Pievebovigliana **14** B 8 ⊠ *62035*
Pieve Cáina **14** B 2 ⊠ *06050*
Pievécchia **6** F 4
Pieve del Pino **2** E 8
Pieve del Véscovo **14** A 2
Pieve di Bráncoli **5** D 6
Pieve di Búdrio **3** C 2
Pieve di Cagna **7** F 4 ⊠ *61020*
Pieve di Campi **1** D 5
Pieve di Cásio **6** A 1
Pieve di Castévoli **4** C 6
Pieve di Cento **2** A 8 ⊠ *40066*
Pieve di Cesato **3** E-F 4-5
Pieve di Chio **9** E 8
Pieve di Cómpito **5** F 6 ⊠ *55065*
Pieve di Compresseto **10** F 5 ⊠ *06020*
Pieve di Controne **5** C 7 ⊠ *55022*
Pieve di Gáifa **10** A 5
Pieve di Gusalíggio **1** B-C 6
Pieve di Panzano **9** B 3
Pieve di Rigutino **9** D 7
Pieve di Romena **6** F 6
Pieve di Santa Luce **8** C 6 ⊠ *56040*
Pieve di Sant'Andrea **3** F 2
Pieve di Sorano **4** B 6
Pievefavera **14** A 8
Pievefavera, Lago di- **14** A 8
Pieve Fosciana **5** B 5 ⊠ *55036*
Pieve Lígure **1** D-E 1 ⊠ *16030*
Pievelunga **14** D 1
Pievepélago **5** A 6-7 ⊠ *41027*
Pieve Petróia **10** F 2
Pievequinta **7** A 1
Pieve Rivóschio **6** C 8 ⊠ *47020*
Pieve Roffeno **2** F 6
Pieve Rossa **2** A 4
Pieve Salutare **6** B 7-8 ⊠ *47011*
Pieve San Giovanni **9** B 7
Pieve San Lorenzo **5** A 4 ⊠ *55030*
Pieve San Michele **7** C 3
Pieve San Nicolò **14** A 4
Pieve San Páolo (LU) **5** E 6 ⊠ *55066*
Pieve San Páolo (MS) **4** C 8
Pieve San Quírico **10** F 3
Pieve Santo Stéfano **9** A 8 ⊠ *52036*
Pieve San Vincenzo **2** E 1 ⊠ *42030*
Pievescola **9** E 2 ⊠ *53030*
Pieve Sócana **9** A 7
Pieve Torina **14** B 7 ⊠ *62036*
Pieve Trébbio **2** E 6 ⊠ *41050*
Pievetta (GE) **1** C 3
Pieve Vécchia (AR) **9** E 6
Pieve Vécchia (PI) **8** C 5-6
Pievina **9** F 5
Pigge **14** D 5
Pigelleto, Riserva Naturale del- **13** E 5-6
Píglio **21** D 4 ⊠ *03010*
Piglione, Monte- **5** C 5
Pigliònico, Monte- **5** B-C 5
Pigna, Póggio- **13** B 4
Pignano (AN) **10** D 6
Pignano (FR) **21** E 6
Pignano (PI) **9** D 1 ⊠ *56048*
Pignataro Interamna **26** B 6 ⊠ *03040*
Pignataro Maggiore **27** E 1 ⊠ *81052*
Pigno **10** B 5
Pignona **4** B 5
Pignone **4** D 5 ⊠ *19020*
Pila (PG) **14** B 2 ⊠ *06070*
Pila, la- (LI) **12** E 3-4 ⊠ *57030*
Pilarciano **8** D 4
Pila Rocca, Monte- **21** D 4
Pilastrello (PR) **2** A 2
Pilastrino **2** E 7
Pilastro (PR) **2** A 1 ⊠ *43010*
Pilastro (RA) **3** E-F 5-6
Pilato, Grotte di- **25** E 2
Pilato, Lago di- **15** D 1
Pili **19** F 6
Pillo **9** B 1
Pilli, Fattoria- **32** D 4
Pillónis, is- (CA-Perdáxius) **36** C 4
Pillónis, is- (CA-Sant'Anna Arresi) **36** E 4
Pilo, Stagno di- **28** E 2
Pilone (CB) **27** B 4
Pilone (PU) **7** F 7
Piloni (GR) **13** B 2
Piloni (TR) **17** C 8
Pilónico Materno **14** B 2
Pilónico Paterno **14** A 4
Pilostro, Colle- **18** F 8
Pilosu, Monte- **30** C 5
Pilotti **15** B 2
Piludu, Rio- **32** B 5
Pimentél **35** E 2 ⊠ *09020*
Pimpisu **34** E-F 6
Pinarella **7** A 3 ⊠ *48015*
Pineta D'Avalos **19** B 4 ⊠ *65129*
Pineta del Tómbolo **13** E-F 1
Pineta di Castèl Fusano, Parco Urbano- **20** E 5
Pineta di Ravenna, Riserva Naturale- **3** D 7
Pineta di Santa Filomena, Riserva Naturale- **19** B 4
Pineta Saline **3** F 7
Pinete **5** F 7
Pineto **19** A 3 ⊠ *64025*
Pineto, Parco Regionale Urbano- **20** B 5-6
Pingrosso, Tenuta- **13** E 1
Pino **9** F 7
Pino, il- (FI) **9** B 2
Pino, il- (RM) **20** B 5
Pino, Porto- **36** E 4
Pinócchio **11** B 5 ⊠ *60127*
Pinto **11** F 4
Pintura di Bolognola **15** C 1
Píntus, is- **36** C 4-5
Pinu, Monte- **29** F 4
Pinus Village **36** E 6-7
Pio VI, Linea- **25** B-C 7
Pióbbico (MC) **15** B 1
Pióbbico (PU) **10** B 4 ⊠ *61046*
Piolánas **36** B 4
Piolo **2** E 1-2
Piomba, Torrente- **19** A 2
Piombino **12** C 6 ⊠ *57025*
Piombino, Canale di- **12** C-D 5-6
Piombino, Porto Vécchio- **12** C 6
Piombo, Cala- **36** F 4
Pione **1** B 4-5 ⊠ *43030*
Pioppe di Salvaro **2** F 7 ⊠ *40038*
Pioppeta, Quadrívio della- **27** C 2
Pioppo (LU) **5** C 5
Pióraco **10** F 7 ⊠ *62025*
Piósina **10** C 1
Pipinari, Monte- **33** E 4
Pira, Cala- **37** C 6
Pira, Nuraghe- **31** E 2-3
Pira 'e Onni, Cantoniera- **33** E 4
Píras **31** D 5
Píras, Cantoniera sas- **31** D 1-2
Píras, Rio- **34** E 4
Pirastreddu **28** E 5
Pirastru, Cúccuru su- **33** A 4
Pirastru, Rio- **28** C 7
Pirastru, su- **30** D 2
Pirastu, Porto- **37** A 6
Piratello **3** E 2-3 ⊠ *40026*
Pirazzolu **29** E 4 ⊠ *07021*
Piréddas, is- **36** C 5
Piriferta, Nuraghe- **32** D 5
Piroi, Monte su- **35** E 4
Pirri **37** B 2 ⊠ *09134*
Pisa **5** F 5 ⊠ *56100*
Pisa, Certosa di- **5** F 6
Pisana, la- **20** C 5
Pisaneddu, Monte- **33** D 5
Pisanino, Monte- **5** B 4
Pisano, Monte- **5** F 6
Pisanu, Casa- **33** F 6
Pisanu, Punta de lu- **28** F 1
Pisanu Mele, Monte- **33** C 3
Pischennero, Nuraghe- **30** E 6
Pischiano **10** B 1
Pischiello **10** F 1
Pischináppiu, Rio- **32** E 3-4
Pischina Tereme, Casa- **30** E 6
Pisciarelli **17** F 5
Pisciatello, Fiume- **7** A 3
Pisciavini **22** F 1
Piscicelli, Masseria- **23** D 2
Piscina Nuxedda, Ponte- **37** B 4
Piscina Rúbia, Nuraghe- **32** F 3
Piscínas (CA) **36** D 5 ⊠ *09010*
Piscínas (OR) **34** D-E 3
Piscínas, Rio- **34** D 3
Piscínas, Rio de- **36** D 5
Piscinni, Stagno di- **36** F 5-6
Piscinni, Torre di- **36** F 5
Pisco Montano, Rupe- **26** D 2
Pisconti, Nuraghe- **34** B 7
Piscu, Nuraghe- **35** D 2
Piselli, Monte- **15** E 3
Pisenti **14** B 6
Pisignano (FI) **9** A 2
Pisignano (RA) **7** A 2 ⊠ *48010*
Pisoniano **21** C 3 ⊠ *00020*
Pissácqua, Monte- **1** E 2-3
Pissavini **19** F 4
Pissignano **14** D 5
Pisterzo **26** A 2 ⊠ *04010*
Pistis, is- **36** D 4
Pistóia **6** D 1 ⊠ *51100*
Pistone, Monte- **4** D 5
Pistrino **10** C 1 ⊠ *06010*
Pisu, Bruncu 'e- **33** D 6
Pisucerbu, Bruncu 'e- **33** E 5
Pitéccio **5** C 8 ⊠ *51030*
Pitéglio **5** C 7-8 ⊠ *51020*
Pitelli **4** E 6 ⊠ *19137*
Pitícchio **10** B 7 ⊠ *60010*
Pitigliano (GR) **17** A 2 ⊠ *58017*
Pitigliano (PG) **10** C 1
Pitino **11** E 3
Pito **15** E 2
Pitrighinosu, Monte- **29** E 1-2
Pitrosu, Porto- **29** C 2-3
Pittada, Monte- **32** A 3
Pittáus, is- **36** C 5
Pitti, Villa- **9** A 4
Pittinuri, Torre- **32** D 3
Pittu, Monte- **30** D 6
Pittulongu **29** F 5-6
Pitziu, Rio- **32** E 5-6
Piumazzo **2** C 6 ⊠ *41010*
Piuzzo **1** A 1
Pixina Longa, Gora- **34** F 6
Pizi, Monti- **22** B 3-4
Pizza, Monte la- **5** B 3
Pizzalto, Monte- **22** B 3
Pizzano (BO) **3** E 1
Pizzi, Monte- **22** D 4
Pizzi, Monte i- **18** C 5
Pizzinnu, Monte- **30** F 4
Pizzinnu, Rio- **30** F 6
Pizziogu, Monte- **35** C 3
Pizzíu, Rio- **32** D 4
Pizzo al Piano **9** E 2
Pizzocalvo **3** D 1
Pizzo del Piano **7** F 5
Pizzo di Nido di Corvo **24** D 4
Pizzoferrato **22** B 4 ⊠ *66040*
Pizzofreddo (PR) **1** B 7
Pizzoli **18** C 5 ⊠ *67017*
Pizzone (CE) **26** E 8
Pizzone (IS) **22** E 3 ⊠ *86071*
Pizzone, Monte- (LT) **21** F 3
Pizzorne, Altopiano delle- **5** D 6
Pizzuto, Monte- (CH) **22** C 6
Pizzuto, Monte- (FR) **26** B 3
Pizzuto, Monte- (MC) **14** C 7
Pizzuto, Monte- (RI) **18** D 1
Planu Sartu **34** F 3
Platamona Lido **28** E 3
Pláuto **21** F 8
Plebi, Monte- **29** E 5
Plinio, Villa di- **20** E 5
Ploaghe **30** D 5 ⊠ *07017*
Po Bandino **13** B 8
Póbbio **1** A 1
Pocáia **10** C 1
Pocciano, Rio- **27** C 1
Podalla **14** B 8
Podenzana **5** A 2 ⊠ *54010*
Podere **10** C 5
Po di Primaro **3** C 6-7
Poetto **37** B 3 ⊠ *09126*
Pofi **21** F 6 ⊠ *03026*
Poggetello **21** A 5 ⊠ *67060*
Poggeto **10** E 7
Poggetto (BO) **2** A 8
Poggetto (PO) **6** E 1
Poggetto (PU) **10** C 6
Poggetto (VT) **17** B 4
Póggia, Monte la- **8** B 5
Poggiale **6** A 6
Poggibano **13** B 1
Poggibonsi **9** C 2 ⊠ *53036*
Poggi del Sasso **13** C 3
Póggio (AN) **11** B 5 ⊠ *60020*
Póggio (BO-Castèl San Pietro Terme) **3** D 2
Póggio (BO-Granaglione) **6** B 1
Póggio (FC) **3** F 5
Póggio (LI) **12** E 3 ⊠ *57030*
Póggio (LU) **5** A 5 ⊠ *55037*
Póggio (MC) **14** A 6
Póggio (PC) **1** A 6
Póggio (PI) **8** A 8
Póggio (PR) **1** A 6
Póggio (TR) **17** C 8 ⊠ *05032*
Póggio, il- **6** C 6
Póggio, Villa del- **8** F 6
Póggio a Caiano **6** E 1-2 ⊠ *59016*
Póggio a Ísola **8** A 8
Póggio alla Croce **9** A 4
Póggio all'Agnello **12** B 6
Póggio alla Lastra **6** D 7
Póggio alla Malva **6** F 1 ⊠ *59015*
Póggio alla Vécchia **13** C 7
Póggio alle Mura **13** C 4
Póggio all'Olmo, Riserva Naturale- **13** D 4
Póggio Aquilone **14** D 2 ⊠ *05010*
Póggio Bandinelli, Casa- **13** C 6
Póggio Berni **7** C 3 ⊠ *47824*
Póggio Brúcoli **13** A 3
Póggio Bustone **18** B 2 ⊠ *02018*
Póggio Cancelli **18** A 5 ⊠ *67010*
Póggio Canoso **15** C 3
Póggio Catino **18** D 1 ⊠ *02040*
Póggio Cavallo **13** E 2
Póggio Cinolfo **18** F 3-4 ⊠ *67060*
Póggio Cono **15** F 5
Póggio Cupro **10** C 8
Póggio d'Acona **9** A 7
Póggio d'Api **15** F 1
Póggio dei Pini **36** C 7
Póggio delle Corti **14** B 2
Póggio delle Rose **19** A 1 ⊠ *64030*
Póggio di Badi, il- **6** B 1
Póggio di Bretta **15** D 4 ⊠ *63100*
Póggio di Chiesanuova **7** D 3
Póggio di Croce **14** D 7
Póggio di Loro **9** B 5
Póggio di Róio **18** D 6 ⊠ *67040*
Poggiodomo **14** F 7 ⊠ *06040*
Poggioferro (GR-Scansano) **13** F 4 ⊠ *58050*
Poggioferro (GR-Seggiano) **13** C 5
Póggio Fidoni **18** C 2 ⊠ *02040*
Póggio Filippo **21** A 5 ⊠ *67060*
Poggiofiorito **19** E 5 ⊠ *66030*
Póggio Imperiale **23** C 4 ⊠ *71010*
Póggio Imperiale, Stazione di- **23** C 4 ⊠ *71010*
Póggiola **9** C 7
Póggio Lavarino **18** A 1
Poggiolforato **5** A 8
Poggioli **1** A 4
Poggiolo (AR) **9** C 5
Poggiolo (BO) **2** F 8
Poggiolo (FI) **6** D 4
Poggiolo (SI) **9** D 3
Poggiolo (TR) **17** C 8
Poggiolungo **13** C 5
Póggio Miliotto **13** D 4
Póggio Mirteto **18** E 1 ⊠ *02047*
Póggio Mirteto, Stazione- **18** E 1 ⊠ *02040*
Póggio Moiano **18** F 2 ⊠ *02037*
Póggio Montone **14** E 1
Póggio Morello **15** E 5 ⊠ *64020*
Póggio Morico **14** A 5
Póggio Murella **13** F 5 ⊠ *58050*
Póggio Nativo **18** E 2 ⊠ *02030*
Poggione, il- (GR-Civitella-Pagánico) **13** C 3
Poggione, il- (GR-Grosseto) **13** E 2
Poggioni **10** E 1
Póggio Nuovo **17** A 6
Póggio Parrano **14** A 6
Póggio Perugino **18** D 1 ⊠ *02040*
Póggio Píccolo **3** D 2
Póggio Picenze **18** D 7 ⊠ *67026*
Póggio Pinci **9** F 5
Póggio Primocaso **14** E 7
Póggio Rattieri **15** F 3
Póggio Renático **3** A 1 ⊠ *44028*
Póggio Rondino **1** A 3
Póggio Rosso, Riserva Naturale- **9** B 8
Póggio San Giovanni **18** E 4
Póggio San Lorenzo **18** E 2 ⊠ *02030*
Póggio San Marcello **10** C 7-8 ⊠ *60030*
Póggio Sannita **22** D 5 ⊠ *86086*
Póggio San Polo **9** C 4
Póggio San Romualdo **10** D 7
Póggio Santa Cecília **9** E 5
Póggio Santa Maria **18** D 5
Póggio Sant'Ercolano **10** F 5
Póggio San Vicino **10** D 8 ⊠ *62021*
Póggio Sommavilla **17** D 8
Póggio Spedaletto, Riserva Naturale- **12** D 8
Póggio Tre Cancelli, Riserva Naturale- **12** C 7
Póggio Ugolino **9** A 3
Poggiovalle **18** F 4 ⊠ *02020*
Póggio Vittiano **18** E 3
Poggitazzi **9** B 5
Pogi **9** C 5
Póglina, Torre- **30** F 2
Pognana **4** C 8
Poiano (RE) **2** E 2
Pola, Monte- **26** B 4
Polánesi **1** E 1
Polcanto **6** D 4 ⊠ *50030*
Polenaco **14** F 5
Polenta **7** B 1 ⊠ *47032*
Polésio **15** C-D 3
Polgeto **10** E 2
Poli **21** C 2 ⊠ *00010*
Policorvo **22** A 6
Polina **4** A 6
Polinago **2** E 4 ⊠ *41040*
Polino **18** A 2 ⊠ *05030*
Polita **1** D 7
Pollano, Monte- **1** D 4
Polle, le- **5** A 7
Pólleca, Rio- **26** C 5
Pollenza **11** E-F 4 ⊠ *62010*
Pollenza, Stazione di- **11** F 4 ⊠ *62010*
Polluce, Masseria- **23** F 6
Pollutri **19** F 6-7 ⊠ *66020*
Polo, Monte- **1** D 7
Póltolu, Nuraghe- **32** A 5-6
Poltu Quatu **29** D 5
Polvano **9** D 8
Polverácchio, Masseria- **24** F 4
Polveráia **13** E 3 ⊠ *58050*
Polveráia, Punta- **12** E 3
Polverara (SP) **4** D 6
Polvereto, Chiesa di- **9** B 2
Polverigi **11** C 4 ⊠ *60020*
Polverina (AP) **15** D 2
Polverina (MC) **14** A 8 ⊠ *62037*
Polverina, Lago di- **14** A 8
Polverosa **16** B 7 ⊠ *58010*
Polvese, Ísola- **14** A 1
Pomáia **8** C 6 ⊠ *56040*
Pomáio **9** C 8

Pomarance 8 E 8
✉ 56045
Pomézia 20 E 6
✉ 00040
Pomézia, Stazione di- 20 E 7
✉ 00040
Pomezzana 5 C 4-5
Pomino 6 E 5
✉ 50060
Pomonte (GR) 16 A 8
✉ 58050
Pomonte (LI) 12 E 3
✉ 57030
Pomonte (PG) 14 C 4
Po morto di Primaro 3 A 2-3
Pompagnano 14 F 5
Pompeano 2 E 4
✉ 41020
Pompegno, Monte- 6 B 6
Pompóngias 34 B 4
Pompu 34 B-C 3
✉ 09095
Pongelli 10 B 8
Ponina 9 B 7
Ponsacco 8 A 6-7
✉ 56038
Ponsano 9 D 1
Pontassérchio 5 F 5
✉ 56010
Pontassieve 6 F 4
✉ 50065
Pontássio 6 E 1
Ponte (BN) 27 D 4
✉ 82030
Ponte (CE) 26 D 7
Ponte (PG) 14 E 6
Ponte, Masseria- 27 D 5
Ponte, Nuraghe- 32 C 6
Ponte Abbadesse 7 B 2
Ponte a Buriano 9 C 7
Ponte a Cappiano 5 F 7-8
✉ 50050
Ponte a Egola 8 A 8
✉ 56024
Ponte a Elsa 8 A 8
✉ 50057
Ponte agli Stolli 9 B 4
Ponte a Greve 6 F 2
Ponte alla Chiassa 9 C 7
Ponte alla Nave 9 C-D 7
Ponte alla Piera 9 B 8
Ponte Alto (RI) 18 C 3
Ponte a Moriano 5 D 6
✉ 55029
Ponte Arzana 3 A 4
Ponte a Serráglio 5 C 6
✉ 55021
Ponte a Signa 6 F 2
✉ 50055
Ponte a Tressa 9 F 4
✉ 53014
Pontebari 14 E 5
Ponte Biférchia 27 E 3
Ponte Buggianese 5 E 7
✉ 51019
Ponte Calcara 10 D 5
Ponte Caliano 9 B 7
Ponte Cappuccini 7 F 3
Pontécchio 2 D-E 8
✉ 40044
Pontécchio, Archi di- 17 C 1
Pontéccio 5 A 4
Ponteceno 1 C 4
✉ 43050
Ponteceno Sopra 1 B 5
Ponteceno Sotto 1 B 5
Pontecentésimo 14 B 5
Pontechiúsita 14 D 7
Pontecorvo 26 B 5
✉ 03037
Pontecuti 14 E 3
✉ 06059
Ponte d'Árbia 13 A 4
✉ 53010
Ponte d'Assi 10 E 4
✉ 06024
Pontedazzo 10 C 4
Ponte degli Álberi 10 A 6
Ponte del Barone 2 E-F 1
Ponte della Pietra 7 B 2
Ponte della Valle 6 C 6
Ponte della Venturina 6 B 1
✉ 40045
Ponte dell'Uso 7 D 2
Ponte del Rio 7 F 8
✉ 60010
Pontedera 8 A 6-7
✉ 56025
Ponte di Cámpia 5 B 5-6
Ponte di Castelvécchio 5 C-D 7
Ponte di Catagnana 5 B 6
Ponte di Ferro 14 D 4
Ponte di Gómbola 2 E 4
Ponte di Masino 5 F 8
Ponte di Serravalle 5 D 8
Ponte di Sorana 5 D 7
Ponte di Verzuno 6 A 1-2
✉ 40032
Ponte Dolo 2 E 3
Ponte Ete 15 A 4
Ponte Felcino 14 A 3
✉ 06077

Ponte Galéria 20 D 5
✉ 00050
Ponte Ghiereto 6 C-D 3
Ponteginori 8 E 7
✉ 56040
Pontelandolfo 27 C 4
✉ 82027
Pontelatone 27 D-E 1
✉ 81040
Pontelatone, Stazione- 27 E 1
✉ 81040
Pontelatrave 14 B 8
Ponte Locatello 6 A 2
Ponte Losco 2 B 7
Ponte Lucano 21 B 1
✉ 00010
Pontelungo (PT) 5 D 8
✉ 51030
Ponte Macereto 13 A 3
Ponte Máglio 15 C 3
Pontemázzori 5 D 4
Ponte Menócchia 15 B 5
Ponte Messa 7 E 2
✉ 61010
Ponte Minchione, Casale- 17 E 6
Ponte Murello 7 F 7
Ponte Náia, Stazione di- 14 E 3
Pontenano 9 B 6
Pontenovo 22 F 5
Pontenuovo 6 D 1
Ponte Nuovo (MC) 14 C 7
Ponte Nuovo (MO) 2 C 4
Ponte Nuovo (PG) 14 B 3
✉ 06053
Ponte Organasco 1 A 2
✉ 29020
Ponte Parrano 14 A 5
Ponte Páttoli 14 A 3
✉ 06085
Pontepetri 5 C 8
✉ 51020
Ponte Pietra (FC) 7 B 2
Pontericcioli 10 D 4
✉ 61044
Ponte Rio (PG-Perugia) 14 A 3
Ponte Rio (PG-Todi) 14 E 3
Ponte Rio (PG-Valtopina) 14 B 5
Ponte Rizzoli 3 D 1
Ponte Ronca 2 D 7
✉ 40069
Ponterosso 9 A-B 4
Ponterotto (VT) 17 E 6
Pontes, Castello- 33 A 6
Ponte Samóggia 2 C 7
Ponte San Giovanni 14 A 3
✉ 06087
Ponte San Pietro (LU) 5 E 5
✉ 55056
Ponte Santa Margherita 4 C 5
Ponte Scodogna 2 A 1
Ponte Sestaione 5 B 7-8
Ponte Stazzemese 5 C 4
✉ 55040
Ponte Stella 6 D 1
Ponte Stoppino 3 C 3
Pontestrambo 1 D 4
✉ 43050
Pontetetto 5 E 6
✉ 55057
Ponte Tre Denari 20 C 4
Ponte Ulica 21 F 2
Ponte Valleceppi 14 A 3
✉ 06078
Ponte Verúcchio 7 D 3
Ponti (CA) 36 D 3
Ponticelli (BO-Ímola) 3 F 2
✉ 40020
Ponticelli (BO-San Pietro in Casale) 3 A 1
Ponticelli (PG-Città della Pieve) 13 C 8 ✉ 06060
Ponticelli (PG-Deruta) 14 B 3
Ponticelli (RI) 18 F 2
✉ 02030
Ponticelli di Sotto 8 A 7
Ponticello (MS) 4 B 6-7
Ponticino 9 C 6
✉ 52020
Pontignano 9 D 4
Pontile 10 F 7
Pontine, Ísole- 25 E 2-3
Pontinia 25 B 7
✉ 04014
Póntis, Peschiera- 32 F 3-4
Pontito 5 C 7
✉ 51010
Pontone 2 D 2-3
Pontorme 6 F 1
Pontoro 5 D 7
Pontrémoli 34 F 3
✉ 54027
Ponza 25 E 1-2
✉ 04027
Ponza, Ísola di- 25 D-E 1-2
Ponzalla 6 C 4
Ponzanello 5 A 2
Ponzano (BO) 2 E 7
Ponzano (PO) 6 E 2
Ponzano (PT) 6 D 1

Ponzano (TE) 15 E 4
✉ 64010
Ponzano (VT) 17 A 5
Ponzano di Fermo 15 A 4
✉ 63020
Ponzano Magra 4 D 7
✉ 19035
Ponzano Romano 17 E 8
✉ 00060
Ponzano Superiore 4 D 7
Ponze 14 C 6
Ponziane, Ísole- 25 E 2-3
Popíglio 5 C 7
✉ 51020
Pópola 14 C 6
Popolano 6 B 6
Pópoli (PE) 19 F 1
✉ 65026
Pópoli (PG) 14 E 8
Pópolo (TE) 15 F 3-4
Poponi, Monte- 18 B 4
Poppe, Monte- 12 D 4
Poppi 6 F 6
✉ 52014
Poppiano 9 A 2
Populónia 12 B 5
✉ 57020
Populónia, Stazione- 12 B 6
✉ 57020
Porággia, Ísola di- 29 A 3
Porano 14 F 1
✉ 05010
Porcara (BN) 27 B 6
Porcari 5 E 6
✉ 55016
Porceddu, Monte- 35 E 1
Porceddus, Rio- 37 A 5
Porcellino 9 B 5
Porcentico 9 C 8
Porche, Monte- 15 D 1
Porchette, Foce delle- 5 C 5
Pórchia 15 B 3
✉ 63030
Porchiano (AP) 15 C 3
Porchiano (PG) 14 E 3
Porchiano (TR) 17 A 6
Porchíles, Nuraghe- 33 C 2
Porciano (FR) 21 D 5
✉ 03010
Porciano (PT) 6 E 1
✉ 51035
Porcigatone 1 C 5
✉ 43043
Porcile 1 B 1
Porcile, Monte- 4 B 4
Porciorasco 4 B 4-5
✉ 19028
Porco, Ísola- 29 C 5
Porco, Monte- 27 B 3
Porco, Ponte del- 23 E 3
Pórcos, Nuraghe- 32 C 4
Poreta 14 E 6
Pornello 14 D 1
✉ 05010
Poro, Capo di- 12 E 4
Porponi 6 F 1
Porporano 2 A 2
✉ 43030
Porrara, Monte- 22 B 3
Porrena 6 F 6
✉ 52010
Porreta 5 B 4-5
Porretta Terme 6 A-B 1
✉ 40046
Porri, Ísola dei- 28 E 1
Porrino 21 E 7
✉ 03025
Porrona (GR) 13 C 4
Porta (MS) 5 C 3
Pórta, Masseria la- 23 D 3
Porta Materna, Passo- 14 B 1
Portária 14 F 4
✉ 05020
Portatore, Fiume- 25 C 8
Portedda, Válico sa- 36 E 5
Portella 26 A 7
Portella, Monte- (AQ) 18 C 7
Portello, Válico- 1 C 2
Portese, Cala- 29 C 5
Porticciolo, il- 12 D 5
Porticciolo (MS) 4 B 6-7
Porticciolo, Torre del- 30 D 1
Porticello, Torre di- 24 C 7
Pórtici (PT) 5 E 7
Pórtico di Caserta 27 F 2
✉ 81050
Pórtico di Romagna 6 C 7
✉ 47010
Pórtico e San Benedetto 6 C 6-7 ✉ 47010
Portiglione 12 D 7
Portile 2 C 6
✉ 41010
Portisco 29 E 5
Portixeddu 34 F 3
Porto (GE) 1 C 1-2
Porto (PG) 13 B 8
✉ 06060
Porto (RA) 3 D 6
Porto (RM) 20 D 5
Porto (SI) 9 E 7
Porto, Bonifica di- 20 D 5
Porto, il- 25 D 1
Porto Alabe 32 C 3

Porto Azzurro 12 E 5
✉ 57036
Porto Badino 25 D 8
✉ 04019
Portobello di Gallura 29 D 1-2
Porto Botte 36 D 4
Porto Botte, Stagno di- 36 D 4
Portocannone 23 B 1-2
✉ 86045
Porto Cervo 29 D 5
✉ 07020
Porto Civitanova 11 E 6
Porto Clementino 17 E 2
Porto Columbu-Perd'e Sali 36 D 7-8
Porto Conte, Parco Regionale- 30 D-E 1-2
Porto Corsini 3 D 7
✉ 48010
Porto d'Áscoli 15 C 5
✉ 63037
Porto di Vasto, Stazione di- 19 E 7
Porto Ércole 16 C 6
✉ 58018
Porto Faro 29 C 4
Portoferráio 12 D 4
✉ 57037
Porto Foxi 36 D 7
Porto Fuori 3 E 7
✉ 48020
Porto Garibaldi 3 B 6-7
✉ 44029
Portogreco 24 D 7
Pórtole (AR) 9 E 8
Portomaggiore 3 A-B 3-4
✉ 44015
Porto Mandriola 32 E 3
Portonovo (AN) 11 B 5
✉ 60020
Portonovo (BO) 3 C 3
✉ 40060
Porto Páglia (CA) 36 B 3
Porto Páglia (SS) 29 D 5
Portopaleddu 36 B 2
Porto Palma 34 C 3
Porto Potenza Picena 11 D 6
✉ 62016
Porto Puddu 29 C 4
Porto Recanati 11 C-D 6
✉ 62017
Porto Rotondo 29 E 5
✉ 07020
Portorotta 3 A-B 3
Porto Salvo (LT) 26 D 4
Porto San Giórgio 11 F 7
✉ 63017
Porto San Páolo 31 B 6
✉ 07020
Porto Sant'Elpídio 11 E-F 7
✉ 63018
Porto Santo Stéfano 16 C 6
✉ 58019
Portoscuso 36 B 2-3
✉ 09010
Porto Tórres 28 E 3
✉ 07046
Portovénere 4 E-F 6
✉ 19025
Portovénere, Parco Regionale di- 4 E 6
Portoverrara 3 B 4
Portovesme 36 B 3
Portuense, Via- 20 C-D 5
Porziano 14 A 5
Posada 31 D 7
Posada, Fiume di- 31 D 6
Posada, Lago di- 31 D 5-6
Posara 4 C 8
Posatora 11 B 5
Posasso, Monte- 1 C 2
Pósola 6 B 1
Posta (RI) 18 B 4
✉ 02019
Posta, la- 6 A 3
Posta Fibreno 21 E 8
✉ 03030
Posta Nuova 24 E 2
Posticciola 18 E 3
✉ 02020
Postignano, Rocca di- 14 A 5
Potenza, Fiume- 11 D 6
Potenza Picena 11 D 6
✉ 62018
Poti, Alpe di- 9 C 8
Poza 26 C 8
Pozza (AP) 15 E 2
✉ 63041
Pozza (AQ) 18 C 5
Pozza (MO) 2 C 5
Pozza (RM) 20 D 5
Pozza, Bonifica di- 20 D 5
Pozzáglia Sabina 18 F 3
✉ 02030
Pozzale (FI) 9 A 1

Pozze, le- 6 D 1
Pozzelle, Serra delle- 27 B 2
Pozzi (LU) 5 C 4
Pozzilli 26 A 8
✉ 86077
Pozzillo (CE) 27 D 1
Pozzo (AR) 9 E 7
✉ 52040
Pozzo (MC) 10 D 8
Pozzo (MS) 4 B 6
Pozzo (PG) 14 D 3
✉ 06030
Pozzo (RA) 6 A 6
Pozzo, Porto- 29 C 3
Pozzo Alto 7 E 5-6
✉ 61020
Pozzo Maiore, Nuraghe- 32 C 5
Pozzomaggiore 32 A 5
✉ 07018
Pozzoni, Monte- 14 F 8
Pozzo Nuovo 9 E 7
Pozzo San Nicola 28 E 2
Pozzovétere 27 F 2
Pózzolo 1 A 6
Pozzuolo (LU) 5 E 5
Pozzuolo (MC) 14 A 8
Pozzuolo (PG) 13 A 8
✉ 06067
Pozzuolo (PU) 7 F 6
Pozzuolo (SI) 9 F 5
Pracchi 5 B 6
Prácchia (PT) 5 C 8
✉ 51027
Prácchia (TR) 14 F 4
Prácchiola 4 A 7
Prada (PR) 2 C 1
Prada (RA) 3 E-F 5
✉ 48020
Pradálbora 1 A 5
Pradarena, Passo di- 2 F 1
Pradone 2 D 4-5
Pradovera 1 A 4
Pragatto 2 D 7
✉ 40056
Práie, Grotta delle- 19 F 2-3
Pramaera, Rio- 33 E-F 6
Prampa, Monte- 2 E 2
Pranárgia, Monte sa- 35 B 3
Praneddas, Rio sas- 31 D-E 5
Pranello 1 B 8
Pran 'e Sartu, Monte- 35 D 4
Prano, Monte- 5 D 5
Prantallades, Nuraghe 32 C 7
Pranu de Fóllas, Nuraghe- 35 B 2
Pranu de Sedda, su- 34 F 6
Pranu Murdegu (CA) 34 D 5
Pranu Murdegu (NU) 35 A 3
Pránus, Foresta is- 35 C 4
Pranu Mutteddu 35 D 3
Pranu Ollisa, Nuraghe- 32 F 6
Pranu Sánguni, Cantoniera- 35 E 3
Pranu Siddi 34 C 6
Pranzaturo, Monte- 27 B 2
Prata (GR) 13 A 1
✉ 58020
Prata (LI) 12 A 7
Prata, le- 14 B 6
Pratáccio 5 C 8
✉ 51020
Prata d'Ansidónia 18 D-E 7
✉ 67020
Prata Inferiore 27 B 1
Pratale 6 F 6-7
Pratalútoli 6 F 6
Pratantico 9 C 7
✉ 52020
Prata Sannita 27 B 1
✉ 81010
Pratella 27 B 1
✉ 81010
Pratello (AQ) 22 C 2-3
Pratello, Monte- (AQ) 22 C 2
Pratello, Monte- (FC) 6 B 7
Prati (GE) 1 E 3
Prati (RA) 3 D 5
Prati, i- (TR) 18 B 1
Pratica di Mare 20 E 6
✉ 00040
Prati di Logárghena 4 B 7
Prati di Santa Maria 18 F 7
Prati di Tivo 18 B 7
Pratieghi 7 F 1
Pratíglio, Monte- 21 C 4
Pratignano, Lago- 5 A 8
Pratíssolo 2 B 4
Pratizzano, Passo di- 2 E 1
Prato (GE-Ne) 1 E 3
Prato (GE) 1 E 3
Prato (PG) 10 D 1
Prato (PO) 6 E 2
✉ 59100
Prato (PR-Bedónia) 1 C 4-5
Prato (PR-Mónchio delle Corti) 1 D 8
Prato (RE) 2 A 4
Prato (TR) 14 E 2
Prato, Monte- (RE) 2 F 2
Prato, Monte- (RI) 18 A 4
Prato, Ponte- 22 F 1
Prato Barbieri 1 A 5
Pratobello 33 D 4
Prato Caselle, Pizzo del- 22 F 1

Prato delle Fémmine 1 C 5
Prato delle Macináie 13 D 5
Prato di Strada 6 F 6
Pratofontana 2 A 4
Prato Gentile 22 C 4
Pratograne 1 A 6
Pratoianni 18 D 3
Prátola Peligna 22 A 1
✉ 67035
Pratolino 6 E 3
✉ 50036
Pratolungo (GR) 13 F 6
✉ 58010
Pratolungo (PR) 2 D 1
Pratolungo (PV) 1 A 2
Pratolungo, Forcella di- 26 A 7
Pratomagno, Croce di- 9 A 6
Pratomagno, Monti- 9 A 5-6
Prato Maiuri, Monte- 21 C 8
Pratomédici 4 C 7
Prato Mollo, Rifúgio- 1 D 3
Pratone, Monte- 6 C 4
Pratopiano 2 D 1
Prato Ranieri 12 C 7
✉ 58022
Prato Rosso, Rifúgio- 22 C 1
Pratorsi, Piano di- 5 B 8
Prato Sardo, Stazione- 33 B 3
Prato Selva 18 B 7
Prato Sopralacroce 1 D 3
✉ 16040
Prato Spilla 1 E 8
Pratovalle 8 B 6
Pratovécchio 6 F 6
✉ 52015
Prea (CE) 27 D 1
Preci 14 D 7
✉ 06047
Precícchie 10 D 7
Predálbora 1 A 5
Predáppio 6 B 8
✉ 47016
Predáppio Alta 6 B 8
✉ 47010
Predda Niedda 28 F 4
Prediera 2 C 3
Predosu, Nuraghe- 33 B 3
Prefetti, Fosso dei- 21 F 1
Preganti, Nuraghe- 35 C 2
Préggio 10 F 2
✉ 06060
Prelerna 1 B 7
✉ 43010
Premilcuore 6 D 6-7
✉ 47010
Prena, Monte- 18 C 8
Prenestina, Via- 21 C 1
Prenestini, Monti- 21 B-C 2-3
Prepo 14 A 3
✉ 06129
Preposti, Guárdia- 29 C 4
Presa, Ísola la- 29 B 4
Presciano (AR) 7 F 2
Presciano (SI) 9 E 4
Preselle 13 E 3
✉ 58050
Presenzano 26 B 8
✉ 81050
Presta, Forca di- 15 E 1
Preta (CE) 26 D 8
Preta (RI) 18 A 6
✉ 02012
Pretara 18 B 8
Pretare 15 E 1
✉ 63043
Pretaro 19 C 4
Prétola 4 A 3
✉ 06070
Pretónico, Torrente- 19 B 1
Pretoro 19 E 3
✉ 66010
Preturo (AQ) 18 C 5
✉ 67010
Prevenisco 15 F 3
Prezza 22 A 1
✉ 67030
Prezza, Monte- 22 A 1
Príatu 29 F 4
Prignano sulla Sécchia 2 D 4
✉ 41048
Prima Porta 20 B 6
✉ 00188
Primavalle 20 C 5
Prime Case 18 E 1
✉ 02032
Primo Campo, Piano- 22 B 3
Principina a Mare 13 F 1
Prinzera, Monte- 1 B 8
Priora, Monte- 15 C 1
Priosa 1 C 2
✉ 16040
Priverno 25 A-B 8
✉ 04015
Privernum 25 A 8
Prócchio 12 E 4
✉ 57030
Prócchio, Golfo di- 12 D-E 3-4
Proceno 13 E 7
✉ 01020
Prodo 14 E 2
✉ 05010
Profécchia, Casone di- 5 A 5
Profeti (CE) 27 D 1
Profeti (FI) 9 B 1

Prófluo, Canale- **22** D 2
Profóglio, Monte- **14** B 7
Promano **10** D 2
⊠ *06010*
Prombialla **5** C 8
Propata **1** B-C 1-2
⊠ *16027*
Prossedi **26** A 2
⊠ *04010*
Prota **4** C 8
Protte **14** E 5
Provazzano **2** C 1
⊠ *43020*
Provezza **7** A 1
Provvidenti **22** D-E 8
⊠ *86040*
Provvidenza, Lago di- **18** B 6
Prugna, la- **21** A-B 3
Prugno **6** A 5
Pruna, Punta sa- **33** C 5
Pruna, Rio sa- **33** C 3
Prunaro **3** D 1-2
Prunarolo **2** F 7
Prunetta **5** C 8
⊠ *51020*
Pruno (LU) **5** C 4
Pruno, Póggio al- **8** F 7
Pubulena, Monte- **30** D 5
Pucci, Villa- **14** B 3
Pucciarelli **13** A-B 8
Puccini, Villa- **5** D 5
Púglia (AR) **9** C 7
Púglia, Torrente- **14** C 3
Puglianella **5** B 4-5
Puglianello **27** D 3
⊠ *82030*
Pugliano (CE) **26** D 8
⊠ *81057*
Pugliano (PU) **7** E 3
Púgliola **4** E 6
⊠ *19030*
Pugnétolo **1** C 8
Pugnochiuso **24** E 7
Pugnochiuso, Báia di-
24 E 7
Puianello **2** B 3
⊠ *42030*
Pula **36** D-E 7
⊠ *09010*
Pula, Capo di- **36** E 7
Pula, Rio di- **36** D 7
Pulcherini **26** C-D 6
Pulchiana, Monte- **29** E 2
Pulci, Castello- **6** F 2
Pulci, le- **14** A 3
Púlica **5** A 3
Pulicciano (AR) **9** A 5
Pulicciano (FI) **6** C 4
Puliciano **9** D 7
Púliga, Nuraghe sa- **35** A 6
Puligno **6** B 4
Pulledrari **5** B 8
Pulpazo **28** E 5
Punnacci, Nuraghe- **33** E 6
Punta, Capo la- **36** B 2
Punta Aderci, Riserva Naturale
di- **19** E 7
Punta Ala **12** D-E 7
⊠ *58040*
Puntáccia, Monte- **29** E 2
Punta del Lago **17** D 5
Punta Gennarta, Lago- **36** A 4
Punta Marina **3** D 7
⊠ *48020*
Punti, li- **28** F 4
⊠ *07040*
Puntígia, Rio sa- **32** A 5
Puntone **5** F 7
Puntoni **5** E 8
Pupaggi **14** D 6
Puranno, Monte- **14** C 6
Purello **10** E 5
⊠ *06020*
Purgatório (FR) **21** E-F 8
⊠ *03034*
Purgatório, Chiesa il- **13** F 7
Puro, Monte- **14** C 6
Putifígari **30** E 3
⊠ *07040*
Putignano (PI) **8** A 5
⊠ *56014*
Putignano (TE) **15** F 4
Puttu, Torre su- **32** D 3
Putzolu, Cantoniera- **29** F 4
Putzu, Nuraghe su- **34** B 8
Putzu, Sassa- **35** B 4
Putzu Idu **32** E 3
⊠ *09070*
Puxeddu, Casa- **34** C 3
Puzzillo, Monte- **18** E 6
Puzzittu, Nuraghe- **33** A 5
Puzzu, Monte- **29** F 4
Pyrgi **20** A 2

Q

Quaderna **3** D 1
Quaderna, Torrente- **3** D 2
Quadrada, Contra- **31** C 4
Quadreggiana **10** F 7
Quadrelli (TR) **14** F 4
⊠ *05020*
Quadri **22** B 4
⊠ *66040*
Quadri, Monte dei- **22** D 2
Quadroni **17** F 5
⊠ *00066*
Qualto **6** A 3
Quao, Porto- **33** D 7
Quara **2** E 3
⊠ *42010*
Quaranta (FI) **6** D 2
Quaranta (SI) **13** D 6
Quarata **9** C 7
⊠ *52040*
Quarática **4** D-E 5
Quarrata **6** E 1
⊠ *51039*
Quartáccio **17** D 7
Quartáccio, Monte- **20** A 2
Quartáia **9** D 2
⊠ *53034*
Quarticciolo **17** D 3
Quartiere **3** A 3
Quartirolo **2** A 5
Quarto (FC) **7** D-E 1
⊠ *47020*
Quarto, Lago di- **7** E 1
Quártolo **6** A 7
Quarto Inferiore (BO) **3** C 1
⊠ *40057*
Quártora, Monte le- **18** D 6
Quartu, Golfo di- **37** B 3
Quartu, Spiággia di- **37** B 3
Quartu, Stagno di- **37** B 3
Quartúcciu **37** B 3
⊠ *09044*
Quartu Sant'Èlena **37** B 3
⊠ *09045*
Quattordici, Monte- **26** A 3
Quattro Castella **2** B 2
⊠ *42020*
Quattrostrade **16** B 7
Quattro Strade (FR) **21** F 5
Quattro Strade (PI) **5** F 7
Quattro Strade, le- **9** A 3
Quattro Stradoni, Masseria-
26 B 8
Quattro Torri, Castello delle-
9 E 4
Quattro Venti, Casa- **5** E 5
Quattro Venti, i- **27** C 1
⊠ *81017*
Querce (FI) **5** E 7
⊠ *50050*
Querce (LU) **5** D 5-6
Querce, la- **6** E 2
⊠ *59100*
Querce al Pino **13** B 7
Querce d'Orlando **17** B 5
Quercegrossa **9** D 3
⊠ *53010*
Querceta **5** C 4
⊠ *55046*
Querceto (AR) **9** A 7
Querceto (PI) **8** E 7
Querceto (SI) **9** E 2
Querci, le- **6** D 1
Quércia **4** C 7
⊠ *54010*
Querciabella, Quércia
Centenaria- **15** A 3
Quércia del Mónaco, Passo
della- **26** B 3
Quercianella **8** C 5
⊠ *57015*
Quércie, Valle delle- **26** C 4
Querciola (BO) **5** A 8
⊠ *40040*
Querciola (FI) **6** D 3
Querciolàie, Terme- **9** E 5
Querciolano, Chiesa di- **6** C 7
Quercioli **2** A 3
Quercione, Póggio del- **13** C 1
Quiesa **5** E 5
⊠ *55050*
Quinciano **9** F 4
Quintilio Varo, Villa- **21** B 2
Quinto (FI) **6** E 3
⊠ *50019*
Quintodécimo **15** E 2
⊠ *63041*
Quinzano (AP) **15** C 2
Quinzano (BO) **2** F 8
Quinzano (PR) **2** B-C 1
Quirino, Torrente- **27** B 3
Quirra **35** E 6
Quirra, Castello di- **35** E 6
Quirra, Ísola di- **35** E 6
Quirra, Rio de- **35** D 6
Quirra, Rio di- **35** B-C 6
Quóio, Monte- **13** A 2
Quorle **6** F 6
Quota **9** A 6
⊠ *52014*

R

Rabatta **6** D 4
Rabbi, Fiume- **6** B 8
Rabbini **1** A 5-6
Racciano **9** C 1
Radda in Chianti **9** C 4
⊠ *53017*
Radi **9** F 4
Radici, Foce delle- **5** A 6
Radicófani **13** D 6
⊠ *53040*
Radicóndoli **9** E-F 1
⊠ *53030*
Radicosa (AN) **10** C 6
Radicosa (FR) **26** A 7
Radicosa, Torrente- **23** D 4
Rafael, Porto- **29** C 4
Raffi **1** B 5
Raggiano **14** A 7
Rággio (FG) **6** D 8
Rággio (PG-Gúbbio) **10** D 4
Rággio (PG-Massa Martana)
14 E 4
Raggiolo **9** A 6
⊠ *52010*
Ragione **1** A-B 1
Ragnáie **13** B 4
Ragnola, Torrente- **15** C 5
Rágola, Monte- **1** B 4
Rai, su- **36** D 5
Raiano **22** A 1
⊠ *67027*
Raignina, Nuraghe sa- **31** F 3
Ráio, Torrente- **18** E 5
Ramaceto, Monte- **1** D 2
Ramazzano **10** F 3
⊠ *06080*
Rambona **11** E 3
Rami **2** A 6-7
Ramiano **1** B 8
Rámini **5** D 8
Ramiola **1** A 8
⊠ *43040*
Ramiseto **2** D 1
⊠ *42030*
Ramitelli, Torre di- **23** B 2
Rampa, Masseria- **23** A 1
Ránas, Nuraghe- **30** F 6
Rancale **10** F 3
Ranchi **10** E 2
Ránchio **7** D 1
⊠ *47020*
Ráncia, Castello della- **11** F 4
Rancitella **7** F 4
Ranco (AR-Arezzo) **9** C 8
Ranco (AR-Badia Tedalda)
7 F 1
Ranco (CH) **19** F 6
Ranco (PG) **10** E 5
Rancolfo **10** F 3
Ranzano (PR) **2** D 1
⊠ *43020*
Rapagnano **15** A 3
⊠ *63025*
Rápale **9** D 5
Rapallo **1** E 2
⊠ *16035*
Rapattoni **19** C 3
Rapegna **14** D 8
Rápido, Fiume- **22** F 2
Rapino (CH) **19** E 4
⊠ *66010*
Rapino (TE) **18** A 8
Rapolano Terme **9** E 5
⊠ *53040*
Rascino, Lago- **18** D 4
Ráscino, Piano di- **18** D 4
Rasenna **14** C 7
Rasíglia **14** C 6
⊠ *06030*
Rasíglio **2** E 7
Rasignano **27** D 2
Rásina, Torrente- **10** F 5
Raso, Póggio- **16** A 6
Rasora **6** B 2
Raspollino, Padule di-
13 D-E 1
Rássina **9** A 7
⊠ *52016*
Rassu, Monte- **32** E 4
Rastellino **2** B 7
⊠ *41013*
Rastello, Foce di- **4** B 5
Rastia **10** E 7
Rastignano **2** D 8
⊠ *40067*
Rasu, Monte- (NU) **35** C 5
Rasu, Monte- (SS) **32** A 7
Rata **6** E 5
Raticosa, Passo della- **6** A 3-4
Ratino, Masseria- **23** E 5
Ratti, Ísola dei- **36** B 2
Rava, Torrente- (FR) **22** F 2
Rava, Torrente- (IS) **26** A 8
Ravaldino **6** B 8
Ravarano **1** C 8
⊠ *43030*
Ravarano, Castello di- **1** C 8
Ravàri, Bocca dei- **2** F 6
Ravarino **2** A 7
⊠ *41017*
Ravenna **3** D-E 6-7
⊠ *48100*
Ravenna, Montagna di- **36** C 1
Ravezza **1** D 4-5
Ravi **12** C 8
⊠ *58020*
Ravignano **14** B 5
Ravíndola, Taverna- **27** A 1
Raviscanina **27** B-C 1
⊠ *81017*
Razzano, Monte- **17** F 7
Razzóli, Ísola- **29** B 4
Razzoni, lu- **28** D 6
Razzuolo **6** C 4
Re, Ponte del- (IS) **26** B 8
Reale, Fosso- **8** A 5
Reale, la- **28** B-C 2
Reale, Rada della- **28** C 2
Reatini, Monti- **18** B 2-3
Rebeccu **32** A 6
⊠ *07012*
Rebróio **1** B 2
Recale **27** F 2
⊠ *81020*
Recanati **11** D 5
⊠ *62019*
Recco **1** E 1
⊠ *16036*
Recenza **9** F 3
Recovato **2** B 6
⊠ *41013*
Reda **3** F 5
⊠ *48020*
Redentore, Statua il- **26** C 5
Redicesi **5** B 4
Redinoce **12** E 3
Redù **2** B 6
⊠ *41015*
Reforzate **10** A 6
Reggello **9** A 5
⊠ *50066*
Reggello, Varco di- **9** A 5
Réggio nell'Emilia **2** A-B 3-4
⊠ *42100*
Regi Lagni (CE) **26** F 8
Reginaldo **19** D 3
Regine, le- **5** B 7
⊠ *51020*
Regnano (MC) **15** A 1
Regnano (MS) **2** F 1
⊠ *54010*
Regnano (RE) **2** C 3
⊠ *42020*
Rei, Costa- **37** A-B 6
Rei, Piscina- **37** A-B 6
Reinello, Torrente- **27** C 5-6
Reino **27** C 5
⊠ *82020*
Reino, Bívio di- **27** D 6
⊠ *82020*
Remune **22** F 1
Renacci **9** B 5
Renággiu, Fonte- **29** F 2
Renáio **5** B 6
Rena Majore **29** C-D 3
Rena Majore, Spiággia di-
29 C 2-3
Renazzo **2** A 8
⊠ *44045*
Réncine **9** D 3
Réncine, Piano- **14** F 8
Rendinara **21** C 6
⊠ *67050*
Réndola **9** C 5
Renga, Catena della- **21** B 5
Renno **2** F 5
⊠ *41020*
Reno (PR) **1** C 8
⊠ *43028*
Reno, Fiume- **3** C 4
Reno, Foce del- **3** B 7
Repasto **18** B 1
Réppia **1** E 3
⊠ *16040*
Resceto **5** B 4
Réschio **10** E 1
Réscia **18** A 3
Réscia, Forca di- **18** A 3
Resecata, Masseria- **23** F 7
Resicata, Masseria- **23** E 3
Respíccio **1** A-B 8
Resta, Fattoria- **13** A 4-5
Restone **9** B 5
Resuni, Forca- **22** E 2
Retafani, Monte- **21** D 4
Retignano **5** C 4
Rétini, Ísola di- **29** A 3
Retorto (PC) **1** B 4
Retrosi **18** A 5
Réusa **5** A 3-4
Reventa, Torrente- **27** D 5
Révole, Monte- **26** C 5
Rezzoáglio **1** C 3
⊠ *16048*
Riana (LU) **5** B 5-6
Riana (PR) **1** D 8
⊠ *43010*
Riano (PR) **1** B 8
⊠ *43010*
Riano (RM) **20** A 6
⊠ *00060*
Riardo **27** D 1
⊠ *81053*
Riardo, Stazione di- **26** D 8
Ribolla **13** C 1
⊠ *58027*
Ribone, Monte- **1** D 5
Ribusieri, Torrente- **13** C 4
Ricami, Grotta dei- **30** E 1
Ricásoli **9** C 5
Ricavo **9** C 3
Riccardi, Torre- **5** F 4
Riccardina **3** C 2
⊠ *40054*
Ricci, Masseria-
(FG-Serracapriola) **23** D 2
Ríccia **27** A 5
⊠ *86016*
Ríccia, la- **20** A 4
Ríccio **9** F 8
Riccione **7** C 4-5
⊠ *47838*
Riccò (MO) **2** D 5
⊠ *41028*
Riccò (PR) **1** A 8
⊠ *43030*
Ricco, Monte- (FR) **21** F 8
Riccò del Golfo di Spézia
4 D 5 ⊠ *19020*
Riccovolto **2** F 3
⊠ *41040*
Riceci **7** F 5
Ricetto **18** F 4
Ricò **6** B 8
⊠ *47010*
Ridotti, i- **21** D 7-8
⊠ *67050*
Ridrácoli **6** E 7
Ridrácoli, Lago di- **6** E 7
Rieti **18** C 2
⊠ *02100*
Rifíglio **6** F 6
Rifredo **6** B-C 4
⊠ *50033*
Rigáini **22** D 5
Rigali **10** F 6
Rigatti **18** E 3
Righedo, Passo del- **4** A 6
Riglione **5** F 5
⊠ *56015*
Rignana **9** B 3
Rignanese, Casa- **24** E 4
Rignano **6** A 7
Rignano Flamínio **17** E 7
⊠ *00068*
Rignano Gargánico **24** F 3
⊠ *71010*
Rignano Gargánico, Stazione di-
23 F 5 ⊠ *71010*
Rignano sull'Arno **6** F 4
⊠ *50067*
Rigo **15** D 1
Rigo, Ponte del- **13** D 6-7
Rigo, Torrente- (GR-Grilli)
13 D 1
Rigo, Torrente- (GR-Sticciano
Scalo) **13** C 2
Rigo, Torrente- (SI) **13** D 7
Rígoli **5** E-F 5
⊠ *56010*
Rigolo Chiesa **1** A 4-5
Rigomagno **9** E-F 6
⊠ *53040*
Rigopiano **19** C 1
Rigosa (BO) **2** D 7-8
Rigoso **1** E 8
⊠ *43020*
Rigutino **9** D 7
⊠ *52040*
Rimagna **1** E 8
Rimbocchi **6** F 6-7
Rimigliano **12** B 6
Rímini **7** B-C 4
⊠ *47900*
Riminino **17** C 1
Rinaldi Mássimo, Rifúgio-
18 B 3
Ríncine **6** E 5
Rio (PG) **14** B 6
Rio (SP) **4** B-C 5
Rio, Fiume il- **27** A 2
Rio, Fosso- **14** E 3
Rio, il- (PE) **19** C 2-3
Rio, il- **21** F 3-4
Riobono, Torrente- **10** E 6
Rio dei Campi **6** C 7
Rio Fanale, Punta- **12** C 5
Rio Freddo **1** C 3-4
Riofreddo (FC) **7** E 1
Riofreddo (RM) **21** A 3
⊠ *00020*
Riola (BO-Castèl d'Aiano)
2 F 6 ⊠ *40047*
Riola (BO-Vergato) **6** A 1-2
⊠ *40047*
Riola (PR) **1** A-B 8
Riola Sardo **32** E-F 4
⊠ *09070*
Riolo (BO) **2** D 8
Riolo (MO) **2** B 7
⊠ *41013*
Riolo Terme **3** F 3
⊠ *48025*
Riolunato **5** A 7
⊠ *41020*
Riomaggiore **4** E 5
⊠ *19017*
Riomáio, Torrente- **22** E 8
Rio Marina **12** D 5
⊠ *57038*
Riomúrtas **36** C 5
⊠ *09010*
Rio nell'Elba **12** D 5
⊠ *57039*
Rionero Sannítico **22** E 3
⊠ *86087*
Ríos, sos- **31** D 6
Rio Salso **6** E 7
Rio Secco **6** C 6
Riosecco **10** C 2
⊠ *06012*
Riosto **2** E 8
Riotorto **12** C 7
Riovalle **1** A 5
Riovéggio **2** F 7
⊠ *40040*
Ripa (AQ) **18** E 7
Ripa (LU) **5** C 4
⊠ *55040*
Ripa (PG) **14** A 4
⊠ *06080*
Ripa (TE) **18** A 8
⊠ *64040*
Ripa, la- **9** A 2
Ripaberarda **15** C 3
⊠ *63030*
Ripabianca (BN) **27** F 5
⊠ *82010*
Ripabianca (PG) **14** C 3
⊠ *06051*
Ripabottoni **22** E 8
⊠ *86040*
Ripabottoni-Sant'Elia, Stazione
di- **22** E 8
⊠ *86040*
Ripacorbária **19** D 3
⊠ *65020*
Ripa dell'Alto **10** B 2
Ripa d'Órcia **13** B 5
Ripafratta **5** E 5
⊠ *56010*
Ripaioli **14** D 3
Ripalimosani **22** F 7
⊠ *86025*
Ripalimosani, Stazione di-
22 F 7 ⊠ *86025*
Ripalta (AN) **10** B 7
Ripalta (FG) **23** C 3
⊠ *71010*
Ripalta (PU) **7** F 6
Ripalta (SP) **4** C-D 5
Ripalta, Stazione di- **23** B 3
⊠ *71010*
Ripalte, Fattoria- **12** E 5
Ripalti, Punta dei- **12** F 5
Ripalvella **14** D 2
⊠ *05010*
Ripamassana **7** E 4
Ripapérsico **3** B 3
Riparbella **8** D 6
⊠ *56046*
Riparotonda **2** F 2
Ripa Sottile, Lago di- **18** B 2
Ripa Teatina **19** C-D 4
⊠ *66010*
Ripatransone **15** B 4
⊠ *63038*
Ripattoni **15** F 5
⊠ *64020*
Ripe (AN) **10** A 8
⊠ *60010*
Ripe (PU) **7** E 5
Ripe (TE) **15** E 4
⊠ *64010*
Ripe, le- **13** D 7
Ripe San Ginésio **15** A 2
⊠ *62020*
Ripi **21** F 6
⊠ *03027*
Ripiani **21** E 7
Ripola **4** C 7-8
Rípoli (AR) **10** C 1
Rípoli (BO) **6** A 3
Rípoli (FI) **5** F 8
Rípoli (PI-Cáscina) **5** F 5
⊠ *56023*
Rípoli (PI-Lari) **8** B 6
Rispéscia **13** F 2
⊠ *58010*
Ristonchi **6** F 6
Ristónchia **9** E 8
Ritóio, Monte- **6** D 6
Ritorto, Ponte- **12** A 8
Ritorto, Torrente- **13** D 8
Ritórtolo **6** A 7
Riu Gironi, Cantoniera-
35 E 6
Riu Piatu, Stazione- **29** E 3
Riu Sessini, Ponte- **34** E-F 3
Riva, la- **2** C 4
Rivabella (BO-Malalbergo)
3 B 1
Rivabella (BO-Zola Predosa)
2 D 7
Rivabella (RN) **7** B 4
⊠ *47900*
Riva degli Etruschi **12** A 6
Riva dei Tarquini **17** D 1
Riva del Sole **12** E 8
⊠ *58043*
Rivalta (PR) **2** B 1
Rivalta (RA) **6** A 7
Rivalta (RE) **2** B 3
⊠ *42020*
Rivalto **8** C 7
⊠ *56034*
Riva Trigoso **1** F 3
⊠ *16037*
Riva Verde **3** D 7
Rivazzurra **7** C 4
⊠ *47900*
Riviera **3** F 2

Rivisóndoli **22** C 3 ⊠ *67036*
Rivisóndoli-Pescocostanzo, Stazione di- **22** C 3
Rivo (TR) **17** A 8
Rivodutri **18** B 2 ⊠ *02010*
Rivoreta **5** B 7
Rivóschio Pieve **6** C 8
Rivotorto **14** B 4 ⊠ *06080*
Rizzacorno **19** F 5 ⊠ *66030*
Rizzolu de sa Costa, Rio- **30** D 6-7
Rocca (PC) **1** B 4
Rocca (PR-Sala Baganza) **2** A 1
Rocca (PR-Varsi) **1** B 6
Rocca (RM) **17** F 4
Rocca (SI) **13** D 6
Rocca, la- (CB) **22** F 7
Rocca, la- (PG) **14** C 3
Rocca, la- (RE) **2** A 3-4
Rocca, la- (RI) **18** A 4
Rocca, la- (VT) **17** D 3
Rocca, Monte della- **10** A 2
Rocca, Monte la- (AQ) **21** D 8
Rocca, Monte la- (BO) **2** E 8
Rocca, Monte la- (CB) **27** A 4
Rocca, Monte la- (CH) **22** C 5
Roccabascerana **27** F 5 ⊠ *83016*
Rocca Bruna, Monte- **1** C 3
Rocca Caláscio **18** D 8
Rocca Canterano **21** B 3 ⊠ *00020*
Roccacaramánico **19** F 2
Roccacasale **19** F 1 ⊠ *67030*
Rocca Cerbáia **6** C 2
Roccacerro **21** A 5 ⊠ *67060*
Roccacinquemíglia **22** D 3 ⊠ *67030*
Rocca Corneta **5** A 8 ⊠ *40040*
Rocca d'Aiello **10** F 7
Rocca d'Arce **21** F 8 ⊠ *03030*
Rocca dei Corvi, Ponte- **1** B 2-3
Rocca delle Caminate **6** B 8 ⊠ *47016*
Rocca d'Evandro **26** B 7 ⊠ *81040*
Rocca d'Evandro, Stazione di- **26** B 7
Rocca di Botte **21** A 4 ⊠ *67066*
Rocca di Cámbio **18** E 7 ⊠ *67047*
Rocca di Cave **21** C 3 ⊠ *00030*
Rocca di Corno **18** C 4
Rocca di Corno, Stazione di- **18** C 4
Rocca di Fondi **18** C 4
Rocca di Fondi, Stazione di- **18** C 4
Rocca di Mezzo (AQ) **18** E 7 ⊠ *67048*
Rocca di Mezzo (RM) **21** B 3
Rocca di Papa **21** D 1 ⊠ *00040*
Rocca di Roffeno **2** F 6 ⊠ *40034*
Rocca d'Órcia **13** B 5
Roccaferrara **1** D 7
Roccafinadamo **19** B 1 ⊠ *65010*
Roccafluvione **15** D 2 ⊠ *63049*
Roccaforte, Planu- **30** F 5
Roccagióvine **21** A 2 ⊠ *00020*
Roccagnano **10** D 1
Roccagorga **25** A 8 ⊠ *04010*
Roccagrande, Monte- **1** E 3-4
Roccaguglielma **26** B 5
Rocca Iánula **26** A 6
Roccalanzona **1** A 7-8
Roccalbegna **13** E 4-5 ⊠ *58053*
Rocca Leonella **10** B 4
Roccalvecce **17** A 5 ⊠ *01020*
Rocca Malatina **2** E 6 ⊠ *41050*
Roccamandolfi **27** A 2 ⊠ *86092*
Roccamare **12** E 8
Rocca Mássima **21** E 3 ⊠ *04010*
Rocca Monaldi **14** A 2
Roccamonfina **26** C-D 7 ⊠ *81035*
Roccamonfina-Foce Garigliano, Parco Regionale del- **26** D 6-7
Roccamontepiano **19** E 3 ⊠ *66010*
Rocca Monte Vármine **15** B 4
Roccamorice **19** E 2 ⊠ *65020*
Roccamurata **1** C 6
Roccanolfi **14** D 7 ⊠ *06047*
Roccantica **18** D 1 ⊠ *02040*
Roccapassa **18** A 5
Roccapélago **5** A 6 ⊠ *41020*
Rocca Pia **22** B 2 ⊠ *67030*
Roccapipirozzi **26** B 8 ⊠ *86070*
Rocca Pitigliana **6** A 1
Roccaporena **14** F 7
Rocca Pratiffi **7** E 1-2
Roccaprebalza **1** C 7
Roccapreturo **18** E 8 ⊠ *67020*
Rocca Priora (AN) **11** A 4
Rocca Priora (RM) **21** D 1 ⊠ *00040*
Roccaraso **22** C 3 ⊠ *67037*
Roccaravíndola **26** A 8 ⊠ *86070*
Roccareonile **15** D 2
Rocca Ricciarda **9** A 5
Rocca Ripesena **13** F 8
Roccaromana **27** D 1 ⊠ *81051*
Rocca Romana, Monte- **17** F 6
Roccasalli **14** F 8
Rocca San Casciano **6** C 7 ⊠ *47017*
Rocca San Giovanni **19** E 6 ⊠ *66020*
Rocca Santa Maria (MO) **2** D 5 ⊠ *41020*
Rocca Santa Maria (TE) **15** F 3 ⊠ *64010*
Rocca Sant'Ángelo **14** A 4
Rocca Santo Stéfano **21** C 3 ⊠ *00030*
Rocca San Zenone **18** A 1 ⊠ *05100*
Roccascalegna **22** A 4 ⊠ *66040*
Roccasecca **26** A 5 ⊠ *03038*
Roccasecca, Stazione di- **26** A 5 ⊠ *03030*
Roccasecca dei Volsci **25** A 8 ⊠ *04010*
Roccasicura **22** E 4 ⊠ *86080*
Rocca Sigillina **4** B 7
Rocca Sinibalda **18** E 3 ⊠ *02026*
Rocca Sorella **21** E 7-8
Roccaspinalveti **22** B 6 ⊠ *66050*
Roccaspromonte **22** F 6 ⊠ *86010*
Rocca Steria, Punta- **36** C 6
Roccastrada **13** B 2 ⊠ *58036*
Roccastrada, Stazione di- **13** C 2 ⊠ *58036*
Roccatagliata **1** C-D 2 ⊠ *16040*
Roccatagliata, Monte di- **19** E 1
Roccatamburo **14** E 7
Roccatederighi **13** B 2 ⊠ *58028*
Roccavivara **22** C 7 ⊠ *86020*
Roccavivi **21** D 7 ⊠ *67050*
Rocche di Civitella **15** E 4 ⊠ *64010*
Rocchetta (AN-Fabriano) **10** D 7 ⊠ *60040*
Rocchetta (AN-Genga) **10** C 7
Rocchetta (CE) **27** D 1 ⊠ *81042*
Rocchetta (MO) **2** D-E 6 ⊠ *41052*
Rocchetta (PC) **1** A 5
Rocchetta (PG) **14** E 7
Rocchetta, Chiesa della- **15** C 4
Rocchetta, la- (LI) **12** C 6
Rocchetta, Monte- (BN) **27** E 7
Rocchetta, Monte- (FC) **7** E 1
Rocchetta, Monte- (PC) **1** A 4
Rocchetta, Monte la- (PU) **10** C 4
Rocchetta, Monte la- (CB) **22** C 7
Rocchetta, Sorgente della- **10** F 6
Rocchetta a Volturno **22** F 3 ⊠ *86070*
Rocchetta di Vara **4** C 5 ⊠ *19020*
Rocchetta e Croce **27** D 1 ⊠ *81042*
Rocchetta Lígure **1** A 1 ⊠ *15060*
Rocchetta Mattei **6** A 2
Rocchetta Nuova **22** F 3
Rocchetta Sandri **2** F 5 ⊠ *41020*
Rocchette (GR) **13** E 5
Rocchette (RI-Otrícoli) **17** C 7
Rocchette (RI-Torri in Sabina) **17** C-D 8
Rocchette, le- **12** E 7-8
Rocchicciola **2** F 3
Rocchione, Masseria- **23** D 3
Rocciano **18** A 8
Roccile, Monte- **22** C 7
Rocco di Sotto **6** A 4
Rocconi, Riserva Naturale- **13** F 4-5
Roco di Sotto **6** A 4
Rodda Quadda, Stazione- **28** F 4
Rodiano (BO) **2** F 7
Rodiano (MO) **2** D 5
Rodi Gargánico **24** C 5 ⊠ *71012*
Rofelle **7** F 1
Rofeno, Abbazia a- **9** F 5
Roffi **1** B 4
Róffia **5** F 8
Róggio **5** A-B 4
Rógio, Canale- **5** E-F 6
Róglio, Torrente- **8** A-B 7
Rognone, Monte- **22** B 1
Rógolo (MO) **2** F 3
Roiano **15** F 4
Roiate **21** C 4 ⊠ *00030*
Róio del Sangro **22** B 5 ⊠ *66040*
Róio Piano **18** D 6 ⊠ *67040*
Rola **2** C 6
Roma (RM) **20** C 6 ⊠ *00100*
Romana **30** F 4 ⊠ *07010*
Romana, Fonte- **22** A 3
Romana, Monte la- **22** F 4
Romanazzano **14** E 3
Romandato, Torrente- **24** D 5
Romanella, Monte- **21** B 6-7
Romani (MC) **15** B 1
Romani, Castelli- **21** D 1-2
Romano, Anfiteatro- **17** E 6
Romano, Casa- **23** F 2
Romano, Ponte- (VT) **17** E 4
Romanoro **2** F 3 ⊠ *41040*
Romazzano **14** E 3
Romazzino, Punta- **29** D 5-6
Romécchio, Passo di- **2** F 2
Roméggio **10** E 2
Romena, Castello di- **6** F 6
Rometta (MS) **5** A 3 ⊠ *54020*
Romezzano, Passo del- **1** C 4
Romita **9** B 2
Romitella, Chiesa la- **10** F 6
Romito **4** E 6-7 ⊠ *19030*
Romito, Passo del- **4** C 8
Romito, Ponte del- **9** C 6
Romito, Villa del- **8** C 4-5
Romitório (LU) **5** D 6
Romitório (RM) **21** A 1
Romitório, Chiesa- **13** B 5
Rómola **9** A 2 ⊠ *50020*
Rompéggio **1** B 4
Roncáccio, Póggio- **6** B 4
Roncadella **2** B 4
Roncadello (FC) **3** F 5 ⊠ *47010*
Roncáglia (PU) **7** D 6
Roncáglio **2** C 2
Roncalceci **3** E 6
Roncastaldo **6** A 3
Ronchi (BO) **2** A 7
Ronchi (PG) **10** C 2
Ronchidós, Cappella di- **6** A 1
Ronciglione **17** D 5 ⊠ *01037*
Roncino, Monte- **10** D 3
Roncitelli **10** A 8 ⊠ *60010*
Ronco (BO) **3** F 2
Ronco (FC) **7** A 1 ⊠ *47100*
Ronco (RA) **3** F 4
Ronco, Fiume- **3** F 6
Roncobiláccio **6** B 3
Roncocesi **2** A 3 ⊠ *42100*
Ronco di Máuro **7** E 1
Roncofreddo **7** C 2 ⊠ *47020*
Roncole **1** B 4
Róncole (PR) **1** C 4
Roncolla **8** D 8
Róncolo **2** B 2-3
Roncolongo **1** B 8
Roncoscáglia **5** A 7 ⊠ *41020*
Róncrio **2** D 8 ⊠ *40136*
Rondanina **1** B 2 ⊠ *16025*
Rondelli **12** C 7
Rondináia **6** D 7
Rondináio, Monte- **5** B 6
Rondinara **2** C 4 ⊠ *42030*
Róndine **9** C 6
Rongolise **26** D 7
Ronta (FC) **7** A 2 ⊠ *47020*
Ronta (FI) **6** C 4 ⊠ *50030*
Rontagnano **7** D 2 ⊠ *47030*
Rontana, Monte di- **6** A 6
Rontano **5** B 5
Ronti **10** D 1
Ronzano (AR) **9** E-F 7
Ronzano (TE) **18** A 8
Rosa, Monte- (RI) **18** F 5
Rosaguta **1** D-E 1
Rosanisco **22** F 1
Rosano (AL-Cabella Lígure) **1** A 1
Rosano (FI) **6** F 4
Rosano (RE) **2** D 2 ⊠ *42020*
Rosa Pinnola, Monte- **22** B 1
Rosara (AP) **15** D 3
Rosário, Bívio- **28** E 2
Rosaro **14** F 3
Rosaro, Torrente- **4** C 8
Rosas **36** B 5
Rósas, Monte- **36** B 5
Rosavita, Villa- **8** C 6
Rosce, Piano di- **18** B 3
Rosceto **14** F 3
Roscetti, Fattoria dei- **10** D 2
Rosciano (CE) **27** F 3
Rosciano (PE) **19** D 2-3 ⊠ *65020*
Rosciano (PU) **7** E 7
Rosciolo dei Marsi **18** F 5-6 ⊠ *67060*
Rose (RI) **18** A 4
Rose, Coppa di- **23** C 3
Rose, Pieve delle- **10** C 2
Roselle, Rovine- **13** D 2
Roselli (FR) **21** F 8 ⊠ *03030*
Roselli (PG) **14** E 4
Rosello **22** C 5 ⊠ *66040*
Rosennano **9** D 5
Roseto degli Abruzzi **15** F 6 ⊠ *64026*
Roseto Valfortore **27** B 7 ⊠ *71039*
Rosia **9** F 3 ⊠ *53010*
Rosia, Torrente- **9** F 3
Rosignano Maríttimo **8** D 5 ⊠ *57016*
Rosignano Solvay **8** D 5 ⊠ *57013*
Rósina **9** A 7
Rósola **2** F 6 ⊠ *41059*
Rósola, Rio- **2** F 6
Rosora **10** C 7 ⊠ *60030*
Rossa, Casa- **12** A 6
Rossa, Gola della- **10** D 7
Rossa, Ísola- (CA) **36** F 5
Rossa, Ísola- (GR) **16** C 6
Rossa, Ísola- (NU) **32** B 3
Rossa, Ísola- (SS) **28** C 6
Rossa, Masseria- **23** F 2
Rossa, Punta- (FG) **24** F 6
Rossa, Punta- (LI) **16** F 2
Rossa, Punta- (SS) **29** C 5
Rossano (MS) **4** B 6 ⊠ *54020*
Rossena **2** C 2
Rossenna, Torrente- **2** D-E 4
Rossetta **3** D 5
Rossi, Tenuta- **34** C 5
Rossi, Villa- **35** F 2
Rossi Enrico, Rifúgio- **5** C 4-5
Rosso (GE) **1** D 1
Rosso, Monte- (PG) **10** C 3
Rosso, Monte- (SS) **30** D 3
Rostolena **6** D 5
Rota (FI) **9** A 4
Rota (RM) **17** F 4
Rotacesta **19** C 2
Rotari **5** A 6-7
Rotaro, Monte- **23** F 2
Rote, le- **14** B 7
Rotecastello **14** D 2
Rotéglia **2** D 4 ⊠ *42010*
Rotella **15** C 3 ⊠ *63030*
Rotella, Monte- **22** B 2
Rotelle, le- **13** A 6
Rotello **23** D 1-2 ⊠ *86040*
Roti **14** B 7
Rotonda, Póggio della- **17** E 3
Rotondi **27** F 4 ⊠ *83017*
Rotondo **10** C 6
Rotondo, Monte- (AQ-Campo Felice) **18** E 7
Rotondo, Monte- (AQ-Scanno) **22** C 1
Rotondo, Monte- (FR-Amaseno) **26** B 2
Rotondo, Monte- (FR-Castro dei Volsci) **26** A 3
Rotondo, Monte- (MC) **14** C 8
Rotondo, Monte- (PE) **19** F 1-2
Rotórscio **10** D 7
Rotta (FC) **7** A 1
Rotta, la- (FE) **3** A 5
Rotta, la- (GR) **13** F 6
Rotta, la- (PI) **8** A 7 ⊠ *56025*
Rotta dei Cavalli, Passo- **6** F 8
Rotte, le- **2** A 4
Rovara, Cona- **21** C 8
Rovegno **1** B 2 ⊠ *16028*
Rovegno, Colónia di- **1** B 2
Rovegno, Ponte di- **1** B-C 2
Rovello, Torrente- **23** D 3-4
Róvere (AQ) **18** F 7 ⊠ *67040*
Róvere (FC) **6** A 8 ⊠ *47010*
Rovereto (FE) **3** A 4 ⊠ *44020*
Rovereto (PC) **1** B 3
Roversano **7** B 1-2
Roveta **6** F 2
Rovetino **15** C 3
Roveto, Val- **21** C-D 6-7
Rovezzano **6** F 3 ⊠ *50136*
Roviano **21** A 3 ⊠ *00027*
Rovigliano **10** C 1
Roviglieto **14** C 5
Rovina **1** A 6
Rovináglia **1** D 5-6
Rovitello, Monte- **27** D 8
Rua, Monte- (AQ) **18** C 5
Rua la Cama, Forca- **14** F 7
Ruazzo, Monte- **26** C 4
Rubaría, Rio de sa- **33** A-B 4
Rubbianello **15** B 4 ⊠ *63026*
Rubbiano (MO) **2** E 3 ⊠ *41045*
Rubbiano (PR) **1** A 8
Rubbiara **2** B 6
Rubicone, Fiume- **7** C 2
Rubicone, Foce del- **7** A 3
Rubiera **2** B 4-5 ⊠ *42048*
Rubino, Casa- **23** E 3
Rubizzano **3** B 1
Rucce **10** D 6
Rúccolo, Cerro- **23** D 1
Rucconi **19** F 6
Rudalza, Stazione- **29** E 5
Rúdas, Cantoniera- **30** E 3
Rudedu, Monte- **30** E 1
Ruéddos, Case sos- **31** C 4
Rufeno, Monte- **13** E 7
Ruffi, Monti- **21** B 3
Ruffignano **10** E 1
Rúffio **7** B 2
Rúfina **6** E 4-5 ⊠ *50068*
Rufione, Molino di- **8** E 7
Rugarlo **1** B 6
Ruggero, Colle- **23** D 2
Ruggiano (FG) **24** F 5
Ruggiero, Castello- **6** B 7
Rughe, Monte- **32** B 5
Rugliana **9** B 3-4
Rúia, Ísola- **31** E 7
Rúia, Punta- **29** F 6
Ruicciano, Fosso- **14** D 5
Ruínas **32** F 6 ⊠ *09085*
Ruinedda, Arcu sa- **37** B 4
Rúiu, Casa- **28** F 6
Rúiu, Monte- (SS-Arzachena) **29** D 4
Rúiu, Monte- (SS-Bortigiádas-Viddalba) **28** D 7
Rúiu, Monte- (SS-Lóiri-Porto San Páolo) **31** B 6
Rúiu, Monte- (SS-Silígo) **30** E 5
Rúiu, Monte- (SS-Villanova Monteleone) **32** A 3
Rúiu, Nuraghe- (NU-Mamoiada) **33** B-C 4
Rúiu, Nuraghe- (NU-Silánus) **32** B-C 6
Rúiu, Nuraghe- (OR) **32** C 7
Rúiu, Nuraghe- (SS-Buddusò) **31** E 3
Rúiu, Nuraghe- (SS-Chiaramonti) **28** F 6
Rullato **7** D 1
Rumasinu, Punta- **28** E 1
Runara, Nuraghe- **30** E 4
Runco **3** A 3 ⊠ *44010*
Ruósina **5** C 4 ⊠ *55040*
Ruota **5** F 6 ⊠ *55060*
Ruote, Ponte delle- **18** D 2
Rupecanina **6** D 4 ⊠ *50039*
Rupo **15** F 4
Ruscello (AR) **9** C 6-7
Ruscello (FC) **7** D 1
Rúscio **14** F 7
Rusino **2** C 1
Russi **3** F 5 ⊠ *48026*
Russi, Masseria- **19** F 6
Russo, Masseria- (FG-Torremaggiore) **23** E 3
Russo, Masseria- (FG-San Giovanni Rotondo) **24** F 4
Russu, Monte- **29** C-D 2
Rustano **10** F 7
Rústica, la- **20** C 7 ⊠ *00155*
Rústici **15** C 1
Rústico **11** C 4
Rustighino **1** A 5
Ruta (GE) **1** E 1 ⊠ *16030*
Ruviano **27** D 2 ⊠ *81010*
Ruviato, Torrente- **22** F 7
Ruzza, la- **6** C 3
Ruzza, Monte- **18** C 7
Ruzzano **2** D 1 ⊠ *43020*

S

Sabadi **37** B 5
Sabatina, la- **13** E 3
Sabatini, Monti- **17** F 5-7
Sabatino, Fontana- **21** F 6
Sábato, Fiume **27** E-F 5
Sabáudia **25** C-D 7 ⊠ *04016*
Sabáudia, Lago di- **25** D 7
Sabbatino, Punta- **31** B 6
Sabbieta **14** A 8
Sabbione (RE) **2** B 4
Sabbioni (BO) **2** F 8
Sabbiuno di Montagne **2** D-E 8
Sabina, Punta- **28** B 2
Sabina, Regione- **17** D 8
Sabina, Via- **18** D 4-5
Sabine, Villa le- **8** F 6
Sabini, Monti- **18** D-E 1-2
Saboni, Cala de- **36** D-E 2-3
Saccheddu, Casa- **28** F 3
Saccheddu, Monte- **29** D 3
Saccione **9** D 7
Saccione, Torrente- **23** C 2
Sacco, Fiume- **26** A 3
Sacco, Monte- **6** C 6-7
Saccovéscio **14** D 7
Sacerno **2** C 7-8
Sacra, Ísola- **20** D 5
Sacri Cuori, Chiesa dei- **15** A 4
Sacro, Monte- (FG) **24** E 6
Sacrofano **17** F 7 ⊠ *00060*
Sacrofano, Stazione di- **20** A 6 ⊠ *00060*
Sádali **35** A 3 ⊠ *08030*
Sádali, Rio de- **35** A-B 3-4
Saddi, Pieve di- **10** D 3
Sadurano **6** A-B 8
Saepínum **27** B 4
Ságama **32** B-C 4 ⊠ *08010*
Saggese, Casa- **24** D 3
Sagginale **6** D 4
Sagittário, Fiume- **22** B 1
Sagrata, Chiesa- **10** A 4
Sagro, Monte- **5** B 3
Sagro, Torre di- **24** E 7
Sáia, Monte- **1** B 1
Saiáccio **6** D-E 8
Saiano (FC) **7** B 2 ⊠ *47023*
Saiano, Monte- **25** B 8
S.A.I.F.A.R., Rifúgio- **21** B 5
Sáipins **27** B 4
Sala (AP) **15** E 2
Sala (AR) **6** F 6
Sala (CE) **27** F 2 ⊠ *81100*
Sala (FC) **7** B 3 ⊠ *47040*
Sala (FI-Castelfiorentino) **9** A 1
Sala (FI-Greve in Chianti) **9** B 3
Sala (RI) **18** A 3
Sala (TR) **13** E 8 ⊠ *05016*
Sala Baganza **2** A 1 ⊠ *43038*
Sala Bolognese **2** B 8 ⊠ *40010*
Salaiola **13** D 4 ⊠ *58031*
Salaioli **13** F 4
Salamida, Rio- **36** B 6
Sálamu, Bruncu- **35** F 3
Salara (AP) **15** D 3
Salária, Via- **18** B 4
Salattu, Monte- **30** D 6
Salce, Castèl di- **17** D 4
Salceta, Stazione di- **13** B 4
Salci **13** D 8 ⊠ *06060*

Salcito 22 D 6 ✉ 86026
Salcra 31 E 5
Saldoni, Masseria- 23 E 5
Sale, Grotta del- 24 A 2
Salécchio 6 B 5
Sale Pórcus, Stagno- 32 E 3
Salera 5 A 5
Salério, Monte- 21 F 4
Saletta (RI) 15 F 1
Salette (AP) 11 F 6
Saletto (BO) 3 B 1
Sálica, Fosso- 13 D 2
Saliceto Buzzalino 2 A 5 ✉ 41011
Saliceto Panaro 2 B 6 ✉ 41010
Sálici, Punta- 28 D 7
Salietto 22 F 4
Salimbeni, Villa- 13 A 6
Salina di Tarquínia, Riserva Naturale- 17 E 2
Saline (MC) 15 B 2
Saline (VT) 17 E 2
Saline, Cala- 32 E 3
Saline, Fiume- 19 B 3
Saline, Golfo di- 29 C 4-5
Saline, Stagno delle- 35 F 6
Saline di Volterra 8 D 8 ✉ 56047
Salinello, Fiume- 15 E 5-6
Salino (SP) 4 B 4
Salino, Torrente- 15 B 2
Salisano 18 E 1 ✉ 02040
Salívoli 12 C 5-6
Salle 19 F 2 ✉ 65020
Salle Vécchia 19 F 2
Salmagi 37 B 4
Salmarégia 10 F 6
Salogni 1 A 1-2
Salone 21 C 1 ✉ 00010
Salse di Nirano 2 C 5
Salse di Nirano, Riserva Naturale- 2 C 5
Salso, Rio- 7 B 1
Sálsola, Torrente- 23 F 6
Salsominore 1 B 3 ✉ 29020
Saltalfabbro 9 F 5
Saltara 7 F 6 ✉ 61030
Salterana (SP) 4 B 4
Salti 15 A 2
Salti, i- 6 B 5
Salti, Pieve a- 13 A 5
Saltino (FI) 6 F 5 ✉ 50060
Saltino (MO) 2 D 3-4 ✉ 41040
Salto (GE) 1 D 1
Salto (MO) 2 F 5 ✉ 41055
Salto, Fiume- 18 D 3
Salto, Lago del- 18 E 3-4
Salto del Cieco 18 A 2
Salto di Quirra, Regione 35 D-E 5-6
Saludécio 7 E 5 ✉ 47835
Salutío 9 A-B 7 ✉ 52010
Salutío, Torrente- 9 B 7
Salvarano 2 B 3
Salvarola, Terme della- 2 C 4
Salvaterra (RE) 2 B 4 ✉ 42010
Salvatore Troga, Ponte- 36 E 5
Salvi (AP) 15 C 2
Salviano 8 B 4 ✉ 57124
Samassi 34 E 6-7 ✉ 09030
Samatzai 35 E 2 ✉ 09020
Sambro, Torrente- 2 F 7
Sambuca 9 B 3 ✉ 50020
Sambuca, Passo- 6 B-C 4
Sambuca Pistoiese 6 B 1 ✉ 51020
Sambucaro, Monte- 26 B 7
Sambuceto (CH) 19 C 4 ✉ 66020
Sambuceto (PR) 1 C 5
Sambucétole 17 A 7
Sambucheto (MC) 11 D 5 ✉ 62010
Sambucheto (TR) 14 F 6
Sambuci 21 B 3 ✉ 00020
Sambuco, Cala- 29 B 3
Sambuco, Monte- (FG) 27 A 7
Sammartini 2 A 7
Samminiatello 6 F 1 ✉ 50056
Sammommè 6 C 1
Samóggia 2 E 6
Samóggia, Torrente- 2 E 6
Samone (MO) 2 E 6 ✉ 41050
Samone, Ponte di- 2 E 5
Samorrè, Monte- 2 E 8
Samugheo 32 F 7 ✉ 09086
San Bacchísio, Chiesa di- 31 F 5
San Bachísio, Chiesa di- (NU) 32 B 7
San Bachísio, Chiesa di- (SS) 31 B 2
San Bainzo, Ísola di- 29 A 3
San Bainzu, Chiesa di- 32 C 6
San Bainzu, Colle- 30 E 5
San Barbato 19 F 6
San Bárnaba (AP) 15 C 4
San Bárnaba (RA) 3 F 4
San Baronto 6 E 1 ✉ 51030
San Bártolo (RA) 3 E 6 ✉ 48100
San Bártolo (PU) 10 A 6
San Bártolo, Monte- 7 F 6
San Bartolo, Monte di- 7 D 6
San Bartolomeo (CH) 19 E 4
San Bartolomeo (GE-Lavagna) 1 E 3
San Bartolomeo (RA) 3 E 6
San Bartolomeo (RE) 2 B 3
San Bartolomeo (RM) 21 D 2
San Bartolomeo (SI) 13 B 6
San Bartolomeo, Badía di 19 D 1
San Bartolomeo, Chiesa di- (TR) 17 A 8
San Bartolomeo, Monte- 21 B 4
San Bartolomeo de' Fossi, Chiesa di- 10 F 2
San Bartolomeo in Bosco 3 A 2 ✉ 44040
San Bartolomeo in Galdo 27 B 7 ✉ 82028
San Basile (CH) 19 E 4
San Basílio (CA) 35 E 3 ✉ 09040
San Basílio (RM) 20 B 7
San Basílio, Chiesa di- (CA) 37 A 4
San Basílio, Chiesa di- (NU) 33 D 3
San Bavello 6 D 5
San Benedetto (AQ) 18 D 6
San Benedetto (BO-San Pietro in Casale) 3 A-B 1
San Benedetto (BO-Sant'Ágata Bolognese) 2 B 7
San Benedetto (CA) 36 A 4 ✉ 09010
San Benedetto (PI) 8 A 6 ✉ 56026
San Benedetto (RI-Amatríce) 18 A 5
San Benedetto (RI-Montenero Sabino) 18 E 2
San Benedetto (SI) 9 B-C 1
San Benedetto (SP) 4 D 5-6 ✉ 19020
San Benedetto, Abbazia di- 10 D 3
San Benedetto, Alpe di- 6 C-D 5-6
San Benedetto, Chiesa di- (CB) 22 D 6
San Benedetto, Chiesa di- (PG) 10 E 2-3
San Benedetto, Chiesa di- (RM) 21 C 4
San Benedetto, Villa- 13 B 8
San Benedetto dei Marsi 21 B 7-8 ✉ 67058
San Benedetto del Tronto 15 C 5 ✉ 63039
San Benedetto in Alpe 6 C-D 6 ✉ 47010
San Benedetto in Perillis 19 F 1 ✉ 67020
San Benedetto Querceto 3 F 1 ✉ 40050
San Benedetto Val di Sambro 6 A 3 ✉ 40048
San Benedetto Val di Sambro-Castiglione dei Pépoli, Stazione- 6 A 2-3
San Benedetto Vécchio 10 E 2-3 ✉ 06026
San Berardo, Rifúgio- 27 F 4
San Bernardino (AN) 11 C 4
San Bernardino (RA) 3 C-D 4 ✉ 48020
San Bernardino (SP) 4 D-E 5
San Bernardino, Chiesa di- 22 D 5
San Bernardo (GE-Sestri Levante) 1 F 3
San Biágio (AN-Filottrano) 11 D 4
San Biágio (AN-Ósimo) 11 C 5
San Biágio (FE-Argenta) 3 C 4 ✉ 44016
San Biágio (RE) 2 A 5
San Biágio (RI) 17 D 8
San Biágio, Casa- (VT) 13 F 7-8
San Biágio, Chiesa di- (RA) 3 F 4
San Biágio, Chiesa di- (SI) 13 A 6
San Biágio, Ponte- 13 F 7
San Biágio, Torre- 16 C 7
San Biágio della Valle 14 B 2 ✉ 06070
San Biágio in Caprile, Chiesa di- 10 F 6
San Biágio Saracinisco 22 F 2 ✉ 03040
San Biágiu 29 E 2
San Biase (CB) 22 E 7 ✉ 86020
San Blásio, Colle- 22 A 8
San Brízio (PG) 14 E 5 ✉ 06049
San Brúzio 16 A 7
San Buono 22 B 6 ✉ 66050
San Carlo (CE) 26 C 7 ✉ 81030
San Carlo (FC) 7 B 1 ✉ 47020
San Carlo (LI) 12 A 6 ✉ 57020
San Carlo Terme 5 C 3
San Casciano, Lago di- 13 D 7
San Casciano dei Bagni 13 D 7 ✉ 53040
San Casciano in Val di Pesa 9 A 2 ✉ 50026
San Cassiano (AN) 10 E 6
San Cassiano (AR-Arezzo) 9 D 8
San Cassiano (AR-Caprese Michelángelo) 9 A 8
San Cassiano (MC) 14 A 7
San Cassiano (RA) 6 B 6 ✉ 48020
San Cassiano (RE) 2 D 3 ✉ 42010
San Cassiano di Controne 5 C 7 ✉ 55050
San Cassiano in Pennino, Chiesa di- 6 B 8
San Castrese 26 D 6-7 ✉ 81030
San Cataldo (CE) 26 B 7
San Cataldo, Chiesa di- (FR) 26 A 4
San Cataldo, Masseria- (IS) 22 F 3-4
San Celestino 9 F 8
San Centignano, Chiesa di- 17 C 6
San Cesáreo (PU) 7 E 7
San Cesáreo (RM) 21 D 2 ✉ 00030
San Cesáreo, Casale- 20 D 6
San Cesário sul Panaro 2 C 6 ✉ 41018
San Chierlo 2 E 7
San Chírico, Masseria- 23 F 6
San Cipriano (PI) 8 C-D 8
San Cipriano (PU) 10 A 4
San Cipriano (SP) 4 D 6
San Cláudio al Chienti, Chiesa di- 11 E 5
San Clemente (BO) 3 F 1
San Clemente (CE-Caserta) 27 F 2 ✉ 81023
San Clemente (CE-Gallúccio) 26 C 7 ✉ 81045
San Clemente (RI) 18 A 3 ✉ 02010
San Clemente (RN) 7 D 4 ✉ 47832
San Clemente, Chiesa di- 6 F 4
San Clemente, Ísola di- 23 C 4
San Clemente a Casáuria, Abbazia di- 19 E 2
San Clemente al Vomano, Chiesa di- 19 A 1
San Clemente in Valle 9 A-B 6
San Colombano (FC) 6 B 8 ✉ 47010
San Colombano (FI) 6 F 2
San Colombano (GE) 1 E 3
San Colombano (LU) 5 D 6 ✉ 55010
San Colombano-Certénoli 1 E 2-3 ✉ 16040
San Colombo, Chiesa- 18 D 7
San Cosimato, Romitório di- 21 A 2
San Cósimo, Santuário di- (NU) 33 C 3
San Cósimo, Santuário di- (SS) 30 F 5
San Cósimo, Monte- 22 A 1
San Costanzo (MC) 15 B 1
San Costanzo (PU) 7 F 7-8 ✉ 61039
San Crescentino, Chiesa di- 10 C 4
San Cresci (FI-Borgo San Lorenzo) 6 D 4
San Cresci (FI-Greve in Chianti) 9 B 3
San Crispo, Rio- 34 A 5
San Cristóforo (AR) 9 B 8
San Cristóforo (CH) 22 B 6
San Cristóforo (TR) 13 D 8
San Cristóforo, Chiesa di- (FC) 6 B 8
San Cristóforo, Chiesa di- (NU) 33 D 3
San Cristóforo de' Valli, Chiesa di- 10 A 5
San Cristóforo di Carda, Chiesa di- 10 B 3
San Cristolu, Chiesa di- 35 E 4
San Dalmázio (MO) 2 E 5 ✉ 41028
San Dalmázio (PI) 9 E 1 ✉ 56040
Sándalo, Capo- 36 C 1
San Dámaso 2 B-C 6 ✉ 41010
San Damiano (BO) 6 A 2
San Damiano (FC) 7 D 1
San Damiano (PG-Assisi) 14 B 4 ✉ 06082
San Damiano (PG-Todi) 14 E 3
San Demétrio ne' Vestini 18 D 7 ✉ 67028
Sandétole 6 E 5
Sándolo 3 A 3-4
San Doménico (AN) 11 C 5
San Doménico (CH) 19 F 4
San Doménico (FI) 6 F 3 ✉ 50016
San Doménico (FR) 21 E 7
San Doménico, Chiesa di- 27 D 2
San Doménico, Éremo di- 22 B 1
San Doménico, Monte- (AV) 27 E 7
San Doménico, Monte- (CH) 22 B 4
San Dómino, Ísola- 24 A 2 ✉ 71040
San Donato (AN) 10 D 6 ✉ 60040
San Donato (AQ) 21 A 5 ✉ 67060
San Donato (AR-Pratovécchio) 6 F 6
San Donato (AR-Sestino) 7 F 2
San Donato (BN) 27 E 6
San Donato (CE) 26 D-E 7
San Donato (FI-Calenzano) 6 E 2
San Donato (FI-Reggello) 6 F 5
San Donato (FI-Tavarnelle Val di Pesa) 9 B 3 ✉ 50020
San Donato (GR) 16 A 7
San Donato (LU) 5 D 6
San Donato (PU-Sant'Ágata Féltria) 7 E 1 ✉ 61019
San Donato (PU-Urbino) 7 F 5
San Donato (SI) 9 C 1
San Donato, Casa- 9 E 1
San Donato, Chiesa di- (FI) 9 B 2
San Donato, Chiesa di- (PG) 13 B 8
San Donato a Livizzano 9 A 1
San Donato in Ávane 9 B 4
San Donato in Collina 6 F 4 ✉ 50010
San Donato in Taviglione 7 F 4
San Donato Val di Comino 22 E 1 ✉ 03046
San Donato Vécchio 16 B 6
San Donino (BO-Argelato) 2 B 8
San Donino (BO-Bologna) 3 D 1
San Donnino (AN) 10 C 6
San Donnino (FI-Campi Bisénzio) 6 E-F 2 ✉ 50010
San Donnino (FI-Certaldo) 9 B 2
San Donnino (LU) 5 A 4-5
San Donnino (MO) 2 C 6 ✉ 40127
San Donnino (PI) 8 C 8
San Donnino, Chiesa di- 6 C 7
San Donnino a Maiano, Chiesa di- 9 D 8
San Donnino di Ligúria 2 B 4
San Fabrízio, Monte- 21 A 3
Sanfatúcchio 13 B 8 ✉ 06060
San Faustino (RE) 2 B 4
San Faustino, Chiesa di- (PG) 10 D 3
San Faustino, Chiesa di- (TR) 14 E 1
San Faustino, Stabilimento- 14 F 4
San Fedele, Chiesa di- 9 C-D 3
San Felice (AN) 10 D 5
San Felice (CE) 27 C 1 ✉ 81040
San Felice (PG) 13 B 8
San Felice (PT) 5 C 8 ✉ 51030
San Felice (RN) 7 E 4
San Felice (SI) 9 D 4
San Felice, Abbazia di- 14 D 4
San Felice, Cala di- 24 D 7
San Felice, Chiesa di- 18 C 2
San Felice, Taverna- 26 C 8
San Felice Circeo 25 D 7 ✉ 04017
San Felice del Molise 22 C 7 ✉ 86030
San Felice d'Ocre 18 D 6
San Feliciano (PG) 14 A 1 ✉ 06060
San Ferdinando, Chiesa di- 27 D 2
San Fermo, Chiesa di- (GE) 1 B 1
San Fidénzio, Abbazia- 14 E 4
San Filippo (FI) 9 C 2
San Filippo (LU) 5 E 6
San Filippo (PU) 10 A 7
San Filippo (RI) 18 C 1 ✉ 02040
San Filippo (SS) 29 F 2
San Filippo, Chiesa di- (AP) 15 A 3
San Filippo, Chiesa di- (FR-Anagni) 21 D 4
San Filippo, Chiesa di- (FR-Tórrice) 21 F 6
San Fiorano, Chiesa di- 10 B 4
San Firenze 9 C-D 7
San Firmano 11 D 5
San Floriano, Lago- 16 C 7
San Fortunato (AN) 10 D 6
San Fortunato (PG-Marsciano) 14 C 2
San Fortunato (PG-Montefalco) 14 D 5
San Fortunato (PG-Perugia) 14 B 3 ✉ 06070
San Fortunato (RN) 7 C 4 ✉ 47900
San Forzório 37 B 3
San Francesco (FI) 6 F 4
San Francesco (GR) 13 F 6
San Francesco, Chiesa di- (AV) 27 E 7
San Francesco, Chiesa di- (BN) 27 D 6
San Francesco, Chiesa di- (FI) 6 E 3
San Francesco, Chiesa di- (NU) 33 C 3
San Francesco, Chiesa di- (RM-Bellegra) 21 C 3
San Francesco, Chiesa di- (RM-Subiaco) 21 C 4
San Francesco, Chiesa di- (SI) 13 A 6
San Francesco, Chiesa di- (SS) 28 F 4
San Francesco, Chiesa di- (TR) 18 B 1
San Francesco, Convento- (RM) 21 A 1
San Francesco, Convento di- (RI) 18 C 1
San Francesco, Convento di- (SI) 13 C 7
San Francesco, Santuário di- (NU) 31 F 5
San Franco, Monte- 18 B 6
San Frediano 8 B 6
San Frediano a Séttimo 8 A 6 ✉ 56026
San Fruttuoso, Abbazia di- 1 E 1 ✉ 16030
San Gabriele (BO) 3 B 2 ✉ 40052
San Gabriele, Santuário- 18 B 8 ✉ 64048
San Gaetano, Chiesa di- (AP) 15 A 3
San Gaetano, Chiesa di- (CA) 37 B 3
San Gaetano, Chiesa di- (VT) 17 C 4
San Gággio 6 F 3
San Galgano, Abbazia di- 13 A 2
San Gáspare, Rifúgio- 14 E 4
San Gaudénzio a Cámpoli 9 B 3
San Gaudénzio a Ruballa 9 B 2
San Gavino, Chiesa di- (FI) 6 C 3
San Gavino, Chiesa di- (NU) 32 C 6 ✉ 08020
San Gavino, Chiesa di- (SS-Sassari) 28 F 3
San Gavino, Chiesa di- (SS-Viddalba) 28 D 7
San Gavino a Mare, Chiesa di- 28 E 3
San Gavino Monreale 34 D-E 5-6 ✉ 09037
San Gemignano di Controne 5 C 6
San Gemiliano, Chiesa di- 37 A 2
San Gemiliano, Torre- 33 F 7
San Gémini 17 A 8 ✉ 05029
San Gémini Fonte 17 A 8
San Gennaro (FR) 22 F 2
San Gennaro (LU) 5 D 7 ✉ 55010
San Gennaro, Chiesa di- (BN) 27 D 6
San Germano, Chiesa di- 22 A 3
San Gerólamo, Chiesa di- 10 E 4
San Gervásio (PI) 8 A 7
San Gervásio, Chiesa di- 10 A 5
San Giácomo (AP) 15 E 3
San Giácomo (BN) 27 F 6
San Giácomo (BO) 6 B 3
San Giácomo (CH) 19 F 6 ✉ 66020
San Giácomo (FC) 6 D 7-8
San Giácomo (NU) 31 D 6
San Giácomo (PE) 19 F 2
San Giácomo (PG) 14 E 5 ✉ 06048
San Giácomo (SS) 28 F 4
San Giácomo (TE-Atri) 19 A 2 ✉ 64030
San Giácomo (TE-Valle Castellana) 15 E 3
San Giácomo, Chiesa di- (SS-Ittireddu) 30 E 6
San Giácomo, Chiesa di- (SS-Sant'António di Gallura) 29 E 4
San Giácomo, Chiesa di- (SS-Sédini) 28 E 6
San Giácomo, Colle- 21 E 6
San Giácomo, Convento- 18 B 2
San Giácomo, Stazione di- 24 D 4
San Giácomo degli Schiavoni 23 B 1 ✉ 86030
San Giácomo di Martignone 2 B-C 7 ✉ 40011
San Giácomo Maggiore (MO) 2 F 5 ✉ 41055
San Gianni 7 F 2
San Gimignanello 9 F 5-6
San Gimignano 9 C 1 ✉ 53037
San Ginese 5 E 6 ✉ 55060
San Ginésio 15 A 1 ✉ 62026
San Giobbe 2 C 8
San Giórgio (CA) 36 D 7
San Giórgio (CE) 27 D 2
San Giórgio (PG) 14 E 7
San Giórgio (PU) 7 E 5
San Giórgio (RI) 18 A 5
San Giórgio (TE-Castiglione Messer Raimondo) 19 B 1
San Giórgio (TE-Crognaleto) 18 A 7 ✉ 64040
San Giórgio (TR) 14 E 1
San Giórgio, Bruncu- 33 E 2
San Giórgio, Cantoniera- 35 D 6
San Giórgio, Casa- 28 F 2
San Giórgio, Chiesa di- (SS) 28 E 6
San Giórgio, Fermata- 30 D 3
San Giórgio, Fortezza di- 12 B 1
San Giórgio, Lago- 27 C 6-7
San Giórgio, Montagna di- 27 C 7
San Giórgio, Pieve di- 3 B-C 4
San Giórgio, Rio di- 35 D 5
San Giórgio a Colónica 6 E 2 ✉ 59100
San Giórgio a Liri 26 B 6 ✉ 03047
San Giórgio all'Ísola 15 D 2
San Giórgio del Sánnio 27 F 6 ✉ 82018
San Giórgio di Cesena 7 A 2 ✉ 47020
San Giórgio di Pésaro 7 F 7 ✉ 61030
San Giórgio di Piano 3 B 1 ✉ 40016
San Giórgio in Ceparano 6 A 7
San Giórgio la Molara 27 C-D 6 ✉ 82020
San Giovannello, Chiesa di- 22 F 7
San Giovanni (AN-Fabriano) 10 D 7
San Giovanni (AN-Sassoferrato) 10 C 6
San Giovanni (AP-Acquasanta Terme) 15 F 2
San Giovanni (AP-Ascoli Piceno) 15 D 3
San Giovanni (AQ-Cagnano Amiterno) 18 B-C 5 ✉ 67012
San Giovanni (AQ-San Demétrio ne' Vestini) 18 D 7
San Giovanni (AQ-Sante Marie) 21 A 5
San Giovanni (AR) 9 E 7
San Giovanni (BN-Apollosa) 27 F 5 ✉ 82018

San Giovanni (BN-Ceppaloni) **27** F 5 ✉ *82010*
San Giovanni (CA) **36** A 3
San Giovanni (CH) **22** B 5-6
San Giovanni (FE) **3** A 5 ✉ *44020*
San Giovanni (FR-Ripi) **21** F 6
San Giovanni (FR-Trivigliano) **21** D 5
San Giovanni (OR) **32** E 6
San Giovanni (PE) **19** B 3
San Giovanni (PG-Perugia) **10** F 2
San Giovanni (PG-Spello) **14** B 5
San Giovanni (PG-Spello) **14** C 4
San Giovanni (PU) **7** E 4
San Giovanni (RE) **2** D 2
San Giovanni (RI) **14** F 8
San Giovanni (San Marino) **7** D 3
San Giovanni (SI) **9** D-E 4
San Giovanni (SS) **28** F 3 ✉ *07040*
San Giovanni, Cantoniera- **28** E 5
San Giovanni, Chiesa di- (CA) **35** F 6
San Giovanni, Chiesa di- (NU-Bitti) **31** F 4
San Giovanni, Chiesa di- (NU-Escalaplano) **35** D 4
San Giovanni, Chiesa di- (NU-Olíena) **33** B 5
San Giovanni, Chiesa di- (OR) **34** A 5
San Giovanni, Chiesa di- (RM) **21** C 4
San Giovanni, Chiesa di- (SS-Aglientu) **29** D 3
San Giovanni, Chiesa di- (SS-Monti) **31** B 4
San Giovanni, Chiesa di- (SS-Móres) **30** E 6
San Giovanni, Chiesa di- (SS-Ólbia) **29** E 4
San Giovanni, Chiesa di- (SS-Sénnori) **28** F 4
San Giovanni, Colle- (CB) **23** C 2
San Giovanni, Colle- (CH-Monti dei Frentani) **22** B 6
San Giovanni, Colle- (CH-Scerni) **19** F 6
San Giovanni, Convento- **22** F 7
San Giovanni, Grotta- (PE) **19** F 3
San Giovanni, Grotta di- **36** A 4
San Giovanni, Monte- (CA) **36** C 4
San Giovanni, Monte- (FG) **23** F 1
San Giovanni, Rio- (OR) **34** A 6
San Giovanni, Rio- (SS) **29** E 4
San Giovanni, Rio di- **37** A 3
San Giovanni, Rovine- **36** A 6
San Giovanni, Stagno di- **34** C 4
San Giovanni, Torre- **31** D 7 ✉ *08020*
San Giovanni a Corazzano **8** A 8
San Giovanni alla Vena **8** A 6 ✉ *56016*
San Giovanni al Mavone, Chiesa di- **18** B 8
San Giovanni d'Asso **13** A 5 ✉ *53020*
San Giovanni delle Contee **13** E 6 ✉ *58010*
San Giovanni di Baiano **14** E-F 5
San Giovanni di Quérciola **2** C 3 ✉ *42020*
San Giovanni di Sárrala, Torre- **35** C 6
San Giovanni di Sínis **34** A 3
San Giovanni e Páolo **27** E 2 ✉ *81013*
San Giovanni in Argentella, Chiesa di- **21** A 1
San Giovanni in Bosco **3** D 2
San Giovanni Incárico **26** A 4 ✉ *03028*
San Giovanni Incárico, Lago di- **26** A 4
San Giovanni in Cómpito **7** B 3
San Giovanni in Galdo **22** F 8 ✉ *86010*
San Giovanni in Galilea **7** C 2 ✉ *47030*
San Giovanni in Ghiaiolo, Chiesa di- **10** A 4
San Giovanni in Marignano **7** D 5 ✉ *47842*
San Giovanni in Offaga, Chiesa di- **10** B 5
San Giovanni in Persiceto **2** B 7 ✉ *40017*
San Giovanni in Petra, Chiesa di- **10** A 3
San Giovanni in Pozzuolo **10** A 4
San Giovanni in Strada, Chiesa di- **15** C 4
San Giovanni in Triário **3** C 1
San Giovanni in Vénere, Abbazia di- **19** E 6
San Giovanni Lipioni **22** C 6 ✉ *66050*
San Giovanni Maggiore **6** D 4
San Giovanni Nuovo **21** D 7
San Giovanni Pagánica **18** B 5 ✉ *67010*
San Giovanni Profiamma **14** C 5 ✉ *06030*
San Giovanni Reatino **18** D 2 ✉ *02030*
San Giovanni Rotondo **24** F 4 ✉ *71013*
San Giovanni Suérgiu **36** C 4 ✉ *09010*
San Giovanni Teatino **19** C 4 ✉ *66020*
San Giovanni Valdarno **9** B 5 ✉ *52027*
San Giovenale (RI) **18** A 3
San Giovenale (VT) **17** E 4
San Giovenale, Chiesa di- **14** A 6
San Giovenale, Zona Archeologica- **17** E 4
San Gírio **11** D 6
San Girólamo, Chiesa di- (AP) **15** A 4
San Girólamo, Chiesa di- (PG) **14** B 5
San Girólamo, Rio- **35** A 4
San Giuliano (VT) **17** C 2
San Giuliano, Convento di- (AQ) **18** C 6
San Giuliano, Convento di- (Fráncia-Corsica) **29** A 3
San Giuliano, Rovine- **17** E 4
San Giuliano a Mare **7** B 4 ✉ *47900*
San Giuliano del Sánnio **27** A-B 4 ✉ *86010*
San Giuliano di Púglia **23** E 1 ✉ *86040*
San Giuliano Terme **5** F 5 ✉ *56017*
San Giuseppe (FE) **3** A 6 ✉ *44020*
San Giuseppe (LI) **8** D 6
San Giuseppe (PI) **8** E 7
San Giuseppe (SI) **13** B 7-8
San Giuseppe, Chiesa di- (AP) **15** B 4
San Giuseppe, Chiesa di- (BN) **27** D 6
San Giuseppe, Chiesa di- (FR) **21** E 6
San Giuseppe, Chiesa di- (MC) **11** F 3
San Giuseppe, Chiesa di- (NU) **31** E 6
San Giuseppe, Chiesa di- (PO) **6** B 2
San Giuseppe, Chiesa di- (SS) **28** F 6
San Giuseppe, Ponte- (MS) **4** C 6
San Giustino **10** B 1 ✉ *06016*
San Giustino Valdarno **9** B 6 ✉ *52020*
San Giusto (MC) **14** A 8
San Giusto (PI) **5** F 5
San Giusto (VT-Acquapendente) **13** F 7
San Giusto (VT-Tuscánia) **17** C 3
San Giusto alle Mónache **9** D 4
San Giusto a Monte Albino **9** B 2
San Giusto in Sálcio, Chiesa di- **9** C 4
San Godenzo **6** D 5-6 ✉ *50060*
San Godenzo, Fosso di- **6** D 5
San Gratignano **10** F 2
San Gregório (AQ) **18** D 7 ✉ *67020*
San Gregório (CA) **37** A 4
San Gregório (PC) **1** B 4
San Gregório (PG) **14** A 4
San Gregório da Sassola **21** C 2 ✉ *00010*
San Gregório Matese **27** B 2 ✉ *81010*
San Grisógono, Chiesa di- **11** F 5
Sangro, Fiume- **19** E 6
Sangro, Lago del- **22** A-B 5
Sangro, Sorgenti del- **21** C 8
San Guido **8** F 6 ✉ *57020*
Sanguináio, Fiume- **16** A 8
Sanguinara, Cala- **24** D 7
Sanguinaro, Ponte- **17** B 8
Sanguineto **9** F 8
San Gusmè **9** D 4-5 ✉ *53010*
San Iácopo (PI-Cáscina) **5** F 5-6
San Iácopo (PI-Vicopisano) **5** F 6
Sánilo, Nuraghe- **32** C 6
San Larentu, Chiesa di- **32** A 6
San Lázzaro (FI) **9** B 2
San Lázzaro (MC) **11** F 3
San Lázzaro (MS) **4** E 7 ✉ *19038*
San Lázzaro (PU) **10** A 5
San Lázzaro (SP) **5** B 2
San Lázzaro, Casa- **17** A 3
San Lázzaro, Chiesa di- (AP) **15** C 4
San Lázzaro, Chiesa di- (PG) **14** D 7
San Lázzaro di Sávena **3** D 1 ✉ *40068*
San Leo (AR-Anghiari) **10** C 1 ✉ *52030*
San Leo (AR-Arezzo) **9** C 7
San Leo (PU) **7** D-E 2 ✉ *61018*
San Leo, Monte- (PU) **7** F 3
San Leo, Rocca di- **7** D 2
San Leo Bastia **10** E 1 ✉ *06010*
San Leolino (AR) **9** C 5
San Leolino (FI) **6** E 5
San Leonardo (FI) **6** D 2
San Leonardo (GR) **13** F 6
San Leonardo (LU) **5** E 6
San Leonardo (SS) **31** C 2
San Leonardo, Monte- (CE) **26** B 8
San Leonardo, Monte- (SS) **29** E 3
San Leonardo, Passo- **22** A 2-3
San Leonardo, Rio di- **32** C-D 5
San Leonardo, Stazione- **29** F 3
San Leonardo, Zona Archeológica di- **23** D 1
San Leonardo al Lago, Chiesa di- **9** E 3
San Leonardo de Siete Fuéntes **32** C 5 ✉ *09075*
San Leonardo di Siponto **23** F 7
San Leonardo in Schiova **7** A 1
San Leonino **9** D 3
San Leopardo **11** D 5
San Léucio (CB) **22** C 8
San Léucio (CE) **27** F 2 ✉ *81100*
San Léucio del Sánnio **27** E-F 5 ✉ *82010*
San Liberato **17** E 7 ✉ *05027*
San Liberato, Lago di- **17** B 7
San Liberatore, Chiesa di- **27** E 7
San Liberatore a Maiella, Chiesa di- **19** E 3
San Libório, Chiesa di- **22** C 1
San Limato, Rio di- **26** E 6-7
San Limato, Torre- **26** E 6
San Litardo, Chiesa di- **13** C 8
San Lorenzello **27** D 3 ✉ *82030*
San Lorenzo (AN) **11** C 5
San Lorenzo (AP) **15** B 3
San Lorenzo (AQ) **18** C 5
San Lorenzo (AR) **9** C 8
San Lorenzo (BO-Castèl San Pietro Terme) **3** D 2
San Lorenzo (BO-Sasso Marconi) **2** E 8
San Lorenzo (CH) **19** F 7 ✉ *66050*
San Lorenzo (FC) **7** C 2
San Lorenzo (GR) **13** D 5
San Lorenzo (LI) **12** B 7
San Lorenzo (LT) **26** D 6 ✉ *04020*
San Lorenzo (MC-Loro Piceno) **15** A 2
San Lorenzo (MC-Tréia) **11** E 3
San Lorenzo (MO) **2** C 6
San Lorenzo (NU) **31** D 6 ✉ *08020*
San Lorenzo (PG) **14** D 5
San Lorenzo (RA) **3** D 4 ✉ *48020*
San Lorenzo (RI) **18** F 3 ✉ *67010*
San Lorenzo (SS) **28** F 5
San Lorenzo (TR-Calvi dell'Úmbria) **17** C 8
San Lorenzo (TR-Monteleone d'Orvieto) **13** D 8
San Lorenzo, Capo- **35** E 6
San Lorenzo, Casa- (CA) **35** F 2
San Lorenzo, Casa- (PI) **8** D 8
San Lorenzo, Chiesa di- (AN) **10** B 8
San Lorenzo, Chiesa di- (AR) **9** F 8
San Lorenzo, Chiesa di- (CH) **22** A 5
San Lorenzo, Chiesa di- (FG) **24** C 7
San Lorenzo, Chiesa di- (FI) **9** A-B 2
San Lorenzo, Chiesa di- (MO) **2** A 6 ✉ *41030*
San Lorenzo, Convento- (FR) **21** C 4
San Lorenzo, Cuile- **28** D 1
San Lorenzo, Monte- **28** F 5
San Lorenzo, Podere- **13** E 2
San Lorenzo al Lago **14** B 8
San Lorenzo al Lanzo, Chiesa di- **13** B 3
San Lorenzo alle Corti **8** A 5 ✉ *56023*
San Lorenzo a Merse **13** A 3 ✉ *53010*
San Lorenzo a Montalbano, Chiesa di- **9** F 1
San Lorenzo a Pagnático **8** A 6 ✉ *56026*
San Lorenzo a Váccoli **5** E 5-6
San Lorenzo della Costa **1** E 1-2 ✉ *16030*
San Lorenzo di Rabatta **14** A 3
San Lorenzo in Campo **10** B 7 ✉ *61047*
San Lorenzo in Collina **2** D 7
San Lorenzo in Colpolina **14** A 8
San Lorenzo in Correggiano **7** C 4 ✉ *47851*
San Lorenzo in Noceto **6** B 8 ✉ *47010*
San Lorenzo Maggiore **27** D 4 ✉ *82034*
San Lorenzo Nuovo **13** F 7-8 ✉ *01020*
San Lorenzo Vécchio **14** B-C 5
San Luca (CH) **19** F 5
San Luca (MC) **14** A 8 ✉ *62032*
San Luca (MS) **5** B 3
San Luca (PG) **14** D 5
San Luca, Monte- **22** C 4
San Luca, Rio di- **14** A 8
San Lucchese **9** C 2
San Luigi (CA) **34** F 3
San Luigi, Chiesa di- **18** E 1
San Lupo **27** D 4 ✉ *82034*
Sanluri **34** D 6 ✉ *09025*
Sanluri, Stazione di- **34** E 6 ✉ *09025*
San Lussório **32** C 5-6
San Lussório, Chiesa di- (CA) **35** F 1
San Lussório, Chiesa di- (NU) **33** F 2
San Lussório, Chiesa di- (OR) **32** F 6
San Lussurgeddu, Chiesa di- **32** E 4
San Lussúrgiu, Casa- **34** A 7
San Lussúrgiu, Chiesa di- (SS) **30** F 4
San Macário, Ísola- **36** E 7
San Macário in Monte **5** D 5
San Macário in Piano **5** E 5
San Magno (LT) **26** C 3 ✉ *04020*
San Mama **9** A 7
San Mamante **6** A 7-8
San Mamiliano (LI) **12** E 3-4
San Mamiliano (TR) **18** A 1
San Marcello (AN) **10** B 8 ✉ *60030*
San Marcello (MC) **14** A 8
San Marcello Pistoiese **5** B-C 8 ✉ *51028*
San Marco (AQ) **18** C 5
San Marco (AR-Cortona) **9** F 8
San Marco (AR-Montevarchi) **9** C 5
San Marco (CE-Castèl di Sasso) **27** E 1 ✉ *81040*
San Marco (CE-Dragoni) **27** D 2 ✉ *81010*
San Marco (CE-Teano) **26** D 8 ✉ *81057*
San Marco (CH) **19** F 5
San Marco (MC) **14** B 8
San Marco (PG-Gúbbio) **10** E 4
San Marco (PG-Perugia) **14** A 2-3 ✉ *06131*
San Marco (RA) **3** E 6
San Marco (SS) **30** D 2
San Marco, Capo- (OR) **34** A 3
San Marco, Chiesa di- (AP-Fermo) **11** F 6
San Marco, Chiesa di- (AP-Ponzano di Fermo) **15** A 4
San Marco, Monte- (BN) **27** C 6
San Marco, Ponte- **27** C 4
San Marco, Santuário di- **32** C 3
San Marco dei Cavoti **27** C 6 ✉ *82029*
San Marco Evangelista **27** F 2 ✉ *81020*
San Marco in Lámis **24** E-F 3 ✉ *71014*
San Marco in Lámis, Stazione di- **24** E 2 ✉ *71014*
San Marco la Cátola **27** A 7 ✉ *71030*
San Mariano (AN) **10** C 7
San Mariano (PG) **14** B 2 ✉ *06070*
San Marino (BO) **3** C 1
San Marino (RN) **7** C 3
San Marino (TR) **14** D 1
San Marino, Chiesa di- **10** A 5
San Marino, Monte- **21** F 4
San Marino, Repúbblica di- **7** D 3
San Martino (AN) **10** C 7
San Martino (AP-Acquasanta Terme) **15** E 2 ✉ *63040*
San Martino (AP-Castignano) **15** C 3
San Martino (AQ) **18** D 7
San Martino (AR-Búcine) **9** D 5
San Martino (AR-Cavríglia) **9** B 4
San Martino (AV) **27** F 8
San Martino (BO) **3** D 3
San Martino (CE) **26** C 7 ✉ *81030*
San Martino (FC) **7** D 1
San Martino (FE) **3** A 2 ✉ *44046*
San Martino (LI) **12** E 4
San Martino (LT) **26** B 3
San Martino (MC-Sant'Angelo in Pontano) **15** A 2
San Martino (MC-Serravalle di Chienti) **14** C 7
San Martino (MO-Montese) **2** F 5 ✉ *41055*
San Martino (MO-Polinago) **2** E 4 ✉ *41040*
San Martino (PI) **8** D 6
San Martino (PO) **6** D 2
San Martino (PR-Valmózzola) **1** C 6 ✉ *43050*
San Martino (RE-Corréggio) **2** A 5 ✉ *42015*
San Martino (RI) **18** D 3
San Martino (SI) **9** C 2
San Martino, Castello- **25** B 8
San Martino, Chiesa di- (FC) **6** C 8
San Martino, Chiesa di- (PU) **10** A 4
San Martino, Chiesa di- (RI) **18** A 5
San Martino, Chiesa di- (TR) **14** F 3
San Martino, Colle- **27** B 5
San Martino, Monte- (CB) **22** F 8
San Martino, Stazione di- **23** C 1
San Martino al Cimino **17** D 5 ✉ *01030*
San Martino al Cimino, Stazione di- **17** C 5 ✉ *01030*
San Martino al Fággio **15** B 2 ✉ *63020*
San Martino alla Palma **6** F 2 ✉ *50010*
San Martino alla Vena, Chiesa di- **15** C 2
San Martino al Vento **9** D 4
San Martino a Maiano **9** B 1
San Martino a Scopeto **6** D 4
San Martino a Toreggi, Chiesa di- **9** A 4
San Martino a Ulmiano **5** F 5
San Martino dei Colli **14** B 2 ✉ *06076*
San Martino dei Mulini **7** C 3
San Martino dei Muri **10** A 6
San Martino Délfico **14** B 3
San Martino del Piano (PU-Apécchio) **10** B 3
San Martino del Piano (PU-Fossombrone) **10** A 6
San Martino di Mugnano **2** C 5
San Martino d'Ocre **18** E 6-7 ✉ *67040*
San Martino in Árgine **3** C 2 ✉ *40060*
San Martino in Avello, Chiesa di- **6** B 7-8
San Martino in Campo (FI) **6** F 1
San Martino in Campo (PG) **14** B 3 ✉ *06079*
San Martino in Cásola **2** D 7
San Martino in Colle (LU) **5** E 7
San Martino in Colle (PG-Gúbbio) **10** E 4
San Martino in Colle (PG-Perugia) **14** B 3 ✉ *06070*
San Martino in Converseto **7** C 2 ✉ *47030*
San Martino in Fiume **7** A 2
San Martino in Freddana **5** D 5 ✉ *55060*
San Martino in Gattara **6** B 6 ✉ *48020*
San Martino in Grània **9** F 4
San Martino in Pedriolo **3** E 2 ✉ *40020*
San Martino in Pénsilis **23** C 1-2 ✉ *86046*
San Martino in Póggio **9** C 6
San Martino in Rio **2** A 4-5 ✉ *42018*
San Martino in Selvanera **10** A 3
San Martino in Soverzano **3** B-C 2
San Martino in Strada (FC) **6** A 8 ✉ *47010*
San Martino in Tremoleto **9** A 6
San Martino in Trignano **14** E 5
San Martino Monte l'Abate **7** C 4
San Martino Sannita **27** F 6 ✉ *82010*
San Martino Sopr'Arno **9** B 7
San Martino sul Fiora **13** F 5 ✉ *58050*
San Martino sulla Marrucina **19** E 4 ✉ *66010*
San Martino Valle Caudina **27** F 4 ✉ *83018*
San Martino Villafranca **3** F 5
San Marziale **9** D 2
San Mássimo (CB) **27** A 2 ✉ *86027*
San Mássimo (GE) **1** E 2
San Mássimo (TE) **18** B 8
San Mássimo, Stazione- **27** A 3 ✉ *86027*
San Matteo (FG) **23** E 5
San Matteo, Casa- **23** C 3
San Matteo, Chiesa di- (FC) **7** C 1
San Matteo, Chiesa di- (IS) **27** A 2
San Matteo, Colle- **22** B 5
San Matteo in Lámis, Convento di- **24** F 3
San Maurízio (RE) **2** A 4 ✉ *42029*
San Maurízio di Monti **1** E 2
San Máuro (CE) **27** D 2
San Máuro (MC) **10** E 8
San Máuro (NU) **33** E 2
San Máuro (TE) **15** F 5
San Máuro, Monte- (CA) **35** D 2
San Máuro a Mare **7** B 3 ✉ *47030*
San Máuro a Signa **6** F 2 ✉ *50050*
San Máuro Páscoli **7** B 3 ✉ *47030*
San Menáio **24** C 5 ✉ *71010*
Sanmezzano **9** A 4
San Miai, Monte- **36** B 4
San Miali, Punta di- **34** F 5
San Michele (AN) **10** E 7 ✉ *60040*
San Michele (CA) **34** E 6
San Michele (FR) **26** A 7
San Michele (LT) **25** B 6
San Michele (OR) **32** D 6
San Michele (PI) **8** E 8
San Michele (PU) **10** A 7 ✉ *61040*
San Michele (RA) **3** E 6
San Michele, Chiesa di- (AN) **10** C 8
San Michele, Chiesa di- (AP) **15** B 4
San Michele, Chiesa di- (AQ) **22** C 3
San Michele, Chiesa di- (CE) **27** C 2
San Michele, Chiesa di- (CH) **22** B 6
San Michele, Chiesa di- (FG-Vico del Gargano) **24** C 5
San Michele, Chiesa di- (IS) **22** E 6
San Michele, Chiesa di- (LT) **26** C 5
San Michele, Chiesa di- (NU) **31** F 6
San Michele, Chiesa di- (RI) **18** D 1
San Michele, Chiesa di- (RM) **21** A 1
San Michele, Chiesa di- (SS-Ólbia) **29** D-E 5
San Michele, Chiesa di- (SS-Témpio Pausánia) **29** C 4
San Michele, Grotta di- (SS) **30** E 7
San Michele, Monte- (FI) **9** B 4
San Michele, Pieve di- **7** C 3
San Michele, Punta- **36** A 4
San Michele, Rovine- **35** E 6
San Michele a Polvereto, Chiesa di- **9** B 2
San Michele Arénas, Monte- **36** C 4
San Michele a Torri **9** A 2

San Michele Cavana 2 C 1 ⊠ 43013
San Michele de' Gatti 2 A-B 1
San Michele degli Scalzi 5 F 5
San Michele dei Mucchietti 2 C-D 4 ⊠ 41049
San Michele di Pagana 1 E 2 ⊠ 16035
San Michele di Plaianu, Chiesa di- 28 F 4
San Michele di Salvénero, Chiesa di- 30 D 5
San Michele di Tiorre 2 A 1 ⊠ 43030
San Michele in Quarneto 6 A 6
San Michele in Teverina 17 A 5 ⊠ 01020
San Miniatello 6 F 1
San Miniato (AR) 9 A 5
San Miniato (PI) 8 A 8 ⊠ 56028
San Miniato Basso 8 A 8 ⊠ 56028
San Miniato in Alpe 6 F 5
San Moderanno, Fonte- 1 C-D 7
San Morè, Monte- 2 E 8
Sannaco 4 C 7
San Nazzário, Chiesa di- 13 A 5
San Nazzário, Masseria- 24 D 2
San Nazzaro (AL) 1 A 1
San Nazzaro (BN) 27 F 6 ⊠ 82018
San Nicandro 18 D 7
San Nicandro, Convento e Chiesa di- 26 A 8
San Nicandro Gargánico 24 D 3 ⊠ 71015
San Niccolò 2 F 8
San Niccolò, Chiesa di- (AN) 10 D 6
San Niccolò, Chiesa di- (SI) 9 C 3
San Nicola (AQ) 18 D 5 ⊠ 67040
San Nicola (LT) 26 C 4
San Nicola (RE) 2 B 4
San Nicola (RM) 20 B 5
San Nicola, Chiesa di- (AQ) 18 C 5
San Nicola, Chiesa di- (CB) 27 B 3
San Nicola, Chiesa di- (CA) 35 E 6
San Nicola, Chiesa di- (FR) 21 D 6
San Nicola, Chiesa di- (RI) 18 B 2
San Nicola, Chiesa di- (SS) 30 E 7
San Nicola, Ísola- 24 A 2
San Nicola, Monte- (AQ-FR) 22 D-E 1
San Nicola, Monte- (AQ-Gagliano Aterno) 18 F 8
San Nicola, Podere- 23 B 3
San Nicola, Punta di- 24 C 6
San Nicola Baronia 27 F 8 ⊠ 83050
San Nicola di Silánis, Chiesa di- 28 E 6
San Nicola di Trémiti 24 A 2 ⊠ 71040
San Nicola la Strada 27 F 2 ⊠ 81020
San Nicola Manfredi 27 F 5-6 ⊠ 82010
San Nicolao (CA) 34 F 3
San Nicolao (PE) 19 F 2
San Nicola Varano 24 D 3
San Nicolò (BO) 3 E 2
San Nicolò (FE) 3 A 3 ⊠ 44040
San Nicolò (PG) 14 E 5
San Nicolò a Tordino 15 F 5 ⊠ 64020
San Nicolò d'Arcidano 34 C 4-5 ⊠ 09097
San Nicolò di Celle 14 B 3 ⊠ 06050
San Nicolò di Trúllas, Chiesa di- 32 A 5
San Nicolò Gerrei 35 E 4 ⊠ 09040
Sánnio 27 A-D 3-5
Sánnio, Monti del- 27 A-B 4-5
San Pacífico, Chiesa di- 10 F 8
San Pancrázio (AR) 9 D 6
San Pancrázio (FI) 9 A 2 ⊠ 50020
San Pancrázio (RA) 3 E 5 ⊠ 48020
San Pancrázio, Chiesa di- (FR) 21 E 8
San Pancrázio, Chiesa di- (SS-Bortigiádas) 31 A 2
San Pancrázio, Chiesa di- (SS-Sédini) 28 E 6
San Pancrázio, Monte- 17 C 8
San Pánfilo d'Ocre 18 D 6-7
San Pantaleo (CA) 35 F 3
San Pantaleo (FI) 5 F 8 ⊠ 50059
San Pantaleo (SS) 29 E 5 ⊠ 07020
San Pantaleo, Chiesa di- 28 F 6
San Páolo (FC) 6 E 8
San Páolo (PG) 10 E 1
San Páolo (RN) 7 C 3
San Páolo, Chiesa di- (AP) 15 E 2
San Páolo, Chiesa di- (NU) 33 C 3
San Páolo, Monte- (PU) 7 E 3
San Páolo, Ponte- 35 B 6
San Páolo, Porto- 31 A-B 6
San Páolo, Santuário di- 31 C 4
San Páolo a Mosciano, Chiesa di- 6 F 2
San Páolo di Civitate 23 D 3 ⊠ 71010
San Páolo di Jesi 10 C 8 ⊠ 60038
San Páolo di Peltuino, Chiesa di- 18 D 8
San Páolo in Alpe, Chiesa di- 6 E 7
San Páolo in Aquiliano 6 C 8
San Pasquale (SS) 29 C 3 ⊠ 07020
San Pasquale, Chiesa di- (FR) 26 A 6
San Pasquale, Chiesa di- (SS) 28 F 4
San Pasquale Vallaspra, Chiesa di- 22 A 5
San Pastore, Abbazia di- 18 C 1
San Paterniano 11 C 4
San Patrízio 3 D 4 ⊠ 48020
San Pelino (AQ-Avezzano) 21 A 6 ⊠ 67012
San Pelino (AQ-Cagnano Amiterno) 18 B 5 ⊠ 67012
San Pelino, Basílica di- 19 F 1
San Pellegrinetto (LU) 5 C 5 ⊠ 55020
San Pellegrinetto (MO) 2 D 4
San Pellegrino (FI) 6 B 4
San Pellegrino (MO-Pavullo nel Frignano) 2 F 5
San Pellegrino (MO-Spilamberto) 2 C 6
San Pellegrino (PG-Gualdo Tadino) 10 F 5 ⊠ 06020
San Pellegrino (PG-Nórcia) 14 E 8 ⊠ 06040
San Pellegrino (RE) 2 B 3-4 ⊠ 42100
San Pellegrino al Cássero 6 B-C 1 ⊠ 51020
San Pellegrino in Alpe 5 A 5-6 ⊠ 55030
San Pierino 5 F 8 ⊠ 50054
San Piero 9 A 4
San Piero a Ema 6 F 3
San Piero a Grado 8 A 4-5
San Piero a Ponti 6 E 2 ⊠ 50017
San Piero a Sieve 6 D 3 ⊠ 50037
San Piero in Bagno 6 E 8 ⊠ 47026
San Piero in Campo (LI) 12 E 3 ⊠ 57030
San Piero in Campo (LU) 5 E 7
San Piero in Campo, Abbazia di- 13 C 6-7
San Piero in Frássino 9 A 6
San Pietro (AN-Arcévia) 10 B 7
San Pietro (AN-Filottrano) 11 C 4
San Pietro (AQ) 21 A 6
San Pietro (BN) 27 D 4
San Pietro (BO) 3 E 1
San Pietro (CE) 26 D 7
San Pietro (CH) 19 D 4
San Pietro (FR) 22 F 1
San Pietro (MO) 2 A 6 ⊠ 41030
San Pietro (NU) 31 D 6 ⊠ 08020
San Pietro (PR) 1 C 6
San Pietro (TE-Ísola del Gran Sasso d'Itália) 18 B 8
San Pietro (TE-Teramo) 15 F 4
San Pietro, Badia di- 11 B 6
San Pietro, Chiesa di- (AQ) 18 C 6
San Pietro, Chiesa di- (CA-Ballao) 35 E 4
San Pietro, Chiesa di- (CA-Villacidro) 34 F 5
San Pietro, Chiesa di- (FR) 21 F 8
San Pietro, Chiesa di- (NU-Baunei) 33 D 6
San Pietro, Chiesa di- (NU-Dualchi) 32 C 6
San Pietro, Chiesa di- (NU-Ollolai) 33 C 3
San Pietro, Chiesa di- (NU-Ovodda) 33 D 3
San Pietro, Chiesa di- (RI) 17 D 8
San Pietro, Chiesa di- (RM-Carpineto Romano) 21 F 4
San Pietro, Chiesa di- (RM-Segni) 21 E 3
San Pietro, Chiesa di- (SS-Pozzomaggiore) 32 A 5
San Pietro, Chiesa di- (SS-Tula) 28 F 7
San Pietro, Colle- 18 A 8
San Pietro, Coppa- 27 A 7
San Pietro, Ísola di- 36 C 1-2
San Pietro, Masseria- (FG) 23 F 2
San Pietro, Monte- (AN) 11 C 4
San Pietro, Monte- (CA) 36 A 3
San Pietro, Monte- (SS) 29 E 3
San Pietro, Ponte- (IS) 22 F 2-3
San Pietro, Ponte- (VT) 17 B 1
San Pietro, Rio- 22 F 3
San Pietro Acquaeórtus, Chiesa di- 13 D 7
San Pietro a Dame 10 E 1
San Pietro ad Oratórium, Chiesa di- 19 E 1
San Pietro a Marcigliano 5 D 6
San Pietro a Mare, Chiesa di- 28 D 6
San Pietro a Monte 10 E 1
San Pietro a Presciano, Chiesa di- 9 E 4
San Pietro a Strada 6 E 4
San Pietro Avellana 22 D 4 ⊠ 86088
San Pietro Avellana, Fermata di- 22 C 4 ⊠ 86088
San Pietro Avellana, Stazione di- 22 D 4 ⊠ 86088
San Pietro a Vico 5 E 6 ⊠ 55017
San Pietro Belvedere 8 B 7 ⊠ 56033
San Pietro Capofiume 3 B 2 ⊠ 40062
San Pietro delle Immágini, Chiesa di- 28 E 6
San Pietro di Ruda, Chiesa di- 29 F 1-2
San Pietro di Simbrános, Chiesa di- 28 E 6
San Pietro di Sórres, Basílica di- 30 F 5
San Pietro Extramúros, Chiesa di- 32 B 4
San Pietro in Campiano 3 F 6
San Pietro in Caságlia 6 D 2-3
San Pietro in Casale 3 A 1 ⊠ 40018
San Pietro in Cúrolis 26 B 5
San Pietro Infine 26 B 7 ⊠ 81049
San Pietro in Guardiano 7 A 1-2
San Pietro in Laguna 3 F 4
San Pietro in Mercato, Pieve di- 9 A 2
San Pietro in Palazzi 8 E 6 ⊠ 57010
San Pietro in Silvis, Pieve di- 3 D-E 5
San Pietro in Trento 3 F 5
San Pietro in Valle (IS) 22 F 6 ⊠ 86090
San Pietro in Valle (TR) 14 F 6
San Pietro in Víncoli 3 F 6 ⊠ 48020
San Pietro Irpino 27 F 5 ⊠ 82010
San Pietro Mártire, Chiesa di- 28 C 6
San Pietro Poligosu, Chiesa di- 28 E-F 6
San Pietro Vara 4 B 4 ⊠ 19020
San Pio 18 E 7
San Pio, Chiesa di- 21 C 3
San Pio delle Cámere 18 D 8 ⊠ 67020
San Polo (AR) 9 C 7
San Polo (RI) 17 D 8 ⊠ 02040
San Polo (SI) 13 B 7
San Polo, Fermata- 21 B 2
San Polo dei Cavalieri 21 B 2 ⊠ 00010
San Polo d'Enza 2 B 2 ⊠ 42020
San Polo in Chianti 9 A 4 ⊠ 50020
San Polomatese 27 A 3 ⊠ 86020
San Polomatese, Stazione di- 27 A 3 ⊠ 86020
San Portolu, Chiesa di- 32 B 6
San Potito (AQ) 18 F 7 ⊠ 67040
San Potito (RA) 3 D 4 ⊠ 48022
San Potito Sannítico 27 C 2 ⊠ 81016
San Presto 14 A 5
San Príamo 37 A 6
San Prisco 27 F 1-2 ⊠ 81054
San Próspero (BO-Galliera) 3 A 1
San Próspero (BO-Ímola) 3 E 3 ⊠ 40026
San Próspero (BO-Savigno) 2 E 6 ⊠ 40060
San Próspero (RE) 2 A 4
San Puoto, Lago- 26 D 3
San Quírico (FI) 6 D 4
San Quírico (GR) 13 F 6 ⊠ 58010
San Quírico (LU) 5 E 6
San Quírico (PO) 6 C 2 ⊠ 59024
San Quírico (PR) 1 D 5 ⊠ 43050
San Quírico (PT) 5 C-D 7 ⊠ 51010
San Quírico (RI) 18 C 4
San Quírico (TR) 13 F 8
San Quírico, Chiesa di- 32 D 6
San Quírico di Moriano 5 D 6
San Quírico d'Órcia 13 B 5 ⊠ 53027
San Quírico in Collina 9 A 2
San Rabano 16 A 6
San Raimondo, Chiesa di- 32 A 7
San Régolo (PI) 8 B 5
San Régolo (SI) 9 D 4
San Rocchetto 11 C 5
San Rocchino, Chiesa di- 5 C 4-5
San Rocco (CH-Castèl Frentano) 19 E 5
San Rocco (CH-Giuliano Teatino) 19 D 4
San Rocco (CH-Roccamontepiano) 19 E 3
San Rocco (GE) 1 E 1 ⊠ 16030
San Rocco (LU) 5 C 5
San Rocco (PT) 5 E 8
San Rocco (RA) 3 F 4
San Rocco (RN) 7 E 5
San Rocco (VT) 17 D 5-6
San Rocco, Monte- 18 E 5
San Rocco, Válico di- 18 E 5
San Rocco a Pilli 9 F 3 ⊠ 53010
San Romano (FC) 7 C 1
San Romano (LU) 5 C 6
San Romano (PI) 8 A 7 ⊠ 56020
San Romano (RE) 2 C 4
San Romano in Garfagnana 5 A 5 ⊠ 55038
San Romualdo 3 D 6 ⊠ 48100
San Rossore, Tenuta di- 5 F 4
San Ruffillo (BO) 2 D 8 ⊠ 40141
San Ruffillo (RA-Brisighella) 6 A 7 ⊠ 47013
San Ruffillo (RA-Cásola Valsénio) 6 A 5
San Ruffillo, Chiesa di- 6 B 7
San Ruffino (PI) 8 B 6
San Ruffino (PR) 2 A 1
San Ruffino (RE) 2 C 4
San Ruffino, Lago di- 15 B 2
San Rústico 11 F 5
San Sabino 11 C 5
San Sabino, Chiesa di- 14 E 5
San Sabino, Masseria- 23 C 4
San Sabino-Basanello 18 C 5
San Salvatore (FG) 24 F 5
San Salvatore (LU) 5 E 7 ⊠ 55010
San Salvatore (PC) 1 A 3
San Salvatore (RN) 7 C 4
San Salvatore, Chiesa di- (NU-Gergei) 35 C 2
San Salvatore, Chiesa di- (NU-Perdasdefogu) 35 C 5
San Salvatore, Chiesa di- (TR) 17 A 7
San Salvatore, Colle- 24 D 7
San Salvatore, Sorgente- 34 F 3
San Salvatore, Villággio Religioso di- 32 F 3
San Salvatore a Maiella 19 E 3
San Salvatore a Pilli 9 F 3
San Salvatore di Nulvara 31 B 3
San Salvatore Telesino 27 D 3 ⊠ 82030
San Salvo 22 A 7-8 ⊠ 66050
San Salvo Marina 22 A 8 ⊠ 66050
San Sano 9 D 4
San Saturnino 1 F 4
San Saturnino, Chiesa di- 33 A 2
San Savino (FC) 6 B-C 8
San Savino (PC) 1 A 4
San Savino (PG-Giano dell'Úmbria) 14 D 4
San Savino (PG-Magione) 14 A 1
San Savino (PU) 10 B 5
San Savino (RA) 3 D 5
San Savino (RN) 7 D 4 ⊠ 47854
San Savino (SI) 13 B 7
San Savino, Chiesa di- 6 A-B 7
San Sebastiano (AQ) 22 B 1 ⊠ 67050
San Sebastiano (PU) 7 F 8
San Sebastiano (RI) 18 D 2
San Sebastiano, Chiesa di- (NU-Seui) 35 A 4
San Sebastiano, Chiesa di- (NU-Teti) 33 D 2
San Sebástiano, Monte- 33 C 3
San Secondino 27 E 1
San Secondo (PG) 10 D 2 ⊠ 06010
Sansepolcro 10 B 1 ⊠ 52037
San Serafino 32 E 6
San Severino Marche 10 F 8 ⊠ 62027
San Severo (AR) 9 C 8
San Severo (FG) 23 E 4 ⊠ 71016
San Severo (RA) 3 E 4
San Severo, Abbazia di- 14 F1
San Silverio, Chiesa di- 25 D 1
San Silvestro (AN) 11 A 3
San Silvestro (BO) 2 E 8
San Silvestro (FC) 6 D-E 8
San Silvestro (PE) 19 C 4 ⊠ 65132
San Silvestro (PG) 14 E 5
San Silvestro (RI) 18 D 3
San Silvestro (TE) 19 A 3 ⊠ 64030
San Silvestro, Chiesa di- 10 E 6
San Silvestro, Colle- 22 C 6
San Silvestro, Rocca di- 12 A 6
San Simeone, Chiesa di- 32 A 5
San Simeone, Nuraghe- 30 D 6
San Simone (NU) 35 C 2
San Simone, Chiesa di- (CA) 37 B 2
San Simone, Rio- 31 B 4-5
San Simplíciu, Chiesa di- 29 D 3
San Siro (PR) 1 C 6
San Siro Foce 1 D 3
San Sisto (IS) 22 F 5
San Sisto (PG) 14 B 2 ⊠ 06132
San Sisto (PU) 7 F 2 ⊠ 61026
San Sisto, Chiesa di- 14 E 3
San Sisto, Nuraghe- 30 F 5
San Sósio 26 A 3
San Sósio, Chiesa di- 26 A 4
San Sóssio Baronia 27 F 8 ⊠ 83050
San Sperate 37 A 1 ⊠ 09026
Santa Bárbara (AR) 9 B 4
Santa Bárbara (CA) 37 C 5
Santa Bárbara, Cantoniera- 35 E 6
Santa Bárbara, Chiesa di- (NU-Ulássai) 35 B 5
Santa Bárbara, Chiesa di- (NU-Villagrande) 33 F 5
Santa Bárbara, Chiesa di- (OR) 32 D 6
Santa Bárbara, Colle- 14 A 7
Santa Bárbara, Monte- 36 C 7
Santa Bárbara, Nuraghe- (NU-Macomér) 32 B 6
Santa Bárbara, Nuraghe- (NU-Sindía) 32 B 5
Santa Bárbara, Toppo- 27 C-D 6
Santa Bárbara in Campitelli 7 F 4
Santa Brígida (BO) 3 C 1
Santa Brígida (FI) 6 E 4 ⊠ 50060
Santa Caterina (AR) 9 E 7 ⊠ 52040
Santa Caterina (AV) 27 F 7
Santa Caterina (BN) 27 C 5
Santa Caterina (GR) 13 E 4 ⊠ 58050
Santa Caterina (SP) 4 E 7 ⊠ 19038
Santa Caterina (VT) 17 C 4
Santa Caterina, Chiesa di- (LI) 12 D 5
Santa Caterina, Chiesa di- (VT) 17 A 5
Santa Caterina, Rio- 32 D 3-4
Santa Caterina, Stagno di- 36 D 3
Santa Caterina di Pittinuri 32 D 3 ⊠ 09073
Santa Chiara (OR) 32 E 6
Santa Colomba 9 E 3
Santa Cristina (PG) 10 E 4
Santa Cristina, Chiesa di- (PG-Gúbbio) 10 F 3
Santa Cristina, Chiesa di- (PG-Valtopina) 14 B 5
Santa Cristina, Chiesa di- (OR-Bonárcado) 32 D 5
Santa Cristina, Chiesa di- (OR-Paulilátino) 32 E 5
Santa Cristina, Complesso Nurágico- 32 E 5
Santa Cristina, Monte- (PR) 1 A 6
Santa Cristina a Mezzana 6 E 1
Santa Croce (BN-Ceppaloni) 27 F 5
Santa Croce (BN-Sant'Ágata de' Goti) 27 F 3
Santa Croce (CE-Carínola) 26 E 7
Santa Croce (CE-Roccaromana) 27 D 1
Santa Croce (MO) 2 A 5
Santa Croce (PE) 19 F 2
Santa Croce (PG) 14 E 5
Santa Croce (RI) 18 A 4 ⊠ 02010
Santa Croce, Chiesa di- (AN) 10 D 6
Santa Croce, Chiesa di- (AP) 11 F 5
Santa Croce, Chiesa di- (AR) 10 B 1
Santa Croce, Forca di- 14 E 8
Santa Croce, Monte- (CE) 26 C 7
Santa Croce, Monte- (GR) 12 A 8
Santa Croce, Monte- (SP) 4 E 5-6
Santa Croce, Serra- 27 B 8
Santa Croce, Stazione di- 27 B 5
Santa Croce del Sánnio 27 B 5 ⊠ 82020
Santa Croce di Magliano 23 D-E 1 ⊠ 86047
Santa Croce di Marmorta 3 B-C 3
Santa Crocella, Passo- 27 B 4
Santa Croce sull'Arno 5 F 7-8 ⊠ 56029
Sant'Adele 13 A 7
Santadi 36 D 5 ⊠ 09010
Santadi, Piano di- 34 B 3
Santadi, Rio- 36 C-D 5
Santadi Basso 36 D 5
Santa Donna, Monte- 1 C 5
Sant'Adriano 6 B 6
Santa Filomena (PE) 19 B 4
Santa Filomena (TE) 15 E 5
Santa Fiora (AR-Arezzo) 9 C 7 ⊠ 58037
Santa Fiora (AR-Sansepolcro) 10 B 1
Santa Fiora (GR) 13 D 5 ⊠ 58037
Santa Firmina 9 D 7
Santa Fista 10 C 1
Santa Franca, Monte- 1 A 5
Santa Francesca 21 E 6 ⊠ 03020
Sant'Agápito (RI) 18 E 4 ⊠ 02020
Sant'Agápito (IS) 27 A 1 ⊠ 86070
Sant'Agápito, Chiesa di- 21 D 2
Sant'Agápito-Longano, Stazione di- 22 F 4 ⊠ 86070
Sant'Ágata (AR) 9 E 7-8
Sant'Ágata (FI-Reggello) 9 A 5
Sant'Ágata (FI-Scarperia) 6 C 3 ⊠ 50030
Sant'Ágata (RE) 2 A 5
Sant'Ágata, Chiesa di- (CH) 22 A 4
Sant'Ágata, Chiesa di- (FG) 23 C 3
Sant'Ágata Bolognese 2 B 7 ⊠ 40019
Sant'Ágata de' Goti 27 F 3 ⊠ 82019
Sant'Ágata delle Terrine 9 D 8
Sant'Ágata Féltria 7 E 1-2 ⊠ 61019
Sant'Ágata in Montalto 6 D 7
Sant'Ágata sul Santerno 3 D 4 ⊠ 48020
Santa Gemma 20 B 7
Santa Gilla, Saline di- 37 B 1
Santa Giúlia, Monte- (SS) 30 D 5
Santa Giúlia, Monte- (MO) 2 E 4
Santa Giúlia, Ponte- 9 D 2
Santa Giúlia di Centáura, Chiesa di- 1 E-F 3
Santa Giuliana 10 F 2
Santa Giuliana, Cantoniera- 35 F 2
Santa Giusta (CH) 19 E 5
Santa Giusta (OR) 34 A 4 ⊠ 09096
Santa Giusta (RI-Amatrice) 15 F 1 ⊠ 02010
Santa Giusta (RI-Cittareale) 18 A 4
Santa Giusta, Chiesa di- (CB) 22 C 8
Santa Giusta, Chiesa di- (Rovine) 33 D 3
Santa Giusta, Chiesa di- (SS-Chiaramonti) 28 F 5-6

Santa Giusta, Chiesa di- (SS-Lóiri-Porto San Páolo) **31** B 6
Santa Giusta, Masseria- **23** E 4
Santa Giusta, Monte- **28** E 2
Santa Giusta, Ponte- **23** E 4
Santa Giusta, Punta di- **37** B 6
Santa Giusta, Stagno di- **34** A 4
Santa Giustina (PR) **1** B 4 ⊠ *43030*
Santa Giustina (RN) **7** C 3 ⊠ *47821*
Sant'Agnese, Chiesa di- (SI) **9** C 3
Sant'Agostino (OR) **32** D 5
Sant'Agostino (PT) **6** D 1
Sant'Agostino (TE) **18** A 8
Sant'Agostino, Oratório di- **1** A 3
Sant'Agostino, Torre- (LT) **26** D 4
Sant'Agostino, Torre- (RM) **17** F 2
Sant'Agostino Vécchio **30** E 2
Santa Greca, Chiesa di- **32** D 6
Santa Igne, Convento- **7** D 2
Santa Illuminata, Éremo di- **17** A 6
Sant'Alberto (BO) **3** A 1
Sant'Alberto (RA) **3** C 6 ⊠ *48020*
Sant'Alberto, Chiesa di- **1** D 1
Sant'Albino **13** B 7 ⊠ *53045*
Sant'Alessandro, Catacombe di- **20** B 7
Sant'Aléssio **5** E 5-6
Santa Liberata (GR) **16** C 6 ⊠ *58010*
Santa Liberata (MC) **11** E 5
Santa Luce (AR) **9** E 7
Santa Luce (PI) **8** C 6 ⊠ *56040*
Santa Luce, Stazione di- **8** C 5-6 ⊠ *56040*
Santa Lucia (AN-Jesi) **11** B 3
Santa Lucia (AN-Monte San Vito) **11** B 3
Santa Lucia (AQ) **18** A 5
Santa Lucia (BO) **2** F 6
Santa Lucia (CA) **34** F 3
Santa Lucia (FI) **6** B 3
Santa Lucia (MC) **11** E 5
Santa Lucia (NU) **31** E 7 ⊠ *08020*
Santa Lucia (PE) **19** B 3 ⊠ *65010*
Santa Lucia (PG) **10** D 2
Santa Lucia (PI) **8** A 6
Santa Lucia (PO) **6** D 2 ⊠ *59100*
Santa Lucia (PR) **1** A 7
Santa Lucia (PU) **7** E 3
Santa Lucia (RI-Fiamignano) **18** E 4 ⊠ *02027*
Santa Lucia (RI-Pescorocchiano) **18** F 4
Santa Lucia (SI-Poggibonsi) **9** D 2
Santa Lucia (SI-San Gimignano) **9** C 1
Santa Lucia (TE) **15** F 5 ⊠ *64020*
Santa Lucia, Abbazia di- **18** E 7
Santa Lucia, Cantoniera- **35** C 3
Santa Lucia, Chiesa di- (CA-San Nicolò Gerrei) **35** E 4
Santa Lucia, Chiesa di- (CA-Senorbì) **35** E 2
Santa Lucia, Chiesa di- (CA-Uta) **36** B 7
Santa Lucia, Chiesa di- (AQ) **22** D 3
Santa Lucia, Chiesa di- (FC-Cesena) **7** C 1-2
Santa Lucia, Chiesa di- (FC-Predáppio) **6** B 8
Santa Lucia, Chiesa di- (MC) **11** F 5
Santa Lucia, Chiesa di- (OR) **34** A 6
Santa Lucia, Chiesa di- (SI) **9** F 5
Santa Lucia, Convento- **34** D-E 6
Santa Lucia, Monte- **9** F 1
Santa Lucia, Rio- **37** C 1
Santa Lucia, Santuário di- (BN) **27** B 4
Santa Lucia, Santuário di- (SS) **32** A 6
Santa Lucia, Stabilimento Termale- **30** F 6 ⊠ *07012*
Santa Lucia, Terme di- **2** E 1
Santa Lucia delle Spianate **6** A 7 ⊠ *48018*
Santa Lúghia, Rio- **30** F 4-5
Santa Mama **9** A 7 ⊠ *52010*
Santa Manza, Torre di- **29** A 3
Santa Margherita (CA) **36** E 7
Santa Margherita (FE) **3** A 5
Santa Margherita (FI) **6** C 3
Santa Margherita (SS) **30** D 4
Santa Margherita (TE) **19** A 2 ⊠ *64030*
Santa Margherita, Chiesa di- (AP) **15** A 2
Santa Margherita, Chiesa di- (BO) **3** F 2
Santa Margherita Lígure **1** E 2 ⊠ *16038*
Santa Maria (AN) **11** B 3
Santa Maria (AP) **15** E 2
Santa Maria (FC) **6** D 7
Santa Maria (FI) **6** F 1
Santa Maria (FR) **21** F 6
Santa Maria (LT) **25** E 1
Santa Maria (PO) **6** E 2 ⊠ *59100*
Santa Maria (PU) **7** E 3
Santa Maria (SP-Cálice al Cornovíglio) **4** C 6
Santa Maria (SP-Maissana) **4** B 4
Santa Maria (SS) **28** C 2
Santa Maria (TE) **18** A 8
Santa Maria (TR-Calvi dell'Úmbria) **17** C 8
Santa Maria (TR-Monteleone d'Orvieto) **13** D 8
Santa Maria, Canale- **23** E 4
Santa Maria, Cantoniera- **35** B 3
Santa Maria, Casale- **17** E 3
Santa Maria, Case- **32** A 3 ⊠ *08010*
Santa Maria, Chiesa di- (AN) **10** E 7
Santa Maria, Chiesa di- (CA) **34** F 6
Santa Maria, Chiesa di- (PG) **10** F 3
Santa Maria, Chiesa di- (PU) **7** F 6
Santa Maria, Chiesa di- (SS-Bessude) **30** E 5
Santa Maria, Chiesa di- (SS-Cargeghe) **30** D 4
Santa Maria, Chiesa di- (SS-Trinità d'Agultu e Vignola) **29** D 2
Santa Maria, Chiesa di- (VT) **17** B 5
Santa Maria, Colle- (FR) **21** F 6
Santa Maria, Convento di- **9** C 4
Santa Maria, Ísola- (SS) **29** B 4
Santa Maria, Lago di- (BO) **6** B 2
Santa Maria, Nuraghe- **32** F 6
Santa Maria, Pieve di- **5** C-D 6
Santa Maria, Ponte- **23** E 4
Santa Maria, Rio- **34** E 5
Santa Maria a Bagnano **9** B 2
Santa Maria a Dófana **9** E 4
Santa Maria a Fiume, Chiesa di- **21** F 6
Santa Maria a Marciola **6** F 2
Santa Maria a Mare **15** A 5
Santa Maria a Mare, Chiesa di- **15** E 6
Santa Maria Amaseno, Chiesa di- **21** E 6
Santa Maria a Monte **8** A 7 ⊠ *56020*
Santa Maria a Monte, Chiesa di- **27** A 5
Santa Maria a Piè di Chienti, Chiesa di- **11** E 6
Santa Maria Apparente **11** E 6 ⊠ *62013*
Santa Maria Arabona, Chiesa di- **19** D 3
Santa Maria a Toro **27** F 5
Santa Maria a Valogno **26** C 7
Santa Maria a Vezzano **6** C 4
Santa Maria a Vico **27** F 3 ⊠ *81028*
Santa Maria Candelora, Chiesa di- **10** D 8
Santa Maria Cápua Vétere **27** F 1 ⊠ *81055*
Santa Maria Codifiume **3** B 2 ⊠ *44048*
Santa Maria Coghínas **28** D 6 ⊠ *07030*
Santa Maria d'Alto Cielo **15** A 1
Santa Maria de Fora, Chiesa di- **22** F 7
Santa Maria degli Ángeli **14** B 4 ⊠ *06088*
Santa Maria dei Bisognosi, Convento-Santuário di- **21** A 4
Santa Maria dei Cintorelli, Chiesa di- **18** E 8
Santa Maria dei Láttani, Santuário di- **26** C 7
Santa Maria de is Ácquas **34** D 5-6
Santa Maria del Campo, Chiesa di- **22** E 1
Santa Maria del Colle **11** C 3
Santa Maria del Giúdice **5** F 5 ⊠ *55058*
Santa Maria del Glorioso, Chiesa di- **10** F 8
Santa Maria della Fede, Chiesa di- **15** B 4
Santa Maria del Lago, Chiesa di- **19** C 3
Santa Maria della Líbera, Santuário di- **27** A 5
Santa Maria della Neve **17** C 8 ⊠ *05032*
Santa Maria della Neve, Chiesa di- **29** E 3
Santa Maria della Penna, Santuário di- **19** E 7
Santa Maria della Petrella, Chiesa di- **15** B 5
Santa Maria della Piana, Chiesa di- **26** D 7
Santa Maria della Pieve, Chiesa di- **10** F 8
Santa Maria della Portella, Chiesa di- **22** C 3
Santa Maria dell'Arzilla **7** E 6
Santa Maria della Strada, Chiesa Abbaziale di- **22** E 7
Santa Maria della Valle, Chiesa di- **10** A 6
Santa Maria della Vittória, Convento e Chiesa di- **21** A 6
Santa Maria della Vittória, Santuário di- **27** A 6
Santa Maria delle Corti **10** F 1
Santa Maria delle Grázie, Chiesa di- (AQ) **21** B 6
Santa Maria delle Grázie, Chiesa di- (AR-Arezzo) **9** C 7
Santa Maria delle Grázie, Chiesa di- (AR-Stia) **6** E 6
Santa Maria delle Grázie, Chiesa di- (FR) **21** F 6
Santa Maria delle Grázie, Chiesa di- (SS) **29** E 2-3
Santa Maria delle Grázie, Convento- **27** A 5
Santa Maria delle Grázie, Convento di- **18** F 2
Santa Maria delle Grázie di Fornò, Chiesa di- **7** A 1
Santa Maria delle Grotte, Chiesa di- (AQ) **18** D 7
Santa Maria delle Mácchie, Chiesa di- **10** F 8
Santa Maria delle Vérgini, Chiesa di- **11** E 5
Santa Maria delle Vertighe, Chiesa di- **9** E 6
Santa Maria del Mare, Chiesa di- **32** B 3
Santa Maria del Molise **22** F 5 ⊠ *86096*
Santa Maria del Molise, Stazione di- **27** A 2 ⊠ *86096*
Santa Maria del Monte (RN) **7** D 5
Santa Maria del Monte, Passo- **22** C 5
Santa Maria del Piano (PR) **2** B 1 ⊠ *43030*
Santa Maria del Piano (RN) **7** D 4 ⊠ *47854*
Santa Maria del Piano, Santuário di- **26** C 6
Santa Maria del Ponte **18** E 8
Santa Maria del Regno, Chiesa di- **30** D 6
Santa Maria del Soccorso **20** C 7
Santa Maria del Taro **1** D 4 ⊠ *43057*
Santa Maria de Óssolo, Chiesa di- **32** D 7
Santa Maria de Sauccu **32** A-B 6
Santa Maria de Sea, Chiesa di- **30** E 5
Santa Maria de Torana, Chiesa di- **32** D 7
Santa Maria di Antico **7** E 2
Santa Maria di Cálena, Chiesa di- **24** C 6
Santa Maria di Cavamonte, Chiesa di- **21** C 2
Santa Maria di Colonnata **10** E 4
Santa Maria di Córos, Chiesa di- **28** F 7
Santa Maria di Corte, Abbazia di- **32** B 5
Santa Maria di Faífula, Abbazia di- **22** E 7
Santa Maria di Flumentépido **36** B 3
Santa Maria di Galéria, Chiesa di- **20** A 5 ⊠ *00060*
Santa Maria di Legarano, Chiesa di- **18** D 1
Santa Maria di Lévola, Chiesa di- **7** E 4
Santa Maria di lu Macchietu, Chiesa di- **29** D 3
Santa Maria di Merino, Santuário di- **24** C 6
Santa Maria di Mole **20** D 7
Santa Maria di Monte Léucio, Santuário di- **26** B 5
Santa Maria di Mórtola **26** C 7
Santa Maria di Mugnano **2** C 5
Santa Maria di Neápoli, Chiesa di- **34** C 4
Santa Maria di Paterno **11** E 3
Santa Maria di Pieca, Chiesa di- **15** B 1
Santa Maria di Pístia, Chiesa di- **14** B 5
Santa Maria di Pitérnis, Santuário di- **26** A 7
Santa Maria di Portonovo, Chiesa di- **11** B 5
Santa Maria di Propezzano, Chiesa di- **15** F 6
Santa Maria di Pugliano, Chiesa di- **21** D 4
Santa Maria di Pulsano, Abbazia di- **24** F 5
Santa Maria di Rispéscia **13** F 2
Santa Maria di Ronzano, Chiesa di- **18** A 8
Santa Maria di Sala, Chiesa di- **17** A 2
Santa Maria di Sette **10** E 2
Santa Maria di Siponto, Chiesa di- **23** E 8
Santa Maria di Sturla **1** E 3
Santa Maria d'Ítria, Chiesa di- **35** E 2
Santa Maria di Versano **26** D 8
Santa Maria di Vertighe, Chiesa di- **9** E 6
Santa Maria d'Oriente **21** A 5
Santa Maria 'e Giosso, Chiesa di- **33** E-F 2
Santa Maria 'e Mare, Chiesa di- **33** A 7
Santa Maria 'e susu, Chiesa di- **33** F 2
Santa Maria Fabbrecce **7** D 6 ⊠ *61100*
Santa Maria Imbaro **19** E 5 ⊠ *66030*
Santa Maria in Caláfria, Chiesa di- **7** F 5
Santa Maria in Caspiano, Chiesa di- **14** B 7
Santa Maria in Castello **6** B-C 7
Santa Maria in Colleromano, Chiesa di- **19** C 2
Santa Maria Incoronata **19** F 7 ⊠ *66053*
Santa Maria in Fabriago **3** D 4 ⊠ *48020*
Santa Maria Infante **26** D 6 ⊠ *04020*
Santa Maria Ingrisone **27** F 6
Santa Maria in Iscalas **28** F 4
Santa Maria in Pantano, Chiesa di- (IS) **22** F 6
Santa Maria in Pantano, Chiesa di- (PG) **14** E 4
Santa Maria in Piana, Chiesa di- **11** E 3
Santa Maria in Piano, Chiesa di- **19** C 2
Santa Maria in Potenza **11** D 6
Santa Maria in Selva **5** E 7
Santa Maria in Selva, Abbazia di- **11** E 4 ⊠ *62010*
Santa Maria in Spinateci, Chiesa di- **10** A 4
Santa Maria in Strada **2** C 7 ⊠ *40011*
Santa Maria in Valle **14** D 5
Santa Maria in Valle Porclaneta, Chiesa di- **18** F 6
Santa Maria in Vescovio, Chiesa di- **17** D 8
Santa Maria Iscálas, Chiesa di- **30** F 5
Santa Maria la Fossa **26** F 8 ⊠ *81050*
Santa Maria la Palma **30** D 2 ⊠ *07040*
Santa Maria la Strada, Convento di- **27** D 4
Santa Maria Lignano **14** A 5
Santa Maria Macerata **9** B 3
Santa Maria Maddalena (AQ) **21** B 8
Santa Maria Maddalena (TR) **17** C 8
Santa Maria Maddalena, Chiesa di- (PG) **14** B 4
Santa Maria Maddalena, Chiesa di- (SS) **28** F 6
Santa Maria Maggiore, Chiesa di- **19** C 2-3
Santa Maria Navarrese **33** E-F 6-7 ⊠ *08040*
Santa Maria Nova **7** A 1 ⊠ *47020*
Santa Maria Nuova **11** C 3 ⊠ *60030*
Santa Maria Nuova, Chiesa di- **21** B 2
Santa Maria Occorrevole, Santuário di- **27** C 2
Santa Maria Oliveto **26** A 8 ⊠ *86070*
Santa Maria Pietrafitta **7** D 5
Santa Maria Pietrarossa, Chiesa di- **14** D 5
Santa Maria Rassinata **9** D 8
Santa Maria Riopetra **7** C 2
Santa Maria Rossa (PG) **14** B 3
Santa Maria Val di Loto, Chiesa di- **7** F 3
Santa Maria Valentina, Chiesa di- **23** A 1
Santa Maria Villiana **2** F 6 ⊠ *40041*
Santa Maria Zuárbara, Chiesa di- **34** B 5
Santa Mariedda, Chiesa di- **29** F 5
Santa Marina (FC) **6** C 7-8
Santa Marina (PU) **7** D 6
Santa Marinella **20** A 1-2 ⊠ *00058*
Sant'Ambrógio (GE) **1** E 2
Sant'Ambrógio (MO) **2** B 6
Sant'Ambrógio, Chiesa di- **13** A 6
Sant'Ambrógio sul Garigliano **26** B 6 ⊠ *03040*
Sant'Amico (AN) **11** A-B 3
Sant'Amico (CH) **19** F 5
San Támmaro **27** F 1 ⊠ *81050*
Sant'Anania, Chiesa di- **33** C 4
Sant'Anastásia, Torre- **26** D 3
Sant'Anastásio (LU) **5** A 4 ⊠ *55035*
Sant'Anastásio (MC) **11** D 3
Sant'Anastásio (PI) **9** D 1
Sant'Anatólia (PG) **14** E 7
Sant'Anatólia (RI) **18** F 5 ⊠ *02020*
Sant'Anatólia di Narco **14** E-F 6 ⊠ *06040*
Sant'Andrea (AR) **10** A 2
Sant'Andrea (BO) **3** E 1
Sant'Andrea (CA) **37** B 3
Sant'Andrea (CE) **26** E 8 ⊠ *81050*
Sant'Andrea (FC) **7** A 1
Sant'Andrea (FI) **9** A 1
Sant'Andrea (FR) **21** F 8
Sant'Andrea (IS) **22** E 5
Sant'Andrea (LI) **12** D 3
Sant'Andrea (MC) **15** A 1
Sant'Andrea (PG) **14** F 8
Sant'Andrea (PU) **7** E 7
Sant'Andrea (RA-Brisighella) **6** A 6
Sant'Andrea (RA-Cérvia) **7** A 2
Sant'Andrea (RA-Faenza) **3** F 4
Sant'Andrea (RI) **17** C 8
Sant'Andrea (RN) **7** C 3
Sant'Andrea (SI) **9** D 2
Sant'Andrea (TE) **15** E 4
Sant'Andrea, Capo- (LI) **12** D 3
Sant'Andrea, Chiesa di- (SI) **9** C 1
Sant'Andrea, Chiesa di- (SS) **31** B-C 3
Sant'Andrea a Morgiano **9** A 3
Sant'Andrea Bagni **1** A 8 ⊠ *43048*
Sant'Andrea d'Agliano **14** B 3
Sant'Andrea de' Lagni **27** F 1
Sant'Andrea del Garigliano **26** C 6 ⊠ *03040*
Sant'Andrea delle Fratte **14** B 2-3
Sant'Andrea di Borghi **7** C 2
Sant'Andrea di Cómpito **5** F 6
Sant'Andrea di Fóggia **1** E 2
Sant'Andrea di Sorbello **10** E 1 ⊠ *52040*
Sant'Andrea di Suasa **10** A 7 ⊠ *61040*
Sant'Andrea Frius **35** E 3 ⊠ *09040*
Sant'Andrea in Bagnolo **7** A 2
Sant'Andrea in Besanigo **7** D 4-5
Sant'Andrea in Casale **7** D 5 ⊠ *47832*
Sant'Andrea in Flumine **17** E 8
Sant'Andrea in Percussina **9** A 2
Sant'Andrea in Pescaiola **5** F 5
Sant'Andrea in Proverso, Chiesa di- **10** A 3
Sant'Andrea Pélago **5** A 6-7 ⊠ *41027*
Sant'Andria Priu, Domus de Janas- **32** A 6
Sant'Ángelo (AN) **11** A 3 ⊠ *60010*
Sant'Ángelo (CA) **34** F 3
Sant'Ángelo (CH) **19** F 5
Sant'Ángelo (FC) **7** B 3
Sant'Ángelo (GR) **13** F 6
Sant'Ángelo (MC-Castelraimondo) **10** F 7
Sant'Ángelo (MC-Esanatóglia) **10** F 6
Sant'Ángelo (MC-Tolentino) **11** F 4
Sant'Ángelo (PG) **14** D 8
Sant'Ángelo (PU) **7** F 7
Sant'Ángelo (RI-Amatrice) **15** F 1
Sant'Ángelo (RI-Leonessa) **18** A 4
Sant'Ángelo (VT) **17** A 5
Sant'Ángelo, Casa- **21** C 2
Sant'Ángelo, Chiesa di- (FI) **9** A 2
Sant'Ángelo, Colle- **22** A 7
Sant'Ángelo, Convento- **17** D 5
Sant'Ángelo, Grotta- **15** E 4
Sant'Ángelo, Lago di- **19** F 4
Sant'Ángelo, Monte- (BN) **27** E 4
Sant'Ángelo, Monte- (BN-FG) **27** A 7
Sant'Ángelo, Monte- (LT-Monti Aurunci) **26** C 5
Sant'Ángelo, Monte- (LT-Monti Lepini) **25** A 8
Sant'Ángelo, Monte- (RM) **17** F 6
Sant'Ángelo, Val- **14** B 7
Sant'Ángelo a Cancelli **27** F 6 ⊠ *83030*
Sant'Ángelo a Cúpolo **27** F 5 ⊠ *82010*
Sant'Ángelo all'Esca **27** F 7 ⊠ *83050*
Sant'Ángelo-Cinigiano, Stazione di- **13** C 4
Sant'Ángelo d'Alife **27** C 1 ⊠ *81017*
Sant'Ángelo del Pesco **22** C 4 ⊠ *86080*
Sant'Ángelo di Celle **14** B 3 ⊠ *06050*
Sant'Ángelo di Chieti **10** F 3
Sant'Ángelo in Colle **13** B-C 4 ⊠ *53020*
Sant'Ángelo in Fórmis **27** E 1 ⊠ *81020*
Sant'Ángelo in Grotte **22** F 5 ⊠ *86090*
Sant'Ángelo in Lízzola **7** E 6 ⊠ *61020*
Sant'Ángelo in Maiano, Chiesa di- **10** B 5
Sant'Ángelo in Mercole **14** E 5 ⊠ *06040*
Sant'Ángelo in Pontano **15** A 2 ⊠ *62020*
Sant'Ángelo in Theodice **26** B 6 ⊠ *03040*
Sant'Ángelo in Vado **10** A 3 ⊠ *61048*
Sant'Ángelo in Villa **21** E 6 ⊠ *03020*
Sant'Ángelo Limosano **22** E 7 ⊠ *86020*
Sant'Ángelo Romano **21** A 1 ⊠ *00010*
Sant'Angiolino in Aiola, Chiesa di- **10** A 5
Sant'Anna (BO) **3** B 2
Sant'Anna (LU) **5** C 4
Sant'Anna (OR) **34** A-B 5 ⊠ *09094*
Sant'Anna (SI) **13** A 6
Sant'Anna (SP) **4** E 5-6
Sant'Anna, Cantoniera- **34** A 4
Sant'Anna, Cantoniera di- **31** E 6
Sant'Anna, Cappella di- (RM) **21** D 3
Sant'Anna, Chiesa di- (BN) **27** C 4
Sant'Anna, Chiesa di- (CB) **22** E 7
Sant'Anna, Chiesa di- (FG) **24** D 5
Sant'Anna, Chiesa di- (SS) **30** E 2
Sant'Anna Arresi **36** D-E 4 ⊠ *09010*
Sant'Anna Pélago **5** A 6 ⊠ *41027*
Sant'Ansano (FI-Borgo San Lorenzo) **6** D 4
Sant'Ansano (FI-Vinci) **6** F 1
Sant'Ansovino **7** E 5
Sant'Ántimo, Abbazia di- **13** B 5
Sant'Antíne, Monte- **34** B 7
Sant'Antíne, Nuraghe- **30** F 5
Sant'Antíne, Santuário di- **32** D 7
Sant'Antíoco (CA) **36** D 2-3 ⊠ *09017*
Sant'Antíoco (OR) **32** C 4
Sant'Antíoco, Ísola di- **36** D 2-3
Sant'Antíoco di Bisárcio **30** D 6
Sant'Antíoco di Bisárcio, Basilica di- **30** D 6
Sant'Antonino (RE) **2** C 4
Sant'António (AQ) **21** A 5-6
Sant'António (BO) **3** C 3
Sant'António (CE) **27** F 1
Sant'António (CH) **19** F 7 ⊠ *66010*
Sant'António (FR) **21** E 5
Sant'António (GR) **13** D 3
Sant'António (MC) **11** D 4

Sant'António (MO) **2** E 5
Sant'António (PR) **1** A 7
Sant'António (RA) **3** D 6
Sant'António (VT) **17** A 4
Sant'António, Chiesa di- (AQ-Ateleta) **22** C 4
Sant'António, Chiesa di- (AQ-Gióia dei Marsi) **21** C 8
Sant'António, Chiesa di- (AQ-Trasacco) **21** B 7
Sant'António, Chiesa di- (CH-Bomba) **22** A 5
Sant'António, Chiesa di- (CH-Palena) **22** B 3
Sant'António, Chiesa di- (FR) **21** F 6
Sant'António, Chiesa di- (IS) **22** E 3
Sant'António, Chiesa di- (NU-Jerzu) **35** B 5
Sant'António, Chiesa di- (NU-Nurri) **35** C 3
Sant'António, Chiesa di- (RM) **17** F 3
Sant'António, Chiesa di- (SS-Codrongiános) **30** D 5
Sant'António, Chiesa di- (SS-Luogosanto) **29** E 3
Sant'António, Chiesa di- (SS-Ossi) **30** D 4
Sant'António, Convento di- (CH) **22** B 6
Sant'António, Éremo di- **22** B 2-3
Sant'António, Lago di- **25** B 5
Sant'António, Monte- (NU) **32** C 5
Sant'António, Ponte- **19** C 2
Sant'António, Punta- **29** A 3
Sant'António, Romitório di- **14** F 6
Sant'António, Santuário di- **6** B 7
Sant'António, Serra- (AQ) **21** C 6
Sant'António de li Colti, Chiesa di- **28** C 7
Sant'António di Gallura **29** E 3-4 ⊠ *07030*
Sant'António di Mura, Chiesa di- **30** F 5
Sant'António di Santadi **34** C 3 ⊠ *09031*
Sant'António in Gualdo, Chiesa di- **6** B 8
Santa Oliva **26** B 5 ⊠ *03030*
Santa Palomba **20** E 7 ⊠ *00040*
Santa Páola **7** C 2
Santa Paolina (AN) **11** C 4
Santa Paolina (AV) **27** F 6 ⊠ *83030*
Sant'Apollinare (BO-Castello di Serravalle) **2** D 6
Sant'Apollinare (BO-Fontanélice) **3** F 1
Sant'Apollinare (CH) **19** D 5 ⊠ *66030*
Sant'Apollinare (FR) **26** B 6 ⊠ *03048*
Sant'Apollinare (PG) **14** C 2
Sant'Apollinare in Classe **3** E 6-7
Sant'Apollinare in Girfalco **7** F 4
Sant'Appiano **9** C 2
Santa Prócula Maggiore **20** F 6-7
Sant'Arcángelo (PG) **14** B 1 ⊠ *06060*
Sant'Arcángelo, Fontana- **26** B 8
Santarcángelo di Romagna **7** C 3 ⊠ *47822*
Sant'Arcángelo Trimonte **27** E 6 ⊠ *82021*
Santa Reparata **29** C 2-3
Santa Reparata, Báia di- **29** B-C 3
Santa Reparata, Chiesa di- **31** E 3
Santa Reparata, Parrocchiale di- **6** B 6 ⊠ *47015*
Santa Restituta (AQ) **21** C 7
Santa Restituta (TR) **14** F 2 ⊠ *05020*
Santa Restituta, Chiesa di- **33** A 2
Santa Rita (PU) **7** E 3
Santa Rúfina (AQ) **18** D 6
Santa Rúfina (RI) **18** C 3 ⊠ *02010*
Sant'Árvara, Chiesa di- **33** A 3
Santa Sabina, Nuraghe- **32** B 6
Santa Scolástica, Chiesa di- (PG) **14** E 8
Santa Scolástica, Chiesa di- (RM) **21** C 4
Santa Severa **20** A 2 ⊠ *00050*
Santa Sofia (AR) **7** F 1
Santa Sofia (FC) **6** D 7-8 ⊠ *47018*
Santa Sofia, Rovine- **35** D 2
Santa Susanna, Chiesa di- **32** E 6
Santa Técchia, Masseria- **23** F 7
Santa Tecla, Coppa- **24** E 7
Santa Teresa Gallura **29** B-C 3 ⊠ *07028*
Santa Trinità (PG) **14** F 8
Sant'Atto **15** F 5 ⊠ *64020*
Sant'Avendrace **37** B 2
Santa Veneranda **7** E 6 ⊠ *61100*
Santa Veneranda, Chiesa di- **11** A 3
Santa Vénere, Ponti- **27** F 1
Santa Vittória (AQ) **18** A 5
Santa Vittória (AR) **9** E 7
Santa Vittória (SS) **28** F 5 ⊠ *07030*
Santa Vittória, Chiesa di- (OR-Bauladu) **32** E 5
Santa Vittória, Chiesa di- (OR-Sennaríolo) **32** C 3
Santa Vittória, Chiesa di- (RI) **18** E 2
Santa Vittória, Monte- (NU) **35** B 4
Santa Vittória, Monte- (OR) **32** D 7
Santa Vittória, Villággio Nurágico di- **35** C 2
Santa Vittória di Libiola **1** F 3 ⊠ *16030*
Santa Vittória in Matenano **15** B 3 ⊠ *63028*
Sant'Efísio **33** A 4 ⊠ *08020*
Sant'Efísio, Cantoniera- **33** A 4
Sant'Efísio, Chiesa di- (CA) **36** E 7
Sant'Efísio, Chiesa di- (NU) **33** F 6
Sant'Egídio (AQ) **18** C 8
Sant'Egídio (CH) **19** E 6
Sant'Egídio (FE) **3** A 2
Sant'Egídio (MC) **11** E 4
Sant'Egídio (PG-Panicale) **14** C 1
Sant'Egídio (PG-Perugia) **14** A 3 ⊠ *06080*
Sant'Egídio (TR) **14** F 1
Sant'Egídio, Chiesa di- **17** D 6
Sant'Egídio, Convento- **27** F 6
Sant'Egídio, Éremo di- **9** E 8 ⊠ *06080*
Sant'Egídio alla Vibrata **15** D 4 ⊠ *64016*
Sant'Élena (AQ) **22** C 4
Sant'Élena (MC) **10** E 8
Sant'Élena (PG) **14** C 2
Sant'Élena, Monte- **33** B 6
Sant'Élena Sannita **22** F 6 ⊠ *86095*
Sant'Elia (AN) **10** D 7 ⊠ *60040*
Sant'Elia (CA) **37** B 2
Sant'Elia (RI) **18** D 2
Sant'Elia, Capo- **37** C 3
Sant'Elia, Chiesa di- (AQ) **18** D 6
Sant'Elia, Chiesa di- (SS) **30** E 5
Sant'Elia, Monte- (CA) **37** B 3
Sant'Elia, Monte- (RM) **21** A 3
Sant'Elia a Pianisi **23** F 1 ⊠ *86048*
Sant'Elia Fiumerápido **26** A 6 ⊠ *03049*
Sant'Elías, Bruncu- **33** F 2
Sant'Éllero **6** F 4 ⊠ *50060*
Sant'Éllero, Chiesa di- **6** C 7
Sant'Elpídio **18** E 4 ⊠ *02028*
Sant'Elpídio a Mare **11** F 6 ⊠ *63019*
Sant'Elpídio Mórico **15** B 3 ⊠ *63020*
Sante Marie **18** F 5 ⊠ *67067*
Sant'Enea **14** B 2-3 ⊠ *06070*
San Teodoro (NU) **31** C 6 ⊠ *08020*
San Teodoro (PI) **8** B 7
San Teodoro, Stagno di- **31** B 6
Sant'Eráclio **14** C 5 ⊠ *06037*
Sant'Éramo, Chiesa di- **23** B 1
Sant'Erasmo (MC) **14** A 7
Sant'Erasmo, Chiesa di- (TR) **17** A 8
San Terenziano **14** D 3 ⊠ *06058*
San Terenzo **4** E 6 ⊠ *19036*
San Terenzo Monti **5** A 3 ⊠ *54030*
Sant'Ermete (FC) **7** C 3 ⊠ *47828*
Sant'Ermete, Chiesa di- **26** B 5
Sant'Ermo **8** B 6
Santerno **3** D 5 ⊠ *48020*
Santerno, Fiume- (FI) **6** B 3-4
Santerno, Fiume- (RA) **3** E 4
Sant'Eufémia (RA) **6** A 6
Sant'Eufémia, Chiesa di- **6** C 7
Sant'Eufémia, Faro di- **24** C 7
Sant'Eufémia a Maiella **19** F 2-3 ⊠ *65020*
Sant'Eusánio **18** C 5
Sant'Eusánio del Sangro **19** F 5 ⊠ *66037*
Sant'Eusánio Forconese **18** D 7 ⊠ *67020*
Sant'Eusébio (MO) **2** C 6
Sant'Eusébio (PU) **10** A 3
Sant'Eusébio, Chiesa di- **17** E 6
Sant'Eustácchio, Grotta di- **10** F 8
Sant'Eutízio **17** C 6
Sant'Eutízio, Abbazia di- **14** D 7
Santi **18** C 5 ⊠ *67010*
Santi, Éremo dei- **14** B 7
Santi Cosma e Damiano (LT) **26** C 6 ⊠ *04020*
Sant'Ignázio (MC) **11** E 5
Sant'Ignázio (OR) **32** C 5
Sant'Ignázio, Chiesa di- **11** D 3
Sant'Ilário (FI-Lastra a Signa) **6** F 2
Sant'Ilário (FI-Palazzuolo sul Sénio) **6** B 5
Sant'Ilário (MC) **14** B 8
Sant'Ilário, Fonte- **22** D 3
Sant'Ilário d'Enza **2** A 2 ⊠ *42049*
Sant'Ilário di Baganza **2** B 1 ⊠ *43035*
Sant'Ilário in Campo **12** E 3 ⊠ *57030*
Sant'Ilário Lígure **1** D-E 1 ⊠ *16167*
Sant'Ilário Sangro, Stazione- **22** D 3
Santilli, Colle- **22** A 6
Santi Lorenzo e Flaviano **15** F 1 ⊠ *02010*
Sant'Ippólito (PI) **8** E 8
Sant'Ippólito (PO) **6** C 2
Sant'Ippólito (PU) **10** A 6 ⊠ *61040*
Sant'Ippólito (RI) **18** E 4 ⊠ *02020*
Sant'Ippólito, Pieve di- **6** F 1
Santi Rufino e Vitale, Abbazia dei- **15** B 2
Sant'Isidoro (CA-Cagliari) **37** B 4
Sant'Isidoro (CA-Teulada) **36** E 5
Santíssima Annunziata (LU) **5** E 6
Santíssima Annunziata (NU) **31** E 5
Santíssima Annunziata, Chiesa- **8** B 7
Santíssima Annunziata, Convento della- **17** B 7
Santíssima Trinità, Chiesa della- (IS) **22** F 4
Santíssima Trinità, Chiesa della- (RM) **21** B 5
Santíssima Trinità di Saccárgia, Chiesa di- **30** D 5
Santíssimi Martiri, Chiesa dei- **17** E 7
Santo (SI) **13** A 3
Santo, Chiesa il- **9** F 6
Santo, Fiume- **28** E 2
Santo, il- **9** B 7
Santo, Lago- (MO) **5** B 6
Santo, Lago- (PR) **1** E 7
Santo, Monte- (PG) **14** D 6
Santo, Monte- (RM) **20** A 3
Santo, Monte- (SS) **30** E 5-6
Santo, Rio- **29** F 4
Santo Ianni (CB) **22** E 5
Santo Ianni (CE) **26** D 7-8
Santo Iona **21** A 7 ⊠ *67040*
Santo Iório **27** E 1
Sant'Oliviero **7** F 6
Santomato **6** D 1 ⊠ *51030*
San Tomè **3** F 5
Sant'Omero **15** E 5 ⊠ *64027*
San Tommaso (CH) **19** F 5
San Tommaso (PE) **19** E 2 ⊠ *65020*
San Tommè **9** C 5
Santomoro **6** D 1
Santona, la- **2** F 4 ⊠ *41024*
Sant'Onófrio (CH) **19** F 7
Sant'Onófrio (FR) **21** E 8 ⊠ *03040*
Sant'Onófrio (RM) **20** B 6
Sant'Onófrio (TE) **15** E 4 ⊠ *64017*
Sant'Onófrio, Chiesa di- **26** B 4
Sant'Onófrio, Convento di- **22** D 8
Sant'Onófrio, Monte- **22** C 5
Santopadre **21** F 8 ⊠ *03030*
Santo Padre, Monte- **32** B 6
Sant'Oreste **17** E 8 ⊠ *00060*
Sant'Oreste, Stazione di- **17** E 7
Sant'Órsola **28** F 4
Santoru, Porto- **35** D 6
Santo Spírito, Abbazia di- **19** F 3
Santo Spírito, Masseria- (FG-Manfredonia) **23** F 8
Santo Spírito, Masseria- (FG-Póggio Imperiale) **23** C 4
Santo Stéfano (AN-Arcévia) **10** C 6
Santo Stéfano (AN-Ósimo) **11** C 4-5
Santo Stéfano (AQ) **18** F 5 ⊠ *67060*
Santo Stéfano (BN) **27** D 4
Santo Stéfano (CA) **37** C 5
Santo Stéfano (CB) **22** F 7 ⊠ *86020*
Santo Stéfano (FI) **8** B 8
Santo Stéfano (LU) **5** D 5
Santo Stéfano (MC) **10** E 8
Santo Stéfano (PU) **7** D 5
Santo Stéfano (RA) **3** F 6 ⊠ *48020*
Santo Stéfano (RI-Fiamignano) **18** E 4
Santo Stéfano (RI-Selci) **17** D 8
Santo Stéfano (TE) **15** F 3 ⊠ *64010*
Santo Stéfano, Arcu- **35** C 4
Santo Stéfano, Chiesa di- (AP) **15** C 3
Santo Stéfano, Chiesa di- (LI) **12** B 1
Santo Stéfano, Ísola- (LT) **25** F 5 ⊠ *04020*
Santo Stéfano, Ísola- (SS) **29** C 4
Santo Stéfano, Monte- **26** C 2
Santo Stéfano, Punta- **37** C 5
Santo Stéfano a Cornétole **6** D 3
Santo Stéfano a Tizzano **9** A 3
Santo Stéfano d'Aveto **1** C 3 ⊠ *16049*
Santo Stéfano di Magra **4** D 6-7 ⊠ *19037*
Santo Stéfano di Moriano **5** D 6
Santo Stéfano di Sessánio **18** D 8 ⊠ *67020*
Santo Stéfano in Bosco, Chiesa di- **6** B 7
Sant'Ottaviano, Chiesa di- **8** C 8
Santu, Ponte su- **35** C 6
Sant'Ubaldo **11** B 3
Sant'Ubaldo, Basílica di- **10** E 4
Santuedi, Monte- **34** B 6
Santu Lussúrgiu **32** D 5 ⊠ *09075*
Santu Lussúrgiu, Chiesa di- **29** D 3
Santu Miali, Cantoniera- **32** A 3
Santu Perdu, Casa- **37** B 5
Sant'Urbano (TR) **17** B 8 ⊠ *05035*
Sant'Urbano, Chiesa di- (MC) **10** D 8
San Valentino (GR) **13** F 6 ⊠ *58010*
San Valentino (PG) **14** C 2 ⊠ *06050*
San Valentino (RE) **2** C 4
San Valentino (RI) **18** E 1
San Valentino (TR) **18** B 1
San Valentino, Castello di- **2** C 4
San Valentino, Chiesa di- (FR) **21** E 5
San Valentino, Chiesa di- (SI) **13** A 6
San Valentino in Abruzzo Citeriore **19** E 2 ⊠ *65020*
San Varano **6** A 8 ⊠ *47100*
San Venánzio (BO) **3** A 1
San Venánzio (MO) **2** D 5
San Venánzio, Val di- **19** F 1
San Venanzo (AP) **15** C 4
San Venanzo (MC) **10** F 7
San Venanzo (TR) **14** D 2 ⊠ *05010*
San Veriano, Badía- **9** C 8
San Vero Cóngius **32** F 5
San Vero Mílis **32** E 4 ⊠ *09070*
San Vicino **7** C 3
San Vicino, Monte- **10** E 7
San Vincenti **9** D 5
San Vincenzo (BO) **3** A 1 ⊠ *40015*
San Vincenzo (FR) **21** D 7-8
San Vincenzo (LI) **12** A 6 ⊠ *57027*
San Vincenzo (PE) **19** D 1-2
San Vincenzo (PG) **10** E 1
San Vincenzo (PR) **1** D 6
San Vincenzo, Chiesa di- **10** A-B 7
San Vincenzo, Croce di- **11** C 4
San Vincenzo a Torri **9** A 2 ⊠ *50020*
San Vincenzo al Furlo, Chiesa di- **10** A 5
San Vincenzo al Volturno, Abbazia- **22** E-F 3
San Vincenzo Nuovo **21** C-D 7
San Vincenzo Valle Roveto **21** C 7 ⊠ *67050*
San Vincenzo Valle Roveto Superiore **21** C 7
San Vitale (PG) **14** B 4-5
San Vitale, Oratório di- **2** D 3
San Vitale, Pineta di- **3** C-D 6
San Vitale di Baganza **1** B 8 ⊠ *43038*
San Vitale di Reno **2** C 8
San Vito (AV-Ariano Irpino) **27** D 8
San Vito (BN) **27** E 6
San Vito (CA) **35** F 5 ⊠ *09040*
San Vito (FI-Certaldo) **9** B 2
San Vito (FI-Lastra a Signa) **6** F 1
San Vito (LU) **5** E 6
San Vito (MO) **2** C 6 ⊠ *41050*
San Vito (RI) **18** A 4
San Vito (RN) **7** B 3
San Vito (SI) **9** D 4-5
San Vito (TE) **15** E 3 ⊠ *64010*
San Vito (TR) **17** C 7 ⊠ *05030*
San Vito, Chiesa di- (CE) **26** E 6
San Vito, Chiesa di- (FG) **23** C 8
San Vito, Chiesa di- (LT) **25** D 7
San Vito, Chiesa di- (PG) **10** F 1
San Vito, Chiesa di- (SI) **9** E 5
San Vito, Chiesa di- (VT) **17** D 5
San Vito, Monte- (FG) **27** C 8
San Vito, Monte- (PE) **19** C 1
San Vito, Monte- (RM) **20** A 3-4
San Vito, Pieve di- **3** A 4
San Vito Chietino **19** D 5 ⊠ *66038*
San Vito in Monte **14** C 2 ⊠ *05010*
San Vito Romano **21** C 3 ⊠ *00030*
San Vito sul Cesano **10** B 6 ⊠ *61047*
San Vittore (FC) **7** B 1 ⊠ *47020*
San Vittore (MC) **11** D 3 ⊠ *62011*
San Vittore del Lázio **26** B 7 ⊠ *03040*
San Vittore delle Chiuse **10** D 7
San Vittorino (AQ) **18** C 5 ⊠ *67010*
San Vittorino (IS) **22** E 3
San Vittorino (PE) **19** F 2
San Vittorino (RM) **21** C 2 ⊠ *00010*
San Vittorino, Chiesa di- **10** E 4
San Vittório, Torre- **36** C 2
San Vivaldo **8** B 8
San Zaccaria (RA) **3** F 6 ⊠ *48020*
San Zeno (AR) **9** D 7
San Zeno (FC) **6** C 7
San Zeno in Volpinara, Chiesa di- **6** B 8
Saonda, Torrente- **10** E 4-5
Sapestra, Torrente- **23** D 2
Sapigno **7** D 1
Sappánico **11** B 4 ⊠ *60020*
Saracena, Torre- **23** A 1
Saraceno, Monte- (CB) **27** A 5
Saracinesco **21** B 3 ⊠ *00020*
Saragano **14** D 3
Saragiolo **13** D 5-6 ⊠ *53040*
Saragno **14** D 3
Saráis, Casa- **34** F 5
Saraloi, Monte- **31** F 4
Sarbene, Genna- **33** D 6
Sárbia **4** E 6
Sarcerei, Cantoniera- **35** A 5
Sarcidano, Regione- **35** A-B 2-3
Sarcidano, Rio di- **35** B 2
Sarcidano, Stazione di- **35** B 2
S'Arcu de Tascussì **33** E 3
Sárdara **34** D 6 ⊠ *09030*
Sárdara, Cantoniera di- **34** D 6
Sardegna, Mar di- **34** C 1-2
Sardegna, Punta- **29** C 4
Sargano, Ponte- **14** D 7
Sarignana **2** C 1
Sarna (AR) **9** A 7
Sarna (RA) **6** A 7
Sarnano **15** B 1 ⊠ *62028*
Sarómini, Bosco- **33** F 5
Sárrabus, Regione- **35** F 3-5
Sarraina, Cala- **29** D 1
Sárrala de Susu, Arcu de- **35** C 6
Sarrípoli **5** D 8
Sárroch **36** D 7 ⊠ *09018*
Sársina **7** D 1 ⊠ *47027*
Sartágine, Coppa- **24** C 6
Sarteano **13** C 7 ⊠ *53047*
Sartiano **7** E 2
Sarúle **33** C 3 ⊠ *08020*
Sarúle, Cantoniera di- **33** C 3
Sarzana **4** E 7 ⊠ *19038*
Sarzano (RE) **2** C 2-3
Sassa (AQ) **18** D 5 ⊠ *67018*
Sassa (PI) **8** E 7 ⊠ *56040*
Sassai, Castello- **35** E 4
Sassalbo **4** C 8 ⊠ *54010*
Sassa Putzu **35** B 4
Sássari **30** C 4 ⊠ *07100*
Sássari, Cala di- **29** E-F 6
Sassatella **2** F 3 ⊠ *41040*
Sassatelli **3** C-D 3 ⊠ *40060*
Sassatello, Tombe- **3** F 1
Sasseta (PO) **6** C 2
Sasseta (SP) **4** C 5
Sassetta **12** A 6-7 ⊠ *57020*
Sassi **5** B 5 ⊠ *55020*
Sassicari, Monte- **17** F 3
Sassi di Rocca Malatina, Parco Regionale dei- **2** E 5-6
Sassinoro **27** B 4 ⊠ *82026*
Sassinoro, Torrente- **27** C 4
Sasso (AN) **10** D 7 ⊠ *60040*
Sasso (CE) **27** D 2
Sasso (MC) **14** C 8
Sasso (PG) **14** B 5
Sasso (PR) **2** C 1 ⊠ *43020*
Sasso (RM) **20** A 3
Sassocorvaro **7** F 3 ⊠ *61028*
Sasso di San Zanobi **6** A 4
Sasso d'Itália **11** E 4
Sasso d'Ombrone **13** C 3 ⊠ *58040*
Sassoféltrio **7** E 4 ⊠ *61013*
Sassoferrato **10** D 6 ⊠ *60041*
Sassoforte, Monte- **13** B 2
Sassofortino **13** B 2 ⊠ *58029*
Sasso Guidano, Riserva Naturale di- **2** F 5 ⊠ *41026*
Sassoleone **3** F 1 ⊠ *40020*
Sasso Marconi **2** E 8 ⊠ *40037*
Sassomolare **2** F 6
Sasso Morelli **3** E 3 ⊠ *40020*
Sassonero **3** F 1
Sasso Pisano **8** F 8 ⊠ *56040*
Sassostorno **2** F 4 ⊠ *41024*
Sasso Tetto **15** B 1
Sasso Tignoso, Monte- **5** A 6
Sassovivo, Abbazia di- **14** C 5
Sassu **34** B 4
Sassu, Monte- **28** F 7
Sassuolo **2** C 4-5 ⊠ *41049*
Sattoa, Casa- **30** F 6
Satúrnia **13** F 4 ⊠ *58050*
Sáucolo, Monte- **27** F 3
Sáuna **1** C 8
Saurru, Monte- **29** F 3-4
Sava, Fiume- **26** A-B 8
Savaiana **6** C 1
Savarna **3** D 6 ⊠ *48020*
Savazza **3** F 1
Savelli (PG) **14** F 8 ⊠ *06040*
Savelli, Castello- **21** E 1
Sávena, Torrente- **2** E 8
Saviana **6** D 8
Savignano (CE) **27** D 1
Savignano (PU) **7** E 3 ⊠ *61010*
Savignano a Mare **7** A 3
Savignano di Rigo **7** D 2 ⊠ *47030*
Savignano Irpino **27** D 8 ⊠ *83030*
Savignano sul Panaro **2** D 6 ⊠ *41056*

Savignano sul Rubicone 7 B 3
✉ 47039
Savigno 2 E 6-7
✉ 40060
Savini 19 C 5
Savino, Colle- 23 B 2
Sávio 3 F 7
✉ 48020
Sávio, Fiume- 3 F 7
Sávio, Molino- 34 E 4-5
Savognática 2 D 3
✉ 42033
Savone, Fiume- 26 D 8
Savone, Torrente- 26 E 7-8
Savoniero 2 E 4
✉ 41040
Savorgnano (AF) 9 B 8
Sbiego, Ponte- 22 F 3
Scabbiabella 1 C 1
Scacciano 7 D 5
Scafa 19 E 2
✉ 65027
Scafali 14 C 5
✉ 06034
Scaffaiolo, Lago- 5 B 8
Scáglia 17 F 2
Scaglieri 12 D 4
Scai 18 A 5
✉ 02010
Scala (PI) 8 A 8
✉ 56028
Scala, la- 13 B 6
Scala, Nuraghe- 32 D 4
Scala Cavalli, Cantoniera- 30 D 3
Scala di Giocca 30 C 4
Scala Erre, Trivio- 28 E 2
Scala Manna, Punta- 33 C 5
Scalambra, Monte- 21 F 4
Scala Piccada, Cantoniera- 30 F 3
Scala Rúia, Stazione- 28 E 7
Scálas, Genna- 33 D 6
Scala s'Ebba 32 F 7
Scala sos Pezzos 32 A 7
Scale, Corno alle- 5 B 8
Scalelle 15 D 2
Scaletta, Monte la- 1 D 3
Scalette, Cima delle- 1 A 3
Scali, Póggio- 6 E 7
Scalítta, la- 28 C 6
Scalíttas 34 F 3
Scalo dei Saraceni 23 F 8
Scalo Teverina 17 C 7
Scalúcchia, Monte- 2 E 1
Scalváia 13 A 2
✉ 53015
Scampamorte, Torre- 24 C 2
Scandarello, Lago dello- 18 A 5
Scandiano 2 B-C 4
✉ 42019
Scandicci 6 F 2
✉ 50018
Scandolaro 14 C 5
Scandríglia 18 F 2
✉ 02038
Scanello 2 F 8
Scanno 22 C 1
✉ 67038
Scanno, Lago di- 22 B-C 1
Scano di Montiferro 32 C 4
✉ 09078
Scansano 13 F 3
✉ 58054
Scanu, Casa- 34 D 4-5
Scanza 1 C 7
Scanzano (AQ) 18 F 5
✉ 67060
Scanzano (PG) 14 C 5
✉ 06030
Scapezzano 7 F 8
✉ 60010
Scápoli 22 F 3
✉ 86070
Scapoli, Villa- 15 F 5-6
Scarampi 1 A 7
Scarlino 12 C 8
✉ 58020
Scarlino Scalo 12 C 8
✉ 58020
Scarna 9 D 2
Scarpelli, Masseria- 23 C 4
Scarpello 5 B 6
Scarperia 6 C 4
✉ 50038
Scarperia, Giogo di- 6 C 4
Scarráus, Rio su de- 36 D 5
Scárria, Monte- 1 C 5
Scarsito, Fiume- 14 A 7
Scarzana 6 C 6
Scassella, Monte- 1 D 5
Scáttas, is- 36 D 5
Scáuri (LT) 26 D 5
✉ 04028
Scavignano 6 A 7
Scavolino 7 E 2
Scerne 15 F 7
✉ 64020
Scerni 19 F 6
✉ 66020
Scesta 5 C 7
✉ 55050
Schéggia 10 D 5
✉ 06027

Schéggia, Válico di- 9 B 8
Schéggia e Pascelupo 10 D 5
✉ 06027
Scheggiánico 6 B 4
Scheggino 14 F 6
✉ 06040
Schia 1 D 8
Schiagni 14 A 6
Schiapparo, Foce- 24 C 2
Schiara 4 E 5-6
Schiavi, Torre degli- 26 F 8
Schiavi di Abruzzo 22 C-D 6
✉ 66045
Schiavone, Masseria- 23 F 4
Schiazza, Canale della- 25 B 7
Schiena Cavallo, Monte- 21 D 8
Schierano, Monte- 26 B 4
Schieti 7 F 4
✉ 61020
Schifanóia (PG) 10 F 5
Schifanóia (TR) 17 C 8
✉ 05030
Schignano (PO) 6 D 2
Schigno 7 F 1
Schina de sa Stóia, Rio sa- 36 B 6
Sciacqui 5 E 7
Sciale Bórgia 23 F 8
Scialmarino, Spiággia- 24 C 7
Sciano 9 B 2
Sciedi 14 F 7
Scifelli 21 E 7
✉ 03020
Scille 9 B 8
Scímmia, Tomba della- 13 B 8
Scindarella, Monte della- 18 C 7
Scióllas, Bruncu- 35 E 6
Scipione di Blasi, Ponte- 22 D 8
Scirca 10 E 5
Scirocco, Cala- 16 F 2
Scisciano (AN) 10 C 8
Sciusciau, Porto- 36 E 3
Sclamóris, Cantoniera- 35 C 4
Scodella, Póggio- 12 D 8
Scoffera, Passo della- 1 C 1
✉ 16020
Scoglietti, Punta- 28 D 1
Scoglio d'Áffrica 16 F 1
Scogna Superiore 4 C 5
Scoiano 9 C 8
Scoíne, Monte- 33 D 6
Scolca, Nuraghe- 32 A 5
Scoltenna, Torrente- 2 F 4
Scombro di Dentro, Cala- 28 C 2
Scombro di Fuori, Cala- 28 C 1
Scomúnica, Punta della- 28 B 2
Sconchíglio 19 D 4
Scontrone 22 D 3
✉ 67030
Scopeti 6 E 5
Scopetone, Foce di- 9 D 8
Scópoli 14 C 6
✉ 06030
Scópolo 1 B 5
Scoppieto 14 F 2
Scóppio 14 F 4
Scoppito 18 C 5
✉ 67019
Scorcétoli-Montelúscio 4 B 7
✉ 54020
Scorciabove, Masseria- 23 F 4
Scorciosa 19 E 5
✉ 66020
Scorgiano 9 D 2
Scorno, Punta dello- 28 B 2
Scorrano (TE) 19 A 1
✉ 64030
Scorzatello, Póggio- 5 A 6
Scossicci 11 C 6
Scotaneto 7 C 5
Scotto, Casa- 30 F 7
Scova, Monte sa- 33 F 3
Scrau, Punta su- 35 A 5
Scritto 17 O 4
✉ 06020
Scrocca Manna, Monte sa- 36 D 3
Scrofiano 9 F 6
✉ 53040
Scudo, Porto- 36 F 5
Scupetu, Cantoniera- 29 E 2
Scura, Monte della- 7 F 2
Scurano 2 C 1
✉ 43020
Scúrcola Marsicana 21 A 5-6
✉ 67068
Scurigogu, Cantoniera- 30 F 6
Scuro, Lago- 1 E 7
Scurtabò 4 A 4
✉ 19020
Sdragonato, Grotta dello- 29 A 2
Sdríscia, la- 12 B 6
Seano 6 E 1
✉ 59011
Sebastiani, Rifúgio- 18 F 6
Sébera, Punta- 36 D 6
Secca, Punta- (GR) 34 F 6
Secca, Punta- (LI) 16 D 1
Secche di Tor Paterno, Riserva Marina- 20 E 5

Seccheto 12 E 3
✉ 57030
Sécchia 2 B 4
Sécchia, Fiume- 2 D 4
Secchiano (PU-Cagli) 10 B 4
✉ 61043
Secchiano (PU-Novaféltria) 7 D 2 ✉ 61015
Secchieta, Monte- 6 F 5
Sécchio 2 E 2
Secciano 6 D 2
Secinaro 18 F 8
✉ 67029
Sécine, Monte- 22 C 3
Sedda, su Pranu de- 34 F 6
Sedda Manimundu 33 D 2
Seddánus, Torrente- 34 E 6
Sedda sa Férula 33 A-B 3-4
Séddas Moddízzis 36 A-B 3
Seddusai, Monte- 33 D 3
Sédilo 32 C-D 6-7
✉ 09076
Sédini 28 E 6
✉ 07035
Sédrio 2 B 3
Sefro 14 A 7
✉ 62025
Segada, sa- 30 D-E 2
Segalari, Torre- 8 F 6
Segariu 35 D 2
✉ 09040
Segavécchia, Rifúgio- 5 B 8
Seggiano (GR) 13 C 5
✉ 58038
Seggiano (PG) 14 D 4
Séggio (FC) 6 C 8
Séggio (SI) 5 C 6
Séggio, Toppo- 27 A 8
Segnale, Torre del- 24 E 7
Segni 21 E 3
✉ 00037
Segromigno Monte 5 D 6
✉ 55018
Selárgius 37 B 3
✉ 09047
Selbagnone 7 A 1
Selce, la- (AR) 9 F 7
Selce, la- (RM) 20 C 5
Selcella, Canale della- 25 B 7
Selci (PG) 10 C 1
Selci (RI) 17 D 8
✉ 02040
Sélegas 35 D 2
✉ 09040
Sélice, Ponte a- 27 F 1
Sella (GE) 1 C 1
Sella, Monte della- 2 C 2
Sella di Corno 18 D 4
✉ 67010
Sella di Corno, Stazione di- 18 D 4 ✉ 67010
Sellano 14 D 7
✉ 06030
Sellate, Torrente- 9 E 1
Sellécchia 18 B 1
Sellustra, Torrente- 3 F 2
Selva (CH) 19 F 5
✉ 66040
Selva (FI) 6 B 3
Selva (GR) 13 E 5
✉ 58030
Selva (MO) 2 E 4-5
✉ 41028
Selva (PC-Cerignale) 1 B 3
Selva (PC-Farini) 1 B 4
Selva (PC-Ferriere) 1 B 4
Selva, Bocca della- 27 B 3
Selva, Casa- 22 F 7
Selva, la- (AR) 9 D 5
Selva, la- (FR-Sora) 21 E 7
✉ 03039
Selva, la- (FR-Vallerotonda) 22 F 2
Selva, la- (SI) 9 E 2
Selva, Monte della- (AQ-Barisciano) 18 D 7
Selva, Monte della- (AQ-Ortona dei Marsi) 21 A 8
Selva, Porto- 36 F 5
Selvacava 26 C 5-6
✉ 03040
Selva del Bocchetto 1 B 7
✉ 43040
Selva del Lamone, Riserva Naturale Parziale- 17 A 2
Selva Grossa 1 B 7
Selva Maggiore 21 F 7
Selva Malvezzi (BO) 3 C 2
✉ 40062
Selvanizza 2 D 1
✉ 43020
Selvapiana (FC) 6 E 8
✉ 47020
Selvapiana (RE) 2 C 2
Selvapiana, Cona di- 21 F 4
Selvara 27 F 7
Selva Rotonda 18 A 4
Selvatelle 8 B 7
✉ 56030
Selvatorta 11 B 3
Selvazzano 14 A 7

Selvena 13 E 5
✉ 58030
Selvone 22 F 3
Selvotta (FR) 26 B 7
Selvotta (RM) 20 E 6
✉ 61043
Semensi 1 B 3
Seméstene 32 A 5
Semifonte 9 B 2
Seminário 13 F 7
Seminário, Monte- 27 E 7
Semívícoli 19 D 4
✉ 66010
Semonte 10 D 4
✉ 06024
Semorile 1 E 2
Sémpio, Monte- 31 D 5-6
Semprevisa, Monte- 21 F 4
Semproniano 13 E-F 5
✉ 58055
Sena, Rio- 32 C 4
Senáia 9 E 8
Senalonga, Punta di- 31 D 4
Senárega 1 C 1
Senárica 18 A 7
Senatello 7 F 1
Séneghe 32 D-E 4
✉ 09040
Senes, Monte- 31 F 6
Senigállia 11 A 3
✉ 60019
Sénio, Torrente- 3 D 5
Sénis 34 A 7
✉ 09080
Senna, Fosso- 13 E 3
Senna, Torrente- 13 E 6
Sennaríolo 32 C 4
✉ 09078
Senni 6 C-D 4
Sénnori 28 F 4
✉ 07036
Senorbì 35 E 2
✉ 09040
Sente, Torrente- (FG) 23 F 2
Sente, Torrente- (IS) 22 D 6
Sentinella, Colle della- 22 A 8
Sentinella, Monte- 21 F 4
Sentino 14 A 8
Sentino, Torrente- 10 D 5
Sentinum 10 D 6
Sepino 27 B 4
✉ 86017
Séppio 14 A 7
✉ 62030
Serano, Monte- 14 D 6
Sérapo 26 D 4
Seravezza 5 C 4
✉ 55047
Serbaríu 36 C 4
✉ 09010
Sérchio, Fiume- 5 D 6
Serdiana 35 F 3
✉ 09040
Serdiana, Stagno di- 37 A 2
Serignana 6 D 6
Serlale, Torrente- 13 A 5
Sermezzana 5 A 4
Sermoneta 25 A 7
✉ 04013
Sermugnano 14 F 1
✉ 01020
Serò 4 C 5
Serpeddì, Punta- 35 F 4
Serpentara, Ísola- 37 C 6
Serpiano (MO) 2 F 3
✉ 41020
Serpiolle 6 E 3
Serra (AV-Montefusco) 27 F 6
✉ 83030
Serra (FC) 7 D 2
Serra (GE-Cicagna) 1 D 2
Serra (GE-Torríglia) 1 C 2
Serra (MO) 2 E 5
Serra (PI) 8 E 8
Serra (RA) 3 F 3
Serra (SP) 4 E 6-7
✉ 19030
Serra (TE) 15 F 3
Serra, Alpe di- 6 F 8
Serra, la- (PI) 8 A 8
✉ 56020
Serra, la- (PO) 6 E 1
Serra, Monte- (LI) 12 D 5
Serra, Monte- (LU) 5 F 6
Serra, Monte- (PG-Nórcia) 14 E 8
Serra, Monte- (PG-Valfábbrica) 10 F 5
Serra, Monte- (RI) 18 D 2
Serra, Monte della- 6 C 7
Serra, Monte la- (AQ) 18 D 8
Serra, Monte la- (FG-Gargano) 24 E 3
Serra, Monte la- (RI) 18 E 4
Serra, Nuraghe sa- 35 C 3
Serra, Passo della- 27 F 6
Serra, Pian della- 10 C 4
Serra, Podere la- 9 F 7
Serra, Rio- 30 E 2
Serra, sa- 31 E 5
Serra, Torrente- 18 A 1
Serrabassa 5 B 7
Serra Brunamonti 10 F 4-5

Serracapriola 23 C 3
✉ 71010
Serra de' Conti 10 B 7
✉ 60030
Serradica 10 F 6
✉ 60040
Serra di Genga 7 E 5
Serra di Maiolo 7 E 2
Serra di Sopra 7 E 4
Serra di Sotto 7 D-E 4
Serralta 10 E 8
Serramanna 34 F 7
✉ 09038
Serramano, Colle- 22 B 8
Serramazzoni 2 D-E 4-5
✉ 41028
Serramonacesca 19 E 3
✉ 65020
Serra Órrios 33 B 5
Serra Partucci 10 E 3
Serrapetrona 14 A 8
✉ 62020
Serra Pistoiese 5 C-D 7-8
✉ 51010
Serra San Marcello 11 B 3
Serra San Quírico 10 C-D 7
✉ 60048
Serra Santa, Monte- 10 F 6
Serra Sant'Abbóndio 10 C 5
✉ 61040
Serraspinosa 10 B 6
Serravalle (AR) 6 F 7
✉ 52010
Serravalle (MS) 4 B 7
Serravalle (PG) 14 E 7
✉ 06040
Serravalle (PR) 1 A 7
Serravalle (San Mari no) 7 D 3
Serravalle (SI) 13 A 4
Serravalle, Castello di- (MC) 14 B 7
Serravalle, Castello di- (NU) 32 B 3-4
Serravalle di Carda 10 B 3
✉ 61042
Serravalle di Chienti 14 B 7
✉ 62038
Serravalle Pistoiese 5 D 8
✉ 51030
Serrazasilla, Monte- 22 F 8
Serrazzano 8 F 8
✉ 56040
Serrazzone 5 A 8
✉ 41021
Serre (CH) 22 B 6
Serre, Cimata delle- 18 F 3
Serre, le- (CB) 22 E 8
Serre, le- (LT) 25 B 8
Serre, Passo di- 26 A 7
Serre di Rapolano 9 F 5
✉ 53040
Serrenti 35 E 1
✉ 09027
Serrenti, Cantoniera di- 34 E 7
Serri 35 C 2
✉ 08030
Serriola, Bocca- 10 C 2
Serrípola 10 F 8
Serrónchia 10 D 8
Serrone (FR) 21 C 4
✉ 03010
Serrone (MC-San Ginésio) 15 A 1
Serrone (MC-San Severino Marche) 10 F 8
Serrone (PG) 14 C 6
Serrungarina 7 F 6
✉ 61030
Seruci, Nuraghe- 36 B 3
Serviera, Valle- 19 F 3-4
Servigliano 15 B 2-3
✉ 63029
Servillo 18 A 7
Sessa Aurunca 26 D 7
✉ 81037
Sessa Aurunca-Roccamonfina, Stazione di- 26 E 7
Sessaglia 10 B 3
Sessano del Molise 22 F 5
✉ 86097
Sessáreго 1 D 1
Sesso 2 A 3
✉ 42020
Sesta, la- 13 B 4
Sesta Godano 4 C 5
✉ 19020
Sesta Inferiore 1 D 7
Sestaione, Fiume- 5 F 7
Sestano 9 E 5
Sestantarile, Punta- 31 D 5
Sestino 10 A 2
✉ 52038
Sesto (BO) 2 E 8
Sesto Campano 26 B 8
✉ 86078
Sesto Fiorentino 6 E 2-3
✉ 50019
Sesto Imolese 3 D 3
✉ 40060
Séstola 5 A 8
✉ 41029
Sestri Levante 1 F 3
✉ 16039

Sestu 37 A 2
✉ 09028
Sestu, Cantoniera di- 37 A 2
Setta 4 D 4
Setta, Torrente- 2 E 8
Settebagni 20 B 6
✉ 00138
Settecamini 20 B 7
✉ 00131
Settecerri 15 E 3
Settefonti 3 E 1
Sette Fratelli, Monte dei- 37 A 5
Settefrati (FR) 22 E 1
✉ 03040
Setterone 1 D 4
Settesorelle 1 A 6
Sette Vene 17 F 6
Setti, Rio- 34 D 5
Settignano 6 E 2
Settimello 6 E 2
✉ 50040
Séttimo San Pietro 37 A 3
✉ 09040
Sétzu 34 B-C 7
✉ 09029
Seui 35 A 4
✉ 08037
Seúlo 35 A 3
✉ 08030
Seuni 35 D 2
Severiana, Via- 20 E-F 6
Sévice, Monte di- 18 F 6
Sevo, Pizzo di- 15 F 2
Sezze 25 A 7
✉ 04018
Sezze, Stazione di- 25 A 7
✉ 04010
Sfércia 14 A 8
Sferracavallo, Capo- 35 C 6
Sfilzi, Bosco- 24 D 6
Sfinale, Torre di- 24 C 6
Sfondo, Lago- 19 C 1
Sforzacosta 11 F 4
✉ 62010
Sforzesca (GR) 13 E 6
Sfrizzo, Monte lo- 24 D 3
Sgrilla, la- 16 A 3
Sgrillozzo 16 A-B 8
Sgui 1 B 4
Sgúrgola 21 E 4
✉ 03010
Sgúrgola, Stazione di- 21 E 4
✉ 03010
Sia, Monte sa- 28 F 7
Siamaggiore 32 F 4
✉ 09070
Siamanna 32 F 5
✉ 09080
Siapiccía 32 F 5
✉ 09080
Sibano 2 F 7
Sibéria 8 B 6
Sibilla, Monte- 15 D 1
Sibilla, Rúderi di- 25 B 8
Síbiri, Rio- 35 C 6
Sicaderba, Rio- 33 F 5
Sicária, Masseria- 23 F 5
Sicci San Biágio 35 F 3
Sicelle 9 B 3
Sicille 13 A 6
Siddi 34 C 6
✉ 09020
Siddi, Pranu- 34 C 6
Siddo, Rio- 32 D 6
Siddu, Monte- 35 C 6
Sídolo 1 B-C 5
Sieci 6 F 4
✉ 50069
Siele, Torrente- 13 E 6
Siena 9 E 3
✉ 53100
Siena Vécchia, Póggio- 9 F 2-3
Sieve, Fiume- 6 D 3
Sigillo (PG) 10 E 5
✉ 06028
Sigillo (RI) 18 B 4
Sigliano 9 A 8
Signa 6 F 2
✉ 50058
Signático 1 C 8
Signorino, il- 6 C 1
Silana, Genna- 33 D 5
Silánis, Rio- 28 E 6
Silánus 32 B 6
✉ 08017
Sili 32 F 4
✉ 09087
Siligata, la- 7 D 6
Siligo 30 E 5
✉ 07040
Síliqua 36 A 6
✉ 09010
Silis, Fiume- 28 E 5
Silíus 35 E 4
✉ 09040
Silla (BO) 6 A 1
✉ 40041
Silla, Torrente- 6 A 1
Sillano 5 A 4
✉ 55030
Sillano, Monte- 2 F 1

Sillano, Rocca di- 9 E 1
Sillara, Monte- 1 E 7
Sillara, Passo della- 1 D 7
Sillaro, Torrente- 3 C 3-4
Sillicagnana 5 A 5
Sillicano 5 B 5
Sillico 5 B 5
Sillico, Torrente- 5 A 5-6
Silvi 19 A 3
⊠ 64028
Silvignano 14 E 6
Silvi Marina 19 A 3
⊠ 64029
Silvi Paese 19 A 3
Símala 34 B-C 6
⊠ 09090
Simáxis 32 F 5
⊠ 09088
Simbirizzi, Stagno- 37 B 3
Simbruini, Monti- 21 B-C 5-6
Simeone, Masseria- 23 E 4
Simignano 9 E 2
Simíus 37 C 5
Simoncello, Monte- 7 F 2
Simonelli 26 D 6
Sinalunga 9 F 6
⊠ 53048
Sinarca, Torrente- 22 B 8
Sinasi, Cantoniera- 33 D 2
Sindía 32 B 5
⊠ 08018
Sinello, Fiume- 19 E-F 7
Singerna, Torrente- 9 A-B 8
Sini 34 B 6
⊠ 09090
Sinis, Regione- 32 F 3
Siniscóla 31 E 6-7
⊠ 08029
Siniscóla, Rio de- 31 E 7
Sínnai 37 A 3
⊠ 09048
Síntria, Torrente- 6 A 6
Sinuessa 26 E 6
Sínzias, Cala di- 37 B 6
Sipicciano (CE) 26 C 7
⊠ 81044
Sipicciano (VT) 17 B 6
⊠ 01020
Sipíu, Torrente- 35 D 2
Sirai 36 C 3
⊠ 09013
Sirai, Monte- 36 C 3
Siregiolo 6 F 7
Sirena, la- 2 E 7
Sirente, Monte- 18 F 7
Sirente-Velino, Parco Regionale- 18 F 7-8
Siriddi, Rio- 36 D 5-6
Síris 34 C 5-6
⊠ 09090
Sirolo 11 C 6
⊠ 60020
Sirri 36 B 4
Siserno, Monte- 26 A 2
Sísine, Cala- 33 C 6
Sísini 35 D 3
⊠ 09040
Sismano 14 F 3
⊠ 05020
Siso 1 B 7-8
Sísola 1 A 1
Sisto, Fiume- 25 B 7
Sitacciano, Monte- 22 E 3
Sítria, Badia di- 10 C 5
Sitzerri, Torrente- 34 C 4
Sitziddiri, Nuraghe- 35 D 2
Siúrgus-Donigala 35 D 3
⊠ 09040
Sivignano 18 B 5
Sivizzano 1 B 8
⊠ 43050
Sivizzo 1 D 8
Smarlacca 3 C 6-7
Smeralda, Costa- 29 C-E 5
⊠ 07020
Smeralda, Grotta- 24 E 7
Smerillo 15 B 2
⊠ 63020
Smirra 10 B 5
⊠ 61043
Soanne 7 E 2
⊠ 61010
Soara, Torrente- 10 C 2
Soci 6 F 7
⊠ 52010
Soddì 32 D 6
⊠ 09080
Sodo 9 E 8
Sodo, Ponte- 20 A 5
Sodolungo, Monte- 10 C 2
Soffi, Ísola- 29 D-E 6
Soffiano 6 F 3
Sogáies, Bruncu- 32 F 6
Sogliano al Rubicone 7 C 2
⊠ 47030
Sóglio (GE) 1 D 2
Sogni, Grotta dei- 24 E 7
Soiana 8 B 7
⊠ 56030
Soianella 8 B 7
Soláia 9 A 3
Soláio (LU) 5 C 4
Soláio (SI) 9 F 1
Solánas (CA) 37 C 5

Solánas (OR) 32 F 4
⊠ 09072
Solánas, Rio- 37 C 5
Solara 2 A 7
⊠ 41030
Solare, Monte- 14 B 1
Solaro (GE) 1 E 2
Solaro (PC) 1 A 4
Solarolo (RA) 3 E 4
⊠ 48027
Solarussa 32 F 5
⊠ 09077
Solata 9 C-D 5
Soldai, Nuraghe- 33 B 3
Sole 2 D 1
Sole, Monte- (RI) 18 D 3
Sole, Vado di- 19 C 1
Soléminis 37 A 3
⊠ 09040
Sole Ruju 29 E 5
Solfagnano 10 F 3
⊠ 06080
Soli 13 A 5
Soliera (MO) 2 A 5-6
⊠ 41019
Soliera (MS) 5 A 3
⊠ 54018
Soliera, Stazione di- 2 A 5
⊠ 41019
Solignano 1 B 7
⊠ 43040
Solignano Nuovo 2 C 5
⊠ 41050
Solinas, is- 36 D 4
Solità 31 D 6
⊠ 08020
Solitta, Punta- 33 C 5
Sologno (RE) 2 E 2
⊠ 42030
Sólogo, Torrente- 33 A 6
Solomeo 14 B 2
Solopaca 27 D-E 3-4
⊠ 82036
Solopaca, Stazione di- 27 D 4
⊠ 82036
Somma, Válico della- 14 F 5
Sommana 27 F 2
Sommati 15 F 1
⊠ 02012
Sommocolónia 5 B 6
⊠ 55051
Somole 10 B 2
Sompiano 10 A 2
Sonnino 25 B 8
⊠ 04010
Sonórcolos, sos- 31 D 4
Sopramonte (NU) 33 B-C 4-5
Sora (FR) 21 E 7-8
⊠ 03039
Sorana 5 D 7
Sorano (GR) 13 F 6
⊠ 58010
Sorano, Pieve di- 4 B 6-7
Sorasi, Rio- 33 C 4
Soratte, Monte- 17 E 8
Sorbano (LU) 5 E 6
Sorbano Ponte 7 D 1
⊠ 47027
Sorbara (MO) 2 A 6
⊠ 41030
Sorbello 26 D 7
⊠ 81030
Sorbétolo, Chiesa- 10 A 3
Sorbo (AQ) 21 A 5
⊠ 67060
Sorbo (MC) 14 C 8
Sorbo (PI) 8 B 6
Sorbo, Monte- 22 B 6
Sórbolo (SP) 4 D 6
Sorbolongo 10 A 6
⊠ 61040
Sordanu, Punta- 30 F 7
Sordi, Torre dei- 21 B 1
Sordíglio 2 C 2
Sordo, Fiume- (IS) 22 F 4
Sordo, Fiume- (PG) 14 E 7-8
Sorella, Rocca- 21 E 7-8
Sorgente Amerino, Stabilimento- 14 F 4
Sorgenti del Pescara, Riserva Naturale- 19 F 1
Sorgenza, Ponte- 27 C 4
Sorgnano 5 B 3
⊠ 54030
Sórgono 33 E 2
⊠ 08038
Sori 1 E 1
⊠ 16030
Soriano nel Cimino 17 C 6
⊠ 06050
Sorifa (MC) 14 A 6
Sorifa (PG) 14 B 6
Sorra, Torrente- 9 F 3-4
Sorrezzana 8 A 8
Sorrícchio 19 B 2
Sorrívoli 7 C 2
Sorso 28 E-F 4
⊠ 07037
Sortei, Ponte di- 33 B 6
Sorti (MC-Pieve Torina) 14 B 7
Sorti (MC-Sefro) 14 A 7

Sossasso 15 C 1
Sostino 14 C 6
Sottili 8 A 7
Sovággio, Monte di- 9 A 8
Sovana 13 F 5-6
⊠ 58010
Sovara 9 B-C 8
Sovara, Torrente- 10 C 1
Sovata, Torrente 13 D 1
Sovicille 9 E 3
⊠ 53018
Sovigliana 6 F 1
⊠ 50053
Sozza 31 C 5
Sozza, Monte- 29 F 2
Sozzi 1 C 6
Sozzigalli 2 A 6
⊠ 41019
Spaccabellezze, Monte- 16 C 5-6
Spaccarelli 19 E 5
Spaccato, Colle- 19 D 4
Spaccato, Póggio- 14 D 2
Spada, Monte- 33 E 4
Spada, Villa- 11 E 4
Spadarolo 7 C 4
Spádula, Regione- 34 D-E 5
Spalmatóio, lo- 16 E 6
Spalmatore, Cala- (SS) 29 B 4-5
Spalmatore, Punta- 36 C 1
Spante 14 D 1
Sparanise 26 E 8
⊠ 81056
Spargi, Ísola- 29 B-C 4
Spargiotto, Ísola- 29 B 4
Spartivento, Capo- (CA) 36 F 6
Sparvera, Serra- 22 C 2
Sparviero, Scóglio dello- 12 E 7
Sparvo 6 A 2-3
Spazzate 3 C 3
Spazzavento 5 D 8
Spécchio 1 B 7
⊠ 43040
Speco, Convento lo- 17 C 8
Spedaletto (PI) 8 C 7-8
Spedaletto (PT) 6 C 1
Spedaletto (SI) 13 B 6
Spedino 18 F 5
Spello 14 C 5
⊠ 06038
Spello, Stazione di- 14 C 5
⊠ 06038
Spelonga 15 E 1
⊠ 63043
Spéndula, Cascata- 34 E 5
Spera, la- 18 B 2
Speranza, Cappella la- 30 F 2
Speranza, Nuraghe- 28 F 3
Spergoláia 13 F 2
Sperlonga 26 D 3
⊠ 04029
Sperone (AQ) 21 B 8
Sperone, Capo- 36 E 3
Sperone, Punta dello- 29 A 3
Speróngia 1 A 5-6
Spéscia 6 D 7
Spettoleria 3 B-C 1
Spézia, Golfo della- 4 E-F 6
Spézia, La- 4 F 6
Spezzano 2 C 5
⊠ 41040
Spiaggi, Monte- 4 B 5-6
Spiággia di Pizzomunno 24 D 7
Spiággia di Rio Torto 20 F 6
Spiággia Scialmarino 24 C 7
Spiággio 1 A 7
Spianate 5 E 7
⊠ 55010
Spiano (TE) 18 A 8
⊠ 64040
Spícchio (FI) 6 F 1
⊠ 50053
Spícchio (PT) 5 F 8
Spicciano (FI) 9 B 2
Spicciano (MS) 5 A 3
Spignana 5 B 8
Spigno, Monte- 24 E 5
Spigno Satúrnia 26 C 6
⊠ 04020
Spigno Satúrnia Superiore 26 C 5
Spigone 2 D 2
Spígulu, Rio- 35 E 4
Spilamberto 2 C 6
⊠ 41057
Spilla, Prato- 1 E 8
Spillo, Póggio allo- 6 E 7
Spina (PG) 14 C 2
⊠ 06050
Spina, Bruncu- 33 E 4
Spina, Genna- 34 B 5
Spina, Rovine- 3 B 5
Spina, Torrente- 14 E 6
Spinacceto 18 C 1
Spinaceto 20 D 6
Spináia, Póggio- 13 F 3
Spina Nuova 14 D 6
Spina Pulci, Bosco di- 24 D 3
Spina Vécchia 14 D 6
Spinazzino 3 A 4
Spíndoli 10 F 6
Spinelli (PI) 8 B 6
Spinello (FC) 6 D 8
Spineta 13 C 7

Spinete 27 A 3
⊠ 86020
Spinétoli 15 D 5
⊠ 63036
Spini, Ponte- 23 F 5
Spino (MO) 2 D 5
Spino, Válico dello- 9 A 8
Spínola, Fattoria- 14 B 3
Spinosa, Punta- 36 E 6
Spino Santo, Masseria- 23 F 5
Spírito Santo, Chiesa dello- 33 B 6
Spizzichino 20 B 5
Spoleto 14 E-F 5
⊠ 06049
Spoltore 19 B 3
⊠ 65010
Spora 1 C 4
Sporno, Monte- 1 B 8
Sportelle, Forcella delle- 18 A 2
Sprete, le- 21 B 1
Spugna, Passo della- 10 A 2
Squarci 1 D 5
Squarciarelli, Ponte- 21 D 1
Squillani 27 F 5
⊠ 83010
Squille 27 E 3
⊠ 81010
Stábbia 5 F 8
⊠ 50050
Stabiata, Monte- 18 C 6
Stabiazzoni 6 C 1
Stacciola 7 F 8
Stadirano 2 B 1
Staffi, Campo- 21 B 5
Stáffola, Monte- 2 C 2
Stáffoli (PI) 5 F 7
⊠ 56020
Stáffoli (RI) 18 D 3-4
Stáffoli, Bívio- 22 D 5
Stáffolo (AN) 10 D 8
⊠ 60039
Stággia (SI) 9 D 2
⊠ 53038
Stággia, Torrente- 6 E 6
Staggiano 9 C 7
⊠ 52030
Stagnali 29 C 5
Stagnedo 4 D 5
Stagnetto, Case- 34 E 6
Stagno (BO) 6 B 2
Stagno (FI) 6 F 2
Stagno (LI) 8 B 4-5
⊠ 57017
Stagnolo, Porto di- 29 A 2
Stagnone, lo- 12 B 1
Stagno Torto, Báia di- 29 B 4
Stáina, Torrente- 23 E 3
Stallone, Masseria- (CB) 23 D 2
Stanco, Monte- 2 F 7
Stangioni, su- 36 C 3
Starda 9 C 5
Statale 1 E 2
Statigliano 27 D 1
⊠ 81050
Statte (MC) 14 A 8
Statua 20 B 4
Stazzano (RM) 21 A 1
Stazzema 5 C 4-5
⊠ 55040
Stecori, Nuraghe- 33 E 2
Steddu, Cantoniera su- 32 E 7
Stella (AP) 15 D 5
⊠ 63030
Stella (MO) 2 D 5
Stella, Capo della- 12 E 4
Stella, Golfo- 12 E 4
Stella, Masseria- 23 F 5
Stella, Torre delle- 37 C 4
Stella, Torrente- 6 E 1
Sterpáia 4 F 4-5
Sterpete 14 C 5
⊠ 06034
Sterpeti 17 A 5
Sterpeto (PG-Assisi) 14 A 4
Sterpeto (PG-Spoleto) 14 F 5
Sterpeto, Fattoria- 13 E 2
Sterru, Monte su- 33 D 6
Sterza, la- 8 C 7
Sterza, Podere- 8 C 7
Sterza, Torrente- (Fiume Cécina) 8 C 7
Sterza, Torrente- (Fiume Era) 8 C 7
Stia 6 E-F 6
⊠ 52017
Stiano 2 E 3
Stiappa 5 C 7
Stiático 2 B 8
Stiava 5 D 4
⊠ 55040
Stiavola 10 A 1
Stíbbio 8 A 8
Sticcianese 13 E 3
Sticciano 13 C 2
⊠ 58030
Sticciano Scalo 13 C 2
⊠ 58030
Sticozze, Masseria- 27 A 6
Stiffe 18 E 7
Stifone 17 B 7
Stigliano (MC) 10 F 8

Stigliano (SI) 9 F 3
Stignano (PT) 5 D 7
Stilla, Masseria- 23 F 3
Stillo, Monte- (FG-Pietramontecorvino) 23 F 3
Stillo, Monte- (FG-Roseto Valfortore) 27 B 8
Stimigliano 17 D 8
⊠ 02048
Stimigliano Scalo 17 D 8
⊠ 02040
Stinco 15 B 1
Stiolo (BO) 2 F 8
Stiolo (RE) 2 A 5
Stipes 18 E 3
⊠ 02020
Stora, Torrente- 4 B 4
Stóraco 11 C-D 3-4
Storlo 2 E 1
Storta, la- 20 B 5
⊠ 00123
Storto, Ponte- 27 C 2
Strabatenza 6 E 7
Strada (AR) 6 F 6
⊠ 52018
Strada (MC) 11 D 3
⊠ 62010
Strada, la- (PR) 1 C 8
Strada, la- (RA) 6 A 6
Strada, Podere- 8 B 8
Strada in Chianti 9 A 3
⊠ 50027
Strada San Zeno 6 C 7
⊠ 47010
Stradella (PR-Bardi) 1 C 5
Stradella (PR-Collécchio) 2 A 1
Stradella, Póggio- 1 A 6
Strádola 27 E 8
Stradone, lo- 7 C 3
Strangolagalli (CE) 27 E 2
Strangolagalli (FR) 21 F 7
⊠ 03020
Strasserra 1 B 1
Stráulas 31 C 6
⊠ 08020
Stravignano 14 B 6
Strela 1 C 5
⊠ 43050
Strepeto 1 D 4
Strettara, Ponte di- 2 F 4
Strette, le- 9 B 8
Stretto, Ponte- 27 C 4
Strettóia 5 C 4
Strettura 18 A 1
Striano (FI) 6 C 4
Stribugliano 13 D 4
⊠ 58040
Strigara 7 C 2
Strognano 2 B 1
Stroncone 18 B 2
⊠ 05039
Stroncone, Stazione di- 18 B 1
⊠ 05039
Strove 9 D 2
⊠ 53035
Strovina 34 E 6
⊠ 09025
Strozzacapponi 14 B 2
Strozzavolpe, Castello- 9 C 2
Strúgas 31 C 6
⊠ 08020
Stuffione 2 A 7
⊠ 41010
Stura, Torrente- (FI) 6 C 3
Sturággia, Capo sa- 32 F 3
Sturla, Torrente- (GE-Borzonasca) 1 D 3
Sturno 27 F 8
⊠ 83055
Suaredda 31 C 6
⊠ 08020
Suasa 10 A 7
Subásio, Monte- 14 B 5
Subbiano 9 B 7
⊠ 52010
Subiaco 21 B 4
⊠ 00028
Succiano 18 E 8
Succida, Torrente- 27 A 6
Succiso 1 E 8
⊠ 42030
Succiso, Alpe di- 1 E 8
Sud, Costa del- 36 E-F 5-6
Suelli 35 D 2
⊠ 09040
Suérgiu Mannu, Rio- 37 B 4
Súgame, Póggio delle- 9 B 4
Sugano 13 F 8
⊠ 05010
Sugello, Póggio- 13 D 3
Súghera 8 B 8
Súghera, Monte la- 6 F 2
Súio 26 C 6
Súio, Terme de- 26 C 6
⊠ 04020
Sulau 35 A 2
⊠ 08034
Súlcis 36 B-D 3-5
Suliano, Monte lu- 29 D 3
Sulmona 22 A 2
⊠ 67039

Sumbra, Monte- 5 B 4
Suni 32 B 4
⊠ 08010
Suozzi 27 F 5-6
Supino 21 F 5
⊠ 03019
Surdo, Casa- 24 F 3
Surigheddu 30 E 3
Surrau, Rio- 29 C-D 4
Surrau, Stazione- 29 D 4
Susano (BO) 2 F 6-7
⊠ 40040
Susano (MO) 2 E 4
⊠ 41040
Susinana, Badia di- 6 B 5
Suso 25 A 7
Sussisa 1 D 1
Sutri 17 E 6
⊠ 01015
Suvereto 12 A 7
⊠ 57028
Súvero 4 C 5-6
⊠ 19020
Suviana 6 B 1
⊠ 40030
Suviana, Lago di- 6 B 1-2
Suvignano 9 F 4
Suzzi 1 B 2
Svarchi 11 C 5-6
Svolta, la- 2 D 2

T

Tabanaro, Masseria- 23 E 3
Tabano 10 C 8
Tabbiano 2 B 1
Taburno, Monte- 27 F 4
Taburno, Parco Regionale del- 27 E 3-4
Taburri, i- 5 A 7
Tacca Rossa 36 C 2
Tacquara, Nuraghe- 35 C 3
Tadasuni 32 D 6
⊠ 09080
Taddeide 20 A 6
Tagliacozzo 21 A 5
⊠ 67069
Tagliaferro (FI) 6 D 3
Taglianaso, Monte- 27 B 7
Tagliaorécchio, Toppo- 27 B 8
Tagliata (MO) 2 E 6
Tagliata (RA) 7 A 3
Tagliata, Monte la- 1 C 6
Tagliata Etrusca 16 C 7
Tagliente, Casale- 21 D 2
Taglietto 4 A 4
Tagliole, le- 5 A 6
⊠ 41027
Táibo 7 C 1
Tairano, Monte- 27 F 3
Taizzano 17 B 7-8
⊠ 05035
Talácchio 7 E 5
Talada 2 E 1-2
Talamello 7 D 2
⊠ 61015
Talamone 16 A 6
⊠ 58010
Talamone, Stazione di- 16 A 6
⊠ 58010
Talána 33 E 5
⊠ 08040
Talasai, Nuraghe- 32 D 7
Talavà 31 D 6
⊠ 08020
Talavorno 4 B-C 6-7
Talbignano 2 E 4
Talciona 9 C 2
Talente 9 A 2
Talere, Rio di- 30 E 7
Talesso, Rio de- 33 D-E 3
Talignano 1 A 8
⊠ 43030
Talla 9 B 7
⊠ 52010
Tallacano 15 E 2
⊠ 63041
Talocci 18 F 1
Taloro, Fiume- 32 D 7
Talvácchia 15 E 3
Talvácchia, Lago di- 15 E 3
Tamarispa 31 D 6
⊠ 08020
Tambone, Monte- 12 E 4
Tambura, Monte- 5 B 4
Tamburino 6 E 4
Tamburo, Casa- 13 F 7-8
Tamburu, Serra- 29 D 1
Tammarécchia, Torrente- 27 B-C 5
Támmaro, Fiume- 27 C 5
Tamuli, Nuraghe- 32 B-C 5
Tanaro, Fosso- 13 E 1
Tanaunella 31 D 7
⊠ 08020
Tanca, Rio sa- 37 B 3-4
Tanca Manna 29 D 4-5
Tanca Marchese 34 E 4
Tanca Molino 32 F 5
Tanca Noa, Nuraghe- 32 A 7
Tanca Régia 32 D 5

Táncia, Monte- **18** D 1
Tane, Monte delle- **1** A-B 3
Taneto **2** A 2
Tangone, Porto- **32** A 3
Tani **36** B 4
Tanka Village **37** C 5-6
Tannaghe, Rio- **32** E 6
Tantlon **3** F 7
Taponecco **4** B-C 8
Tappino, Torrente- **22** F 8
Tarano **17** D 8
⊠ *02040*
Taranta Peligna **22** A 3-4
⊠ *66018*
Tardane **17** A 5
Tarè, Monte- **35** A 6
Tarignano **18** C 5
Tarino, Monte- **21** B 5
Taro **14** B 8
Taródine, Torrente- **1** D 5-6
Taroni, Cantoniera- **29** F 4
Taroni, Rio- **29** F 3-4
Tarquínia **17** E 2
⊠ *01016*
Tarquínia, Rovine- **17** E 2-3
Tarquínia, Stazione di- **17** E 2
⊠ *01016*
Tarquínia Lido **17** E 2
⊠ *01010*
Tarsogno **1** D 4-5
⊠ *43050*
Tarsogno, Cantoniera di- **1** D 5
Tártago **1** A-B 2
Tartíglia **6** F 6
Tartogni **1** C 2
Tartúfoli, Rifúgio- **15** E 1
Tarugo **10** B 5
Tascussi, S'Arcu de- **33** E 3
Tasola **1** C 4
Tassáia, Chiesa- **6** D 3
Tassani **1** F 3
Tasso **9** B 5
Tasso, Fiume- **22** C 1-2
Tassóbbio, Torrente- **2** C-D 2
Tassone, Casa- **5** A 7-8
Tassu, Serra di lu- **29** E 2
Tasua, Monte- **36** B 4
Tatinnu, Rio di- **36** C 5
Tattarena, Fosso- **14** E 5
Tattaresu, Ponte- **30** E-F 3
Tatti **13** B 1
⊠ *58040*
Taurasi **27** F 6
⊠ *83030*
Taurine, Terme- **17** F 3
Tavaiano, Torrente- **6** C 3
Tavarnelle Val di Pesa **9** B 2
⊠ *50028*
Tavarnuzze **6** F 3
⊠ *50029*
Tavarone **4** B 4
Tavenna **22** B 8
⊠ *86030*
Taverna **7** D 4
⊠ *47854*
Taverna (CE) **26** B 7
Taverna (FR) **26** B 7
Taverna, la- **26** B 4
Taverna, Monte- **22** A 7
Taverna, Porto della- **31** B 6
Tavernacce **10** F 3
Taverne (MC) **14** B 6
Taverne (PC) **1** A 5-6
Taverne, le- **24** D 4-5
Taverne d'Árbia **9** E 4
⊠ *53010*
Tavernelle (AN) **11** B 5
Tavernelle (AR) **9** B 8
Tavernelle (MO) **2** D 6
Tavernelle (MS) **4** C 7-8
⊠ *54010*
Tavernelle (PG) **14** B 1
⊠ *06068*
Tavernelle (PU) **7** F 6
⊠ *61030*
Tavernelle (SI) **13** B 4
Tavernelle d'Emília **2** C 7-8
⊠ *40010*
Tavérnola (BO) **6** A 2
Tavérnole, le- **26** B-C 8
Taverone, Torrente- **4** C 7
Taviano (PT) **6** B 1
Tavignano **11** C 3
Tavo, Fiume- **19** C 2
Távola **6** E 1
⊠ *59014*
Tavoláia **5** F 7
Tavolara, Ísola- **29** F 7
Tavolara-Punta Coda Cavallo, Riserva Marina- **31** A-B 6-7
Távola Rotonda, Monte- **22** A 3
Tavoleto **7** E 4
⊠ *61020*
Tavolicci **7** E 1
Tavoliere **23** F 4-7
Tavu de Mari, Grotta- **32** A 4
Tavúllia **7** D 5
⊠ *61010*
Teano **26** D 8
⊠ *81057*
Tebano **3** F 3
Técchia **4** B 6
Tecchiena, Convento di- **21** E 5
⊠ *03010*
Tega, Cantoniera- **32** D 4
Téglia (AP) **15** C 2
Téglia (MS) **4** B 6
Téglia, Monte- **15** E 2
Téglia, Monte la- **22** B 8
Téglia, Torrente- **4** B 6
Teglieto **18** E 4
Tegóia **9** E 2
Tegoleto **9** D 7
⊠ *52040*
Téia, Punta della- **12** A 1
Teialone, Monte- **29** C 5
Tela Niedda, Casa- **35** C 4
Telégrafo, Cala del- **12** D 5
Telégrafo, Monte il- **16** C 6
Telese Terme **27** D 3
⊠ *82037*
Telésia **27** D 3
Teliseri **33** E 3
Tella, Arcu sa- **34** D-E 4
Tella, Rivo- **27** D 2
Tellaro **4** E 6-7
⊠ *19030*
Tellenae **20** D 7
Tellura, sa- **34** D 3-4
Telti **31** B 4
⊠ *07020*
Telti, Monte- **29** F 5
Temi **31** E-F 4-5
Temo, Fiume- **32** A 4
Temo, Lago di- **30** F 3-4
Temo, Rio- **32** A-B 5
Temossi **1** D 3
Tempéra **18** C-D 6
Tempio Pausania **29** F 2
⊠ *07029*
Tenáglie **14** F 2
⊠ *05020*
Tenda, Colle- **18** B 6
Téndola **5** A 3
⊠ *54030*
Tenerano **5** A 3
⊠ *54020*
Tenna, Fiume- **11** F 6
Tennácola, Fiume- **15** B 1-2
Tenuta di Castelporziano, Riserva Naturale- **20** E 5-6
Tenuta Mássimi, Riserva Naturale della- **20** C 5-6
Teodorano **7** B 1
⊠ *47010*
Téora **18** C 5
Tepilora, Punta- **31** D 5
Téppia, Fosso- **21** F 2
Téramo **15** F 4
⊠ *64100*
Tercesi **1** C 1
Teréglio **5** B-C 6
⊠ *55020*
Terelle **26** A 6
⊠ *03040*
Terelle, Colle- **21** E 8
Terenzano (MS) **5** A 3
Terenzo **1** B 8
⊠ *43040*
Terenzone, Torrente- **1** B 2
Tergu **28** E 5
⊠ *07030*
Teriasca **1** D 1
Terme (BO) **3** E 2
Terme (LI) **12** B 6
Terme dei Gracchi **17** E 6
Terme di Firenze **9** A 3
Terme di Sárdara **34** D 6
Terme di Satúrnia **13** F 5
Terme Furapane **14** F 4
Terme Pompeo **21** E 5
Terme San Giovanni Battista **9** E 5
Terme Santa Lucia **11** F 3
Términe (AQ) **18** C 5
Términe (SP) **4** C 5
Términe, Colle del- (CB) **22** C 8
Términe, Passo del- **14** A 6
Terminillo **18** C 3
Terminillo, Monte- **18** B 3
⊠ *02017*
Termo **4** E 6
⊠ *19136*
Térmoli **23** A 1
⊠ *86039*
Terni **18** A 1
⊠ *05100*
Terόntola **9** F 8
⊠ *52040*
Terόntola, Stazione- **9** F 8
⊠ *52040*
Terra **18** B 4
Terracina **26** D 2
⊠ *04019*
Terracino **15** F 1
Terracorpo **26** C 8
Terra del Sole **6** A 8
⊠ *47010*
Terráia **14** E 5
Terralba **34** B-C 4
⊠ *09098*
Terralba, Monte- **33** F 4
Terralva, Cantoniera sa- **30** F 5
Terra Mala **37** B 4
Terramala, Canale- **31** B 3
Terranera **18** E 7
Terranova (BN) **27** F 5
⊠ *82010*
Terranova (CH-Roccamontepiano) **19** E 3 ⊠ *66010*
Terranova (CH-Torricella Peligna) **22** A 4
Terranuova Bracciolini **9** B 5
⊠ *52028*
Terra Padedda **31** C 6
⊠ *08020*
Terrarossa (GE-Carasco) **1** E 3
Terrarossa (GR) **16** C 6
Terrarossa (MS) **4** C 7
⊠ *54019*
Terrarossa, Foce di- **5** A 5
Terraseo **36** B 4
Terratta, Monte la- **22** C 1
Terratta, Serra della- **22** C 1
Terresoli **36** D 5
⊠ *09010*
Térria (RI) **18** C 2
Térria (TR) **14** F 6
Terríccio **8** D 6
Terricciola **8** B 7
⊠ *56030*
Terrícoli **10** F 7
Terrile **1** D 1
Terrinca **5** C 4
⊠ *55040*
Terrizzo **4** E-F 6
Terro **15** B 1
Terróssola **9** A 7
Terrúbia **36** B 5
Terrusso **1** D 1
Tertenía **35** C 6
⊠ *08047*
Tertílo, Nuraghe- **33** B 4
Tertíveri **27** B 8
Tertíveri, Torre- **27** A-B 8
Terzano **6** F 4
Terzo (GR) **13** B 2
Terzo la Pieve **14** E 5
⊠ *06049*
Terzone San Páolo **18** A 4
⊠ *02010*
Terzone San Pietro **15** A 4
Terzo San Severo **14** E 4
Tesa, Monte- **2** C 2
Tesa, Torrente- (BN) **27** F 4
Tescino, Torrente- **18** A 1
Téscio, Fiume- **14** A-B 5
Tesino, Fiume- **15** C 4
Tesoro, Toppe del- **22** C-D 2-3
Tessello **7** B 1
⊠ *47020*
Tessennano **17** B 2
⊠ *01010*
Testa, Capo- **29** C 2
Testáccio (TR) **17** B 8
Testanello **1** C 6
Testi, Casa- **13** E 6
Teti **33** D 2
⊠ *08030*
Teti, Monte- **32** A 3
Téttile **28** F 7
Tetto, Sasso- **15** B 1
Téula, Lago sa- **33** F 5
Téula, Rio sa- **33** F 6
Teulada **36** E 5
⊠ *09019*
Teulada, Capo- **36** F 4
Teulada, Porto di- **36** E 5
Teveráccio, Monte- **15** C 2
Tévere, Fiume- **20** D 5
Tévere, le Vene del- **7** F 1
Tévere, Parco Fluviale del- **14** E 2
Teverina **10** E 1
Teverone, Fiume- **14** C 5
Teverone, Torrente- **27** A 6
Tevíggio **4** B 4-5
Tézio, Monte- **10** F 2
Tezzo **7** D 1
Thárros **34** A 3
Thiesi **30** F 5
⊠ *07047*
Tho, Pieve del- **6** A 6
Tiana **33** E 2
⊠ *08020*
Tiberina, Val- **10** B-C 1
Tiberina, Via- **20** A-B 6
Tibério, Grotta di- **26** D 4
Tibério, Villa di- **26** D 3-4
Tiburtina, Via- **21** B 1
Tiburtini, Monti- **21** B 2
Ticchiano, Passo di- **1** D 8
Tiédoli **1** C 6
⊠ *43043*
Tiépido, Torrente- **2** D 5
Tifata, Monte- **27** E 1-2
Tigliano (FI-Pontassieve) **6** E 4
Tigliano (FI-Vinci) **6** E 1
Tíglio (LU) **5** B 6
⊠ *55050*
Tíglio (PR) **1** B 4
Tíglio, Ponte del- **5** F 7
Tignámica **6** D 2
Tignano (BO) **2** D 7
Tignano (FI) **9** B 2
Tignano (PI) **9** D 1
Tigúllio, Golfo del- **4** B-C 2
Tília, Monte- **18** A 3
Tilípera, Cantoniera- **32** A 5
Timidone, Monte- **30** E 1
Timone, Fosso- **17** C 2
Timone, Punta- **29** F 7
Tináia **6** F 1
Tini (GR) **12** D 8
Tínnari, Monte- **28** C 6-7
Tinniri, Cantoniera- **32** B 3
Tinnura **32** B 4
⊠ *08010*
Tino **15** F 1
Tino, Ísola del- **4** F 6
Tino, Torrente- **33** D 2
Tintillónis, Punta- **34** F 4
Tintinali, Rio- **35** C 4
Tintioni, Rio su- **36** D-E 7
Tintoria **3** B 2
Tiola **2** E 6
Tione degli Abruzzi **18** E 8
⊠ *67020*
Tiorre **2** B 1
Tipano **7** B 1
Tiría **34** A 5
⊠ *09087*
Tiría, Monte- **33** A 3
Tirino, Fiume- **19** E 1
Tirli **6** A-B 4-5
Tirolle, Rio- **13** E 7
Tirrénia **8** A 4
⊠ *56018*
Tirreno, Mar- **25** E 7-8
Tirso, Cantoniera del- **32** B 7
Tirso, Fiume- **32** C 7
Tirso, Foce del- **34** A 3-4
Tirso, Sorgenti del- **31** E 4
Tirso, Stazione del- **32** B 7
Tiscali, Monte- **33** C 5
Tissi **30** D 4
⊠ *07040*
Tissino, Fosso- **14** E 7
Tistigliosi, Rio- **33** F 3
Titerno, Torrente- **27** D 3
Titignano **14** E 2
⊠ *05010*
Tito, Monte- **14** C 7
Titta **10** C 2
Tittiri, Ponte- **33** E 2
Tivegna **4** D 6
⊠ *19020*
Tivo **7** E 1
Tívoli (BO) **2** B 7
Tívoli (RM) **21** B 2
⊠ *00019*
Tizzana **6** E 1
⊠ *51039*
Tizzano **9** A-B 8
Tizzano, Éremo di- **2** D 8
Tizzano Val Parma **1** C 8
⊠ *43028*
Tizzola **2** E 2
Toano **2** E 3
⊠ *42010*
Tobbiana **6** D 1
⊠ *51030*
Tobia **17** D 5
⊠ *01030*
Toccanisi **27** F 5
Tocchi **13** A 3
⊠ *53015*
Tocchi, Riserva Naturale- **13** A 3
Tocco, Monte- **22** C 3
Tocco Cáudio **27** E 4
⊠ *82030*
Tocco da Casáuria **19** E 2
⊠ *65028*
Todi **14** E 3
⊠ *06059*
Todiano **14** D 8
⊠ *06040*
Tofe **15** D 1
Tóffia **18** E 1
⊠ *02039*
Togna **21** F 8
Tognoni **1** B 6
Toiano (FI) **5** F 8
Toiano (PI) **8** B 8
Toiano (SI) **9** E 3
Tole **2** F 4-5
Tolè **2** F 6
⊠ *40040*
Tolentino **11** F 3
⊠ *62029*
Tolentino, Monte- **18** A 3
Tolfa **17** F 3-4
⊠ *00059*
Tolfa, Monti della- **17** F 3-4
Tolfáccia, Monte- **17** F 3
Tolfe, le- **9** E 3
Tolinu, Nuraghe- **32** C 7
Tolli **27** B 6
Tollo **19** D 4
⊠ *66010*
Tollo-Canosa Sannítica, Stazione di- **19** C 5
Toltu, Rio- **28** E 5
Tolu, Rio- **35** E 4
Tomacella **21** F 5
Tomaiuolo **24** F 5
Tomarlo, Monte- **1** C 4
Tomarlo, Passo del- **1** C 4
Tomassucci **15** B 2
Tomba, Masseria- **22** D 4
Tombáccia **7** D 5
Tomba di Nerone **20** B 5-6
⊠ *00189*
Tombe (BO) **3** E 3
Tombe (FE) **3** A 6
Tombe Etrusche (LI) **12** B-C 5-6
Tombe Etrusche (RM) **17** F 2
Tombe Etrusche (TR) **14** F 1
Tombe Etrusche (VT-Montalto di Castro) **17** C 1-2
Tombe Etrusche (VT-Tuscánia) **17** C 3
Tómboli di Follónica, Riserva Naturale- **12** C 7-8
Tómbolo, Pineta del- **13** E-F 1
Tómbolo, Stazione di- **8** A 4-5
Tómbolo, Tenuta di- **8** A 4
Tómbolo della Giannella **16** B-C 6
Tómbolo di Cécina, Riserva Naturale del- **8** E 5
Tómbolo di Feníglia **16** C 6-7
Tommaso, Ponte- **27** D 6
Tona, Torrente- **23** D 2
Tonara **33** E 3
⊠ *08039*
Tonda **8** B 8
Tonda, Chiesa- **14** B 5
Tondo, Monte- (LU) **2** F 1
Tondo, Póggio- **9** A 4
Tónfano **5** D 4
⊠ *55044*
Tonnara **36** B 3
Tonnara Saline **28** D 1-2
Tonnare **36** C 2
Tónneri, Monte- **35** A 4
Tonni **9** F 2
Tonnicoda **18** E 4
Tonno **1** B 1
Tóntola **6** C 8
⊠ *47010*
Topi, Ísola dei- **12** D 5
Topino, Fiume- **14** B 4
Toppa Barrata **27** D 5
Toppa del Guardiano **27** D 6
Toppa della Chiesa **27** C 6
Toppe del Tesoro **22** C-D 2-3
Tóppole **9** C 8
Toppo Santa Bárbara **27** C-D 6
Toppo Séggio **27** A 8
Toppo Tagliaorécchio **27** B 8
Tor Caldara, Riserva Naturale- **25** A 3-4
Tora **26** C 8
⊠ *81044*
Tora e Piccilli **26** C 8
⊠ *81044*
Toranello **3** F 3
Torano (CE) **26** D 7
Torano (MS) **5** B 3
⊠ *54033*
Torano (RI) **18** F 5
⊠ *02029*
Torano, Fosso- **27** C 2
Torano Nuovo **15** D 5
⊠ *64010*
Tora-Presenzano, Stazione di- **26** C 8
Torbecchia **5** D 8
Torchiagina **14** A 4
Torchiaro **15** A 4
⊠ *63020*
Torcigliano (LU-Camaiore) **5** D 5
Torcigliano (LU-Pescáglia) **5** D 5
Tor d'Andrea **14** B 4
⊠ *06088*
Tordenaso **2** B 1
Tordibetto **14** A 4
Tordimonte **14** F 1
Tordinia **18** A 8
⊠ *64040*
Tordino, Fiume- **15** F 4-5
Torella del Sánnio **22** E-F 6
⊠ *86028*
Torello (PU) **7** D 3
Torgiano **14** B 3
⊠ *06089*
Torino di Sangro **19** E 6
⊠ *66020*
Torino di Sangro, Stazione- **19** E 6 ⊠ *66020*
Torlónia, Palazzo- **10** F 5
Tornaréccio **22** A 5
⊠ *66046*
Tornazzano **11** C-D 4
Tórnia **9** E 8
Torniella **13** B 2
⊠ *58030*
Tornimparte **18** D 5
⊠ *67049*
Tornini, i- **4** B 7
Tórnolo **1** C-D 4-5
⊠ *43059*
Toro **22** F 8
⊠ *86018*
Toro, Ísola il- **36** F 3
Torone (AV) **27** F 8
Torone (CE) **27** E 2
Tor Paterno **20** E 5
Torpè **31** D 6
⊠ *08020*
Torpiana **4** B-C 5
Torráccia, la- **12** B 6
Torráccia, Monte della- **6** A 1
Torralba **30** F 5
⊠ *07048*
Torralba, Stazione di- **30** F 6
⊠ *07048*
Torrano (MS) **4** B 6
Torre (AN) **10** B 7
Torre (AQ) **18** C 5
Torre (AR) **9** C 5
Torre (FI) **5** F 8
⊠ *50054*
Torre (GE) **1** B 1
Torre (GR) **16** A 6
Torre (LU) **5** D 5-6
Torre (MC) **11** D 3
⊠ *62011*
Torre (PR) **2** B 1-2
Torre (RA) **3** D 4
Torre, Casa la- **24** F 3
Torre, Cima la- **25** A 8
Torre, la- (FC) **7** D 2
Torre, la- (MO) **2** D 6
Torre, la- (PU) **7** F 5
Torre, Masseria la- **27** D 5
Torre, Podere- **14** D 3
Torre, Rio- **7** C 1
Torre, Villa- **13** A 4
Torre a Castello **9** E 5
Torre a Cona **6** F 4
Torrebruna **22** C 6
⊠ *66050*
Torre Cajetani **21** D 5
⊠ *03010*
Torre Calzolari **10** E 5
⊠ *06020*
Torrecane, Monte- **18** D 4
Torre Cervara **20** B 7
Torre Cérvia, Faro di- **25** D 7
Torrechiara **2** B 1
⊠ *43010*
Torre Ciana, Punta di- **16** D 6
Torrecuso **27** D 4
⊠ *82030*
Torre dei Giunchi, Masseria- **23** D 5
Torre del Colle **14** C 4
Torre del Lago Puccini **5** E 4
⊠ *55048*
Torre del Moro **7** B 2
⊠ *47023*
Torre del Padiglione **25** A 5
⊠ *04011*
Torre del Sale **12** C 6
Torre de' Pásseri **19** E 2
⊠ *65029*
Torre di Lama, Azienda- **23** F 6
Torre di Nolfi **22** A 1
⊠ *67030*
Torre di Palme **15** A 5
⊠ *63010*
Torre di Táglio **18** E 4
Torre Gáia **21** C 1
⊠ *00133*
Torre Gentile **14** F 3
Torrei, Rio- **33** E 3
Torre Iano **2** E 7
Torre le Nocelle **27** F 6
⊠ *83030*
Torre Lupara **27** E 1
Torremaggiore **23** E 4
⊠ *71017*
Torre Maggiore, Monte- **17** A 8
Torre Máina **2** D 5
⊠ *41050*
Torre Mancina **20** A 7
Torre Mettéglia **1** A 3
Torremontanara **19** C 4
Torre Mozza (LI) **12** C 7
⊠ *57020*
Torrenieri **13** A 5
⊠ *53028*
Torrenova (RM) **20** C 7
⊠ *00133*
Torrente Cállora, Riserva Naturale- **27** A 2
Torrente Farma, Riserva Naturale- **13** B 3
Torre Nuova Scalo **8** C 1
Torreone **9** E 8
Torreorsina **18** A 1
⊠ *05030*
Torre Pedrera **7** B 4
⊠ *47812*
Torre San Marco **10** A 6
Torre San Patrízio **11** F 6
⊠ *63010*
Torre San Severo **13** F 8
Torre Santa Lucia **15** E 2
Torre Spada **2** A 8
Torretta (LI) **8** B 5
Torretta, Casa la- **27** B 7
Torretta, la- **23** F 3
Torretta, Monte la- **22** B 7
Torrette (AN) **11** B 4
⊠ *60020*
Torrette di Fano **7** F 8
Torre Varano **24** C 4
Torre Varcaro, Masseria- **24** F 6
Torrevécchia (OR) **34** B 4
Torrevécchia (RM) **20** B 6
Torrevécchia Teatina **19** C 4
⊠ *66010*
Torri (FI) **6** F 4
Torri (PT) **6** B-C 1
⊠ *51020*
Torri (RA) **3** D 6
Torri (SI) **9** F 2-3
Torri, le- (PG) **14** D 4
Torri, Grotta di- **18** E 1

Torriana (RN) 7 C-D 3
⊠ 47825
Torrícchio 22 A 5
Tórrice 21 F 6
⊠ 03020
Torricella (CE) 27 E 3
Torricella (PG) 14 A 1
Torricella (PU-Fossombrone) 10 B 6
Torricella (PU-Novaféltria) 7 E 2
Torricella (PU-Serra Sant'Abbóndio) 10 C 5
Torricella (SI) 13 E 7
Torricella, la- 14 B 2
Torricella in Sabina 18 E 2
⊠ 02030
Torricella Peligna 22 A 4
⊠ 66019
Torricella Sicura 15 F 4
⊠ 64010
Torrícola, Stazione di- 20 D 7
⊠ 00178
Torríglia 1 C 1
⊠ 16029
Torri in Sabina 18 D 1
⊠ 02049
Torrimpietra 20 B 4
⊠ 00050
Torrini, Monte dei- 10 A 3-4
Torriola 7 F 3
Torrione, il- 13 A 7
Torrioni 27 F 5
⊠ 83010
Torrioni della Portella 26 C 3
Torrita 18 A 5
⊠ 02010
Torrita di Siena 13 A 6
⊠ 53049
Torrita Tiberina 17 E 8
⊠ 00060
Tórrite 5 B 5
Torrone (IS) 26 A 8
Torrone (MC) 14 A 8
Torrone, Póggio- 14 E 2
Torsana 4 C 8
Tor San Lorenzo 25 A 3
⊠ 00040
Tor Sapienza 20 C 7
⊠ 00155
Tórsoli 9 B 4
Tortiano 2 A-B 2
Tortigliano 9 C 8
Torto, Rio- (RI) 18 E 5
Torto, Rio- (TO) 20 F 6
Tortolì 33 F 6
⊠ 08048
Tortolì, Stagno di- 33 F 6
Tortoreto 15 E 6
⊠ 64018
Tortoreto Lido 15 E 6
⊠ 64019
Tor Tre Ponti 25 A 6
⊠ 04013
Tortu, Rio- 31 F 2
Tor Vaiánica 20 F 6
⊠ 00040
Torza 4 C 4
⊠ 19010
Tosca 1 B 6
Tosca, la- 3 C-D 5
Toscanella 3 E 2
⊠ 40060
Toscano 13 A 5
Toscolano (TR) 14 F 2
Toselli, Masseria- 23 F 6
Tosi 6 F 5
⊠ 50060
Tosoni, Palazzo- 13 C 7-8
Tossicía 18 A-B 8
⊠ 64049
Tossignano 3 F 2
⊠ 40020
Tossilo 32 C 5-6
Tossino 6 A 7
Toteri 27 C 2
⊠ 81011
Tótila, Monte- 22 E 5
Toto 15 F 4
Tottea 18 A 6
⊠ 64040
Tottubella 30 D 2
⊠ 07040
Tozza, la- 28 D 6
Trabária, Bocca- 10 B 2
Trabuccato 28 C 2
Trabuccato, Punta- 28 C 2
Tradori, Nuraghe- 32 E 4
Traessa, la- 29 E 2
Traessu, Monte- 30 F 5
Traghetto 3 B 3
⊠ 44010
Tragliata 20 B 4
Tragliatella 20 A 4
Traiana 9 B 6
Traino, Torrente- 2 D 5
Tralariva 1 C 7
Tra le Serre, Monte- 18 D 4
Tramaríglio 30 E 1
⊠ 07040
Tramaríglio, Porto del- 30 E 1
Tramatza 32 E 4-5
⊠ 09070
Tramazzo, Torrente- 6 B 6-7
Tramontana, Punta- (LT) 25 D 1
Tramontana, Punta- (SS) 28 E 4
Trana, Cala di- 29 C 4
Tranquillo, Monte- 22 D 1
Tranzi 26 D 8
Tráppola (AR) 9 A-B 6
Tráppola (GR) 13 F 1
Tráppola (MO) 2 F 6
Tráppola, Torre della- 13 F 1
Trarivi 7 D 4
⊠ 47854
Trasacco 21 B 7
⊠ 67059
Trasanni 7 F 5
⊠ 61020
Trasasso 2 F 8
Tráschio 1 B 3
Trasimeno, Lago- 14 A 1
Traso 1 D 1
Trasserra 6 A 2
Trassílico 5 C 5
⊠ 55020
Trasúbbie, Torrente- 13 E 3
Trasubbino, Torrente- 13 E 4
Tratalias 36 C-D 4
⊠ 09010
Tratturo, Taverna del- 22 E 8
Tratzális, Monte- 37 A 3
Trava (FE) 3 B 4
Travale 13 A 1
⊠ 58020
Travalle 6 E 2
Trave, Scóglio del- 11 B 5
Traversa (FI) 6 B 3
⊠ 50030
Traversa, la- 33 B 5
⊠ 08020
Traversa, Serra- 22 E 1
Traversara 3 E 5
⊠ 48020
Traversétolo 2 B 2
⊠ 43029
Tre Archi 11 F 7
Trebbiantico 7 E 7
Trébbio (AR) 10 B 1
Trébbio (FC) 6 B 7
Trébbio (FI) 6 D 3
Trébbio (MC-Fiastra) 14 B 8
Trébbio (MC-Pollenza) 11 F 4
Trébbio (RN) 7 C 3
⊠ 47824
Trébbio, Foce del- 5 C 7
Trebbo 7 B 2
Trebbo di Reno 2 C 8
⊠ 40013
Trebiano 4 E 6
Trébina Longa, Punta- 34 B 5
Tre Cancelli 25 A 5
Tre Case 13 D 6
Tre Cerri 16 A 6
Trécine 10 F 1
Tre Colli 5 F 6
Tre Confini, Foce dei- 4 B 5
Tre Confini, Monte- (AQ) 21 D 8
Tre Confini, Monte- (CB) 27 B 4
Tre Confini, Monte- (FR) 21 D 6
Tre Croci (VT) 17 D 5
⊠ 01010
Tre Croci, Cappella- 1 B 2
Tre Croci, Monte- 6 B 1
Tre Croci, Monte delle- 15 F 3
Trédici Archi, Ponte- 27 A 6
Tredózio 6 B 6
⊠ 47019
Trefiumi 1 E 8
Tre Fontane (AV) 27 D 8
Treggiáia 8 A 7
⊠ 56030
Tréglia 27 D 1
⊠ 81040
Tréglio 19 D 5
⊠ 66030
Trégole 9 C 3
Tregozzano 9 C 7
Tréia 11 E 3
⊠ 62010
Treja, Parco Valle del- 17 F 7
Tremensuoli 26 D 5
⊠ 04020
Trémiti, Ísole- 24 A 3
Tremonti 21 A 4-5
⊠ 67060
Trempu, Punta- 35 B 2
Trenta Míglia, Cantoniera- 17 E 6
Trentino 5 A 8
⊠ 41021
Tréntola (BO) 3 E 3
Tréntola (FC) 7 B 1
Tre Pizzi, Monte- 10 F 7
Tre Potenze, Alpe- 5 B 7
Tréppio 6 B 1
⊠ 51020
Trequanda 9 F 6
⊠ 53020
Tre Rii 1 C 8
Trerío 6 A 5
Tresa, Torrente- 14 B 1
Tresana 4 C 6-7
⊠ 54012
Tresanti (FI) 9 B 1
Tresca, Monte- 6 B 1
Treschietto 4 B 7
⊠ 54021
Tréscine 27 F 4
Tresinaro, Torrente- 2 B 4-5
Tres Móntis, Genna- 35 E 3
Tresnurághes 32 C 4
⊠ 09079
Tres Nurághes, Nuraghi- (SS-Bonorva) 32 A 5
Tres Nurághes, Nuraghi- (SS-Móres) 30 F 6
Trespiano 6 E 3
⊠ 50010
Tressano 2 C 4
Treste, Fiume- 22 A 7
Trestina 10 D 2
⊠ 06018
Trettu, Punta- 36 C 3
Trévane 9 B 6
Tre Véscovi, Póggio dei- 7 F 1
Trevi (PG) 14 D 5
⊠ 06039
Trevi (TR) 18 A 1
Trevi, Cascate di- 21 C 4-5
Trevi, Monte- 25 A 7
Trevico 27 F 8
⊠ 83058
Trevignano (PR) 1 C 8
Trevignano Romano 17 F 6
⊠ 00069
Trevinano 13 D 7
⊠ 01020
Trevine 10 D 1
Trevi nel Lázio 21 C 5
⊠ 03010
Trexenta, Regione- 35 D 2
Trezzo 4 D 5
Triana 13 E 5
⊠ 58050
Tribbio 10 C 7
Tribogna 1 D 2
⊠ 16030
Tribola 7 C 3
Tribuna, Monte la- 24 D 5
Tricarai, Ponte- 33 F 6
Tricella, Monte- 21 B 8
Trícoli, Punta- 35 A 5
Triei 33 E 6
⊠ 08040
Triflisco 27 E 1
Trignano (MO) 5 A 8
⊠ 41021
Trignano (RE) 2 A 5
Trignano (TE) 18 B 8
Trignete 27 A 1
Trigno, Fiume- 22 D 6
Trigória 20 D 6
Trigória Alta 20 E 6
Trígus, Serra- 34 F 3
Trimezzo 14 F 8
Trimoletto, Rio- 26 E 6
Trina, Monte- 26 C 4
Trinità (BO) 2 E 8
Trinità (RE) 2 C 2
⊠ 42020
Trinità, Baia- 28 C 6
Trinità, Chiesa la- 14 A 2
Trinità, Convento della- (Fráncia-Corsica) 29 A 2
Trinità, Convento della- (TR) 14 F 1
Trinità, Monte- 27 C 8
Trinità, Santuário della- 26 D 4
Trinità d'Agultu 28 C-D 6-7
⊠ 07038
Trinità d'Agultu e Vignola 28 B-C 7 ⊠ 07038
Triolo, Torrente- 23 F 4
Tripalle 8 B 6
Triponzo 14 D 7
⊠ 06040
Trisolla, Torrente- 13 C 4
Trisulti, Certosa di- 21 D 6
⊠ 03010
Trisungo 15 E 1
⊠ 63043
Trivella 6 B 8
Trivella, Forca- 21 C 8
Trivento 22 D 6
⊠ 86029
Trivigliano 21 D 5
⊠ 03010
Trívio (AN) 10 C 7
Trívio (LT) 26 D 5
⊠ 04020
Trívio (PG) 14 F 7
Trivolischi 27 D 2
Trócchio, Monte- 26 B 6
Tródica 11 E 5
⊠ 62010
Troghi 6 F 4
⊠ 50010
Trognano (PG) 18 A 4
Trógola, Rio della- 6 C 2
Trogoni 6 B 1
Troiano 19 B 1
Tróncia, Rio- 36 B 4
Tronco 23 D 3
Tronco Reale 28 F 3
Tronto, Fiume- 15 E 1-2
Tronzano 15 D 3
Troppola 10 D 4
Tróscia 14 C 3
Trossa, Torrente- 8 E 7-8
Trotu, Rio- 34 D 5
Troviggiano 11 D 3
⊠ 62010
Trudda, Case- 31 B 5
Trunconi, Nuraghe- 35 B 6
Tucci 6 D 1
Tucconi, Cantoniera- 31 C 3
Túdderi, Monte- 28 E 5
Túdurighe, Monte- 30 C 4
Tufano 21 E 5
Tufara (BN) 27 F 5
Tufara (CB) 27 A 6
⊠ 86010
Tufaro, Monte- 27 C 7
Tufello 20 B 6
Tufillo 22 B 7
⊠ 66050
Tufo (AP) 15 E 1
Tufo (AV) 27 F 5
⊠ 83010
Tufo (LT) 26 D 6
⊠ 04020
Tufo (PU) 10 A 4
Tufo Alto 18 F 4
⊠ 67060
Tufo Basso 18 F 4
⊠ 67060
Tuili 34 C 7
⊠ 09029
Tula 28 F 7
⊠ 07010
Tulliano 9 A 7
Tului, Monte- 33 B 6
Tumbarino 28 C 2
Tumbarino, Punta- 28 C 1
Tumboi, Rio- 34 A 5
Tundu, Cúccuru- 35 C 6
Tundu, Monte- (NU) 31 E 6
Tundu, Monte- (SS) 29 F 3
Tungoni 28 D 7
Tuoma, Torrente- 13 A 5
Tuori 9 D 6
Tuori, Masseria- 23 F 7
Tuorlo 9 E 4
Tuoro (CE-Caserta) 27 F 2
⊠ 81029
Tuoro (CE-Sessa Aurunca) 26 D 7 ⊠ 81050
Tuoro (CE-Teano) 26 D 8
⊠ 81057
Tuoro (CE-Tora e Piccilli) 26 C 8
⊠ 81050
Tuoro Alto, Monte- 27 E 4
Tuorofunaro 26 C 8
Tuoro sul Trasimeno 10 F 1
⊠ 06069
Tupei, Torrente- 36 D 2
Turánia 18 F 3
⊠ 02020
Turano (MS) 5 C 3
⊠ 54100
Turano, Fiume- 18 D 2
Turano, Lago di- 18 E 3
Túras 32 B 3
⊠ 08010
Turbone 6 F 1
Turchia, la- 3 C 4
Turchina, Casale- 17 E 3
Túrchio, Monte- (AQ) 21 C 8
Turco, Cala del- 30 D 1
Turco, Monte- 17 F 3
Turcu, Cala su- 36 E 4
Turlago 5 A 3
Turrali, Rio- 29 F 2
Turri (CA) 34 C 6-7
⊠ 09020
Turri, Cúccuru- 35 D 3
Turri, Monte- 35 D 3
Turrina, Cantoniera- 31 C 2
Turrita 14 D 5
Turrita, Punta sa- 29 E-F 5
Túrrite Cava, Torrente- 5 C 5-6
Túrrite di Gallicano, Torrente- 5 C 5
Túrrite Secca, Torrente- 5 B 5
Turrito 7 C 1
Turritta, Monte sa- 33 A 2
Turrivalignani 19 E 2
⊠ 65020
Turuddò, Monte- 31 F 5
Turusele, Monte- 33 D 6
Tuscánia 17 C 3
⊠ 01017
Tuscánia, Parco Naturale- 17 C 3
Tuscolana, Via- 20 C-D 7
Tuscolo 21 D 1
Tussillo 18 E 7
Tússio 18 E 8
⊠ 67020
Tuttavista, Monte- 33 A 6
Tuttusoni, Nuraghe- 29 D 1-2
Tuvoi, Piana- 36 A 6
Tuvonari, Monte- 32 D 4
Tuvu de Giorzi, Ponte- 30 E 3
Tzinneberu, Cantoniera- 33 E 5

U

Uana, Nuraghe- 32 C 6
Uatzu, Rio- 33 E-F 2-3
Uccaidu, Passo o'- 32 A 7
Uccellina, Monti dell'- 16 A 6
Uccellina, Torre dell'- 13 F 2
Uccello, Pizzo d'- 5 A 3-4
Ucerano 9 C 5
Uda, Monte- 35 E 2
Uddè, Monte- 33 B 5
Udulia, Cantoniera- 30 E 6
Uffente, Fiume- 25 A-B 7
Uffogliano 7 C 2
Úfita, Fiume- 27 E 6-7
Ugliancaldo 5 A 4
Ugliano 10 E 8
Ugnano 6 F 2
Ulássai 35 A-B 5
⊠ 08040
Ulássai, Rio di- 35 B 5
Ula Tirso 32 E 6
⊠ 09080
Ulia, Monte- 31 D 2
Ulia, Nuraghe s'- 32 A 4
Ulignano (PI) 8 D 8
⊠ 56048
Ulignano (SI) 9 C 2
⊠ 53030
Uliveto Terme 8 A 6
⊠ 56010
Ultana, Monte- 28 E 6
Ultía, Punta- 31 C 6
Umbértide 10 E 2
⊠ 06019
Umbra, Cantoniera d'- 24 D 6
Umbra, Foresta- 24 D 6
Umbriano, Monte- 5 B 4
Umito 15 E 2
Uncinano 14 E 5
Ungroni, s'- 34 B 4
Uniti, Fiumi- 3 E 7
Unnichedda, Punta- 31 E 7
Únnoro, Monte- 33 D 5
Untruxu, Monte- 37 B 4
Untulzu, Punta de s'- 31 C 3
Unturzu, Monte- 30 E 4
Unzulei 33 D 5
Uomo, Capo d'- 16 C 5-6
Uomo di Sasso, Póggio- 9 A 5
Uópini 9 D 3
Uppiano 10 C 1
Urachi, Nuraghe s'- 32 E 4
Urano, Monte- 19 F 1
Úras 34 C 5
⊠ 09099
Úras, Casa- 34 E 6
Úras, Nuraghe- 32 D 6
Urbánia 10 A 4
⊠ 61049
Urbiano (RA) 6 A 7
Urbino 7 F 4
⊠ 61029
Urbino, Monte- 10 F 4
Urbiságlia 11 F 4
⊠ 62010
Urbiságlia, Stazione di- 11 F 4
⊠ 62010
Urbs Sálvia 11 F 4
Uri 30 D 3
⊠ 07040
Uri, Flúmini- 35 F 5
Urígus, is- 36 C 3
Urralidi, Monte- 34 D 4-5
Urtigu, Monte- 32 D 4
Ururi 23 C 2
⊠ 86049
Ururi-Rotello, Stazione di- 23 D 1
Urzano 2 C 1
Urzulei 33 D 5
⊠ 08040
Usánis, Nuraghe- 31 F 3
Uscerno 15 D 2
Úscio 1 D 1
⊠ 16030
Usella 6 C 2
⊠ 59022
Uselle, Chiesa di- 10 B 2
Useĺlus 34 A-B 6
⊠ 09090
Userna 10 C 2
Usi 13 F 4
Usigliano (PI-Lari) 8 B 6
⊠ 56035
Usigliano (PI-Paláia) 8 A 7
Usigni 14 F 7
Úsini 30 D 4
⊠ 07049
Usmai, Torre- 24 C 6
Uso, Fiume- 7 B 3
Uso, Torrente- 7 C-D 2
Ussana 35 F 2
⊠ 09020
Ussaramanna 34 C 6-7
⊠ 09020
Ussassái 35 A-B 4
⊠ 08040
Ussassái, Stazione di- 35 A 5
⊠ 08040
Ússita 14 C 8
⊠ 62039
Uta 37 A 1
⊠ 09010
Útero, Monte- 14 F 8
Útile 27 E 4-5
Uzzano (FI) 9 B 3
Uzzano (PT) 5 D 7
⊠ 51010

V

Vacca, Cala di- 28 D 2
Vacca, Ísola la- 36 E 3
Vaccaggi, li- 29 D 1
Vaccara 10 F 5
Vaccaréccia (MS) 4 C 7
Vaccaréccia (RI) 18 D 3
⊠ 02020
Vaccareccia, la- 22 F 1
Vaccarile 10 B 8
⊠ 60010
Vaccheria 27 E 2
⊠ 81100
Vaccileddi 31 B 6
⊠ 07020
Váccos, Cantoniera sos- 31 E 4
Vacíglio 2 B 6
⊠ 41010
Vacone 18 C 1
⊠ 02040
Vacri 19 D 4
⊠ 66010
Vada 8 D 5
⊠ 57018
Vada, Secche di- 8 E 5
Vado (AN) 10 C 7
Vado (AQ) 18 D 6
Vado (BO) 2 F 8
⊠ 40040
Vado (LU) 5 C 4
⊠ 55041
Vado di Corno 18 C 7
Vado di Pezza 18 F 7
Vado di Sole 19 C 1
Vado Mistongo 27 B 5
Vadopiano, Casa- 13 B 2
Vadossi 13 A 4
Vaestano 2 D 1
Vággio 9 A 5
⊠ 50066
Vagli 14 F 2
Vagli, Lago di- 5 B 4
Váglia 6 D 3
⊠ 50030
Váglia, Monte- 26 B 4
Vagliagli 9 D 3
⊠ 53010
Vagliano 6 C-D 4
Váglie (AR) 10 E 1
Váglie (CE) 26 C 7
⊠ 81044
Váglie (RE) 2 E-F 1
Váglio (MO) 2 F 4
⊠ 41023
Vagli Sopra 5 B 4
Vagli Sotto 5 B 4
⊠ 55030
Vagnole, le- 26 E 6
Vaiano (PG) 13 B 8
Vaiano (PO) 6 C 2
⊠ 59021
Vaiano (VT) 17 A 5
Vairano, Lago di- 26 C 8
Vairano Patenora 26 C 8
⊠ 81058
Vairano Scalo 26 C 8
⊠ 81059
Váiro 1 D 8
⊠ 43025
Valazzo 24 C 5
Valbiano 7 D 1
Valbona (LU) 5 A 5
⊠ 55030
Valbona (PR) 1 C 7
Valbona (RE) 2 E 1
Valbrevenna 1 B-C 1
⊠ 16010
Valbuona 10 A 2
Valcaldara 14 B 7
Valcanneto 20 B 4
Valcarecce 10 D 8
Valcava (AR) 7 F 2
Valcesura 3 A 5
Valcieca 1 E 8
Valcimarra 14 A 8
⊠ 62020
Valdalena 6 E 5-6
Valdarena 14 F 5
Valdarno, Regione- 9 A-B 5-6
Val d'Asso 9 F 5
Valdena 1 D 6
Valdevarri 18 F 4
Valdibrana 6 D 1
⊠ 51030
Valdicastello Carducci 5 D 4
⊠ 55040
Val di Castro, Abbazia di- 10 D 7
Val di Cava 13 B 4
Valdiea 14 A 8
Val di Mela 29 C 3
Val di Meda, Chiesa- 6 C 5-6
Valdimonte 10 B 2
Val di Mora 6 C 5
Valdinoce 7 C 1
Valdiperga 8 D 6
Val di Rosa 10 F 1
Val di Sasso, ex Convento- 10 E 6
Valditacca 1 E 8
⊠ 43020
Valdolmo 10 D 6

Valdórbia 10 D 5
Valdottavo 5 D 5-6
✉ 55067
Valentano 17 A 3
✉ 01018
Valente, Casa- 24 C 5
Valente, Masseria- 24 F 5
Valenti, Ponte- 30 F 6
Valenzana 5 E 5
Valenzano (AR-Sestino) 10 A 2
Valenzano (AR-Subbiano) 9 A 7
Valéria, Via- 21 A 7
Valeriano (SP) 4 D 6
Valestra 2 D 3
✉ 42033
Valfábbrica 14 A 4
✉ 06029
Valfábbrica, Lago di- 10 F 4
Valgiano 5 D 6
Valiano 13 A 7
✉ 53040
Vall'Alta, Cala- 29 C 2-3
Vallarella 27 A 5
Vallato 15 B 1
Vallazza 14 C 8
Valle (BN) 27 F 4
Valle (BO) 6 A 3
Valle (FI-Pontassieve) 6 E 4
Valle (FI-Vinci) 5 F 8
Valle (FR) 26 B 5
Valle (IS) 26 A 8
Valle (LU) 5 E 6
Valle (MS-Bagnone) 4 B 7
Valle (MS-Pontrémoli) 4 B 6
Valle, Badia della- 6 B 6
Valle, Fosso la- 12 E 8
Valle, Fonte della- (FR) 21 F 8
Valle, Ponti della- 27 F 2
Valle, Taverna della- 22 D 4
Valle, Torrente della- 6 B-C 6
Valle Agrícola 27 B 1
✉ 81010
Valle Avellana 7 E 4
Valle Baroni 19 E 2
Valle Benedetta 8 B 5
✉ 57124
Vallebona (VT) 17 B 5
Vallebuona 18 F 3
Valle Canzano 15 F 5
✉ 64020
Valle Castellana 15 E 3
✉ 64010
Valle Castellone 17 B 4
Vallécchia 5 C 4
✉ 55040
Vallécchio (FI) 9 A 1
Vallécchio (PG) 10 D 3
Vallécchio (RN) 7 D 4
Vallecorsa 26 B 3
✉ 03020
Vallecupa (AQ) 18 E 7
Vallecupa (CH) 22 A 5
Vallecupa (IS) 26 B 8
Vallecúpola 18 E 3
Valle Dame 10 E 1
Valle dell'Érica 29 C 3-4
Valle del Treja, Parco- 17 F 7
Valle di Chiáscio 10 F 4
Valle di Ginestreto, la- 7 E 6
Valle di Maddaloni 27 F 2-3
✉ 81020
Valle di Teva 7 E 3
✉ 61028
Valle d'Ocre 18 D 6
Valledória 28 D 6
✉ 07039
Vallefora 10 F 8
Vallefredda 21 E 7
Vallegrande 22 F 1
Vallegráscia 15 D 1
Vallelarga 22 B 2
Valleluce 22 F 1
✉ 03040
Vallelunga 27 A 1
✉ 81010
Vallelunga, Autódromo di- 17 F 7
Vallelunga, Cima- 15 D 1
Vallelunga, Ippódromo di- 17 F 7
Valle Lunga, Torrente di- 18 A 3
Valle Maggiore 17 F 2
Vallemáio 26 C 6
✉ 03040
Vallemare (PE) 19 D 3
✉ 65010
Vallemare (RI) 18 B 4
✉ 02010
Vallemontagnana 10 D 7
Vallemora 21 B 8
Vallenzona 1 B 1
Valle Orsara 15 D 1
Valle Petrina 10 D 1
Vallepietra 21 B 5
✉ 00020
Valleranello 20 D 6
Vallerano (PR) 1 B 8
Vallerano (SI) 13 A 3
Vallerano (VT) 17 C 6
✉ 01030
Valleremita 10 E 6
Vallermosa 36 A 6
✉ 09010

Vallerona 13 E 4
✉ 58050
Vallerotonda 26 A 7
✉ 03040
Valle San Giovanni (TE) 18 A 7
✉ 64040
Valle San Martino (MC) 14 A 7
Valle San Martino (PG) 18 A 1
Valle Sant'Anastásia 7 E 3
✉ 61013
Valle Santa, Cassa di- 3 C 4
Vallescura 1 C 2
Vallestretta 14 C 8
Valletta, la- 3 C 2
Valle Vegenana 14 A 8
Valle Violata 21 D 1
Vallevona, Masseria- 23 E 2
Valli (AP) 15 D 3
Valli (PR) 2 A 1
Valli, le- (FI) 6 B 4
Vallíbbia 10 F 6
Vallícchio 14 B 7
Vallicciola 31 B 2-3
Vállico Sopra 5 C 5
Vállico Sotto 5 C 5
Vallina (AN) 10 E 6
Vallina (FI) 6 E 4
Vallinfante 14 D 8
Vallinfreda 21 A 3
✉ 00020
Vallingegno, Abbazia di- 10 F 4
Vallisnera 2 E 1
Vallócchia 14 F 6
Vallo di Nera 14 E 6
✉ 06040
Vallombrosa 6 F 5
✉ 50060
Vallombrosa, Riserva Naturale- 6 F 5
Vallona, la- 3 C 3
Vallone (AN) 10 A 8
Valloni (CH) 22 A 6
Valloni (IS) 22 F 3
Valloni, Monte- 18 B 3
Vallonina, Valle- 18 B 3
Vallorano 15 D 3
Vallúcciole 6 E 6
Vallunga 18 A 3
Vallurbana 10 D 7
Valmeronte, Monte- 10 B 2
Valmontone 21 D 2-3
✉ 00038
Valmózzola 1 C 6
✉ 43050
Valmózzola, Stazione di- 1 C 7
✉ 43050
Valnerina, Valle- 14 E-F 6
Val Noci, Lago di- 1 C 1
Valogno 26 D 7
✉ 81037
Valpiana 12 B 8
✉ 58020
Valpiana, Osteria- 10 B 2
Valpromaro 5 D 5
✉ 55068
Valsalva 6 A 5
Valsavignone 6 F 8
Valsénio 6 A 6
Valsigiara 1 B 2-3
Valsorda, Rifúgio- 10 F 6
Valtieri, Casa- 13 E 7
Valtopina 14 B 5
✉ 06030
Valtreara 10 D 7
✉ 51010
Valtriano 8 A 6
Valventosa 5 C 4
Valverde (FC) 7 A 3
Valverde, Santuário di- 30 E 3
Valvisciolo, Abbazia di- 21 F 3
Val Vomano 19 A 1
Válvori 22 F 2
✉ 03040
Valzangona, Sorgente Minerale- 7 F 5
Vandra 22 E 4
✉ 86080
Vandra, Ponte della- 22 E 4
Vandra, Torrente- 22 E 4
Vandrella, Torrente- 22 E 3-4
Vantággio, il- 14 E 1
Vara, Fiume- 4 B 4
Varana 2 D 4
✉ 41040
Varano (AN-Ancona) 11 B 5
✉ 60029
Varano (AN-Fabriano) 10 E 6
✉ 60044
Varano (MS) 4 C 7-8
Varano (TE) 15 F 4
Varano, Crocifisso di- 24 D 4
Varano, Foce di- 24 C 4
Varano, Lago di- 24 C 4
Varano, Rocca di- 14 A 8
Varano de' Melegari 1 A 7
✉ 43040
Varano dei Marchesi 1 A 7
✉ 43040
Varco (MC) 11 F 4
Varco Sabino 18 E 3
✉ 02020
Vardella, Punta- 25 D-E 1
Varese Lígure 4 B 4
✉ 19028
Vari 14 C 8

Variante, Passo la- 31 B 2
Varignana 3 E 1
Varignana, Stazione- 3 D 2
Varliano 5 A 4
Varna 9 B 1
✉ 50050
Varoni (BN) 27 F 4
✉ 82016
Varoni (RI) 18 A 5
Varri, Val di- 18 F 4
Varsi 1 B 6
✉ 43049
Vasanello 17 C 6
✉ 01030
Vasari 11 A 3
Vasche 18 C 3
Vasciano (PG) 14 E 3
Vasciano (TR) 17 C 8
Vasconi 10 F 7
Vasto (CH) 19 F 7
✉ 66054
Vastogirardi 22 D 4
✉ 86089
Vastogirardi, Stazione di- 22 D 4 ✉ 86089
Vaticano, Città del- 20 C 6
Vázia 18 C 2
✉ 02010
Vè, Monte- 4 D 4
Vécchia, Caserma- 37 B 4-5
Vécchia, la- (RE) 2 C 3
Vécchia, Torre- 8 C 1
Vecchia Dispensa, Ruderi- 34 F 4
Vecchiano 5 E-F 5
✉ 56019
Vecchiarelli 11 C 3
Vecchiazzano 6 A 8
✉ 47100
Vecchietto 4 D 7
Vécchio, Fosso- 3 D 5
Vécchio, Monte- 22 B 5
Vecciano 7 D 4
Vecciática 1 D 8
Vecciola 15 B 1
Vedegheto 2 E-F 7
✉ 40060
Vedetta, la- 2 C 3
Vedrana 3 C 2
✉ 40060
Vedriano (BO) 3 E 1-2
Vedriano (MS) 5 A 3-4
Vedriano (RE) 2 C 2
Veduro 3 C 1
Vedute, le- 5 F 7-8
Vedute di Faito, Monte- 21 C 5
Véggia 2 C 4
✉ 42010
Véggio 2 F 7
Véglia, Croce a- 5 C 7
Vegni 1 B 1
Véio 20 A 5
Véio, Parco Regionale di- 20 A 5
Vejano 17 E 5
✉ 01010
Vela, Becco di- 29 B-C 5
Velbe, Monte- 6 B 8
Velino, Fiume- 18 C 2
Velino, Gole del- 18 B-C 4
Velino, Monte- 18 F 6
Vella, Fiume- 22 A 2-3
Vellano 5 D 7
Velletri 21 E 1-2
✉ 00049
Vellucciana 2 E 2-3
Velva 1 F 4
✉ 16030
Velva, Colle di- 4 C 4
Venafro 26 A 8
✉ 86079
Venagrande 15 D 3
✉ 63040
Venanzi, Podere- 9 E 7
Venarotta 15 D 2-3
✉ 63040
Venatura 10 C 5-6
Vendaso 4 C 8
Vendersi 1 A 1
Vendício 26 D 4
Venditti, Masseria- 23 F 3
Vene (PG) 14 D 6
Vene del Tévere, le- 7 F 1
Venenta 2 B 8
Vénere (AQ) 21 B 8
✉ 67050
Vénere (AR) 9 C 7
Vénere, Monte- (BO) 2 F 8
Vénere, Monte- (VT) 17 D 5
Venna, Torrente- 19 D 4
Ventarola 1 D 2
Ventarola, Monte- 4 A 4
Ventaroli 26 D 7
Ventasso, Monte- 2 E 1
Venti, Póggio dei- 16 B 7
Venticano 27 F 6
✉ 83030
Vento, Ca' al- 5 E 8
Vento, Grotta del- 5 C 5
Vento, Grotta Grande del- 10 D 7
Ventosa 26 C 6
Ventoso 2 C 4
Ventósola, Monte- 14 E 8

Ventotène 25 F 5
✉ 04020
Ventotène, Ísola di- 25 F 5
Ventrella, Casa di- 24 C 5
Ventrino, Monte- 21 A 8
Venturi, Casa- 30 D 3
Venturina 12 B 6
✉ 57029
Vera, Rio la- 22 C 3
Verazzano 9 C 8
Verchiano 14 C 6
✉ 06030
Verciano 5 E 6
Verde, Costa- 34 D 3
Verde, Grotta- (SS) 30 E 1
Verde, Lago- (MS) 1 D 6
Verde, Lago- (PR) 1 E 8
Verde, Torrente- (MS) 4 A 6
Verdone, Monte- 27 A 5
Vergagni 1 A 1
Vergatello, Torrente- 2 F 6
Vergato 2 F 7
✉ 40038
Vergelle 13 A 5
Vergémoli 5 C 5
✉ 55020
Verghereto (FC) 6 F 8
✉ 47028
Verghereto (PO) 6 F 1
Vergheto, Casa del- 5 B 3
Vergiano (BO) 6 A 3
Vergiano (RN) 7 C 4
✉ 47828
Vérgine, la- 5 D 8
Vergineto 10 A 6
Veri, Monte- 1 B 3
Verica 2 F 5
Vermenone, Monte- 14 A 6-7
Verna, la- (AR) 9 A 8
✉ 52010
Verna, la- 2 E 3
Vernacchi, Casa- 13 F 2
Vernazza 4 D-E 5
✉ 19018
Vernazzano 10 F 1
Verni 7 C 5
Verniana 9 D 6
Vernine 13 A 5
Vérnio 6 C 2
✉ 59024
Vernone, Monte- 24 D 5
Verola, Monte- 2 C 1
Véroli 21 E 6
✉ 03029
Verone 4 C 6
Verratti 19 F 5
Verrécchie 21 A 5
✉ 67060
Verrécchie, Grotta di- 21 A 5
Vérrico 4 A 5
Verroni 27 E 3
Verrucolette 5 A 4
Vérsale 2 F 4
Versano 2 D 8
✉ 81057
Versília, Regione- 5 C 4
Versola 4 A 7
Vertine (SI) 9 C 4
Verúcchio 7 C-D 3
✉ 47826
Verzáglia 7 B 3
Verzale, Monte- 27 E 8
Verzi (GE) 1 D 2
Verzuno 6 A 2
Vésale 2 F 4-5
✉ 41020
Véscia 14 C 5
Vescigli, Serra- 27 D 6
Vescona 9 E 4-5
Vescovado (SI) 13 A 4
Véscovo, Laghi del- 25 B 8
Vespignano (FI) 6 D 4
Vespignano (RA) 6 A 6
Vessa 6 D-E 3
Vestea 19 C 1
✉ 65010
Vestignano 15 A 1
Véstola 1 C 8
Vetralla 17 D 4
✉ 01019
Vetralla, Rocca- 14 F 7
Vetriano 5 C 5-6
Vetrícia, Cime di- 5 B 6
Vetriolo 17 A 5
✉ 01020
Véttia, Valle- 26 B 2
Vetto (RE) 2 D 1
✉ 42020
Véttola, la- 8 A 5
Vettore, Monte- 15 D 1
Vettoretto, Monte- 15 F 1
Vetulónia 13 D 1
✉ 58040
Vézimo 1 A 2
Vezza 9 B 7
Vezza, Torrente- 17 B 5-6
Vezzanelli 4 C 5
Vezzanello 5 A 3
Vezzano (MO) 2 D 4

Vezzano (PR) 2 C 1
✉ 54027
Vezzano Lígure 4 D-E 6
✉ 19020
Vezzano sul Cróstolo 2 B 3
✉ 42030
Vezzara 26 C 7
Vézzola 4 C 5
Vezzola, Rio- 15 F 3
Via, Posta della- 23 F 7
Viacce 10 D 6
Via Cupa, Scolo- 3 E 6
Viadágola 3 C 1
Viáio 9 B 8
Via Larga 2 B 6
✉ 41015
Viamággio 10 A 1
Viamággio, Passo di- 10 A 1
Viandante, Masseria del- 23 B 1
Vianino 1 A 7
✉ 43040
Viano (CH) 19 E 4
Viano (PU) 7 F 3
Viano (RE) 2 C 3
✉ 42030
Via Nuova, Casa- 21 A 6
Via Piana 7 F 5
✉ 61029
Viaréggio 5 D-E 4
✉ 55049
Viarelle, Masseria- 23 C 3
Via Tagliata 3 D 6
Viazzano 1 A 7-8
✉ 43040
Vibbiana 5 A 5
Vibrata, Torrente- 15 F 5
Vicalvi 21 E 8
✉ 03030
Vicarello (LI) 8 A 5
✉ 57019
Vicarello (PI) 8 C 8
Vicarello (RM) 17 F 5
✉ 00069
Vícchio 6 D 4
✉ 50039
Viceno (TR) 13 E 8
Vicino 7 C 3
Vicino, Monte- 10 B 3
Viciomággio 9 C 6
✉ 52040
Vico (MS) 4 B 7
Vico (PT) 5 D 8
Vico (RE) 2 B 2
Vico, Lago di- 17 D 5
Vico d'Arbia 9 E 4
Vico d'Elsa 9 C 2
✉ 50050
Vico del Gargano 24 C 5
✉ 71018
Vicoferaldi 6 E 4-5
Vícoli 19 D 2
✉ 65010
Vico-Matrino, Stazione di- 17 E 5 ✉ 01012
Vico nel Lázio 21 D 6
✉ 03010
Vico Pancellorum 5 C 7
Vicopisano 5 F 6
✉ 56010
Vicosoprano (GE) 1 B 3
Vicovaro 21 A 2
✉ 00029
Viddalba 28 D 6
✉ 07030
Vidiana 2 B 1
Vidiciático 5 A 8
✉ 40049
Vidoni 15 C 1
Viepri 14 D 4
✉ 06056
Vierle 6 E 5
Viesci 18 A 3
Vieste 24 C-D 7
✉ 71019
Vigánego 1 D 1
Vigatto 2 B 1
✉ 43010
Vigese, Monte- 6 A 2
Vigi, Fiume- 14 C 7
Vigliano 18 D 5
✉ 67010
Vignale (LI) 12 C 7
Vignale (PR) 2 B 2
Vignale-Riotorto, Stazione- 12 C 7 ✉ 57020
Vignana 4 D 4-5
Vignanello 17 C 6
✉ 01039
Vignano 9 E 3-4
Vigna, Nuraghe- 32 A 4
Vignarca, Casa- 12 C 6
Vigne (AN) 10 D 7
Vigne (CE) 26 C 7
Vigne (SI) 9 D 2
Vigne (SS) 31 E 2
✉ 07014
Vigne (TR) 17 B 8
Vigne, le- (GR) 13 C 4
Vigneta 5 A 3-4

Vígnola 4 B 6
✉ 54027
Vignola (MO) 2 D 6
✉ 41058
Vignola (SS) 29 D 1-2
Vignola, Monte- (BO) 2 E 7
Vignola, Porto di- 29 D 2
Vignola, Regione- 29 D 1-2
Vignola, Rio- 29 E 2
Vignola, Torre- 29 D 2
Vignola Mare 29 D 2
Vignole (PT) 6 E 1
Vignoli, Monte- 28 D-E 6
Vignoni 13 B 5
Vigo (BO) 6 A 2
Vigogna 1 B 1
Vigolone 1 C 8
Vigorso 3 C 1
Villa (AN) 11 C 4
✉ 60025
Villa (AR) 6 E 6
Villa (CE) 27 D 1-2
Villa (FC) 7 E 1
Villa (GE-Léivi) 1 E 2
Villa (GE-Mezzánego) 1 D-E 3
Villa (GE-Santo Stéfano d'Áveto) 1 C 3
Villa (LU) 5 A 5
Villa (MO) 2 C-D 5
Villa (PG-Gualdo Cattáneo) 14 D 4
Villa (PG-Magione) 14 A 2
Villa (PG-Perugia) 14 B 2
Villa (RN) 7 D 4
Villa (SI) 9 C 4
Villa (SP) 4 B 4
Villa, la- (AQ) 18 F 8
✉ 00010
Villa, la- (AR) 10 B 1
Villa, la- (BO) 2 C 7
Villa, la- (FI) 9 B 3-4
Villa, la- (LI) 16 F 2
Villa, la- (LU) 5 B 5-6
Villa, la- (MC) 15 A 1
Villa, la- (PR) 2 C 2
Villa, la- (PU) 7 F 3
Villa, la- (RE) 2 A 4
✉ 42010
Villa, la- (RM) 20 A 5-6
Villa, la- (SI) 13 B 4
Villa, la- (SP) 4 D 5
Villa Adriana 21 B 1
✉ 00010
Villa Andreoli 19 E 5
Villa a Sesta 9 D 4
Villa Assunta 30 D 1-2
Villa a Tolli 13 B 4
Villa Azaro 4 B 3
Villa Badessa 19 D 2
✉ 65010
Villa Barone 6 D 2
Villa Basílica 5 D 7
✉ 55019
Villa Bentivóglio 15 B-C 1
Villa Berarde 15 A 2
Villaberza 2 D 2
✉ 42038
Villabianca 2 D 5-6
✉ 41054
Villa Bibone 2 E 5
Villa Bozza 19 A 2
✉ 64030
Villabuona (LU) 5 D 5
Villa Buonrespiro 17 C 5
Villa Caldari 19 D 5
✉ 66020
Villa Campanile 5 E-F 7
✉ 56020
Villa Canale 22 D 5
✉ 86081
Villa Casale 9 F 4
Villa Ceccolini 7 E 6
Villa Celiera 19 C 1
✉ 65010
Villacella 1 C 3
Villa Cheloni 8 B 5
Villa Chiarini 15 D 4
Villa Chiáviche 7 A-B 2
Villacidro 34 E-F 5
✉ 09039
Villa Col de' Canali 10 D 5
✉ 06021
Villa Collemandina 5 A 5
✉ 55030
Villa Corbelli 2 B 3
Villa Curta 2 A 4
Villa d'Aiano 2 F 6
✉ 40034
Villa del Cerreto 10 D 1
Villa delle Fontane 17 A 3
Villa delle Máschere 6 C 3
Villa del Monte (PU) 10 A 6
Villa del Monte (SI) 9 C 1
Villa di Bággio 6 C 1
✉ 51030
Villa di Piazzano 9 F 8
Villa di Postignano 14 A 5
Villa Dogana 6 B 3
Villa d'Orri 36 C 7
✉ 09018
Villa Elce 19 E 5
✉ 66030
Villa Eucheria 26 A 5
Villa Fastiggi 7 E 6
✉ 61100

Villafelice 21 F 8
Villa Fontana 3 D 2
✉ 40060
Villafranca di Forlì 3 F 5
✉ 47010
Villafranca in Lunigiana 4 C 7
✉ 54028
Villággio Améndola 23 F 6
Villággio Aniene 8 D 5
Villággio Colustrai 37 A 6
Villággio d'Arcángelo 24 F 6
Villággio del Fanciullo 20 A 1
Villággio Europa 5 A 8
Villággio Isuledda 29 D 5
Villággio Righi 34 D 4
Villággio Vacanze del T.C.I. alla
Maddalena 29 B 4
Villággio Vacanze del T.C.I. alle
Ísole Trémiti 24 A 2
Villa Grande (AQ) 18 F 8
Villa Grande (CH) 19 D 5
✉ 66020
Villagrande (AQ) 18 D 5
Villagrande (PU-Monbaróccio)
7 E-F 6
Villagrande (PU-Montecopiolo)
7 E 3
Villagrande, Stazione di- 33 F 5
Villagrande Strisáili 33 F 5
✉ 08049
Villagrappa 6 A 8
Villagreca 35 E 1
✉ 09024
Villagrossa (SP) 4 C 6
Villa Inferno 7 A 2
Villalago 22 B 1
✉ 67030
Villa Latina 22 F 1
✉ 03040
Villalba (AR) 10 B 1
Villalba (RM) 21 B 1
✉ 00011
Villa le Maschere 6 C 3
Villalfonsina 19 F 6
✉ 66020
Villalta (FC) 7 A 3
✉ 47040
Villalunga (RE) 2 C 4
Villa Maddalena 21 B 3-4
Villa Maggiore 18 A 8
Villamágina 14 D 6
Villamagna (CH) 19 D 4
✉ 66010
Villamagna (FI) 6 F 4
Villamagna (PG) 10 D 4
Villamagna (PI) 8 C 8
✉ 56040
Villa Malvezzi 15 C 1
Villamar 35 D 1
✉ 09020
Villa Margherita 8 F 6
Villa Mariani 17 C 6
Villamarina 7 A 3
Villa Martelli 19 E 5
Villamassárgia 36 A-B 4
✉ 09010
Villamassárgia-Domusnóvas,
Stazione di- 36 A 4
Villa Minozzo 2 E 2
✉ 42030
Villa Montalceto 9 F 5
Villano, Masseria- 23 F 5
Villanoce 1 C 3
Villanova (BO) 3 D 1
✉ 40050
Villanova (FC) 3 F 5
✉ 47100
Villanova (FI) 6 F 1
Villanova (MC) 10 F 8
Villanova (MO) 2 A-B 5-6
✉ 41010
Villanova (PE) 19 C 3
✉ 65010
Villanova (PG) 14 B 2

Villanova (PU-Montemaggiore al
Metáuro) 7 F 7
Villanova (PU-San Leo) 7 D 3
Villanova (RA-Ravenna) 3 E 6
Villanova (RA-Bagnacavallo)
3 D 5 ✉ 48020
Villanova (RI) 15 F 1
Villanova, Ponte- 24 F 3
Villanova del Battista 27 E 8
✉ 83030
Villanovaforru 34 C-D 6
✉ 09020
Villanovafranca 35 C 1
✉ 09020
Villanova Monteleone 30 F 3
✉ 07019
Villanova Strisáili 33 F 5
✉ 08040
Villanova Truschedu 32 F 5
✉ 09084
Villanovatulo 35 B 3
✉ 08030
Villanovatulo, Stazione di-
35 B 3 ✉ 08030
Villa Oliveti 19 D 3
✉ 65010
Villa Orténsia, Stazione-
27 D 2
Villa Pantano 14 B 2
Villa Passo 15 E 4
✉ 64010
Villa Penna 15 E 4-5
Villa Pépoli 15 B-C 1
Villaperúccio 36 C 5
✉ 09010
Villa Pieri 17 C 3
Villa Pieve a Pitti 8 C 7
Villa Pitignano 14 A 3
Villa Potenza 11 E 4
✉ 62010
Villaprara 2 D 2-3
Villa Pulcini 18 A 2-3
Villaputzu 35 F 6
✉ 09040
Villaréia 19 D 3
Villaríos 36 D 4
✉ 09010
Villa Rogatti 19 D 5
Villa Romagnoli 19 E 5
✉ 66030
Villa Romana 21 A 4
✉ 67060
Villa Romana, Rovine- (GR)
16 E 6
Villa Romana, Rovine- (SS)
28 E 4
Villa Rosa 15 D 6
✉ 64010
Villa Rossi 18 B 8
Villa Saletta 8 B 7
✉ 56036
Villasalto 35 E 4
✉ 09040
Villa San Faustino 14 E-F 4
✉ 06050
Villa San Filippo 11 F 5
✉ 62015
Villa San Giórgio in Vezzano
3 F 3
Villa San Giovanni (CH) 19 D 4
Villa San Giovanni (PE) 19 D 2
✉ 65010
Villa San Giovanni in Túscia
17 D-E 4 ✉ 01010
Villa San Leonardo 19 D 5
✉ 66020
Villa San Martino 3 E 4
✉ 48020
Villa San Michele (IS) 22 D 4
✉ 86080
Villa San Pietro (CA) 36 D 7
✉ 09010
Villa San Romualdo 19 A 2
✉ 64030

Villa San Sebastiano 21 A 5
✉ 67060
Villa San Sebastiano, Stazione-
21 A 5 ✉ 67060
Villa San Silvestro 14 F 7
Villasanta 34 E 6-7
Villa Santa Croce 27 E 2
✉ 81010
Villa Santa Lucia 26 A 6
✉ 03030
Villa Santa Lucia d'Abruzzo
19 D 1 ✉ 67020
Villa Santa Maria (AQ) 21 B 8
Villa Santa Maria (CH) 22 B 5
✉ 66047
Villa Santa Maria (PE) 19 B-C 3
✉ 67020
Villa Sant'António (AP) 15 D 4
Villa Sant'António (OR) 34 A 6
✉ 09080
Villa Sant'Apollinare 10 E 4
Villa San Tommaso 19 D 5
Villa Santo Stéfano 26 A 2
✉ 03020
Villa Scontrone 22 D 3
✉ 67030
Villa Serráglio 3 D 3
✉ 48024
Villasimíus 37 C 5
✉ 09049
Villasor 34 F 7
✉ 09034
Villa Speciosa 36 A 7
✉ 09010
Villa Stanazzo 19 E 5
Villastrada (PG) 13 B 8
✉ 06060
Villa Torre (CH) 19 D 5
Villa Torre (SI) 13 A 4
Villa Tucci 19 D 5
✉ 66060
Villaurbana 34 A 5-6
✉ 09080
Villavallelonga 21 C 8
✉ 67050
Villa Vallucci 18 A 7
Villa Verde 34 B 6
✉ 09090
Villa Verúcchio 7 C 3
✉ 47827
Villa Vignano 9 B 3
Villa Vomano 18 A 8
✉ 64020
Ville (AR) 9 B 5
Ville, le- (AR) 10 C 1
✉ 52034
Ville, le- (FC-Mercato Saraceno)
7 C 1
Ville, le- (FC-Verghereto) 6 F 8
Ville, le- (PU) 7 F 6
Ville, le- (RE) 2 C 4
Villécchia 4 C 6
Ville di Corsano 9 F 3
✉ 53010
Ville di Fano 18 B 4-5
✉ 67010
Ville di Roti 6 F 8
Ville di Sasso 10 C 7-8
Villerose 18 F 5
✉ 02020
Ville Santa Lucia 10 F 6
Villetta Barrea 22 D 2
✉ 67030
Villico, Monte- 29 D-E 5
Villora 1 A 6
Villore 6 D 5
✉ 50039
Villula 1 A 7
Vimignano 6 A 2
Vinacciano 5 D 8
Vinano 10 E 7
Vinca 5 A-B 3
✉ 54020

Vinchiana 5 D 6
✉ 55050
Vinchiaturo 27 A 4
✉ 86019
Vinchiaturo, Sella di- 27 B 4
Vinci 6 F 1
✉ 50059
Vindola 15 D 2
Víndoli 18 A 3
✉ 02016
Vio 14 C 6-7
Viola (RA) 3 D-E 5
Viola, Cala- 30 D 1
Viola, Torre- 26 D 4
Violla 6 A 4
Viperella, Monte- 21 B 6
Viralba, Podere- 8 D 6
Viralba, Póggio- 8 D 6
Virano 6 A-B 8
Virgoletta 4 C 7
✉ 54028
Visano (FI) 6 B 5
Visanti 27 D 3
Visciano (CE) 26 D 8
✉ 81042
Visciano (TR) 17 B 7
Viscíglieto, Masseria- 23 F 4
Viséntium 17 A 3
Viserba 7 B 4
✉ 47811
Viserbella 7 B 4
✉ 47811
Visiano 1 A 7
Visignano (FI) 6 A 4
Visignano (PI) 8 A 5
Visperéglia 5 C 5
Vissani 11 D 4
Visso 14 C 8
✉ 62039
Vita, Capo- 12 D 5
Vitalba, Podere- 8 D 6
Vitalba, Poggio- 8 D 6
Vitello, Monte- 1 C 8
Viterbo 17 C 5
✉ 01100
Vitereta 9 C 6
Vitiana (FI) 5 F 8
Vitiana (LU) 5 C 6
Vitiano 9 D 7
Vitiano Vécchio 9 D 7
Vitíccio 12 D 4
Viticuso 26 A 7
✉ 03040
Vitigliano (FI) 9 B 3
Vitigliano, Alpe di- 6 C 5
Vitignano 6 B 8
Vitinia 20 D 5-6
✉ 00127
Vitóio 5 A 4-5
Vitolini 6 F 1
✉ 50050
Vitorchiano 17 B 5
✉ 01030
Vitriola 2 E 3
✉ 41040
Vittória, la- 13 B-C 6
Vittória, Torre- 25 D 7
Vittória Apuana 5 C 3
Vittorito 19 F 1
✉ 67030
Vitulano 27 E 4
✉ 82038
Vitulano-Foglianise, Stazione di-
27 E 5
Vitulázio 27 E 1
✉ 81041
Vivagna, Stagno della- 36 C 2
Viváio 9 D 5
Viváio, Fiume- 16 A 8
Vivaro Romano 18 F 3
✉ 00020
Vivo, Lago- 22 E 2
Vivo, Torrente- 13 C 5

Vivo d'Órcia 13 C 5-6
✉ 53020
Vizíliu 28 F 3-4
Vizzaneta 5 B 8
Vizzano 2 E 8
Vóbbia 1 B 1
✉ 16010
Vocino, Casa- 24 D 3
Voghenza 3 A 3
Voghiera 3 A 3
✉ 44019
Vóglia, Villa- 11 E 3
Vogno 2 E 2-3
Vogognano 9 B 7
Volacara, Monte- 4 B 6
Volánia 3 A 6
✉ 44022
Volastra 4 E 5
Volegno 5 C 4
Volmiano 6 D 3
Volognano 6 F 4
Vologno 2 E 2
✉ 42035
Volpáia 9 C 4
Volpara (AL) 1 A 1
Volpe, Cala di- 29 D 5
✉ 07020
Volpe, Punta della- 29 E 5-6
Volperino 14 C 6
Volsini, Monti- 13 F 7-8
Voltana 3 C 4
✉ 48028
Volterra 8 D 8
✉ 56048
Volterráio 12 D 5
Volterrano 10 D 1
Voltigiano 9 B 1
Voltigno, Valle- 19 C-D 1
Vóltole 10 F 5
Volto Santo, Santuário del-
19 E 3
Voltráio, Monte- 8 D 8
Voltre 6 C 8
✉ 47010
Voltre, Badia di- 6 C 8
Voltre, Torrente- 6 C 8
Volturara Áppula 27 A 7
✉ 71030
Volturino 27 A 8
✉ 71030
Volturno, Bonífica del- 26 F 7-8
Volturno, Fiume- 27 C 1-2
Volumni, Ipogeo dei- 14 A 3
Vomano, Fiume- 19 A 1-2
Vópini 9 D 3
Vorno 5 F 6
✉ 55060
Voltre, Torrente- 6 C 8
Vulci 17 C 1
Vulgano, Masseria- 23 F 5

Z

Zaccagnino, Masseria-
(FG-Apricena) 24 E 2
Zaccagnino, Masseria- (FG-San
Nicandro Gargánico) 24 D 2
Zaccanesca 6 A 3
Zaccaria (SI) 13 C 6
Zaccheo 15 F 5
✉ 64020
Zacchi, Rifúgio- 7 A 3
Zadina Pineta 7 A 3
Zafferano, Porto- 36 F 5
Zágare, Báia delle- 24 E 7
Zagarolo 21 C 2
✉ 00039
Zagarolo, Stazione di- 21 D 2
✉ 00039
Zagonara (RA) 3 E 4
Zamboni, Rifúgio- 2 F 2
Zanca 12 D 3
Zanchetto, Serra del- 6 B 2

Zancona 13 D 5
✉ 58031
Zannone, Ísola- 25 D 2
Zannotti, Masseria- 23 E 5
Zapalli 31 B 5
Zappi, Monte- 21 A 2
Zappino, Casa- 23 B 4
Zappolino 2 D 7
Zatta, Monte- 4 A 3
Zattáglia 6 A 6
✉ 48010
Zavorra, Punta- 36 D 7-8
Zeddiani 32 E-F 4
✉ 09070
Zello (BO) 3 E 3
Zena (BO) 2 E 8
Zena, Torrente- 3 E 1
Zenerígolo 2 B 7-8
Zenna (AR) 9 B 7
Zenóbito, Punta dello- 12 B 1
Zenone, Monte- (SP) 4 B 4
Zeparedda, Monte- 34 B 7
Zeppa 3 D 4
Zéppara 34 B 6
Zéppara, sa- 34 D 5
Zéppara Manna 34 B 7
Zepponami 17 B 4
✉ 01020
Zerba 1 A 2
✉ 29020
Zerfalíu 32 F 5
✉ 09070
Zeri 4 B 5
✉ 54029
Zeza, Ponte- 27 F 6
Zibana 1 D 8
Zighinu, Monte- 29 F 2
Zignago 4 C 5
✉ 19020
Zilioli, Rifúgio- 15 E 1
Zingarini 20 F 6
Zínghera 12 D 8
Zingolella 27 D 4
Zinnígas 36 B 5
Ziona 4 C 4
Zirra, Monte- 30 D 2
Zíttola, Ponte- 22 D 3
Ziu Gárolu, Punta- 31 E 3
Zoagli 1 E 2
✉ 16030
Zocca (MO) 2 E 6
✉ 41059
Zocchetta 2 E 6
Zocco (PG) 14 A 1
Zoccolanti, Convento degli-
10 C-D 2
Zola Predosa 2 D 7
✉ 40069
Zollara 7 D 4
Zolli 27 F 5
Zompo lo Schioppo, Cascata-
21 C 6
Zone (LU) 5 E 6
✉ 55010
Zoppu, Monte- 29 D 5
Zovallo, Monte- 1 B 4
Zovallo, Passo del- 1 C 4
Zucca, Monte della- 7 F 1
Zuccaia, Riserva Naturale- 9 A 7
Zuccone, Monte- (SP) 4 A 4
Zuchello, Monte- 1 B 2
Zuffinu, Ipogei- 30 F 6
Zuighe, Cantoniera- 31 C 4
Zuighe, Monte- 30 E 7
Zula 2 E 8
Zum Zeri 4 B 5
Zunchini, Ponte- 28 F 3
Zúngoli 27 E 8
✉ 83030
Zuni 26 D 8
Zurco 2 A 3
Zuri 32 D 6
✉ 09080
Zurru, Monte su- 35 F 2

Atlante stradale d'Italia
Volume Centro

Touring Club Italiano
Presidente: *Roberto Ruozi*
Direttore generale: *Guido Venturini*

Touring Editore
Amministratore delegato: *Alfieri Lorenzon*
Direttore cartografico: *Andreina Galimberti*

Redazione cartografica: *M. Calenti, A. Caltabiano, P. Bisiachi*
Progettazione e disegno: *D. Mandelli, M. Diterlizzi,*
M. Brambilla, A. Buono, G. Cicozzetti, M. Ruzza, E. Vecchio, P. Zetti
Cartografia elettronica: *S. Colla, C. Giussani*
Coordinamento tecnico: *M. Passoni*
Progetto grafico: *D. Loro*
Copertina: *A. Buono, D. Loro*
Programmazione e controllo: *A. Sgarzi, A. Vitali*
Segreteria di redazione: *L. Dentella*

Hanno collaborato alla realizzazione del volume

Esecuzione cartografica
Sezione profili: *Graffito - Cusano Milanino (MI)*
Sezione attraversamenti: *Infocartografica - Piacenza*
Impaginazione
Sezione piante di città e indice dei nomi: *Studio Tragni - Milano*

Direttore della pubblicità: Claudio Bettinelli
Ufficio pubblicità: Angela Rosso
Concessionaria della pubblicità: Progetto
Roma, viale del Monte Oppio 30, tel.064875522, fax 064875534
Trento, via Grazioli 67, tel. 0461231056, fax 0461231984
www.progettosrl.it; info@progettosrl.it

Si ringraziano vivamente quanti hanno collaborato all'edizione rinnovata di quest'opera, in particolare i numerosi Soci e i Consoli del TCI, i Compartimenti e le Sezioni dell' ANAS, le Amministrazioni Regionali e Provinciali, gli Uffici Tecnici Comunali, gli Ispettorati Forestali, i Consorzi di Bonifica, le Ferrovie dello Stato, le Società delle ferrovie private, la Società Autostrade, le Società Concessionarie Autostrade e quelle costruttrici di strade.

Distanze stradali ufficiali secondo il Ministero dei Trasporti
Le distanze stradali riportate nella cartografia T.C.I. al 200 000 sono considerate ufficiali dal Ministero dei Trasporti. Tale ufficialità si limita però alle distanze fra località non comprese nel prontuario pubblicato a corredo del decreto (18 novembre 1982) dello stesso Ministero; il decreto è apparso nella Gazzetta Ufficiale della Repubblica Italiana, supplemento al n. 342 del 14 dicembre 1982, e si riferisce al trasporto di merci lungo la viabilità normale e non a pedaggio.

1970	prima edizione
1976	seconda edizione
1977	terza edizione
1979	quarta edizione
1980	quinta edizione
1988	sesta edizione
1991	settima edizione
1994	ottava edizione
1997	nona edizione
1998	ristampa aggiornata
1999	ristampa aggiornata
2000	decima edizione
2001	ristampa aggiornata
2002	ristampa aggiornata
2003	ristampa aggiornata
2004	undicesima edizione

Prestampa: *EMMEGI Multimedia - Milano*
Stampa e legatura: *G. Canale & C. - Borgaro Torinese (TO)*

© 2004 Touring Editore S.r.l. - Milano
Touring Club Italiano, corso Italia 10, 20122 Milano
www.touringclub.it

Codice D8AAB
ISBN 88-365-2756-6
Finito di stampare nel mese di settembre 2006

Distanze stradali / Road distances / Distances routières / Entfernungstabelle / Distancias de carreteras

La distanza chilometrica tra due località è riportata all'incrocio della fascia orizzontale con quella verticale.

The distance (in km) between two towns is given at the point of intersection of horizontal and vertical bands.

La distance kilométrique entre deux localités est indiquée au croisement de la bande horizontale et de la bande verticale.

Die Entfernung in km zwischen zwei Städten ist an dem Schnittpunkt der waagerechten und der senkrechten Spalten in der Entfernungstabelle abzulesen.

La distancia kilométrica entre dos poblaciones se encuentra indicada en el cruce de la franja horizontal con aquella vertical.

Legend example: **560**

Tabella delle distanze

Triangular distance matrix. Each row gives the distances (km) from the town named at the end of the row to the towns listed above (in diagonal order). Diagonal town order:

1 ALESSANDRIA · 2 ANCONA · 3 AOSTA/AOSTE · 4 AREZZO · 5 ASCOLI PICENO · 6 ASTI · 7 AVELLINO · 8 BARI · 9 BELLUNO · 10 BENEVENTO · 11 BERGAMO · 12 BIELLA · 13 BOLOGNA · 14 BOLZANO/BOZEN · 15 BRESCIA · 16 BRINDISI · 17 CAMPOBASSO · 18 CASERTA · 19 CATANZARO · 20 CHIETI · 21 CIVITAVECCHIA · 22 COMO · 23 COSENZA · 24 CREMONA · 25 CROTONE · 26 CUNEO · 27 FERRARA · 28 FIRENZE · 29 FOGGIA · 30 FORLÌ · 31 FROSINONE · 32 GENOVA · 33 GORIZIA · 34 GROSSETO · 35 IMPERIA · 36 ISERNIA · 37 L'AQUILA · 38 LA SPEZIA · 39 LATINA · 40 LECCE · 41 LECCO · 42 LIVORNO · 43 LODI · 44 LUCCA · 45 MACERATA · 46 MA...

- **ALESSANDRIA**
- 460 | **ANCONA**
- 165 | 610 | **AOSTA/AOSTE**
- 390 | 235 | 550 | **AREZZO**
- 570 | 125 | 720 | 295 | **ASCOLI PICENO**
- 35 | 490 | 170 | 420 | 600 | **ASTI**
- 825 | 415 | 985 | 455 | 370 | 855 | **AVELLINO**
- 910 | 465 | 1065 | 660 | 400 | 945 | 210 | **BARI**
- 435 | 395 | 535 | 505 | 470 | 860 | 850 | (8) | **BELLUNO**
- 805 | 400 | 965 | 435 | 335 | 835 | 45 | 200 | 840 | **BENEVENTO**
- 150 | 440 | 225 | 395 | 555 | 185 | 830 | 895 | 315 | 810 | **BERGAMO**
- 95 | 530 | 95 | 480 | 640 | 105 | 895 | 985 | 440 | 875 | 135 | **BIELLA**
- 240 | 215 | 395 | 185 | 325 | 275 | 615 | 670 | 245 | 595 | 225 | 315 | **BOLOGNA**
- 355 | 495 | 450 | 445 | 605 | 390 | 880 | 950 | 165 | 860 | 255 | 365 | 280 | **BOLZANO/BOZEN**
- 180 | 410 | 270 | 360 | 520 | 210 | 795 | 865 | 270 | 775 | 50 | 180 | 190 | 210 | **BRESCIA**
- 1025 | 580 | 1180 | 770 | 515 | 1060 | 320 | 110 | 960 | 310 | 1010 | 1095 | 780 | 1065 | 975 | **BRINDISI**
- 770 | 325 | 925 | 435 | 260 | 805 | 105 | 220 | 710 | 65 | 755 | 840 | 530 | 810 | 720 | 335 | **CAMPOBASSO**
- 770 | 365 | 930 | 405 | 320 | 805 | 60 | 265 | 805 | 50 | 775 | 845 | 565 | 830 | 740 | 375 | 110 | **CASERTA**
- 1190 | 780 | 1345 | 820 | 715 | 1220 | 390 | 365 | 1225 | 430 | 1190 | 1260 | 980 | 1160 | 360 | 495 | 425 | **CATANZARO**
- 620 | 175 | 770 | 400 | 110 | 650 | 245 | 310 | 555 | 200 | 605 | 690 | 375 | 665 | 570 | 425 | 170 | 205 | 655 | **CHIETI**
- 505 | 340 | 665 | 235 | 260 | 535 | 320 | 525 | 595 | 300 | 555 | 590 | 355 | 620 | 535 | 640 | 300 | 270 | 685 | 285 | **CIVITAVECCHIA**
- 135 | 480 | 205 | 430 | 590 | 165 | 865 | 935 | 400 | 845 | 55 | 105 | 260 | 310 | 110 | 1045 | 790 | 810 | 1225 | 640 | 590 | **COMO**
- 1095 | 690 | 1255 | 725 | 625 | 1125 | 300 | 270 | 1130 | 340 | 1100 | 1170 | 890 | 1150 | 1065 | 270 | 400 | 335 | 95 | 560 | 595 | 1135 | **COSENZA**
- 135 | 375 | 295 | 330 | 485 | 165 | 760 | 830 | 305 | 740 | 100 | 185 | 160 | 205 | 55 | 945 | 690 | 710 | 1125 | 535 | 490 | 155 | 1030 | **CREMONA**
- 1190 | 750 | 1350 | 860 | 815 | 1225 | 305 | 305 | 1170 | 415 | 1195 | 1280 | 955 | 1225 | 1150 | 305 | 480 | 415 | 70 | 595 | 675 | 1205 | 110 | 1105 | **CROTONE**
- 125 | 575 | 220 | 455 | 685 | 90 | 885 | 1030 | 555 | 865 | 270 | 185 | 360 | 475 | 295 | 1145 | 865 | 835 | 1250 | 740 | 595 | 255 | 1160 | 250 | 1250 | **CUNEO**
- 285 | 230 | 440 | 235 | 340 | 320 | 670 | 685 | 200 | 650 | 225 | 340 | 45 | 265 | 155 | 795 | 540 | 615 | 1030 | 390 | 405 | 305 | 940 | 155 | 1000 | 405 | **FERRARA**
- 310 | 320 | 470 | 80 | 430 | 340 | 515 | 720 | 345 | 495 | 315 | 405 | 105 | 370 | 280 | 830 | 490 | 460 | 880 | 460 | 250 | 350 | 785 | 250 | 860 | 375 | 155 | **FIRENZE**
- 790 | 345 | 945 | 555 | 285 | 825 | 125 | 135 | 730 | 95 | 775 | 860 | 550 | 830 | 740 | 245 | 90 | 140 | 460 | 190 | 390 | 810 | 370 | 710 | 405 | 910 | 560 | 635 | **FOGGIA**
- 315 | 155 | 470 | 145 | 265 | 350 | 575 | 605 | 265 | 555 | 300 | 385 | 75 | 355 | 270 | 720 | 465 | 525 | 940 | 315 | 335 | 335 | 850 | 115 | 180 | 485 | ... | **FORLÌ**
- 665 | 330 | 825 | 295 | 235 | 695 | 170 | 375 | 700 | 150 | 670 | 740 | 460 | 720 | 635 | 490 | 150 | 120 | 535 | 190 | 165 | 705 | 440 | 600 | 525 | 730 | 510 | 355 | 240 | 415 | **FROSINONE**
- 85 | 510 | 245 | 305 | 620 | 115 | 740 | 945 | 490 | 720 | 205 | 175 | 295 | 425 | 230 | 1060 | 290 | 690 | 1105 | 670 | 420 | 180 | 1010 | 185 | 1115 | 145 | 335 | 225 | 840 | 370 | 580 | **GENOVA**
- 465 | 425 | 565 | 455 | 535 | 500 | 890 | 880 | 160 | 870 | 345 | 470 | 275 | 320 | 300 | 990 | 740 | 815 | 1250 | 585 | 625 | 410 | 1160 | 345 | 1225 | 585 | 230 | 375 | 755 | 295 | 730 | 520 | **GORIZIA**
- 395 | 335 | 555 | 135 | 345 | 425 | 425 | 630 | 485 | 405 | 480 | 245 | 510 | 425 | 405 | 375 | 790 | 540 | 110 | 480 | 700 | 380 | 945 | 410 | 960 | 340 | 265 | 320 | 265 | 310 | 175 | **GROSSETO**
- 165 | 625 | 325 | 425 | 735 | 195 | 625 | 1060 | 585 | 835 | 300 | 255 | 410 | 525 | 325 | 1175 | 835 | 805 | 1220 | 785 | 535 | 285 | 1130 | 285 | 1225 | 135 | 450 | 340 | 960 | 485 | 695 | 115 | 615 | 425 | **IMPERIA**
- 755 | 320 | 915 | 385 | 255 | 785 | 125 | 270 | 705 | 80 | 760 | 830 | 550 | 810 | 725 | 385 | 50 | 85 | 500 | 165 | 255 | 795 | 405 | 690 | 490 | 820 | 600 | 445 | 140 | 465 | 100 | 670 | 735 | 360 | 790 | **ISERNIA**
- 645 | 195 | 795 | 315 | 105 | 675 | 270 | 400 | 580 | 220 | 630 | 705 | 400 | 680 | 595 | 515 | 190 | 220 | 640 | 95 | 200 | 665 | 545 | 560 | 685 | 750 | 415 | 375 | 280 | 340 | 135 | 600 | 610 | 305 | 720 | 140 | **L'AQUILA**
- 185 | 430 | 345 | 225 | 540 | 220 | 660 | 865 | 420 | 640 | 240 | 275 | 210 | 360 | 215 | 975 | 635 | 605 | 1025 | 590 | 340 | 275 | 930 | 170 | 1010 | 250 | 255 | 145 | 760 | 285 | 500 | 105 | 450 | 230 | 220 | 590 | 520 | **LA SPEZIA**
- 665 | 360 | 825 | 295 | 215 | 695 | 215 | 420 | 700 | 195 | 665 | 740 | 460 | 720 | 640 | 535 | 195 | 165 | 580 | 240 | 130 | 705 | 485 | 565 | 730 | 510 | 355 | 285 | 415 | 55 | 580 | 730 | 235 | 700 | 145 | 180 | 500 | **LATINA**
- 1060 | 615 | 1215 | 810 | 550 | 1095 | 360 | 150 | 1000 | 335 | 1045 | 1135 | 820 | 1100 | 1010 | 40 | 370 | 410 | 385 | 460 | 675 | 1080 | 295 | 980 | 335 | 1180 | 830 | 870 | 295 | 735 | 525 | 1095 | 1030 | 790 | 1015 | 420 | 550 | 1015 | 570 | **LECCE**
- 160 | 480 | 230 | 430 | 590 | 190 | 850 | 935 | 335 | 830 | 35 | 135 | 260 | 265 | 85 | 1045 | 795 | 795 | 1215 | 640 | 590 | 30 | 1120 | 115 | 1205 | 280 | 255 | 350 | 815 | 335 | 685 | 210 | 380 | 480 | 305 | 780 | 670 | 275 | 690 | 1085 | **LECCO**
- 260 | 415 | 420 | 195 | 525 | 290 | 560 | 765 | 440 | 540 | 310 | 350 | 200 | 430 | 290 | 880 | 540 | 510 | 925 | 525 | 245 | 345 | 830 | 245 | 915 | 320 | 250 | 115 | 680 | 275 | 400 | 175 | 470 | 135 | 290 | 490 | 440 | 95 | 370 | 915 | 345 | **LIVORNO**
- 110 | 400 | 215 | 355 | 510 | 135 | 775 | 855 | 320 | 750 | 55 | 140 | 185 | 250 | 65 | 970 | 715 | 720 | 1140 | 560 | 515 | 80 | 1045 | 55 | 1125 | 225 | 210 | 275 | 735 | 260 | 610 | 155 | 365 | 405 | 250 | 705 | 585 | 200 | 615 | 1005 | 85 | 270 | **LODI**
- 240 | 375 | 400 | 155 | 485 | 270 | 585 | 790 | 400 | 565 | 330 | 330 | 160 | 415 | 270 | 905 | 565 | 535 | 950 | 565 | 290 | 330 | 860 | 225 | 960 | 350 | 210 | 75 | 705 | 235 | 430 | 160 | 430 | 180 | 275 | 520 | 450 | 75 | 430 | 940 | 325 | 45 | 250 | **LUCCA**
- 520 | 70 | 670 | 200 | 105 | 550 | 395 | 445 | 455 | 385 | 500 | 590 | 275 | 555 | 470 | 560 | 305 | 345 | 765 | 155 | 250 | 540 | 670 | 435 | 735 | 635 | 290 | 380 | 215 | 310 | 570 | 485 | 500 | 390 | 435 | 300 | 180 | 485 | 555 | 530 | 475 | 450 | 435 | **MACER...**
- 190 | 325 | 350 | 275 | 435 | 220 | 710 | 780 | 245 | 690 | 120 | 250 | 110 | 180 | 65 | 890 | 640 | 660 | 1075 | 485 | 445 | 175 | 980 | 65 | 1055 | 310 | 90 | 200 | 660 | 185 | 535 | 240 | 275 | 335 | 340 | 640 | 510 | 180 | 550 | 930 | 165 | 250 | 120 | 235 | 385 | **MA...**

(The following rows form the lower, full-width portion of the table; the right-hand town labels are cut off at the page margin.)

- 200 | 420 | 360 | 195 | 530 | 235 | 630 | 835 | 435 | 610 | 255 | 290 | 200 | 375 | 230 | 950 | 610 | 580 | 995 | 575 | 310 | 290 | 900 | 185 | 980 | 265 | 220 | 115 | 750 | 275 | 470 | 120 | 465 | 200 | 235 | 560 | 495 | 35 | 470 | 985 | 285 | 65 | 215 | 45 | 480 | 195
- 960 | 515 | 1115 | 670 | 450 | 995 | 240 | 90 | 900 | 230 | 945 | 1035 | 720 | 1000 | 910 | 140 | 270 | 275 | 310 | 360 | 535 | 980 | 220 | 880 | 255 | 1080 | 730 | 730 | 185 | 655 | 385 | 955 | 933 | 640 | 1070 | 320 | 450 | 875 | 430 | 165 | 980 | 775 | 905 | 800 | 495 | 830 | 84
- 90 | 425 | 180 | 380 | 535 | 120 | 810 | 880 | 360 | 790 | 50 | 100 | 210 | 300 | 95 | 995 | 740 | 760 | 1175 | 590 | 540 | 45 | 1080 | 85 | 1155 | 210 | 255 | 300 | 760 | 285 | 635 | 180 | 285 | 430 | 240 | 740 | 610 | 220 | 650 | 1030 | 55 | 295 | 30 | 275 | 435 | 145 | 23
- 205 | 260 | 355 | 210 | 365 | 235 | 640 | 710 | 280 | 620 | 185 | 270 | 40 | 240 | 155 | 825 | 570 | 590 | 1005 | 420 | 380 | 225 | 915 | 120 | 990 | 320 | 85 | 130 | 590 | 115 | 485 | 255 | 310 | 270 | 370 | 575 | 440 | 170 | 485 | 860 | 220 | 225 | 145 | 185 | 315 | 70 | 18
- 800 | 390 | 955 | 430 | 345 | 830 | 55 | 260 | 830 | 70 | 800 | 870 | 590 | 855 | 765 | 370 | 135 | 35 | 405 | 230 | 295 | 835 | 315 | 735 | 400 | 860 | 640 | 490 | 175 | 550 | 145 | 715 | 860 | 400 | 830 | 110 | 245 | 635 | 190 | 410 | 820 | 535 | 745 | 560 | 370 | 685 | 60
- 80 | 480 | 135 | 430 | 590 | 80 | 865 | 935 | 405 | 845 | 90 | 55 | 265 | 320 | 140 | 1045 | 795 | 815 | 1230 | 640 | 570 | 70 | 1135 | 210 | 1260 | 95 | 325 | 85 | 305 | 540 | 205 | 26
- 315 | 295 | 410 | 295 | 405 | 345 | 730 | 745 | 130 | 710 | 190 | 320 | 115 | 235 | 145 | 860 | 605 | 680 | 1095 | 455 | 465 | 270 | 1000 | 195 | 1070 | 430 | 75 | 245 | 185 | 570 | 160 | 355 | 460 | 300 | 570 | 895 | 220 | 315 | 210 | 270 | 355 | 120 | 31
- 155 | 310 | 310 | 265 | 420 | 190 | 700 | 765 | 305 | 680 | 140 | 225 | 95 | 245 | 120 | 875 | 625 | 645 | 1060 | 465 | 430 | 175 | 970 | 75 | 1040 | 275 | 135 | 185 | 645 | 170 | 540 | 200 | 335 | 315 | 630 | 495 | 115 | 190 | 100 | 170 | 370 | 60 | 13
- 65 | 415 | 185 | 365 | 525 | 100 | 800 | 870 | 395 | 780 | 90 | 110 | 200 | 330 | 135 | 980 | 730 | 750 | 1165 | 575 | 530 | 35 | 1070 | 90 | 1145 | 85 | 240 | 290 | 750 | 275 | 625 | 110 | 425 | 420 | 225 | 730 | 600 | 210 | 640 | 1020 | 100 | 285 | 35 | 265 | 475 | 145 | 27
- 465 | 165 | 625 | 75 | 225 | 495 | 410 | 610 | 435 | 390 | 470 | 585 | 260 | 525 | 435 | 725 | 365 | 355 | 770 | 275 | 185 | 505 | 680 | 405 | 755 | 530 | 270 | 155 | 525 | 180 | 250 | 380 | 460 | 180 | 500 | 340 | 175 | 300 | 250 | 760 | 505 | 240 | 425 | 230 | 125 | 350 | 27
- 395 | 80 | 545 | 200 | 195 | 425 | 485 | 535 | 330 | 470 | 380 | 465 | 150 | 430 | 345 | 650 | 395 | 435 | 850 | 240 | 325 | 415 | 760 | 310 | 820 | 510 | 165 | 255 | 415 | 90 | 400 | 445 | 360 | 330 | 560 | 390 | 365 | 385 | 685 | 410 | 350 | 335 | 310 | 140 | 260 | 35
- 605 | 155 | 755 | 410 | 90 | 635 | 255 | 315 | 540 | 210 | 585 | 675 | 360 | 640 | 555 | 425 | 175 | 265 | 20 | 295 | 625 | 565 | 520 | 600 | 720 | 315 | 470 | 190 | 300 | 200 | 655 | 500 | 470 | 770 | 170 | 100 | 570 | 250 | 465 | 625 | 535 | 545 | 545 | 135 | 470 | 58
- 95 | 365 | 250 | 315 | 475 | 130 | 750 | 820 | 345 | 730 | 80 | 165 | 150 | 280 | 85 | 930 | 675 | 695 | 1115 | 525 | 475 | 120 | 1020 | 40 | 1095 | 215 | 190 | 235 | 590 | 145 | 375 | 95 | 590 | 360 | 295 | 680 | 550 | 160 | 590 | 965 | 120 | 235 | 35 | 215 | 425 | 95 | 17
- 240 | 400 | 400 | 175 | 510 | 270 | 610 | 815 | 425 | 590 | 295 | 330 | 180 | 415 | 270 | 930 | 590 | 560 | 975 | 555 | 260 | 330 | 865 | 230 | 935 | 305 | 230 | 95 | 730 | 255 | 450 | 160 | 450 | 150 | 275 | 540 | 470 | 70 | 450 | 960 | 365 | 20 | 250 | 25 | 455 | 235 | 85
- 280 | 335 | 440 | 115 | 450 | 310 | 550 | 755 | 365 | 530 | 330 | 370 | 120 | 385 | 300 | 865 | 530 | 500 | 915 | 495 | 285 | 365 | 820 | 265 | 890 | 345 | 170 | 35 | 670 | 195 | 390 | 195 | 390 | 175 | 315 | 480 | 410 | 115 | 390 | 905 | 365 | 85 | 290 | 45 | 395 | 215 | 85
- 420 | 380 | 520 | 410 | 490 | 455 | 845 | 835 | 65 | 825 | 300 | 425 | 230 | 235 | 255 | 945 | 695 | 790 | 1205 | 540 | 580 | 385 | 1115 | 300 | 1180 | 540 | 185 | 330 | 710 | 250 | 685 | 470 | 95 | 470 | 570 | 690 | 565 | 405 | 685 | 980 | 315 | 425 | 295 | 385 | 440 | 225 | 42
- 940 | 460 | 1100 | 570 | 395 | 975 | 145 | 145 | 845 | 150 | 945 | 1010 | 735 | 1000 | 910 | 225 | 200 | 305 | 305 | 440 | 680 | 880 | 300 | 1005 | 785 | 630 | 110 | 605 | 290 | 860 | 875 | 545 | 975 | 250 | 390 | 775 | 335 | 245 | 920 | 680 | 845 | 705 | 445 | 825 | 75
- 295 | 280 | 455 | 95 | 390 | 325 | 520 | 720 | 340 | 495 | 350 | 100 | 345 | 260 | 880 | 520 | 465 | 885 | 145 | 20 | 615 | 130 | 355 | 215 | 370 | 150 | 565 | 250 | 315 | 170 | 340 | 355 | 95 | 270 | 55 | 330 | 185 | 10
- 320 | 170 | 475 | 160 | 285 | 350 | 590 | 625 | 235 | 570 | 305 | 380 | 75 | 355 | 230 | 740 | 485 | 540 | 955 | 330 | 370 | 340 | 865 | 240 | 200 | 440 | 70 | 185 | 505 | 25 | 430 | 265 | 320 | 430 | 355 | 290 | 430 | 775 | 335 | 280 | 260 | 235 | 160 | 28
- 1280 | 875 | 1440 | 910 | 810 | 1310 | 485 | 455 | 1315 | 525 | 1285 | 1355 | 1075 | 1340 | 1250 | 455 | 590 | 160 | 750 | 780 | 1320 | 190 | 1220 | 230 | 1345 | 1125 | 970 | 555 | 1030 | 625 | 1195 | 1345 | 885 | 1315 | 590 | 730 | 1115 | 675 | 480 | 1015 | 1230 | 1045 | 855 | 1165 | 108
- 180 | 280 | 335 | 235 | 395 | 215 | 670 | 735 | 307 | 650 | 165 | 250 | 65 | 255 | 145 | 850 | 595 | 615 | 1030 | 445 | 405 | 200 | 940 | 100 | 1010 | 300 | 110 | 155 | 615 | 140 | 510 | 230 | 335 | 295 | 350 | 600 | 475 | 150 | 510 | 885 | 210 | 225 | 125 | 205 | 345 | 80 | 165
- 580 | 220 | 735 | 190 | 105 | 610 | 315 | 540 | 295 | 580 | 670 | 370 | 635 | 550 | 570 | 245 | 285 | 680 | 155 | 165 | 620 | 585 | 515 | 670 | 640 | 375 | 270 | 340 | 285 | 155 | 495 | 285 | 610 | 195 | 60 | 415 | 150 | 610 | 615 | 385 | 540 | 340 | 175 | 465 | 38
- 360 | 100 | 505 | 130 | 250 | 390 | 555 | 555 | 285 | 530 | 355 | 430 | 115 | 370 | 305 | 685 | 415 | 495 | 915 | 260 | 340 | 375 | 820 | 270 | 845 | 525 | 125 | 160 | 435 | 55 | 390 | 390 | 320 | 290 | 385 | 390 | 280 | 395 | 705 | 380 | 270 | 305 | 235 | 155 | 220 | 275
- 590 | 285 | 745 | 220 | 215 | 620 | 245 | 450 | 620 | 225 | 590 | 680 | 380 | 645 | 555 | 560 | 225 | 190 | 610 | 200 | 85 | 625 | 515 | 525 | 600 | 650 | 430 | 280 | 310 | 340 | 85 | 505 | 650 | 185 | 620 | 175 | 110 | 425 | 70 | 600 | 625 | 320 | 550 | 350 | 235 | 475
- 280 | 265 | 450 | 260 | 380 | 310 | 695 | 720 | 170 | 675 | 235 | 345 | 80 | 240 | 200 | 835 | 580 | 640 | 1060 | 430 | 430 | 315 | 965 | 155 | 1025 | 400 | 35 | 180 | 600 | 150 | 330 | 220 | 320 | 430 | 265 | 535 | 870 | 260 | 275 | 210 | 235 | 325 | 90 | 285
- 840 | 435 | 1000 | 470 | 415 | 870 | 45 | 250 | 875 | 85 | 845 | 1000 | 635 | 900 | 810 | 320 | 150 | 35 | 470 | 270 | 340 | 880 | 345 | 905 | 685 | 530 | 155 | 590 | 185 | 755 | 905 | 445 | 875 | 150 | 290 | 675 | 235 | 345 | 865 | 575 | 790 | 605 | 415 | 725 | 645
- 95 | 555 | 255 | 355 | 665 | 125 | 785 | 990 | 525 | 765 | 230 | 185 | 340 | 455 | 255 | 1105 | 765 | 735 | 1150 | 715 | 465 | 215 | 1155 | 210 | 1155 | 100 | 280 | 270 | 890 | 415 | 625 | 45 | 545 | 355 | 70 | 715 | 650 | 150 | 630 | 1140 | 235 | 120 | 180 | 205 | 615 | 270 | 16
- 380 | 265 | 535 | 65 | 330 | 410 | 470 | 670 | 410 | 450 | 380 | 470 | 170 | 435 | 385 | 775 | 445 | 415 | 830 | 170 | 255 | 440 | 740 | 315 | 810 | 460 | 245 | 100 | 415 | 130 | 295 | 440 | 330 | 295 | 430 | 330 | 215 | 340 | 230 | 760 | 415 | 130 | 345 | 165 | 265 | 185
- 235 | 560 | 310 | 510 | 670 | 270 | 945 | 1010 | 430 | 925 | 115 | 145 | 340 | 175 | 145 | 1125 | 890 | 1305 | 720 | 670 | 105 | 1215 | 200 | 1285 | 325 | 430 | 890 | 415 | 785 | 290 | 460 | 560 | 385 | 875 | 745 | 360 | 785 | 1160 | 80 | 425 | 165 | 410 | 620 | 215 | 37
- 995 | 550 | 1150 | 720 | 485 | 1030 | 290 | 95 | 935 | 280 | 980 | 1065 | 750 | 1035 | 945 | 70 | 305 | 325 | 390 | 590 | 1015 | 205 | 915 | 240 | 1115 | 765 | 765 | 215 | 690 | 420 | 1010 | 960 | 695 | 1125 | 355 | 485 | 85 | 1010 | 830 | 940 | 855 | 530 | 860 | 900
- 580 | 135 | 735 | 310 | 35 | 615 | 335 | 345 | 520 | 300 | 565 | 650 | 340 | 620 | 535 | 480 | 285 | 685 | 75 | 265 | 605 | 590 | 550 | 650 | 730 | 355 | 445 | 245 | 275 | 200 | 635 | 550 | 370 | 750 | 220 | 65 | 550 | 245 | 515 | 645 | 590 | 115 | 450 | 540
- 540 | 185 | 700 | 155 | 140 | 575 | 340 | 495 | 500 | 320 | 545 | 635 | 335 | 610 | 290 | 590 | 315 | 190 | 120 | 450 | 680 | 605 | 340 | 270 | 250 | 180 | 645 | 530 | 305 | 135 | 430 | 350
- 90 | 545 | 110 | 475 | 655 | 5 | 910 | 1000 | 490 | 890 | 75 | 10 | 330 | 410 | 215 | 1110 | 860 | 880 | 860 | 665 | 580 | 110 | 1180 | 220 | 1295 | 85 | 230 | 405 | 750 | 170 | 520 | 180 | 840 | 730 | 275 | 750 | 1150 | 185 | 345 | 185 | 320 | 605 | 275 | 290
- 300 | 440 | 395 | 550 | 335 | 825 | 895 | 110 | 805 | 200 | 315 | 225 | 60 | 155 | 1010 | 770 | 1190 | 605 | 565 | 250 | 1110 | 190 | 1170 | 310 | 315 | 775 | 300 | 670 | 370 | 265 | 455 | 470 | 370 | 760 | 610 | 210 | 380 | 195 | 360 | 560 | 120 | 32
- 365 | 325 | 460 | 355 | 435 | 395 | 785 | 775 | 85 | 765 | 245 | 370 | 195 | 200 | 890 | 635 | 735 | 1150 | 485 | 130 | 275 | 655 | 195 | 415 | 515 | 610 | 510 | 350 | 630 | 925 | 255 | 370 | 245 | 325 | 385 | 170 | 32
- 485 | 445 | 585 | 475 | 555 | 520 | 910 | 900 | 180 | 890 | 365 | 490 | 295 | 340 | 320 | 1010 | 760 | 855 | 1270 | 605 | 645 | 450 | 1245 | 605 | 250 | 395 | 775 | 315 | 750 | 540 | 45 | 535 | 635 | 755 | 630 | 470 | 750 | 1050 | 400 | 490 | 385 | 450 | 505 | 45
- 455 | 415 | 550 | 445 | 525 | 490 | 875 | 870 | 115 | 855 | 335 | 465 | 260 | 230 | 980 | 725 | 820 | 1230 | 575 | 260 | 745 | 285 | 720 | 515 | 140 | 535 | 605 | 745 | 485 | 460 | 345 | 420 | 475 | 260 | 45
- 145 | 485 | 190 | 440 | 605 | 875 | 940 | 410 | 855 | 10 | 80 | 270 | 345 | 145 | 1055 | 800 | 820 | 1235 | 650 | 260 | 315 | 360 | 230 | 735 | 195 | 435 | 195 | 365 | 430 | 335 | 675 | 285 | 175 | 1090 | 55 | 30
- 345 | 305 | 440 | 335 | 415 | 380 | 770 | 760 | 110 | 750 | 225 | 355 | 150 | 180 | 870 | 620 | 710 | 1130 | 465 | 420 | 345 | 395 | 235 | 640 | 170 | 430 | 135 | 455 | 360 | 390 | 610 | 310 | 365 | 310 | 30
- 150 | 545 | 190 | 495 | 655 | 170 | 915 | 1000 | 450 | 895 | 155 | 95 | 330 | 385 | 200 | 1110 | 860 | 880 | 1270 | 705 | 650 | 510 | 1270 | 255 | 265 | 370 | 400 | 775 | 310 | 725 | 310 | 1145 | 135 | 405 | 150 | 385 | 595 | 285 | 345
- 55 | 485 | 120 | 440 | 595 | 60 | 875 | 905 | 435 | 855 | 125 | 40 | 270 | 355 | 170 | 1050 | 800 | 840 | 1240 | 645 | 555 | 105 | 1145 | 185 | 1240 | 60 | 360 | 360 | 820 | 345 | 715 | 135 | 465 | 445 | 215 | 735 | 240 | 715 | 1090 | 125 | 310 | 110 | 290 | 545 | 235 | 55
- 235 | 355 | 335 | 310 | 470 | 270 | 745 | 205 | 725 | 115 | 245 | 140 | 155 | 70 | 925 | 670 | 1105 | 520 | 480 | 200 | 1085 | 355 | 100 | 230 | 690 | 215 | 585 | 290 | 330 | 370 | 385 | 675 | 545 | 245 | 585 | 960 | 150 | 295 | 130 | 280 | 415 | 45 | 240
- 1185 | 810 | 1345 | 810 | 740 | 1215 | 385 | 355 | 1185 | 425 | 1170 | 1260 | 965 | 1235 | 1150 | 355 | 485 | 425 | 70 | 635 | 680 | 1205 | 95 | 1105 | 140 | 1240 | 1015 | 865 | 455 | 850 | 535 | 1105 | 1215 | 785 | 1215 | 500 | 630 | 1020 | 580 | 375 | 1205 | 925 | 1130 | 965 | 790 | 1060 | 990
- 285 | 320 | 380 | 335 | 435 | 315 | 770 | 780 | 160 | 750 | 185 | 290 | 160 | 205 | 120 | 890 | 640 | 720 | 1135 | 485 | 505 | 245 | 1040 | 140 | 1115 | 355 | 75 | 195 | 610 | 335 | 190 | 355 | 470 | 345 | 610 | 935 | 190 | 355 | 255 | 305 | 385 | 90 | 285
- 545 | 280 | 705 | 330 | 175 | 205 | 575 | 345 | 550 | 580 | 25 | 635 | 340 | 605 | 515 | 560 | 290 | 320 | 290 | 705 | 250 | 60 | 585 | 615 | 485 | 690 | 610 | 390 | 235 | 410 | 295 | 185 | 460 | 610 | 140 | 580 | 270 | 505 | 310 | 195 | 430 | 350